创新
不灭的火炬

中金公司研究部 中金研究院 著

中信出版集团 | 北京

图书在版编目（CIP）数据

创新：不灭的火炬 / 中金公司研究部，中金研究院著. -- 北京：中信出版社，2022.2
ISBN 978-7-5217-3891-9

Ⅰ. ①创… Ⅱ. ①中… ②中… Ⅲ. ①技术革新－研究－中国 Ⅳ. ① F124.3

中国版本图书馆 CIP 数据核字（2021）第 278524 号

创新：不灭的火炬
著者：　中金公司研究部　中金研究院
出版发行：中信出版集团股份有限公司
（北京市朝阳区惠新东街甲 4 号富盛大厦 2 座　邮编　100029）
承印者：　宝蕾元仁浩（天津）印刷有限公司

开本：787mm×1092mm　1/16　印张：36.5　字数：470 千字
版次：2022 年 2 月第 1 版　印次：2022 年 2 月第 1 次印刷
书号：ISBN 978–7–5217–3891–9
定价：88.00 元

自 20 世纪 80 年代我国实施“火炬计划”以来，火炬就成了中国科创的象征。放眼人类漫长历史，控制了火，我们才终于走出百万年的黑暗恐惧；掌握了电，人类得以摆脱衣食之忧，迈入现代文明；认识了无线电，人类才能跨入太空，进化为星际生物。创新之于人类，犹如黑夜里的火炬，照亮前路。从家到部落，从国到人类命运共同体，此火不灭，人类才能以梦为马，探索无尽的前沿。

目　录

产业篇

金融篇

前　言
迎接中国创新经济

未来的历史如果记录2020年开始的新冠肺炎疫情，科技的角色应该是重要篇章。疫情哪怕只是早十年发生，人类社会通过社交隔离限制病毒传播所要付出的经济代价也会比今天大得多。疫情防控既得益于科技，反过来也促进了创新。例如，研究者在10个月内完成了以前10年才能完成的疫苗研发，数字模式使得大隔离下的关键经济活动得以维持正常，应对疫情的紧迫性凸显了科技创新的重要性。

同时，疫情促使人们更加注重技术进步的人文视角。疫情之初有保生命与保经济之争，但很快人们认识到两者最终是统一的。人与自然和谐共生的理念得到了更多认同，绿色转型成为全球科技创新的新动力。在数字化转型加速的背景下，2020年可以说是平台企业的高光时刻，但随后反垄断与反不正当竞争、保护个人隐私开启了数字治理的新阶段。疫情的冲击凸显了在效率之外，产业链的韧性与安全是经济平稳运行和国际竞争的新元素。

中国进入新发展阶段，贯彻新发展理念、构建新发展格局最终体现在高质量发展上，有两个重要维度：科技创新与共同富裕。推进“十四五”规划、实现2035远景目标，关键在于处理好效率与公平的关系。科技创新是一种经济行为，需要友好的环境和激励机制，在提升生产力的同时也必然影响生产关系。那么，应该如何促进科技创新？如何提升产业链安全？未来发展的关键领域是哪些？

中金公司研究部、中金研究院的总量和行业团队协同，对中国科技创新的现状、存在的问题、公共政策应该发挥的作用进行了一个有体系的分析。总量篇从供给（研发投入和人才）、需求（国内与国际）、生态机制（区域与国家创新体系）三个维度解析科技创新的动能；产业篇聚焦数字、生物、绿色三大领域，探讨产业链安全关键点和创新潜力，包括整体制造业和物流的基础作用；金融篇从估值、融资、投资等多角度阐述金融如何服务实体经济创新。

一、创新经济学

人类的经济活动涉及技术，技术是利用原材料、机器设备、人工等投入进行生产的过程，技术进步就是用同等的投入生产更多的产品。技术进步是经济增长的根本源泉，这在今天是常识，但经济学对此的认识有一个演进的过程。早期的古典经济学认为给定人口，储蓄率决定经济增长，因此促进经济增长的关键是增加储蓄，也就是投资，储蓄率翻倍，经济增长率也翻倍。由此古典经济学重视生产要素的再生产过程，技术进步不是重要因素。

为什么是这样？理论源于现实，在工业革命之前，技术进步慢，基本是对现有模式的修修补补，突破性进展有限。工业革命后持续的快速技术进步大幅提升了人类的生活水平，经济学对技术进步的重视逐渐增加。马克思最早重视技术进步的社会影响，提出技术促进生产力发展，引起生产关系的变革，带来社会结构的变化。熊彼特延续马克思的思想，结合技术创新与企业家精神，探讨资本主义市场经济创造性破坏的动态过程。

现代的主流经济学以索洛（Solow）增长模型为代表，认为投资的边际回报下降，在长期只有技术进步是增长的来源，其实证分析的观察是 20 世纪上半叶美国经济增长的大部分来自技术进步。索洛的洞察力在于揭示市场经济是动态发展而不是静态平衡的：在开始阶段，技术进步带来新的应用，应用的扩大带来更广泛的技术进步，进而增加生产率，提升工资和收入，提升民众的生活水平。

那么技术进步是怎么来的？索洛把技术进步看作一种经济力量，但没有从经济的角度来解释其发展动力，他把技术进步看成外生于我们理解的经济系统。以罗默（Romer）为代表的内生增长模型把技术进步看成经济系统内生的，是创新经济活动的结果，从研发投入到人力资源培育，再到技术应用所需要的生产性资本投入，均需要经济利益的驱动。20世纪90年代以来，学术界和政策部门越来越重视研究科技创新的机制和规律。

从经济分析的角度来看，创新可以分成两类：一类是激进式创新，带来技术的突破性改变；另一类是渐进式创新，沿着现有技术轨道与路线改进。现实中两类创新是相互联系和交织在一起的。从宏观来看，一个对经济产生重大影响的创新浪潮（比如数字技术）往往有三个阶段，从某项突破式的技术发明到技术应用的扩散，再到应用达到足够广度与深度从而改变经济运行模式和人们的生活方式，在这个过程中既有激进式也有渐进式的创新活动。

科技创新不是一般的经济活动，有其自身的特征。首先，从时间维度看，技术进步有累积效应和路径依赖，长期主义是创新的朋友，追求短期利益则欲速不达。传统的成本收益分析不利于创新，创新活动的成本比较容易量化，但未来的收益有很大的不确定性，如果按照成本收益比较对创新项目进行排序，投资期限短、风险小的项目将更受到重视。作为不确定环境中进行跨期资源配置的工具，金融和创新有天然联系。

其次，从空间维度看，创新有集聚与扩散效应，区域创新中心和全球产业链是这两个看似方向相反的力量的载体。一方面，都市经济活动有集聚效应，要素的集聚带来规模经济和范围经济，尤其是人与人的互动有助于产生与传播新思想、新技术。另一方面，技术缩短了距离，支持专业化分工在空间上的布局，全球产业链既是技术进步的结果，也反过来促进创新。但空间布局的发散和产业链条的延长带来不稳定性的担忧，产业链安全成为科技创新需要考虑的新元素。

科技进步是中国高质量发展的关键因素。2035 年的远景目标是基本实现社会主义现代化，中国经济实力、科技实力大幅跃升，跻身创新型国家前列。随着与前沿技术水平差距的缩小，中国越来越面临后发劣势的限制。发达国家有先发优势，体现在两个方面：发达经济体有更高的存量知识资本支持创新，包括现有的技术标准和网络效应有利于领先者；处在技术前沿的国家一般是高收入经济体，高收入者更有耐心等待未来，更有能力支撑增量的研发投入。

按照我们的估算，要实现人均 GDP（国内生产总值）在 2035 年达到中等发达国家水平，结合人口老龄化带来的劳动力减少和储蓄率下降，中国的研发强度需要从现在的 2.4% 增加到 3.5% 左右。这意味着按照目前的汇率水平，中国的研发规模绝对水平需要超过美国成为世界第一。表面上看，这是很高的水平，但考虑到后发劣势，中国需要超常规的创新投入来提升全要素生产率。

研发投入只是一个方面，一个有效的创新体系需要在时间与空间两个维度形成正向的激励和扶持机制。创新是一种集体行为，有不同的参与者，有政府机构和私人机构，私人机构又包括大企业、中型企业、小企业，还有大学、公益机构等社会组织。创新能力培育是一个系统工程，需要处理好多方面的关系，首先是政府与市场的角色定位。

二、建立政府与市场的伙伴关系

就政府与市场的关系，经济学两大流派的观点截然不同。按照凯恩斯理论，“动物精神”使得投资有很强的顺周期性，在私人部门过度悲观的时候，政府有必要做逆周期调节。新古典经济学则强调政府干预会扼杀私人部门的活力，只有自由市场才能够有效配置资源，也就是把政府看成问题的来源，而不是解决问题的办法。这两种理念都不符合创新经济的需要，创新体系中政府扮演的角色不仅是通过逆周期调节来维持稳定的宏观环境，更重要的是通过中观和微观层面的公共政策来激励创新。

为什么是这样？知识的一个重要特征是非竞争性，一个人的使用不影响其他人使用，这意味着科技创新有正外部性，也就是收益由社会获得但成本由个体承担，导致私人部门的创新投入不足。另外，创新从投入到产出往往是一个长时间累积、非线性的过程，有很大的不确定性，私人机构没有足够的耐心和能力承受失败的风险。公共部门可以对冲私人部门在以上两个方面的不足。政府有两个角色可以发挥作用。一是直接参与创新活动，比如研发和教育投入。提起闻名于世的硅谷，人们往往想到很多创业公司（startups）、风险投资（venture capital），似乎都是私人部门的成果，现实是不少创新企业早期的研发资金和客户需求主要来自政府。纳米技术得益于美国联邦政府的资金支持，美国国防部高级研究计划局（DARPA）在美国互联网基础技术的发展中起到了关键作用，美国国家科学基金会（NSF）和美国国立卫生研究院（NIH）构建了美国生物技术的发展框架与机制，其风险高、期限长的研发投入使得美国成为世界上创新药的主要来源。

当然政府支持的项目和私人部门一样都有可能不成功，政府的优势是更有能力承受单个项目的失败，也更有耐力进行长期的投资。政府资金可以支持没有明确经济价值的基础研究，也可以支持有明确经济价值的目标投入，尤其是具有颠覆性（高风险、高不确定性）的创新技术。在渐进式创新领域，也有公共政策发挥关键作用的例子，例如十多年前中国政府对光伏产业的支持，以及后来对新能源汽车行业的支持，在当时都有较大的争议，但现在看对相关行业的发展起到了重要促进作用。

更有争议的是政府的第二个角色，通过政策和机制设计，创造一个激励私人机构创新的市场环境。最著名的例子可能是专利权等知识产权保护制度。

自由市场坚定的捍卫者奥地利学派（代表人物如哈耶克）认为，专利权制度是政府刻意设计、强加的垄断，主张废除知识产权保护以恢复市场良性竞争。但有很多微观和宏观层面的研究显示，知识产权保护对促进科技创新起到了关键作用。现代专利权制度由美国在 18 世纪末期建立并在全球推广，而人类社会的发明与创造的大跃进恰恰是在过去 200 年发生的。

那么专利权是如何促进创新的？一个是激励创新投入，还有一个作用更重要但不是那么显而易见。专利权可以卖给制造者，使得发明者和制造者分离，各自做擅长的事；专利权可以分割、可以捆绑，也可以作为抵押品吸引投资。知识产权制度实际上创造了一个交易市场，促进了亚当·斯密所讲的“看不见的手”（分工和贸易）在资源配置中发挥作用。政府设计市场机制的例子还有很多，比如商品与服务市场的反垄断、反价格操纵、反不正当竞争，金融市场的交易规则制定与监管，建立全新的碳交易市场等。

在各国重视科技创新的大环境下，我们需要重新审视政府的角色。过去一个流行的观点是，在美国这样的自由市场经济体，政府的作用很有限，实际上问题远不是这样简单。政府在研发和教育上的直接投入有利于纠正市场失灵，同时公共政策在构建市场机制中的角色更是不可或缺，政府与市场不是对立关系。公共部门和私人部门应该是伙伴关系，共同形成有利于创新的市场机制。其中一个关键的维度是垄断与竞争的问题。

三、反垄断应以促进创新为导向

针对平台企业的反垄断、反不正当竞争的监管，是近期市场关注的热点问题。这不仅涉及数字经济时代消费者权益保护与公平竞争，也关乎新形势下如何营造有利于创新的市场环境。

理论上讲垄断对创新有正反两方面的作用。熊彼特认为大型企业（有市场势力）更有能力进行长时间的研发投入和承受失败的风险，也更有意愿创新。有两个可能的情形：一是没有现实的竞争者模仿抄袭创新成果，垄断者不需要担心为他人做嫁衣裳，由此有动力通过创新降低成本，获得超额收益；二是创新有利于垄断企业维持市场势力，如果自己不进行创新就面临被潜在竞争者颠覆的危险，只要创新的成本低于维持垄断获得的利润，垄断企业就有创新动力。

从美国的历史看，一些不受股东短期行为约束的大型企业如 GE（通用电气公司）、IBM（国际商用机器公司）、AT&T（美国电话电报公司）、DuPont（杜邦公司）在鼎盛时期投资上游的基础性研究，因为它们错误地（事后看）认为自己可以长时间处于垄断地位，可以持续地享受和支配垄断租金。这些垄断在 20 世纪 80 年代被打破了，其基础性创新研发也因此大幅下降，其支持基础研究的角色在数字技术领域被 DARPA 替代，在生物技术领域被 NIH 替代。美国的经验显示，政府的投入和干预既弥补了市场的不足，又避免了大型垄断企业可能的利益冲突。

和熊彼特的观点相反，经济学家阿罗（Arrow）在 1962 年发表的一篇经典文章认为，充分竞争环境更有利于创新。如果少数企业掌控市场，由此带来的行业壁垒使得初创企业成功的概率下降，抑制中小企业进行创新的动力。垄断企业本身也可以创新，但创新有破坏性，会颠覆现有的产品和流程，即使是渐进式创新，比如改变现有的标准流程也有成本，而这种破坏性成本对垄断企业的影响更大，会减弱其创新的动力。另外，垄断企业可以通过减少产出提升价格获得利润，较少的产出意味着单位产出承担的创新成本较高，将会减少社会整体的创新动力。

到底怎么看创新与垄断的关系？理想的状态是，不同规模、不同运营目标与策略的企业同时存在，使得创新过程中形成的市场势力面临潜在竞争，垄断与竞争是一个动态演变的过程，从而促进总体的创新动能。经济学教科书描述的充分竞争在现实中并不存在，我们应该担心的问题不是竞争过度，而是竞争不足，促进竞争有利于创新。

随着数字经济的发展，垄断与竞争的动态演变面临新的变化，对判断垄断的存在和政策应对带来挑战。评估垄断一般有三个指标：消费者是否面对比较公平的价格，关键看价格与成本的差距是否很大；市场参与者有没有比较多的选择；有没有阻碍创新。传统上反垄断更注重价格、市场集中度等指标，而不是创新的活跃度。这是因为竞争是市场里的竞争，价格作为衡量消费者权益的指标比较清晰。现在的问题是市场结构发生了变化，平台企业的一些服务没有价格，往往不被认为是市场，也就难以定义垄断行为。

长期看创新才是提升消费者福利的来源，创新活跃度可能是更合适的评估垄断及应对之策的指标。平台企业本身从事创新活动或者说靠创新起家，关键是有没有阻碍其他企业尤其是初创企业的创新，有没有排他条款，对新生企业的并购行为有没有减少可竞争性（潜在竞争者）？这些是重要的考量，但也有争议，例如事先怎么定义可竞争性或者潜在竞争者？如果一家企业现在没有进入某个市场，怎么判断其未来会进入？

由此带来一个问题，针对平台企业的反垄断监管，事前规制还是事后化解更有利于创新。前者的风险是把企业管死，要么发展不起来要么变为公共服务；后者的问题是化解已经形成的垄断可能要付出较高的成本。得益于早期比较宽松的监管政策，中国的平台企业快速发展，不少在国际上处于领先地位，但其规模和业务范围扩大后也带来垄断的担忧。近期的监管政策有利于促进竞争，虽然也带来一些冲击，包括资本市场的波动，但这是在数字经济已经大发展起来之后的小波动。从社会的整体利益来看，我们认为现在加强监管比当初管死要好。

总之，新形势下反垄断机制应该以促进创新为导向。针对有市场势力的大型企业应该设立最低研发投入的要求，同时改善和加强数字治理，使数据成为价值创造的源泉而不是攫取垄断租金的载体。更重要的是支持中小企业和初创企业的发展，以增强竞争来促进创新。近期政策部门强调发展“专精特新”中小企业，关键是创造条件培育和发展其创新的能力，参与全球产业链分工与竞争是重要一环。从国际层面看，竞争也面临新形势，效率和成本之外，产业链的稳定性与安全成为关注的焦点。

四、以创新和开放提升产业链安全

过去30年，中美两大经济体在全球科技创新与生产率提升方面起到了关键作用，可以总结为创新的G–2模式。美国在发明和激进式创新方面占有优势，引领了一些关键技术的发展；中国在生产和市场规模方面占有优势，通过快速提升商业化应用的规模降低了成本，增加了全球供给的能力。各国的消费者都从这个模式中受益。

中国通过参与国际竞争、产业链上下游学习缩短了与技术前沿的距离，同时中国的需求带来的资金支持了美国企业的创新能力，帮助了它们维持领先地位。其他国家也在参与产业链分工过程中提高了经济运行的效率，一些小型经济体在全球产业链分工中聚焦少数领域，成为全球此类产品的重要生产者。

创新的G–2模式现在遇到了挑战。全球产业链正在经受三大冲击：新冠肺炎疫情、地缘政治驱动的科技竞争、数字治理机制。这些冲击暴露了全球产业链的脆弱性。专业化分工和竞争、数字技术和大数据应用、追求成本优化等大幅增加了全球产业链的复杂程度和不透明度，在提升效率的同时降低了稳定性，一个体现是产业链不同环节的集中度上升，导致在面临冲击时出现供给瓶颈。

新冠肺炎疫情对产业链韧性的冲击在需求与供给两个方面都有体现。人员隔离导致停工停产，同时物流运输尤其是国际海运、空运的不稳定性增加。疫情冲击下，一些行业的需求大幅上升（比如防疫物资），另一些行业的需求突然消失（比如餐饮、旅游）；一些地区的需求上升，另一些地区的需求下降。需求的改变，供给的限制，供求在区域间的错配，都在考验企业应对变化的能力。

同时，地缘政治对国家之间的科技合作与竞争的影响显著增加。美国政府越来越多利用行政手段导向的产业政策，美国国防部、财政部，尤其是商务部通过实体清单限制出口或进口。中国在科技硬件尤其半导体方面所面临的外部环境发生了很大变化。从更广的层面看，有迹象显示产业政策在发达国家回潮，各国的产业与竞争政策将对全球产业链的演变产生重要影响。

如何应对内外环境的变化？保障产业链安全的根本在于科技进步。本书的产业篇聚焦数字、绿色、生物三个关键领域，中国在数字领域取得了长足进步，但在一些关键环节离前沿还有较大的差距；在绿色领域中的光伏、动力电池等形成了一定的优势，但在储能、氢能等具有战略意义的领域并没有明显优势；在生物技术方面追赶的空间还很大。这三个领域相互交叉，尤其是大数据和数字技术的应用对绿色和生物科技的发展有赋能作用。

提升产业链安全要求更高水平的对外开放。我国通过参与全球市场竞争与学习促进科技进步，不仅要走出去，还要引进来，尤其是吸引优秀人才为我所用。新形势下的对外开放有两个重要维度。

一是在全球价值链呈现三足鼎立的态势下，中国作为亚太地区的核心节点，加强区域内的合作既能够促进共同发展，也可以提升中国产业的不可替代性。

二是加强产业链条上不同环节的信息沟通，有助于企业应对需求和供给的冲击，发展数字经济可以为企业赋能，使其更好地参与产业链分工与国际市场竞争。在改善数字治理的同时，应该重视完善数字基础设施，促进跨境电商与数据安全移动。在软件领域，拥抱开源、开放场景，有助于自主创新，促进从融入到引领，追赶国际前沿水平。

五、重视规模优势

新的竞争形势下，人口大国和大市场是中国的优势，尤其是数字经济的发展增强了规模经济和范围经济效应。就国际合作与竞争来讲，美国需要平衡其地缘政治、国家竞争目标和失去关键市场的风险，美国短期的出口管制越严格，越会在长期伤害其技术领先者地位。中国需要利用好需求与供给两端的规模优势，通过创新提升产业链安全与竞争力。

如何理解中国经济的规模与范围效应带来的竞争优势？过去几十年中国经济的腾飞和制造业的快速发展紧密相连，原因往往被归结为低成本劳动力（供给）、出口（需求）、产业政策支持三大因素。实际上创新也起到重要作用，而且在供给与需求端都有较强的规模效应，促使成本下降。一个体现是，在国内市场份额第一往往代表在全球市场份额居于前列；另一个体现是，中国的制造业在高度自动化（即非劳动密集型）和政府支持之外的领域也快速发展。

从供给端来看，中国形成了较完整的产业链，深度参与国际分工，促进了广泛、多元的企业之间的相互学习，以及供应链上下游之间的技术外溢。这使得制造业在中国具有比小型经济体更强的通用性，叠加较完善的基础设施和物流运输体系，对整个经济的创新起到基础性的支撑作用。近年来一些发达国家重新审视制造业的重要性，鼓励制造业回归，但搬迁有成本，过去的投资有沉没成本，还有相关的基础设施与劳动力技能问题。当然，中国在一些关键领域有短板，面临“卡脖子”的问题，由此需要更多自主创新，更多拓展前沿和具有颠覆性的技术突破。

从需求端来看，国内大市场是一个优势。需求牵引供给，从问题入手，有针对性地寻找解决办法，是创新的内在动力。需求的规模与范围经济有三个方面值得关注。

第一，中国商品消费规模已经逼近美国，随着经济相对较快增长，中国的消费市场将进一步扩容。

第二，共同富裕的政策导向将降低收入分配的差距，增加消费率，支持大众消费。大众消费的多样性有利于创新，相较于需求远离生产的出口，需求贴近生产的国内消费更能促进源自本土的创新。

第三，在制造业和服务业融合的数字经济大趋势下，硬件（比如手机）往往是服务的载体，制造业从单纯强调质量，转变到重视个性化和敏捷性；从强调最好的技术，到注重技术和商业模式结合；从强调劳动者的技能，到重视持续学习的能力。这些都意味着中国作为已经处于中等偏上收入经济体的人口大国，消费需求的大规模和多样性将成为科技进步的新动力。

如何利用需求优势来促进创新，关键在于维护充分竞争的市场环境。与标准化制造业产品不同，服务业的透明度较低、差异性大，更需要公共政策处理好前述的垄断和竞争问题。另外，国内需求作为创新的驱动力对融资有新的要求，相较于贸易顺差、FDI（外商直接投资）、供应链资金管理，创新金融的重要性更加突出。

六、资本市场与政策性金融共同发力

创新作为经济活动需要资金支持，内部资金往往不足，需要外部融资。熊彼特把创新和银行信贷联系起来，认为信贷创造购买力并把这个购买力转给企业家，信贷体系是创新活动的必然要求。今天的金融比早期的银行信贷复杂得多，不同国家的金融结构有差异，有的偏向银行体系（比如欧洲），有的偏向资本市场尤其是股权融资（比如美国）。中国需要什么样的创新金融体系？

一方面，创新的不确定性与高风险特征使得股权融资优于债权融资，债权的固定收益与创新承受的风险不匹配。美国的股票市场的深度与广度领先其他国家，特别是纳斯达克市场被认为对美国的科技创新起到了重要的促进作用，风险投资在数字和生物科技两个领域既促进了创新，也取得了丰厚的回报。中国的互联网和生物科技进步受益于美国的风投文化和模式，很多独角兽企业的投资者是美国模式的投资机构，并在美国上市，形成中概股板块。

2019 年上海证券交易所建立科创板并试点注册制，2020 年深圳证券交易所创业板推行以注册制为核心的制度改革，2021 年宣布深化新三板改革、设立北京证券交易所，都有利于发展多层次资本市场，提升资本市场服务创新的能力。中美科创上市公司的一个共同特征是高估值，市场参与者的羊群效应和“动物精神”容易导致非理性繁荣。但历史显示，改变世界的技术比如铁路、电气化、计算机和互联网都经历过资产泡沫。资本促进创新的关键是通过信息披露、投资者保护、培育长期资金支持实体企业的研发和资本开支，而不是单纯的金融投机。

另一方面，投资期限长的特征使得股权融资服务创新也有局限性。风险投资预期的回报期限一般是 5~7 年，公开市场投资者的耐心更有限，而一些突破性的技术进步从开始研究到形成商业回报往往要 15~20 年时间。因此，公开市场投资者甚至负面看待上市公司增加具有挑战性的研发投入。投资者追求短期回报的问题导致全球范围内具有突破性的新药研发不足，在清洁能源领域，追求尽早退出的风险投资和需要耐性的长期投资不匹配的问题也很突出。

从资金需求的主体来看，融资渠道的选择反映了其风险承受能力的差异，不同规模企业的融资渠道各不相同。初创企业、小企业往往依赖股权融资，尤其是风险投资、天使投资。大企业更多使用自身业务收入产生的现金流和银行信贷。对冲不确定性的最佳手段是自我保险，大型企业一般有较强的盈利，或者和银行形成了长期合作关系，而小企业没有这样的控制现金流的能力。

政府有把风险社会化和进行代际转移的能力，可以在创新金融方面发挥独特作用。一个方式是对创新企业和项目的债权融资，比如政府提供的担保信贷和政策性金融机构提供的项目融资。由财政部颁布的新版《商业银行绩效评价办法》把服务国家发展战略和实体经济放在四个目标的首位，有利于促进银行对科技创新与先进制造的贷款支持。另一个方式是产业引导基金，比如在工信部、财政部指导下成立的专门投资芯片产业的大基金。

有效发挥金融服务创新的作用，一些基础性的制度设计也很重要。现有的会计制度建立在传统经济的有形资产管理上，对衡量土地、设备、库存等实体资产的价值有成形的框架和准则。但新经济下知识产权等无形资产越来越重要。研发费用应该资本化还是费用化？数据等无形资产的内涵和边界如何确定、如何进行估值？如何建立碳排放权会计核算，加强碳排放信息披露？创新经济的发展要求会计制度变革。

从更广层面看，过去有一段时间房地产和消费金融快速增长，带来的不仅是金融风险，也挤压了金融对创新与实体投资的支持。2017 年全国金融工作会议以来，规制与监管的措施逐步落实，金融乱象的治理取得了显著成效。展望未来，金融改革的关键是坚持分业经营的基本框架，规范银行经营，发展政策性金融，大力发展股权融资，防控经济的过度金融化。

七、从科技创新到共同富裕

本书探讨什么样的机制和生态体系有利于创新，也就是生产关系如何作用于生产力。另外，生产力改变生产模式和生活方式，进而改变社会关系。根本上来讲，生产力决定生产关系。比如数字技术及其应用不仅影响经济，也影响社会、政治、文化。因此，公共政策有两个角色，一个是扶持与促进创新，另一个是应对和管理创新带来的经济社会后果，两者相辅相成。从宏观层面来看，有两个方面值得进一步思考。

首先，科技创新如何影响经济周期？提到技术进步人们往往想到康波周期，其描述的是每个技术浪潮驱动的历时 50~60 年的长周期波动，从第一次工业革命到现在，全球经历了五次技术浪潮。最近一次是以互联网、软件、数据为代表的数字经济，正在起步阶段的下一个浪潮可能是绿色科技。创新与投资的“动物精神”结合起来对经济的短周期和中周期波动也有影响。一个值得关注的问题是科技创新带来的资源配置变化可能加速中国的金融周期下半场调整，过去过度扩张的房地产及相关领域受到挤压，债务风险的防范化解将更加突出。

其次，科技创新如何促进包容性增长？中央财经委员会第十次会议强调，在高质量发展中促进共同富裕，特别提到“要鼓励勤劳创新致富”。创新如何定价？创新需要足够的回报来吸引技术专家和企业家参与，也需要资本投入，收入分配有一个劳动与资本的视角。过去几十年占全球主流地位的新古典经济学把技术进步与劳动力市场分开来，而古典经济学的斯密、李嘉图与马克思注重分析机器的使用（当时的创新）如何影响工资和资本回报。新形势下创新如何影响劳动力市场结构，包括新业态下劳动者权益保护，是初次分配的一个重要方面。

作为一个集体行为，创新的收益获得者的范围似乎比风险承担者的范围小。政府的投入让创新的风险承担社会化了，收益应该在多大程度上社会化呢？通过什么方式实现呢？互联网的开创性工作由美国政府资助，有人质疑硅谷企业获得的收益是把公共利益私有化了。公共投入是不是应该形成股权？中国政府支持的科创和产业基金似乎给出一个答案，关键是如何规范治理机制，让公共投入产生的收益惠及普通民众，这是初次分配的另一个重要问题。

创新收益的社会化还可以通过财政税收的二次分配来实现，资本利得税是一个工具。中国应不应该引进资本利得税？和公共投入形成股权比较，资本利得税会不会对创新不利呢？美国的经验显示，对资本利得征税并没有阻碍创新动力，相反，资本利得税抑制短期行为，鼓励长期投资，更有利于促进创新。

总之，科技创新是中国实现高质量发展的关键驱动力，促进创新是一个系统工程，需要“有效市场、有为政府”共同发力，形成一个有效的生态体系。

中金公司研究部和中金研究院心怀使命感，愿为研究中国经济发展的一些重大问题尽绵薄之力。继 2020 年 9 月发布的《数字经济：下个十年》研究报告和 2021 年 8 月出版的《碳中和经济学》一书后，《创新：不灭的火炬》这本书是我们协同研究工作的又一成果，希望对促进相关问题认识和讨论有所裨益。

彭文生

中金公司首席经济学家、研究部负责人

中金研究院执行院长

第一章

创新经济学：
科技创新促进产业链安全与效率

科技进步以及冷战后国际竞争大幅缓和，共同造就了过去几十年的国际产业链分工格局。虽然生产效率因序列生产与网络协作而提升，但是产业链安全问题也逐步凸显。具体而言，产业链风险有两个来源：一是自然灾难，例如地震等；二是国际竞争。这两类风险都带有不可抗力甚至不可预知的属性。因此，所谓产业链安全，并非是指完全杜绝风险，而是指具备消化风险冲击的能力，或者说在风险发生后恢复正常生产的能力。

从自然灾难层面看，链条越长、节点越多，产业链越脆弱，受到冲击后恢复原状的能力越差，因此缩短产业链是提升产业链安全的必要条件，这需要付出一些效率的代价。国际竞争会中断原有的序列生产，短期内没有赢家，但在中长期内，产业链上不可替代性较强的国家，有能力通过与其他节点形成新的网络连接而恢复生产，不可替代性较弱的国家有被边缘化甚至被生产网络移除的风险而难以恢复生产。政策应对的重点应放在国际竞争的风险上：一方面，不可预知的自然灾难通常持续的时间较短；另一方面，国际合作可以大幅缓解自然灾难对产业链的威胁。

根据全球价值链分析，中国在全球产业链分工中的位置呈现两个特点：从网络协作的角度看，中国已经取代日本成为全球三大贸易中心节点之一，在产成品贸易方面的优势超过了美国和德国；从序列生产的角度看，中国整体偏下游，美国、日本等国位于中上游。中国的优势行业主要集中在低技术制造业领域，可能会面临贸易摩擦造成的横向风险，其本质是“去中心化”；劣势行业主要集中在石油等初级产品，以及半导体等中高技术领域，可能会面临断供造成的纵向风险，其本质是“卡脖子”问题。

无论是横向风险，还是纵向风险，应对的关键都在于科技进步。考虑到“系统重要性”和“发展前景广阔”两个维度后，我们认为分析重点应聚焦在半导体、软件等数字经济，储能、氢能、碳捕捉等绿色经济，以及医药、农业等生物经济三大领域。这三大领域的分析表明，产业价值链和研发链是高度相关的，价值链中不可替代性越强的环节，基本上也是研发强度越高的环节。这意味着，只有通过加速科技创新的方式，才能提升一国在产业链中的不可替代性，才有利于提升产业链安全度，从这个层面看，效率与安全是一致的。

即便没有国际竞争，我国要实现中长期增长目标，也需要提高研发投入强度。我们测算，未来 15 年我国 TFP（全要素生产率）增速需要维持在 2.5%~3%，相比于过去 10 年需要提高 0.4~0.9 个百分点，由此需要将研发投入强度由当前的 2.4% 提升至约 3.4%。因此，无论是从国际竞争还是国内增长的角度看，均需要加速科技进步，而政策干预则是加速科技创新的必由之路。[①]

---

① 本章作者：谢超、李根、彭文生。

伴随着制造和物流方面的科技进步，早期的产品贸易逐步发展成产业链贸易。产业链分工虽然带来了效率的提高，但伴随着环节的增多，整个产业链以及经济的脆弱性开始显现。新冠肺炎疫情的冲击加速暴露了这个问题，促使各国开始高度关注产业链安全问题。对中国而言，产业链风险的显著暴露在时间上要更早一些，2018 年的贸易摩擦已经凸显了产业链安全的重要性。目前，各国在应对产业链安全问题时，似乎达成了一个共识，即有必要缩短产业链，提高本土化产能，以一定的效率损失为代价来换取安全。

这样宏观视角的看法，事实上是认为效率与安全不可兼得。不过，从微观层面看，产业链分工的一个重要基础是“温特制”，这种生产模式将原本在单个企业内的生产环节，拆散到了不同企业、地区甚至国家间进行，并由此形成了全新的分工方式和生产体系。青木昌彦在研究美国新经济时认为，美国正是依靠以“温特制”为代表的新产业组织形式，扭转了美国企业对日本公司的竞争劣势，并创造了 20 世纪 90 年代中后期美国经济持续高速增长的奇迹。①

---

① 青木昌彦，安藤晴彦 . 模块时代：新产业结构的本质［M］. 周国荣，译 . 上海：上海远东出版社，2003.

不过，对于具有“温特制”特点的行业而言，各个环节在产业链分工中的不可替代性并不一样，研发是整个产业链的核心，也是不可替代性最强的环节。企业若占据了上游研发环节，便能在很大程度上占据整个产业链的主导地位，不可替代性较弱的其他环节居于为核心环节进行生产配套的从属位置。因此，从微观层面的“温特制”看，提升产业链安全度的关键在于提高企业自身在产业链中的不可替代性。这意味着效率与安全并非不可兼得，关键在于加强研发与科技创新。

问题在于，同样是对产业链安全问题的观察，上述两个视角对效率与安全关系的认识却不尽相同。那么，如何理解这种差别？这是否意味着不应该对产业链安全问题进行笼统的分析，而是应该区分不同类型？如何衡量产业链不同环节的不可替代性？为什么说科技创新能力决定了不可替代性的强弱？创新是怎样产生的，如何通过加速科技创新的方式来提升产业链安全性？在本章中，我们尝试对这些问题进行一些探讨。

产业链安全的内涵：提升不可替代性

理论上来讲，产业链分工既可以在国内展开，也可以在国际展开，因而产业链安全也可以从国内生产和国际贸易两个视角去讨论。但从现实层面看，国内外对产业链安全的关注主要是从国际贸易角度展开的。2021 年 6 月，美国白宫在供应链安全审查报告中明确表示：对产业链安全的担忧主要来自对海外原材料供应和他国制造业生产的依赖。[①] 国内方面，每年发表的中文文献中与“产业链安全”相关的论文数量也与中国进出口占全球的比重高度相关。因此，本章也将从国际贸易视角对产业链安全问题展开讨论。

---

① The White House, 100-Day Reviews under Executive Order 14017, June 2021.

全球产业链特点：序列生产与国际协作

当前全球产业链已形成了以序列生产和国际协作为特点的复杂生产结构。对比过去 20 年间的全球贸易流向图（见图 1.1），各经济体参与全球贸易分工的程度不断提高，全球贸易网络日益复杂，中国也在这一过程中取代日本，成了全球贸易网络的亚洲中心。

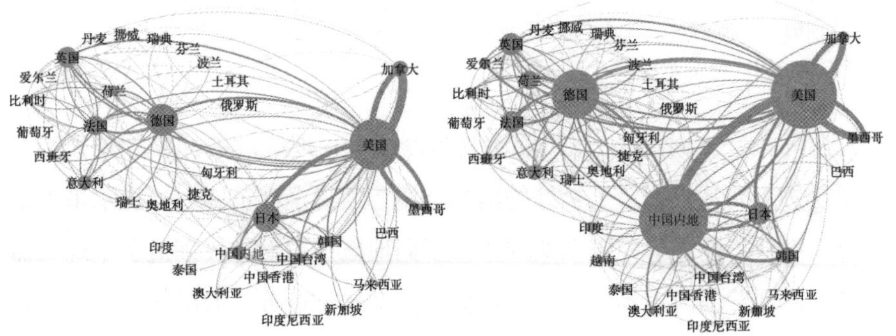

2000 年　　　　2019 年

图 1.1　全球贸易流向图

注：贸易流向图中体现了超过 50 亿美元（以 2000 年美元不变价计）的双边贸易，任意一条曲线代表按顺时针方向上游节点出口商品至下游节点。节点大小代表经济体的总出口金额，曲线粗细代表双边贸易量的大小。

资料来源：基础数据来源参考《总贸易核算法：官方贸易统计与全球价值链的度量》（王直等，2015 年），ADB MRIO（亚洲开发银行多区域投入产出表）数据库，中金研究院。

这一产业分工特点主要是由技术进步和国际关系缓和共同推动形成的。技术进步方面，最重要的是物流成本下降和以“温特制”为代表的新制造模式的普及。物流成本下降使得资源的全球化配置和跨国协作生产成为可能。货物贸易出口占全球 GDP 的比重在提升。“温特制”使得跨企业的序列生产成为技术密集型行业的普遍生产模式。在这两个因素的共同影响下，全球产业链分工日益细化，全球价值链（GVC）被不断拉长（见图 1.2）。

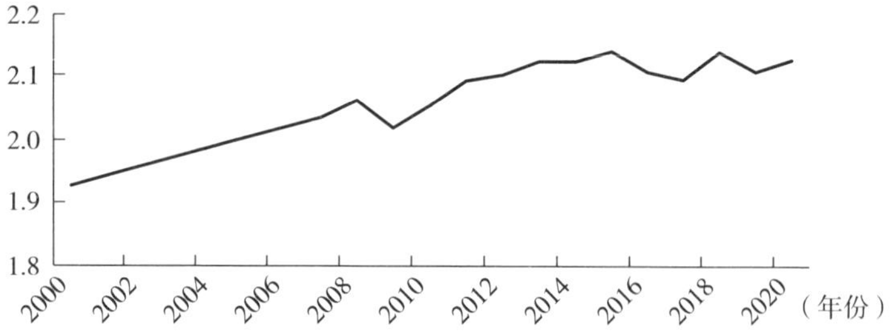

图 1.2　全球价值链平均生产长度

注：全球价值链中的价值链生产长度指商品生产从原始要素投入到最终产品的过程在不同国家和地区之间的生产阶段数，反映了生产过程的复杂程度。

资料来源：ADB MRIO 数据库，中金研究院。

国际关系方面，“二战”后尤其是冷战后，地缘政治冲突缓和，为各类贸易协定的签订创造了良好的国际环境，使得全球范围内关税水平大幅下降，降低了物资跨国流动的成本。不同地区市场的连接创造了全球一体的新产品和劳动力市场，又进一步促进了全球产业分工的深化。尤其是在 2001 年中国加入 WTO（世界贸易组织）之后，更是深度改变了全球和区域的贸易与分工态势，各国协作的网络化生产日益复杂。

产业链风险的来源及安全的内涵

伴随国际分工日益深化，产业链也面临着各类风险的冲击。拜登政府将产业链风险的来源界定为“全球流行病、网络攻击、气候冲击和极端天气、恐怖袭击、地缘政治和经济竞争，以及其他会降低美国关键制造能力、对关键商品与产品和服务的可用性和完整性造成影响的因素”[①]。归纳起来，产业链风险主要可以分为如下两类。

一是自然灾难冲击序列生产，任一环节中断都将导致整个生产过程难

① The White House，100-Day Reviews under Executive Order 14017，June 2021.

以完成。例如，2011 年 3 月，日本东北部发生 9.0 级地震，而该地区也是全球重要的硅晶圆生产基地，地震导致多家晶圆工厂减产甚至关闭，引发了半导体市场的短期价格波动，当月全球集成电路销售价格环比上涨约 8%，闪存价格环比上涨近 25%。再如，新冠肺炎疫情暴发以来，海运行业受到严重干扰。美国西海岸港口拥堵严重，这背后既有美国货币罕见高增长带来的进口需求大幅增长的影响，也有疫情导致清关效率下降的影响。大拥堵使得集装箱航运班轮的准班率大幅降低，推动了运价攀升，对全球产业链的正常运转造成了较大负担。

二是国家竞争破坏网络协作，导致某一国所处的生产节点被迫与其他节点发生连接重构，国际协作网络受到人为冲击而影响了原有的生产效率。原本是协作关系的国家之间，一旦出现贸易壁垒、科技封锁、原料禁止进出口等情况，将对产业链的原有生产模式造成巨大冲击，这一风险在大国竞争的背景下尤为突出（见图 1.3）。

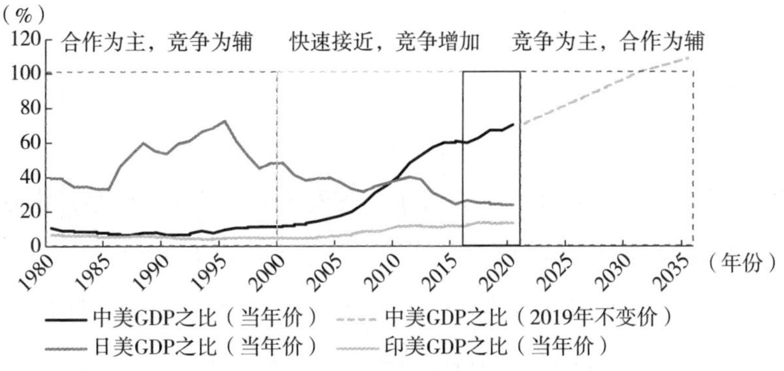

图 1.3　GDP 对比与大国关系互动

注：美元计价；2019 年之前的数据来自 IMF（国际货币基金组织）；2021 年中国实际 GDP 增速预测来自中金公司研究部宏观团队；2020—2035 年美国实际 GDP 增速预测来自美国 CBO（国会预算办公室）；2022—2035 年中国实际 GDP 增速估算来自《A 股十年不涨，未来十年会涨吗？》（谢超、李瑾等，2019 年 8 月）。

资料来源：万得资讯，美国 CBO，中金研究院。

在识别了产业链风险的两类来源之后，那么产业链安全的内涵是什么？是完全规避风险的发生，还是具备应对风险的能力？在某种程度上，前述两类产业链风险都是不以人的主观意志为转移的。自然灾难通常具有不可抗力，很多时候难以预知、难以完全避免。大国竞争同样有其必然性，随着两个大国的经济实力逐渐接近，竞争增加难以避免。既然产业链风险的出现不可避免甚至不可预知，那么产业链安全的内涵不在于完全避免风险的发生，而在于消化风险冲击的能力。问题是，面对自然灾难和国际竞争两种风险，应该把消化风险的能力重点放在哪个方面？消化哪种风险冲击，对于产业链安全而言更重要？

如果是应对自然灾难更重要，那么效率与安全确实可能存在取舍问题，按照阿西莫格鲁等人（Acemoglu et al.，2010）[①] 的研究，产业链节点越多、结构越复杂，受到冲击后消化风险的能力可能越弱，恢复原状的速度可能越慢。因此，从这个角度去谈提升产业链安全，适当地缩短产业链长度具有一定的合理性，这有利于增强整个产业链应对自然灾难事件时的弹性。

不过，相比于自然灾难，我们认为国际竞争风险更值得重视，主要原因有两点。一是自然灾难持续的时间通常相对短暂。例如，虽然日本地震对半导体价格造成了冲击，但是过了地震发生的3月份，价格冲击基本上消退了；1918年史无前例的美国大流感，基本上流行了3年就结束了。[②] 相比之下，重大的国际竞争通常持续时间比较长。二是在自然灾难的冲击下，如果各国密切合作，则可以尽可能地缩短冲击的时间长度，降低危害程度。反之，即便没有自然灾难，单是国际竞争就足以导致整个产业链中断。

---

① Acemoglu et al. Cascades in networks and aggregate volatility, National Bureau of Economic Research, 2010.

② 参见谢超、李瑾等的研究报告《美国大流感1918：股市没有那么糟》，2020年4月。

国际竞争造成的产业链风险，短期来看似乎各环节没有赢家，因为各环节少了彼此的通力合作都无法完成序列生产；但从中长期来看，对各环节的影响是有差别的。原因是：一方面，各环节在产业链上的不可替代性不同；另一方面，产业链分工的特点不只有序列生产，还有网络协作。占据着不可替代性较强环节的国家，有能力通过逐步与其他生产节点建立新的联系而恢复生产。作为竞争的另一方，也即占据着不可替代性较弱环节的国家，则可能会逐步被产业链边缘化，甚至可能最终会被产业链移除而迟迟无法恢复生产。

如前所述，产业链安全是指风险冲击发生后恢复生产的能力，这意味着提升产业链安全也即提升一国在产业链中的不可替代性。接下来我们将聚焦国际竞争造成的产业链风险，考察中国在各产业链中的不可替代性。首先要明确的问题是，如何衡量一国在产业链分工中的不可替代性的强弱？到底哪些行业是中国的优势行业，哪些行业是中国的劣势行业？这些行业是否面临着不同的产业链风险？

“去中心化”：低技术行业面临横向风险

中国已成为全球最大的产成品输出国

加入 WTO 以来，中国已成长为全球最大的出口国，从产品类型来看，中国在出口贸易中的优势主要集中在产成品出口（见图 1.4）。2000—2019 年，中国整体出口占全球出口的比例从 4.0% 大幅提升到 13.7%，[①] 其中 2019 年中国产成品出口占全球产成品出口的比例为 16.4%，高于同期的

① 本章所有中国数据的统计口径仅包含中国内地，不包含中国香港、中国澳门和中国台湾。

总出口占比。分行业来看，中国四位 HS 编码[①]的 1 242 个细分行业的出口占比中位数，也从 2.5% 增加到了 11.1%。但如果从初级产品、低技术制造业、中高技术制造业三大类行业[②]来看（见图 1.5），中国的主要优势集中在低技术制造业。这也显示出，认为中国在初级产品领域占据优势的观点可能是站不住脚的。实际上，2019 年美国在包含矿产在内的初级产品的出口占比（9.4%）远远领先中国的出口占比（2.1%）。

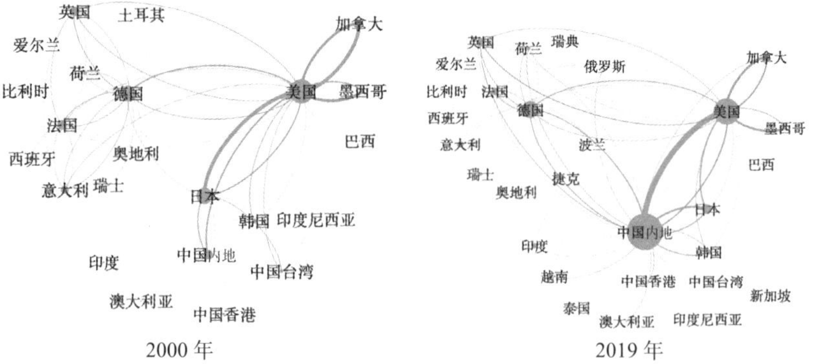

图 1.4　全球产成品贸易流向图

注：产成品指的是被直接进口国吸收的最终商品出口。根据全球价值链的分析框架，可以将一国总出口分解为产成品出口、中间产品出口等部分。贸易流向图中体现了超过 50 亿美元（以 2000 年美元不变价计）的双边贸易，任意一条曲线代表按顺时针方向上游节点出口商品至下游节点。节点大小代表经济体的总出口金额，曲线粗细代表双边贸易量的大小。

资料来源：基础数据来源参考《总贸易核算法：官方贸易统计与全球价值链的度量》（王直等，2015 年），ADB MRIO 数据库，中金研究院。

---

① HS 编码为世界海关组织编制的编码协调制度，对国际贸易中涉及的货物进行了分类，常用的类别标准包括二位编码（97 类）、四位编码（约 1 200 类，不同年份间有所调整）、六位编码（约 5 000 类，不同年份间有所调整）。本章中凡涉及 2000 年和 2019 年四位细分行业数据对比的，为保证统计口径的一致性，采用 HS 1996 四位编码共 1 242 个细分行业划分；若只涉及 2019 年四位细分行业数据呈现的，为体现最新的划分标准，采用 HS 2017 四位编码共 1 223 个细分行业划分。

② 三大类行业划分标准参考 ADB MRIO 数据库。初级产品行业主要是农业和采矿业，低技术制造业主要是初级产品加工、纺织服装等行业，中高技术制造业主要是设备制造等技术含量较高的制造业。

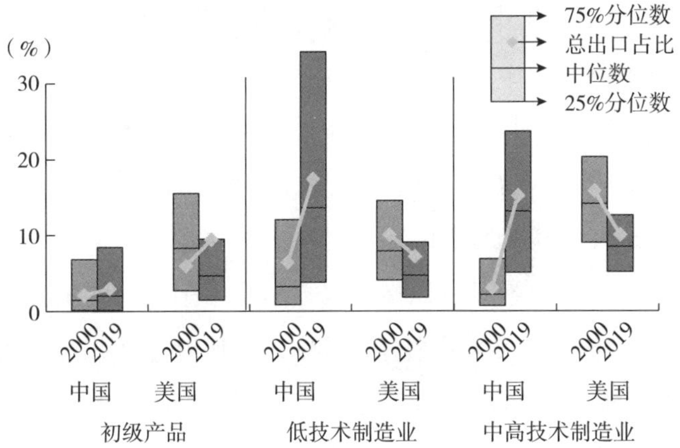

图 1.5　中美三大行业出口占比对比

注：出口占比 = 该国该类货物出口金额 / 全球该类货物出口金额。

资料来源：UN Comtrade（联合国商品贸易统计数据库），中金研究院。

中国的优势主要在于低技术制造业

无论是从相对的 RCA（显示性比较优势指数）指标[①] 还是绝对的出口占比指标来看，中国当前的优势都主要在于低技术制造业。2019 年中国在初级产品、低技术制造业、中高技术制造业的 RCA 指标分别为 0.22、1.27 和 1.11，在全球出口的占比分别是 3.0%、17.4% 和 15.3%。进一步看两位 HS 编码的 97 个细分行业的 RCA 指标，在 18 个初级产品细分行业，2000 年中国 RCA 大于 1 的有 8 个，到 2019 年就仅剩 3 个，而且与大豆等农产品安全相关的重点领域和与矿产安全相关的重点领域的 RCA 指标不到 0.2，初级产品不是中国具有比较优势的产业。在 58 个低技术制造行业中，2019 年中国有 16 个低技术细分行业的 RCA 大于 2.5，有 34 个细

① 若 RCA<1，表示该产业具有比较劣势；若 RCA>1，表示该产业具有比较优势；若 RCA>1.25，表示具有较强的比较优势；若 RCA>2.5，则表示具有极强的比较优势。

分行业大于 1，显示出中国在低技术制造业方面具有较强的比较优势。在 21 个中高技术制造业中，中国整体而言竞争力并不突出，只有 8 个行业的 RCA 指标大于 1。其中，中国在乐器、电机电器设备、铁道电车等行业比较优势最为突出；在航空器、药品、化妆制品、汽车等领域没有比较优势，过去 20 年未得到显著改善。

97 类细分行业的绝对占比指标也显示出中国当前的主要优势在低技术制造业。在 18 个初级产品细分行业中，2019 年中国出口占比最高的为动物皮毛等其他动物产品，且占比仅为 22%。在 58 个低技术制造行业中，2019 年中国在 28 个行业的出口占比超过 20%，在 6 个行业的出口占比超过 50%，其中在羽毛羽绒制品、雨伞等产品的出口占比更是高达或者接近 80%（见图 1.6）。在 21 个中高技术制造业中，中国的出口占比也并不突出，其中出口占比最高的乐器及其零件也仅为 25%。

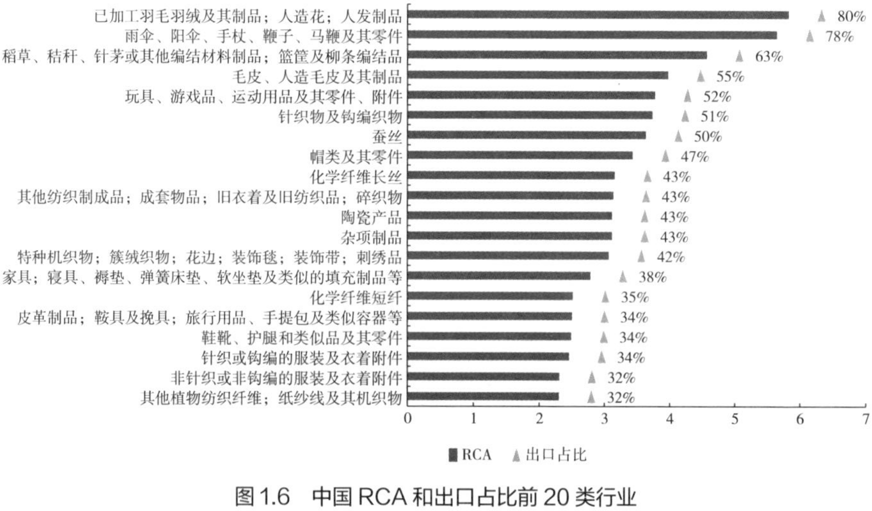

图 1.6　中国 RCA 和出口占比前 20 类行业

注：出口占比 = 该国该类货物出口金额 / 全球该类货物出口金额。

资料来源：UN Comtrade，中金研究院。

总的来看，中国在出口贸易中的比较优势主要集中在低技术制造业。

但目前处于优势地位并不意味着这些产业没有风险，事实上这些优势行业正面临着来自逆全球化造成的横向风险。如前所述，中国在这些低技术制造业领域占据全球贸易的中心环节，因此贸易摩擦下的横向风险本质是“去中心化”，即减少对中国这个贸易中心节点的依赖。其风险的一个重要体现形式是外需及随之而来的产能转移风险。贸易摩擦前后美国对中国进口关税水平见图 1.7。

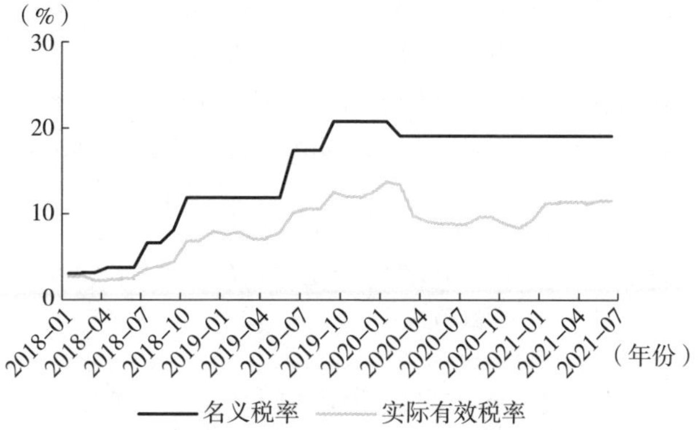

图 1.7 贸易摩擦前后美国对中国进口关税水平

资料来源：PIIE（彼得森国际经济研究所），USTR（美国贸易代表办公室），美国商务部普查局，中金公司研究部宏观团队。

“卡脖子”：部分高技术产业和初级产品面临纵向风险

中国整体位于产业链下游，受上游原材料及关键设备、零部件进口制约

虽然出口视角的分析证明中国占据了全球产成品贸易的中心地位，但从中间品贸易来看（见图 1.8），中国在贸易中的优势地位有所下降，而且分工越复杂的中间品优势越弱。全球价值链相对位置指数的分析表明，中国整体在全球产业链中处于下游位置。

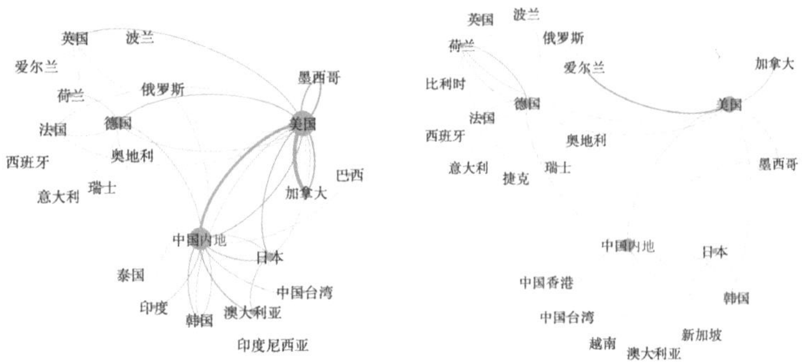

简单中间品贸易　　　　复杂中间品贸易

图 1.8　全球中间品贸易流向图

注：简单中间品指的是被直接进口国吸收的中间出口；复杂中间品指的是被直接进口国生产、向第三国出口所吸收的中间出口。贸易流向图中体现了超过 50 亿美元（以 2000 年美元不变价计）的双边贸易，任意一条曲线代表按顺时针方向上游节点出口商品和服务至下游节点。节点大小代表经济体的总出口金额，曲线粗细代表双边贸易量的大小。

资料来源：基础数据来源参考《总贸易核算法：官方贸易统计与全球价值链的度量》（王直等，2015 年），ADB MRIO 数据库，中金研究院。

需要说明的是，位置指数只能说明各国在全球产业链分工中距离终端消费者的远近，或者可以大致理解为整体意义上的上下游关系，并非衡量不可替代性的唯一指标。指数越高代表离终端消费者越远（见图 1.9），俄罗斯、澳大利亚等国的指数高是因为输出矿产油气资源等原材料，日本和美国的指数较高是由于它们位于中上游的研发等环节。中国位于产业分工下游，进口同时受到基础资源出口国、关键技术出口国和关键设备出口国的制约，有必要结合进口对外依赖程度进一步分析产业链风险。

从总进口占比来看，2019 年中国总进口占世界总进口的 11.2%，为全球第二大进口国，仅次于美国的 14%。从四位 HS 编码的 1 242 个细分行业看，2019 年中国各行业进口占全球总进口比重的中位数为 4.0%，比 2000 年的水平上涨了 2.2 个百分点。而从初级产品、低技术制造业、中高技术制造业三大行业的分类进口看（见图 1.10），2019 年中美在全球进口中所占的比重远高于 G20（20 国集团）中的其他成员，中国对于初级产品的进口占比最高，而美国对低技术、中高技术制造业产品的进口占比都居于首位。值得注意的是，2019 年中国的总进口占比高于 1 242 个细分行业进口占比分布的 75% 分位数。这意味着中国的进口结构呈现出两极分化的特点，即超过 75% 的细分行业的进口占比低于平均值，而少部分行业对进口的过度依赖大幅抬高了整体的进口风险，有必要对这些行业做进一步的分析。

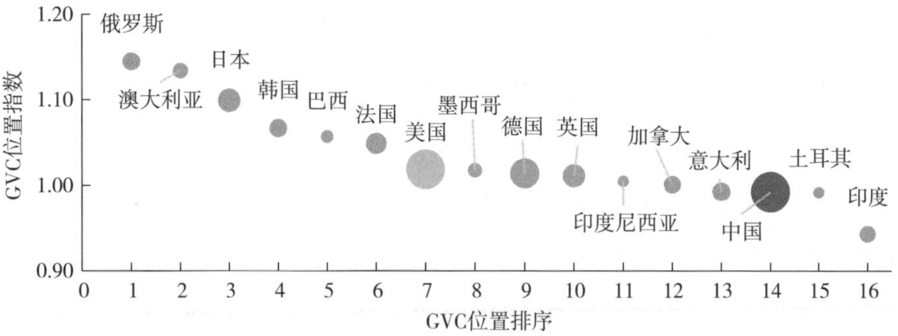

图 1.9　全球价值链位置指数

注：GVC 位置指数越高，代表该国在全球价值链越靠近上游。气泡大小代表该国总出口中被国外吸收的国内增加值大小。

资料来源：《总贸易核算法：官方贸易统计与全球价值链的度量》（王直等，2015 年），ADB MRIO 数据库，中金研究院。

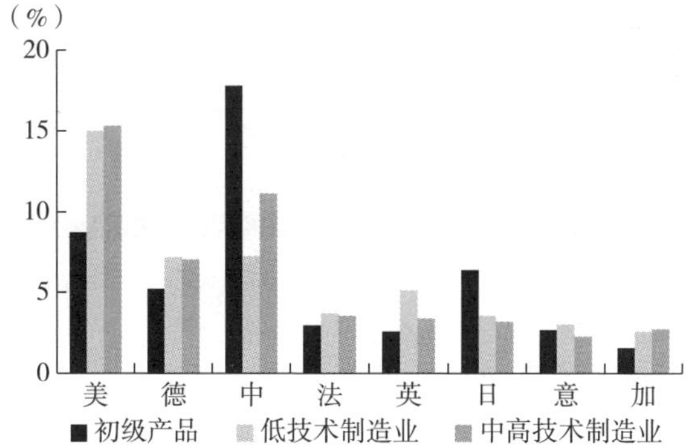

图 1.10　2019 年中国与 G7 国家进口占比

注：进口占比 = 该国该类货物进口金额 / 全球该类货物进口金额。

资料来源：UN Comtrade，中金研究院。

筛选进口风险过高的细分行业

我们对进口风险过高的定义包含三个方面，即进口金额、在全球进口的占比、前四大进口来源地集中度。前两个指标越大，说明产业链对外进口风险程度越高，而第三个指标越高，说明对于单一或少数市场的进口风险程度越高，越容易受到国际竞争或自然灾难的影响。[①] 最后考虑到中国经济的规模，过滤掉四位 HS 编码 1 223 个细分行业中进口金额小于 20 亿美元的行业，筛选出进口风险较高的细分领域。

在 207 个初级产品细分行业中，共有 24 个行业被筛选为进口风险过高的领域，行业数目占比 11.6%，尤其是石油原油、铁矿、石油气、铜矿等矿产资源行业和大豆等油料作物行业。部分产品（如铁矿、大豆、棕榈油）的进口来源地 CR4（行业前四名份额集中度指标）均超过了 90%（见图 1.11）。

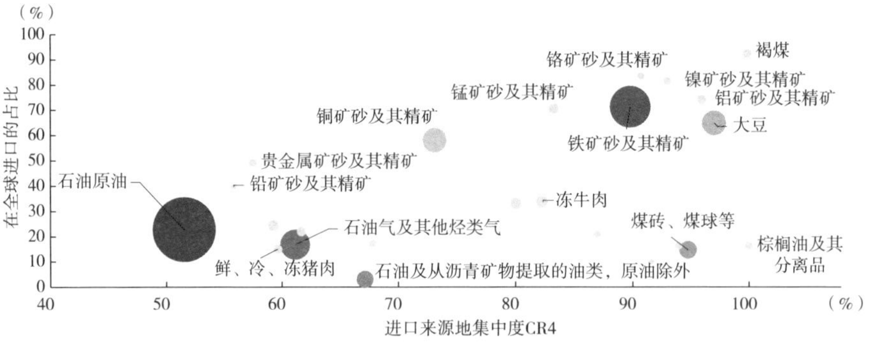

图 1.11　初级产品中对矿产资源和油料作物的进口风险较大

注：2019 年数据，圆圈大小代表中国对各类产品的进口值大小；进口占比 = 该国该类货物进口金额 / 全球该类货物进口金额。

资料来源：UN Comtrade，中金研究院。

① 我们筛选进口风险较高的细分行业的标准为：在三大行业各类别里进口金额前 20 位的细分行业，或在该行业全球进口的占比大于 32%（即是 2019 年中国 GDP 占全球 GDP 的比例的 2 倍），或进口来源地集中度 CR4 大于 75%。

在 609 个低技术制造细分行业中，只有 35 个行业被识别为进口风险较高，行业数目占比 5.7%，而且主要集中在初级产品的粗加工领域，比如精炼铜及铜合金（见图 1.12）。这些行业技术复杂度不高、进口集中度相对较低，因此，单纯从低技术制造领域来看，中国受制于人的概率不大，更关键的是保证上游矿产资源的进口安全。

在 407 个中高技术制造细分行业中，共有 33 个被筛选为进口风险较高的细分领域，行业数目占比 8.1%，主要集中在高技术领域，例如集成电路、半导体器件、用于制造集成电路和半导体器件的设备等领域的进口风险最为突出，且进口集中度在 80% 左右（见图 1.13）。

综上，中国的劣势行业在于石油、大豆、铁矿石等初级产品，以及集成电路、制造集成电路的设备、机动车辆、药品等中高技术制造业。这些进口风险较高的劣势行业，如果海外断供，则本国相关生产也可能存在中断风险，由于这种风险来自中上游，因此将其称为"纵向风险"，即通常所称的"卡脖子"问题。

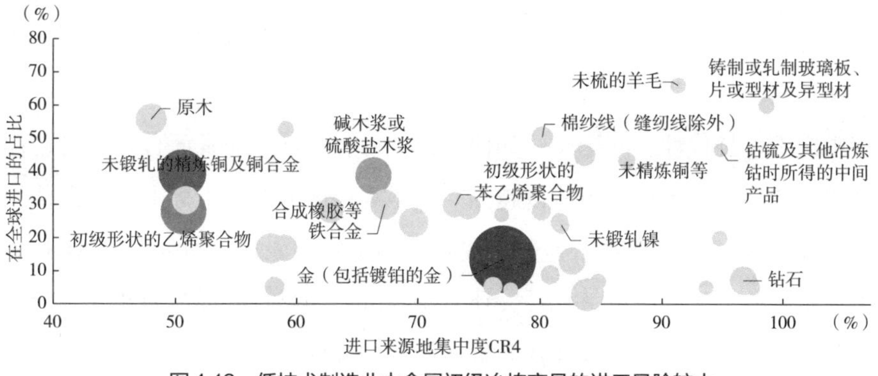

图 1.12 低技术制造业中金属初级冶炼产品的进口风险较大

注：2019 年数据，圆圈大小代表中国对各类产品的进口值大小；进口占比 = 该国该类货物进口金额 / 全球该类货物进口金额。

资料来源：UN Comtrade，中金研究院。

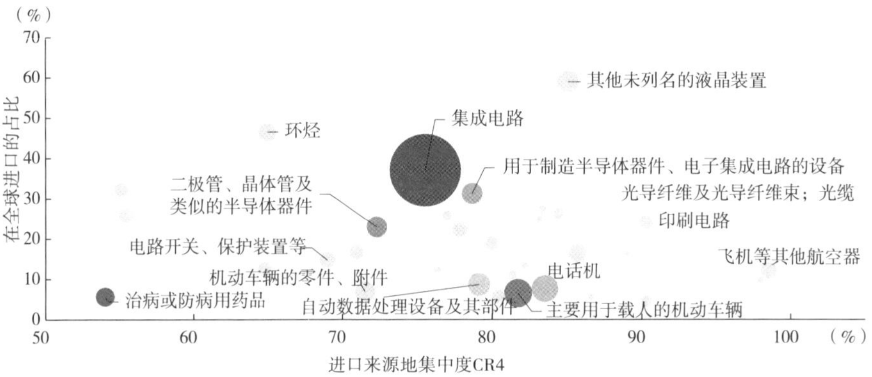

图 1.13　中高技术制造业中集成电路的进口风险最为突出

注：2019 年数据，圆圈大小代表中国对各类产品的进口值大小；进口占比 = 该国该类货物进口金额 / 全球该类货物进口金额。

资料来源：UN Comtrade，中金研究院。

产业链安全的创新经济学

以上出口和进口视角的风险，只是有助于识别不同领域中存在的是横向风险还是纵向风险，并不能给出有关如何提升产业链安全的信息。如前所述，从国际竞争角度看，提升产业链安全度的关键在于提高本国在产业链中的不可替代性。问题是，如何衡量不可替代性？通常而言，不可替代性越强的环节，定价能力应该越强。在微观层面的财务指标上，我们认为毛利率比 ROE（净资产收益率）更适合衡量定价能力。因为影响 ROE 的不只是企业本身的不可替代性，还有受经济周期影响的资产周转率、受会计制度影响的净利率，以及代表资本结构的杠杆率。相对而言，毛利率能够较纯粹地体现企业自身的定价能力。

下文中，我们将以毛利率作为不可替代性的衡量指标，以研发强度作为创新能力的衡量指标，分别刻画产业价值链和研发链，以尝试对如何提升产业链安全度进行探讨。需要说明的是，并非所有存在劣势或者风险的行业都需要政策层面的高度关注。例如，从2019年中国进口占该项在全球进口的比重来看,化妆品是22%,药品是6%；从进口来源地的CR4来看，化妆品高达78%，也高于药品的54%。但这并不意味着从政策的角度看，政府要更关注化妆品行业而非药品行业。考虑到各个行业的社会意义不一样，因此没有必要关注所有的风险行业，这样不利于集中资源以提升关键领域的产业链安全。

基于前述各行业的优劣势分析，结合“系统重要性”和“发展前景广阔”两大标准，我们筛选出数字经济、绿色经济和生物经济这三大重点领域。其中,数字经济是未来10年中国经济最具“系统重要性”的领域之一，产业数字化将给众多行业带来深刻变革；绿色经济是碳中和目标下未来40年中国经济的新约束和新机遇，氢能、碳捕捉、储能等新技术、新产业将会有广阔的发展前景；罕见的新冠肺炎疫情凸显了生物经济的系统重要性，在全球气候变暖的大背景下，无论是粮食生产还是防病、治病，生物经济对于人类社会的可持续发展可能越来越重要，AI（人工智能）在预测蛋白质结构上的巨大成功也意味着数字经济的发展可能会大大加速生物经济的发展。

三大领域的启示：产业价值链与产业研发链高度正相关

数字经济：美国通过高研发投入占据产业链的高毛利环节

集成电路和制造半导体的关键设备领域存在比较突出的纵向风险问题。2019年，中国集成电路进口占到全球集成电路进口的37%，光刻机等用于制造半导体器件等的机器设备进口占全球比重高达31%。相比之下，美国半导体行业在全球市场的进出口占比更为均衡，进口风险较低。同时在“用于制造半导体器件或集成电路的机器设备”这一细分领域上，美国出口的全球占比更是高达23%，显示出美国在数字经济核心层的显著优势。

从毛利率刻画的半导体价值链来看（见图 1.14），设计、设备和 IDM（垂直整合制造）是半导体产业链毛利率最高的三个环节，也是不可替代性最强的三个环节。美国在这三个环节的毛利率和营收均远远领先于其他经济体，这背后是美国在设计、设备以及 IDM 上领先的研发投入强度。中国的毛利率只在封测这个环节处于领先地位，从整个产业链的角度看，封测是毛利率最低，也即不可替代性最弱的环节。即便是在这个不可替代

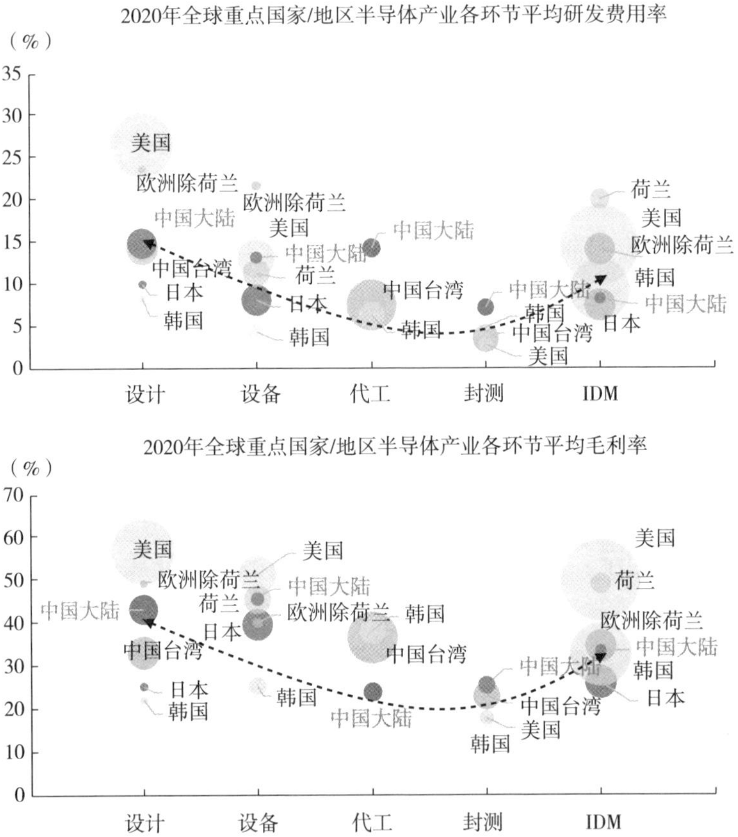

图 1.14　半导体产业研发链与价值链（2020 年）

注：气泡大小为该国 / 地区企业在对应行业的总营收规模相对值（中金公司测算）。

资料来源：万得资讯，彭博资讯，IC Insights（半导体市场趋势研究公司），Trendforce（集邦咨询），*Digitimes*（《电子时报》），中国半导体行业协会，中金公司研究部科技硬件团队。

性最弱的环节，中国领先的毛利率也与中国在该环节领先的研发投入强度相关。此外，代工是中国大陆另外一个研发投入强度领先的领域，但从整个半导体产业链的角度看，代工环节的毛利率仅高于封测，也是一个不可替代性较弱的环节。

按照类似的思路，我们对数字经济的另一个重要方面——软件也进行了分析。从产业的价值链和研发链的分析来看，中国软件产业也存在需要提升产业链安全的问题（见图 1.15）。在软件行业中，基础设施软件的毛利率最高，不可替代性最强，美国无论是在毛利率的水平，还是整体营收方面均远高于其他经济体，背后的支撑依旧是美国在该环节远超其他经济体的研发投入；应用软件的毛利率位于基础设施和 IT（信息技术）服务两者之间，美国在这个方面的毛利率和营收依旧居于领先地位，在研发投入方面更是远超其他经济体。IT 服务是毛利率最低、不可替代性最弱的环节，美国在这方面虽然具有一些营收优势，但毛利率水平并不明显高于其他国家，研发投入强度也没有明显优势。

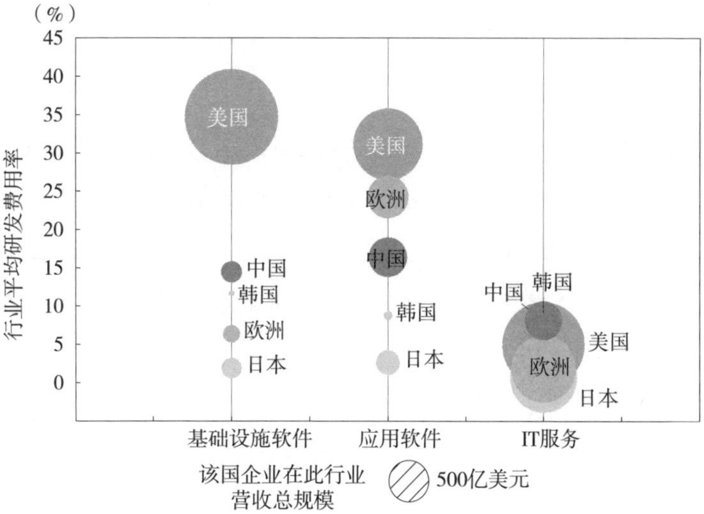

图 1.15　软件产业研发链与价值链（2020 年）（上）

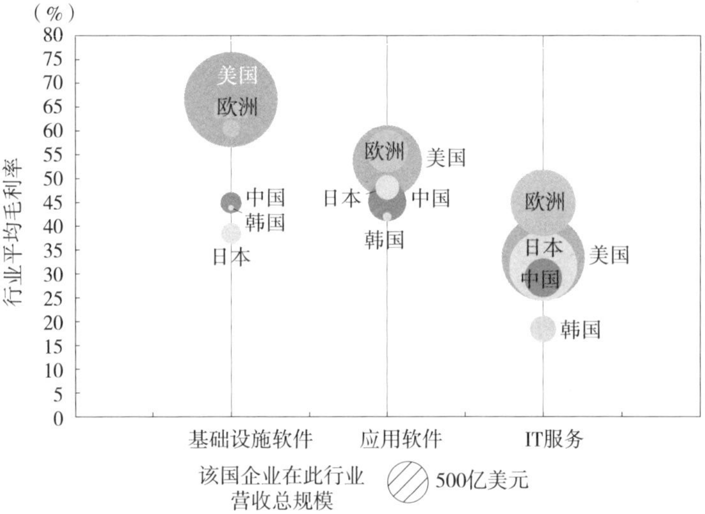

图 1.15 软件产业研发链与价值链（2020 年）（下）

注：选取了彭博资讯软件 / 技术服务行业中西欧、美国、中国（包含香港和台湾地区）、日本、韩国的 2 712 家公司计算；气泡大小代表营收规模大小。

资料来源：彭博资讯，中金公司研究部计算机软件团队。

绿色经济：研发投入支撑中国目前的领先地位

绿色经济作为一个新兴领域，是当前中国具有一定国际竞争优势的行业，尤其是在光伏和动力电池这两大领域。在半导体光敏领域，中国的全球出口占比为 21%，远高于 7% 的全球进口占比；在蓄电池领域，中国的全球出口占比达 28%，是全球进口占比 8% 的 3 倍多，其中锂电池出口占全球出口的比重更是高达 38%。优势的背后，一个重要原因在于中国在主要环节都维持了较高的研发费用率，从而支撑中国企业占据大的市场份额和享有较高水平的毛利率。在光伏产业链中（见图 1.16），中上游制造环节由中国企业主导；仅逆变器环节上，美国、德国仍有一定竞争力，值得一提的是，美国、德国在这个环节的优势依旧是建立在研发投入强度较高的基础上。在动力电池产业链中（见图 1.17），中国企业在动力电池各环节的研发投入高于其他地区，也拥有高于其他地区的毛利率水平。

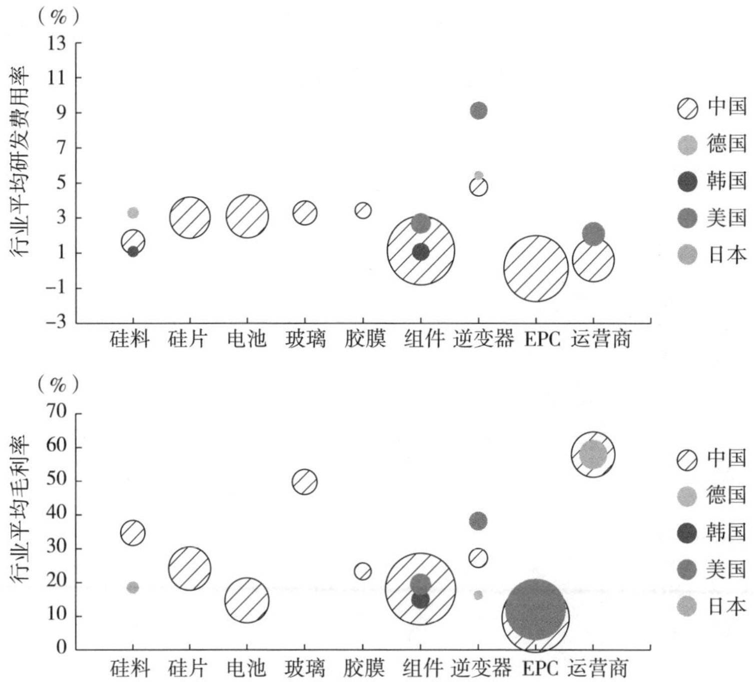

图 1.16　光伏产业研发链与价值链（2020 年）

注：根据 2020 年全球重点国家 / 地区光伏产业各子行业的 2~3 家龙头公司计算；气泡大小为该国 / 地区企业在对应行业的总营收规模相对值（中金公司测算）。EPC 为一种工程总承包模式。

资料来源：万得资讯，彭博资讯，中金公司研究部电新公用环保团队。

目前的优势地位意味着中国在光伏、新能源电池领域面临的产业链风险与半导体产业不同。短期来看，中国在绿色经济领域面临的主要是出口维度的横向风险，部分发达国家以反倾销、反补贴等借口为由，对中国光伏等绿色产业进行制裁。例如 2021 年 8 月，美国在一项共同决议案中，通过了要求获得美国联邦政府资助的项目不得进口中国光伏产品的相关条款。[①] 长期来看，绿色经济方兴未艾，实现碳中和更为关键的技术在于储能、

① 参见 https://www.congress.gov/congressional-record/2021/08/10/senate-section/article/S6296-1。共同决议案旨在表达立法者的政策立场与意见，不具有强制性的法律约束效力。

氢能、碳捕捉等，在这些对于绿色经济具有战略意义的领域，中国尚未建立起像光伏、新能源电池等领域的优势，而各主要国家都在这些战略领域持续投入研发力量，一旦其他国家在这些领域率先取得突破，中国绿色经济的优势可能会被大幅削弱，出现新的纵向风险。

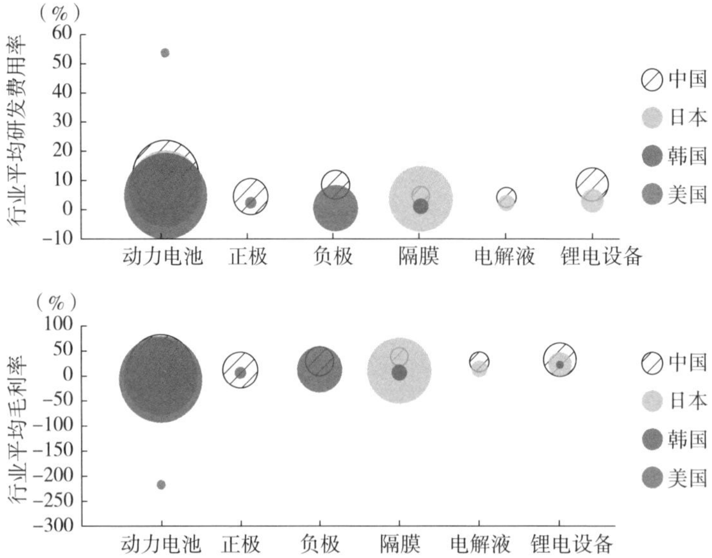

图 1.17　动力电池产业研发链与价值链（2020 年）

注：气泡大小为该国 / 该地区产值的相对值，产值为该国 / 该区域重点公司对应业务收入；动力电池环节为动力电池业务营业利润率，其他环节为公司整体毛利率；美国动力电池环节选取代表公司为 Romeo Power、Proterra。

资料来源：公司公告，万得资讯，中金公司研究部电新公用环保团队。

生物经济：欧美在制种和制药领域的不可替代性较强

总的来看，生物经济的纵向风险不如半导体那么明显，进口风险主要存在于个别领域，比如农业领域的大豆等油料作物和种子，以及医药领域的人用疫苗和医用仪器等。从医药产业的研发链与价值链来看（见图 1.18），基本上也是毛利率越高、不可替代性越强的领域，研发投入强度也越高。目前，中国在毛利率较高的制药和器械两个领域的研发投入强度明显落后于美国和欧洲。2020 年，美国收入前十大药企的研发投入占营业收入比重高达 22.1%，而中国制药收入前十大药企仅为 14.3%。在农业领域，除了更多具有化工属性的化肥领域外，其他环节基本上也是毛利率和研发强度正相关。其中，毛利率最高、不可替代性最强的环节是制种。以种植为例（见图 1.19），中国在上游制种环节的研发费用率仅为 5% 左右，远低于美国和欧洲 10%~20% 的水平，导致我国在该环节的毛利率低、不可替代性较弱。

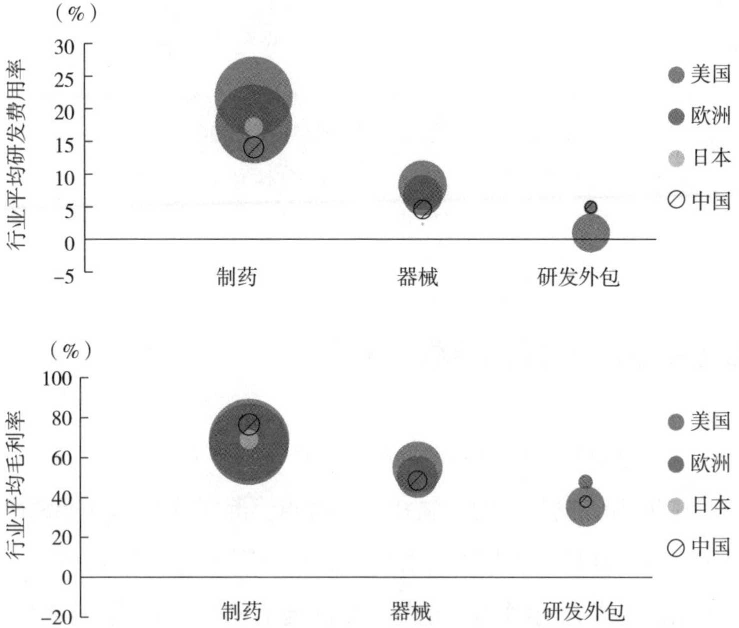

图 1.18　医药产业研发链与价值链（2020 年）

注：样本为该国家 / 地区医药行业前十大企业，中国制药行业根据上市公司制药收入排序；作为体量参考，美国制药行业前十大企业营业收入为 286.8 亿美元；气泡大小代表营收规模大小。

资料来源：万得资讯，彭博资讯，中金公司研究部医药团队。

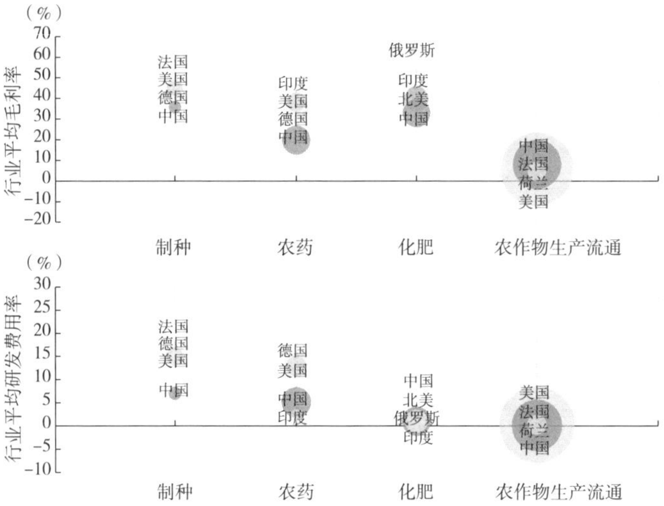

图 1.19　种植产业研发链与价值链（2020 年）

注：气泡大小为该国 / 地区企业在对应行业的总营收规模相对值（中金公司测算）。

资料来源：中金研究部农业团队，Phillips McDougall，ETC Group，世界农化网，万得资讯，彭博资讯。

科技创新是提升产业链安全性的关键

上述三大重点领域作为典型的高科技产业，产业价值链与研发链的高度正相关体现出研发驱动的“温特制”特点。除了光伏、新能源电池外，我们在半导体、软件等领域不可替代性较弱的问题，根本原因在于研发投入不足（见图 1.20）。事实上，这样一个问题不只存在于高科技领域，也存在于中国具有优势的低技术制造业领域，这是中国制造业存在的普遍问题。中国几乎所有行业的资本投入强度都高于研发投入强度，制造业企业更多通过扩张产能而非提高研发的方式进行竞争。这不仅在一定程度上可能造成资源浪费、低端领域过度竞争，也会导致企业研发投入不足、削弱企业向产业链高端位置提升的动力。因此，提高研发强度、加速科技创新，不只是高科技领域提升产业链安全的需要，也是各行各业的普遍需要。

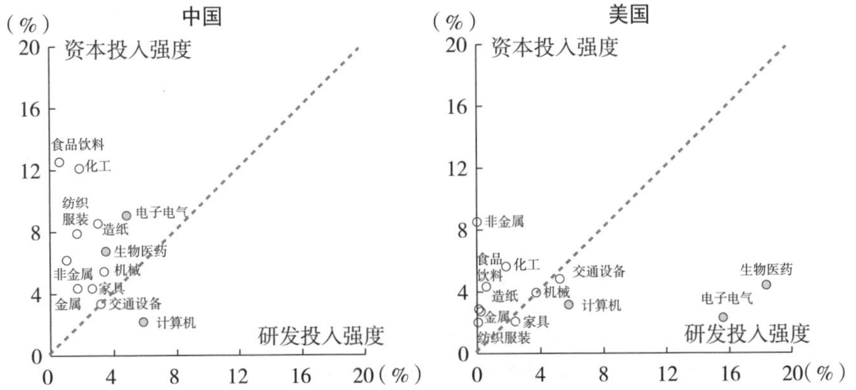

图 1.20 中国制造业以大规模资本开支为主，研发投入不足

注：图中为 2020 年各国上市制造业企业数据，研发（资本）投入强度 = 研发（资本）投入 / 销售收入。
资料来源：Factset，中金研究院，中金公司研究部机械团队。

初级产品领域中，中国在石油等重要的原材料方面进口风险较大，存在纵向风险。初级产品通常被认为是自然资源，解决这方面的纵向风险要么通过分散进口源、建立国内库存等经济方式，要么通过非经济方式来解决供应安全问题。事实上，这些措施的效力期偏短，而且效果存疑。美国石油供给安全问题最终是靠技术进步实现的。中国未来解决石油等初级产品的进口风险问题，最终也是要靠绿色能源等方面的技术进步来解决。

如前所述，在中国占据着优势地位的低技术制造业领域，正面临着来自逆全球化造成的横向风险。需要强调的是，2018 年以来虽然有一些企业为规避关税将生产线迁移至越南、菲律宾等国家，但是更多的企业仍选择了立足中国战略，这表明单纯的贸易摩擦政策并不足以改变中国的比较优势，这并不是真正具有威胁的横向风险（见图 1.21）。真正的横向风险还是在于科技进步。研究表明，美国制造业中平均每增加 1 个机器人，将会取代 3.3 名工人的岗位。[①] 随着工业机器人的广泛使用，美国制造业已

① Acemoglu and Restrepo，Robots and Jobs：Evidence from US Labor Markets，2019.

呈现缓慢回流迹象，近10年来制造业投资规模稳定增加（见图1.22）。在此背景下，依靠人口红利占据“世界工厂”位置的发展中国家或面临着出口产能被替代的可能。因此，对中国而言，要在根本上化解低技术产业的横向风险，最重要的还是通过科技进步来提升不可替代性。

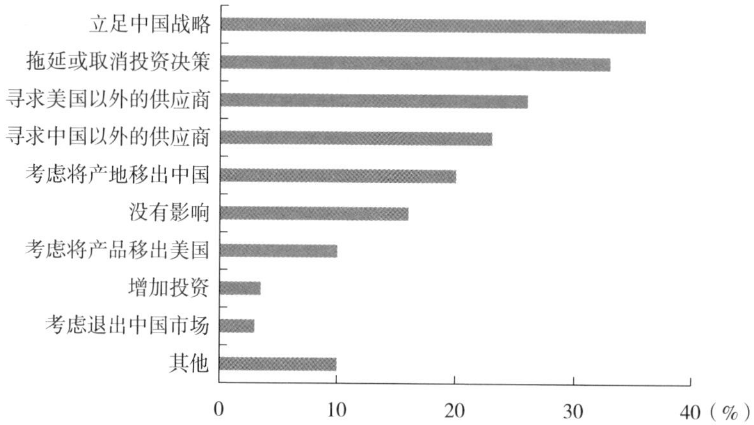

图1.21 跨国企业应对中美贸易摩擦的战略选择

资料来源：美国中国商会报告，中金公司研究部宏观团队。

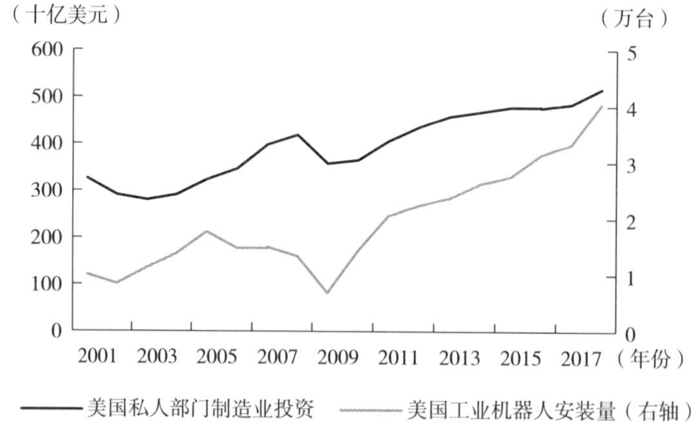

图1.22 美国制造业回流与工业机器人的使用

资料来源：万得资讯，中金研究院。

综上所述，所谓国际竞争造成的产业链风险，根本原因在于我国研发投入不足、科创能力偏弱。对此，我们将在第二章中进行详细分析，从学术文献发表、发明专利申请等多个视角来对比分析中国知识创新实力在全球的位置。而要加速中国的科技创新，有两个基本路径：一是吸收先进国家的技术外溢，二是靠自主创新。自中华人民共和国成立以来，一方面，某些国家一直在高技术领域对中国实施诸多限制措施；另一方面，这些国家也需要中国融入全球产业链以提供更有效率的生产。因此，过去几十年对中国的科技创新而言，吸收国外与自主创新一直是并行不悖、互相促进的。

在当前国际竞争背景下，中国面临的技术封锁态势越发严重，从外吸取先进科技成果越发困难。在奥巴马第二个任期，美国对华制裁强度就已大幅提升。[①] 特朗普任期内中美贸易摩擦持续升温，美国在芯片等领域加大对于中国企业的打压。即便是拜登上台，这样一个科技上的竞争、封锁态势，也并没有明显缓和的迹象。事实上，国际竞争是由双方实力此消彼长的客观态势决定的，不以人的意志为转移，也意味着科技竞争是大国竞争的关键所在，这进一步说明了寄希望于美国主动缓和对中国的科技封锁是不现实的，或者说如果期望美国缓和对华科技封锁，除非中国能够加速科技进步、降低美国封锁的必要性。

失之东隅，收之桑榆。尽管美国不断扩大对华技术管制的范围和强度，确实对我国继续吸收国外先进技术造成了不利影响，但这反而有可能倒逼中国企业加速自主创新。实证研究表明，科技封锁会促使中国企业在

---

① Pengfei Han, Wei Jiang, Danqing Mei, Mapping US-China Technology Decoupling, Innovation, and Firm Performance, April 2021.

相应领域的专利产出增加。[①] 这说明国外的科技封锁不只有“产业链风险”的一面，也在酝酿我国科技进步自发加速的新机遇。

不过，即便没有外部的国际竞争压力，中国要实现中长期的增长目标也需要加强研发投入、加速科技创新。党的十九大通过的《中国共产党章程（修正案）》指出，到中华人民共和国成立一百年时，全面建成社会主义现代化强国。《中共中央关于制定国民经济和社会发展第十四个五年规划和二〇三五年远景目标的建议》针对 2035 年的远景目标，提出人均国内生产总值达到中等发达国家水平。上述目标意味着我国人均 GDP 增速在未来很长的历史时期仍需要维持在 4%~6% 的较高水平。但是，由于我国人口红利渐行渐远、老龄化问题日益加剧，我们预计我国劳动年龄人口在未来 30 年将处于负增长。同时，由于我国青壮年人口已经在 2011 年跨过增长拐点处于下降趋势，未来储蓄率也很有可能随之持续下降，这将导致资本积累速度逐步放缓。因此，要实现我国中长期发展目标，我国经济增长将更多依靠科技进步推动的 TFP 增长。

根据我们的估算，要实现 2035 年中长期发展目标，我国 TFP 增速需要维持在 2.5%~3%，相比过去 10 年需提高 0.4~0.9 个百分点（2010—2020 年，我国 TFP 增速均值约 2.1%）。与此同时，对于中高收入国家而言，研发投入强度每提高 1 个百分点，TFP 增速大约提升 0.63 个百分点（见图 1.23）。[②] 因此，如果要实现上述 TFP 增速的提升目标，则需要研发投入强度由当前的 2.4% 提升至约 3.4%。[③]

---

① Pengfei Han，Wei Jiang，Danqing Mei，Mapping US-China Technology Decoupling，Innovation，and Firm Performance，April 2021.

② Claudio Bravo-Ortega，Álvaro García Marín，R&D and Productivity：A Two Way Avenue? July 2011.

③ 该测算主要贡献者：赵扬、周子彭、徐恩多、徐磊。

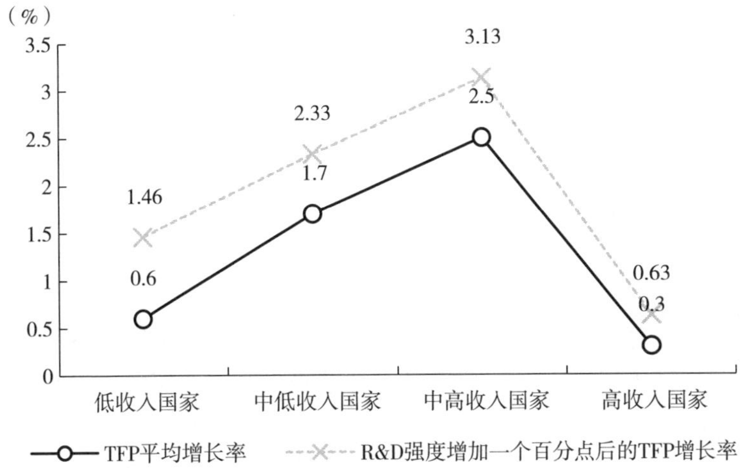

图 1.23　研发强度提升后的 TFP 变化

注：不同收入国家的定义来自世界银行 2019 年的 Natural Resources and Total Factor Productivity Growth in Developing Countries：Testing A New Methodology 报告，其中，低收入为人均 GDP 小于 995 美元，中低收入为人均 GDP 995~3 895 美元，中高收入为人均 GDP 3 895~12 055 美元，高收入为人均 GDP 大于 12 055 美元。图中“TFP 平均增长率”为上述报告测算的 2007—2014 年不同收入国家组别的 TFP 增速平均值。

资料来源：World Bank（世界银行），Bravo、Marín（2011），中金研究院。

需要说明的是，由于不同研究者对于相关数据、计算方法等存在不同理解，研发对于 TFP 乃至经济增长的量化分析确实很难取得没有争议的一致结论。因此，我们的测算结果更宜理解为以定量分析表达一个定性结论，即在当前的人口形势下，提升 TFP 增速是实现中长期增长目标的必要条件，因此，有必要进一步提高研发投入强度。不过，比上述量化测算更重要的是，如何提升研发投入强度，如何加速科技进步。在这个过程中，政策干预可能需要发挥关键性的作用。理解这一点需要超越传统的自由贸易理论。克鲁格曼在新贸易理论中提出，对于高新技术产业，政府需要采取适当的干预措施，才能有效地促进在该领域的创新，获得长久的竞争优势。

至于应该采取什么样的具体政策，这属于创新经济学的范畴。我们将在第三章到第八章中，结合中国的实际情况对创新经济学进行系统的分析。

通常而言，创新的发生需要三个方面的共同作用：一是供给侧的研发资源和人才资源投入，第三章和第四章将分别聚焦这两个主题；二是需求侧的本国需求和国际贸易，这是第五章和第六章重点分析的内容；三是将供给侧和需求侧形成互动关系的创新生态，具体而言又可以分为第七章探讨的区域创新机制，以及第八章探讨的国家创新体系两个层面。以上聚焦于创新经济学的六章内容，再加上对中国创新实力进行刻画的第二章，就构成了本书的总量篇。不过，对于创新经济学的分析只是开始，其目的是指导我们探索产业层面加速科技创新的具体路径。在产业层面，我们分成了两个维度进行探讨。

一方面，探讨需要通过科技创新来提升不可替代性的重点领域，主要包括第九章的半导体、第十章的软件、第十一章的绿色能源、第十二章的医药，以及第十三章的农业。需要说明的是，由于各个行业的产业链位置和科创技术特点不同，因此创新经济学体现在每一章的侧重点可能并不一样。例如，人才对于半导体加速科创而言可能非常重要；但对于软件而言，当务之急可能是创建一个有利于开源的创新生态；国内需求对于中国光伏、新能源电池的崛起发挥了关键作用，但在储能、氢能、碳捕捉等事关未来的战略性技术领域是否依然重要，还需要进一步分析；对于医药而言，在我国商业医保制度不健全的当下，能否利用国外商业保险需求来加速本国的医药进步，是一个值得探讨的问题；对于农业而言，如何加强知识产权保护、提高研发强度，可能是一个亟待破解的重要课题。

另一方面，还需要对制造业和物流两个行业进行专门讨论。如前所述，国际产业链分工得以形成的产业基础，一个是制造业向“温特制”的转型，另一个是物流成本的大幅下降。对于当下的中国而言，制造业规模大、门类全以及物流设施建设比较完善，也是我们能够加速科技创新的重要产业优势。不过，这两个重要的创新支撑，也存在“大而不强”等问题。究竟应该如何看待中国的制造业和物流在创新支撑中的作用，有哪些待补的短板，这两个行业又有什么新机遇来进一步强化其创新支撑作用？这些问题我们将分别在第十四章和第十五章中进行讨论。

上述七章构成了本书的产业篇，主要聚焦于创新经济学在实体产业层面的落地。但由于创新的正外部性，实体资本的内部融资意愿往往是不足的，因此一个通常的看法是需要外部金融支持。问题是，实体资本和金融资本都是逐利的，实体资本的内部融资意愿不足，为什么外部的金融资本有意愿去支持创新？事实上，根据第十六章的分析，关于金融与创新的关系，存在两个“不会自发”的问题，解决这两个问题首先需要提高金融资本投资创新的预期回报率。要实现这个目的，有两个基本方式：一是提高创新企业的内在价值，例如第十七章将探讨有利于科创的会计制度；二是利用股市泡沫，给予创新投资者在股价高于内在价值时退出的机会，这个问题我们将在第十八章中进行讨论。这三章构成了本书的金融篇。

总量篇

第二章

追赶者：
五大画像看中国知识创新

知识创新是科技创新活动的基石，也是人类认识、适应以及利用自然的重要依托，决定着各国生产创新的潜能。自 20 世纪 90 年代以来，我国投入大量人力、物力和财力以改变我国在全球知识创新活动中长期处于“追赶者”的角色。这些投入取得了什么样的成果?是否已经改变了我国“追赶者”的角色，又能给未来发展带来哪些启示？以史为鉴，总结过往中国知识创新的利弊得失，是促进我国未来知识创新更好发展的第一步。本章以知识创新成果为导向，聚焦于学术发表和商业专利申请，从国际比较的视角出发，为中国知识创新的 30 年追赶史绘制出五大画像。

第一，中国知识创新的数量后来居上，领先幅度有望加大；与发达国家知识创新的“质量鸿沟”正在不断缩小。

第二，在全球知识网络中，中国的核心贡献相对较少，当前仍然存在原创性落后的硬伤。

第三，知识创新成果转化“产业强、学研弱”，高质量科技前沿企业稀缺阻碍前沿知识创新成果的产业化。

第四，我国知识创新活动表现优异的领域往往是在国际贸易中具有比较优势的领域，这是创新发展的动力，但也可能对跨越发展带来约束。

第五，近年来，我国知识创新国际合作的增长势头放缓，特别是在学术合作领域与国际趋势出现背离。

上述五大画像表明，我国的知识创新活动正从原先的模仿和跟随逐渐向自主创新过渡，在部分领域我国甚至开始扮演“开拓者”的角色，然而这些画像也暴露出我国知识创新总体原创度仍然较低、成果转化和产业化程度不高、国际合作不充分等问题。面对中国高质量发展需求和日益激烈的全球科技竞争，我们更需继续保持“追赶者”谦虚的态度，围绕科技创新的“初心”建立知识创新体系的考核和激励机制，重视市场对知识创新的拉动作用，打造国内学术共同体，营造清朗健康的科创文化环境，进一步鼓励和支持中国与全球知识创新体系的融合，从而为我国未来知识创新活动的更好发展打下基础。①

---

① 本章作者：周子彭、戴戎、陆趣。

在全球竞争日益激烈的今天，一个国家的发展越来越依赖科技创新。而知识创新作为科技创新的基石，不仅是人类科技进步和经济增长的基础，更是人类认识和改造世界的重要途径。由于接触现代科学时间较晚，中国的知识创新活动在近现代曾被时代大潮抛下，近代化的进程也比西方国家晚了 200 余年。中华人民共和国成立后，特别是 20 世纪 90 年代以来，我国投入大量人力、物力和财力，以求改变在知识创新层面近乎处处落后、处处追赶的局面。30 多年过去，这些投入取得了什么样的成果？有哪些经验和收获，又面临着怎样的短板和不足？我国的知识创新活动是否已从追赶变为引导？总结过去，才能更好地指引未来。认清当前中国知识创新实力在全球范围所处的位置，寻找上述问题的答案，对于推动未来我国科技创新更好地发展具有重要意义。

以成果为导向，明利弊得失

一个国家的创新系统，通常由科技创新投入、科技创新成果、科技创新机制与环境三个部分构成（见图 2.1）[①]。与科技创新投入和科技创新机制与环境不同，科技创新成果能够直接反映一国过往科研实力水平，可以说是一国科创活动的结果和“成绩单”。不仅如此，科技创新成果还是一国科创投入和环境建设的“指挥棒”。通过比较各国科创活动取得的成果，可以帮助我们总结过往科创活动的利弊得失，为完善创新机制以及更好地分配资源指明方向。也正基于上述两个特点，以成果为导向探讨当前中国科创水平，为指引如何改进我国科创实践活动提供了一个视角。人类的科创活动可以分为知识创新和生产创新两类。从源头来讲，知识创新一定程度上是生产创新的前提条件，决定着未来生产创新的可能，因此相对而言更为基础也更具前瞻性，所以本章聚焦于中国科创活动中的知识创新部分。

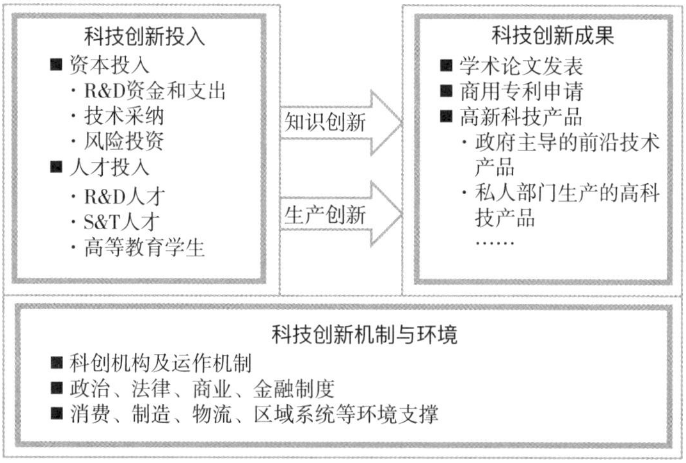

图 2.1 一个简单的国家创新系统结构及相关指标

注：上文科技创新机制与环境参考 WIPO Global Innovation Index（世界知识产权组织全球创新指数）的构建方法。R&D 指研发，S&T 指科技。

资料来源：OECD（经济合作与发展组织），中金研究院。

① OECD, Measuring China’s Innovation System National Specificities and International Comparisons, 2009.

那么究竟什么叫知识创新？简单地讲，知识创新就是指人类通过科学研究获取基础科学以及应用科学新知识的活动。与之相对应的生产创新，则是指人类借助创新思维把知识生产和实物生产有机结合起来的活动。与生产创新比，知识创新不仅是人类认识世界、改造世界的前提，而且决定了生产创新的广度和深度。生产创新更多直接影响近阶段的社会生产情况，而知识创新更多影响未来的生产活动。

人类的知识创新活动种类繁多，大到对星系运行的认知，小到对某些工艺理论的改进，都可以算作知识创新。不过有些知识创新受创新幅度限制、保密需要、难以客观量化等原因，只能在小范围内流传或缺少公开记录。这一类未被公开的知识创新可能也很重要，但因为存在较大的研究限制，所以往往无法被纳入研究范围，本文也不例外。不过，这些被“遗漏”的知识创新往往与可以被研究观察的知识创新存在正相关性，从而不会影响研究者对知识创新发展规律的把握。因此，在实践中通常只把学术文献、商业专利、学术会议、注册商标、原创商业设计或广告创意等可以被客观度量的行为或作品算作知识创新的成果（见表 2.1）。而在这些可被研究的成果中，学术文献发表、商业专利申请又因其良好的可比性、客观性以及与科技的相关性，被主流的国际机构[①]当作衡量各国知识创新成果的主要指标。从数据的可得性、讨论的复杂性、科技的相关性，以及国际比较的需要出发，本章遵循惯例同样把对知识创新的研究范围限定在学术文献发表和商业专利申请上。

为了全面地展现中国自 20 世纪 90 年代以来的知识创新的成果，我们利用微软学术文献库（MAD）、Nature Index（自然指数）、SCImago Journal & Country Rank（SCImago 期刊排名）等数据库，覆盖了自 1800 年以来数学、物理、化学、生命科学、环境科学、材料学、医学等 27 个学科和近 5 万本

① 比如 OECD、EuroStat（欧洲统计局）、WIPO（世界知识产权组织）等。

期刊的约 3 亿篇学术论文数据，同时还利用来自世界知识产权组织和相关国家专利局的数据库，覆盖了 1978 年以来全球在电气工程、机械工程、化工、仪器等行业大类和其下 35 个细分领域的 300 多万个 PCT 专利[①] 申请信息。

表 2.1　知识创新成果的分类

成果类别	具体指标	客观性	可比性	相关性
知识创新成果	学术文献发表	√	√	√
	商业专利申请	√	√	√
	学术会议开展	×	×	√
	注册商标	√	√	×
	原创商业设计或广告创意	√	×	×

资料来源：OECD，中金研究院。

通过这些数据，我们发现与知识创新先进国家相比，20 世纪 90 年代以前，中国的知识创新基础很弱，但从 20 世纪 90 年代中期开始，中国的知识创新活动逐渐融入世界主流的体系中，成果输出不断追赶西方发达国家，结构也发生了较为显著的变化，甚至个别领域的知识创新成果已跻身世界领先梯队。尽管过去几十年，中国的知识创新取得了丰硕的成果，但我们也要清醒地认识到，当前中国的知识创新活动，仍然面临着诸多挑战，中国并没有从本质上改变“追赶者”的角色，这需要我们不断汲取历史的经验教训，推动投入总量和投入结构的更合理配置，完善我国相关的机制

① 由于本章目的在于分析当前中国各产业科技创新能力在国际的位置，我们聚焦于国际专利申请，即专利申请人在多个国家对其发明寻求专利保护，这类发明往往具备更大的商业潜力和更强的技术竞争力。在国际专利研究中，申请人为了保护相同的发明而在不同国家（或地区）进行的专利申请的集合被称为“专利族”，以下分析中的专利族概念可理解为发明。由于通过《专利合作条约》递交专利申请已经成为中国发明人申请国际专利的主要方式，我们接下来的分析主要聚焦于这类国际专利（族），简称为 PCT 专利。根据 WIPO 数据中心显示的实用新型专利的国际申请情况（2021 年 1 月数据更新版），实用新型专利占我国 PCT 专利申请的比例不到 1%，即 99% 以上的 PCT 申请仅涉及发明专利，故以下分析将所有 PCT 专利视同为发明专利。因为美国专利制度不含实用新型专利，以下所有美国专利均指发明专利。

设计。我们将过去近30年的中国“知识创新史”在表现形式和运行逻辑上归纳为五大画像，希望利用这些画像来帮助我们了解中国知识创新活动中的利弊得失，并为进一步建设我国科技创新生态提供线索。

30年追赶史，中国知识创新成果五大画像

画像一：知识创新数量后来居上，“质量鸿沟”逐步缩小

由于起步晚，近现代以来中国的知识创新在数量与质量方面，都曾经与发达国家存在较为明显的差距。但是从20世纪90年代中期开始，经过二三十年的发展，与其他国家相比，当前中国知识创新成果在数量和质量上都出现了较大的提升。

论文发表数量后来居上，理工类增长更快

从20世纪初开始，美国年度学术论文发表量曾遥遥领先于全球其他国家。[①] 从统计数据来看，直到1995年，中国每年发表的学术论文数量还不到全球的3%，远远落后于美国（30%）。但是经过近30年的奋起直追，中国年度学术论文发表总量已在2020年超过美国，成为全球当年论文发表数量最多的国家，2020年发表量已占全球的16%左右。从论文发表的趋势来看，未来中国学术论文年发表数量存在进一步领先于美国的可能（见图2.2）。

从文献发表的结构来看，我国的材料科学、化学和医学占据发表量的前三位。与21世纪初相比，2015—2020年我国学术文献发表向理工科集中的趋势明显，几乎所有主要理工类学科的文献发表数量占比都要高于2000—2005年（见图2.3）。

---

① 资料来源于lens.org（专利和学术搜索网站）。

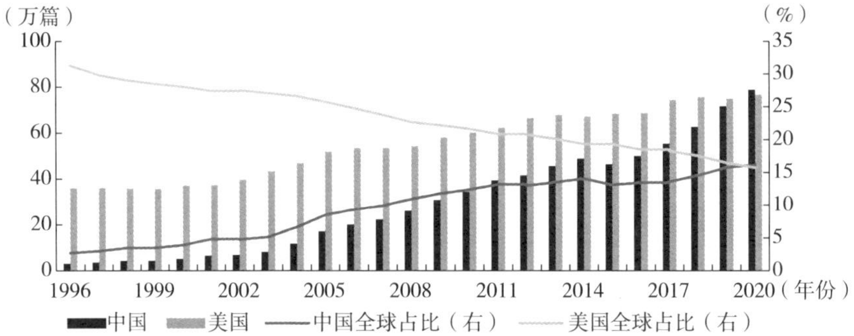

图 2.2　中美两国全领域发表的论文数量对比

注：该数据库统计了 1996—2020 年所有主要学科的文献，涵盖数学、物理、化学、医学、经济学、社会科学以及人文科学等 27 个研究领域。

资料来源：SCImago Journal & Country Rank，中金研究院。

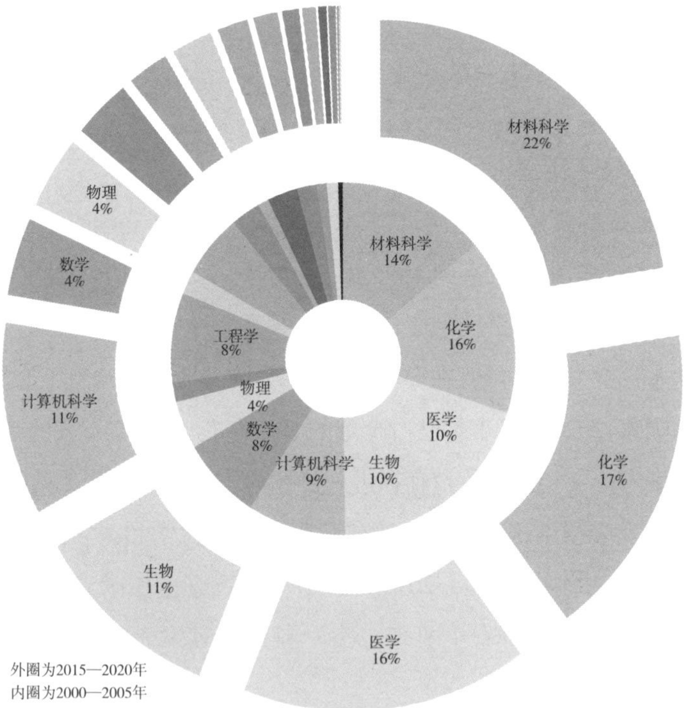

图 2.3　与 21 世纪初比，近年来中国学术文献发表向理工科集中的趋势明显

资料来源：SCImago Journal & Country Rank，中金研究院。

如果单纯从2015—2020年的发表数量来看，中国在材料科学、化学和计算机科学领域的发表量已经超过美国和欧盟，位列世界第一（见图2.4）。不过在医学和生物学领域，中国发表数量与美欧依然存在着较大的差距，这可能与生命科学领域知识系统性强、人才培养周期长、中国科研基础薄弱等因素密切相关。

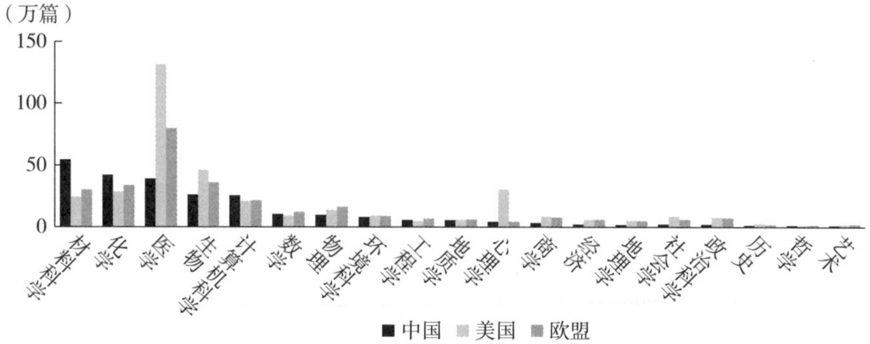

图2.4　中国在材料科学、化学等领域论文发表数量超过美欧（2015—2020年）

资料来源：Microsoft Academic，中金研究院。

专利申请总量全球领先，电气工程类占据半壁江山

与20世纪90年代中国国际学术论文发表稀少类似，通过《专利合作条约》申请的国际专利数（简称为PCT专利）更是屈指可数，但2000—2019年，中国PCT专利申请数的年均增长率接近26%，[①] 同期美国的年均增长率仅为2%。[②] 这促使2019年中国PCT专利申请数正式超过美国，成为世界最大的PCT专利申请来源国（见图2.5）。[③] 随着中国PCT专利申请数量的增多，中国PCT专利申请数的世界占比也在逐年增加。2000—

① 各国PCT申请量数据来源于WIPO数据中心（2021年7月更新版）。

② 根据WIPO数据中心数据分析得出（2021年7月更新版本），专利国别信息来自专利发明人的地址。

③ 参见WIPO网站资料：https://www.wipo.int/pressroom/en/articles/2020/article_0005.html。

2020 年，中国年 PCT 专利申请数的世界占比从不到 1% 提高到 25%，而美国则从 41% 下降到 21%（见图 2.6）。

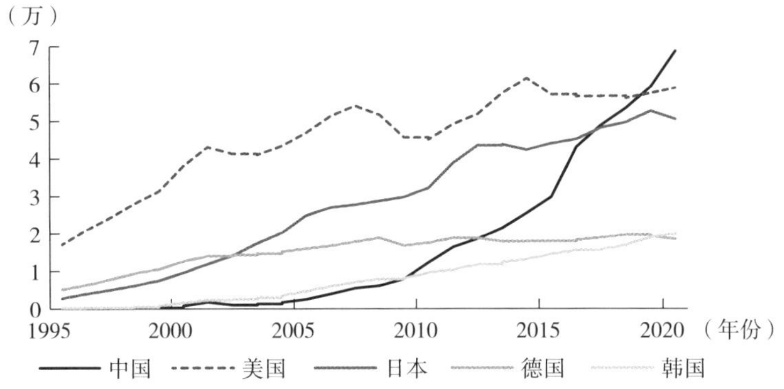

图 2.5　2019 年中国 PCT 专利年申请数超过美国

注：WIPO 数据版本为 2021 年 7 月更新版。

资料来源：WIPO，中金研究院。

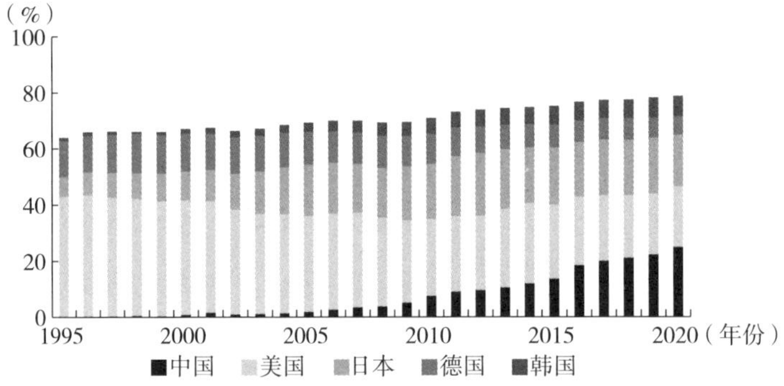

图 2.6　中国 PCT 专利申请数世界占比不断增加

注：WIPO 数据版本为 2021 年 7 月更新版。

资料来源：WIPO，中金研究院。

从 PCT 专利申请的结构上看，中国专利方面总量增长的主要来源是电气工程领域，[①] 目前电气行业申请量已经占据中国 PCT 专利申请的半壁

① 电气工程类专利细项见图 2.8。

江山（见图 2.7）。

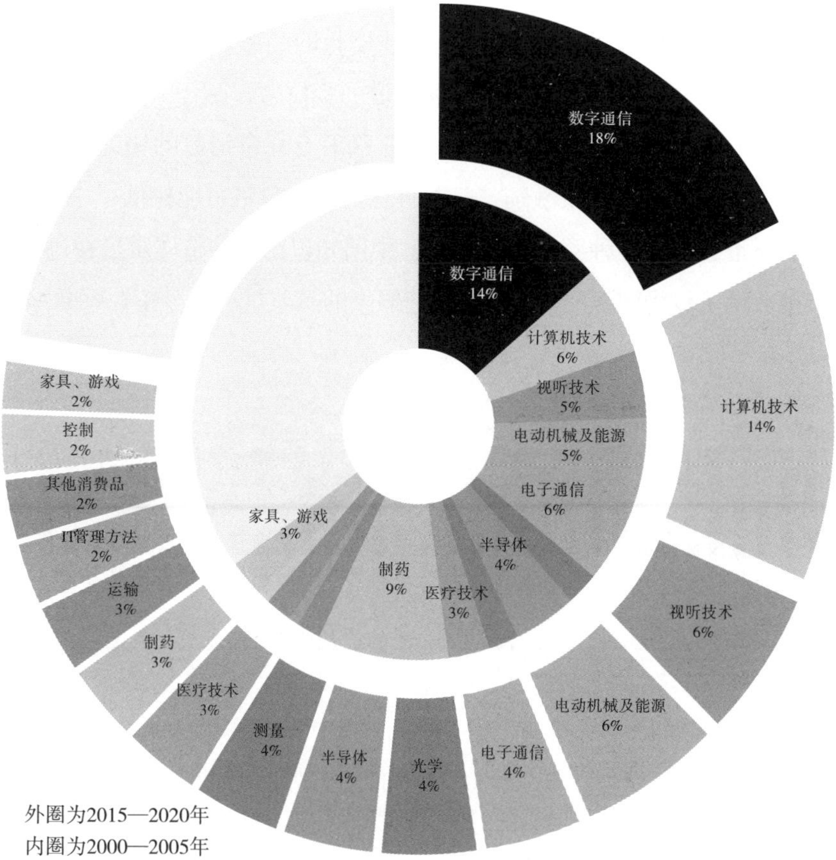

图 2.7　中国 PCT 专利申请数量前五的细分领域均属电气工程大类

注：2015—2020 年中国 PCT 专利申请数最多的领域为数字通信、计算机技术、视听技术、电动机械及能源和电子通信；“其他领域”包含的领域为：热工艺和设备、生物技术、土木工程、精细有机化学、处理技术、其他特殊机械、化学工程、机械元件、基础材料化学、高分子化学及材料、材料与冶金、机床、发动机涡轮机与泵、表面技术与涂料、环保技术、纺织和造纸机械、基础通信原理、食品化学、生物材料分析、微结构和纳米技术。

资料来源：EPO Patstat（欧洲专利局全球专利统计数据库），中金研究院。

单从 2015—2017 年的 PCT 申请数量上看，中国在以下专利细分领域至少实现了对美国数量上的赶超，包括电气工程大类的数字通信、电子通信、视听技术和电动机械及能源；仪器行业的控制技术和光学；机械行业的热工艺和设备；其他领域中的消费品（见图 2.8）。从申请量上看，中国的 PCT 专利申请的数量仍然保持着高速增长的趋势，预计未来中国 PCT 每年申请数量领先于其他国家的距离将进一步拉大。

尽管有些人认为中国的论文发表和 PCT 专利申请数的快速上升，是因为存在数量导向的政策激励，① 并且认为这些政策可能拉低了中国知识创新的质量，但是多种质量指标表明，中国知识创新的整体质量在过去 20 多年里取得了较为明显的进步，与发达国家的"质量鸿沟"正在不断缩小。

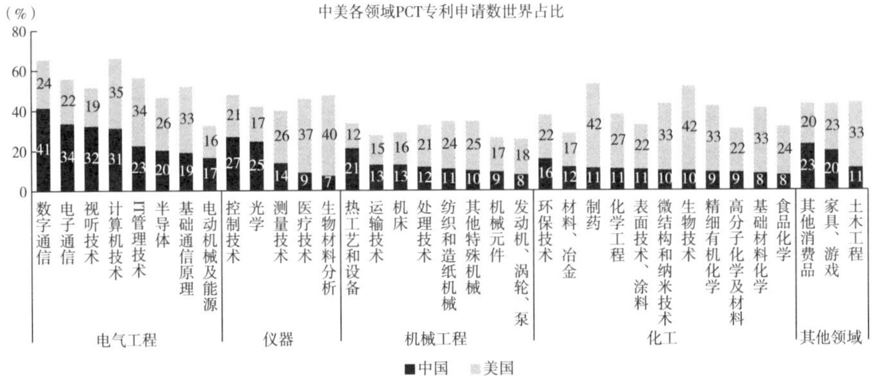

图 2.8　中国通信领域 PCT 专利申请数赶超美国

注：专利族申请于 2015—2017 年，中美合作专利在两国间平分。

资料来源：EPO Patstat，中金研究院。

知识创新质量差距缩小，但理工类研究与应用领域差距依然明显

一篇论文的被引用数越高，往往表明这篇文献就越受到同行们的认可，因此被引用数的多少常被当作衡量文献质量高低的重要指标。与美国同时期不同学科的文献被引用数对比，我们发现在过去 20 年里，中国论文的

① Cheryl Xiaoning Long，Jun Wang，China's patent promotion policies and its quality implications，Science and Public Policy，February 2019.

平均被引用数出现了较为明显的提升。在2000—2002年发表的论文中，中国绝大多数学科论文的平均被引用数都明显少于美国，[①] 而2017—2019年在发表总数提升的基础上，中国各个学科论文相对美国的平均被引用数都取得了增长。不过，从中美论文被引用数比率的科目排名上来看，中国理工科论文的被引用数相对比例仍然较为落后（见图2.9）。

用被引用数来衡量文献的质量也有一个弊端，那就是自引用问题。由于自引用并非同行引用，因此自引用的普遍存在有可能导致使用被引用数来衡量论文质量在一定程度上高估了论文的质量。虽然过去20年，中国的自引用率[②] 接近60%，高于美国的40%，[③] 但是自引用的影响可能只是一个固定冲击，并不会改变中国论文发表质量趋势上升的形态。

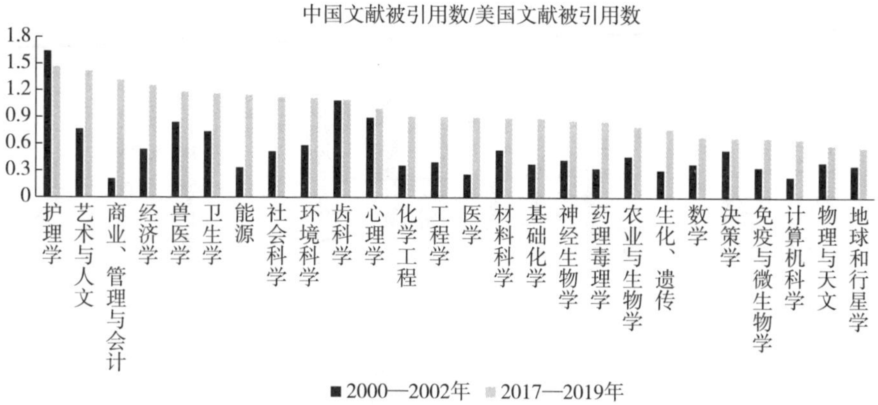

图2.9　中国多数学科论文平均被引用数相对美国比率出现较为明显的上升

资料来源：SCImago Journal & Country Rank，中金研究院。

① 护理学和齿科学的平均论文引用数高于美国，主要原因是当时相关学科总发表量较少，除了个别的高质量论文包括中外合作的论文，其他的论文都难以获得发表，导致相关发表论文的平均引用数较高。

② 每篇发表的文献被原作者引用的比率。

③ 各国的自引用数据来源于数据库SCImago Journal & Country Rank，并通过计算获得自引用率。

这与我们利用 Nature Index 所统计的高质量论文数量来度量中国论文发表质量所得的结论相吻合。Nature Index 是依托四大领域数十家全球顶尖期刊，统计各高校、科研院所在国际最有影响力的学术期刊上发表的论文数量的数据库。① 能被 Nature Index 收录并在期刊上发表的论文，至少应该是相关领域公认的高质量论文。如图 2.10 显示，2015—2020 年，中国被 Nature Index 收录的论文在四大领域的数量逐年增加，尤其是在化学领域，从 2018 年开始中国在该领域的 Nature Index 指数甚至超过了美国，这同样印证了我国的高质量论文发表数量不断增加的事实。当然我们也要看到，尽管经过多年的发展，中国每年被 Nature Index 统计的论文总量仍落后于美国，特别是在生命科学领域，中美差距依然相当明显。

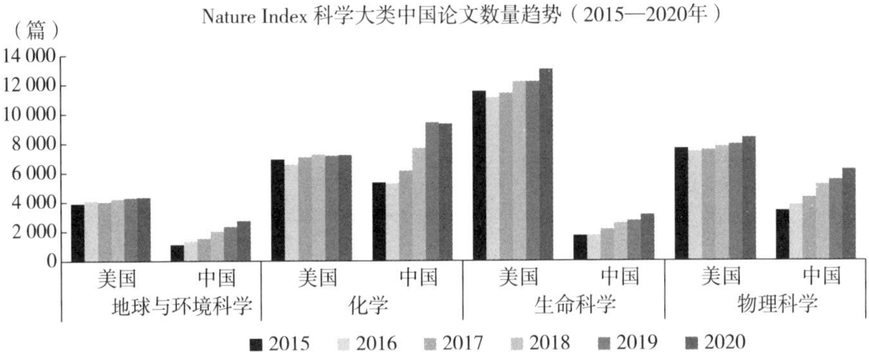

图 2.10　中国在 Nature Index 收录的高水平期刊上的论文发表数上升

注：上图展示了中美两国作者在 Nature Index 收录期刊的各年发表数，作者的国别取决于其所属研究机构的地址；上图采用的计数为非加权计数（simple count），即一篇多国合作论文对所有相关国家都记为 1。

资料来源：Nature Index，中金研究院。

① Nature Index 自 2014 年开始统计四大科学领域顶尖期刊的发表情况，其中四个科学领域为化学、物理科学、生命科学、地球与环境科学。Nature Index 收录期刊数最初为 68 本，2018 年扩展到 82 本。

我们用中国“核心专利”的世界占比来判断中国 PCT 专利的质量，也同样发现中国专利质量上升、中美专利质量差距缩小的趋势。我们将“核心专利”定义为在含有被授予专利的专利族中，申请后 3 年内被引用次数最多的前 5% 的 PCT 专利族，其背后的理论依据是，只有那些具有商业潜力和技术先进性的专利才会被后来的专利文书更频繁地引用。①

我们统计，2005—2017 年，中国核心专利的世界占比不断提高。在 2005—2007 申请年，世界核心专利有 71% 来自美国，仅 1% 属于中国；而在 2015—2017 申请年，世界核心专利有 58% 来自美国，10% 来自中国（见图 2.11）。

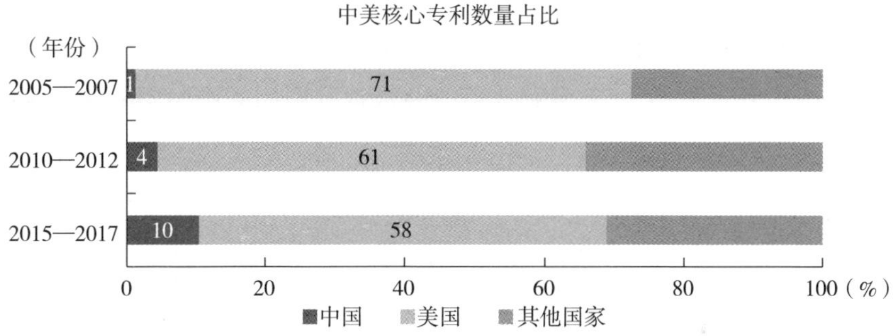

图 2.11　中国核心专利数近年来增加

注：图中所用年份为专利申请年；上图为中美核心专利数量世界占比；中美合作专利在两国间平分。
资料来源：EPO Patstat，中金研究院。

总体来说，跟二三十年前相比，我国知识创新产出在数量和质量上都有了比较明显的提高。无论是论文的发表数还是 PCT 专利的申请数，我国都处于全球领先的位置，但从知识创新的质量上看，我国在绝大多数领域与先进国家的差距仍然显著。

① Harhoff, D., Narin, F., Scherer, F. M., Vopel, K., Citation frequency and the value of patented inventions. Review of Economics and Statistics, 1999.

画像二：全球知识网络核心占比少，原创性低仍是硬伤

引用关系构建全球知识网络

与发达国家悠久的现代学术和专利体系相比，中国参与全球科创体系时间较晚。尽管人类科创知识的产出具有随机性，但很少是孤立产生的。在现代科学体系中，文献间的引用与被引用关系，已经成为科创知识产出中的必备信息。正是人类记录的这种引用与被引用关系，构建了全球的知识网络。利用这个知识网络，我们可以一窥人类知识发展的传承体系，了解人类创新趋势的变动以及每一次创新活动的重要性。这对理解创新发生的时间、地点、技术领域以及探索创新活动背后的演进规律具有重要意义。

我们从数据库中抽取了人类自 1995 年以来发表及引用的论文信息，以及自 1978 年起所有 PCT 专利信息，并根据其引用关系绘制出各文章或专利间的网络关系图。在这些网络关系图中，每一个点代表一篇文献或一个专利，点与点之间的距离取决于它们之间的引用与被引用关系，网络中两点之间的距离越近，说明两者间的引用关系[①]越紧密；而网络密度越高的地方，往往越是人类研究的核心领域；那些点更为分散的领域，则对应在不同学科或产业都有所应用的通用知识或技术。

在 1995 年以来人类发表的学术文献引用关系网络图中，一些相互关联性高的论文，例如计算机科学、生物学等，都聚集成了相对独立的区域。特别是计算机科学的引用网络，大部分文献仅在其自身知识体系内不断扩展，同时在计算机科学领域周边延伸出部分数学与社科类的文献，这表明目前计算机科学相互的引用关系大多都局限在学科内部。而工程学则不同，尽管其论文数量在所有领域中排名第二，但其引用网络中间交叉分布了大量其他学科，与计算机科学、材料科学、数学等学科都有不同程度的联系。

---

① 此处所指引用关系包括直接的引用关系与间接、多层级的引用关系。

这说明工程学利用了大量其他领域的学术文献作为基础支撑，不断地创新，同时也为这些学术领域提供了继续创新研究的支持。还有部分学科与其他大类学科联系较为紧密，这些学科围绕在基础学科的周围并形成交织的引用关系网络，例如材料科学与化学、医学与生物学都有较多的联结。

从我国的学科结构来看，近年来中国论文的引用网络主要分布于计算机科学、材料科学和生物学，在其他领域中则只有零星的一些连接关系。在引用关系网络图中，越靠近学科区块核心位置的论文，在学科中被引用的次数越多。而与中国相关的引用网络大多数位于其行业或学科区域的边缘，同时密度较低，这在一定程度上表明，中国的论文发表在核心位置的占比依然较低。同时从引用关系网上，我们发现当前中国的学术文献偏向集中在应用学科领域，基础学科较为不足。

全球自 1978 年以来的 PCT 专利的引用关系网络中，一方面，电气工程与化学工程行业的专利分布相对集中，与其他行业交叉较少，表示这两个行业的内部引用较多。另一方面，机械工程和仪器行业位于引用关系网络的中心位置，二者互相交织，并且和其他行业联系较多。这表明机械工程和仪器行业在所有专利中，扮演着为其他产业提供广泛的通用技术和产品支持的角色。

关于中国 PCT 专利申请在全球专利引用关系网络中的位置，我们发现中国 PCT 专利主要聚集在电气工程领域的边缘地带，但是在其他行业领域，中国专利的分布较少。这与前文关于学术论文的讨论相似，尽管在电气工程领域中国专利分布较多，然而从总体上来看，中国的专利分布比较靠边缘，并且核心专利的占比相对较少。

我国知识创新原创性不足仍是硬伤

原创性对科技发展的重要性不言而喻，但是如何客观地衡量原创性一直是个难题。利用知识创新引用网络的特点，我们根据全球的文献或专利引用关系，可以估算出中国不同学科或领域的论文及专利的原创性指数。

刻画原创性可以利用一个巧妙的思想[①]，即如果某个知识创新成果的后续引用成果引用这个知识创新成果的前序引用成果的比例越低，那么知识创新成果的原创性指数就越高。相较于传统的使用被引用量来衡量质量的方法，原创性指数通过结合之前的引用关系，更加客观全面地反映了知识性产出的独特性、创新性与重要性。

基于上述思路，我们利用 Microsoft Academic 的数据，计算出 2010—2015 年中美两国学术论文的原创性指数并进行比较分析。我们发现，相较于美国，中国在材料科学、物理学方面的原创性与美国接近，但是其他多数学科仍落后于美国，其中医学、计算机科学以及工程学与美国的差距较大（见图 2.12）。

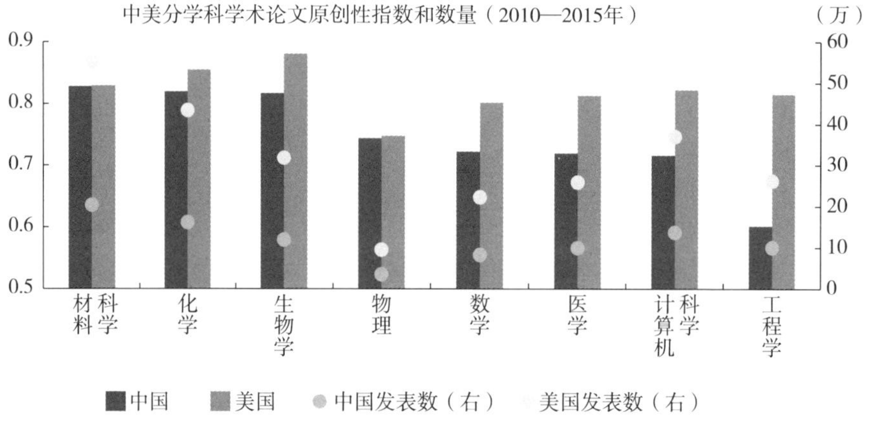

图 2.12　中国多数理工科的原创性仍然低于美国

资料来源：Microsoft Academic，中金研究院。

图 2.13 展示了中美 PCT 专利的原创性指数的对比（2015—2017 申请年）。与学术论文发表类似，美国几乎所有领域 PCT 专利的原创性都要高

① Shibayama, S., Wang, J., Measuring originality in science, Scientometrics, 2020.

于中国。在五个行业大类中，中国在电气工程行业的专利原创性相对较高。比较有意思的是，中国在半导体领域的原创性略高于美国，一个可能的原因是由于技术和产业交流受限，我国只能在半导体领域开展自主研发，这在一定程度上提升了中国在该领域的原创性。

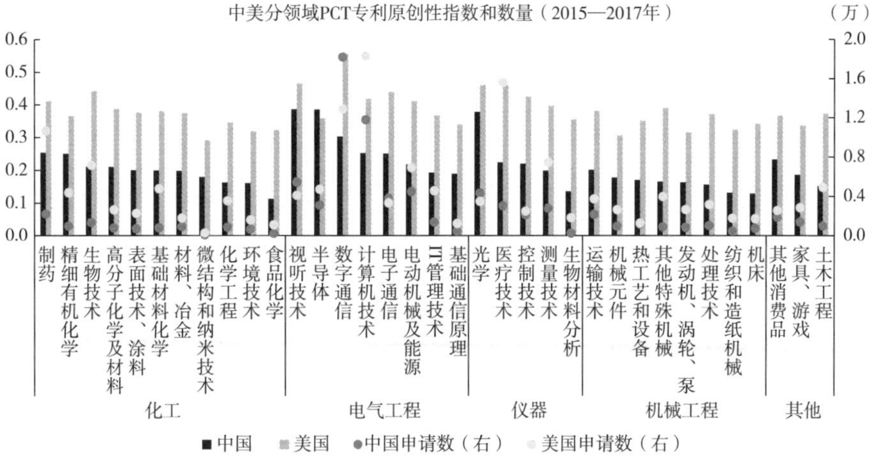

图 2.13　中国在电气工程领域专利原创性较好

资料来源：EPO Patstat，中金研究院。

画像三：知识创新成果落地“产业强、学研弱”，科技前沿企业稀缺

知识创新成果转化是指对基础和技术研究中所产生的具有实用价值的知识创新成果进行的后续试验、开发、应用、推广直至形成新产品、新工艺、新材料，发展新产业的活动。狭义上来讲，知识创新成果转化包含两种类型：一个是基础研究的创新成果向商业专利的成果转化，我们用基础研究成果转化效率①度量；另一个是商业专利向商业产品的产业转化，我

① 基础研究成果转化效率：某领域的基础研究获得高质量专利的比例 / 该领域高质量专利来自基础研究的比例。

们用专利产业化率①来度量。中国在两个不同转化类型中，体现出了较为明显的“产业强、学研弱，前沿稀缺”的特征。

我国知识创新成果落地，“产业强、学研弱”

我国的基础研究工作主要由高校和科研院所承担，不过从基础研究成果向商业专利转化的过程来看，我国与美国、日本等国家存在差距。我国重点技术领域基础研究成果的商业转化效率落后于美国、日本。其中，在网络信息和制造与工程领域，我国基础研究对相关商业专利的支持程度更是微乎其微（见表 2.2），这说明我国基础研究与商业技术研发的衔接能力弱，高校和科研院所对我国商业应用型创新活动的支持不够。

表 2.2　我国基础研究成果转化效率整体弱于美日（2020 年）

成果转化效率 / 国家	基础研究成果转化效率				
	农业领域	材料领域	能源领域	网络信息领域	制造与工程领域
中国	1.2%	1.9%	1.7%	0.1%	0
美国	6.5%	17.8%	19.5%	30.0%	39.3%
日本	4.0%	1.1%	3.4%	0.2%	1.8%

资料来源：吴菲菲，李一苇，苗红，黄鲁成 . 中国重点技术领域基础研究成果转化效率评估［J］. 科学学研究，2021（5）. 中金研究院。

中国商业专利的产业化率整体并不低，但其中大学和科研院所明显弱于发达国家。同很多发达国家相似，中国的企业在专业申请方面也占据着主导地位，中国企业 PCT 专利申请数占我国总 PCT 申请数比例已超 80%（见图 2.14）。中国企业的专利产业化率大概为 45%，②与发达国家相比并

① 根据中国国家知识产权局的定义，专利产业化率是指专利权人用于生产出产品并投放市场的专利件数占拥有的有效专利数量的比例。例如，某企业拥有 100 项有效专利，其中 30 项用于生产出产品并投放市场，那么有效发明专利中用于生产出产品并投放市场的比例为 30%。

② 国家知识产权局：《2020 年中国专利调查报告》。

不低，但其中由大学和科研院所主导的商业专利产业化率则明显低于发达国家的水平，可能拉低了平均值（见表 2.3）。因此，无论是基础研究的成果转化，还是商业专利的产业化，中国的大学和科研院所的表现都相对弱于发达国家，而企业表现则与其他发达国家相当。

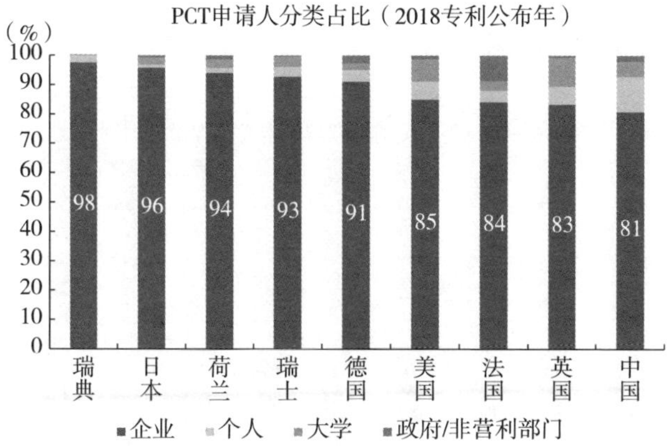

图 2.14　中国商业专利申请中企业占大多数

资料来源：WIPO PCT Yearly Review 2019（世界知识产权组织 2019 年全球专利申请情况），中金研究院。

表 2.3　中国不同专利权人有效专利产业化率

国家 / 地区	企业	高校	科研单位	总体
中国	44.9%	3.8%	11.3%	34.7%
美国	48.9%	50.4% ①		
欧盟	50.5%			

注：美国和欧盟数据为商业化率，定义为专利转化为进入市场的商业产品；美国高校使用的是有效专利许可率，略微高估对应产业化率；数据年份为 2020 年，以上统计仅涉及发明专利。

资料来源：《2020 年中国专利调查报告》，中金研究院。

① Wu, Y., Welch, E.W., Huang, W.L., Commercialization of university inventions：Individual and institutional factors affecting licensing of university patents, Technovation, 2015.

科技前沿企业稀缺，或成前沿知识创新成果落地掣肘

在 UNCTAD（联合国贸易和发展会议）定义的 11 个数字化、新科技前沿领域中，[①] 中国的全球学术发表和商业申请占比都比较高。比如，截至 2018 年中国在人工智能、物联网、大数据、区块链等 11 个前沿领域的学术论文存量占全球总量的比重为 13%，美国为 21%；商用专利的比重为 22%，美国为 30%，中国整体表现较为优异（见图 2.15）。

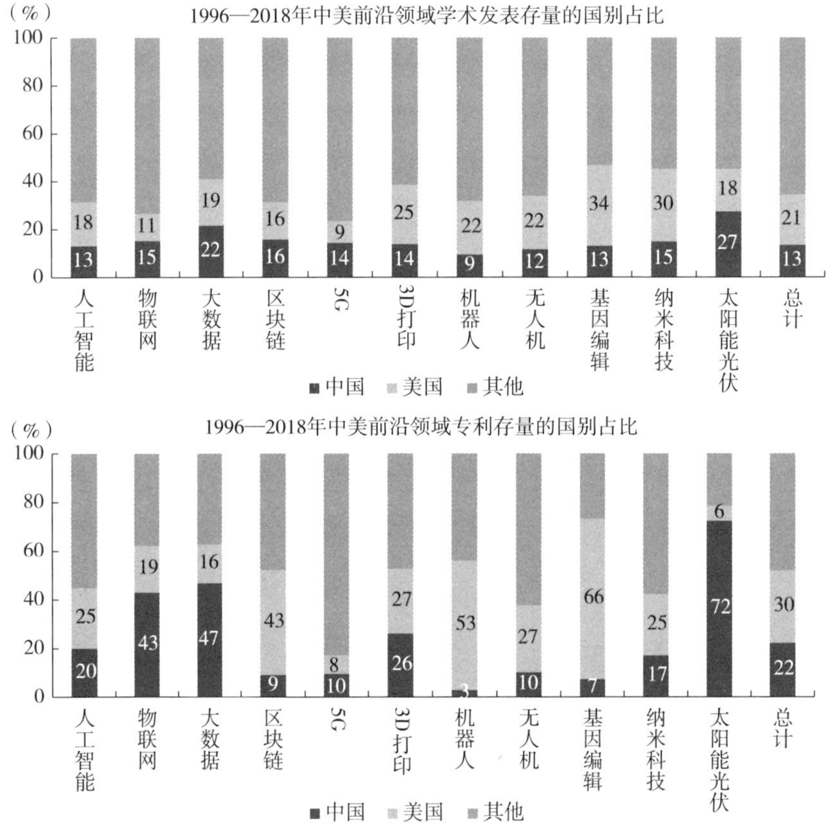

图 2.15　中美在前沿科技领域的知识产权积累情况

资料来源：UNCTAD，中金研究院。

---

① UNCTAD, Technology and Innovation Report 2021.

然而在科技前沿企业层面，除了无人机和太阳能光伏领域外，全球领先的中国企业稀缺（见表 2.4）。这既可能是因为中国前沿领域的知识创新还没有办法给中国相关企业带来竞争力，也可能是因为中国相关企业自身竞争力弱，限制了中国知识创新成果的转化。但无论是哪种情况，都表明中国在前沿领域的知识创新落地方面存在掣肘。

画像四：高质量创新背后隐藏着比较优势，既是动力也可能是约束

从成果来看，中国不同学科的知识创新活动有些表现优异，有些则稍逊一筹。而那些创新成果质量高、数量多、转化率或产业化率高的领域背后，往往都有明显的市场力量在发挥作用。尤其从国际贸易视角来看，这些知识创新领域所对应的产业更属于中国具有比较优势的产业。事实上，这种现象并非孤例，知识创新与比较优势的正向反馈似乎是一个相对普遍的规律，但这种正向反馈却对中国实现跨越式发展提出难题，即如何在市场力量薄弱或者缺少比较优势的领域，促进相关学科知识创新活动的高质量发展？

高质量的知识创新背后，隐藏贸易比较优势

上文的讨论表明，我国电气行业相关的知识创新成果质量高、数量多。比如，我国与电气行业相关的基础研究，包括材料科学与计算机科学，文献发表量占比不仅在各行业中名列前茅，而且在过去 20 年里都呈现上升趋势；与电气行业相关的 PCT 专利申请更是占据了最近几年我国 PCT 专利申请的半壁江山，同时在原创性上，电气行业相关的 PCT 专利也处于国内各领域领先的位置。这表明我国的电气行业的知识创新充满活力，而与高质量的创新活动相对应的是相关行业的出口也同样出色。比如，2018 年中国高科技出口的各类技术领域中，计算机与通信技术占据绝对主导地位（68%），电子技术领域出口额居第二位（19%），而生命科学技术（4.4%）、

表 2.4 前沿科技领域领先企业的国别分布

■ 美国企业 ■ 中国大陆企业 ■ 其他企业

	人工智能	物联网	大数据	区块链	5G	3D 打印	机器人	无人机	基因编辑	纳米科技	太阳能光伏
1	Alphabet	Alphabet	Alphabet	阿里巴巴	Ericsson	3D Systems	ABB	3D Robotics	CRISPR Therapeutics	BASF	晶科能源
2	Amazon	Amazon	Amazon Web Services	Amazon Web Service	华为（网络）	ExOne	FANUC	大疆创新	Editas Medicine	Apeel Sciences	晶澳太阳能
3	Apple	Cisco	Dell Technologies	IBM	Nokia	HP	库卡（收购德国）	Parrot	Horizon Discovery Group	Agilent	天合光能
4	IBM	IBM	HP Enterprise	Microsoft	中兴通讯	Stratasys	Mitsubishi Electric	昊翔	Intellia Therapeutics	Samsung Electronics	Canadian Solar
5	Microsoft	Microsoft	IBM	Oracle	华为（芯片）		Yaskawa	Boeing	Precision BioSciences	Intel	Hanwa Q cells
6		Oracle	Microsoft	SAP	Intel		Hanson Robotics	Lockheed Martin	Sangamo Therapeutics		
7		PTC	Oracle		MediaTek		Pal Robotics	Northrop Grumman			
8		Salesforce	SAP		Qualcomm		Robotics				
9		SAP	Splunk		Samsung Electronics		Softbank Robotics				
10			Teradata				Alphabet/Waymo				

资料来源：UNCTAD Technology and Innovation Report 2021，中金研究院。

航空航天技术（1.2%）、生物技术（0.1%）则占比相对较小（见图 2.16）。

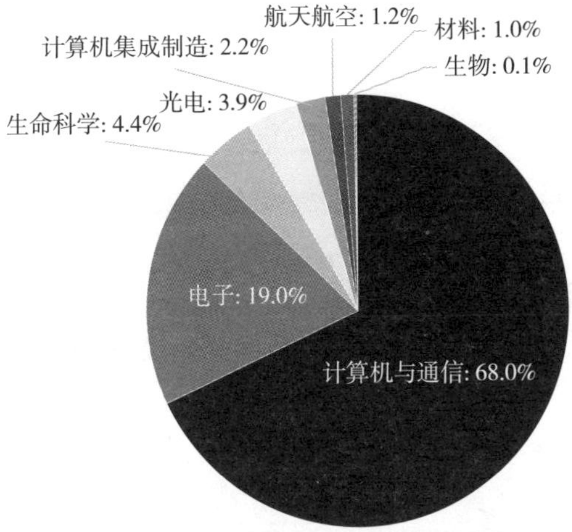

图 2.16 中国高科技出口的技术领域集中在计算机与通信（2018 年）

资料来源：科技部《2018 年高技术产品贸易状况统计分析》，中金研究院。

为什么中国的电气相关行业的知识创新与国际贸易活动都呈现出较高的活力？这背后隐藏的比较优势扮演了重要的角色。根据 OECD（2016）对制造业的分类标准，[①] 科技商品可分为高技术、中高技术、中技术和中低技术四类。其中高技术制造主要包括航天航空设备、计算机通信、电子及光学设备和医药设备。中国当前还没有根本改变劳动力密集的禀赋条件，因而高技术制造业似乎并不符合中国产业发展的比较优势。但如果我们将 OECD 定义的中高技术制造业按照资本和技术密集需求情形进行分类，就会发现计算机通信是高技术产业中最符合我国比较优势的行业（见图 2.17）。

① Galindo-Rueda, F., Verger, F., OECD Taxonomy of Economic Activities Based on R&D Intensity, OECD Science, Technology and Industry Working Papers, No. 2016/04, 2016.

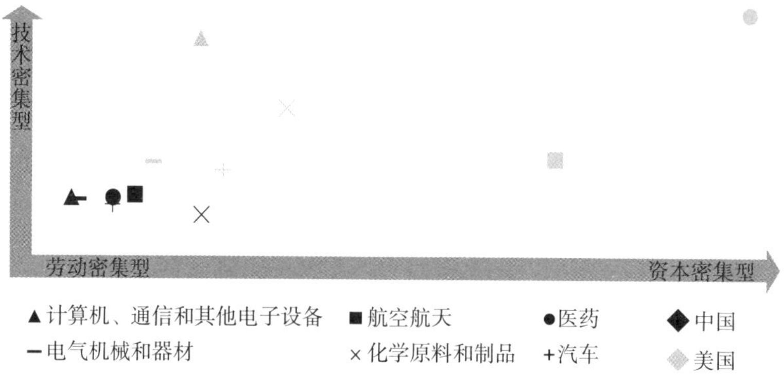

图 2.17 计算机与通信产业符合中国的比较优势

注：资本劳动比率为行业固定资产净值 / 从业人员数目（万元 / 人，参考上海社科院），技术密集程度为行业科研人员占比；美国样本采用 2016 年数据，中国样本采用 2017 年数据。

资料来源：中国国家统计局，美国国家科学基金科学会，美国经济分析局，中金研究院。

按照 OECD 的定义，我们将中国和美国的中高技术的 6 个制造业根据资本和技术的密集度，做了散点图进行分析。与对高技术行业的普遍认知不同，以美国为参照，计算机通信和其他电子设备对于资本密集程度的要求低于航空航天和医药行业，甚至计算机通信的资本密集度还要低于中技术的汽车和化学原料及制品产业。计算机通信行业在高技术产业中具有相对的劳动密集型特征，而这恰好符合中国劳动力相对密集的比较优势。因此，中国在计算机通信以及电子设备领域形成了知识创新与企业收益相互反哺的良性循环。① 这也就解释了为什么中国的知识创新和出口都能够在电气工程行业有比较好的表现。

---

① 根据 WIPO PCT Yearly Report 2019 年公布的数据，中国电气工程行业的 PCT 申请主要来自华为、中兴（ZTE）、京东方（BOE）、OPPO、腾讯等大型科技企业，在 2016—2018 公布年，上述企业位列世界申请最多 PCT 专利企业排名的第 1、5、7、17 和 28 位。2018 年，在华为和中兴公布的 PCT 专利申请里有 95% 以上属于电气工程行业，该比例对于京东方也高达 64%。

知识创新与比较优势正反馈，是动力也可能成产业升级约束

事实上，中国电气领域比较优势与创新能力间的正反馈关系并非个例，对一个国家而言，具有比较优势的领域，往往相关的知识创新能力也相对较强。按照 OECD（2016）的制造业分类标准，我们分别计算出 2000 年和 2019 年中美四个技术分类下的专利和出口的相对比较优势指数（RCA），可以发现不同技术领域的专利的相对比较优势与国际贸易的相对比较优势的走势基本保持明显的正相关关系（图 2.18）。比如美国贸易的比较优势在于高技术领域，过去 20 年，这种情况并未发生改变，其专

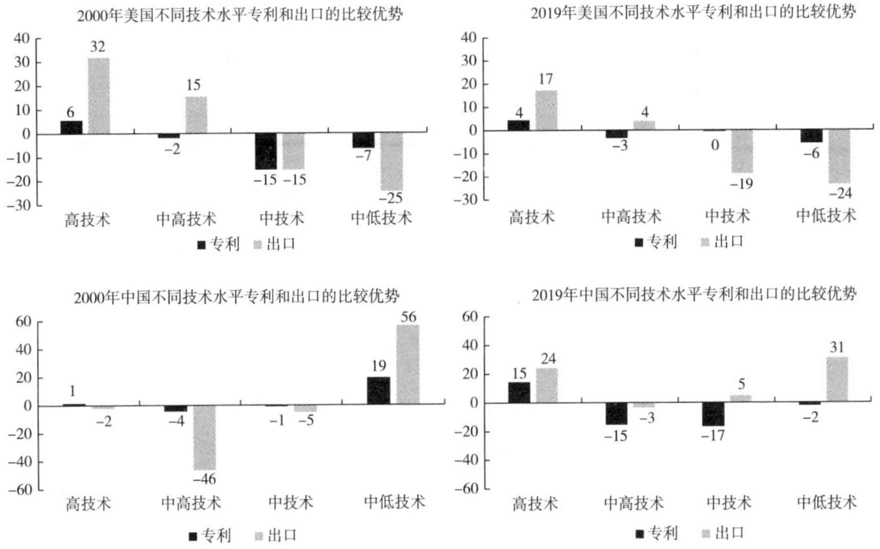

图 2.18　中美不同技术条件的专利和出口比较优势（2000 年 /2019 年）

注：比较优势 RCA=（N_{ij}/N_i）/（N_j/N），N_{ij} 为国家 i 在部门 j 的 PCT 专利申请数或货物出口金额，i 为国家，j 为专利或货物部门，N_i 为国家 i 总 PCT 专利申请数或出口金额，N_j 为世界各国在部门 j 的总 PCT 专利申请数或出口金额，N 为世界所有国家所有部门的 PCT 专利申请数或出口金额总和；上图 RCA 对原始数据进行转换，比较优势指数 = tanh［ln（RCA）］×100；2000 年出口对应的专利样本时段为 1996—1998 年，2019 年出口对应的专利样本时段为 2016—2018 年。

资料来源：UNCTAD，WIPO，OECD，中金研究院。

利申请的比较优势也突出体现在高技术领域。而中国2000年左右具备比较优势的领域主要集中在中低技术的劳动密集型产业，因此2000年左右中国专利申请的比较优势主要也集中在中低技术领域。但是到了2019年，中国的比较优势偏移到了以计算机通信为主的高技术领域，我们观察到专利申请的RCA也发生了类似的偏移。

知识创新与贸易比较优势的强相关性，可以帮助我们引导市场力量推动中国知识创新活动的发展，但另一方面也对中国知识创新的跨越式发展带来了约束。当前中国在很多领域（比如航空和医药）并不具备比较优势，单纯依靠市场力量没有办法反哺这些领域的知识创新活动，但是这些领域对中国的发展却具有重要的意义，那么如何克服比较优势的约束，如何发挥政府的市场补位作用，就成了我们必须要面对的挑战。

画像五：知识创新国际合作的增长势头近乎停滞

在知识创新的过程中，不同国家的科研工作者合作，不仅可以提高人类攻克难题或者认识自然与社会的效率，而且为全人类共同学习和分享知识创新果实提供了一个重要途径。对于中国来说，参与全球知识创新合作不仅有助于避免闭门造车以及重复无效的研究，缩小与国际知识创新前沿的差距，同样也可以为全球的创新提供方向和资源的支持。通过分析中国学术论文和PCT专利申请的中外合作情况，我们发现我国参与国际知识创新合作仍有较大提升空间，并且近年来知识创新国际合作的增长势头近乎停滞，这对政策应对提出了新的要求。

国际学术合作势头放缓，合作趋势与发达国家背离

由于跨国合作可以帮助研究者节约科研经费、共享研究资源、探究

全球性的学术课题，[1] 国际合作已经成为提高科研效率的重要方式。比如，2016 年，中美合作的理工科论文占美国所有理工科合作论文数的 23%，占中国理工科合作论文数的 46%，中美互为对方最重要的理工科学术合作国家，[2] 中国已经成为国际学术合作的重要参与者。

但从趋势上看，近几年中国参与国际学术合作的增长步伐放缓。自 1995 年以来，世界主要发达国家都在加强跨国学术合作，合作论文占比呈上升趋势，而中国的国际学术合作却经历了以下几个阶段的变化（见图 2.19）。第一阶段，1995—2007 年前后，随着中国自身学术实力的增强，本国论文产出增速大于国际合作论文增速，国际合作论文占比相对下降。第二阶段，2007—2016 年，中国开始加速融入全球学术体系，国际合作研究变得越发普遍，合作论文占比快速增加。第三个阶段，自 2016 年起中国国际合作论文占比仍然低于其他发达国家，且上升趋势出现了停滞的迹象，而其他发达国家论文发表的国际合作比例则在继续增高。

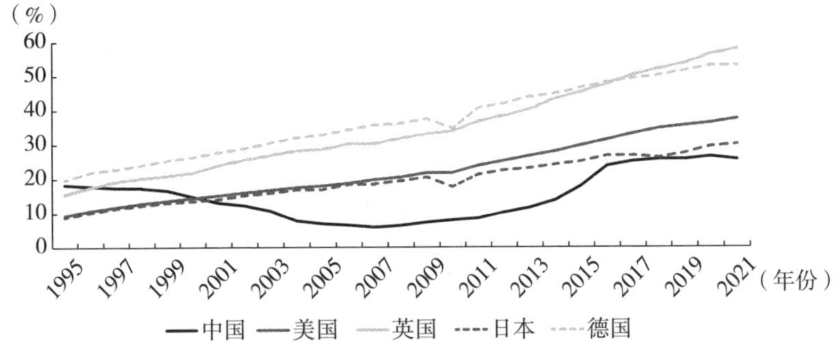

图 2.19　中国国际合作论文发表数占比仍有较大提升空间

资料来源：Microsoft Academic，lens.org，中金研究院。

① National Science Board，Science & Engineering Indicators 2018.

② 同上。

国际合作专利年申请数增长近乎停滞，占比下降明显

我国国际合作 PCT 专利申请数量从 2013 年开始就落于每年 3 000 件至 5 000 件的区间内，并没有随着中国整体 PCT 专利申请数量的增加而同比例增长，因而占比明显下降（见图 2.20）。[①] 事实上，过去 20 年，中国的国际专利合作大致可以分为四个阶段：在 21 世纪初，由于科技实力较为落后，中国的发明活动依赖于与发达经济体的合作，约有 1/3 的 PCT 专利为中外发明人共同申请，不过随着中国专利申请的启动，国际 PCT 专利占比一开始出现小幅下降；而加入 WTO 之后，中外经贸合作加强，中国国际合作专利占比明显提升；进入 2006 年，虽然国际合作 PCT 专利申请数量仍在上升，但是国内 PCT 专利申请增势迅猛，导致中国国际合作 PCT 专利申请占比下滑；进入 2013 年之后，中外国际合作 PCT 专利数量上升趋势放缓。

中外合作专利占比的下降一方面体现出中国自身科技创新能力的增强，另一方面也可能体现出中国产业结构转型中遭遇的现实阻碍。从 2013 年开始，中国开始强调产业结构转型，要改变以往粗放型增长的模式，扩大内需，提倡产业结构升级。但是中国在全球产业链中往往处于价值链的尾端，对创新的要求相对较低，而发达国家往往掌握着上游产业链的创新优势。在一个国家主动进行产业链升级之前，国内企业与国外企业往往是合作关系，但是当该国开始主动进行产业链升级时，其与发达国家的竞争关系可能变强，从而导致合作意愿降低。但无论如何，中外国际专利合作裹足不前，意味着较大的社会效率损失，需要积极的政策干预。

---

① 2001 年中外合作 / 中国申请比例下降是由于 2001 年中国非合作 PCT 专利申请数激增，这与我国 2001 年加入 WTO 和《专利法》（2000 年修正）生效密切相关。2000—2018 年，中外合作 PCT 申请数年均增长率为 17%，中国总 PCT 申请数年均增长率为 25%（中外合作指与非中国大陆地区专利申请人合作，数据来自 EPO Patstat）。

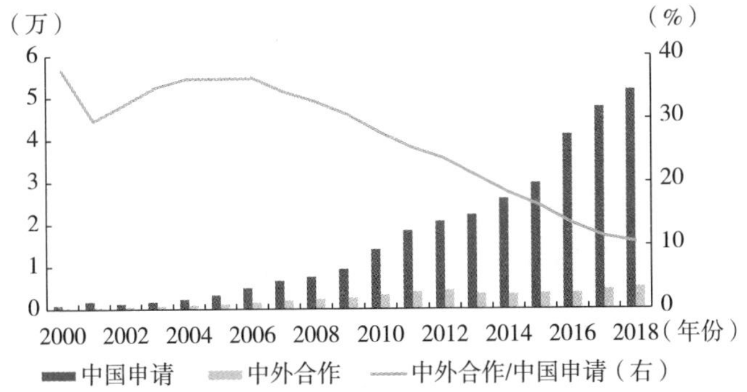

图 2.20　中外合作 PCT 专利申请占比下降（2000—2018 年）

注：中国申请的定义为在专利申请人中存在至少一位来自中国的申请人的 PCT 专利族，中外合作专利指在专利申请人中，同时存在来自中国大陆和非中国大陆地区的申请人的 PCT 专利族；中外合作 / 中国申请比例由二者 5 年移动平均值计算得出。

资料来源：EPO Patstat，中金研究院。

回归“初心”，迎接知识创新挑战

回顾过去 30 年，我国知识创新活动日益融入全球主流的科技创新活动中，并结出了丰硕的成果。中国的知识创新活动已经从原先的模仿和跟随逐渐向自主创新过渡，甚至在部分领域已经开始扮演引领者的角色。然而在中国经济快速发展和全球科技竞争日益激烈的大背景下，考察当前中国的知识创新成果也暴露出一些中国科创活动不得不面对的问题，包括原创和引领性仍不够、知识性的科创成果向产品的转化程度不高、国际合作面临新的挑战。然而要解决这三个问题，就需要我们继续保持“追赶者”的谦虚心态，积极总结知识创新活动的规律，对传统的追赶型制度环境进行调整，回归知识创新的初心，优化我国知识创新体系。人类进行科技探索的初心是为了“提高大众的福祉”，只有回归初心，知识创新才能与社会经济活动相互支持，知识创新也才会更有生命力和持续力，真正推动社会进步、经济发展。从中国科技创新成果出发，下述三点对回归“科创初心”具有指导意义。

第一，吸取国际经验，围绕知识创新的“初心”构建考核和激励体系，同时政府应补齐市场对高科技知识创新产品转化需求的缺位。为了纠正过度单一化的科研评价体系导致的原创性和知识创新成果转化度不高的问题，教育部在 2018 年提出要破除唯分数、唯升学、唯文凭、唯论文、唯帽子等具有典型“追赶”特征的激励政策。不过在破除这“五唯”之外，更要建立更加符合“初心”要求的有效的整体化科研评价体系。而针对科研评价体系的改革过程，国际科研评价体系的经验值得借鉴。比如，法国科研评价体系中按重要程度排序的 6 个主要指标,研究质量被排在了首位。在重视研究质量的同时，欧洲的科研评价也开始注重科研成果对于社会经济等诸多方面的影响。比如在荷兰科研评价体系中，社会相关性作为一个重要的评价指标被纳入评价体系。因此，我国完善科研评价体系时，应进一步注重科研成果质量，鼓励原始创新，提升科研成果的商业转化。当前，中国在部分高科技行业并不具备比较优势，缺少足够的市场转化需求。对此政府应该及时补位，让市场成为拉动知识创新成果，特别是高技术成果转化的暖房。

第二，打造国内学术共同体，营造清朗健康的科创文化环境。相同的学术价值观和道德体系有助于培养年轻一代科研工作者统一的科创价值观,而这正是学术共同体保持清朗健康的科创文化的重要功能。长远地看，良好的学术共同体与良好的学术生态环境相辅相成，但这都离不开国家顶层设计。以美国联邦政府为例，“二战”后美国加大了对科学技术的支持，还在各界创造了一种共识氛围：从事基础研究工作是令人尊敬的。同时，美国政府不对资助预算做出课题限制，尊重科学家的自由探索精神，鼓励科学家从事自己认为值得做的研究。在英国，学术造假会被纳入诚信记录跟随一生，长期影响其未来工作和学习。只有良好的制度设计才可以让科研人员以身作则，去伪存真，真正营造鼓励知识创新、求真求实、探索未知、服务人类的科创文化环境。

第三，坚持学术开放，鼓励国际科创交流合作，深化与全球知识创新体系的融合。学术开放有利于科学研究思想的迸发，支持科研工作者参与国际科技合作对于完善我国的知识创新体系具有重要意义。目前，国内许多知识创新课题仍处于跟随西方主流研究议题的位置，加强学术合作有利于促进我国科研课题与全球接轨，并且能在学术交流中产生思想的激荡，提升知识创新效率。同时，鼓励国际知识创新合作也有利于让我国具有影响力的研究走出国门，推动世界更好地认识和了解中国，促进我国的知识创新体系与全球创新体系更好地融合。在逆全球化思潮略有抬头的当下，我们更应该为了全人类共同的福利，积极地支持和鼓励知识创新活动的国际合作和交流。

第三章

研发：提高强度，改善模式

中国在创新驱动发展的道路上，高度重视 R&D 活动的关键作用，每年 R&D 支出仅次于美国。如何投入 R&D 资源，是一个非常关键的问题。从投入规模看，目前我国 R&D 投入绝对规模已位居世界第二，但在投入强度上与科技强国相比尚有距离。那么当前我国的 R&D 投入是否已经足够？从投入主体和投入方式看，不同主体适宜进行的 R&D 活动类型不同，厘清它们扮演的角色有助于改善我国 R&D 投资的效率。

本章聚焦于 R&D 的规模和强度、投入主体、使用方式三个问题，探讨中国 R&D 的有效模式。通过与世界领先的科技强国对比，结合统计数据进行对比分析、历史描述和文献综合分析，对我国 R&D 发展提出相应建议。

在投入规模上，我国 R&D 投入总量高，具有规模优势。但基于我国长远经济发展目标和当前的国际局势现实，我国 R&D 投入强度仍有必要进一步提高，特别是对“激进式创新”至关重要的基础研究。

从美国历史看，政府在 R&D 投入中发挥了重要作用，尤其在国家科技发展的瓶颈期以及高复杂度和长研发周期的产业上。当前中国也应重视政府在创新中的角色，在一些亟须科技自立的产业上更要用好“看得见的手”。

在投入方式上，政府对企业研发的公共资助应更精细化地利用市场资源和政策工具。同时，我国企业对高校的研发资助效率欠佳，科研院所对产业的支持较薄弱，因此应进一步加强企业与大学和科研院所的合作。

为进一步提高我国 R&D 的强度和效率，本章建议：第一，努力拓展国际合作，吸收全球资源，增大研发投入规模；第二，政府应加大对企业研发的补贴力度，综合税收优惠、信贷支持等措施，以“撬动”企业的 R&D 投入和其他市场资源流入创新领域，特别注意多支持小企业、初创企业、高科技企业和民营企业；第三，政策设计要特别引导企业投入基础研究，各类科技计划应向具有技术优势的企业适当倾斜，执行过程中压实企业责任；第四，组织和鼓励产学研合作攻关，并采用积极的人才培养和吸引策略。[①]

---

① 本章作者：徐磊、赵扬。

R&D 是人类科技进步的重要源泉，是“为增进人类知识存量或为已有知识设计新应用的系统性、创造性活动”。一般来说，根据目标不同，R&D 活动可分为基础研究、应用研究和试验发展三个阶段。

企业、高校、公共研究机构、政府部门以及部分私人非营利组织是 R&D 活动的主体。探索各主体在系统中的恰当定位与资源投入，构建合理的模式，是科技政策关注的核心问题之一。一般而言，它们的角色可以分为资助和执行两大类。根据项目资金来源和研发执行是公共部门（包括大学和公立科研院所）还是企业部门，R&D 活动的组织模式一般可分为公共主导型、企业主导型、公共补贴型、产学研合作型。

- 公共主导型：这类项目的主要资金来源于公共部门，通常是政府，执行者为大学和公立科研院所。比如中国的国家自然科学基金，2019 年 95% 以上的项目由高校和科研院所承担。
- 企业主导型：这类项目的资金来源和研发执行都是企业部门，企业内部实验室的研发项目、企业之间的联合研发都属于此类。
- 公共补贴型：这类项目的相当一部分资金来源是公共部门，执行则由企业承担。科技计划就是公共补贴型的代表模式，企业在 R&D 项目中申请政府部分补贴。

- 产学研合作型：这类项目的资金主要来自企业，执行则由公共部门的大学和科研院所承担。典型代表就是一般的产学研合作项目。

除了以上四种主要模式，还有一些项目的组织处于重叠地带，比如有些产学研合作项目的资金部分来自政府，该类项目就属于公共补贴型和产学研合作型的交叉类型。

R&D 投入规模是否已经足够

R&D 总量和强度（R&D 金额占 GDP 的比例）是衡量一国研发投入规模的两个指标。进入 21 世纪，中国 R&D 总量迅速增长，现已跃升至世界第二。同时，我国 R&D 强度也逐年递增，现已达到 2.4%，接近发达国家平均水平，远高于发展中国家平均值。那么，我国的研发投入是否已经足够？

如果要实现党中央提出的 2035 年人均 GDP 达到中等发达国家水平、2050 年建成社会主义现代化强国的目标，① 我国经济仍需在长期内保持较快增长，而我国劳动力和资本积累的增速随着人口老龄化都将放缓，因此经济增长将更多地依赖生产效率的提高。创新则是效率提高的最主要源泉。同时，我国当下正遇到百年未有之大变局，面临美国日益激烈的技术竞争，未来的技术进步将更多依赖自主研发。因此，从我国长期经济发展目标来看，我国研发投入规模仍需要继续加大。根据我们的估算，未来 15 年我国的 R&D 强度需要较目前提高 1 个百分点左右。

---

① 《中共中央关于制定国民经济和社会发展第十四个五年规划和二〇三五年远景目标的建议》。

经济规模带来研发优势

经济体量大的国家在 R&D 总量投入上具备天然优势。目前全球主要创新型国家中，以中美为代表的科技大国的 R&D 投入总量远超其他国家。全球最大规模的 R&D 支出是“二战”以后美国能够成为全球创新高地的一个重要原因。根据 OECD 数据，20 世纪 80 年代美国每年的 R&D 投入几乎达到世界主要国家 R&D 投入总量的 50%，比同为创新型国家的日本高出约 3 倍。后期尽管随着中国投入的迅速增加，美国投入占比有所下降，但在 2018 年仍然维持在 30% 左右，在世界独占鳌头（见图 3.1）。

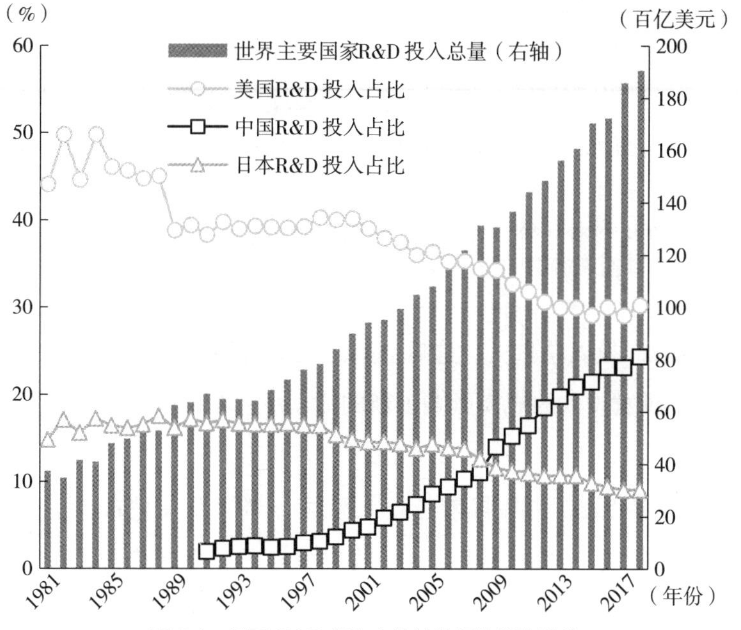

图 3.1 美国 R&D 投入占比始终保持优势地位

资料来源：OECD，中金研究院。

2020 年美国联邦政府预算报告列出了涉及国防、公共卫生、能源、航空航天、农业、环境气候等多个重要科技领域的项目，同时还包括如网络和信息技术研发项目、国家纳米工程等聚焦前沿科技发展的跨机构合作项目。[①] 前四大部门预算总量已超过德国全国投入，美国 R&D 投入规模之大可见一斑（见图 3.2）。

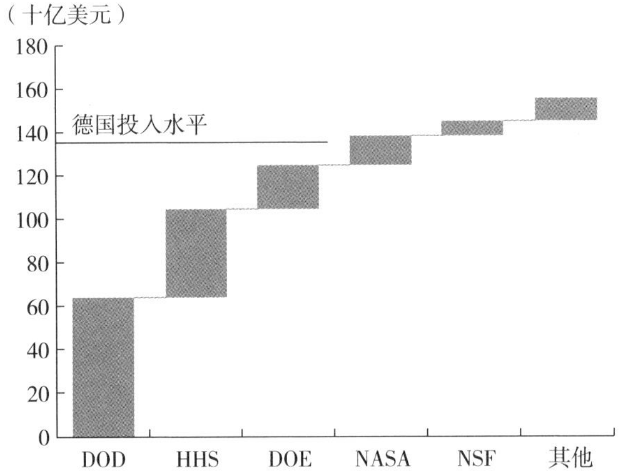

图 3.2 美国 2020 年四大部门研发预算总量超过德国全国

注：DOD 为美国国防部；HHS 为美国卫生与公众服务部；DOE 为美国能源部；NASA 为美国国家航空航天局；NSF 为美国国家科学基金会。

资料来源：NSF，中金研究院。

我国 R&D 投入总量大，这对创新的成效有很大意义。

首先，研发投入的规模影响创新的成功率。

· 大规模 R&D 能够探索多技术路线，增大了突破难点的概率。科学研发通常具有偶然性，科技突破经常依靠“广撒网”实现。更多的人力、物力投入，意味着可以同步推进多种技术路径，研发的容错率更高。比如医药研发中，对治疗方法覆盖越广的企业研

① Federal Research and Development（R&D）Funding：FY2020.

发成果越好；[①] 曼哈顿计划中，研发原子弹的主要技术路线是铀裂变，但同时推进钸元素分裂反应方案，确保了成功。

· 大规模 R&D 意味着更多人才，可组织产业联盟，形成研发网络，产生网络效应。研发网络越大越能吸引资源、增进知识流动，提升研发回报，摊薄单位产品的研发投入（如共享科研基础设施等）。

其次，国家可凭借大规模研发项目解决全球性难题。当今人类面临一些大的挑战，只有从全球视角进行跨学科合作研发才能解决，[②] 如气候问题、能源问题等。因为解决这类问题需要集合大量人力、物力，所以大型经济体具有优势。例如，欧盟 2014—2020 年为研发清洁能源技术的"地平线 2020"计划拨款 38 亿欧元。

我国 R&D 强度仍需提高

虽然我国 R&D 投入总量具有优势，但 R&D 强度与世界其他科技强国相比似乎仍存在一定差距（见图 3.3）。然而与科技强国的差距是否必然意味着我国投入强度存在不足？我们从多个角度分析这个问题。

影响研发强度的一个重要因素是以人均 GDP 衡量的国家经济发展水平。2017 年 43 个国家的数据显示，R&D 强度与人均 GDP 呈现正相关关系（见图 3.4）。如果静态地从当前人均 GDP 来看，我国的 R&D 强度似

① Iain M. Cockburn, Rebecca M. Henderson. Scale and scope in drug development: unpacking the advantages of size in pharmaceutical research [J]. Journal of Health Economics, 2001 (20).

② Mette Præst Knudsen, Tina Lundø Tranekjer, Nadika Bulathsinhala. Advancing large-scale R&D projects towards grand challenges through involvement of organizational knowledge integrators [J]. Industry and Innovation, 2017.

Gould, M. GIScience grand challenges: How can research and technology in this field address big-picture problems? [J]. ArcUser, 2010.

乎较高，和不少发达国家处于同一水平。主要科技强国的研发强度达到与中国当前相等的（2.23%）水平时，人均 GDP 均至少突破 1 万甚至 2 万美元（见图 3.5），而我国目前仅 8 405 美元（2010 年美元不变价）。[①]

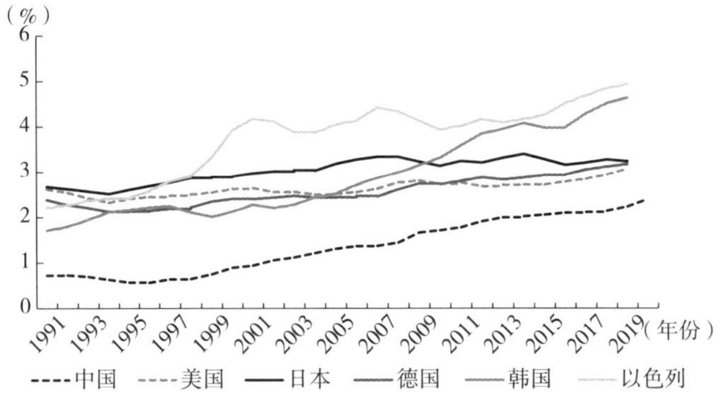

图 3.3　中国与科技强国 R&D 强度变化对比

资料来源：OECD，中金研究院。

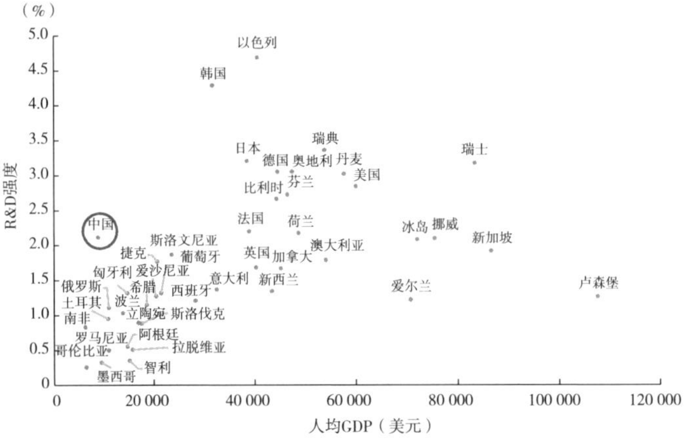

图 3.4　2017 年各国 R&D 强度与人均 GDP 的关系

注：人均 GDP 为 2017 年当年美元价。

资料来源：OECD，World Bank，中金研究院。

① 数据来源：世界银行。

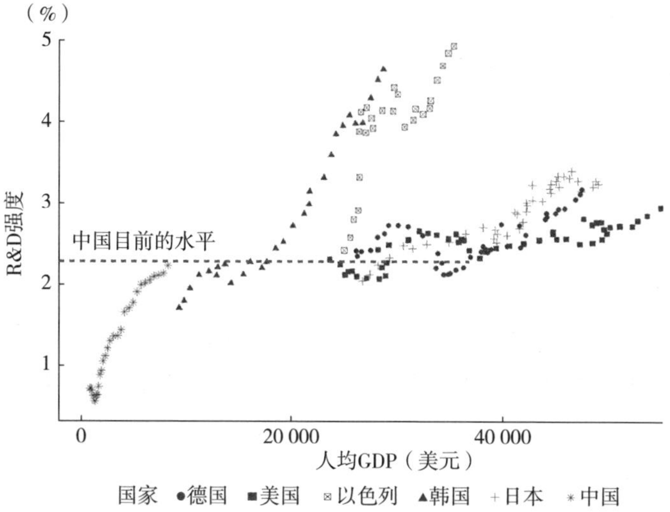

图 3.5　中国与部分发达国家的研发强度历史对比

注：人均 GDP 为 2010 年美元不变价。

资料来源：OECD，World Bank，中金研究院。

但是，如果从动态来看，我国仍需要提升 R&D 强度。一方面，如前文指出的，要实现我国长期经济发展目标，我国亟须提高 R&D 研发强度。另一方面，国际经验表明，后发国家赶超的一个重要途径是大幅提升 R&D 强度：日本、韩国和北欧国家崛起过程中的 R&D 强度都超过了美国，与 R&D 强度低的拉美和其他亚欧国家形成鲜明对比。[①] 值得注意的是，我国作为赶超型大国，将很有可能是第一个在人均 GDP 不足 3 万美元时 R&D 强度突破 3% 的国家。

除了长期发展因素，从另外两个角度看，我国也亟须提高 R&D 强度。

- 未富先老，创新需求迫切。人口进入老龄化之后，宏观经济只能

① Fagerberg, J., Godinho, M. M. Innovation and Catching-Up. In：J. Fagerberg, D. C. Mowery, & R. R. Nelson (Eds.), The Oxford Handbook of Innovation. New York：Oxford University Press, 2004：514–542.

通过更多创新来实现增长。[1]表 3.1 对比了中国和几个发达国家步入老龄化（65 岁及以上人口数量占总人口比例超过 7%）时的研发强度，我国的研发强度低于除德国外的其余各国，尤其是同样位于东亚的韩国和日本。

- 相对我国工业化程度，R&D 强度偏低。国际经验显示：高级工业化国家的研发强度在 2.5% 以上。[2]根据《中国工业化进程报告（1995—2010）》估算，高级工业化国家人均 GDP 在 6 615~12 398 美元（2010 年不变价）。[3]我国 2020 年人均 GDP 为 8 405 美元，已是高级工业化国家，但 R&D 强度在高级工业化国家中偏低。

表 3.1　各国步入老龄化时间与研发强度对比

国家	步入老龄化时间（年）	研发强度
美国	1972	2.25%
日本	1985	2.48%
韩国	2008	3.12%
德国	早于 1959	低于 2%
中国	2016	2.11%

资料来源：OECD，NSF，中金研究院。

① 姚东旻，宁静，韦诗言．老龄化如何影响科技创新［J］．世界经济，2017（4）．
姚东旻，李三希，林思思．老龄化会影响科技创新吗——基于年龄结构与创新能力的文献分析［J］．管理评论，2015，27（8）．

② 谭文华，曾国屏．R&D 强度的“S”曲线与实现我国投入稳定增长的若干思考［J］．中国软科学，2005（01）．

③ 陈佳贵，黄群慧，吕铁，李晓华．中国工业化进程报告（1995—2010）［M］．北京：社会科学文献出版社．

R&D 投入存在结构性短板

从 1990 年开始，企业资金在我国 R&D 投入中的占比持续上升，并在 1997 年超过政府资金，成为我国 R&D 最主要的资金来源，目前已达到了 76%。这个比例在全球仅次于日本和韩国。与之对应，政府资金在我国 R&D 投入中的占比则逐步下降到 20% 左右。尽管我国企业在 R&D 投入中的比例很高，但是其研发强度普遍较低，对基础研发的投入激励严重不足。

企业研发强度偏低

企业的研发强度是指企业研发投入与其营业收入的比例。一国整体研发强度与企业研发强度呈显著线性相关①（见图 3.6）。我国企业研发强度略超 2%，这是我国研发强度与科技强国尚有距离的重要原因。我国企业研发强度在 3% 以上的唯一行业是仪器仪表制造业；全国研发支出最高的计算机、通信和其他电子设备制造业的研发强度只有 2.19%（见图 3.7），反观英国、美国等国家，多个产业的研发强度早已超出 3% 的比例，美国更是有多个产业的研发强度超过 5%。②

---

① 这个显著线性关系还揭示了一个事实。从两个强度指标的计算公式可知，二者并不存在理论上的线性关系，这是一种统计关系。由于统计关系呈现显著线性，由指标计算公式可推知各国的企业研发投入占比（企业研发支出 / 全国总支出）、企业增加值占比（企业增加值 /GDP）这两个数值的比例非常接近。这表明，一个国家的企业研发投入占比是与该国工业增加值比重相适应的。国家工业经济比重越高，企业才能有更多的资源投入研发。

② 国内数据来自《中国科技统计年鉴》和万得资讯，英国数据来自 Hughes，K. The interpretation and measurement of R&D intensity — A note［J］. Research Policy，1988（17）。美国数据来自商务部普查局。

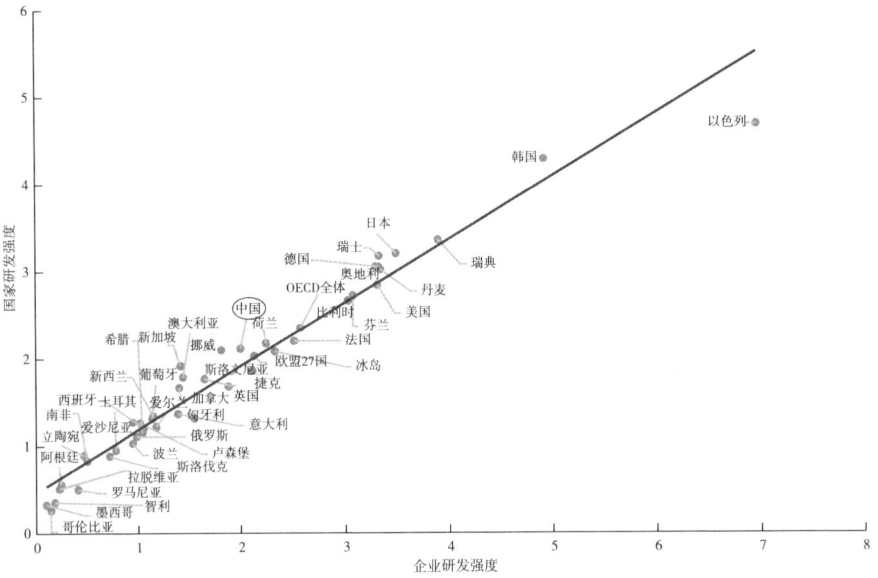

图 3.6　国家研发强度与企业研发强度正相关

注：企业研发强度 = 企业研发支出 / 企业增加值，分母不是企业营收；此处数据为 2017 年各国数据。

资料来源：OECD，中金研究院。

基础研究投入严重不足

中国试验发展投入在 R&D 总投入中的占比已经超过了美国、日本、韩国和以色列等科技强国，但基础研究占比依然明显偏低（见图 3.8）。英美韩日等科技强国高度重视基础研究，基础研究投入占 R&D 总投入比重均高于 10%。"十三五"期间，我国基础研究投入年均增长 17%，在 R&D 总投入中的比例也持续上升，[①] 但截至 2018 年，基础研究投入占 R&D 总投入比重仍只有 6.03%，与发达国家相比仍有很大差距。基础研发投入不足，导致我国科技发展根基薄弱，激进式创新能力严重不足。

我国基础研发投入不足的一个重要原因在于企业的基础研发投入不

① 《中国科技统计年鉴》。

足。2018 年，我国企业研发投入占全国研发经费的 76%，但企业经费中只有 0.22% 投入基础研究，这导致企业资金对全国基础研究投入的贡献只有 3.0%，而美国的这一指标高达 28%（见图 3.9）。

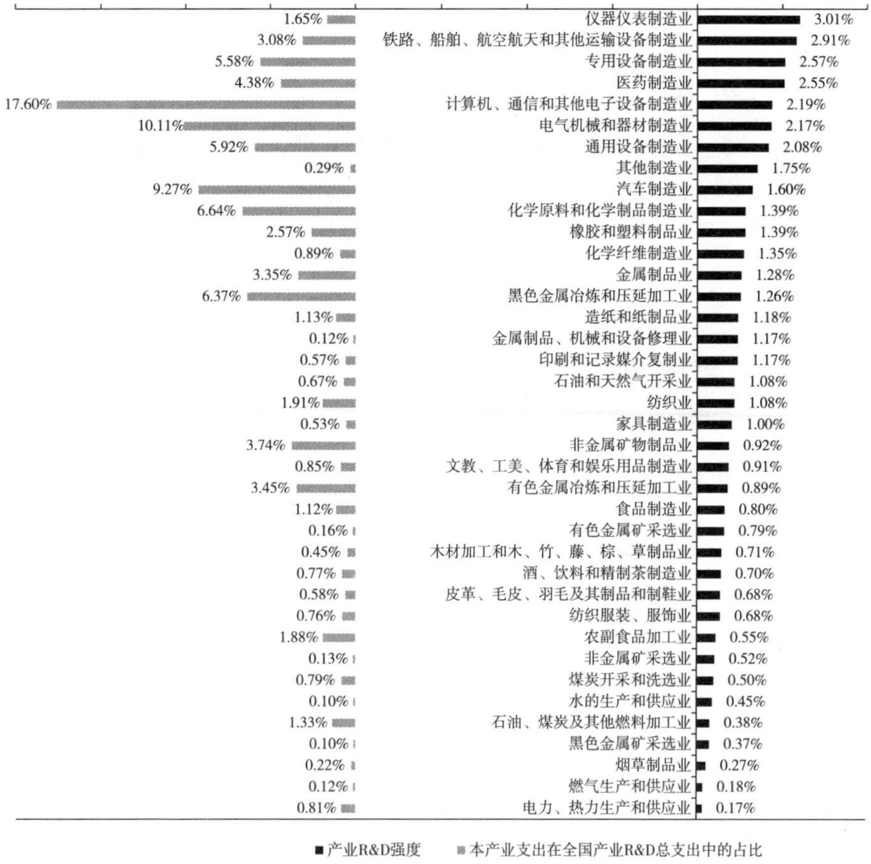

图 3.7　中国不同产业规模以上企业的研发支出强度和全国占比情况（2019 年）

注：产业研发强度 = 该产业中的企业研发支出 / 企业营收额。

资料来源：《中国科技统计年鉴》，中金研究院。

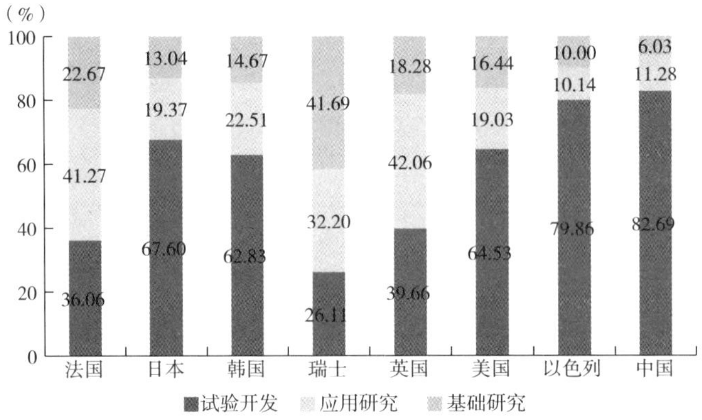

图 3.8　2018 年主要科技强国 R&D 类型占比

资料来源：OECD，中金研究院。

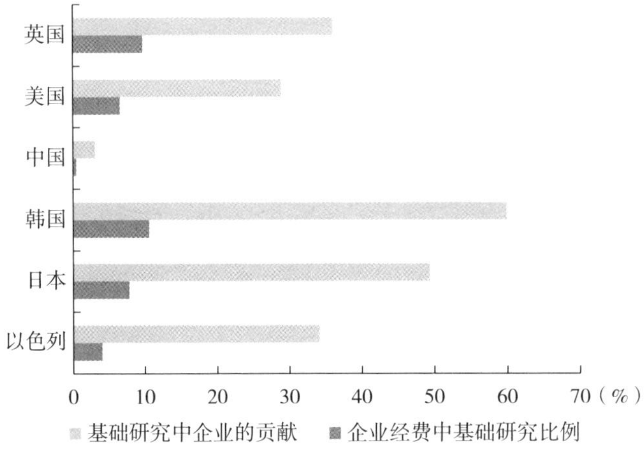

图 3.9　2018 年主要科技强国企业基础研究情况

资料来源：OECD，中金研究院。

原因分析如下。

· 我国企业对基础研究的参与意愿不强。[1] 受苏联影响，计划经济时

① 眭纪刚，连燕华，曲婉. 企业的内部基础研究与突破性创新［J］. 科学学研究，2013（01）.

期，我国企业主要承担产品开发和生产任务，技术供给和研究的任务落在大学和科研院所上，[①] 再通过技术转移和科技成果产业化形式交给企业。这种历史影响造成了一种理念——基础研究是公共品，应该由公立机构（大学和科研院所）承担。我国企业普遍认为技术可以通过转让获取，参与基础研究的意愿不强。而且，企业对国家层面的科研计划参与度不够，特别是以基础科学为主攻方向的国家自然科学基金项目和“973 计划”很少由企业承担。国家重点实验室计划从 1984 年就开始实施，但企业的国家重点实验室计划 2006 年才设立。尽管现在科技攻关计划、“863 计划”及国家重点研发计划等强调产学研合作，要求以企业参与为重要申报条件，但企业实际承担的任务往往是搭原型产品、做应用落地等非基础研究工作，以论文为代表的基础研究任务由联合体中的高校和科研院所承担。

- 我国企业在全球产业分工的位置导致基础研发需求不足。我国是全球最大的产成品制造国，在全球产业分工中主要承担加工、组装等末端程序，出口最多的也是低技术制造业。这种产业结构导致企业对研发尤其是基础研究的需求不强。根据麦肯锡的问卷调查，中国企业在产品降本优化等方面的研发活动占到总研发时长的 2/3。[②]
- 民营企业研发强度尤其是基础研究投入低。2019 年民营企业在我国内资企业的 R&D 中占比 39.6%，在高技术领域 R&D 中占比

① 在苏联，产业部门主要承担开发工作和部分应用研究工作。据统计，1988 年，苏联 87% 的科学工作者集中在高校和科研院所。
陈树铭 . 苏联的基础研究及其发展战略［J］. 中外科技信息，1991（04）.
朱斌 . 美、苏、日三国科研体系的现状和变革［J］. 科学学研究，1986（04）.

② 麦肯锡 . 引领中国自主创新：数字化研发升级的迫切性 . 2021. 参见 https://www.mckinsey.com.cn/。

高达 71%。[1] 但是民营企业的研发强度和基础研究投入都相对较低。高技术领域内国有企业的研发强度是 4.9%，而所有企业则为 2.7%。[2] 国企更倾向于开展基础研究，实际研究产出更高。[3]

政府应在 R&D 中发挥更大作用

美国经验：政府大力支持 R&D 活动

美国的创新居于世界领先地位，其创新模式随着国家发展和世界局势变化不断演进。目前美国 R&D 的主体和资金来源主要是企业，但美国在历史上也经历过完全由市场竞争主导的 R&D 投入模式和“二战”期间由联邦政府主导的模式。随着美国工业化程度提高、市场规模扩大，R&D 投入来源及执行主体逐渐形成目前由私人企业部门主导的局面。

美国的 R&D 投入结构与它面临的发展阶段及国家战略目标有显著的联系。公共部门与私人部门在投入领域上存在一定的分工，即政府更多关注与国家和民生密切相关的科技领域，如军事科技、医药卫生等，而企业的重点则放在消费类等一般民用领域的技术突破上。美国 R&D 主要模式的历史变迁基本分为以下四个阶段（见表 3.2）。

---

① 数据来源：《中国高技术产业统计年鉴》《中国科技统计年鉴》。

② 数据来源：《中国高技术产业统计年鉴》。

③ 叶静怡，林佳，张鹏飞，等 . 中国国有企业的独特作用：基于知识溢出的视角［J］. 经济研究，2019（6）.
王芳，赵兰香，戴小勇 . 中国企业基础研究偏好异质性的影响因素分析［J］. 科研管理，2021，42（3）.

表 3.2 美国研发模式的变化

阶段	19 世纪中期至 1940 年	1940—1970 年	1970—1993 年	1993 年至今
国家历史特征	工业发展	战时的国防主导	市场经济竞争增强	前沿科技探索
产业 R&D 特点	· 工业研究实验室开始发展 · 研究型大学发展迅速	· 企业 R&D 活动大幅增加 · 与官学界合作加强，接受政府订单	· 企业 R&D 活动进一步增强，逐渐成为主导 · 大型企业内设研发中心成果显著 · 中小型企业受到扶持	· 保持企业为主导的 R&D 模式 · 加强与高校合作，积极建立创新区域 · 科技型企业大量发展
政府角色作用	· 支持国家及社会需求领域的 R&D 发展 · 州政府为研发活动建立赠地大学及研究站	· 大幅提高对 R&D 预算投入 · 成立 NASA 等国家实验室及科研机构 · 加大高校科研资助并向企业提供订单 · 主导规划一系列科研计划	· 政府预算减少，逐渐让出科研主导地位 · 推出政策法案及补贴计划，鼓励私人部门研发及产学研合作 · 促进企业联合成立研发联盟	· 加强公共政策对研发的支持 · 重视他国竞争，加强政府、企业、社会合力进行创新体系建设

资料来源：中金研究院。

- 19 世纪中期至 1940 年，R&D 活动相对自由，尚没有形成体系，主要依靠各个主体自发进行 R&D 活动。该阶段政府部门主要关注当时社会发展最为需要的农业和矿业，通过推出相应法案支持研究型大学发展。企业部门开始重视自主研发的能力，部分大型企业开始设立内部实验室，由个人自发研究逐渐转向企业组织投入研发模式。
- 1940—1970 年，联邦政府主导 R&D 是主要模式，该阶段美国受到“二战”及后期冷战的冲击，存在着国防方面的巨大压力，因此政府部门的介入显著地促进了美国的科技进步，并在十几年间系统地建设了国家现代科技发展体系，确立了美国的科技领先地位；以大型企业为代表的私人部门在此期间响应政府号召积极加强科技创新活动，战后也成为美国科技创新的重要组成部分。该阶段政府投入始终高于私人部门，可以看出在面对国家外部挑战时，美国联邦政府承担了研发投入的主要责任，能够更为高效地集合全国力量解决公共安全问题。

- 1970—1993年，该阶段日本、德国迅速从战争中恢复，全球竞争压力的提升使美国R&D活动主体由政府逐渐让渡给私人部门。受到财政赤字以及舆论环境反对政府过多主导科技研发的影响，[①]美国政府在R&D投入中的占比迅速下降，且将投入重点集中在基础研究方面；对私营企业发展科学技术的直接投入减少，转为出台政策支持私人部门和研究型大学自主研发，推动产学研合作。企业在该阶段面临国内外市场的压力，因此加大了R&D的投入，成为R&D主导部门，大中型企业借由内部设立的R&D活动部门推动发展，中小型企业在电子信息技术迅速进步的背景下也获得了发展机遇，逐渐形成企业集聚大学周边、与学界紧密合作的R&D模式。
- 1993年至今，美国科技发展更加重视全球新形势下对经济增长的促进作用，R&D参与主体仍然以私人部门为主，但政府在公共政策上给予了更多支持，并重点着力在前沿领域开展高风险、高回报的研究。从公共部门视角出发，联邦政府R&D投入整体处于下降趋势，但从政策层面加大了对科技研发的支持力度，通过启动“信息高速公路”等加强政府与私人部门合作的研发计划，促进产业技术发展，并增强对前沿科技领域的关注，如建立“技术创新计划”，促进美国企业、高校等其他部门对“国家迫切需要领域”展开研究。从私人部门视角来看，一方面，政府对中小企业的扶持政策进一步增强了企业R&D投入的动力，也同时促进了科技型企业的迅速发展；另一方面，企业与高校的合作更加紧

① Jonathan Gruber，Simon Johnson. Jump-Starting America：How Breakthrough Science Can Revive Economic Growth and the American Dream［M］. New York：Public Affairs，2019.

密，积极建立创新区域，形成以高校为核心、企业大量聚集的创新模式。例如硅谷和波士顿 128 号公路，都是创新企业围绕高校开展 R&D 活动的典型案例。

从以上可见，尽管美国一直以其自由市场的发展为傲，但联邦政府在国家科技发展方面实际起到了至关重要的作用。有观点认为美国在高新技术领域的发展，以及大型科技企业的腾飞都与联邦政府提供的支持高度相关。

- “二战”爆发前，美国联邦政府虽然对 R&D 活动的支持与投入相对有限，但已开始规划投入公共领域及重要行业。在公共领域方面，1862 年通过的《莫里尔法案》（Morrill Land-Grant Acts）提出为各州划分30 000亩土地，建立赠地学院（land-grant-college），支持农业领域提高生产力方面的研究。在行业发展层面，飞机的发明制造促使联邦政府在 1915 年成立美国国家航空咨询委员会（NACA），主导联邦在航天领域的研究工作，为早期航天研究发展做出了重要贡献。[①]
- “二战”爆发后，受战时需求影响，联邦政府成为 R&D 投入与执行的主要部门，集合产学界力量进行研发。这种政府主导、产学界积极参与的突出例证就是“曼哈顿计划”，投入 20 亿美元，参与人员超过 13 万人次，充分显示了在政府目标明确、集合大量人力、物力资源后能够激发的研发水平。除了核武器，美国政府在其他领域也增加研发投入，为后期相关领域的发展奠定了基础。

---

① Usselman, S. Research and Development in the United States since 1900：An Interpretive History [R]. Economic History Workshop, 2013 (11).

例如由陆军资助的、宾夕法尼亚大学电气工程学院建造的世界第一台通用计算机ENIAC，[①] 它使后期美国的计算机行业乃至整个数字产业的发展走出了坚实的第一步。

- 战时政府主导模式的成功使得战后美国延续了政府高投入、高参与、目标明确的研发模式，同时增设多个机构进行R&D活动。1957年苏联成功发射人造卫星Sputnik，威胁了美国在科技方面的领先地位，之后联邦政府在国防和航空航天领域加大了R&D投入，设立了两个著名科研机构DARPA和NASA，分别在相应领域探索，成果斐然。NASA成立于1958年，承担太空航空领域的研究，筹备了一系列计划以期在“太空竞赛”中取得先机，最为著名的就是“阿波罗登月计划”。同年成立的DARPA更是成为美国科技创新系统中最为特别的存在。它每年申请的预算量仅约30亿美元，人数仅有100~150人，但因其高效灵活、高度聚焦的机制，创造出诸如互联网、GPS（全球定位系统）、隐形飞机、激光器、砷化镓半导体等大量项目，充分体现了DARPA“小而精”的特点。另外，由于DARPA非常注重将军用技术转化为民用技术，这些研发成果为美国在相应领域的蓬勃发展起到了关键的助推作用。
- 从20世纪70年代开始，多个战后恢复的国家在国际市场上的竞争力逐渐增强，而美国受到越南战争、经济萎缩等影响，国际竞争的压力进一步增大。此时联邦政府对R&D活动的支持并没有体现在直接投入上，而是通过了大量法案及补贴项目支持企业研发。法案政策主要集中在支持科研成果转化及促进官产学R&D

① A Brief History of The U.S. Federal Government and Innovation（Part Ⅲ：1945 and Beyond）. August 2011. https://insight.ieeeusa.org/articles/a-brief-history-of-the-u-s-federal-government-and-innovation-part-iii-1945-and-beyond/.

合作。例如，1980年通过的Stevenson-Wydler（史蒂文森–怀德勒）技术创新法和Bayh-Dole规则（拜杜规则），分别鼓励联邦实验室加强与州政府、大学及私营企业的直接合作，促进大学及小型企业合作并促进科技成果转化。针对产业研发的补贴包括小企业创新研究计划（SBIR）和小企业技术转移计划（STTR）等，为小企业研发创新提供资金支持。

- 进入21世纪，联邦政府结合历史成功经验，在重点领域成立了类似DARPA的研发机构，以及集合多个政府部门的研发力量进行大型研发项目。前者以ARPA-E（美国能源部高级能源研究计划署，E指代Energy）为代表，后者以国家纳米技术倡议为例。ARPA-E成立于2007年，旨在先进能源技术领域取得重大突破。ARPA-E采用了类似DARPA的项目负责制，集合产学界的科研力量，成绩同样令人瞩目。截至2021年5月，ARPA-E项目已向超过1 190个项目投入近28亿美元，发表4 871篇学术论文，发明751个专利。[①] NNI（国家纳米工程）则是多部门R&D合作项目的一个重要例证。NNI由克林顿政府于2001年正式启动，研究计划由国家科学技术委员会（NSTC）协调统筹，引导其他政府机构参与纳米技术研发。该计划受到了政府及国会的大力支持，截至2020年累计获得了290亿美元资助。[②]

在当前中国科技发展迅速的情况下，美国联邦政府调整了其科研战略目标，将关键产业的R&D发展纳入政府战略框架下。2021年6月，美国参议院通过《2021年美国创新与竞争法案》，标志着联邦政府再度

① ARPA-E. Our Impact. https://arpa-e.energy.gov/about/our-impact.

② 樊春良.美国技术政策的演变［J］.政策与管理研究，2020，35（8）.

主导重要科技领域发展的趋势。该法案提议设立的技术和创新理事会（Directorate for Technology and Innovation）同样参考了 DARPA 架构，聚焦 10 个初始关键领域进行研发活动。由于 ARPA-E 模式的成功以及受到公共卫生事件的威胁，拜登上台后提议在 NIH 建立 ARPA-H（H 指代 Health）①，以期在医学领域达到 DARPA、ARPA-E 项目触及的高峰。

关键时期和关键产业需要“看得见的手”

尽管在当今主要国家，私人部门是 R&D 资金的主要来源，但公共部门的角色不容忽视。公共和私人部门在 R&D 中的相对角色通常随国家的发展而变化。回顾和总结美国等发达国家的 R&D 模式，能够为我国探索与当前发展形势相适宜的 R&D 投入结构和政府应发挥的作用提供启示。

第一，国家的主要 R&D 模式随发展阶段而变。R&D 模式与国家的发展阶段、资源禀赋、目标政策等因素密切相关，阶段性的重点不同，对应的政策和 R&D 模式也有所差异。②

- 处于进口替代阶段的国家（19 世纪的德国、19—20 世纪初的美国），研发重点在于技术和产品本土化，政策要鼓励技术引进和消化，主要研发模式为公共主导型和产学研合作型。
- 处于赶超阶段的国家（“二战”后的德国和日本），研发的重点在于改进产品、提高国际竞争力，主要研发模式是产学研合作和

① Proposed Advanced Research Projects Agency for Health（ARPA-H）. NIH. https://www.nih.gov/arpa-h.

② Forbes, N., Wield, D.What is R&D? Why does it matter?［J］. Science and Public Policy, 2004, 31（4）.

OECD. R&D intensity as a policy target：Lessons from 11 international case studies. 2019.

企业自主研发、联合开发等。

· 处于领先阶段的国家（“二战”后的美国、1990 年统一后的德国），研发重点是前沿技术研究，通常需要跨国研发，此时除了企业主导模式，公共主导、公共补贴模式也再次成为重要的选择。

第二，在技术发展的瓶颈期，政府作用显著。在追赶的早期阶段和瓶颈阶段，由于企业部门缺乏足够资源实现突破，政府需要帮助企业“逆流而上”取得进步。在 1960—1980 年的半导体工业本土化时期，日本曾一度依赖产业政策来保护自己的幼稚产业不被美国进口产品冲垮。① 20 世纪 90 年代的发展后期，日本和德国都遇到了技术进步的“瓶颈期”。两国政府均开始改革 R&D 制度，并资助清洁能源、信息技术等前沿领域，寻找国家的创新发展空间。

第三，政府作用在创新前沿的“无人区”尤为重要。当科技和经济高度发达，创新进入到前沿地带，研发难度增大。此时，工程和技术对创新的拉动达到瓶颈，创新越发依赖基础科学的突破。② 同时，前沿创新的研发周期较长，不确定性大，往往需要与学术界密切交流，论文是知识成果的主要承载体，因此知识溢出效应显著，市场失灵严重。此时，政府的作用很重要。“二战”之后的美国设立了一系列前沿科技计划，就是体现政府发挥在前沿领域研发作用的典型案例。

政府支持 R&D 的政策选择

不同产业的 R&D 具有不同特点，政府应根据实际需要进行政策支持。

---

① 冯昭奎．日本半导体产业发展的赶超与创新——兼谈对加快中国芯片技术发展的思考［J］．日本学刊，2018（06）．

② Rosenberg, N. Science, invention and economic growth［J］. Economic Journal, 1974, 84（333）.

简而言之，可以将各类产业的 R&D 按照研发周期和科技复杂度来区分。

- 研发周期。如果一项技术研发过程中的时间成本、经济成本较大，该技术也更可能维持垄断地位，后发国家要追赶的难度就更大。①
- 科技复杂度表征了产业是否需要多学科的技术积累。科技复杂度越高，研发就涉及越多的学科，产业发展的知识储备期就越长，实现赶超的难度也就越大。

针对科技复杂度较低、研发周期较短的产业，国外即使限制，也只能在短期内维持领先地位。后发国家的难点在于调动资本、人才等要素，同时开发前沿技术的资金与时间成本较高。为此，政府可以实施政策鼓励私人部门的 R&D 投资，鼓励产学研合作，加大这些产业的 R&D 投入。

但是，对于科技复杂度较高、研发周期较长的产业，短期内无法依靠企业 R&D 来实现突破，需要政府发挥更大作用。20 世纪六七十年代日本所追赶的半导体工业和 19 世纪德国所追赶的化学工业都是如此。针对这些行业，提高 R&D 的政策选项包括以下两个方面。

- 第一，加大政府的 R&D 投入和产学研合作，汇集各方力量集中攻关。对于特别重大、牵涉底层科技越多的产业技术，尤其是共性技术、基础技术攻关，就越需要政府的协调，“举国体制”是一种重要模式。政府可以增加 R&D 资金，组织企业集体攻关，界定好公共研发和企业自主研发的权责利。日本半导体产业发展历史中的“超大规模集成电路联合研究所”就是一个典型案例。②

---

① 曾繁华，赵祯煜，游保德，蒋永生 . 产业技术垄断竞争力研究［J］. 管理世界，2013（1）.

② 冯昭奎 . 日本半导体产业发展的赶超与创新——兼谈对加快中国芯片技术发展的思考［J］. 日本学刊，2018（06）.

当前中国，集成电路制造设备、航空发动机、高端精密仪器等产业需要政府发挥引导作用，推动产学研各方合作。

- 第二，加强创新人才培养，提升高校、科研机构的研发能力。实现这一点，一方面要长期坚持本土多层次人才的培养，不仅是科学家，还有工程师和技术工人，另一方面以海外人才引进带动本土人才培养。德国机械和化工业的崛起就依赖于早年从英国吸引了大量化工高级人才，包括许多在英国学习的本国留学生回国。[①]此外，德国在化工产业的追赶在很大程度上离不开巴斯夫、拜耳等大公司与大学的合作，[②]凸显了企业与高校、科研机构合作推动研发的重要性。

提高政府对企业的 R&D 资助效率

政府的研发资助如果能带动私人企业部门增加 R&D 投入，则会比单纯增加政府投入起到更好的效果。大量的实证研究表明，公共 R&D 投入确实能够起到带动企业研发的作用，[③]但效果因企业自身特点而不同，归纳如下。

- 一是政府对小企业的研发资助具有“雪中送炭”的效果，且效果

① Freeman, C., Soete, L. The Economics of Industrial Innovation (3rd ed.)[M]. Wellington House, 1997.

② 参见巴斯夫公司官方网站 .Freeman, C., Soete, L. The Economics of Industrial Innovation (3rd ed.)[M]. Wellington House, 1997。

③ David, P. A., Hall, B. H., & Toole, A. A. Is public R&D a complement or substitute for private R&D? A review of the econometric evidence [J]. Research Policy, 2000, 29.

通常要比大企业显著。①

- 二是初创企业资源不足，对公共 R&D 资助的吸收效果最强；成熟期企业的资助效果就不明显。②
- 三是企业自身的 R&D 强度越高，说明企业的技术水平越高，对外界资源的吸收能力也越强，因此一般来说政府 R&D 资助的效果也越好。但这个效果是有限度的，当企业研发强度到了较高程度后，政府研发资助的边际效果就不再明显。③
- 四是多项实证研究表明，我国政府 R&D 资助对国有企业的研发支出和效率提升不显著，但对民营企业显著。④

---

① 李永，孟祥月，王艳萍 . 政府 R&D 资助与企业技术创新——基于多维行业异质性的经验分析［J］. 科学学与科学技术管理，2014，35（1）.
Gonzalez，X.，Pazo，C. Do public subsidies stimulate private R&D spending?［J］. Research Policy, 2008, 37（3）.

② 熊和平，杨伊君，周靓 . 政府补助对不同生命周期企业 R&D 的影响［J］. 科学学与科学技术管理，2016，37（9）.

③ 白俊红，李婧 . 政府 R&D 资助与企业技术创新——基于效率视角的实证分析［J］. 金融研究，2011（6）.
李永，孟祥月，王艳萍 . 政府 R&D 资助与企业技术创新——基于多维行业异质性的经验分析［J］. 科学学与科学技术管理，2014，35（1）.
李瑞茜，白俊红 . 政府 R&D 资助对企业技术创新的影响——基于门槛回归的实证研究［J］. 中国经济问题，2013（03）.

④ 白俊红，李婧 . 政府 R&D 资助与企业技术创新——基于效率视角的实证分析［J］. 金融研究，2011（6）.
李永，孟祥月，王艳萍 . 政府 R&D 资助与企业技术创新——基于多维行业异质性的经验分析［J］. 科学学与科学技术管理，2014，35（1）.
李瑞茜，白俊红 . 政府 R&D 资助对企业技术创新的影响——基于门槛回归的实证研究［J］. 中国经济问题，2013（03）.
樊利，李忠鹏 . 政府补贴促进制造业企业研发投入了吗？——基于资本结构的门槛效应研究［J］. 经济体制改革，2020，221（02）.

除了企业自身的特点，政府所使用的政策工具的特点也会影响实际效果。

- 一是 R&D 税收优惠。研究表明，税收优惠对刺激企业研发投入有良好的效果，尤其是对高科技企业、小企业和原先研发投入不充分的企业。但是相比于直接补贴，税收抵扣会导致企业偏好短期利润明显的项目而非长期性基础研究。而且如果企业的纳税额本来就较少，抵扣的边际效果就有限。[①]
- 二是金融信贷支持。除了政府给予资助，金融信贷扶持政策也常被用来作为辅助性政策工具，改善金融信贷环境对于 R&D 资助有较好的补充效果。由于信贷需要偿还，相比于直接资助能够减少企业的道德风险。研究表明，贷款贴息类政策能促进企业研发。金融越落后的地区，贷款贴息的挤入效应越好。[②]

政府在进行 R&D 资助时，资助规模、资助对象选拔方式、资助的稳

---

① OECD. The effects of R&D tax incentives and their role in the innovation policy mix：Findings from the OECD microBeRD project（2016–19）, 2020.
王俊 . 我国政府 R&D 税收优惠强度的测算及影响效应检验［J］. 科研管理，2011，32（9）.
Becker, B. Public R&D Policies and Private R&D Investment：A Survey of the Empirical Evidence［J］. Journal of Economic Surveys, 2015, 29（5）.
Ozçelik，E.，Taymaz，E. R&D support programs in developing countries：The Turkish experience［J］. Research Policy, 2008, 37（2）.
Radas, S.，Anić, I. D.，Tafro, A.，Wagner, V. The effects of public support schemes on small and medium enterprises［J］. Technovation, 2015.

② 李新功 . 政府 R&D 资助、金融信贷与企业技术创新［J］. 管理评论，2016，28（12）.
张杰，陈志远，杨连星，新夫 . 中国创新补贴政策的绩效评估：理论与证据［J］. 经济研究，2015（10）.

定性、资金的使用方式等也会影响资助效果。[①] 有一些文献表明，对企业的公共资助规模有“倒 U 形”效果，即存在一个最优的资助规模。资助规模偏大可能会发生“挤出效应”，资助规模不足当然也无法起到效果。因此适量地资助更多企业，可能要好于集中地资助少量企业。能源技术创新的相关实证研究表明，提高资助的稳定性，让企业获得渐进的、可预期的、可信的研发资助，要好于爆发性的、周期性的支持。最后，竞争性的 R&D 补贴政策能够提高企业创新绩效。

提升产学研合作的互动和效率

如图 3.10 所示，我国企业 R&D 支出中用于资助科研院所的经费比例在 2014—2019 年一直低水平稳定在 3% 左右。[②] 对于基础研发投入低、主要依靠产学研合作来攻克技术难题的中国企业而言，这并不是一个好迹象。

---

① Becker, B. Public R&D Policies and Private R&D Investment : A Survey of the Empirical Evidence [J]. Journal of Economic Surveys, 2015, 29 (5).
Görg, H., Strobl, E. The effect of R&D subsidies on private R&D [J]. Economica, 2007, 74 (294).
李平，王春晖 . 政府科技资助对企业技术创新的非线性研究——基于中国 2001—2008 年省级面板数据的门槛回归分析［ J ］. 中国软科学，2010（ 8 ）.
戴小勇，成力为 . 财政补贴政策对企业研发投入的门槛效应［ J ］. 科研管理，2014，35（ 006 ）.
Liang, J., Fiorino, D. J. The implications of policy stability for renewable energy innovation in the United States, 1974–2009 [J]. Policy Studies Journal, 2013, 41 (1).
Foray, D., Mowery, D. C., Nelson, R. R. Public R&D and social challenges : What lessons from mission R&D programs? [J]. Research Policy, 2012, 41 (10).
Colombo, M. G., Grilli, L., Murtinu, S. R&D subsidies and the performance of high-tech start-ups [J]. Economic Letters, 2011, 112 (1).

② 数据来源：OECD。

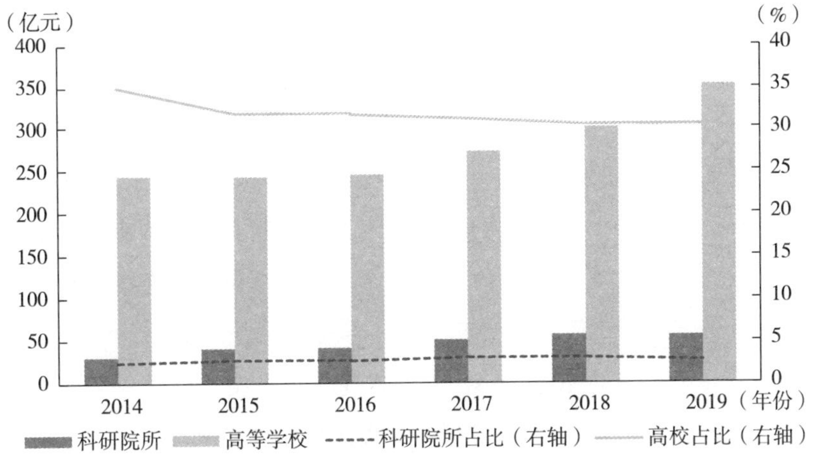

图 3.10 企业 R&D 经费支出中用于资助高校的比例较高，而科研院所的企业经费比例较少，二者相差悬殊

资料来源：《中国科技统计年鉴》，中金研究院。

不仅合作研发经费在企业 R&D 研发投入中的比例下降，产学研之间还存在合作不畅、效率不高的问题。而且，产学合作和产研合作的各自问题并不相同。

高校对企业横向项目过于倚重，企业应检视双方的合作效率

产学合作的首要问题并非经费不足，事实上，我国高校从企业获得的经费比例较高。高校有 30% 以上的科研经费来自企业委托的横向项目，而世界几个科技强国的该项比重均不超过 6%。高校的首要使命是教学和基础研究，中国的企业横向经费比例过高，可能会影响到高校最基本的教学研究任务。

另外，虽然高校研发经费有较高比例来自企业，但文献中有两个证据表明双方合作效果不达预期，因此投入产出效率值得检视。

- 一个证据是专利的参考或竞争对象，表征了专利知识的来源和应用方向。我国高校和科研院所的专利申请偏好以本部门（高校和科研院所部门）为参考或竞争对象，而不是企业部门，仅10%~20% 的专利以企业为对标对象。反观美国的高校和科研院所，该比例在 35%~60%。企业专利有同样的情况，美国企业专利以高校为参考、竞争对象的可能性是中国的 3.6 倍。这些数据说明了我国产学研之间知识生产脱节，各成体系。①
- 另一个证据是 2018 年对 40 万家规模以上企业产学研合作情况的调研，结果发现 89% 的企业并未开展任何产学研合作，尤其是小型企业，合作比例仅 9.8%，远低于大中型企业。在开展技术创新活动的 16.1 万家企业中，仅不到 10% 的企业认为自己的创新知识信息来自高校和科研院所。②

科研院所定位较为模糊，对产业的支持程度有待提高

虽然 2000 年后我国大量技术开发类和有市场能力的院所已经改制为企业，剩下的科研院所承担公益科研或共性基础技术研发，但相比于肩负着教学任务、偏重基础和应用研究的高校，它们在国家创新系统中仍然主要承担目标导向的应用研究和试验发展任务。2019 年，政府下属科研院所应用研究经费占 R&D 总支出的 30%，试验发展为 52%；而高校基础研究支出占比 40%，应用研究为 48%。③ 从比例上看，科研院所的研发理应更接近于实际转化，更目标导向、接近产业，但事实并非如此。

---

① 封凯栋，姜子莹，张立 . 产学研组织方式变革：路径依赖与改革前瞻［J］. 学术研究，2020（10）.

② 熊鸿儒 . 我国产学研深度融合的短板和挑战在哪里？［J］. 学习与探索，2021（5）.

③ 数据来源：OECD。

科研院所和企业的合作方式有三种：一是联合申请政府课题，二是技术转让，三是企业委托或合作研发。在后两者中，企业是主要出资方，合作会更加紧密和切实，院所对产业一线的支持更加直接充分。但是在2014—2019年，科研院所来自政府和院所自有的R&D经费比例每年多达85%左右，来自企业委托的经费仅有2%左右。技术转让虽然不计入R&D，但这笔资金的规模与R&D相比也很小，粗略估计不到2%。① 技术转让和企业委托经费加总比例不到5%，充分说明我国科研院所对产业的支持力度较弱。

这个问题的主要原因包括：第一，科研院所的评价激励机制将论文和政府纵向项目作为考评重点，但与企业合作的横向项目和经费则在其次；第二，促进技术转让的知识中介和服务体系发展不充分，科研院所的知识成果向产业进一步转化的难度较大；第三，院所的产业支持方式偏于科技成果转化，而不是企业直接委托研发，而成果转让的市场风险较大，不一定有合适的买方，因此研发资源投入产出效率可能略低，在一定程度上造成了院所的企业经费较少；第四，从企业角度来看，与高校院所合作的相关激励政策不足，例如接受应用院所转移知识成果的支出不享有研发税收优惠。

院所对产业的支持已经不够，但更令人担心的是，在当前的国内外形势下，我国科研院所的战略重点和定位会离市场更远。目前国家在推动应用技术科研类院所加快向企业转制，② 剩下院所的定位和工作重点可能离市场一线更远。作为最大的科研院所，中科院在2021年夏天提出要重新

① 从两个角度估算。一是根据《中国科技成果转化2020年度报告》，2019年全国3 450家高校科研院所的技术转让合同金额为152.4亿元，当年到账金额为44.3亿元；而当年全国科研院所的R&D总经费是2 119亿元。二是作为最大的科研院所，中科院2020年财务决算表显示，当年技术成果转化收入只占到研发事业收入的1%左右。

②《中共中央　国务院关于构建更加完善的要素市场化配置体制机制的意见》。

审查自己的定位，从思考“能做什么”变为“该做什么”，[①] 将更多资源投入支持国家重大技术需求的纵向科研项目，潜在含义是减少承接企业横向项目。因此，科研院所的定位和战略究竟怎么变、如何处理与市场的关系，需进一步思考。

总结和建议

本章围绕 R&D 投入规模（总量和强度）、主体和方式几个方面，探讨适合中国的 R&D 投入模式。本章的研究发现和政策建议如下。

首先，在投入规模问题上，中国的 R&D 投入总量高，在当前形势下，大国规模将成为我国发展科技、推动突破式技术进步的重要底气。同时，我国应努力拓展广泛的全球合作，吸收全球资源，形成更大范围的人才和资金规模优势。尽管总量有优势，我国面对当前发展目标与国际形势，仍需进一步提高 R&D 强度，破解企业研发强度和基础研究方面存在的结构性短板。为此，政府可通过增加研发补贴来刺激企业更多投入，同时综合税收优惠、信贷支持等措施多管齐下。在补贴和税收政策中应体现对企业基础研究的引导性，提高基础研究投入的加计扣除比例。此外，各类科技计划应进一步突出和压实企业的作用，在研发资助和科技计划申请上重点鼓励企业特别是民营企业参与。在各类中心、实验室、基地等重点科研团队建设中向企业倾斜，在科技计划执行时落实企业责任。

其次，在投入主体问题上，面对当前的国际形势，公共部门要发挥重要作用，特别是对关键产业。一个产业的研发周期越长、科技复杂度越高，就越需要政府汇集多方力量，加大公共投入和鼓励产学研合作攻关，同时坚持本土人才培养和海外人才吸引相结合的措施。

---

① 中科院 2021 年夏季党组扩大会议。

最后，在投入资金的使用方式问题上，一是公共资金宜多支持小企业、初创企业、高科技企业和民营企业，以获得最好的投入产出比，刺激企业更多地投入 R&D；二是引导产学研合作投入，在稳定增长的基础上优化效率，特别是加强产研合作的力度。为此，需要厘清科研院所的定位和战略问题，对于肩负支持产业任务的科研院所，应激励它们多寻求企业合作项目而不是纵向项目；认真评估投向高校的企业 R&D 外部支出使用效率，避免增投不增效，并引导企业外部支出向科研院所适当倾斜。

第四章

人力资本：育才引智

创新离不开人才，中国人才基础总量不小，但人均水平、质量、结构均有提高空间。根据 OECD 和联合国数据，2018 年中国研究人员总量约为 187 万，领先于美国的 143 万，但是人均水平偏低，每千名劳动力中的研究人员数量仅为美国的 1/4。中国人才质量与发达国家相比仍有较大差距，在人工智能、集成电路等关键行业尤为突出。国际研究机构的排名也显示中国人才竞争力整体还是远落后于美国、德国、英国、加拿大、法国等发达国家。

人才体系供给侧三大问题影响教育体系，不利于创新人才培养。人才体系供给侧主要依靠教育。中国优质基础教育资源分布不均直接降低了人力资本的质量，教培行业的发展加剧了这种不均衡，造成"消失的爱因斯坦"现象。城镇地区校外学科类补习参与比例是农村地区的两倍。而应试教育的强激励制度带来了对应试技能的过度投资，降低了科学教育质量，导致中国学生的科学探究能力和科学思维能力达到中等及以上水平的比例相对较低。理论上，研究型高校可以发挥将人力资本转化为创新人员的重要作用，但行政化逻辑过重制约了其发展空间，比如不少发表过学术论文的科技工作者认同发表论文的主要目的是达到职称晋升要求。

两大因素制约了人才引进。人才体系需求侧的人才引进政策有重要意义。中国人才流出比较多，虽然近年来中国海外学成人员归国渐成趋势，但是根据教育部公布的数据，还有 220 多万名出国留学人员留在海外。而且中国对"超级明星"类顶尖人才的吸引力有待进一步提高，根据美国国家科学基金会的调查，在美国获得博士学位的中国留学生中，有留美意愿的学生占比高达 80%。究其原因，主要由两大因素制约：一方面，国内外学术环境差异较大；另一方面，各地人才引进政策之间过度竞争，带来了过度承诺，间接加大了人才引进难度。

供需发力，教育与引进人才要双管齐下，美国的一些经验值得借鉴。首先，美国以制度建设促进基础教育公平，推行"教育券"等机制创新。其次，美国高校自主多元，经费来源多样，并通过税收制度激励捐赠基金发展、教职员工遴选和晋升体系多元化，避免仅以科研论文数量作为单一考核标准。最后，美国通过以签证为代表的人才引进政策，以及建立以人为本、开放多元的留才环境来吸引全球顶尖人才。政策建议方面，优化教育资源的分配，提高人口的流动性，让更多的低收入者共同享受城镇化的教育福利，有利于提升公平性。适度减少研究型机构的约束，在考核评价、经费使用、课程设置等方面给予研究型高校更大自主权可以提升效率。在人才引进方面，需要加强顶层设计，用合理的机制统筹协调引进政策，降低代理成本。①

---

① 本章作者：张文朗、郑宇驰。

看起来“很大”的人才基础

人才没有统一标准化的定义。《国家中长期人才发展规划纲要（2010—2020年）》中指出，人才是指具有一定的专业知识和专业技能，进行创造性劳动并对社会做出贡献的人，是人力资源中能力和素质较高的劳动者。OECD与欧盟统计局发布的《科技人力资源手册》认为科技人力资源是指具有专门技能并实际从事或可能从事科技活动的劳动力。总结来说，一般从三个维度来定义人才。第一，教育水平。教育水平是衡量一国人力资本的关键，较高的能力和素质也常体现为较高的教育水平。此外，高等教育使得人力资本更接近相关领域的技术前沿，从而提高人力资本转为科技创新人才的可能性。第二，职业。广义上的人才包括艺术家、音乐家等从事各类创造性活动的群体，而在讨论科技创新时，我们更多关注从事科学和技术相关行业的人，例如研发人员、工程师、研究员、科学领域的学者等。第三，专业知识和技能。STEM专业，即科学（Science）、技术（Technology）、工程（Engineering）与数学（Math）是科技创新的核心力量。

中国人才基础有以下几个重要特征。

中国人才总量排名世界第一。从职业来看，根据 OECD 的数据，2018 年中国研究人员①总量约为 187 万，领先于美国的 143 万、日本的 68 万、德国的 43 万和印度的 34 万（见图 4.1）。综合高等教育水平和专业知识来看，中国本科及以上 STEM 专业毕业生人数在世界领先，2018 年为 179 万，是美国的 3 倍、德国和英国的 9 倍、日本的 12 倍、韩国的 13 倍。

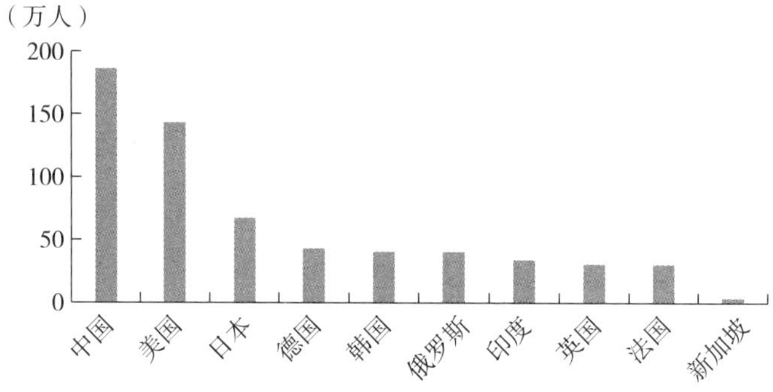

图 4.1　中国研究人员总量大

注：数据为 2018 年。

资料来源：OECD，中金公司研究部。

中国人才基础的人均水平仍显不足。根据 OECD 和世界银行数据，2018 年中国每千名劳动力中的研究人员数量仅为韩国的 1/6，为新加坡的 1/5，为美国、德国和日本的 1/4，且略低于与人均 GDP 相适应的水平。与美国、欧洲主要发达国家以及日本和韩国相比，2018 年中国的人均受教育年限较低，且低于人均 GDP 要求的水平（见图 4.2）。

中国人才质量与发达国家相比仍有较大差距。2020 年中国的学术论文发表总量约为 78.8 万篇，已经赶超美国，跃居世界第一。但单篇论文的累计引用量与美国存在较大差距，2020 年美国单篇论文的累计引用量

① 根据 OECD 的定义，研究人员是指从事新知识、产品流程、方法和系统的创造以及相关项目管理的专业人员。

约为 785 次，而中国仅为 300 次（见图 4.3）。

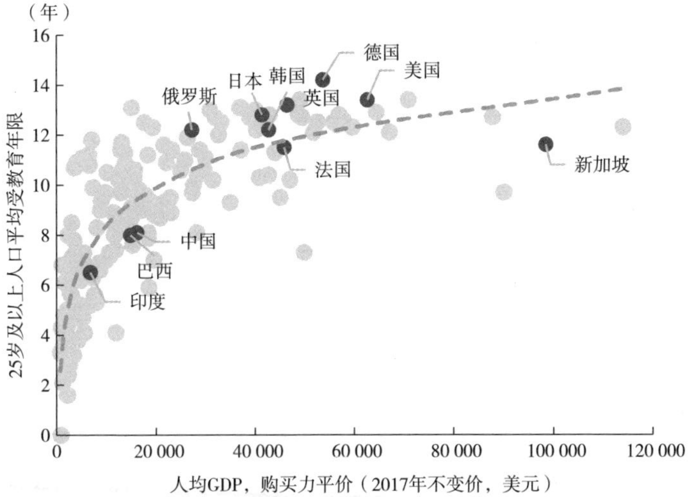

图 4.2　人均受教育年限

注：数据为 2018 年。

资料来源：世界银行，中金公司研究部。

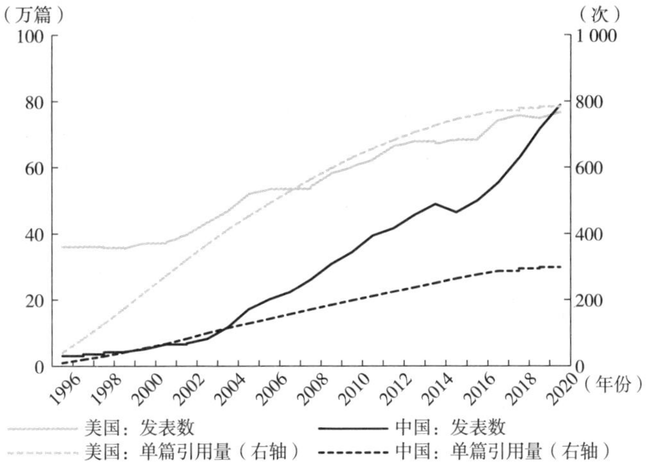

图 4.3　中美学术论文发表数及单篇累计引用量

资料来源：Areppim（统计数据网站），SCImago Journal & Country Rank，中金公司研究部。

中国顶尖人才仍然缺乏。20 世纪以来，中国获诺贝尔物理学、化学、生理或医学奖的人数仅有 1 人，而美国多达 276 人次，日本也有 21 人次（见图 4.4）。

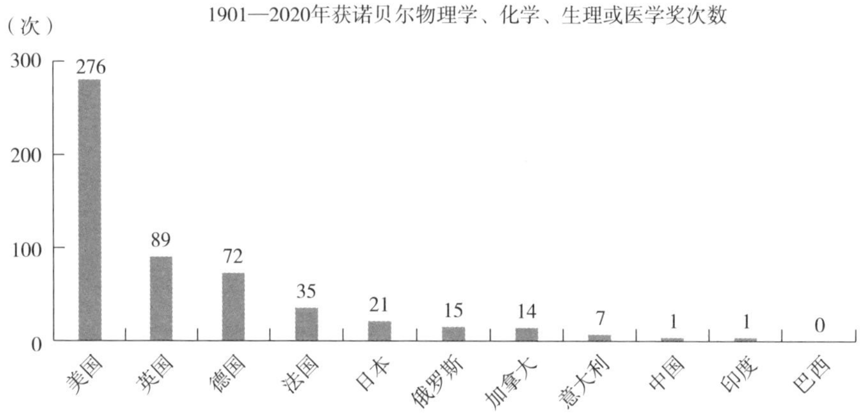

图 4.4　中国顶尖科学家数量稀缺

资料来源：Areppim，SCImago Journal & Country Rank，中金公司研究部。

高质量人才缺乏的现象在关键行业尤为突出。根据 MacroPolo 数据，人工智能行业中，59% 的顶级 AI 工作者选择在美国工作，其次是中国、欧洲、加拿大及英国，分别为 11%、10%、6% 和 4%。全球排名前 25 的 AI 研究机构中，中国仅有清华大学和北京大学入围，分别排在第 9 位和第 18 位。[①] 中国集成电路行业中，硕士、博士占比分别仅为 18%、1%；《中国集成电路产业人才白皮书（2019—2020 版）》预测 2021 年前后全行业人才需求规模高达 72 万人，而 2018 年国内高校集成电路相关专业毕业生仅有 19.9 万人。

中国人才结构分布仍不合理。虽然中国 STEM 专业毕业生数量排名全球第一，但其中以本科生为主，2019 年占比 85%，硕士生、博士生占

① https://macropolo.org/digital-projects/the-global-ai-talent-tracker/.

比分别仅为 13%、2%。而美国三者的比例分别为 71%、24%、5%（见图 4.5）。这主要是由于中国本科生升研究生的升学率较低，2019 年中国本科生升研究生的升学率仅为 23%，而美国本土大学毕业生升研究生的升学率超过 100%。[①] 中国科研人员在部门之间的分布也较不均衡：企业作为科技创新的主体，虽然科研人员数量众多，2019 年人数达 518 万，但其中博士仅占 0.8%，远低于日本企业研发人员中博士 4% 的占比；高达 46% 的企业科研人员学历在本科以下。

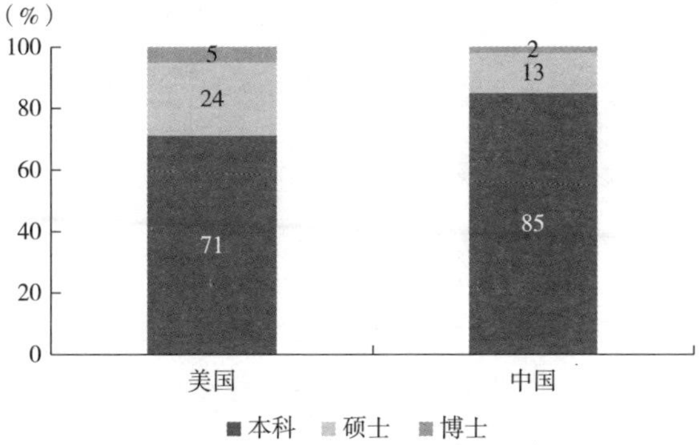

图 4.5　2019 年中美 STEM 专业毕业生结构

资料来源：万得资讯，美国教育部，中金公司研究部。

中国人才行业分布并不均衡。以 A 股上市公司为例，本科以上员工占比排名前三的是银行、非银行金融、综合金融，分别为 84.1%、82.4%、65.8%，这三个行业对研发的需求不高，却拥有比较多的受过高等教育的毕业生（见图 4.6），可能是一种资源错配。大量人才更偏向于从事金融行业而非从事研发，很大程度上与金融行业薪酬水平较其他行业更高有关，2019 年 A 股上市公司人均薪酬排名前三位的行业也正好是本科以上员工

① 升学率 = 研究生招生数 / 本科毕业生数。由于有非当年毕业的本科生进入研究生阶段学习，因此升学率可以高于 100%。

占比最高的三个金融行业。2018 年经济普查数据显示，法人单位从业人员中有 1 832 万从事金融业，占比 4.8%，这个比例略高于美国的 4.5%。这种趋势已经出现了一些边际变化：2019 年普通本科招生数中，经济学专业占比为 5.4%，较 2018 年下降了 0.3 个百分点。

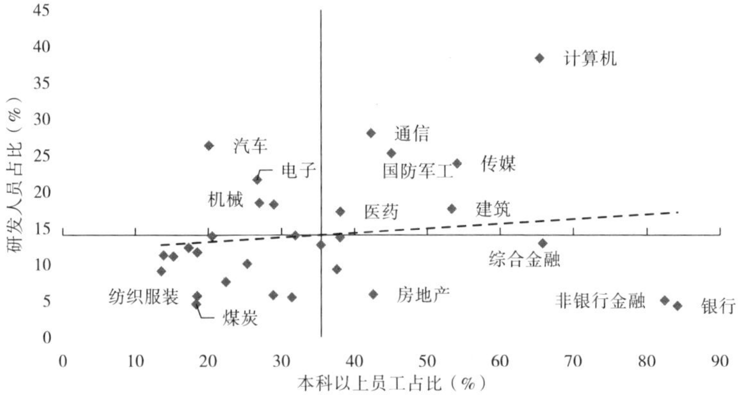

图 4.6　2020 年 A 股上市公司分行业本科以上员工和研发人员占比

资料来源：万得资讯，中金公司研究部。

国际研究机构的研究也显示中国人才竞争力整体较发达国家仍有差距。世界经济论坛（WEF）全球竞争力指数 2019 年人力资本排名、瑞士洛桑国际发展管理学院（IMD）2020 年的《人才排名报告》、欧洲工商管理学院（INSEAD）全球人才 2020 年竞争力指数排名和 2020 年世界知识产权组织（WIPO）全球创新指数人力资本排名里中国分别位列 64、40、42 和 21。即使在个别指数中与日本、俄罗斯排名接近，但平均来看中国还是落后于美国、德国、英国、加拿大、法国等发达国家。

从上文不难得出以下结论：中国人才基础总量较大，但在人均水平、质量、结构等层面仍有提升空间。如何解决这些问题？下文将从教育和人才引进两个视角入手。

基础教育不平衡，高等教育需提效

首先，需要定义创新生产公式。经典的内生增长理论认为，思想和创意是推动经济增长的源泉，创意具有外部性，有创新能力的个体和人力资本总量对于科技进步的作用是有差别的。[①] 人力资本产生创意的质量参差不齐，创意的生产和传播是通过有才能的个人发生的。[②] 创新人才是天生的还是培养出来的？这不仅是一个现实问题，而且一直困扰着学术界。回顾文献，对这个问题的回答并没有定论，但一个基本的规律是创新的生产具有如下两个特点：一是创新只能在有创新能力的人中以一定概率产生；二是创新生产具有累积性，需要站在巨人的肩膀上才能产生新思想，而教育的作用在于帮助有潜在创新能力的人接近现有技术前沿。因此，我们可以进一步定义以下创新生产公式：

$$
\begin{aligned}
\text{创新产量} &= \text{创新人才} \times \text{创新生产率} \\
&= \text{人才资本} \times \text{创新人才比例} \times \text{创新生产率} \\
&= \text{人才} \times \text{优质教育比例} \times \text{创新人才比例} \times \text{创新生产率}
\end{aligned}
$$

其中，基础教育和高等教育作用不同：前者更注重培养，后者兼具培养和筛选功能。我们接下来从基础教育和高等教育两个视角探讨人才培养。

---

① Romer, P. M. Endogenous technological change [J]. The Journal of Political Economy, 1990, 98 (5): 71–102.

Aghion, P., Howitt, P.A model of growth through creative destruction [J]. Econometrica, 1992, 60 (2): 323–351.

② Akcigit, U., Kerr, W. R. Growth through heterogeneous innovations [J]. The Journal of Political Economy, 2018, 126 (4): 1374–1443.

Lucas, R. E., Moll, B. Knowledge growth and the allocation of time [J]. The Journal of Political Economy, 2014, 122 (1): 1–51.

Perla, J., Tonetti, C. Equilibrium imitation and growth [J]. The Journal of Political Economy, 2014, 122 (1): 52–76.

人口红利渐远，创新难度提升，客观要求提升优质基础教育和创新人员比例。从创新生产公式的分解来看，目前中国面临如下两大困境。一是人口红利渐行渐远。中国 15~64 岁人口总量已经从 2014 年开始下降；根据联合国的预测，总人口也或将在 2031 年见顶。[①] 二是创新难度提升。随着人类社会的进步，许多容易取得突破的领域内的成果都已经被发现了，“低垂的果实”越来越少，这也导致创新难度越来越大。

根据相关研究，创新生产率越来越低。虽然美国在 20 世纪 30 年代至 2014 年研发人员数量增长了 23 倍，但是创新生产率[②] 却下降到原来的 1/41，即每 13 年创新生产率下降约一半。以芯片研发中著名的摩尔定律为例，集成电路上可容纳的晶体管的数量每两年大概能增加一倍，对应的年增长率为 35%，但这是以更多的研发人员投入为代价的：2014 年芯片的研发人员投入是 1971 年的 18 倍（Bloom，2020）。因此，在面临以上两大困境的背景下，提升创新产量需要进一步提升优质基础教育和研发人员比例，关键要从基础教育做起。

研发补贴对提升短期创新效果较好，但从长期来看，改善教育的供给侧政策对提升创新人才比例的效果或更好。总体来看，教育和研发补贴在提升创新人才方面是互补的。但是单纯提升研发补贴一方面确实会促进创新人才研发投入的增加，提升创新产量；另一方面，由于创新人才供给短期缺乏供给弹性，需求的增加会大幅提升创新人才的工资水平，使得一些原本不喜欢从事研究工作的人可能会因为更高的回报被吸引到研究领域中去，而对提升创新产量的作用可能不是那么大。[③] 教育补贴允许低收入家

---

① 采用联合国世界人口展望 2019 年中值情形预测，中国或将在 2031 年达到 14.6 亿的总人口历史峰值，随后总人口或将逐年下滑。

② 创新生产率定义为创新产出（以 TFP 增长率衡量）与研发人员投入的比值。

③ Akcigit U., Pearce J. G., Prato M. Tapping into talent：Coupling education and innovation policies for economic growth［R］. National Bureau of Economic Research, 2020.

庭孩子有更多机会成为创新人才。数值模拟显示，研发补贴短期的效果更为直接，但从中长期来看教育补贴的效果更好，财富不平等程度较高的社会应将政策更多地向教育补贴而非研发补贴倾斜，以帮助低收入家庭孩子成才。

人才体系供给侧三大顽疾影响优质基础教育和创新人员比例。中国优质基础教育分布不均从数量上直接降低了人力资本。而应试教育的强激励制度则带来了对应试技能的过度投资。研究型高校本应该发挥将人力资本转化为创新人员的重要作用，但是行政化逻辑过重制约了其发展空间。

基础教育不均等降低创新人才基本盘

基础教育公平能提升优质基础教育的人才比例，而基础教育不均等造成“消失的爱因斯坦”现象。哈佛大学公共经济学教授柴提等学者的研究表明，儿童时期对发明创造的接触是决定一个人能否成为发明家的关键因素，[①] 由于家庭因素、基础教育质量较差等原因，儿童时期的资源接触不足会使得经济体中存在许多“消失的爱因斯坦”。在美国，如果将一个儿童从处于专利数量的第一四分位数的社区转到第三四分位数的社区，该儿童成为发明家的概率将提高至少 17%，创新潜能会提高 50%。如果来自低收入家庭的妇女、少数族裔和儿童的发明创造速度与来自高收入家庭的白人男性相同，那么美国的发明家人数将是目前水平的 4 倍（见图 4.7）。

中国发达地区基础教育质量较高，但区域之间分布不均。2018 年中国以北京、上海、江苏和浙江的 15 岁学生为样本的 PISA[②] 测试成绩排名

---

① Bell, A., Chetty, R., Jaravel, X., Petkova, N., Van Reenen, J. Who becomes an inventor in America? The importance of exposure to innovation [J]. The Quarterly Journal of Economics, 2019, 134 (2): 647–713.

② PISA（国际学生评估项目），是 OECD 进行的 15 岁学生阅读、数学、科学能力评价研究项目。

世界第一，远超发达国家平均水平。但是中国基础教育投入在区域之间的分布并不均衡，发达地区普通小学的生均教育经费普遍高于欠发达地区，《中国教育经费统计年鉴》数据显示，2018 年生均教育经费排名前三位的是北京、深圳、上海，分别为 3.9 万元、3.7 万元、3.4 万元，而最低的河南仅为 7 953 元（见图 4.8）。这种基础教育区域之间的不平等程度甚至高于美国：中国分省普通小学生的生均公共教育经费的变异系数为 0.4，高于美国 K12 生均公共教育经费的变异系数（0.3）。

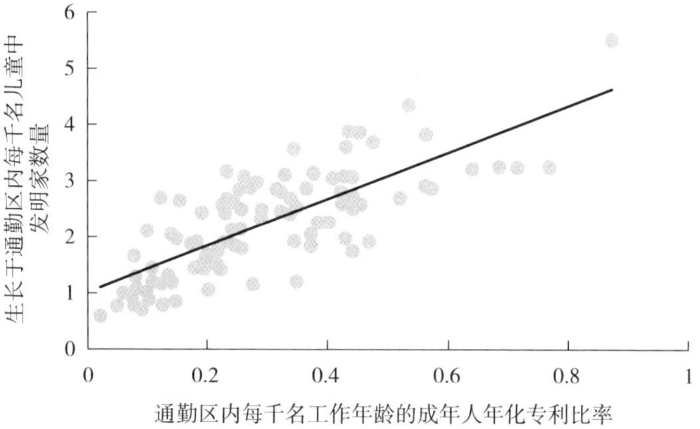

图 4.7　儿童时期对创新的接触是培养发明者的关键渠道

资料来源：Chetty et al.（2019），中金公司研究部。

房地产与教育互相交织（学区房溢价）加剧了教育机会不公平。除基本的居住功能外，房产还承载了过多的基本公共服务。贝壳找房公司的数据显示，主要高房价城市中，学区房溢价亦较高，高房价成为优质教育资源的门槛，加剧了教育资源的分配不均。

教培行业快速发展加剧了基础教育不平等。近年来，尤其是 2018 年以后教培行业经历了快速发展：2019 年教育业法人单位数已达 70 万，同比增长 29%。这种“影子教育”加剧了城市与农村、发达地区与欠发达地区的基础教育差距。根据《中国教育财政家庭调查报告（2019）》，受教培资源可获得性、家庭收入差异等因素影响，城镇地区校外学科类补习参与比例为 54%，高于农村地区的 26%；一线城市为 61%，高于低线城市的 49%。

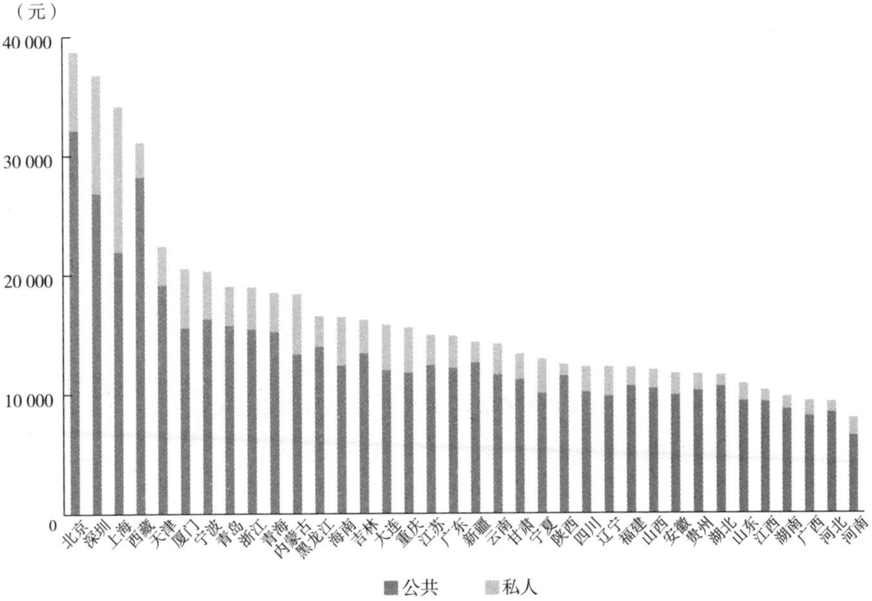

图 4.8　2018 年普通小学生均教育经费

资料来源：《中国教育经费统计年鉴》，中金公司研究部。

低收入家庭难以负担教培高昂费用。优质基础教育资源短期内缺乏供给弹性，在过度的教培需求下，价格畸高。根据《中国教育财政家庭调查报告（2019）》数据，消费水平越高的家庭，校外教育支出越高（见图 4.9）。而低收入家庭难以负担教培高昂费用，与高收入家庭孩子的教育机会不平等程度加剧。

这种基础教育的不平等也存在于高等教育中，降低人力资本向创新人才的转化。基础教育水平的不均等使得贫困地区学生进入优质高等学校的概率更低。麦可思研究院的数据显示，贫困地区出生的农村学生更多就读于本地和高职院校，2017—2019 届毕业生中，“双一流”院校中来自贫困地区的农村生源约占 6.1%，而这一比例在地方本科院校和高职院校分别为 9.5% 和 9.9%。贫困地区的农村生源学生毕业后在贫困地区就业的比例远高于平均值，他们更难向发达地区流动。

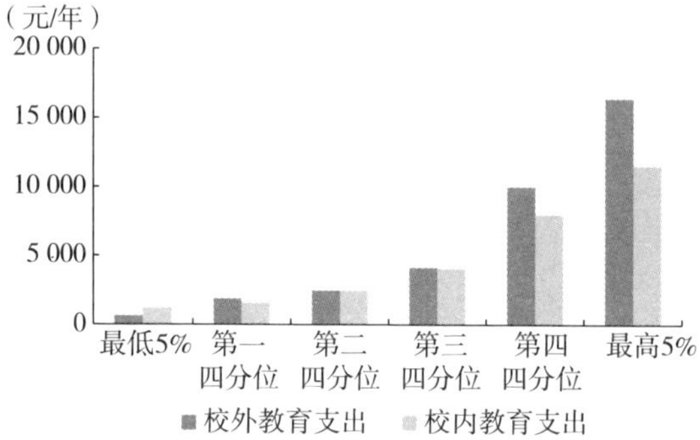

图 4.9 义务教育阶段不同消费水平家庭教育支出

资料来源：《中国教育财政家庭调查报告（2019）》，中金公司研究部。

应试教育强激励带来对应试技能的过度投资

过度的应试教育可能造成资源浪费并挤占其他科目时间。“一考定终生”的选拔机制是一种强激励制度，提高学生、家长、教师的积极性，提升学生的认知能力，这也是中国学生在 PISA 测试中名列前茅的重要原因。但是这种单一维度的强激励制度也容易造成类似囚徒困境般的社会博弈，使得学生投入过多努力以提升应试技能，而非实际增加人力资本，可能带来资源浪费。教育部基础教育质量监测中心发布的《中国义务教育质量监测报告（2015—2017 年）》显示，部分学生家庭作业时间过长：四年级学生数学、语文单科平均每天作业时间在 60 分钟以上的比例分别为 14.7%、21.5%，八年级学生数学、语文单科平均每天作业时间在 60 分钟以上的比例分别为 19.2%、15.1%。这也会挤占学生有限的时间和精力，使得语文、数学课时数偏多，体育、艺术课时数偏少：四年级语文周课时数多于 6 节的学校占比为72.0%，体育周课时数少于3节的学校占比为44.3%，八年级数学周课时数多于5节的学校占比为73.3%，艺术周课时数少于3节的学校占比为90.7%。

这个情况可能还会降低科学教育质量。学生、家长、教师、学校等对于非考试选拔科目，特别是其中的实践项目投入程度较低，使得科学课中学生参与动手实验、实践调查的机会较少：教育部基础教育质量监测中心发布的《中国义务教育质量监测报告（2015—2017年）》显示，四年级学生在本学期科学课上从不或几乎不做动手实验的比例为19.0%；八年级学生从来没有做过动手实验的比例为23.8%；生物课上从来没有做过动手实验的比例为47.1%；参加过地理实践活动（包括外出考察、实践或调查）的比例只有20.9%。最终使得中国学生的科学探究能力和科学思维能力达到中等及以上水平的比例相对较低：在科学能力表现上，四年级学生科学理解能力、科学探究能力、科学思维能力达到中等及以上水平的比例分别为80.2%、75.7%、74.9%，八年级学生分别为87.1%、83.0%、76.3%。

研究型大学自主发展空间有待提高

研究型大学提效，将有助于提升研发人员比例和研发生产率。研究型大学是衔接人力资本和创新人才的桥梁，而高质量的研究型大学能够大幅提升创新人才比例。颠覆性技术中心更有可能出现在拥有大学和高技能劳动力的地区。[①] 虽然中国大学数量众多，但是优质研究型大学数量较少，一个原因是过重的行政化逻辑阻碍了其发展。

根据联合国教科文组织数据，2019年中国大学数量少于美、日，同

① Bloom N., Hassan T. A., Kalyani A., et al. The Diffusion of Disruptive Technologies [R]. National Bureau of Economic Research, 2021.

时中国高等教育毛入学率（50.6%）也低于发达国家，虽然这似乎与人均GDP水平相称，但是对于中国这样正在跨越中等收入陷阱和应对人口老龄化的大国来说，仍然略显不足。赶超型经济体在高等教育上需要有超前发展的思路：韩国在人均GDP水平和目前中国相似的阶段（大约为1990年）高等教育毛入学率（36.5%）大幅高于当时背景下人均GDP所要求的水平（22%）。中国顶尖大学数量也较少：根据软科世界大学学术排名，2021年前100名中只有7所是中国大学，而有40所是美国大学。

中国的高等教育支出较低，其中政府作用较大。根据《中国教育经费统计年鉴》的数据，2018年中国教育经费占GDP比重大约为4%，仍然低于OECD公布的同期美国、英国的比重（6%左右），而且相对于基础教育来说，中国高等教育经费占GDP比重较低，而其中政府经费的比例为67%，显著高于美国（35%）和英国（26%）等（见图4.10）。

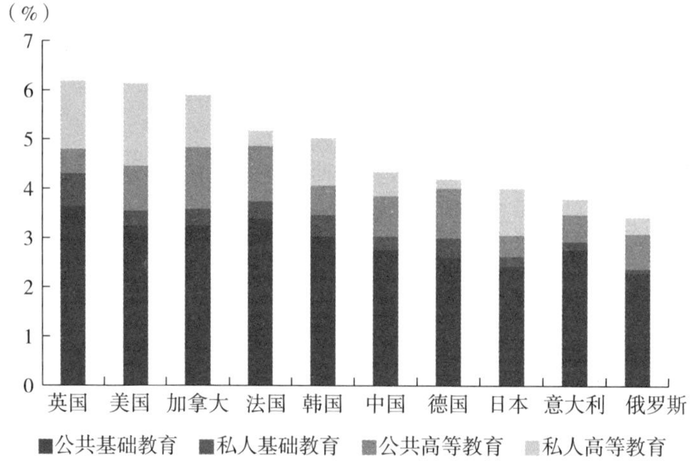

图4.10　各国教育经费占GDP比重

资料来源：OECD，《中国教育经费统计年鉴》，万得资讯，中金公司研究部。

政府对高等教育的投入保证了教育的公平性，但同时也给高等院校增加了约束。相比于美国，中国的高等教育成本更低，高等教育更加普惠。

但是，高校在使用财政资金时约束也更多，呈现一定行政化主导的逻辑，82.5% 的科技工作者认为有一定行政职务的研究人员更容易获得科研经费。[①] 这种高校行政化逻辑在高校官网新闻报道中也有体现：有学术研究显示，从中美高校官方网站新闻报道主题所占比例来看，美国高校最多的是学术动态，而中国高校最多的是领导动态。

政府对高等教育的投入非常重要，但同时要拓展高等教育机构的创新空间。例如，在德国，教授在院校管理中的地位非常突出。[②] 从本质上来说，这需要理解政府和市场的关系。对于基础教育，最重要的是公平和教育的普惠，所以需要政府更多的参与。对于高等教育，应该更加注重效率，所以应该给高等教育机构更多的空间。

行政约束也体现在了评价体系和科研经费管理上。各大高校对于人才的考评体系较为单一，论文仍是科技评价的最主要手段，根据《第四次全国科技工作者状况调查报告（2017）》数据，93.7% 发表过学术论文的科技工作者认同发表论文的主要目的是达到职称晋升要求。高校科研项目经费大多来自政府，项目经费报销程序繁杂（72.4%）、预算编制时要求过细过严（71.7%）、项目预算执行时不能根据科研实际需要自主调剂（69.4%）、疲于应付经费审计（58.7%）、项目限定人员费比例太低（53.7%）等问题比较受到关注。

人才引进中的挑战

一个完整的人才体系既包括从教育体系入手扩大人才供给，也包括改

① 中国科协发展研究中心“科技工作者需求状况调查研究”课题组．求实、创新、报效祖国——中国科技工作者需求状况调研分析［J］．科技导报，2009，27（03）：104–105.

② 陈涛，邬大光．高等教育公私并举与分类管理走势分析——基于中、法、德三国经验的视角［J］．教育研究，2017，38（7）：79–91.

善需求侧环境，吸引科研前沿的人才流入。在美国，移民占到了所有人才的 18%。全世界所有的移民人才中，58% 选择了美国（见图 4.11）。2019 年美国 STEM 专业博士毕业生中，高达 42% 是海外留学生，而这些人往往是其母国教育体系培养出来的最优秀的科技后备力量。

中国人才流出比较多。中国留学人才规模大，2017 年中国在国外就读的留学生约为 92.8 万人，占全球留学生的比例约为 17.5%。近年来中国海外学成人员归国渐成趋势，根据教育部数据，1978 年起累计学成归国留学人员与累计出国留学人员之比由 2004 年的 23% 上升到了 2019 年的 65.3%，还有约 222 万出国留学人员目前留在海外。

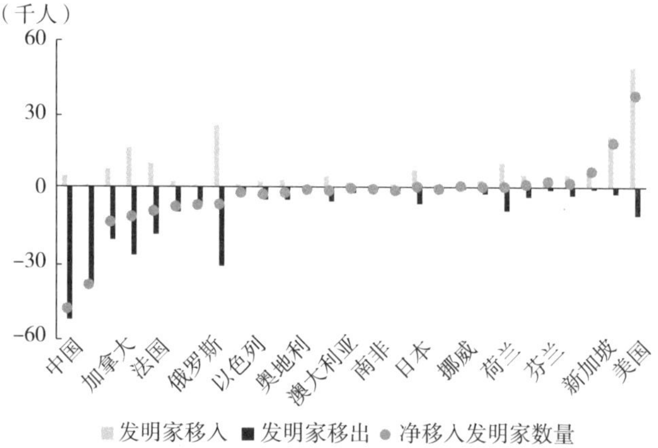

图 4.11 各国人才移民进与出的数量（2001—2010 年）

资料来源：Fink, C., E. Miguélez, J. Raffo. The global race for inventors [R]. WIPO Economic Research Working Paper, 2013. 中金公司研究部。

中国对“超级明星”类顶尖人才的吸引力还有待提高。中国在美国获得博士学位的留学生远超其他国家。美国国家科学基金会数据显示，2019 年，中国在美国获得博士学位的学生约为 6 300 人，是印度在美国获得博士学位留学生的 3 倍、韩国的 13 倍和日本的 26 倍。在美国获得博士学位的中国留学生中，有留美意愿的学生占比 80%，显著高于日本的 51% 和韩国的 65%（见图 4.12）。MacroPolo 数据显示，AI 行业中在美工作的顶级 AI 研究人员仅有 31% 来自美国本土，其余 69% 为毕业后留在美国工作的国际留学生，其中中国占比最高（27%），欧洲占比为 11%；中国在美 AI 博士生毕业后 88% 选择在美国工作，10% 选择回国。[1]

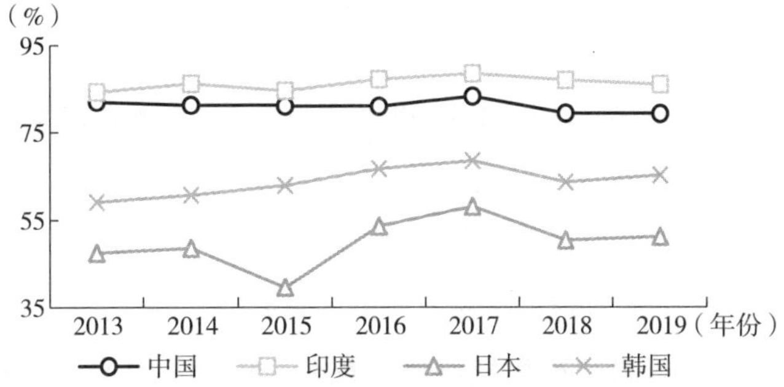

图 4.12　在美国获博士学位的留学生的留美意愿

资料来源：National Science Foundation，National Center for Science and Engineering Statistics，Survey of Earned Doctorates（美国博士学位调查），中金公司研究部。

中国在大力吸引顶尖人才回国，效果还不是很显著。根据瑞士洛桑国际发展管理学院（IMD）2020 年公布的《世界人才排名》报告，在全球 63 个国家的人才总体竞争力排名中，中国整体排名第 40 位，而人才吸引力分项排名第 56 位。有研究[2]显示，与国际学术合作全职项目学者相比，短期项目学者产出更多、质量更高，以发表数量为例，在其他条件相同的情况下，短期项目学者比全职项目学者平均每年多发表 2.9 篇 SCI 论文。实证研究也表明，相比于仍留在美国和欧盟的研究人员，回国的研究人员的论文质量偏低。

---

① MacroPolo：The Global AI Talent Tracker.

② Zweig D.，Siqin K.，Huiyao W. 'The Best are yet to Come'：State Programs，Domestic Resistance and Reverse Migration of High-level Talent to China [J]. Journal of Contemporary China，2020，29（125）：776–791.

引进顶尖人才困难，首先这可能反映的是中外科研人员生活和工作环境的差距。根据中国科技协会发布的《全国科技工作者状况调查研究分析（2017）》，国内的科技工作者认为生活环境和工作环境方面还有不足的地方。虽然这些调研数据可能在准确度上有一定的偏差并带有一定主观性，但是能在一定程度上反映目前科研环境中存在的需要改进的地方。

- 生活环境方面。2017 年有 48.9% 的科技工作者认为自己的社会地位处于当地的中下层或下层，37.3% 认为处于中层，6.4% 认为处于中上层或上层。从收入上看，2016 年科技工作者平均年收入 9.1 万元，33.5% 的科技工作者认为主要压力来自经济收入较低。①
- 工作环境方面。科研创新环境虽然在改善，51.9% 的科技工作者认为创新政策环境较好，但是仍然有比较大的问题。例如，2017 年有近半的科研人员认为急功近利、学风浮躁问题较为严重，科技人员的积极性、创造性没有得到充分发挥，科研诚信和创新文化建设相对薄弱（见图 4.13）。以科研诚信为例，一些应该“零容忍”的现象仍然占有比较大的比例。例如，有 36% 的科研人员认为存在在没有参与的科研成果上挂名的现象，32% 的科技工作者认为存在剽窃他人成果的现象。

其次，过度竞争可能增加了引进人才难度。人才市场首先是一个劳动力市场，供给相对比较固定。对于这样的市场，使用补贴等手段来刺激需求可能带来的是工资的上涨，而不是人才数量的增加。② 面对存量的竞争，由于各个市场主体有很大的空间来决定人才引进的力度，在“抢人”的激

① 《第四次全国科技工作者状况调查报告（2017）》。

② Romer，P. M. Should the government subsidize supply or demand in the market for scientists and engineers?［J］. Innovation policy and the economy，2000（1）：221–252.

励之下，会发生“过度承诺”现象。实际上这增加了劳动力市场的信息不对称，减弱了劳动力市场上的信号机制的作用，降低了人才和用人单位的匹配效率，甚至会产生人才的“逆向选择”问题。① 由于市场摩擦的存在，这可能反而减少了人才引进的数量。

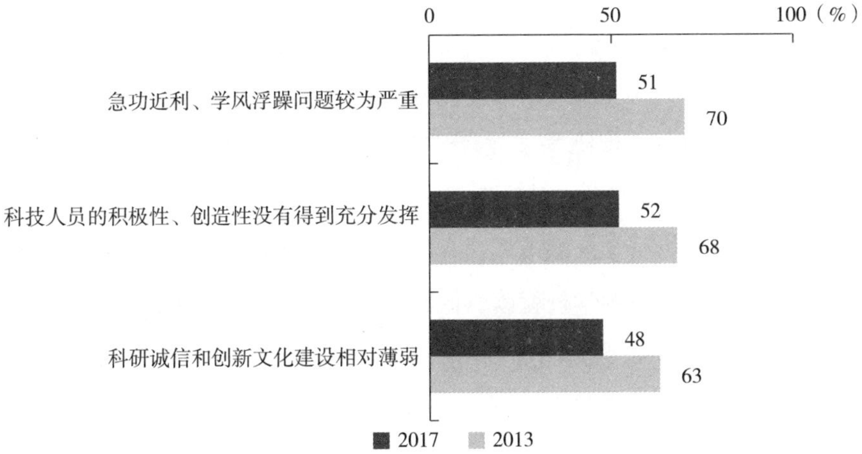

图 4.13　科研创新环境仍有待改善（2017 年）

资料来源：《第四次全国科技工作者状况调查报告（2017）》，中金公司研究部。

过度竞争问题是劳动力市场机制自身所难以解决的，需要政府的统筹协调。这既涉及长短期激励如何相容的问题，也与市场主体之间如何协调有关。如果仅靠单一的短期指标作为标准，例如人才的引进数量，很容易忽视人才引进的长期目标，如人才的留存和发展，以及对创新的贡献。引进人才是第一步，发挥出人才的创新作用才是目的。如果市场主体之间只有竞争而缺少协调，市场机制不完善，就难以真正实现人才供需匹配。从这个角度看，政府的干预可能会提升效率。②

---

① Greenwald, B. C. Adverse selection in the labor market［M］. Routledge, 2018.

② Greenwald, B. C., Stiglitz, J. E. Externalities in economies with imperfect information and incomplete markets［J］. The quarterly journal of economics, 1986, 101（2）: 229–264.

美国的经验

美国作为全球创新人才最聚集的地区之一（2020 年 INSEAD 全球人才竞争力指数排名第二），在教育和人才引进方面有哪些地方值得借鉴呢?

以制度促进基础教育公平

法律层面以制度保障基础教育公平。“教育券”是推行基础教育公平的重要制度创新。例如，1989 年，威斯康星州通过立法建立了密尔沃基市教育券项目，为密尔沃基市低收入家庭的孩子提供公共教育资金，让他们在城内选择非教会的学校就读，低收入家庭无须支付额外的费用。根据 2019 年密尔沃基市议会公布的数据，密尔沃基市教育券项目年花费 7 900 万美元，覆盖 29 052 名学生，平均每名学生获得约 2 719 美元。

高等院校多元自主，因校制宜

科研经费管理适时调整。美国大学并未对科研经费中的间接费用（主要用于项目单位成本耗费和对科研人员绩效激励等）和直接费用（包括设备费、差旅费等）占比做出“一刀切”的规定，而是由不同大学与拨付经费的不同政府部门进行谈判以确定间接费用比例，且每过几年就能重新谈判以根据实际情况进行调整。美国高等教育经费中大部分来自私人部门，尤其是金融危机以来，由于美国较多地方政府均出现财政困难，减少了对公立大学的财政拨款,公立大学纷纷转向通过运营捐赠基金收益补充预算。以密歇根大学为例，其高达 125 亿美元的捐赠基金近 10 年内每年的投资回报率是 9%，为同期其他大学投资回报率的两倍。[①]

教职员工遴选和晋升体系多元化，避免仅以科研论文数量作为单一考核标准。美国大学教师聘用实行“长聘教轨制度”，晋升考核通常由教学、科研两部分组成。在某些看重教学效果的学校，学生和系内资深教授对于该教职员工课堂教学的评价甚至直接决定该教职员工能否晋升终身教职。

多元的引才留才政策

以 H-1B（美国签证的一种，指特殊专业人员或临时工作签证）为代表的非移民工作签证，助力精细化运营人才引进。美国签证类型划分精细（24 类 70 种），远超过我国签证类型（16 类）。为匹配美国劳工市场对人才的需求，美国特别设立了 H-1B 签证，多集中在高科技行业。H-1B 签证每年总申请人数达到 42 万人，通过率在 90% 以上；其中，续签的人数大概是新申请人数的两倍（见图 4.14）。

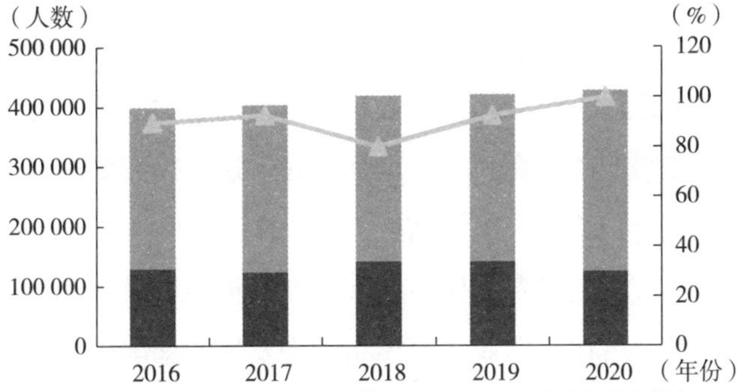

图 4.14 美国 H-1B 类型签证发放情况

资料来源：USCIS FY 2020 Annual Report H-1B Petitions（美国移民局 2020 财政年度 H-1B 申请报告），中金公司研究部。

① 密歇根大学 2020 年度捐赠基金运营情况报告。

美国建立了良好的科研行为教育培训制度。① 在联邦政府的推动下，覆盖负责任研究行为教育（RCR）的大学和研究机构数逐渐增多。截至2005年，已经有近220所研究机构超过1 900个项目获得RCR培训的资助，有超过7 500名研究生和5 612名博士后接受该教育。在科研诚信监管方面，除了专门设立科研诚信办公室等政府部门，还有科学团体、科学期刊、科研机构的互动，例如美国国立卫生研究院的PubMed Central（PMC）、多家期刊数据公司开发的Turnitin防范剽窃系统等。从1996—2018年论文撤回率的数据可以看出，美国科研论文回撤率（0.022 6%）大幅低于中国（0.156 4%）。

政策思考

基础教育更重公平，松绑研究型高校

换种思路提升基础教育公平性。除了现有的针对中西部贫困地区投入基础教育资源以外，我们建议不妨换一种思路，更多允许农民工随迁子女就读城市学校。这样不但能够解决农村普遍出现的“空巢”儿童现象，而且某种意义上使得基础教育公平性更为彻底。这不仅需要教育部门思路的改变，更需要配合户籍、社保等制度的进一步改革。

提升职业教育生均经费。作为基础教育的重要组成部分，虽然表面上中国中等职业教育占比与职业教育体系较为发达的德国相当，但实际上两者差距较大。为什么德国拥有发达的职业教育体系呢？从需求来看，除了德国强大的工业体系对于技术工人需求庞大以外，德国更为完善的就业保

① 胡剑. 欧美科研不端行为治理体系研究［D］. 合肥：中国科学技术大学，2012.

护机制和更倾向于平等的税收体系也使得德国的大学溢价远低于美国，[①] 学生们不会因为选择了职业教育而在劳动力市场遭受过度歧视；从供给来看，德国职业教育质量较高。根据 OECD 数据，德国中等职业教育生均经费高于普通高中 39%，而中国中等职业教育经费却低于普通高中（见图 4.15）；几乎所有的德国中等职业学生在岗实习时间占比不少于 60%；大多数德国中等职业教育学生毕业后可以直接进入高等教育阶段学习。因此，我们建议可以学习德国经验，一方面提升中等职业教育的生均经费投入，增加职业教育在岗培训时间；另一方面为职业教育开辟更广阔的持续提升空间，扩大本科阶段的职业教育范围。

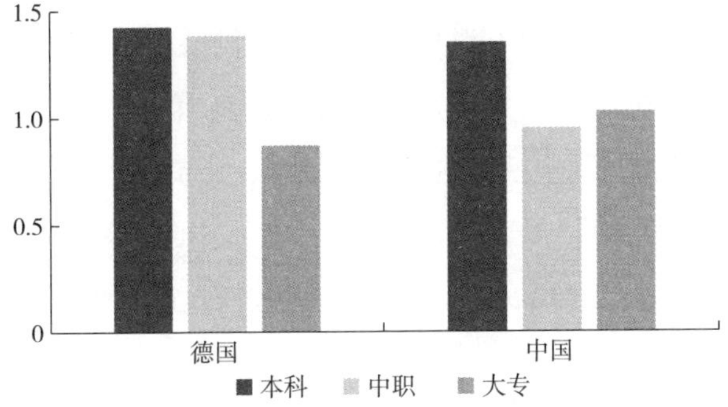

图 4.15　标准化后中德生均教育支出（普通高中 =1）

资料来源：OECD，中金公司研究部。

松绑研究型高校。我们建议在考核评价、经费使用、课程设置等方面给予研究型高校更大自主权。现有的一些新型研究型高校，例如南方科技大学、上海科技大学、西湖大学已经走出了各有特色的探索之路。存量的头部研究型大学也能发挥各自的禀赋优势进行制度创新，打造多样化的创

① Doepke M., Gaetani R. Why Didn't the College Premium Rise Everywhere? Employment Protection and On-the-Job Investment in Skills [R]. National Bureau of Economic Research, 2020.

新人才培养平台。例如，在经费来源方面，可以借鉴发达国家经验，通过税收制度激励发挥三次分配的作用，多方面拓展经费来源（发展大学捐赠基金等），以扩大研究生招生规模。

针对性引进高端人才

第一，以项目为平台引进人才。现有的人才引进机制下，政府的参与度过高，有时候反而忽略了最终用人单位（高校、研究机构、企业等）的实际需求。海归人才引进后因为缺乏施展才能的平台而无所作为的现象也时有发生。可以尝试在引进人才的初始阶段就让最终用人单位更多介入，以项目为平台吸引人才，更好对接海外人才的供给和用人单位的实际需求。

第二，加强顶层设计，统筹协调各地引进政策。对于人才引进，需要有全面的激励机制，既包括引进人才的数量，还要涵盖人才的留存和发展等，将短期和长期激励结合起来，提高人才引进的效率。同时，需要在中央层面上统筹人才引进政策，防止各个地方政府过度竞争和逆向选择现象，形成人才引进的可持续发展。

在统筹协调方面，数字化有利于提升组织协同效率。数字化有助于打破信息壁垒，减少信息不对称，实现信息的透明化。数字化也有助于更有效及时地收到人才反馈，做出相应的政策调整。因此，数字化能够在空间上和时间上提高组织协同效率。

第三，结构上更多增加中青年人才引进。相比于成名多年的人才，中青年人才的引进难度较小，引进成本较低。而且，中青年人才的创新动力更足。例如，爱因斯坦 26 岁提出相对论，麦克斯韦 24 岁发现电磁规律，杨振宁 34 岁提出弱相互作用中的宇称不守恒理论。

第五章

大国需求：创新的优势、机遇与挑战

从直接的生产过程看，创新是科研工作者的劳动成果。因此，没有人才这种高端劳动力，或者人才缺乏研发用的生产资料，创新是难以凭空产生的。问题是，创新过程不只是由0到1，还需要产业化。在从1到N的过程中，需求起到了关键性的作用。以美国“小企业创新研究计划”（SBIR）为例，其对小企业创新概念落地、研发试制两个前期阶段，主要采取在供给侧给予财政直接资助的模式，在此后的产业化阶段改为更多给予需求侧的政府采购合同扶持。美国1997年颁布的《小企业再授权法案》明确要求，政府采购金额中分配给小企业的比重不得低于23%。

大国需求的优势：规模经济、范围经济和财富效应。规模经济：大国需求不只体现为人口众多，更重要的是购买力规模庞大，既可以刺激生产侧“干中学”以促进效率提升和技术进步，也可以有效分摊单位产出的研发成本，以增强生产侧的研发投入激励。范围经济：产品差异化是获取垄断利润的重要方式，需求多样性则有助于产品差异化策略的成功，进而激励企业提高创新投入。中国衣食住行等主要消费领域品牌CR3（行业集中度，行业中规模最大的三家企业的市占率之和）均低于美国，在一定程度上体现了中国消费需求的多样性；与此同时，中国人口远多于美国，避免了细分市场需求总量不足对于创新的不利影响。财富效应：随着中国国内需求不断扩大、民众购买力的不断提升，海外留学人数与归国留学生人数之比不断下降，缓解了中国人才外流状况；与此同时，伴随着购买力的不断提升，消费者直接参与创新的比例上升，有助于提高全社会整体的研发资源投入量，例如有些发达国家的消费者研发投入已经超过了消费企业。

在需求促进创新方面，我国面临新的机遇：数字经济与国际竞争。数字经济有望加速消费引导型创新：数字经济下，产品与服务结合更紧密，进一步凸显了本土需求重要性；大数据帮助企业深入了解消费者需求，助力科技创新；数字化经济为消费者提供了消费品产品创新的新模式；数字经济降低消费者参与科技创新的成本，有助于提升消费者参与创新的比重。国际竞争：对于大国创新而言，具有重要意义的需求不只是市场化的国内消费，还有国际竞争需求，国与国之间的竞争归根结底是科技的竞争，国际竞争将会催生对于科技进步的巨大需求，美国研发投入占GDP的变动历史也证明了这一点。

进一步发挥大国需求对于促进创新的积极作用，需要直面挑战，推动共同富裕与反垄断发展进程。共同富裕：富有阶层消费倾向较低，贫困阶层消费倾向虽高但购买力不足，研究表明壮大中产阶层有利于提升一国自主创新能力。中国收入基尼系数已于2008年全球金融危机后见顶回落，此后房地产泡沫推动成人财富基尼系数出现一波快速上升。对于共同富裕而言，当前或应更重视如何调节存量财富差距过大问题，扩大消费基数。反垄断：垄断有两个特点，一个是通过减少供给的方式获取超额利润，这不利于规模经济的实现；另一个是通过价格歧视而非创新的方式来匹配不同类型的需求，不利于范围经济的实现。因此，反垄断有助于充分发挥大国需求优势，促进创新的规模经济与范围经济。平台经济是当前的反垄断重点领域，鉴于平台的双边市场特点与传统的单边市场有很大差别，我们建议：将研发投入强度作为评判平台垄断是否合理的重要指标；对于平台企业以行为监管为主，重点增强市场可竞争性。①

---

① 本章作者：何伟、刘毅然、郭海燕、谢超。

前两章主要从供给侧探讨了决定创新的重要因素，从创新经济学的角度看，对于促进科技创新而言，重要的不只有供给侧，还有需求侧。这方面的经典表述来自恩格斯，他强调：一旦社会有了某种需要，这种需要会比十所大学更能将科学推向前进。那么，对于推动创新而言，供给侧和需求侧的因素是什么样的关系？对于中国这样一个大国而言，大国需求的优势体现在什么地方？在当前形势下，大国需求面临着什么样的新机遇，又存在哪些问题？本章将对这些问题进行重点分析。

美国 SBIR 计划：供给决定 0 到 1，需求决定 1 到 N

从直接的生产过程看，创新无疑是科研工作者的劳动成果。因此，没有人才这种高端劳动力，或者人才缺乏研发用的生产资料，创新是难以凭空产生的。问题是，创新过程不只是由 0 到 1，创新还需要产业化。在这个由 1 到 N 的过程中，需求起到了关键性的作用。美国“小企业创新研究计划”的分阶段资助模式，体现了这种分阶段改变扶持重点的思路。

在小企业的创新成果商业化之前，SBIR 资助美国小企业的主要方式是在供给侧直接投入研发资金，以支持创意落地、研发试制等工作。具体分如下两个阶段[①]：第一阶段，奖励15万美元以支持探索想法或技术的价值与可行性，即从概念到证明的过程，合同持续九个月；第二阶段，提供100万美元、合同持续两年的赠款，以促进第一阶段成果的扩展。获得第一阶段赠款的小企业在9个月后可申请第二阶段赠款。在第二阶段，除评估第一阶段的研发工作获得的进展外，开发者还需要进一步评估项目商业化的潜力。2014年前，第二阶段的赠款只授予第一阶段的获奖者，但在2014年，美国国防部、美国国立卫生研究院和教育部门被允许向企业颁发"直接进入第二阶段"的奖项。

不过，在项目进行产业化应用的第三阶段，SBIR不再继续提供供给侧的经费支持，而是更多地通过政府采购的需求侧政策，帮助小企业更加便利地获取政府采购合同，支持其实现由1到N的产业化应用。美国对需求侧的高度重视还体现在1997年颁布的《小企业再授权法案》中的明确要求：政府采购金额中分配给小企业的比重不得低于23%。[②]

另外，中国EDA（电子设计自动化）的教训也印证了"供给决定0到1、需求决定1到N"。1988年，我国集中全国17家单位、118位专家学者联合攻关，在大量人力、研发资源的投入下，1992年终于开发出了我国第一套集成电路计算机辅助设计系统——"熊猫系统"，打破了国外的EDA软件封锁，使我们与发达国家同类产品的差距缩短了10年，中国成为国际上为数不多的几个可以提供自主知识产权EDA工具的国家之一。[③]伴随着自主创新的突破，随后的1994年，西方国家快速取消了对

① Sabrina T. Howell.Financing Innovation：Evidence from R&D Grants［J］. The American Economic Review，2017（4）.

② Senate Committee, Small Business Reauthorization Act of 1997.

③ 张三锋，周雄，杨世恒，李强. 大力发展国产EDA，保障国家网信安全［J］. 中国信息安全，2020（5）：62–63.

中国 EDA 的禁运，国外 EDA 软件凭借着更强的技术优势迅速占领了我国 IC（集成电路）设计市场，在当时“造不如买、买不如租”的指导思想下，国产 EDA 没有了持续的需求支撑，也就丧失了不断迭代升级的产业基础，供给侧的科技进步举步维艰。这样一个旨在解决纵向风险的重大科技创新最终失败了，原因不在于供给侧，而在于需求侧。

大国需求的优势：规模经济、范围经济和财富效应

创新是具有较强正外部性的经济活动，要提升创新活动积极性，要么提升创新活动的经济回报，要么降低创新活动的成本，在这两个方面，大国需求都可以发挥积极作用。相比于小市场而言，大国的大市场优势主要体现在规模经济、范围经济和财富效应三个方面。

规模经济提升创新效率

所谓的大国需求，不仅是一个人口的概念，更是一个购买力的概念。无论是 20 世纪 90 年代自产 EDA 被搁置起来的中国，还是虽然总人口庞大，但受限于整体经济发展水平的印度，都难以称得上具有大国需求。因此，大国需求主要体现在由本国人口支撑的国内需求[①]方面。从国内需求来看（见图 5.1），中国大约为美国的 64%，远高于其他国家。由于各国国内需求占 GDP 比例均在 90% 以上（见图 5.2），因此我们在下文的分析中，以 GDP 作为宏观需求的衡量指标，以人均 GDP 作为人均收入的衡量指标。

---

① 本章所称国内需求是指 GDP 支出法下消费、投资和政府支出的加总。

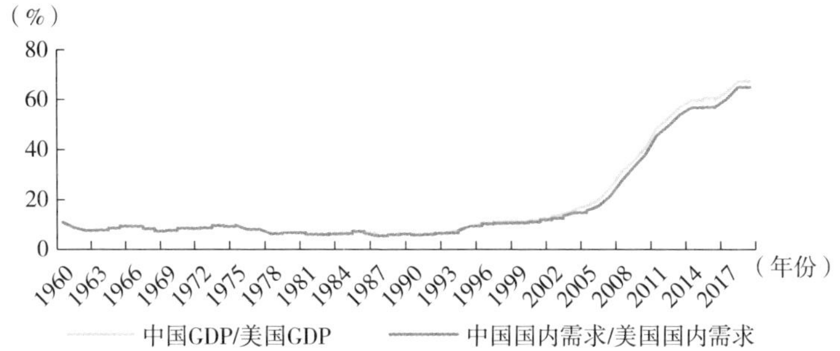

图 5.1 中美 GDP 之比与国内需求之比

资料来源：万得资讯，中金公司研究部。

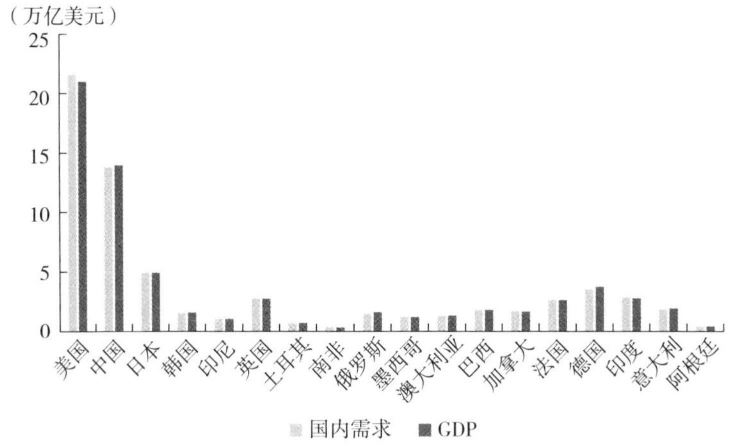

图 5.2 G20 国家 2019 年国内需求与 GDP

资料来源：万得资讯，中金公司研究部。

大国需求在创新方面的规模经济主要体现在“干中学”和分摊研发成本两个方面。“干中学”在科技创新的生产过程中扮演着重要角色，在一定程度上，即便不刻意地提高研发资源和人才资源的投入，单单是不断重复的生产活动，也会产生效率提升和技术进步，这样一个熟能生巧的“干中学”机制只有在大国需求的支撑下才能够有效地实现。更重要的是，大国需求支撑下的大规模生产有助于降低单位产品的研发成本，提高企业的整体研发积极性。G20 国家 2017 年研发投入规模与 GDP 对比见图 5.3。

以占据各国国内需求主要部分的消费需求为例，目前中国拥有全球第二大消费市场，2019 年中国零售额达 6 万亿美元，远超英国、德国、日本等发达国家，仅次于美国，且正在不断缩小差距，我们认为未来中国有望成为全球最大的零售市场（见图 5.4）。

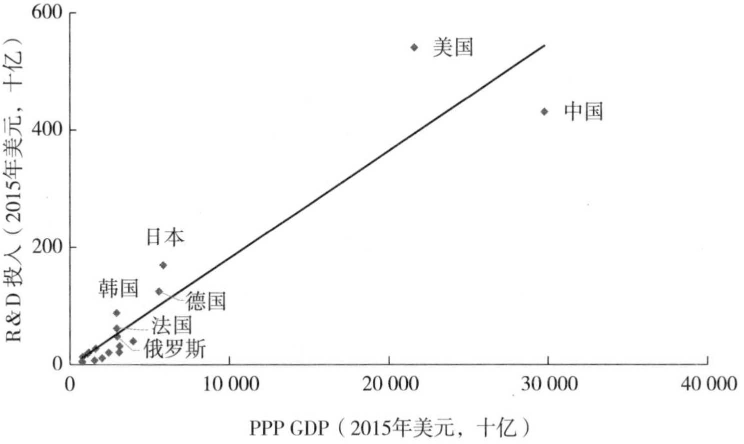

图 5.3　G20 国家 2017 年研发投入规模与 GDP 对比

资料来源：世界银行，中金公司研究部。

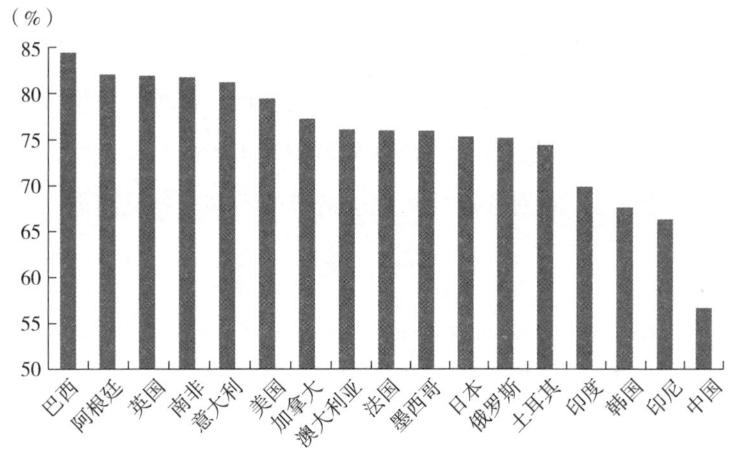

图 5.4　G20 国家 2019 年消费需求与国内需求之比

资料来源：万得资讯，世界银行，中金公司研究部。

范围经济提高研发强度

罗默认为垄断利润是研发投入的发动机，[1]是因为垄断的超额收益在一定程度上可以看成是创新正外部性的内部化。从企业的层面看，通过创新实现差异化是获取垄断利润的重要方式之一。这一供给侧的差异化策略能否成功，归根结底取决于需求侧是否具有足够多样性的需求。研究表明，消费者偏好的多样性，能够刺激企业不断地进行创新以满足不同消费者的需求。一旦企业更早发现并采纳了这些市场需要，并将其应用于研发与生产，那么它们将收获更大的创新绩效。[2]

中国人口众多，消费需求多样性明显。根据 2020 年中美两国人口普查结果，中、美人口数分别为 14.11 亿、3.33 亿，人口数量众多在一定程度上反映出中国需求的复杂多样以及市场的多元和细分。2019 年 G20 国家总人口数量见图 5.5。我国衣食住行等主要领域的品牌集中度均低于美国，凸显了中国消费领域的需求多样性（见图 5.6）。在消费分化背景下，细分人群、细分场景的需求逐渐被企业挖掘和创新，饮料、餐饮、汽车等领域细分品类创新层出不穷。以餐饮市场为例，国内不同地域饮食习惯差异大、众口难调，导致各餐饮细分市场份额极为分散（见图 5.7）。

不过，也有研究认为需求多样性虽然会增加子市场的数量，但也会减少特定产品的市场规模，因而可能会降低特定市场的收益激励，进而对创新产生不利影响。[3]这种多样化可能会造成的不利影响反而进一步体现出

① The Committee for the Prize in Economic Sciences in Memory of Alfred Nobel, Economic Growth, Technological Change, and Climate Change, October 8, 2018.

② Lancaster, K. Change and innovation in the technology of consumption [J]. The American Economic Review, 1996, 56 (1/2): 14–23.

③ Guerzoni, M.The impact of market size and users' sophistication on innovation: the patterns of demand [J]. Economics of Innovation and New Technology, 2010, 19 (1): 113–126.

大国需求的规模优势，中国人口基数大，数量是美国人口的 3 倍以上，即便是较小的细分市场，平均人数仍高于美国。庞大的总量规模与多样化的需求结合起来，最终实现了有利于创新的范围经济。例如，在京东、阿里巴巴已经被视为电商平台绝对主导者的背景下，拼多多依旧能够依靠三、四线城市与农村消费者实现异军突起，印证了大国需求多样性对于创新的积极影响。

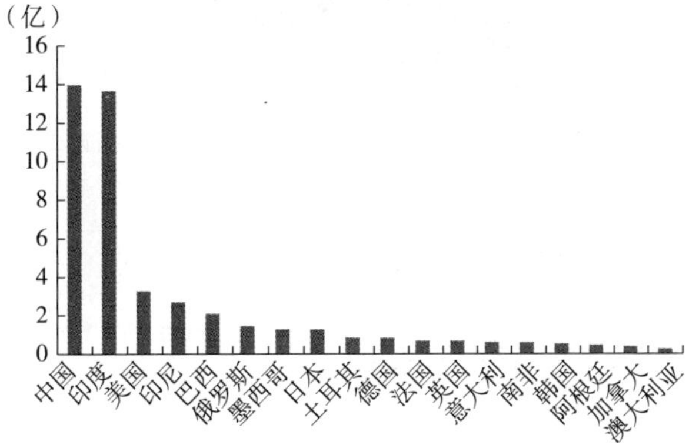

图 5.5 2019 年 G20 国家总人口

资料来源：世界银行，中金公司研究部。

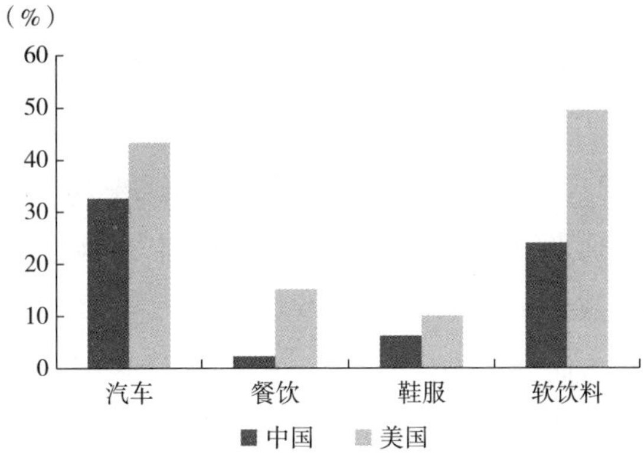

图 5.6 2020 年中国与美国部分行业品牌 CR3

资料来源：Euromonitor，Marklines（汽车信息平台），中金公司研究部。

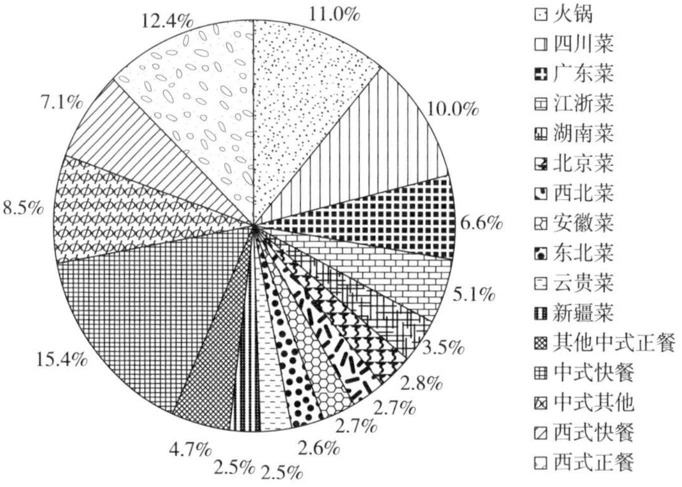

图 5.7 中国餐饮细分市场众多

资料来源：Frost & Sullivan（按 2017 年收入计），中金公司研究部。

财富效应促进供给侧创新资源投入

研发、人才等供给侧资源虽然是创新由 0 到 1 的关键，但究竟会投入多少供给侧资源，在很大程度上取决于需求。以人才资源为例，美国人均 GDP 曾是中国人均 GDP 的 30 多倍，彼时中国出国留学人数远超学成归国留学人数，这意味着在当时，中国虽然人口众多，但收入偏低，无法形成对人才的吸引力，存在严重的人才流失问题。但在 2003 年之后，伴随着中美人均 GDP 差距的快速缩小，国内需求成为驱动本国经济增长的主要推动力，随之而来的是中国对本国人才的吸引力明显上升，出国留学人数与学成归国人数之比也快速缩小（见图 5.8）。

在研发投入方面也有类似的情况，在微观上的一个重要体现是消费者参与创新。所谓消费者参与创新是指，消费者在产品创新的研发、生产过程中，通过独立设计生产、与企业合作或者开源合作的模式参与完成的科技创新。在消费者创新中，会产生材料购买、邮寄、工具购买等研发费用支出，因此消费者为创新活动投入研发资源的意愿，在很大程度也和人均 GDP 水平高度相关（见图 5.9）。根据调研，① 在部分发达国家，消费者对科技创新的投入或已超过企业对科技研发的投入（见表 5.1）。

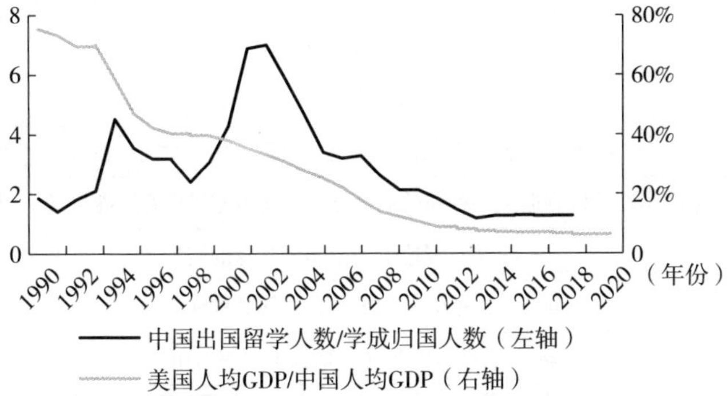

图 5.8　中国出国留学人数与学成归国人数之比 2003 年后快速缩小

资料来源：万得资讯，中金研究院。

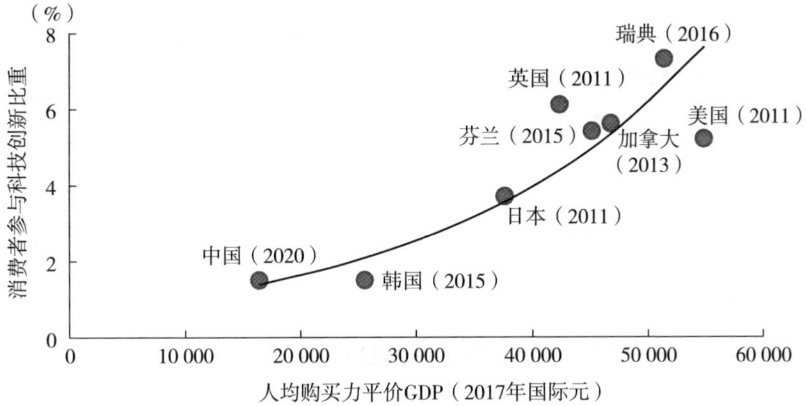

图 5.9　消费者参与创新的比例与人均 GDP

资料来源：Sichel et al. Household Innovation and R&D：Bigger than You Think［J］. The Review of Income and Wealth，2020. Chen et al. Household sector innovation in China：Impacts of income and motivation［J］. Research Policy，2020. 中金公司研究部。

---

① von Hippel et al. Comparing Business and Household Sector Innovation in Consumer Products：Findings from a Representative Study in the United Kingdom［J］. Management Science，2012.

表 5.1 消费者参与创新的例子与 2010 年英、美、日三国消费者参与科技创新调研情况

种类	案例	占比
工具类	市场上的机床夹具不能旋转；创造了一种新的可旋转的夹具来制造弓箭	23%
体育爱好类	创造了一种性能更好的板球球板	20%
家居类	在洗衣机的电路里添加了一个开关，并修改了洗衣机的定时器，使得洗衣机可以仅旋转	16%
花园相关	用钓鱼竿和铁钩制造了一个方便砍树的工具	11%
儿童相关	给闹钟的表盘染色，方便更好地教育孩子时间的概念	10%
汽车相关	给汽车发动机制造了一种新的启动器，使得汽车可以在电瓶失效时启动	8%
宠物相关	给宠物制造了一个固定食盘的装置	3%
医疗类	创造了一个倾斜的键盘，方便颈椎病人打字	2%
其他	重新编写了 GPS 程序，增强了效率与用户体验	7%

	英国	美国	日本
参与科技创新的消费者占比	6%	5%	4%
……其中的人均消费额（美元）	1 801	1 725	1 479
消费者参与科技创新总投入估算（亿美元）	52	202	58
消费企业产品创新 R&D 总投入估算（亿美元）	36	620	434
消费者参与科技创新受产权保护占比	2%	9%	<1%

注：参与科技创新的消费者占比为 18 岁以上消费者占比。

资料来源：von Hippel et al.（2010）；中金公司研究部。

大国需求的新机遇：数字经济与国际竞争

当前，中国面临着内外两个大趋势：一个是外部的大趋势，即由中美 GDP 差距快速缩小引发的国际竞争；另一个是内部的大趋势，即数字经济（见图 5.10）。我们认为数字经济与国际竞争有望进一步提升大国需求对于创新的促进作用。

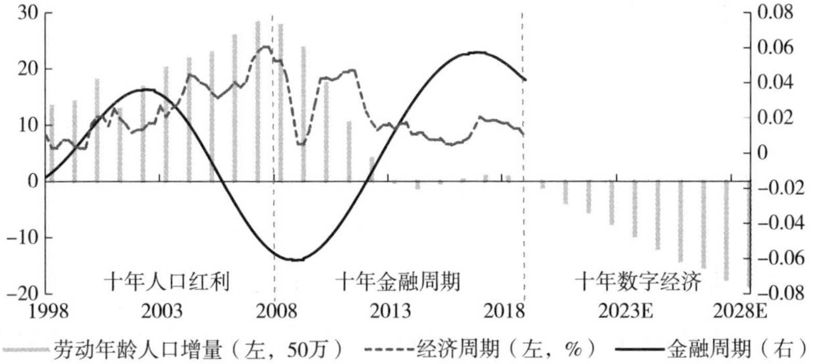

图 5.10 中国经济新格局

资料来源：万得资讯，联合国人口署，中金研究院绘制。

数字经济加速消费引导型创新

数字经济下产品与服务结合更紧密，进一步凸显本土需求的重要性

库兹涅茨曾提出大经济体和小经济体的不同发展模式，他认为大经济体通常具有自主开发创新的比较优势，可以实现熊彼特式增长；而小经济体则依赖于自由贸易的专门化收益，即斯密式增长。[①] 库兹涅茨的设想更多基于制造业主导的时代，但在数字经济时代，一个重要的特点是，需求越发以数字化的服务形式存在，而服务的可贸易性较差，因此本地化的服务对产品创新尤为重要。这意味着相比于小国的斯密式增长模式，基于本地需求的熊彼特式大国增长模式的优势有望进一步凸显，大量的科技创新产品最终都需要依托本地化服务与消费者对接。同时，本地化的服务需求降低了海外创新产品进入国内市场的速度和力度，国内科技创新公司可以抓住海外企业本地化服务的时间差弯道超车，在短时间内凭借服务上的优势与海外科技领先企业竞争，逐步完成技术赶超。

① 欧阳峣，汤凌霄．大国创新道路的经济学解析［J］. 经济研究，2017，52（9）：11–23.

【案例】智能音箱

2014年亚马逊Echo智能音箱问世，凭借超强交互性、开放系统等诸多优势迅速风靡全球。考虑到中国本地市场规模优势，2017年阿里巴巴等巨头也相继进入智能音箱市场，且阿里巴巴后来居上，成为国内智能音箱产业龙头（见图5.11与图5.12）。究其本质，智能音箱并非硬件生意，而是在售卖服务。尽管Echo技术先进、性能优越，但在中国依然使用英语交互，对接Spotify、Pandora、Amazon Music等国外平台，无法提供配套的本地化服务。因此天猫精灵等本土产品能够凭借更便宜的价格和更本土化的服务迅速崛起占领国内市场。

图5.11　天猫精灵M1合作数百款三方软件

资料来源：天猫精灵官方旗舰店，中金公司研究部。

图5.12　亚马逊Echo合作伙伴

资料来源：亚马逊中国官方商城，中金公司研究部。

大数据帮助企业深入了解消费者需求，助力科技创新

需求侧对供给侧创新的引导与效率的提升有赖于供给侧对需求的精准把握。在数字经济时代，大数据对于创新的影响主要体现在，当企业拥有更大的数据量时，能更好地了解消费者的需求，从而更好地推进创新。中国电商平台发达，线上消费渗透率高，每个用户都是独立的、与众不同的个体，个性特征明显，评价意识强，互联网企业能够更容易地通过用户的浏览记录等获取消费者的差异化需求信息。

- 一是大数据量可以使算法更快收敛，为模型提供更高的可信度。

- 二是广泛的数据有助于企业更好地了解消费者需求，更有针对性地进行科技创新。用户需求的变化趋势越来越复杂，需要更广泛的数据才可能准确地描述用户需求。
- 三是数据的快速获取可以帮助企业更快地响应消费者的需求，及时推出创新产品。数字经济时代，消费者的需求变化相较于以往更快，数据效力的周期更短，因此需要企业更快地对数据进行处理和响应。

【案例】抖音采用 A/B 测试算法，精准掌握用户需求

抖音是以大数据、智能算法为依托的短视频平台，特色在于“以用户为核心”，实现内容定制化。抖音采取单列模式，注重沉浸式体验，对内容质量要求高，因此对平台算法的精度要求更高。抖音从初期的适应用户需求，进化到精确满足用户需求，离不开其不断更新迭代的 A/B 测试算法。算法流程共分为三部分：给内容贴标签、给人物贴标签、按照标签进行智能个性化推送。

- 给内容贴标签：首先按照实体标签和语义标签进行标签定义，然后按照一级分类、二级分类、三级分类、标签等层次进行内容打标，如动漫 > 日本日漫 > 火影忍者 > 鸣人（火影忍者主要角色）等。标签颗粒度越细，所需资源投入越多，对用户需求的掌握越精准。
- 给人物贴标签：抖音根据用户使用 App（应用程序）的习惯进行行为路径分析，再进行贴标签，并持续优化标签，整个过程采用实时的机器算法。通过不断的标签优化升级呈现出来的标签用户，也称为用户画像（见图 5.13）。
- 智能个性化推送：平台算法通过 A/B 测试，多次实时统计用户有转赞评行为的其他新标签视频，不断优化进而呈现出新的标签画

像，并为用户匹配新标签同类视频。由此循环往复，深化算法训练，实现“以用户为中心”的定制化内容推送。

用户基础属性	观看环境画像	环境终端画像	互动行为画像	品牌自定义人群画像
· 性别 · 年龄 · 地域 · 位置	· 用户浏览内容偏好：点赞、评论、收藏等 · 分行业/品牌广告浏览偏好：例如汽车视频可定向偏好浏览汽车人群 · 各类型达人偏好行为定向：例如母婴账号可定向母婴偏好人群	· 网络环境画像：Wi-Fi、移动网络 · 运营商画像：移动、联通、电信 · 设备品牌、型号：不同品牌喜好不同 · 手机型号画像：高端机型、通用机型	· 线上互动行为：高互动行为用户画像 · 线下行为：抓取用户行为轨迹	· 品牌第一方人群 · 历史品牌广告高互动人群 · 可根据品牌核心人群画像特征，寻找相似人群

图 5.13　抖音刻画用户画像，精准掌控用户需求

资料来源：聚沙学院，中金公司研究部。

中国庞大的市场产生了海量数据，据 IDC 统计，2019 年全球大数据存储量达 41ZB（泽字节），中国的数据产生量约占全球数据产生量的 23%，位列第一。中国庞大的数据量，有助于训练算法精确度，为抖音算法优化提供肥沃的土壤。企业拥有的数据量越大，算法训练越充分，产品创新将全面开花，趋于完善，进而引流更多用户，带来更多数据量，形成正向循环。

抖音凭借大数据与智能算法，刻画用户画像，精准掌控用户需求，促进企业精准定位，全面创新，并将创新反馈到生态链的产品及服务中，利用实时、广阔的大数据赋能打造柔性供应链。同时，抖音通过短视频、直播电商等形式，推动新型商业模式和产业生态发展，创新消费行业需求开发。

数字化经济为消费者提供了参与产品创新的新模式

数字化时代不仅为企业提供了更好、更全面地了解消费者的渠道，也为消费者提供了全新的表达自己需求的方式，激发出消费者参与科技创新

的全新模式。消费众筹（采用“团购 + 预购”向网友募集项目资金的模式）是其中较为完善和突出的模式之一。

众筹模式下企业能与消费者零距离接触，“连接创新与消费者”，为创业者和消费者双方提供无限的可能性。我们认为在数字化不断推进的环境下，会有更多的创业者通过众筹模式向消费者展示自己的创意想法、示例品牌。以小米众筹为例，中国网报道，截至 2020 年 12 月 31 日，小米有品众筹总共发起了 655 期众筹项目，总参与人数达到了 274 万，其中一件单品的最高参与人次达到 17.6 万。① 消费者可以通过众筹平台，为具有创新意愿的品牌提供从 0 到 1 的支持，促进产品创新、消费创新，提升消费行业产品创新速度。

Z 世代（1995—2009 年出生的人）消费者的崛起成为小米众筹发展的重要契机。小米将主要用户群体定位于年轻人，成立之初致力于打造“年轻人的第一部手机”。随着 Z 世代的崛起，年轻人的消费行为方式也发生了转变，更乐于尝试新的消费方式，近年来小米众筹成功打造出“年轻人的第一张床垫”“年轻人第一套原木家具”等深受 Z 世代年轻人喜爱的爆品。（小米电动螺丝刀众筹见图 5.14，京东爱奇艺电视果定制礼盒众筹见图 5.15。）

数字经济降低消费者参与科技创新的成本

科技创新的成本可大致分为以下四类②：设计成本，包括提出产品创新方案的人力成本以及完成产品设计的成本；交流沟通成本，产品创新研发往往包含多个部门甚至多个企业的合作，部门间、企业间的沟通交流需要成本；生产成本，将创新成果转化为产品或服务的成本；支付等交易成本。

---

① 参见 http://science.china.com.cn/2021-07/22/content_41624846.html。

② Baldwin et al. Modeling a Paradigm Shift：From Producer Innovation to User and Open Collaborative Innovation，2011.

如前所述，我国人均 GDP 仍然较低，导致消费者对于参与科技创新的成本的承受力不足，因此中国消费者参与创新的比例远低于发达国家。

图 5.14　小米电动螺丝刀众筹

资料来源：小米众筹官方微博，中金公司研究部。

图 5.15　京东爱奇艺电视果定制礼盒众筹

资料来源：京东众筹官方微博，中金公司研究部。

我们认为数字经济的发展有可能加速改变这一态势，有望通过以下途径降低消费者参与创新的成本，促进消费者参与科技创新。第一，数字化、模块化生产设计降低科技创新中的设计成本。第二，开源社区的普及、互联网的发展降低科技创新中的交流成本。第三，大规模定制化制造的普及降低产品生产成本，消费者参与科技研发只需负担研发设计成本，便于科技创新者将创新设计转为真实产品（见图 5.16）。第四，互联网金融崛起，支付宝、微信支付等各类便捷的支付方式大幅降低消费者参与创新所需要承担的支付成本。其中，支付宝交易当前收取的交易手续费为 0.6%~1%，显著低于海外支付渠道（见表 5.2）。以美国为例，Visa（维萨）、Master（万事达）等非发卡机构收取的全部手续费率为 2%~2.5%，American Express（美国运通）等发卡机构收取的费率为 3%~3.5%。总之，我们认为数字经济的发展有望提升中国消费者参与创新的比例，推动中国消费行业从目前的企业创新模式向三种模式（即企业创新、消费者独立创新及开源合作）并存发展。

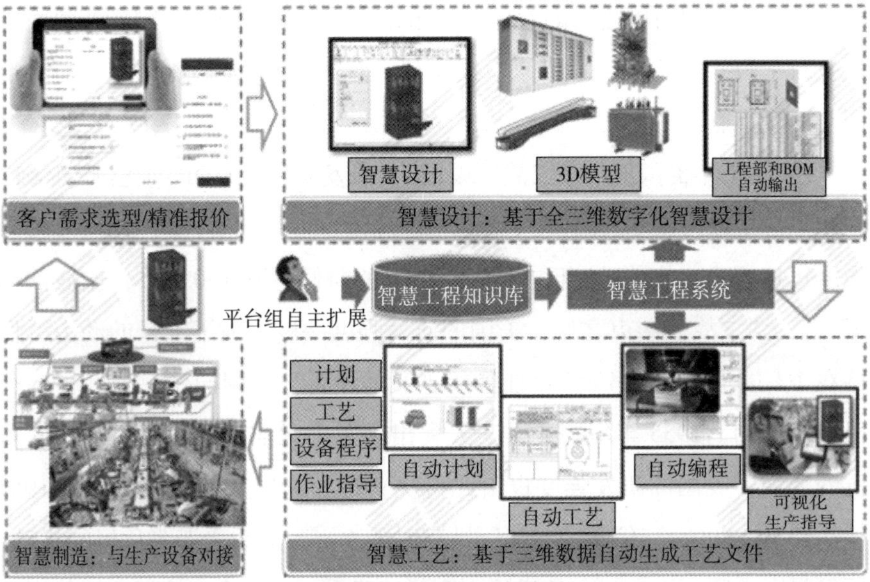

图 5.16　大规模定制化流程

资料来源：SET 智程信息，中金公司研究部。

表 5.2　支付宝个人商户仅支付 0.6%~1% 手续费

分类	产品	标准费率
基础支付	电脑网站支付	0.6%
	手机网站支付	0.6%~1%
	App 支付	0.6%~1%
	当面付	0.6%
	收钱码	借记渠道：免费贷记渠道：0.8%

资料来源：支付宝官网，中金公司研究部。

美国经验：国际竞争需求有效推动研发投入

前文更多的是从市场化需求的角度，分析了数字经济下的大趋势，事实上大国需求的一个重要特点是，不只是市场化需求，还有非市场化的国际竞争需求。国与国之间的竞争，归根结底是科技的竞争，国际竞争将会催生对于科技进步的巨大需求，美国研发投入占 GDP 的比例变动历史也证明了这一点。

在 1941 年美国加入“二战”以前，其研发支出占 GDP 的比例（R&D/GDP）常年保持在 0.5% 以下，而在“珍珠港事件”之后，美国的研发投入强度迅速提升，在 1945 年“二战”结束的时候达到了 0.92%，比战前翻了一倍。“二战”结束之后，美国的研发强度一度丧失了上行的动力，保持在 1% 以下，直到 1947 年杜鲁门主义的出台，美国的研发强度再次获得上行动力。1955 年华约成立，人类出现了史无前例的两大集团全面对抗的局面，美国的研发强度也由此再次获得加速提升的动力，并在 1967 年达到了 2.89%，三倍于“二战”结束时的水平。此后受滞胀危机的扰动，研发强度一度下滑，但在危机后再次迅速攀升至接近 3% 的高点。美国研发投入强度的真正下台阶，是在 1991 年苏联解体、冷战结束之后，由接近 3% 迅速回落至不到 2.4% 的水平，降幅近 20%（见图 5.17）。

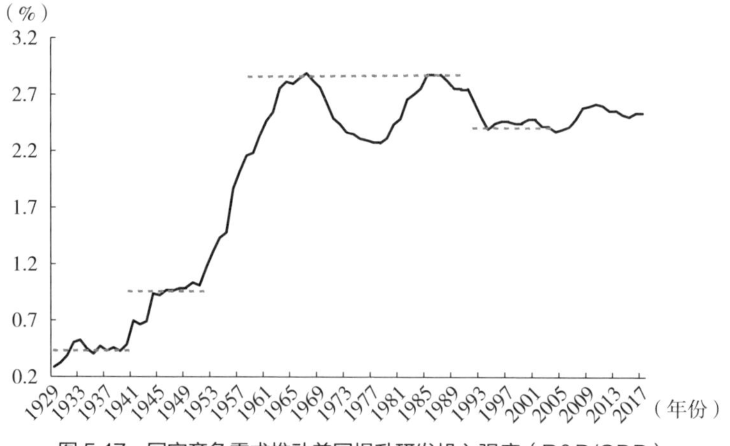

图 5.17　国家竞争需求推动美国提升研发投入强度（R&D/GDP）

资料来源：万得资讯，中金研究院。

直面挑战：共同富裕与反垄断

共同富裕：调节重点应该是收入流量差距还是财富存量差距?

如前所述，大国需求不仅体现在人口规模，更多的是有效购买力。有效购买力的衡量，不仅体现为一国整体的经济发展水平，也体现为贫富分化程度。富有阶层的边际消费倾向低，贫困阶层虽然消费倾向高但购买力不足。因此，对于形成有效购买力而言，中产阶层最重要。研究表明，中产阶层比重越高越有利于国家的自主创新。① 从这个角度看，共同富裕有助于进一步释放大国需求的潜力，推动科技创新。

问题是，在当前的形势下，共同富裕的重点究竟应放在调节流量的收入，还是存量的财富上？从数据上看，目前中国成人人均财富基尼系数为70.4%，全国居民收入基尼系数为46.5%。与此同时，在2008年全球金融危机之后，收入基尼系数就已经见顶回落，但此后财富基尼系数却出现了一波显著的上升，背后是信贷和房价相互促进的金融周期的影响（见图5.18）。因此，我们认为要推动共同富裕，重点可能在于存量财富，而非流量收入上。在财富存量差距远大于收入流量的背景下，如果调节重点放在流量收入上，则意味着财富存量较低的群体无法通过获取较高收入来缩小与高财富存量群体的差距，进而不利于中产阶层的形成。

反垄断：重视企业的研发投入强度，重点增强可竞争性

无论是大国需求的规模经济还是范围经济，其对于创新的影响均有赖

① Sokoloff, K. L., Khan, B. Z.The democratization of invention during early industrialization: Evidence from the United States, 1790–1846 [J]. The Journal of Economic History, 1990, 50 (2): 363–378.

于需求侧信号对于供给侧的有效传导。垄断有两个特点：一个是通过减少供给的方式获取超额利润，这不利于规模经济的实现；另一个是通过价格歧视而非创新的方式来匹配不同类型的需求，不利于范围经济的实现。因此，反垄断有助于充分发挥大国需求促进创新的规模经济与范围经济。目前，社会各界的反垄断争议主要聚焦在平台经济方面。不过，相比于传统的单边市场，平台经济的双边属性对于反垄断提出了许多新课题。对于平台反垄断，我们建议重点考虑如下两个问题。[①]

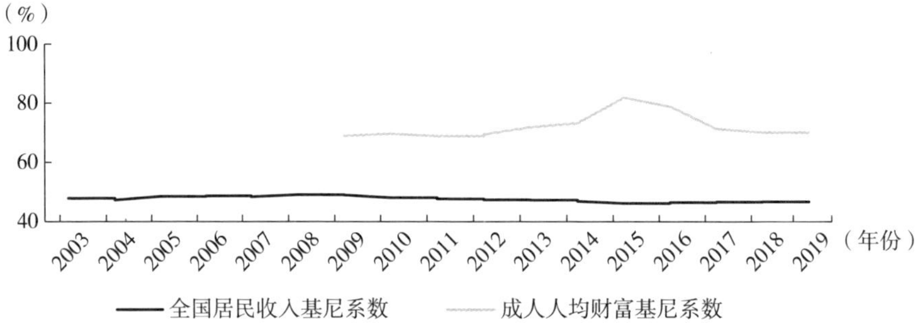

图 5.18　中国居民收入基尼系数与财富基尼系数

资料来源：万得资讯，中金研究院。

将研发投入强度作为评判平台垄断是否合理的重要指标

从经济学的角度看，垄断并非一个在道德意义上是好还是坏的概念，它只是代表着企业具有获取超额收益的能力。与此相反，竞争的重要表现就是压低企业的超额收益，完全竞争就意味着企业没有任何超额收益。如果仅以生产者数量越多、竞争程度越高作为监管目标，企业则无法获得超额利润激励，在这种情况下，如何才能让企业克服对“创新悖论”[②]的恐

① 有关平台反垄断更详细的分析参见：彭文生、谢超、李瑾 2021 年 2 月的研究报告《企业边界、萨伊定律与平台反垄断》。

② “创新悖论”是指对于创新驱动的企业而言，如果企业不创新，需求将萎缩，市场地位将瓦解；如果持续创新，市场地位也可能被自己的创新颠覆。

惧，去充分提供社会价值远高于私人价值的正外部性产品呢？

事实上，正如熊彼特所提出的[①]：任何投资都必须有某种保护行动，如保险或套头交易。在急剧变动的条件下，尤其在新商品和新技术冲击下、任何时刻都会变动的条件下进行长期投资，就像打不到的、模糊而且颠簸地活动的靶子，因而有必要依靠这样的保护措施。在审视这种保护措施，也就是垄断时，经济学家或政府代表都注意到，在他们看来是掠夺性的价格政策和在他们看来是损失生产机会的产量限制；但他们没看到，在长期风暴条件下，这种类型的限制是长期扩张过程的附带事情，并常常是不可避免的，它们保护而不是抑制扩张过程。

也就是说，垄断为企业克服创新悖论提供了保险机制，或者说只有靠垄断带来的超额利润激励，才能让企业有动力去充分提供创新这种具有高度正外部性的产品。事实上，专利权保护制度的创建，正是利用垄断激励创新作用的典范。这也意味着，为什么对于科创企业而言，在反垄断执法层面上应考虑市场势力持续的时间长度，如果企业刚刚获取一些超额收益就遭到反垄断打击，并不利于发挥垄断在解决创新悖论和正外部性方面的积极作用。

综上所述，与传统反垄断执法相比，我们建议在平台反垄断中加入或者给予创新贡献更大的考察权重，以此作为评判垄断是否合理的标准之一。一个简单的例子，比如可以考察企业以 R&D 与营收之比所衡量的研发投入强度。具体而言，如果某企业研发强度明显低于国外对标企业，则无法认定该企业有充分的垄断合理性；如果某企业研发投入强度在一个较长时期内（比如说 5 年）呈现下降态势，则认为其垄断合理性正在减弱。

---

① ［美］熊彼特 . 资本主义、社会主义与民主［M］. 吴良健，译 . 北京：商务印书馆，2009.

以行为监管为主，增强市场可竞争性

在平台经济中，企业市场化和市场企业化造成了平台企业普遍巨头化，双边市场组织结构也越发呈现出寡头垄断格局。与此同时，传统产业组织理论认为：按照集中度由低到高，通常可以将市场划分为完全竞争、垄断竞争、寡头垄断、完全垄断四种组织结构，并且市场集中度越高，企业之间的竞争行为越不充分，市场效率也就越低。既然如此，双边市场中较高的产业集中度是否意味着平台企业间的竞争行为受到了抑制？“多聚焦行为，少谈些结构”的平台反垄断思路能够提升市场效率吗？

提出鲍莫尔病的知名经济学家鲍莫尔认为，这样一种结构主义的担忧是不成立的。在他开创的“可竞争市场理论”中，鲍莫尔提出了新的产业组织理念：提升市场绩效的关键不在于市场当前的结构和现存竞争关系，而在于潜在竞争者是否可以自由进出这个市场。只要市场是完全可竞争的，那么潜在的进入威胁与现存企业间的竞争行为一样，可以有效约束现存企业的行为，进而确保合理、有效的市场绩效。

第六章

贸易与创新：数字时代的学习与竞争

贸易是创新的重要驱动力。随着中国从学习赶超阶段走向技术前沿，贸易的竞争效应越发重要。贸易促进创新有三个渠道。从需求侧看，企业通过贸易扩大规模，赚取利润，以此摊薄研发所需的固定成本（规模效应）。从供给侧看,企业在贸易过程中学习先进技术，创新能力得到提升（学习效应）。同时，参与国际竞争也会促进企业创新（竞争效应）。对企业而言，在技术落后阶段，学习效应的作用相对更大，但到了突破性创新阶段，竞争效应的重要性更加凸显。中国在 5G（第五代移动通信技术）、AI 应用、硬件制造等科技领域已经具备全球领先优势，积极参与全球市场和国际竞争尤为重要。

但过去几年，全球贸易环境发生变化，中国在新一轮技术革命中或将面临更多挑战。贸易保护阻碍了企业发展，增加了企业学习先进技术的难度。回顾历史，美国之所以能在半导体、个人计算机、移动互联网等重大技术变革中取得领先，一个重要原因是美国企业利用全球市场来推广新产品，支持高研发投入，并在国际竞争中不断自我强化。

尽管外围环境发生了变化，但数字经济的崛起带来了新机遇。数字经济促进规模效应、学习效应、竞争效应，同时带来引智效应，有利于科技创新。虽然难以预测哪些企业会成为下一代的创新领导者，但能确定的是，有更多企业参与国际贸易，就有更多创新。数字经济能扩大贸易规模，不仅是商品贸易，也包括服务贸易，让更多企业享受贸易红利。数字经济能优化学习效应，激励企业在同等贸易规模下实现更多创新。数字经济能激发竞争效应，帮助企业向全球价值链两端的高附加值区域攀升。数字经济还能帮助实现人才储备增长，即引智效应。借助数字技术，中国能够便捷地利用世界优质学习资源，将人口优势转化为人才优势，为创新储能。

在政策思考方面，我们建议，一是鼓励企业参与国际竞争，同时增强国内市场的竞争性，充分发挥竞争效应的作用。二是大力发展数字经济，完善数字贸易基础设施建设，提高产业链数字化水平，同时发展新型服务贸易，扩大贸易红利的辐射范围。三是加强与亚太区域内其他经济体的合作，整合周边创新资源，汲取创新活力。[①]

---

① 本章作者：刘政宁、张文朗、彭文生。

国际贸易如何促进创新

过去 40 年，信息技术的发展降低了企业间的沟通成本，国际贸易从传统的产业间和产业内贸易，逐步发展为以全球价值链为基础的合作生产模式。在这一模式下，传统的商品贸易被“任务贸易”替代，企业往往只需要专注于生产中的某一个环节，承担某一类细分的工作。

在全球价值链体系下,企业参与国际贸易有利于创新。大量研究表明，参与国际贸易的企业生产效率更高，创新能力和意愿也更强。数据显示，中国出口企业申请和授权的专利数量高于非出口企业，在仪器仪表、电气与机械设备、交通运输设备等技术密集型制造业尤为如此（见图 6.1）。

国际贸易促进创新的机制是什么？经济学文献总结了三个渠道。

- 一是规模效应：企业通过贸易扩大市场规模，赚取更多利润，以此摊薄研发创新所需的固定成本。根据熊彼特假说，利润水平更高的企业，创新意愿更强。企业将贸易利得用于研发投入，并以此提高产品的国际竞争力，实现出口贸易与技术创新的相互促进。

· 二是学习效应：企业在贸易过程中学习先进技术，提高生产效率。学习效应又可通过三个载体实现。一是出口，企业在向海外客户销售产品时获得反馈并从中学习，也就是“干中学”。二是进口，企业使用中间品时能学习其中蕴含的技术与知识。三是 FDI（外商直接投资），研究表明，FDI 对本国的产业在横向（如通过人员流动）和纵向（如通过产业链上、下游生产关系）上存在正向溢出效应，有利于本国企业创新。

· 三是竞争效应：企业参与国际竞争，促进自身创新。充分竞争的市场能自发筛选企业，促进市场份额向效率高、创新力强的企业转移。这些企业获得更高的市场份额，赚取更多的利润，并以此“反哺”创新，以维持企业的竞争力。

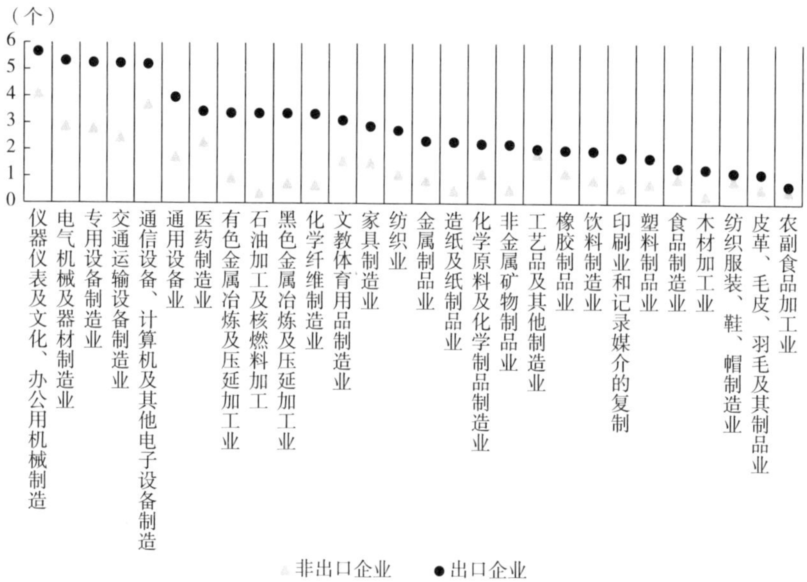

图 6.1 中国出口企业专利数量高于非出口企业

注：专利数量为申请量和授权量之和；对样本做 5% 缩尾处理。

资料来源：工业企业数据库（2012 年），创新企业数据库，中金公司研究部。

上述渠道中，规模效应强调需求的作用，学习效应和竞争效应强调供给的作用。企业不仅要依靠贸易获得市场份额与利润，更重要的是通过贸易向优秀者学习，与强者竞争，这样才能不断自我强化，始终处于行业优势地位（见图 6.2）。

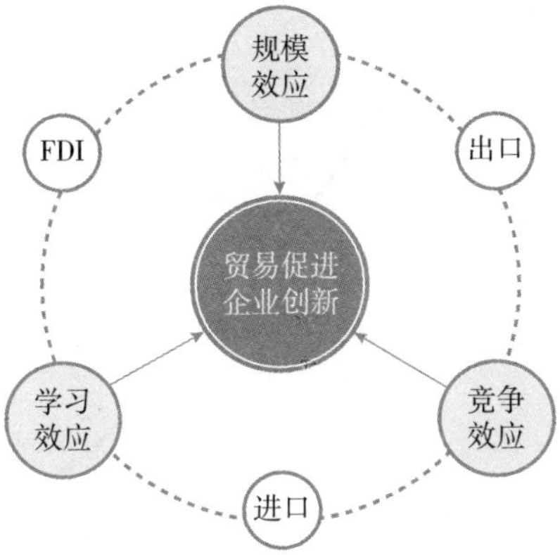

图 6.2　贸易促进创新的三个渠道和三个载体

资料来源：中金公司研究部。

随着中国从学习赶超阶段走向技术创新前沿，学习效应的作用将减弱，竞争效应的作用将强化。而无论在哪个阶段，规模效应都一样重要。与西方发达国家不同，中国现代工业建设起步晚，很长一段时间处于学习追赶阶段。在这一阶段，中国大部分企业远离全球技术前沿，创新主要依靠吸收国外的先进技术，也就是学习效应。但近年来，随着中国技术进步不断加快，越来越多行业步入全球技术前沿，越来越多的企业从学习者和追赶者变为突破性创新的缔造者。对这些企业而言，贸易中可学习的技术越来越少，与全球其他先进企业的竞争越来越多。这种竞争能激发它们的创新动力，带来生产效率提升。[①] 研究表明，对接近技术前沿的企业，竞争越强，

① 参见 Aghion et al.（2009）。

现有的利润越低，企业就越有动力通过创新获得超额利润，这也是“逃避竞争效应”背后的逻辑[①]（见图 6.3）。

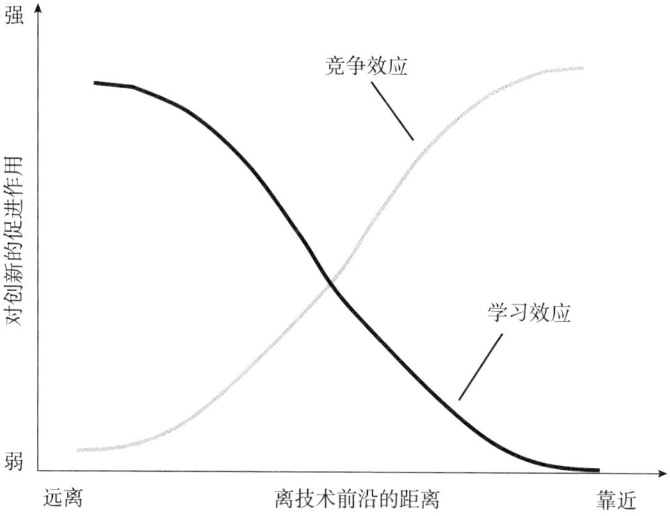

图 6.3 企业越接近技术前沿，竞争越能促进创新

资料来源：中金公司研究部。

中国哪些行业正走向全球技术前沿呢？当前，中国在 5G、AI 应用、硬件制造等科技领域已经具备一定优势，同时涌现出一批具有突破性创新力的企业。在互联网服务领域，中国也有不少具有全球竞争力的企业。但在半导体、软件、云计算等方面，与美国相比仍存在较大差距（见图 6.4）。基于以上论述，我们认为未来理想的情形是促进通信技术、AI 算法、硬件制造、互联网服务等领域的国际贸易，利用全球市场的规模效应和竞争效应，进一步提升企业的创新能力。

① 参见 Aghion et al.（2009）。

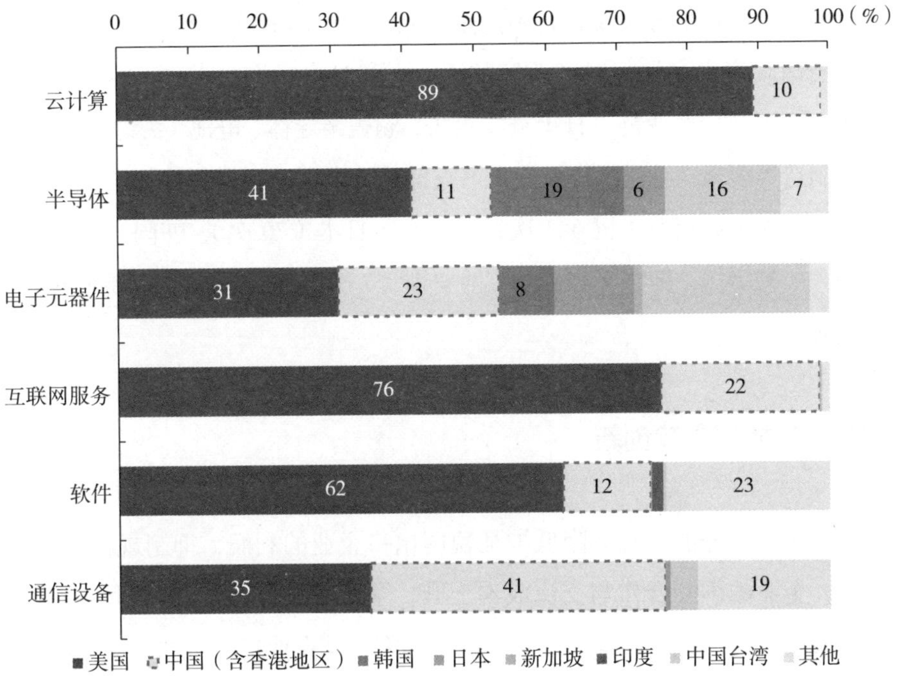

图 6.4　全球科技行业分布（2019 年）

注：部分国家 / 地区数据不全。

资料来源：万得资讯，彭博资讯，中金公司研究部。

贸易保护对创新的影响

尽管贸易有利于创新，但近两年来，全球贸易环境发生了深刻变化，贸易保护主义和“逆全球化”思维抬头，对企业的经营、投资以及创新决策带来了不利影响。

美国采取的贸易保护措施

2018 年以来，美国政府采取了一系列贸易保护措施，比如对从中国进口的商品加征额外关税，将中国企业列入“实体清单”等。

美国政府也在加强对产业链的审查。2021 年 6 月，美国政府发布了长达 250 页的“产业链百日审查”报告，涵盖半导体、电池、关键原材料、药品制造等多条产业链，其中许多审查都涉及中国。根据我们的统计，“百日审查”报告共提及中国 341 次，远远高于日本（70 次）、韩国（58 次）、加拿大（37 次）、德国（18 次）、俄罗斯（7 次）等美国主要贸易伙伴或竞争对手。

贸易保护如何影响创新

首先，额外的关税会降低被征税国出口企业的利润，抑制规模效应。其次，企业的国际合作与交流成本上升，学习效应也将受到抑制。最后，也是最重要的，受贸易保护措施影响的国家，其企业进入全球市场的门槛被提高，这可能会阻碍企业参与国际竞争，削弱竞争效应的作用。

针对贸易保护措施，受影响的国家也可以采取反制措施，但这些措施可能不利于该国生产效率的提升。研究表明，企业创新意愿有“双峰”特征。技术先进的企业在参与出口竞争时，为抢占技术制高点，会加大创新，这类创新被称为“扩张性创新”。另外，技术落后的企业在面对进口竞争时，为了不被淘汰，也会加大创新，这类创新被称为“防御性创新”。当贸易保护发起国对他国加征关税时，后者中的出口企业受到打压，扩张性创新受到抑制。但如果后者也对前者加征关税，后者国内的企业面临的进口竞争压力将会下降，防御性创新也会受到抑制。

美国如何利用贸易促进创新

历史上，美国高科技产业的发展和壮大与国际贸易息息相关。在发展初期，美国也采取了大量贸易保护措施。从1860年到第二次世界大战前夕，美国政府通过提高进口关税等方式加大对其制造业的保护，使其免于英国企业的竞争。与此同时，人才、资本等生产要素开始由其他国家流向美国，为高科技产业的发展积蓄能量。但由于贸易保护政策，全球市场的创新机制难以展开，美国高科技行业的优势也没有非常明显。

“二战”后，美国大力推动全球贸易，其高科技企业依托全球市场不断自我进化，企业创新能力显著提升。两次世界大战促进了美国制造业发展，使其成为战后的“全球工厂”。美国企业通过大规模生产和出口赚取利润，并以此“反哺”创新，最终形成“利润—研发”的良性循环。随着全球化的不断深入，尽管美国在整体商品贸易上逐渐转为逆差，但却在高科技产品（如航空航天、半导体）方面始终维持贸易顺差，显示出了较强的竞争力。

规模效应是美国高科技行业发展的原动力。在20世纪初期，伴随着制造业的兴盛，美国的汽车、留声机、打字机等设备开始大批量出口。美国制造业出口占世界总出口的份额从1890年的4%上升至1913年的11%，并在1929年达到18%。20世纪30年代，美国出口额的60%由制造业组成，美国也很快成了制造业的净出口国。① “二战”后，美国加大了对全球市场的渗透。得益于贸易自由化政策，其高科技行业迅速完成了资本的积累，逐步走上了自主创新的道路。

竞争效应在美国半导体产业的发展中起了关键作用。美国半导体产业发展于20世纪50年代，到70年代末，其半导体储存业务占据了全球约90%的份额。但同一时期，日本半导体产业在其国内政策支持下突飞猛进，其全球市场的份额不断上升，在一些领域甚至超越了美国。在日本的步步紧逼之下，美国半导体企业加快了创新步伐，通过政企协同创新、创建行业联

---

① Irwin, Douglas A. Clashing Over Commerce [M]. University of Chicago Press, 2017.

盟、调整发展方向等方式，于90年代再次超越日本，重新获得世界领先地位。在存储业务外，美国半导体产业还发展出了微处理器、模拟混合信号产品等市场，美国由此成为世界上最接近拥有半导体全产业链的国家。①

相比于美国积极参与全球市场和国际竞争，苏联走向了反面。在贸易上，苏联实行严格的商品进出口许可制度，完全由国家实行垄断。苏联没有“拥抱”全球市场，而是专注于在联邦成员经济体之间进行贸易。在这种贸易制度下，规模效应难以实现，国际竞争被隔绝，企业对先进技术的模仿、学习和研发缺乏认知，创新能力难以提升。随着时间的推移，苏联在早期积累的科技优势逐步消退，最终在与美国的竞争中败下阵来。

数字经济：激发贸易的创新活力

尽管外围环境发生了变化，但数字经济的崛起带来了新机遇。

数字经济能促进规模效应、学习效应和竞争效应，从而激发贸易的创新活力。这与前述提及的贸易促进创新的三大机制一一对应：数字经济能够扩大贸易规模，不仅是商品贸易，也包括服务贸易，进而促进创新；数字经济能够优化学习效应，激励企业在同等贸易规模下实现更多创新；数字经济还能够激发竞争效应，帮助企业向全球价值链两端的高附加值部分攀升。

如前所述，对于不同的企业，三大效应的作用有所不同。对于那些处于行业领先地位的企业，竞争效应是重点。这是由于它们已经占据了相当份额，供给侧的自发创新更为重要。对于其他企业，规模效应起主要作用。这是由于它们需要进一步的利润增长来带动创新，需求侧的拉动是关键。

除了三大效应外，数字经济还有助于促进人才储备积累，体现为引智效应。要通过贸易促进创新，最终也要靠人的作用。在全球经济与科技中

---

① 参见 http://www.semiconductors.orgl。

心的变迁中，人力资本经历了从流向欧洲到流向美国的转变，使后者超越前者，成为全球创新最大的聚集地。数字经济时代，如果中国能够利用世界优质的学习资源，将人口优势转化为人才优势，同时利用海外人才资源，为中国的创新出谋划策，那么将提高中国成为创新中心的可能性。

数字经济的规模效应

在贸易保护下，部分企业受到了限制，但数字经济能改善贸易现状，扩大贸易规模，激励创新，让更多的企业（尤其是中小企业）参与到贸易中去。在需求端，数字经济有助于扩大贸易范围，减少贸易障碍，提高匹配效率。在生产端，数字经济可以提升协同效率，助力企业决策。特别是，数字技术可以突破时空限制，使更多的服务业贸易成为可能。

第一，从需求端来看，数字经济可以实现两点。

- 一是节约贸易成本。贸易成本体现在距离成本和文化成本上，距离成本包括运输成本、交易成本、订立合同成本等，文化成本包括贸易双方的文化、语言、法律等方面的差异引致的成本。数字技术能显著降低贸易成本，扩大贸易规模。对于距离成本，有研究表明，在传统的贸易模式下，地理上的距离增加 1%，交易量会减少 1%~2%。而在数字经济下，距离增加 1%，交易量只会减少 0~0.5% [①]。对于文化成本，一项针对易趣（eBay）的研究发现，机器翻译的引入使美国对拉美国家的出口增加了 17%~21%。[②]

---

① Lendle, A., Olarreaga, M., Schropp, S., Vézina, P.L. There Goes Gravity：eBay and the Death of Distance［J］. The Economic Journal, 2016, 126（591）：406–441.

② Brynjolfsson, E., Hui, X., Liu, M. Does Machine Translation Affect International Trade? Evidence from a Large Digital Platform［J］. Management Science, 2019, 65（12）：5449–5460.

- 二是提升匹配效率。买卖双方“匹配难”制约了企业的市场范围，数字技术能提供更多有用的信息，减少匹配成本，进而增加匹配效率。一项研究表明，在跨境电商贸易中，相比于没有评分的商户，有评分的商户收入要高25%。①

第二，从生产端来看，数字技术可以实现两点。

- 一是提升协同效率。数字技术可以增强产业链之间的协同，通过工业互联网增强生产者和供应商之间的匹配。数字技术也加强了企业内部的协同。例如，疫情期间，许多企业采用视频会议软件ZOOM等数字化工具进行协同，有效降低了沟通成本，减轻了疫情对企业运营的影响。
- 二是助力企业决策。数字技术有助于企业识别消费者的需求，通过大数据分析，定位目标客户，做出灵活决策。大量研究表明，相比于没有获得市场信息的企业，获取市场信息更有助于企业的销售增长。②

第三，对于服务贸易，数字经济还可以提高服务业的可贸易性。服务产品存在时空约束，交易往往需要生产者与消费者面对面完成，有时还要求能实时完成。我们认为，数字经济有望打破这种时空约束。例如，教师可通过在线平台远程授课，医生可通过在线视频远程诊断。展望未来，数字经济时代教育、医疗等技术密集型服务业的可贸易性都将得到提升。而以5G为代表的新一代通信技术将进一步加快数据传输速度，让更多服务

① Chen, M. X., Wu, M. The Value of Reputation in Trade：Evidence from Alibaba [J]. The Review of Economics and Statistics, 2020.

② Luohan Academy. Understanding Big Data：Data Calculus In The Digital Era. 2020.

产品成为可贸易的产品（见图 6.5）。

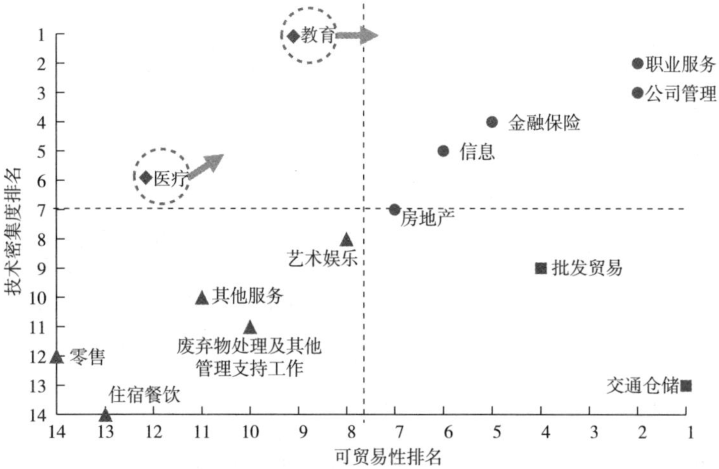

图 6.5 数字经济提升服务业的可贸易性

注：技术密集度的计算方法是某行业受过大学教育的雇员所占的比例；一个行业的可贸易性为（进口总额 + 出口总额）/ 行业总产值。

资料来源：Eckert，F.，Ganapati，S.，Walsh，C. Skilled tradable services：The transformation of US high-skill labor markets［R］. 2019. 中金公司研究部。

数字经济的学习效应

数字经济不仅能深化企业在贸易和 FDI 中获取的技术外溢，还能增加企业学习先进知识和技术的渠道，从而激发企业创新活力。

- 第一，深化贸易的技术外溢。在学习效应中，企业可以通过出口反馈、进口模仿或 FDI 外溢等方式获取技术和知识。数字经济能够深化这一过程。例如，对行业进出口和 FDI 数据进行分析，专业的咨询服务等都能帮助企业深入地理解发展趋势，优化产品结构，改善贸易模式。在产品研发上，专业知识的数字化和沟通的网络化使产品成分分析、研发探讨等过程变得更加容易，有助于企业创新。

- 第二，深化企业的学习方式。研究显示，研发活动中所需要的知识和创意具有“长尾”特点，这意味着如果仅依靠企业内部研发人员的知识积累来应对研发的挑战，很有可能因为路径依赖而导致问题难以解决（见图6.6）。全球化的知识共享平台有助于解决这一问题。它既增加了知识和创意的数量，也丰富了观点的多样性（因为提出观点的人来自不同国家，拥有不同的思维方式），有助于提高成功的可能性。一个例子是聚集创新资源的在线平台InnoCentive，它在近200个国家拥有50万注册用户。企业可以在平台上以竞赛的形式发布研发过程中出现的难题，邀请全球用户提交解决方案，并向符合要求的方案提供者支付奖金（见图6.7）。

图6.6　研发的“长尾”特征需要更多外部创意

资料来源：中金公司研究部。

图 6.7　企业通过数字平台发布研发难题

资料来源：InnoCentive，中金公司研究部。

数字经济的竞争效应

数字经济能为企业赋能，提高其竞争力。然而，在当前全球价值链格局下，对处于链条中间的生产者而言，数字经济会带来两种截然相反的效应。

- 一种可能是，数字经济降低了生产环节的附加值，增加了中间厂商（生产者）向价值链两端爬升的难度。数字技术会改变生产要素的相对重要性，企业使用机器替代人，会使低成本的人力资源不再那么重要。由此带来的结果是，技术密集型、附加值高的行业面临从发展中国家向发达国家“回流”，发展中国家在产业链制造环节的增加值被进一步压缩（见图 6.8）。从价值分配的角度来看，产业链微笑曲线将会变成“大笑”（见图 6.9）。这对生产者创新是不利的，因为如果没有利润的激励，企业会丧失创新的动机。

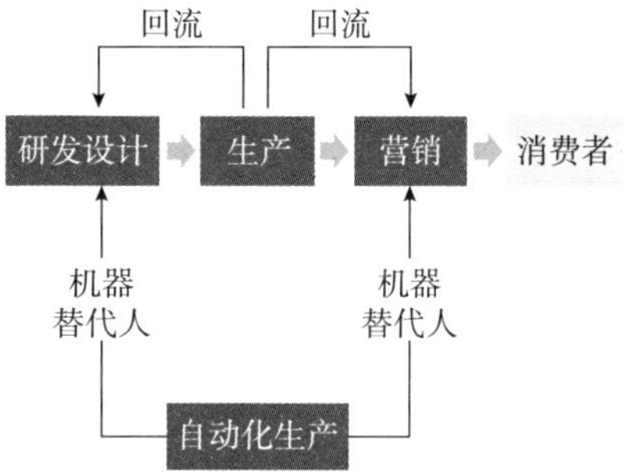

图 6.8　机器替代人或加快生产环节回流

资料来源：中金公司研究部。

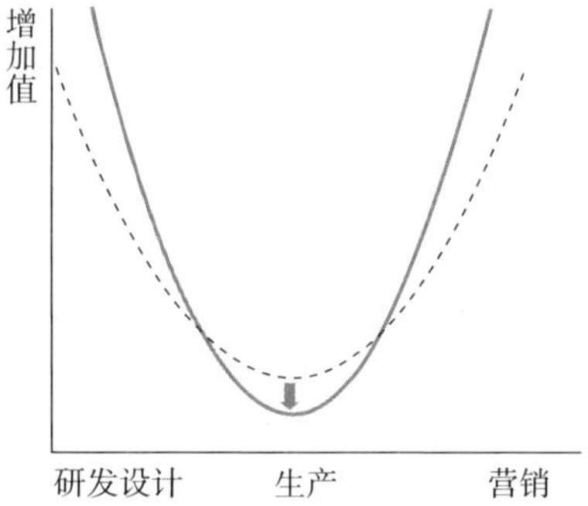

图 6.9　微笑曲线变“大笑”，对生产者不利

资料来源：中金公司研究部。

- 另一种可能是，数字经济为生产者赋能，帮助其向价值链两端爬升。数字经济的微观基础是数据，数据具有边际成本为零的特征，能够带来规模效应和网络效应。在国际贸易领域，中间生产企业可以利用大数据更精准地定位客户，更快速地获得市场反馈。企业的学习能力得到提升，使其更容易向研发设计和营销等高附加值领域拓展，从而在全球分工中获得更有利的地位（见图 6.10）。此外，企业还可以通过机器学习等技术对隐性知识进行深度挖掘，从而实现对存量经验知识的超越。在大数据的配合下，机器学习有能力识别出设计和生产环节中被忽略的信息，进而帮助企业实

现生产差异化。从价值分配的角度看，产业链微笑曲线将扁平化（见图 6.11）。这对生产者创新是有利的，因为这意味着他们有更多的利润可以用于创新投入。

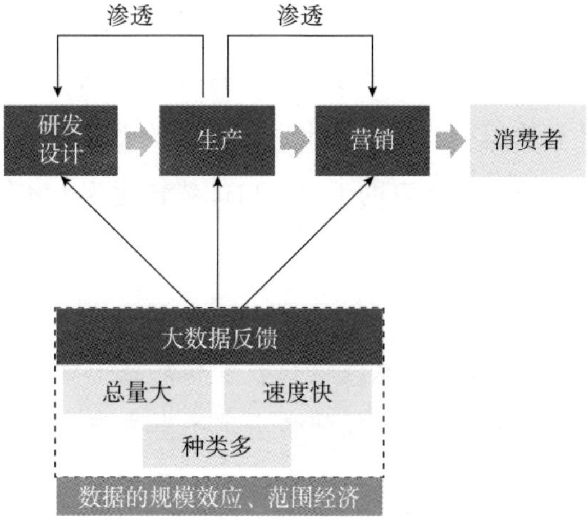

图 6.10　数字经济也能帮助生产者向两端渗透

资料来源：中金公司研究部。

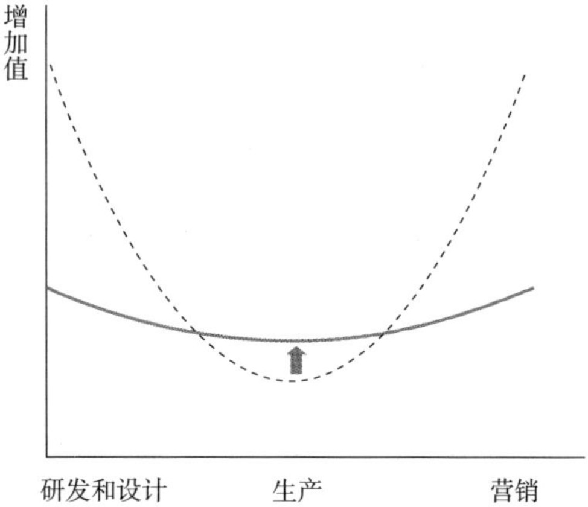

图 6.11　微笑曲线扁平化，对生产者有利

资料来源：中金公司研究部。

数字经济的引智效应

人力资本对创新的重要性不言而喻，在过去的一个多世纪里，全球人力资本流动的目的地从欧洲（德国、英国等）变为美国，后者利用国际顶尖人才来发展其高科技行业，最终成为全球创新中心。有研究发现，在美国的发明专利中，出生于其他国家的贡献者人均贡献了更多的专利，且其专利技术重要性和价值重要性远超出生于美国的贡献者。①

对中国而言，数字经济有助于将人口优势转化为人才优势，为创新提供动力。

- 一是加速人力资本积累。远程教育和数字平台能加快全球知识传播。例如，在线教育可以使学生足不出户就能参加全球各地大学开设的课程，从而更快地获取知识。我们发现（见图 6.12），中国用户对 MIT（麻省理工学院）公开课的累计总访问量低于美国、印度等以英语为官方语言的国家，但如果加上国内线上平台转载的同类课程，中国的访问量大幅上升。由此可以得出两个结论：数字平台有助于克服语言障碍，加速知识传播；数字平台能提高中国人才对海外一流知识的接触度。不过，就各国本科及以上人口的人均访问次数而言，中国仍处在中等水平。这说明对海外知识财富的挖掘还有提升空间。
- 二是促进创新思想碰撞。引智效应还体现在对海外人才存量的利用上。在企业中，这体现为聚集全球人才为研发活动和项目决策头脑风暴；在学校中，越来越多的学术交流通过数字技术展开，

---

① No, Y., Walsh, J. The importance of foreign-born talent for US innovation [J]. Nat Biotechnol, 2010 (28): 289–291.

思想的碰撞跨越了地域限制，增加了创新的可能性。

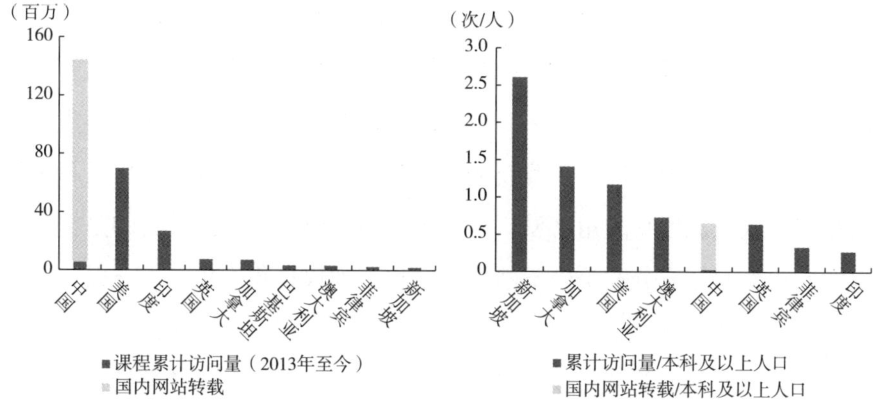

图 6.12　线上教育丰富的知识资源有待挖掘

资料来源：MIT Open Course Ware（麻省理工学院开放课程资源），网易公开课，哔哩哔哩，中金公司研究部。访问量数据截至 2021 年 5 月。

政策思考

新形势下，如何继续发挥贸易对创新的促进作用？我们认为可以在以下三个方面努力。一是鼓励企业参与国际竞争，同时增强国内市场的竞争性，充分发挥竞争效应的作用。二是大力发展数字经济，完善数字贸易基础设施建设，提高产业链数字化水平，同时发展新型服务贸易，扩大贸易红利的辐射范围。三是加强与亚太区域内其他经济体的合作，整合周边创新资源，汲取创新活力。

鼓励参与国际竞争，提升国内市场竞争性

如前所述，随着中国从学习赶超阶段走向技术前沿，竞争效应的重要

性越来越高。尽管面临贸易保护的挑战，我们也不能就此放弃对全球市场尤其是发达国家市场的渗透。相反，应该更加重视这些市场对中国技术创新的促进作用，鼓励企业“走出去”，向优秀者学习，与强者竞争。

国际贸易促进创新的渠道同样适用于国内贸易，应该进一步提升国内市场的竞争性。中国人口众多，有广阔的市场和多样性的需求，消费潜力较大。近年来“中国风”消费新势力崛起，一些本土品牌的销售已超过外国品牌。从促进创新的角度看，内需市场不但要做大，更重要的是提高竞争性，让企业在充分竞争中不断提升效率，加快自我进化。一方面，应该继续加快开放，通过引入多元的、高质量的参与方增强国内市场竞争性。另一方面，要降低部分行业的准入壁垒，允许更多的企业参与到这些行业当中，以此促进竞争，带来更多创新。

大力发展数字经济，促进服务贸易新业态

如何抓住数字经济红利，开拓贸易新格局，这是一个关键问题。根据中国信息通信研究院的测算，2018 年中国广义数字经济占 GDP 比重为 34.8%，而美国已达到了 60.2%。这说明美国各行业与数字化融合的程度相对更高，同时也说明中国在数字经济方面还有较大的发展潜力。

首先,完善数字贸易基础设施建设。数字经济基础设施包括网络连接、线上支付、物流等。一是数字经济促进国际贸易，不仅依赖于国内数字经济基础设施建设，还需要贸易伙伴能够参与到数字贸易中。因此，提升贸易伙伴的互联网连接有益于数字贸易。二是国际数字贸易还需要发展跨境支付，提高支付效率。作为金融基础设施，目前跨境支付还存在成本较高、时间较慢等问题，这可能不利于中小企业参与数字贸易。三是国际贸易物流成本比国内贸易要高。我们认为，减少通关成本和手续，优化物流流程，将有利于中小企业参与数字贸易。

其次，推动产业数字化发展。通过数字技术赋能实体经济，有利于企业在国际贸易中获得比较优势。目前，中国产业数字化程度还不够，未来还有比较大的提升空间。通过数字技术赋能，更容易缩小与国外的差距，从而可以通过贸易获得创新红利。

再次，建立数字化服务贸易先行优势。根据世界银行数据，2020 年全球服务贸易与 GDP 的比值为 10.8%，而商品贸易的比值为 42.7%。数字技术打破了服务贸易的时空限制，使其有较大的发展空间。因为服务贸易还处于起步阶段，所以先行者能够快速建立先发优势。推动服务贸易的国际合作，将有助于服务贸易的发展。

最后，促进安全的跨境数据流动。数据是数字经济的关键要素，但是也带来了数据安全和隐私的担忧。在数字化国际贸易场景下，跨境数据流动是新的问题。虽然欧盟在 2018 年实施《通用数据保护条例》，美国在 2020 年实施《加州消费者隐私法案》，中国也在 2021 年 11 月实施《个人信息保护法》来保护个人隐私和数据安全，但是在国际层面上，暂时还没有对跨境数据流动做出制度安排。我们认为，如何保障跨境活动中的个人隐私和数据安全，将是数字化贸易带来的新挑战。

数字经济对产业链创新模式的深刻影响也值得思考。在传统产业链模式下，企业的生产组织形式是管道模式，这也决定了创新的范式是由任务驱动的分别创新，即上游企业负责新产品的研发，中游企业负责流程创新，下游企业负责运营和销售创新（见图 6.13）。但在数字经济时代，企业生产组织形式或将转变为平台模式，创新的范式也可能变为由数据驱动的跨界创新。这是因为各个环节的企业都可以分享数据，都能使用数字技术向外突破。这也意味着那些掌握了消费者数据、拥有先进数字技术的企业将成为核心层，而其他企业则围绕在其旁边（见图 6.14）。传统模式与数字经济下的新模式比较见表 6.1。

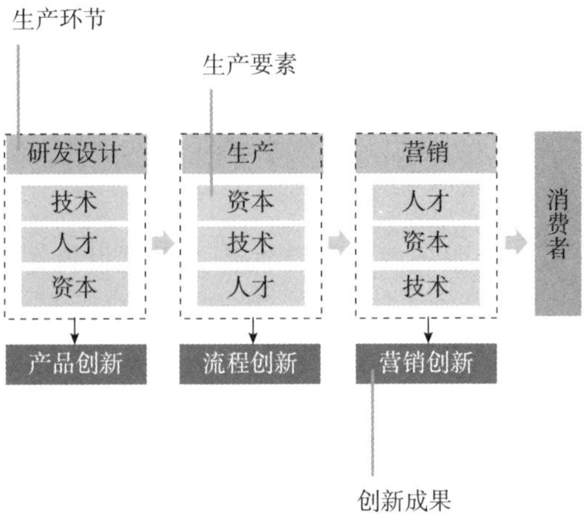

图 6.13 管道模式下，生产和创新由任务驱动

资料来源：中金公司研究部。

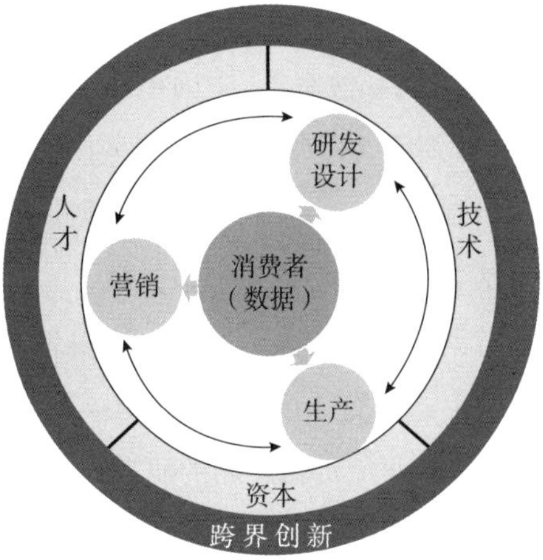

图 6.14 平台模式下，生产和创新由数据驱动

资料来源：中金公司研究部。

新模式下，数据作为创新投入要素的重要性将上升。我们应该如何促进数据流通？怎样合理地使用数据、保护数据中的隐私？同时，新模式下行业的边界将变得更加模糊，这可能会带来跨界垄断，形成龙头企业“赢者通吃”。这对创新有何影响？对收入分配有哪些含义？这些都值得进一

步研究。

表 6.1　传统模式与数字经济下的新模式比较

	传统模式	数字经济下的新模式
组织形式	管道	平台
生产关系	上、中、下游	核心 VS 周边
创新要素	人才、技术、资本	数据、人才、技术、资本
创新范式	任务驱动、分别创新	数据驱动、跨界创新
对行业垄断的含义	垄断会存在，但有行业边界	行业边界越来越模糊，容易形成超级垄断企业

资料来源：中金公司研究部。

整合区域科技资源，汲取周边创新活力

当前全球价值链网络呈现三足鼎立的格局，中国已成为亚太区域贸易的核心节点。据测算，2017 年亚洲地区的进口中，来自本地区的占比为 43.7%；亚洲地区的最终消费中，来自本地区的占比为 44.2%。进一步对比 2000 年和 2017 年的全球贸易格局，主要变化同样来自亚洲，大部分亚洲国家和地区的最大贸易伙伴已由美国变成中国（见图 6.15）。可以说，亚太区域已经形成了一个相对独立的板块。

在亚太板块内部，不少国家和地区具有较强的研发和创新能力。在通过各地 PCT 专利申请和科学出版物数量识别的科技集群中，东亚地区表现出色，在全球前 25 个科技集群中占据了 10 席（见表 6.2）。其中，日本、韩国都有不少优秀的创新企业和强大的创新集群。从专利申请的角度看，东亚地区创新活动较为活跃的领域主要包括电机、机械、能源、数字通信和计算机技术，在物理、化学等基础学科方面也有许多科研“宝藏”。

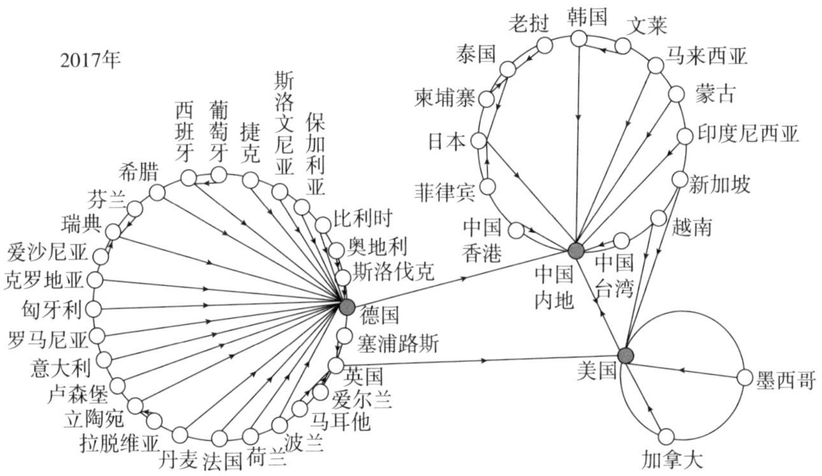

图 6.15　全球“三足鼎立”贸易格局已形成，中国是区域贸易核心节点

注：图中将各国和地区与其最大的贸易伙伴（箭头所指）相连。

资料来源：鞠建东，余心玎，卢冰，李昕 . 全球价值链网络中的“三足鼎立”格局分析［J］. 经济学报，2020，7（04）：1–20. 中金公司研究部。

今后，各国应该努力整合区域内的创新资源，建立创新战略联盟，加强合作，实现共赢。无论是商品贸易总额还是高技术产品[①]贸易额，在日韩两国的对外贸易中，中国的份额均高于美国。但如果我们以科学期刊发表中各国科研人员的合作情况衡量国家间的知识互动，日韩两国与美国的科学合作明显高于中国（见图 6.16 和图 6.17）。对中国来说，应该利用好中国区域核心节点的地位，以贸易的“针”，串联起区域创新资源的“线”。一方面，继续发挥中国在东亚地区最终需求市场的作用，降低东亚地区对欧美市场的外部依赖。另一方面，强化中日韩在计算机、汽车、电力机械等高技术行业的贸易联系，从货物贸易的关联走向产业链的关联，最终发展为创新链的关联。

① 高技术产品的定义来自 OECD，根据 SITC Rev.4 的细分子项筛选出高技术产品清单。

表 6.2　东亚地区在全球科技创新方面表现出色

排名	集群名称	经济体	PCT 申请量	科学出版物	在 PCT 申请总量中的份额（%）	在出版物总量中的份额（%）	共计（%）	2013—2017 年排名	排名变化	排名第一的科学领域	份额（%）	排名第一的科学组织	份额（%）
1	东京 – 横滨	日本	113 244	143 822	10.81	1.66	12.47	1	0	物理	8.73	东京大学	10.4
2	深圳 – 香港 – 广州	中国内地 / 中国香港	72 259	118 600	6.9	1.37	8.27	2	0	化学	9.42	中山大学	11.09
3	首尔	韩国	40 817	140 806	3.9	1.63	5.53	3	0	工程	7.56	首尔国立大学	11.67
4	北京	中国	25 080	241 637	2.4	2.79	5.19	4	0	化学	10.09	中国科学院	16.25
5	加利福尼亚州圣何塞 – 旧金山	美国	39 748	89 974	3.8	1.04	4.84	5	0	化学	6.11	加利福尼亚大学	28.83
6	大阪 – 神户 – 京都	日本	29 464	67 514	2.81	0.78	3.59	6	0	化学	10.08	京都大学	16.51
7	马萨诸塞州波士顿 – 剑桥	美国	15 458	128 964	1.48	1.49	2.97	7	0	神经科学 & 神经病学	5.79	哈佛大学	38.37
8	纽约	美国	12 302	137 263	1.17	1.58	2.75	8	0	神经科学 & 神经病学	6.19	哥伦比亚大学	9.79
9	上海	中国	13 347	122 367	1.27	1.41	2.68	11	2	化学	12.61	上海交通大学	16.58
10	巴黎	法国	13 561	93 003	1.3	1.07	2.37	9	–1	物理	7.26	法国国家科学研究中心	17.03
11	加利福尼亚州圣地亚哥	美国	19 665	34 635	1.88	0.4	2.28	10	–1	科学技术 – 其他主题	6.07	加利福尼亚大学	38.51
12	名古屋	日本	19 327	24 582	1.85	0.28	2.13	12	0	物理	9.38	名古屋大学	26.37
13	华盛顿哥伦比亚特区 – 马里兰州巴尔的摩	美国	4 592	119 647	0.44	1.38	1.82	13	0	神经科学 & 神经病学	5.45	约翰霍普金斯大学	18.4

续表

排名	集群名称	经济体	PCT 申请量	科学出版物	在 PCT 申请总量中的份额（%）	在出版物总量中的份额（%）	共计（%）	2013—2017 年排名	排名变化	排名第一的科学领域	份额（%）	排名第一的科学组织	份额（%）
14	加利福尼亚州洛杉矶	美国	9 764	69 161	0.93	0.8	1.73	14	0	神经科学 & 神经病学	5.5	加利福尼亚大学	33.36
15	伦敦	英国	4 281	107 680	0.41	1.24	1.65	15	0	普通内科学	6.58	伦敦大学	36.89
16	得克萨斯州休斯敦	美国	10 852	51 163	1.04	0.59	1.63	16	0	肿瘤学	11.29	德州大学安德森癌症中心	18.58
17	华盛顿州西雅图	美国	11 558	34 143	1.1	0.39	1.5	17	0	普通内科学	4.62	华盛顿大学	48.84
18	阿姆斯特丹 – 鹿特丹	荷兰	4 409	78 602	0.42	0.91	1.33	18	0	心脏与心脏病学	5.67	乌德勒支大学	11.97
19	科隆	德国	7 827	47 161	0.75	0.54	1.29	20	1	化学	7.16	波恩大学	11.22
20	伊利诺伊州芝加哥	美国	6 167	57 976	0.59	0.67	1.26	19	–1	化学	5.49	西北大学	20.24
21	南京	中国	1 662	84 789	0.16	0.98	1.14	25	4	化学	11.84	南京大学	12.54
22	大田	韩国	8 306	26 037	0.79	0.3	1.09	22	0	工程	13.37	韩国科学技术研究院	17.84
23	慕尼黑	德国	7 532	31 259	0.72	0.36	1.08	24	1	物理	7.59	慕尼黑大学	40.19
24	特拉维夫 – 耶路撒冷	以色列	7 076	31 086	0.68	0.36	1.03	23	–1	物理	5.89	特拉维夫大学	25.13
25	杭州	中国	4 832	48 627	0.46	0.56	1.02	30	5	化学	12.06	浙江大学	42.15

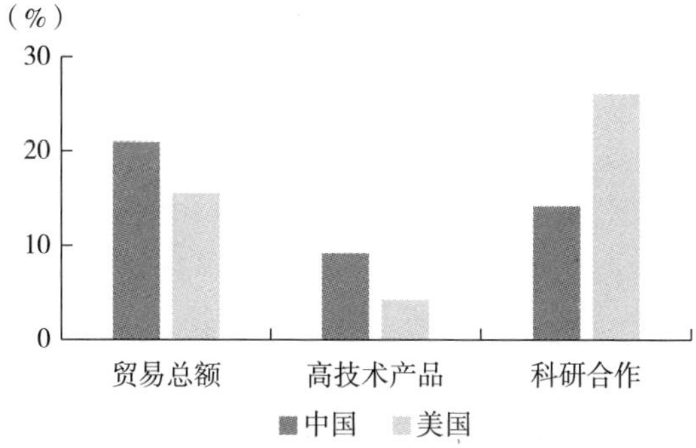

图 6.16　中美两国在日本贸易中的份额对比

注：贸易份额为日本对中（美）进出口占其进出口总额的比例。

资料来源：UN Comtrade，Nature Index，中金公司研究部。

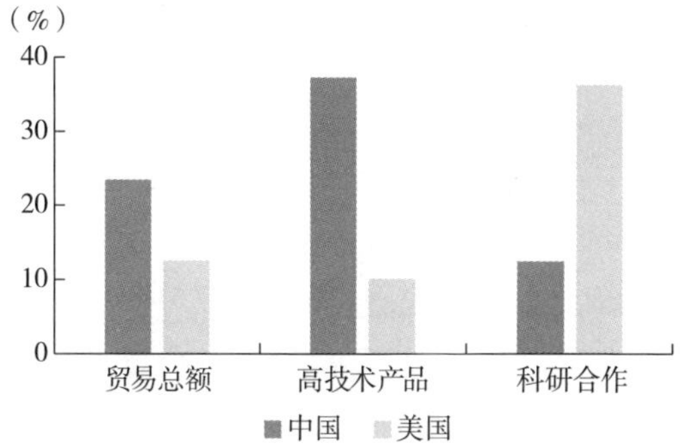

图 6.17　中美两国在韩国贸易中的份额对比

注：贸易份额为韩国对中（美）进出口占其进出口总额的比例。

资料来源：UN Comtrade，Nature Index，中金公司研究部。

第七章

区域创新：聚星成火，打造合力

区域创新中心既是国家创新体系的承载，又为本地区创新活动提供了有力支撑；既关乎区域内经济的高质量发展，也涉及跨区域间的竞争与协同。如何“自上而下”地推动区域创新中心的自身发展，“自下而上”地实现对国家创新目标的有效落实，是区域创新中心发展的关键，也是我们讨论区域创新的两个核心视角。

为什么讨论区域创新中心？知识溢出具有一定的地理局限性，使创新活动呈现出区域性的特征。同时，人才、技术、资金等创新要素的集聚、创新政策的地域限制也会加速区域创新中心的形成。区域创新中心的发展能促进本地经济增长，打造创新氛围，引领国家创新目标的实现，但也可能带来一定的挤出和锁定效应，并导致区域间发展的不平衡。

可以用5个维度评估中国区域创新中心的发展。中国历来重视区域创新中心的发展，初步形成了以国际科技创新中心、综合性国家科学中心、区域科技创新中心为代表的三层级体系。通过“研究、应用、中介、政策、环境”5个维度的刻画，我们发现，国内高水平区域创新中心的空间分布较为集中，北深上三地领先优势明显。同时，不同区域创新中心的比较优势呈现一定差异性，比如北京的研究及中介领域相对发达，合肥的研究及政策支持具备优势，深圳的应用及创新环境则更为突出。更大范围内，围绕各区域创新中心也逐步形成了优势互补、协同发展的创新网络集群。当然，中国区域创新中心发展也面临很多问题，比如区域创新中心建设的导向不够明晰、科创投入产出效率表现分化、缺乏高效的协调机制等。

国际经验方面，透视硅谷，国际领先区域创新中心是如何形成的？从第一次世界大战期间美国军方选中硅谷进行国防电子和高端电子设备的研发及生产，到持续的政府采购、吸引企业集聚，再到人才培育、高校鼓励创业、形成创新文化，一路走来，硅谷的成功不是偶然，更多的是国家政策支持与本地资源禀赋有机结合的成果，并通过自身发展壮大最终形成创新正循环。学习德国，国家如何平衡区域间的竞争与协同？以“生物区”计划为例，德国首创集群策动的形式，即“自上而下”初选17个候选区参与竞争选拔，并以“自下而上”的实施效果选定4个胜出区域，给予资金支持和政策优惠，集中培育区域创新发展。在这一过程中，各主体分工明确、给予地方一定主动性并维持适度竞争，达到成功效果。

展望未来，如何更好地促进中国区域创新中心的发展？一是借鉴德国集群策动成功经验，探索区域创新机制，包括明确国家与区域间分工、增强创新主体合作、提高政策针对性、加强后续评估等；二是各区域立足本地特征，引进或培育研究平台、促进科技成果本地转化、凝聚创新人才、完善支撑环境，实现“差异化”创新发展；三是加强区域间竞争、协同的有序引导，挖掘后发地区的创新潜力，与优势地区互补联合，更好地促进区域平衡发展。[①]

---

① 本章作者：吴慧敏、左炬晅。其他主要贡献人：洪灿辉、梁栋。

为什么讨论区域创新中心

创新的区域性

对于全球而言，大部分的创新活动集中于少数几个国家，而对于一个国家而言，创新活动也并非均匀分布在国家内部，而是更多集中在少数、特定区域内。究其原因，主要如下。

- 一是知识溢出具有一定的地理局限性。知识溢出是不同创新主体在交流和互动中发生的知识传播过程，由于隐性知识和信息黏性的存在，溢出效应随距离增加而快速衰减。当地理距离超过 1 英里（约等于 1.6 千米）时，知识溢出效应迅速下降，尤其是知识密集型的软件产业。[1]

---

① Rosenthal, S. S., Strange, W. C.Geography, industrial organization, and agglomeration [J]. Review of Economics and Statistics, 2003, 85 (2).

· 二是要素集聚与创新活动形成正循环。区域内人才、技术、资金等关键要素的集聚及形成的规模效应有助于创新活动的产生；同时，创新活跃带来的区域发展优势、产业竞争力也会进一步吸引更多优质要素的聚集，形成创新发展的正循环。

· 三是从国家的角度上来看，区域创新中心是国家创新政策的载体，承载着引领、示范的功能和责任。不同区域创新中心之间的竞争与协同、互补与分工，共同推动国家创新体系的建设和发展。

如何评判一个区域创新中心的成效

一个视角：立足于区域创新中心的自身发展

直观而言，一个好的区域创新中心应该实现更多的创新产出，产生更高的创新效率，激发更好的创新创业氛围。美国前 15 大都会区以 30% 的人口贡献了全美 57% 的专利产出，吸引了超过 90% 的风险投资（见图 7.1）。同时，排名越靠前的都会区，其创新部门的单位产出水平显著越高（见图 7.2）。[①]

但是，要素的集聚也可能带来一定的挤出和锁定效应。一方面，创新人才和企业的涌入可能推高当地的成本，会挤出部分初创型和高风险创新型企业。另外，过度的集聚也可能带来一定的发展惯性和路径依赖，反而降低创新的活力。比如，底特律在 20 世纪前半叶一直扮演着美国创新领头羊的角色，但随着汽车工业的成熟，底特律未能很好地实现产业转型升级，其创新地位逐渐被硅谷反超。[②]

因此，一个好的区域创新中心，既需要具有较高的创新效率和创新产

① Kerr, W. R., Robert-Nicoud, F.Tech Clusters［J］. Journal of Economic Perspectives, 2020, 34（3）.

② Klepper, S. The Origin and Growth of Industry Clusters：The Making of Silicon Valley and Detroit［J］. Journal of Urban Economics, 2010, 67（1）.

出，同时也能够将集聚的负面影响控制在可接受的范围内。

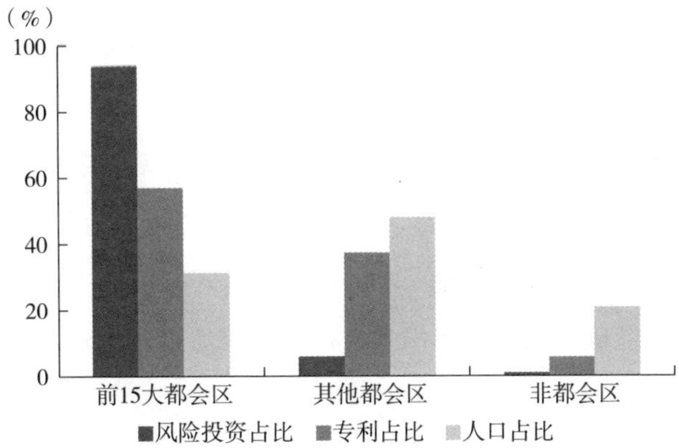

图 7.1　美国区域创新中心的集聚效应明显

注：均为 2017 年数据。

资料来源：Kerr，W. R.，Robert-Nicoud，F.Tech Clusters［J］. Journal of Economic Perspectives，2020，34（3）. 中金研究院。

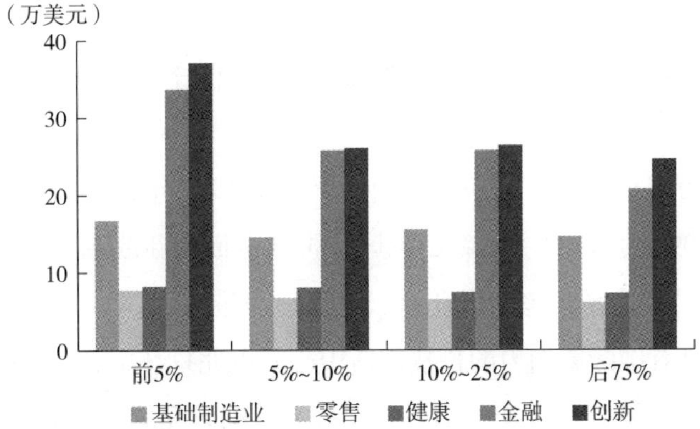

图 7.2　美国排名越靠前的大都会区，其创新部门单位产出越高

注：每单位雇员产值，2017 年数据。

资料来源：Brookings（布鲁金斯学会），ITIF（信息技术和创新基金会），中金研究院。

另一个视角：区域创新中心的引领、示范效应

区域创新中心的另一个功能是通过更小范围的集聚，形成突破式创新

成果，从而引领整个国家的创新发展。2007 年美国 40.2% 的高技术就业岗位起源于加州，随着技术成熟和扩散，这些岗位逐渐遍及美国各地。同时，通过特定区域中心的发展，探索出成功有效的创新路径，也可能对周边及其他地区形成一定的示范和溢出效应。①

但是在实际中，一个发展成熟、日益壮大的区域创新中心在持续吸引创新要素流入的同时，可能对周边区域产生“虹吸效应”，反而带来区域发展的分化，形成“集聚阴影”。此外，不同区域创新中心之间的同质化竞争也可能会造成一定的资源浪费，甚至最终影响国家创新发展的总体目标的实现。

因此，站在国家的角度来看，一个好的区域创新中心应具备较强的带动效应和溢出效应，同时也能兼顾国家的平衡和可持续发展。

5 个维度评估中国区域创新中心的发展

区域创新中心是国家创新体系的重要组成部分

我国历来重视区域创新中心的发展，自 1988 年推出高新技术产业开发区到 2009 年提出自主创新示范区，再到全面创新改革试验，目前已初步形成三层级体系，包括以北京、上海、粤港澳大湾区三个地区作为重点，建设具有国际影响力的科技创新中心；以北京怀柔、上海张江、安徽合肥等为主的综合性国家科学中心，打造基础研究的聚集地；依托 21 个自主创新示范区、169 个国家高新区形成区域科技创新中心。

这些区域创新中心积极发挥辐射带动作用，推动国家创新体系建设。

① 参见 https://voxeu.org/article/how-disruptive-technologies-diffuse。

据统计，[①] 2019 年整个高新区内的企业研发投入占全国企业研发投入的 50%，创造 GDP 占全国的 12%，人均劳动生产率是全社会的 3 倍，万元增加值综合能耗是全社会平均水平的 1/3。

中国区域创新中心发展现状的评估

参考 EIS（2021）[②] 的方法，我们以创新生态系统的视角从“研究、应用、中介、政策、环境”5 个维度构建区域创新中心发展水平的评价指标体系，具体如下（见图 7.3）。

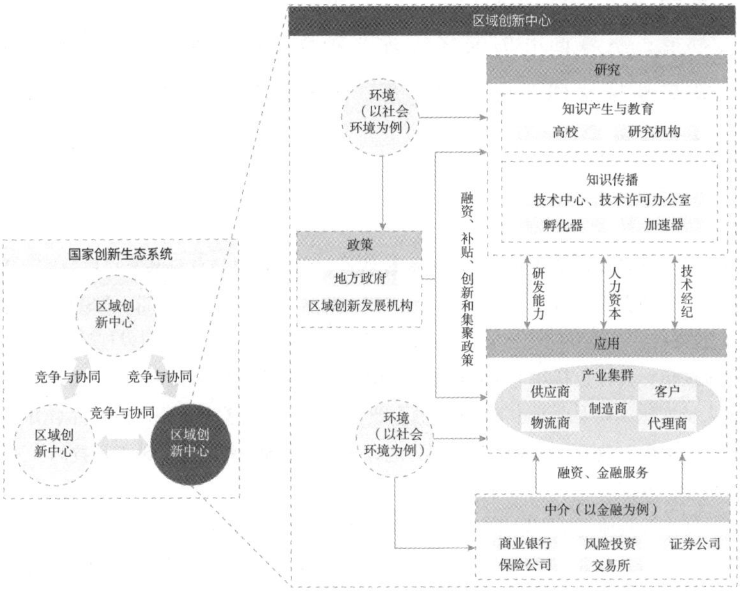

图 7.3　刻画区域创新中心发展的 5 个维度

资料来源：Autio（1998），中金研究院。

---

① 本刊综合报道 . 科技部部长王志刚为科技创新“划重点”[J]. 中国科技产业，2021（4）.

② Hollanders H . Regional Innovation Scoreboard [R]. Methodology Report. 2021.

· 研究：包含所有创造和传播新技术、新知识和新技能的组织和机构，例如大学、研究机构和公共实验室等。衡量指标包括高校数量、研究项目等。①

· 应用：聚焦当地的产业公司以及其客户、供应商等。衡量指标包括有研发投入的企业数量占比、高新技术企业数量等。②

· 中介：指服务于研究与应用之间的专业机构，比如金融、法律中介机构等。衡量指标包括区域内金融机构数、近5年股权和投资额等。③

· 政策：各区域内的创新支持政策也可能有差异，对创新的引导作用也会有所差异。衡量指标包括创新相关政策数量、国家级科技企业孵化器及众创空间数量等。④

· 环境：区域固有的文化传统及对待创新创业的态度在很大程度上会影响区域创新中心的发展。衡量指标包括营商环境指数、房价收入比等。⑤

---

① 研究维度指标具体包括普通高等学校高校数量、国家社科与自科基金立项数量、人均专利授权数、专利引证平均数、人均发表论文数；数据来源分别为教育部、NSFC（国家自然科学基金委员会）、地方统计公报、Innojoy（大为专利搜索引擎）、超星发现系统。

② 应用维度指标具体包括规上企业研发经费内部支出占营业收入比例、规上企业从业人员中研发人员占比、规上企业中有R&D的企业数占比、科技类上市公司市值占GDP比重、新增高新技术企业数量；数据来源分别为地方科技局、地方科技局、地方科技局、万得资讯、地方统计公报。

③ 中介维度指标具体包括本地银行业金融机构数，本地法人券商数，金融业总产值占GDP比重，当年新增贷款额占GDP比重，近5年PE、VC投资额占所在城市GDP比重；数据来源分别为银保监会、银保监会、《中国城市统计年鉴》、私募通。

④ 政策维度指标具体包括财政科学技术支出占总财政支出比例、财政政府教育支出占总财政支出比例、创新相关政策数量、加权政府引导类基金总规模、国家级科技企业孵化器及国家级众创空间数量；数据来源分别为《中国城市统计年鉴》、查策网、私募通、科技部。

⑤ 环境维度的具体指标包括数字经济指数、营商环境指数、环境空气质量综合指数、路网密度、房价收入比；数据来源分别为《中国数字经济指数白皮书》、《管理世界》、经济研究院、生态环境部、《中国城市统计年鉴》、万得资讯。

当然，在区域创新中心的发展过程中，各维度之间不是完全割裂的，比如大学和企业可通过研究外包、产学合作等方式广泛开展创新合作。与此同时，企业自身也通过“干中学”等方式累积知识和技能，进一步推动和反哺创新。

结合5个维度的指标体系，考虑到数据的可获得性，我们对49个城市[①]为代表的区域创新中心进行测算，得出以下结论。

从区域创新中心的发展结果上看

- 第一，高水平区域创新中心空间分布较为集中，北深上三地领先优势明显。5个维度的综合指数显示，目前大部分高水平区域创新中心位于长三角、粤港澳及长江中上游等区域，各城市综合指数相对较高。
- 第二，不同区域创新中心的比较优势差别显著（见表7.1）。比如，北京的研究和中介指标相对较高，合肥的研究和政策具备一定的竞争优势，而金华的应用指数显著拉升整体创新水平。
- 第三，大部分区域在研究维度上普遍偏弱，仅少数区域具备较强的研究实力。研究是创新发展的原始动力之一，也是推动区域创新更深层次发展的根本。然而我们的指标测算结果显示，仅北京、南京、西安和武汉等传统教育较强的区域在研究维度表现较好，大部分二

① 包括我国直辖市、省会城市、计划单列市、粤港澳大湾区（除港澳外的9个城市）、长三角G60科创走廊地区等49个城市，具体为：北京市、上海市、重庆市、天津市、深圳市、宁波市、青岛市、厦门市、大连市、广州市、成都市、杭州市、南京市、武汉市、西安市、郑州市、长沙市、济南市、合肥市、沈阳市、福州市、石家庄市、贵阳市、南昌市、南宁市、昆明市、哈尔滨市、长春市、太原市、乌鲁木齐市、兰州市、海口市、拉萨市、呼和浩特市、银川市、西宁市、东莞市、佛山市、中山市、惠州市、江门市、肇庆市、珠海市、嘉兴市、金华市、苏州市、湖州市、宣城市、芜湖市。

线和三线城市仍然缺少足够的科学研究支撑和原始创新能力。

表 7.1　四个代表性区域创新中心比较优势差别显著（2019 年）

城市	研究	应用	中介	政策	制度
北京市	0.98	0.67	0.89	0.68	0.69
合肥市	0.41	0.50	0.32	0.51	0.54
金华市	0.19	0.41	0.19	0.35	0.53
深圳市	0.54	0.73	0.61	0.79	0.72

从更高层级的区域创新中心网络看：以粤港澳大湾区和长三角 G60 科创走廊为例

- 粤港澳大湾区各城市呈现出创新互补性。粤港澳大湾区是中国开放程度最高、创新活力最强的区域之一。以深圳、广州[①]为核心引领，珠海、中山、惠州等各自发挥所长，已初步形成创新互补的发展格局。平均而言，各城市在应用、环境领域优势明显，研究、中介维度稍显不足，这不仅体现在核心城市深圳与上海的比较上，也包括东莞、佛山等城市，它们更多通过承接产业转移，形成本地化生产的优势，并发挥对创新网络的支撑作用。
- 长三角 G60 科创走廊趋向多中心发展。G60 科创走廊以上海松江区为初始，逐步扩容升级到包含沪苏浙皖的 9 个城市，是长三角地区科创驱动、融合发展的典型代表。从区域创新网络的布局上看，已初步形成以上海为引领，合肥、杭州、苏州齐头并进，其余城市多元发展的分梯度、分层次的创新网络布局。相比于粤港澳大湾区，一方面，长三角 G60 科创走廊内部城市间创新发展水平相对差异较大；另一方面，更趋向于多中心均衡发展，对周边

① 考虑到数据的不可比，这里并没有评估香港和澳门地区。

城市的辐射带动作用、示范作用不断提升。

现阶段，中国区域创新中心的发展存在哪些问题

区域创新中心是国家创新发展的重要承载和支撑,其自身的发展程度、不同区域之间的竞争与协同将直接影响一国整体的创新发展水平。当前，我国区域创新中心的发展可能存在区域间创新水平差异大、区域内创新结构不平衡、研究维度普遍较弱等现实问题。同时，中国区域创新中心可能还存在一些更深层次的发展问题。

问题一：区域创新中心建设的导向不够明晰

当前，169 个国家级高新区、21 个自主示范区、78 个创新型城市等共同构成了中国现阶段区域创新中心体系，各区域创新中心定位不同、功能不同、政策的引导和落脚点也存在不同，这也会带来一些问题。

- 一是功能定位存在一定的重叠，发展目标不清晰。比如“形成特色主导产业集群、提升国际化水平、建设良好的科技创新环境、加强创新人才的培养”等目标在高新区、创新型城市建设中均被作为主要任务，不同层级创新中心的差异性并没有充分体现，目标的不清晰可能会带来功能定位的重叠及最终发展的错位。
- 二是创新中心的设定与发展并不尽如人意。以高新区为例，其定位是以发展高新技术为目的而设置的特定区域，依托技术密集和开放的环境，形成科研、生产相结合的综合性基地。而现实中，一些高新区并不具备基础条件，高科技产业占比较低，创新能力仍存在较大提升空间。

问题二：科创投入产出效率表现分化

以 2019 年全国百强城市为例，从地方政府财政科技支出到发明专利成果转化的效率上看，前 5% 的城市仍处于持续上升阶段，5%~30% 的城市转化效率有所下滑，而后 70% 的城市近两年发明专利绝对规模已开始减少。尽管单一的专利指标并不具备足够的说服力，但也在一定程度上反映出区域创新中心发展的分化（见图 7.4）。

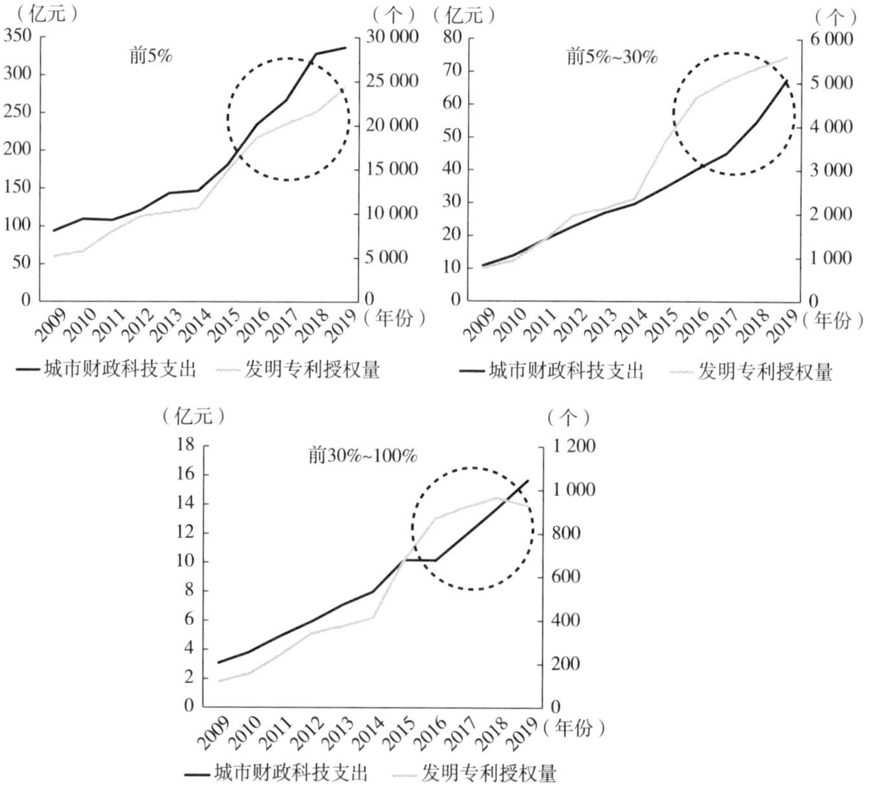

图 7.4　2016 年以来，各类城市科创投入产出效率表现分化

注：将 2019 年 GDP 百强城市分为三组，即前 5% 的 5 个城市，前 5%~30% 的 25 个城市，前 30%~100% 的 70 个城市，分别考察其区域创新投入的转化效率。

资料来源：万得资讯，Innojoy，《中国城市统计年鉴》，中金研究院。

为什么会产生这样的分化？较为发达的区域创新中心，其经济发展好、创新能力强，会不断吸引更多人才、技术、资本的集聚，可能对周边低能级城市形成“虹吸效应”，比如周边小城市的人才不断涌向核心城市，使小城市的创新能力进一步减弱。这与产业的外溢效应不同，创新的外溢效应相对有限，甚至可能更为聚集。

问题三：缺乏高效有力的协调机制

创新要素和资源是拉动地方区域经济发展的核心动力，地方政府立足自身发展会尽可能争取更多的创新资源在本地发展。但站在国家整体的角度来看，区域间创新资源的同质化竞争、重复投资建设也可能在一定程度上影响国家创新目标的最终落实。

- 一方面，吸引创新要素的过度竞争可能不利于整体创新。地方政府间招商引资的竞争、“抢人”大战，虽有利于激发各区域主体的积极性，但也可能对创新全局带来不利影响。
- 另一方面，发展的同质化竞争可能带来一定的资源和效率损失。以 169 个国家级高新区为例，每个高新区在选择主导产业时均具备较高的自主权。据不完全统计，其中有 74 个高新区将主导产业设定为电子及通信设备制造，超过 30 个高新区选择医药及信息服务业作为主业。[①] 这不仅带来了更多的同质化竞争，难以实现经济效益，也会导致重复建设和资源浪费。

---

① 数据来源：科技部火炬中心。

透视硅谷，国际领先区域创新中心是如何形成的

如前所述，区域创新中心是国家政策发力、区域良好承接、区域持续发展并反哺国家创新的产物。尽管普遍认为硅谷诞生于 1955 年，但有学者指出，① 美国国防需求早在 1910 年就带动了当地国防产业的崛起，硅谷的成功很大程度上应归功于冷战带来的大额国防支出、企业战略和大学 – 企业间的联系。对此，我们以硅谷为例，探讨一个好的区域创新中心是如何形成的。

硅谷是政策发力与本地发展相结合的典范

联邦政府是最大的“天使投资人”

国防合同带来了大量“天使投资”。硅谷地处西海岸且早期土地相对便宜，美国军方于第一次世界大战期间就选中硅谷进行国防电子和高端电子设备的研发及生产工作。大量国防合同为硅谷企业提供了初创阶段急需的启动资金，军方扮演了硅谷最初和最大“天使投资人”的角色（见图 7.5）。

- 一是国防研发合同帮助硅谷企业创业。一方面，相比民间投资，国防研发合同金额巨大，有效解决了初创企业的资金需求。早在数十万美元风险投资仍属极高风险的年代，硅谷初创企业就能定期从美国军方获得百万美元级以上的合同。例如，瓦里安在初创期获得了美国空军和海军数百万美元的合同，并获得国防部数额不小的贷款。② 另一方面，国防研发合同通常伴随着后续产品订单，

① Timothy J. Sturgeon. “How Silicon Valley Came to Be”, in Understanding Silicon Valley：The Anatomy of an Entrepreneurial Region, 2000, 15–47.

② Kenney, M., Florida, R. Venture capital in Silicon Valley：Fueling new firm formation, in Understanding Silicon Valley：The Anatomy of an Entrepreneurial Region, 2000.

相对稳定的需求为企业提供了进入新领域相对便捷的机会和诱人的商业前景。1953—1973 年，国防合同共为硅谷企业带来 243.7 亿美元研发预算，远高于同期风险投资金额。①

- 二是国防产业优势吸引其他地区企业涌入，进一步壮大了硅谷本地高科技产业集聚（见图 7.6）。战争为硅谷企业带来了蓬勃发展机遇，国防产业逐渐形成明显的集聚优势。② 1940 年后，惠普公司在短短 3 年间实现了从 9 名雇员和 3.7 万美元营收到 100 名雇员和 100 万美元营收的增长。③ 硅谷本地国防产业崛起也吸引了其他地区企业的加入，进一步加强了高科技产业集聚。1954 年，为扩大在国防电子行业的份额，通用电气在硅谷设立实验室以利用斯坦福大学的专业能力和当地的产业优势。1956 年，洛克希德·马丁在硅谷设立分公司，借以进入导弹和航空市场，在随后相当长时间里，该公司都是硅谷最大的单一雇主，巅峰时期高达 2.8 万人。④
- 三是出台政策扶持风投行业，接力为硅谷发展提供资金。1946 年，考虑到战后政府支出大幅下滑对企业的冲击，世界上第一家风投公司——美国研发公司在时任波士顿联储主席支持下创办。1958 年，美国国会通过《中小企业投资法案》并成立小企业管理局，允许中小企业投资公司从联邦政府处获得不高于自身资本金一半的贷款并享有各种税收优惠。中小企业投资公司带动了硅谷地区风险投资机构的激增，随着 20 世纪 60 年代末开始的风险投资行

① 数据来源：NSF，美国国会预算办公室。

② Gray, M., Golob, E., Markusen, A. R., & Park, S. O. The Four Faces of Silicon Valley, in Second Tier Cities：Rapid Growth Beyond the Metropolis，1999.

③ Microwave Journal，Hewlett-Packard Company，1959.

④ Leslie，S. W. The Biggest ‘Angel’ of Them All：the Military and the Making of Silicon Valley, in Understanding Silicon Valley：The Anatomy of an Entrepreneurial Region，2000.

业的长期繁荣，硅谷的风险投资金额长期占全美的40%。[1]

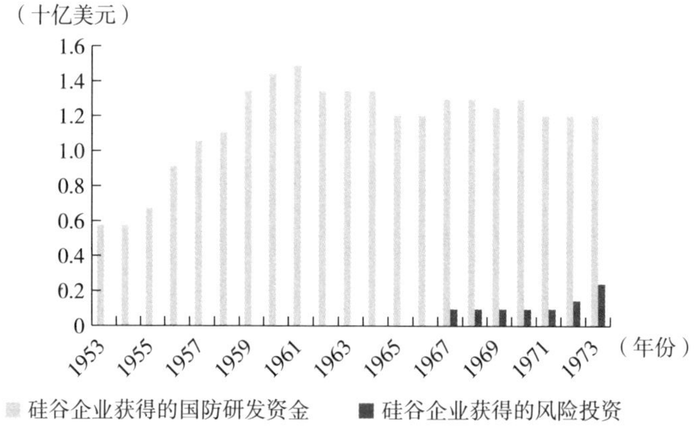

图7.5 国防研发资金在硅谷早期发挥了重要作用

注：1967年以前硅谷的风投金额为0，非空值。

资料来源：NSF，国会预算办公室，中金研究院。

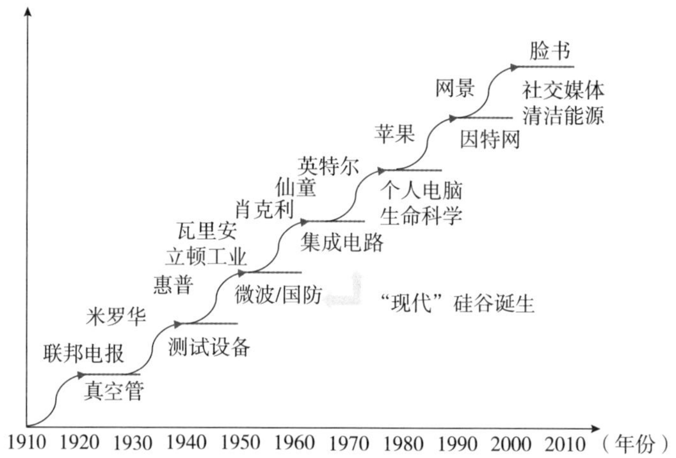

图7.6 政策驱动下，硅谷发展形成正向循环

资料来源：David Laws. Silicon Valley：A Century of Entrepreneurial Innovation. September 2016. 中金研究院。

---

① 数据来源：Thomson ONE（汤森路透数据库），PWC MoneyTree（普华永道报告）。

硅谷本地的创新创业氛围与环境建设实现了良好承接

人才基础、本地高校和先驱公司塑造的商业模式培育了硅谷的创新创业氛围，提供了创新发展经久不衰的根本动力。

- 一是宽松的移民政策为硅谷吸引了最具探索精神的创新人才，并培育出独特的创新文化。2019年，硅谷本科以上学历居民中，超过半数来自美国以外的国家或地区。[①] 更进一步，高密度思想碰撞培育出独特的创新文化，带来了很多管理创新，如扁平化管理模式、股票期权等激励模式，并与技术创新共同构成了硅谷的创新护城河。
- 二是高校支持学生创新创业，成功校友企业反哺学校的创新活动。加州大学和斯坦福大学在诞生早期就开始鼓励学生创办自己的公司，例如，联邦电报、惠普和立顿工业等多家公司均是斯坦福毕业生在教授的支持下创立的。[②] 此外，成功的校友也积极反哺高校的研究，斯坦福大学在2019年可供使用的捐款额达4.45亿美元。[③]
- 三是20世纪初先驱公司铸就的创新创业文化影响深远。20世纪初，联邦电报公司离职员工创业，诞生了一大批诸如米罗华和立顿工业的新公司，这一模式有利于创新的外溢和人才流动，并被广泛应用于硅谷后续的商业发展中。

---

① 数据来源：American Community Survey。

② Leslie, S. W., Kargon, R. H. Selling Silicon Valley：Frederick Terman's model for regional advantage［J］. Business History Review, 1996.

③ 数据来源：Stanford University Budget Plan, 2019/20。

借鉴德国，国家应如何平衡区域间的竞争与协同

20 世纪 90 年代中期开始，各国政府逐渐认识到区域创新中心对促进本国科技创新的作用，多个发达国家推出了本国的创新集群计划以打造区域创新中心体系。但创新集群计划涉及多个政策主管部门，相互间职能和政策工具需要协同。制定什么样的区域创新政策、如何在事前挑选合适的区域、如何在事后维持区域增长与协调，德国经验值得借鉴。

德国的破解之道：以创新集群策动打造区域创新中心

“生物区”计划首创集群策动形式

20 世纪 90 年代，德国生物技术比美国落后 20 年，比英国落后 10 年。[①] 为解决这个各方关切的问题，德国联邦政府于 1995 年推出了首个国家创新集群计划——“生物区”计划（见图 7.7）。与传统直接规划发展某地的方式不同，“生物区”计划首创了集群策动形式，即通过竞赛评选出最具潜力的生物技术集群，给予政策扶持和保障，力争实现生物技术赶超。

- 一是准备期：联邦政府对区域开展广泛调研并挑选 17 个候选区域（或区域联盟）参与选拔，随后颁布策动方案，计划为期 5 年。
- 二是启动期：候选区域自主拟定一个有关本地生物技术现状和未来发展计划的详尽方案。方案内容覆盖本地从实验室研究到最终市场转化每个环节所具备的优势，以及对未来生物技术发展的构

① Philip Cooke. New Economy Innovation Systems：Biotechnology in Europe and in the USA［J］. Industry and Innovation，2001：267–289.

想。联邦政府根据 9 条指标评估候选区域，独立的评审委员会基于区域方案陈述和政府评估结果评选 4 个胜出区域。[①]

- 三是作用期：胜出区域负责执行规划方案，联邦政府将给予胜出区域资金支持和其他政策优惠，用以培育区域内企业研发能力，促进生物技术产业化。
- 四是成熟期：2001 年“生物形象”补充计划启动，延续既有创新政策，并进一步促进生物技术产业在推广、转化和应用方面的能力提升。

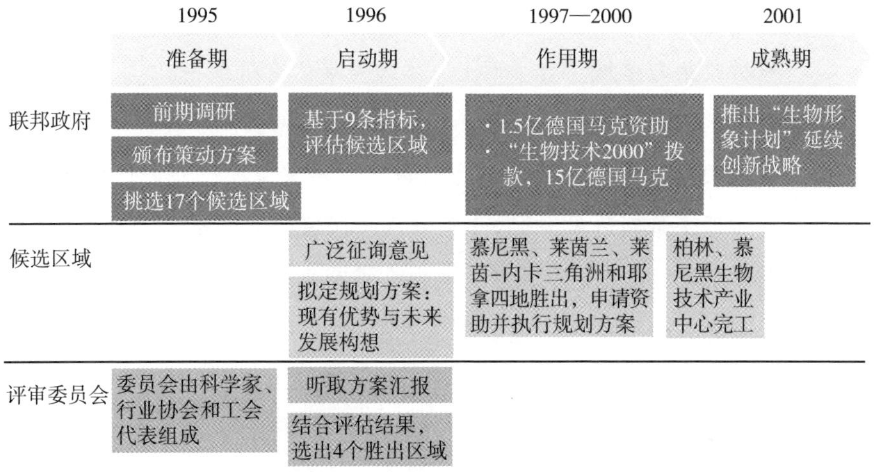

图 7.7 “生物区”计划生命周期

资料来源：德国联邦教育和研究部，中金研究院。

集群策动的形式较好地处理了联邦政府与区域间的分工、协作关系，最大化实现国家创新集群计划的政策效力。

---

① 慕尼黑、莱茵兰、莱茵 – 内卡三角洲和耶拿四地的生物区。

- 一是各类主体分工明确，保证结果的客观公正。联邦政府侧重引导与服务，主要负责制订政策目标、前期调研、统筹组织和提供持续支持等。区域负责规划方案，参与竞赛，并在胜出后落地执行。独立的评审委员会评选出4个胜出区域，联邦政府对此不具备决策权，结果更客观，更利于优势区域胜出。
- 二是参选区域自主规划发展方案，力求政府创新战略与区域本地发展的统一。由于各区域对本地实际更了解，且能广泛征询各方意见，规划的方案更易成功落地。此外，尽管可能被淘汰，筹备竞赛也是增强区域内部凝聚力的绝佳机会，为后续产学研合作奠定了基础。换言之，集群策动帮助实现了联邦政府“自上而下”推行政策与区域“自下而上”本地发展的有机统一。
- 三是区域间维持适度竞争，并且创新合作增强。为争夺有限名额，区域须尽可能挖掘自身潜力，提交完善方案。此外，评估标准参考了理论最新进展，[①] 较全面地反映区域的创新能力。上述因素有利于最佳区域胜出，适度竞争也会显著提升效率。此外，“生物区”计划允许相邻的几个地区联合申请。为赢得竞赛且便于后续落地，城市间也有足够激励构建良好的创新合作关系。

借助“生物区”计划，成功实现生物技术赶超

- 一是政策发力：联邦政府给予胜出区域大量资金支持。包括：总计1.5亿德国马克的直接资金资助；优先获得“生物技术2000”计划拨款，[②] 可动用总额度高达15亿德国马克。1997—1998年，

---

① Philip Cooke. Regional innovation systems：general findings and some new evidence from biotechnology clusters［J］. Journal of Technology Transfer，2002：133–145.

② 区域可获得的拨款额度与在策动过程中评审委员对其综合评价直接挂钩。

这 4 个区域的生物技术项目获得的投资额是其他落选区域的 1.9 倍。若以人均计，这一数字更飙升至 8.8 倍。[①] 资金为胜出区域产业注入了发展动力。1995—2005 年，胜出区域内生物技术企业雇佣规模年均增长 11.8%，远高于其他区域的 3.3%。图 7.8 显示 1997—1998 年胜出区域接受的生物技术投资要远高于其他落选区域。此外，胜出区域内的参与企业普遍对计划给予更正面的反馈，认为计划培育了良好的创新合作氛围。[②]

- 二是区域承接：激发生物技术产业活力，企业数量和投资金额双双飙涨。[③] 从企业层面来看，生物技术企业从 1995 年不到 100 家迅速飙升至 1998 年的 284 家。其中，生物技术核心企业从 1995 年的 75 家上升至 1998 年的 222 家，一举超越了法国（142 家）并迅速赶上英国（268 家），其中 107 家位于胜出区域。[④] 从投资端来看，生物技术投资金额从 1996 年的 7 500 万马克飙升至 1998 年的接近 4.25 亿马克。[⑤] 在此背景下，以研发为支柱的产业集群初具雏形，生物技术专利占比与英法两国迅速拉开差距。随着生物技术企业数量和投资规模的爆发，围绕胜出区域形成的产业集聚初具规模。
- 三是持续发展：德国生物技术的全球竞争力提升，孕育国际头部生

---

① Dohse, D. Technology policy and the regions—the case of the BioRegio contest [J]. Research Policy, 2000（9）.

② Schitag Ernst, Young, Aufbruchstimmung. ErsterDeutscher Biotechnologies Report [R]. Stuttgart：Schitag Ernst & Young, 1998.

③ 数据来源：Schudy。

④ Dorocki, S. Spatial diversity of biotechnology centres in Germany [J]. Quaestiones Geographicae, 2014.

⑤ Dohse, D., Staehler, T. BioRegio, BioProfile and the rise of the German biotech industry [R]. Kiel Working Paper, 2008.

候选生物区	生物技术投资额（百万马克）	生物技术投资额（人均，马克）	地图中编号
莱茵兰*	93.1	43.0	13
莱茵-内卡-德雷卡*	82.2	133.4	15
慕尼黑*	49.1	39.7	8
柏林-勃兰登堡	29.2	4.9	1
耶拿*	28.2	278.8	6
莱茵-美因	24.5	19.8	14
汉诺威-哥廷根-不伦瑞克	20.5	9.0	9
北部生物倡议	14.9	6.9	10
不来梅地区	11.3	20.7	2
斯图加特/内卡-阿尔布	10.6	18.1	16
乌尔姆	3.7	31.9	17
哈雷-莱比锡	3.7	4.9	5
格赖夫斯瓦尔德-罗斯托克	3.6	12.3	4
雷根斯堡	2.9	23.6	12
下萨克森州西北部地区	2.4	11.4	11
中央黑森州	1.8	11.9	7
弗莱堡	1.6	8.1	3

图 7.8　胜出区域接受的生物技术投资更多（1997—1998 年）

注：表格中带星号和图中圆圈为胜出区域。

资料来源：德国联邦教育和研究部，Dohse（2000），中金研究院。

物科技公司。2003年起，德国开发的生物技术在美国市场销售额年均增长32.9%，[①] 全球竞争力迅速提升。更重要的是，拜恩泰科公司开发的mRNA疫苗在新冠疫情期间取得巨大成功，2021年在7个国家[②]市场份额高达70%，带动公司股价和市值翻了2.3倍。[③]

持续利用集群策动打造区域创新中心体系

一是以集群策动解决新的发展问题（见图7.9）。“生物区”计划彰显了利用集群策动落实国家创新战略的可行性和效力。基于新的发展目标，德国政府不断推出新的集群计划稳步提升本国整体创新能力，包括针对东西德发展不平衡的“创新区”计划，投入2.55亿欧元帮助东部地区构建创新网络、提升区域竞争力，以及激励区域提升国际竞争力的“走向集群”计划。[④]

二是德国已形成较完整高效的区域创新中心体系。德国创新集群计划兼具科学性、继承性和演变性，较好地服务了本国的创新战略。首先，集群策动形式被广泛应用于后续集群计划中，较好平衡了联邦政府与区域、区域间的分工、协调与合作关系。其次，后续计划承接了既有创新战略，有力回应了新的形势和发展需要。综合来看，德国已打造了相对完整的区域创新中心体系，国家创新能力得分不断攀升，持续高于欧盟平均，并已超越英国和法国。[⑤]

---

① 数据来源：SEC Filings（美国证监会文件），AbbVie（艾伯维），EY-Analyse（安永数据分析）。

② 美国、德国、法国、意大利、西班牙、英国和日本。

③ 数据来源：GlobalData（一家数据分析和咨询公司），彭博资讯。

④ Dohse, D. Cluster-Based Technology Policy—The German Experience [J]. Industry and Innovation, 2007 (1).

⑤ 数据来源：OECD，EIS。

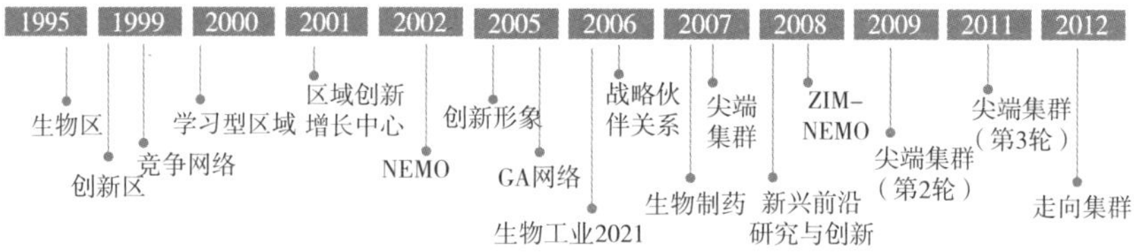

图 7.9　德国国家级集群策动

资料来源：德国联邦教育和研究部，中金研究院。

思考与启示

打造区域创新中心的关键在于国家创新政策和区域本地发展的有机结合。硅谷和德国的经验显示，培育区域创新中心，首先要尊重区域创新中心发展的客观规律，加之有为政府的大力支持、有效市场的积极配合。我们从完善区域发展战略、区域自身能力建设等角度提出以下建议。

借鉴集群策动形式，探索区域创新发展新机制

- 一是明确政策目标和导向，以区域创新中心建设解决发展中的实际问题。在不同的历史阶段，德国联邦政府均会实时调整其集群计划，但目标往往相对聚焦和明确，例如“生物区”计划用以解决本国生物技术落后的局面。未来，我国的区域创新政策可适当收窄政策目标，更加聚焦实际问题，比如解决关键零部件自主可控的问题，可参考同样的模式，选择适当的区域参与竞争，并给予具备针对性和可操作性的支持。
- 二是充分调动各区域间的自主积极性，加强区域内创新主体合作。德国集群策动的成功之处在于给予区域较大的自主权，将“自上而下”的政策规划与“自下而上”的区域自主性有效结合，竞赛

选拔的形式也有利于调动区域参与的积极性，激励区域内创新主体通力合作。

- 三是明确主体分工，提高创新落实的客观性和有效性。集群策动的特别之处在于中央政府仅负责统筹规划、前期调研等工作，而具体的评选等环节则交给了独立的评审委员会，有助于保持各个环节的客观性、专业性，使区域间竞争真正落到提高自身创新能力的范畴。同时，评审委员会有独立的规章制度和体系，也在一定程度上避免了由于地方政府更换带来的变动，保证了政策执行的连贯性。
- 四是加强事后评估，形成区域创新中心的动态调整机制。一方面，对区域创新的执行效果进行事后评估，有助于促进对创新政策的反思，敦促后续的实践改进。另一方面，建立完善的评估机制，动态调整区域创新中心的定位及给予的支持方式，也可以更有效地激励成效显著的创新中心，有助于其进一步发挥引领示范作用。

区域自身在提升科创能力方面大有可为

- 一是重视研究平台在区域创新网络的基础性作用。对具有本地高等学校和研究机构基础的区域而言，应积极引进更高层级如中科院、国家实验室等综合性国家研究平台，鼓励外部科研机构参与本地创新循环。对于本地研究能力相对较弱的区域，可鼓励本地企业积极参与、使用和运营研究平台，以产业发展带动基础研究能力的提升，在实践中提升基础研究与应用转化的能力。
- 二是以科技体系建设为契机，促进科技成果向本地产业、企业转化。硅谷的经验表明，科技成果向区域的转移转化，对于区域创新发展十分重要。当前，我国已出台《赋予科研人员职务科技成果所有权或长期使用权试点实施方案》，未来还会在试点区域范围、配套法律法规等方面进一步完善。在这一过程中，区域创新中心可基于自身产业特点，在技术中介机构建设、科技成果转化经理人培养、促进国家科研机构与本地产业合作等方面加大投入，打通科技成果向本地产业转化的各个核心环节，做到提早布局。

- 三是区域可成立对接政府采购改革的科技聚合机构。斯坦福国际研究所成立的初衷就在于聚合硅谷本地国防领域研究实力，帮助中小企业参与国防市场竞争，从而反哺本地创新。未来，加大政府采购对科技创新的支持可能是重要落脚点之一。区域层面可考虑成立专业机构，聚合本地科研、技术、产业等多维度实力，形成一体化的优势，在竞争中获得优势。
- 四是从“抢人”到“养人”转变，全面提升创新支持环境。从“抢人”到“养人”，并不是单纯人才政策的改变，其本质在于对本地发展方向，尤其是创新支持环境的认知改变。首先，结合本地产业特征，明确引进人才的目标和方向；其次，关注人才配套措施的长期性，匹配符合人才能力发展轨迹的工作机会，辅以就业、生活等方面的保障，全方位改善本地创新支持环境，真正实现人才政策从“引得进”到“留得下”的转变。

以区域创新中心建设促进区域平衡发展

- 一是推动后发地区的区域创新中心建设。德国曾针对发展不平衡推出了“创新区”计划，鼓励东部落后地区形成“差异化”创新发展。目前，尽管我国已形成区域间科技创新帮扶、区域间结对子等共同发展的初步框架，但从细节和落实上仍有一定改进空间。比如东北传统老工业基地近些年经济发展相对缓慢，但其多年积累形成的工业基础、关键零部件生产制造能力、基础科研的实力仍然存在，如何通过有效的机制设计，将工业基础的优势与先进的市场经验相结合，释放创新活力，或许能为振兴东北提供思路。

二是平衡好区域间的竞争与协同关系。一方面，伴随着中国经济发展进入“以国内大循环为主体、国内国际双循环相互促进”的新发展阶段，形成优势互补、高质量发展的区域大市场布局至关重要。在更大范围内打破要素流动的障碍，大区域内竞争、小区域内协同模式可能成为未来区域创新中心发展的方向。另一方面，尊重经济发展的客观规律和自然禀赋的差异，需要集中力量投入，鼓励有条件的区域创新中心发挥比较优势，实现国内“高精尖”领域新的突破。

第八章

健全国家创新体系

创新是人均意义上经济增长的唯一源泉，是提高人民生活水平的根本手段，因此构成了现代国家的一项根本任务。一国的创新体系，既包括依托于市场体系的企业、大学和政府的合作互动，也包括与创新相关的各项基础设施、政策制度和宏观环境等框架条件，是孕育创新活动的完整生态系统。良好的国家创新体系，不仅可以修正市场失灵，促进 R&D 和人力资本积累，从而增加创新供给，而且可以通过政策扩大甚至创造出对创新产品的需求。

美国在建国之初就通过产业政策鼓励本国的工业发展和技术追赶。经过 200 多年发展，美国的政府部门积累了大量创新政策的实践经验，其学术界也对创新问题进行了深入研究，在健全国家创新体系方面可以为我国提供丰富的启示。

我国经历 40 多年改革开放，结合国际经验和本国实践，基本建立了适合国情的创新体系。规模巨大的国内市场体系和世界领先的物理基础设施是我国创新体系的重要优势。我国也初步建立了创新相关的制度和政策，总体上提供了适合创新的宏观经济环境。过去 20 多年，以 R&D、专利申请和论文发表数量、大学毕业生和工程师数量等指标来衡量，我国的国家创新体系在促进创新（尤其是渐进式创新）方面取得了长足进步。

新时代我国创新面临从“渐进式创新”向“激进式创新”转变的局面，我国需要进一步完善国家创新体系，亟须解决存在的三个问题：一是市场失灵导致基础科学研发的激励不足，R&D 中“研”的部分不足；二是我国教育体制中存在基础教育不均等、应试教育过度竞争、高等教育质量待提高等问题，阻碍了创新人才的培养和引进；三是我国政府的创新治理能力也有改进空间。

考虑到我国基础创新领域亟须实现突破，摆脱美国在关键技术上“卡脖子”的局面，建议我国政府进一步加大对基础研发的直接投入，继续完善社会基础设施，建设新型举国体制，充分撬动市场资源更多流向基础研发领域。同时，深化教育改革，进一步加大政府对基础教育的投入以促进基础教育资源均等化，推进高校改革以促进创新人才的培养和引进。在完善国家创新体系的过程中，建议政府进一步提升治理能力。[①]

---

① 本章作者：赵扬、徐磊、徐恩多。

创新是国家的一项根本任务

创新是一国经济增长的源泉，也是实现可持续发展的必由之路。随着20世纪80年代计算机和信息技术的发展，知识在社会中的流动性日益增强，人们对创新的认识从早期的线性模型（基础科研→研发投资→创新成果）向非线性的系统化、生态化模型转变。创新更多依赖于企业、大学、政府等主体在知识、人才和资金等方面的互动，而这些互动又依赖于一国的市场体系与基础设施，其中包含教育、科研、社会保障体制在内的社会基础设施，以及金融、财政、贸易在内的宏观经济政策环境。[①]如图8.1所示，上述种种构成了广义上的“国家创新体系”。[②]

① 参考Lundvall，1992；Freeman，1995以及OECD，1997。

② “国家创新体系”这一概念可追溯至更古老的经济学智慧。19世纪后期，德国在吸收英国工业革命成果的基础上开启了经济赶超之路，随之而起的是经济学家李斯特提出的“国家经济体系”概念（The National System of Political Economy，也译作政治经济的国民体系）。李斯特强调技术转移和创新在经济赶超中的作用，认为政府应该发挥在这方面的主导作用。由于主要针对技术转移和创新，因此这一概念基本等同于后人提出的“国家创新体系”概念。

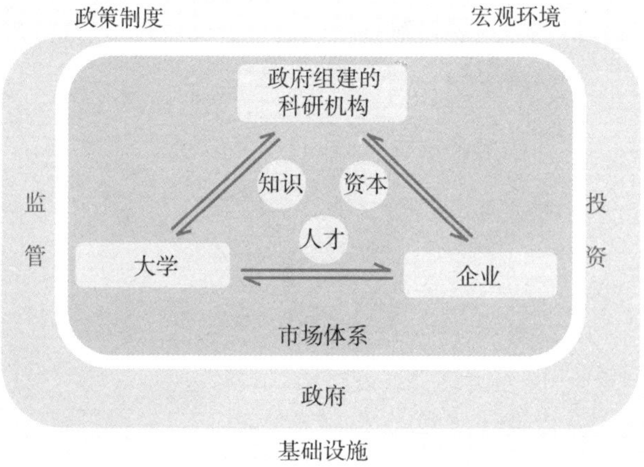

图 8.1　国家创新体系示意图

资料来源：中金研究院。

国家创新体系的中心是市场体系以及置身其中的企业、大学和政府。OECD 自 20 世纪 90 年代开始分析和评价各国“国家创新体系”的效能，着重于知识的流动和扩散，强调了企业、大学和政府设立的研究机构三类创新主体之间的四种互动关系：企业之间的创新合作，企业、大学、政府三者之间的创新合作，知识的扩散，以及创新人才的流动。

市场外促进创新所需资源流动的各项政策和制度，构成了创新的生态环境。OECD、欧盟等国际组织称之为创新的“框架条件”。① 我们将框架条件分为基础设施、制度体系和宏观环境三个大类，如表 8.1 所示。

基础设施是保障和促进生产要素有序流动、市场正常运转的基本环境，包括物理基础设施、社会基础设施和金融基础设施。制度和政策体系是政府治理市场、维护秩序、引导科技和产业发展的直接手段，能最大化地降低各方主体互动的交易成本，它包括法律、监管制度和常规经贸政策。

① Costa, P., Ribeiro, A., van der Zee, F., Deschryvere, M. Framework Conditions for High-Growth Innovative Enterprises [R]. 2016.
OECD. The OECD Reviews of Innovation Policy: China [R]. 2008.

最后是整个市场所处的宏观经济环境，包括财政税收、货币政策等。

表 8.1　创新的框架条件

类别	因子	细项	意义
基础设施	物理基础设施	互联网和通信、交通等	促进劳动力、信息和物资流动
	社会基础设施	科研教育条件、劳动力市场等	保障劳动力培养和流动
	金融基础设施	资本市场、银行和保险等	促进资本流动
制度和政策体系	监管和治理	市场监管、产权保护等	综合性
	经贸政策	产业政策、贸易政策	综合性
宏观环境	宏观经济	宏观经济状况、财税政策和货币政策	综合性

资料来源：中金研究院。

基础设施促进生产要素流动，制度体系保障生产要素能正常发挥作用，宏观环境保证创新具有稳定可预测的商业和经济环境。这些框架条件具有公共品属性，而政府这只“看得见的手”的职责就是打造能够促进创新所需要素流动的公共品。

健全的国家创新体系，是市场体系和政府政策协调配合，可以从四个方面提高创新的成效。

- 一是从“量”和“质”两方面优化研发投入。“量”的方面，研发投入处于最有效的水平，既没有不足，也没有过度。“质”的方面，研发投入的结构也应该位于最优水平，即在基础研究和应用开发之间的比例最优。
- 二是确保创新人才的供给。研发投入中相当大一部分是人力成本支出，而这项支出的成效取决于一国创新人才的供给。好的教育体制、人才市场和人才政策，将提高本国的创新人力资本质量，进而提高研发投入的效率。

- 三是扩大甚至创造出对创新产品的需求。成功的创新企业可以创造出对新产品的需求，比如苹果公司创造出了全球对智能手机的需求。政府也可以创造创新需求，比如政府的碳达峰、碳中和目标及相关政策将带动社会对环保科技产品和服务的需求。市场规模对创新也具有决定性意义，因为市场容量的大小决定了创新者的成本收益。
- 四是促进不同创新主体的互动和知识在不同主体间的流动，提高创新的社会收益率。

市场和政府是国家创新体系中缺一不可、相辅相成的存在。政府在创新中能够发挥的作用，也远大于其在一般经济活动中能发挥的作用。政府在创新中扮演重要角色，以纠正创新活动的市场失灵问题。首先，创新具有正外部性。创新是知识生产，知识一旦被生产出来，无论多少人学习使用，并不再增加创新成本。市场机制往往导致正外部性的活动激励供给不足。其次，创新结果高度不确定，这种不确定性比存在概率分布的风险事件更难预知，无法通过保险来消除或降低创新结果的不确定性。由于存在不确定性，自由竞争的市场机制通常会导致供给不足。

协调市场和政府的作用，是健全国家创新体系的关键，这一点知易行难。具体实践中主要面临两个困难。第一个困难就是测算创新的收益。创新所生产出的知识，几乎可以免费传播，越是依赖基础研发的创新，其外部性就越大；而知识的传播通常没有痕迹，无从测量。第二个困难，也是更大的困难在于，我们无法测算不同的政策假设情形下的投入和成果，因为那些假设情形并非现实。测算的困难导致难以在实证的意义上评价不同的政策组合。尽管存在困难，我们仍需在政策分析的基础上力求改善我国的创新体系。在这方面，美国拥有相当成功的国家创新体系，美国政府和学术界也对创新进行了大量研究，可为我们提供启示。

国家创新体系的美国经验

美国政府历来重视政策对科技创新的激励作用。早在立国之初，汉密尔顿发表了《关于制造业的报告》①，提出政府应重视对关键技术的引进和改良。1945 年范内瓦·布什（Vannevar Bush）在给罗斯福总统的回信和相应的报告《无尽前沿法案》中，建议美国政府向基础科学研究投入大量资源。美国政府随即成立了 NSF（国家自然科学基金会）和 ARPA（高级研究计划局）等科研机构。时至今日，美国政府已形成一套结合"市场化"和"非市场化"的创新政策（见表 8.2）。

表 8.2　美国代表性科技创新政策

政策	主管机构	主要内容	支持力度
NIH 常规资助	卫生部	资助全国生物、医学类研发项目	单个项目平均 85 万美元
DARPA	国防部	资助军事前沿技术研究	单个项目平均 1 000 万 ~3 000 万美元
ARPA-E	能源部	资助能源前沿技术研究	单个项目平均 250 万美元
SBIR/STTR	小企业局	资助小企业推进研发成果商业化，或与研究机构合作，实现成果转让	分两阶段资助，第一阶段 5 万 ~25 万美元，第二阶段可达 75 万美元（给 2 年）
SBIC	小企业局	撬动社会资本进入 VC，资助创业公司	单个被投企业平均约 400 万美元
Manufacturing USA	商务部 NIST（国家标准与技术研究院）	在多个制造产业组建产学研合作研究中心	平均每个中心 3 500 万美元，每个研发项目 100 万美元
R&D 税收抵扣	联邦和各州政府	在企业应纳税额中扣减一定比例的研发费用	联邦政府一般允许抵扣 20% 的研发费用（高于基线），各州不同

资料来源：TAX Foundation（美国税务基金会），美国联邦政府官网统计，中金研究院。

① Hamilton, A. Report on the Subject of Manufactures [R]. 1791.

联邦层面组织架构分工合理、协调有序

美国联邦政府设有三层与创新相关的机构。

第一层是白宫内设机构，以 OSTP（总统科技政策办公室）作为科技领域核心领导机构，全面负责联邦政府科技政策咨询、制定、预算计划等工作。同时，白宫还有 NSTC、PCAST（总统科技顾问委员会）负责协调、组织和咨询工作。OSTP 主任兼任 PCAST 联席主席，并在 NSTC 扮演重要协调角色。由此，白宫建立起美国科技创新的顶层设计和治理机制。

第二层是相关行政部门，包括国防部、能源部、NASA、NSF、商务部等。每个部门都有独立的财政预算来支持本领域内的 R&D 活动。历年来国防部、卫生部和能源部占据了预算的最大部分，2020 年合计占到总预算的 80%。①

第三层是行政部门下属的专业研究机构，负责将本部门的 R&D 预算分配给全国的各类机构。这样的设置保障了国家研发资金分配主要由专业人士来决策。典型的专业机构有卫生部下属美国国立卫生研究院和商务部下属国家标准与技术研究院。

非市场化的政策让"看得见的手"发挥核心作用

所谓"非市场化"的政策，就是政府来选择资助某些产业或机构，不依赖市场机制。这种政策并不一定以政府自上而下直接命令的形式呈现，也可以通过网络的模式，由官员们融入技术社区和产业，分布式地分配和协调资源，促成科技创新。②

非市场化政策的典型，就是联邦政府的 R&D 补贴政策和 R&D 联盟政策。补贴政策以各种各样的科技计划为载体，由市场机构提出申

---

① 参考 Federal R&D funding 2020。

② Block, F. Swimming Against the Current：The Rise of a Hidden Developmental State in the United States［J］. Politics & Society, 2008，36（2）：169–206.

请，政府部门评审后择优资助。这些科技计划包括大名鼎鼎的 ARPA 系列、SBIR、已停止的 ATP（先进技术计划）等。有些计划是跨部门的，比如 NNI、NITRD（网络和信息技术研发计划）等。在这些科技项目里，ARPA 系列计划蜚声世界，包括国防部的 DARPA、能源部的 ARPA-E 和拜登总统 2021 年提出来的 ARPA-H。《2021 年美国创新与竞争法案》提出在 NSF 下设“技术与创新理事会”，也是仿效 ARPA。[①] ARPA 项目采用独特的项目经理模式，对项目经理高度信任并给予其充分的自主权，以“小核心、大网络”的组织特点筛选并完成极富创新性的研究项目。

R&D 联盟政策是指政府出面，协调特定产业的企业与大学、研究机构组成联合体，共同攻关该产业领域内的技术而制定的政策。早年的典型案例是 1987 年美国为了迎接日本半导体产业的挑战而成立的 SEMATECH（美国半导体制造技术联合体），近 10 年的典型案例是奥巴马政府在 2011 年启动的 AMP（先进制造业伙伴计划），2016 年进一步改名升级为“国家制造创新网络”。

除了 R&D 政策，美国也通过非市场机制的投资和贸易政策、反垄断政策影响国内外的科技创新发展。投资和贸易涉及高技术的跨境流动，美国以国家安全为理由，通过 CFIUS（外国投资委员会）来严格审查外国实体对美国企业的收购，同时商务部会监督技术的出口，选择性地针对一些国家实施审查和监督。反垄断政策对美国科技产业格局有着重要影响。20 世纪初，它迫使大企业难以通过并购来加强市场地位，于是大企业不得不倚重内部实验室研发来发展技术和促进业务多元化；1940—1980 年的反垄断风向则让知识产权保护变得较为宽松，反倒促进了新企业的早期发展与增长。[②]

① 中金研究院 . 科技竞争新动态——解读美国《无尽前沿法案》[R]. 2021.

② Mowery, D. C. Plus ca change : Industrial R&D in the “third industrial revolution” [J]. Industrial and Corporate Change, 2009, 18 (1) : 1–50.

近 10 年来，美国政府加强了对制造业和高科技行业的直接干预，出台了一系列大而全的综合性法案，确定了对某些特定行业的支持和特定国家的遏制。如《2021 年美国创新与竞争法案》以《无尽前沿法案》为母本，将《战略竞争法案》《芯片制造与 5G 紧急拨款法案》等多个法案和修正案打包，鲜明地体现了美国科技创新政策的“选择性”。

政府利用市场化政策创造鼓励创新的环境

除了非市场化的干预，美国政府还实施大量基于市场机制的政策鼓励创新。所谓基于市场机制，就是政策的对象覆盖所有市场主体，具有普适性，不妨碍市场机制运行，只要满足政策要求的条件，各个创新主体都能享受政策支持。

除了选择性的 R&D 补贴，美国联邦政府还在 1981 年推出了普适的 R&D 税收优惠政策，次年起各州也开始效仿，目前有 30 多个州采取了该政策。[①] 这个政策在 OECD 国家得到普遍应用，被证明能促进企业研发投入。

健全的知识产权制度也是市场化政策的一部分。目前美国专利办公室每年已经有超过 60 万份专利申请，授予约 30 万份专利。[②] 专利权的保护，便于仅拥有少量专利的新企业进入市场，也推动了技术公司的垂直分工，尤其是在生物医药领域。[③] 不过，美国企业也善于利用专利权作为商业竞争武器，通过大量的专利组合来压制新企业或打压外国竞争者。通信领域的高通就以专利授权作为重要商业模式。

---

① Wilson, Daniel J. Beggar Thy Neighbor? The In-State, Out-of-State, and Aggregate Effects of R&D Tax Credits [J].Review of Economics and Statistics, 2009, 91 (2): 431–436.

② 数据来源：USPTO, https://www.uspto.gov/web/offices/ac/ido/oeip/taf/us_stat.h。

③ Mowery, D. C. Plus ca change : Industrial R&D in the “third industrial revolution” [J]. Industrial and Corporate Change, 2009, 18 (1): 1–50.

美国还构建了若干法案来保障技术转移的顺利进行，保障了研发人员的权益，促进了创新积极性。最重要的政策就是1980年在美国《专利法》中新增的拜杜规则和同年通过的史蒂文森–怀德勒法案（二者后来不断升级）。前者确保了受联邦政府资助的大学研发人员能保留研发成果所有权；后者则要求国立科研机构与企业订立合作研发协议后将合作成果转让或授权给企业。这些法案鼓励了美国的产学研合作。①

在金融方面，美国的一个特别政策是在小企业管理局下设立特殊的风险投资牌照——SBIC（小企业投资公司），来推动美国风险投资的发展。SBIC允许社会个人出资作为LP（有限合伙人），并从小企业局以融资担保形式撬动两倍资金，充实SBIC的资本金，投资于创业公司。②截至2019年，该计划已经发放了300张牌照。③

另外，美国在移民政策上也采取较为宽松的立场，吸引了大量国外学生学者来美国访问学习，并允许留学生毕业后持H-1B签证留美找工作。这为美国的创新活动提供了重要的人才供给机制。④

建设国家创新体系的实践

经过40多年改革开放，我国逐步构建起了市场体制和现代企业制度，也建成了世界领先的硬件基础设施，为打造国家创新体系打下了坚实的基础。尤其是2001年加入WTO以来，我国市场规模空前扩大，涌现出一

① 肖尤丹，2019，中美贸易摩擦下被神化和被误读的《拜杜法案》；王雪莹，2017，美国国家实验室技术转移转化机制及启示。

② 龙飞，王成仁．美国SBIC计划的经验及启示［J］．经济研究参考，2015（28）：3–5.

③ SBIC Quarterly Report as September 30，2019.

④ Bryan，K. A.，Williams，H. L. Innovation：Market failures and public policies［R］. NBER Working Papers（No. 29173），2021.

批在全球范围内居领先地位的企业，我国创新体系有了长足进步。2005年，中国科技部委托OECD组织了国内外科技创新政策领域的著名学者，耗时3年，完成了《OECD中国创新政策评论》[①]（简称“OECD报告”）。该报告认为中国应该学习借鉴OECD国家的成功经验，包括调整政府角色，改善创新的框架条件，提升科技人力资本，改进科技创新政策“工具箱”，保持对公共R&D的充分支持，以及增强产学研合作，等等。回顾过去十几年我国的实践道路，我们发现，我国政府采纳了OECD报告的部分建议，但同时也结合国情摸索出OECD报告没有触及的创新体系建设路径。

我国创新体系的市场基础

巨大的市场规模构成我国创新体系的一大优势

从国家创新体系的角度而言，我国市场体系的重要优势在于市场容量大，范围广。[②]进入21世纪，加入WTO和参与国际竞争带来了国内各产品市场和要素市场的快速整合；互联网技术的普及和我国全国范围内基础设施建设的推进更是加快了市场整合进程。目前，我国已经形成了全世界规模最大的商品市场，消费品零售总额已经超过美国。巨大的市场孕育着对创新产品的巨大需求，也意味着富有想象空间的创新利润，构成了对创新的强大激励。

统一的劳动力市场促进了人才的流动，带来了知识和技术的扩散效应。我国已经初步形成了规模庞大的统一市场，特别是近几年来户籍改革

---

① OECD. The OECD Reviews of Innovation Policy：China［R］. 2008.

② 对于市场规模和创新的关系，亚当·斯密提出了极富洞察力的斯密定理，即市场交易的范围决定了分工的范围。他将英国17世纪和18世纪劳动生产率的飞速提高部分归功于英国成功的国际贸易战略：英国在全球贸易范围的不断扩大推进了英国制造业分工的不断细化，而分工意味着专业化以及各种新技术的充分竞争，最终催生出了工业革命（斯密，1776）。

和国有企业改革带来的从业人数变化有着明显的推动作用，其中户籍改革推动最大，提高了国内劳动力配置效率。[①] 根据《中国火炬统计年鉴》，2010—2020 年我国技术市场交易金额增长了 11 倍，在 GDP 中占比达到 1.6%。

借鉴国际经验：大力发展面向创新的科技金融

《OECD 中国创新政策评论》建议，中国应增强金融系统对科技创新的支持，因为当时的金融系统对民营企业、中小企业支持不足，资本市场特别是风险投资市场弱小。随着 2006 年我国发布《国家中长期科学和技术发展规划纲要（2006—2020 年）》，我国政府陆续推出了一系列的政策措施，金融支持创新的体系建设逐渐发展起来。

- 股票二级市场开设了创业板和科创板。创业板于 2009 年设立，2020 年底总市值近 1.1 万亿元，其中市值最高的前 7 个行业均与科技密切相关，在总市值中占比 82%，充分展现其科技属性。[②] 科创板于 2019 年 6 月开板，实行“注册制”，大幅度简化了上市流程，降低了科创企业上市的门槛。
- 另一个主要成果是风险投资（VC）的发展。2008—2018 年，我国风险投资基金年投资额从不到 50 亿美元上升到近 350 亿美元，占全球份额的 13%，融资额占 21%，仅次于美国。[③] 其中，信息技术行业的投融资增长最快，融资金额占比一度攀升至全国的 50% 以上，目前也稳定在 40% 左右。[④]

---

① 中国人民大学国家发展与战略研究院 . 中国劳动力市场化指数编制［R］. 2019.

② 资料来源：万得资讯，深交所。

③ 资料来源：清科研究中心，National Venture Capital Association（NVCA）2019 Yearbook。

④ 资料来源：万得资讯。

建立现代企业制度，塑造创新主体

企业是最活跃的创新主体。研发投资大部分出自企业，其决策决定着创新的成败。我国已基本建立起了现代企业制度，培育了一批有竞争力的企业，也基本建成了有利于创新企业生长的环境。我国设立公司的条件已比较宽松，新注册公司数量近年来快速增长。2008 年以来新注册公司从 100 万家上升到目前的 800 万家。① 而且，R&D 支出企业占比持续上升。同时，地方政府、企业园区、风险投资基金以及中小银行依托市场机制相互配合，形成了一套发现、培育和扶持明星科创企业的机制。

我国创新体系的框架条件

领先的物理基础设施和有待完善的社会基础设施

我国在交通、互联网和 ICT（信息通信技术）两方面的基础设施规模总量都居于世界领先位置，大幅降低了交易成本，提高了企业创新的收益率。我国高铁营业里程是美国的 50 倍，占全球 60% 以上，速度全球第一。② 2020 年我国移动电话普及率达到 113 部 / 百人，几乎全民手机上网，每月的户均流量超过 10GB，比 2015 年增长了 20 多倍。③ 世界领先的 ICT 基础设施使得我国政府在数字治理方面位居世界前沿，可以充分发挥政府在数字经济时代支持创新的作用。

我国基本建成了包括教育、科研、社会保障在内的社会基础设施，为发展科技提供了必需的社会公共品。以科研为例，我国政府承担了大量的 R&D 开支。2020 年我国 R&D 投入总额 2.2 万亿元，仅次于美国，居世界第二。其中，政府出资占 20%，主要提供给政府下属科研院所和大学。

---

① 数据来源：CEIC。

② 资料来源：Statista，Omio。

③ 资料来源：全球竞争力报告，工信部和国家统计局。

除了 R&D 之外，2019 年政府财政用于科学技术的支出达到 1.1 万亿元。①

基本建立反垄断和知识产权保护制度

政府针对科技创新的治理和监管政策主要集中在两个方面：反垄断和知识产权保护。反垄断需要注意如下三点。

- 第一，技术创新者在一段时间内必然拥有一定程度的垄断能力，相应的垄断利润则是对创新者的必要奖赏。
- 第二，真正能够形成行业壁垒限制竞争者准入的垄断企业是很少见的。大企业貌似具有垄断地位，但是并不能真正阻止来自其他企业的创新和竞争。
- 第三，大企业和小企业除了竞争，也有合作关系。一个大企业常常养活了一群小企业。而推动小企业挑战大企业，以及大小企业之间相互合作的，通常正是创新。

知识产权制度的核心思想是将知识生产的外部性收益一定程度上内部化，以保护人们从事知识生产的积极性。但是过度的知识产权保护又会降低知识在社会中的扩散效应。因此，知识产权保护过犹不及，关键是尺度合适。专利制度较好地平衡了激励知识生产和知识扩散之间的关系，创新者以向全社会公开相关的技术秘密来换取一定年限的产权保护。

我国知识产权制度自改革开放以来从无到有，日趋完善，主要是逐步加强保护、激励创新的问题。我国知识产权制度源于科技部原来的“863 计划”。在近 30 年的发展历程中，该计划产生的科研成果所涉及的知识产权内涵不断扩大，逐步覆盖了所有权、使用权、转让权和获益权。知识产

---

① 资料来源：国家统计局等发布的《2019 年全国科技经费投入统计公报》。

权的权利主体也逐步从政府向项目承担单位、科研人员转移，从而对科研单位和个人产生更强的经济激励。[①]

有利于创新的宏观环境

宏观经济环境为科技创新设置了外界框架。自1995年我国颁布《中华人民共和国中国人民银行法》以来，政府逐步积累起宏观调控经验。过去20年我国基本实现了有利于创新的宏观环境。

- 创新企业需要制定更长期的策略，因此要求相对稳定的宏观经济环境。我国政府高度重视宏观经济政策的稳定性和一致性。过去20年，在美国、欧洲以及新兴市场先后爆发金融危机的局势下，我国保持了国内宏观经济的基本稳定，为创新发展提供了有利环境。
- 创新的回报周期较长，需要低利率环境以提高投资回报。有些研究甚至建议零利率政策以促进创新。[②] 自1995年我国颁布《中华人民共和国中国人民银行法》以来，名义利率从两位数下降到和发达国家接近的水平。过去20年我国基本维持低利率的货币政策。
- 温和通胀。更高的市场价格通常是对创新产品的奖赏。因此，创新繁荣的经济在宏观层面表现为一定程度的通胀。但通胀太高也不利于创新，因为研发型企业严重依赖流动性资产，而高通胀会

---

① 苏竣. 公共科技政策导论［M］. 北京：科学出版社，2014.

② Moran, P., Queralto, A. Innovation, productivity, and monetary policy［J］. Journal of Monetary Economics, 2018（93）：24–41.

Chu, A. C. Inflation, Innovation and Growth：A Survey［R］. MPRA Working Paper, 2020.

让流动资产快速贬值。[①] 同时，高通胀也会导致高名义利率，损害创新的回报。过去 20 年我国平均 CPI（消费者价格指数）通胀在 3% 左右，相对温和。

· 对资产泡沫具有较高容忍度。从技术发展史来看，人类社会的进步由一轮一轮的技术变革推动，每一轮技术变革都伴随金融资本和生产资本制造的泡沫，经历萌芽、上涨、狂热、破灭、成熟的变化——称为 Kindleberger（金德尔伯格）周期。因为新技术具有正外部性，社会回报率高于私人回报率，即使泡沫破灭，残局收拾完毕后，新均衡下的社会经济基准水平也会比上一轮均衡更高。[②] 不少研究表明，在欧美发达国家，年轻的、研发密集的企业依赖于股票市场融资，它们会在泡沫时增发新股来吸收更多资金，为研发创新积累资源。[③] 不过，我们必须注意两点：第一，泡沫应当由技术创新所引发，而不是地产、虚拟资产、大宗商品等炒作泡沫；第二，泡沫规模可控或破灭后的危害可控。

对外开放与自主创新的曲折平衡

跨国公司曾在我国创新体系中扮演重要角色。过去 40 多年，我国企业的创新以学习国外先进技术为主，其中跨国公司起到了促进国际的知识和技术扩散的作用。同时，越来越多的外资以金融资本形式投资国内创业企业和上市公司。OECD 的 2008 年报告提出，中国应努力融入全球创新

---

① Evers, M., Niemann, S., Schiffbauer, M. Inflation, liquidity and innovation [J]. European Economic Review, 2020 (128).

② Morck, R. Kindleberger Cycles & economic growth: Method in the madness of crowds [R]. NBER Working Paper, 2021.

③ Brown, J. R., Fazzari, S. M., Petersen, B. C. Financing innovation and growth: Cash flow, external equity, and the 1990s R&D boom [J]. Journal of Finance, 2009, 64 (1): 151–185.

体系，朝着中外双方共赢的方向努力。实践中，十几年来中国一直坚持对外开放，履行加入WTO的承诺，与全球贸易价值链和创新体系的融合越来越深。

- 根据OECD公布的“FDI限制指数”，中国对外资的限制自2010年以来大幅度下降。即使在疫情蔓延的2020年，全球FDI下跌35%，我国仍利用外资逆势增长6.2%，创历史新高，超越美国居于世界首位。① 而且高技术产业吸收外资增长11.4%，其中研发和设计服务同比增长达到78.8%。②
- 广泛参与国际贸易使我国在全球贸易价值链中的位置越来越重要。2008—2020年，中国出口占全球份额从约8.8%一路攀升到14.7%，进口份额从6.9%上升至11.5%，已成为全球贸易网络的亚洲中心。2013年，我国发起“一带一路”倡议，力求开展更多的国际经贸和投资合作。
- 在研发方面，外资企业在华R&D支出和研发人员数量占全国规模以上工业企业的比例均超过20%，跨国公司在华设立的研发中心已超2 400多家，③ 其中不乏微软、苹果、特斯拉、雀巢、默沙东等各行业顶级外企。

2016年特朗普上台后，美国开始限制对华技术出口和学术人员交流。面对“逆全球化”的外部环境，中国不得不在开放格局方面做出自己的回

① 根据《中国日报》和福克斯新闻的报道，2020年中国吸引FDI规模已经超越美国。但根据UNCTAD的《世界投资报告2020》，中国内地尚有70亿美元的差距，加上中国香港后就超越美国。

② 数据来源：商务部，UNCTAD。

③ 数据来源：商务部，《中国外商投资报告2017》,《中国外商投资报告2019》。

应，制定了以国内大循环为主体、国内国际双循环相互促进的新思路。尽管 OECD 报告呼吁中国要在全球价值和创新系统下不断开放、平等对待外资企业，但面对近 5 年国际局势的突变，我国面临着坚持对外开放和加快自主创新、进口替代的平衡问题，这为我国创新系统的建设带来了新的课题。同时，我们需要研究和解释清楚中国发展的规律和限制条件，以消除国际社会对中国发展的畏惧和误解心理。①

从传统赛道“跟跑者”向新赛道“领跑者”切换

创新的赛道布局有两点重要性。第一，在资源有限的情况下，如何优化国家整体创新水平。不同产业和科技领域对国民经济的影响范围不同，市场空间和经济效益也都不同，国家不可能面面俱到，必须选择侧重点。第二，历史上技术变革发生初期，相关的科学知识是公开的，而科学知识以外的进入成本并不高，这为后发国家提供了机遇。②

我国政府深刻认识到，21 世纪以来的信息、能源、生命等基础技术的新一轮变革可能重塑全球产业格局。2010 年国务院发布《关于加快培育和发展战略性新兴产业的决定》，综合各种政策工具，重点推动节能环保、新一代信息技术、生物、高端装备制造、新能源、新材料、新能源汽车等七大产业的发展。③根据国家发改委的数据，2015—2019 年，全国战略性新兴产业规模以上工业企业的增加值年均增速为 10.4%，而总体工业增加值增速仅 6.1%。④

---

① 参见清华大学苏世民书院院长、中国科学技术政策研究中心主任薛澜在科思（CUSPEA）研讨会上的主题演讲。

② Perez, C., Soete, L. Catching up in technology: Entry barriers and windows of opportunity. In G. Dosi, C. Freeman, R. Nelson, G. Silverberg, L. Soete (Eds.) [J].Technical Change and Economic Theory, 1988: 458–479.

③ 后来国家发改委对战略性新兴产业的目录有过几次调整，增加了数字创意、高技术服务业等。

④ 国家发改委，战略性新兴产业形势判断及“十四五”发展建议，2020。

通过这些布局，我国开始努力在新赛道上做“并跑者”甚至“领跑者”，力求突破在全球价值链格局中的传统低附加值地位。这是 OECD 报告没有预见到的，是中国在历史发展中探索的新路。一个典型案例是能源技术行业，包括可再生能源、新能源汽车和节能 LED（发光二极管）材料等。我国先后启动了以“金太阳工程”“十城千辆”“十城万盏”等为代表的示范推广工程，拉动这些产业快速起步发展起量，并在科技计划的配合下带动技术进步。经过 2010—2020 年的 10 年发展，中国光伏、风电、动力电池的单位成本分别下降了约 89%、34% 和 83%，累计装机量在全球居于首位，且每个产业都冒出了全球领先企业，“干中学”的效果明显。①

我国创新体系面临的主要问题

经过 40 多年改革开放，我国已经基本建成一套适合国情的创新体系。但是，随着我国经济发展进入新时代，《中华人民共和国国民经济和社会发展第十四个五年规划和 2035 年远景目标纲要（草案）》（简称《纲要》）为我国未来 15 年的发展提出了新目标。在我国劳动年龄人口负增长和储蓄率下降的背景下，要实现我国 2035 年人均 GDP 达到中等发达国家水平这一目标，我国经济增长将更多依赖创新。我们估算，我国 R&D 强度需要在目前 2.4% 的基础上提高 1 个百分点左右。

《纲要》提出“加强原创性引领性科技攻关”的任务，要求将“基础研究经费投入占研发经费投入比重提高到 8% 以上”（2020 年这一比例为 6%）以及“战略性新兴产业增加值占 GDP 比重超过 17%”。这些目标意味着我国创新模式面临从“渐进式创新”向“激进式创新”转变的要求。然而，我国现有创新仍以新技术商业化的“渐进式创新”为主，基于基础

① 中金公司研究部，中金研究院．碳中和经济学［M］. 北京：中信出版集团，2021.

研究的“激进式创新”在我国创新活动中的供给严重不足。新时代的创新任务，从“量”和“质”两方面对我国创新体系提出了要求。

增加基础研究投入，促进“激进式创新”

面对发展“激进式创新”的任务，我国创新体系仍存在明显不足，最突出的问题是：市场的基础科研创新动力不够，教育体制对创新人才的培养有待提升，政府宜进一步提高创新治理能力。

我国基础研究投入严重不足

尽管我国已经基本形成了规模巨大的市场体系和基本完善的现代企业制度，但是创新活动面临比较严重的市场失灵问题。而由于自身的特点，“激进式创新”市场失灵的情形较“渐进式创新”更为突出。

- 我国创新体系中的市场失灵，主要表现为研发（R&D）中“研”的部分不足。目前我国 R&D 在 GDP 中的占比与美国不相上下，但是我国 R&D 中绝大部分是 D（Development），即产品和技术的开发推广，而 R（Research）占比远低于美国。究其原因，主要在于研究与更底层的科学技术相关，成果的外部性更大，创新的信息不对称问题更严重，研究面临的不确定性也更高。
- 资本市场缺少长期投资人。虽然我国资本市场发展较快，也初步形成了以风投基金、私募股权基金为主的早期创投资本市场，但是风投基金募资的退出期限普遍在 5 年，甚至短至 3 年。而硬科技的开发周期通常在 5 年以上，生物制药领域超过 10 年的研发周期更是屡见不鲜，不利于风投基金投资硬科技领域。
- “产、学、研”之间合作互动不畅。理想情况下，高校、科研院所、企业在创新过程中的功能定位互有重叠（见图 8.2），共享知识，促进知识的流动和扩散。但现实中创新主体之间存在一定的脱节。高校与企业、科研院所联合申请课题，却各自负责子课题，缺少合作。[①] 企业常常反映高校提供的成果很难用于商业。知识中介服务体系发展不充分，作用有限。据科技部 2018 年的调研，全国只有 21.5% 的高校和科研院所设立了技术转移机构，且这批机构中只有一半被认为有用。[②]

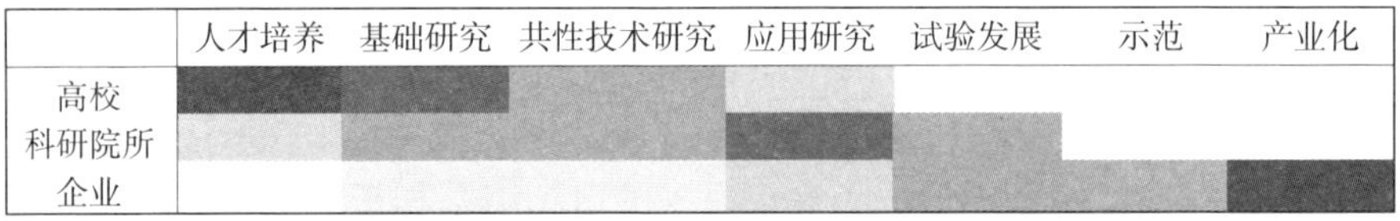

图 8.2 理想情况下企业、高校和科研院所的定位有重合

注：颜色越深，表明主体在该阶段的活动越多。

资料来源：中金研究院。

修正市场失灵

由于市场失灵的存在，需要发挥政府“看得见的手”的作用来提高创新的供给。这里存在不同的政策选择。

第一，加大财政支出中用于 R&D 的比例。我国长期发展目标要求进一步提高我国 R&D 强度和基础研究投入占比。针对市场失灵导致我国基础研发投入不足的情况，直接的措施就是由政府加大对基础研发的投入。相比美国，我国政府财政支出中用于 R&D 的资金比例仍然偏低，2019 年仅为 1.9%，而美国则为 3.1%。[③] 为实现长期发展目标，建议政府考虑增加财政支出中用于 R&D 的比例，尤其是用于基础研究的 R&D。

① 熊鸿儒 . 我国产学研深度融合的短板和挑战在哪里？[J]. 学习与探索，2021（5）：126–133.

② 数据来源：《中国科技成果转化 2019 年度报告》。

③ 数据来源：万得资讯，NSF。

第二，引导私人部门增加激进式创新的R&D投资。在对创新企业给予税收优惠方面，我国政府已经超过了美国。根据美国政府公布的1990—2013年数据，美国联邦政府层面的企业研发税收抵扣年度总额从15亿美元上升到113亿美元，年均增长约9%，占企业研发费用的比例从1.4%上升到3.5%。[①]对比之下，2013—2019年，我国工业企业研发费用加计扣除减免税额从334亿元攀升到1 400亿元，年均增长约27%，占企业研发费用的比例从4%上升到10%。[②]虽然两段时间不重合，但仍有对比参考意义。OECD关于有效研发税率的研究发现，2020年中国该税率为11.7%，低于美国的20.1%。[③]但是，我国政府对创新企业的税收和信贷优惠力度不仅与企业的R&D强度有关，通常还与创新企业的销售额、利润等经营指标挂钩，这导致优惠政策主要作用于与市场开拓相关的“渐进式创新”，而非与基础研究相关的“激进式创新”。建议将更多税收和信贷优惠政策给予从事“激进式创新”的科技企业。

第三，针对我国创投资本市场中长期投资人缺位的问题，要求培育创新活动的长期投资人。发达国家经济中的长期投资人通常是一些慈善基金和养老基金。而我国由于历史遗留问题，养老金大部分仍然用于现收现付体系。未来随着我国养老保险的现收现付体系逐步退出历史舞台，个人账户部分形成的养老金结余将逐步增长。这为今后我国创新体系培养长期投资人提供了一定基础。政府也可以运用政策鼓励商业养老保险和商业医疗保险的发展，鼓励有条件的企业为员工购买商业保险。同时，建设我国收入分配的第三次分配体系，扩大社会捐助和慈善基金，也将有助于积累长期资金。

第四，针对我国企业、大学、政府间互动不畅的情况，应进一步健全

① 数据来源：IRS，数据只公布至2013年。

② 数据来源：《中国企业创新能力统计监测报告2020》。

③ 数据来源：OECD Main Statistics of Science and Technology。

创新的中介服务体系来连接企业与院校，以匹配院校的技术供给和企业的技术需求信息，比如院校的技术转移办公室、技术交易市场、生产力促进中心等。发改委和科技部各自推出了工程技术研究中心、国家工程实验室等项目，又设立了“基地和人才专项”科技计划，在全国范围内形成了数百个创新基地。近年来，我国政府又陆续启动了国家制造业创新中心、产业创新中心、技术创新中心等项目。政府可以加大对这些基地和中心的资金和人力投入，推动这些机构发挥产学研之间的中介作用，促进创新合作。

发挥国有企业在我国创新体系中的特殊作用

我国拥有完整的国有企业体系，这些国有企业在我国创新体系中发挥着两方面重要且特殊的作用。一方面，国有企业在一些特殊行业领域投入了大量的研发资金，成为这些行业和领域的创新主力。在航天航空领域，2016 年国有企业的研发投资占到了该行业大中型企业研发投资的 92% 以上。[①]

另一方面，国有企业在很多小企业的融资中起到了重要作用。由于我国金融体系主要是以银行信贷为主的间接融资，国有企业大多因为其较大的规模和紧密的政府关系在金融体系中享受一定的优惠待遇，这使得国有企业可以得到价格更低、期限更久且更为稳定的资金。而很多国有企业本身就是园区或者物业的业主，对园区企业的经营情况了如指掌。这些大型的国有企业通常设有风投基金，对创新企业进行风险投资。即便没有设立风投基金，资金充裕的国有企业也常常成为风投基金的出资人。在一定程度上，国有企业扮演了资金从银行流向创新企业的中间环节，有效解决了间接金融体系对创新企业融资的风险控制和合规问题，一定程度上缓解了

① 数据来源：《中国高技术产业统计年鉴》，原版年鉴于 2017 年停更一期，2018 年以来的新版不再设置航空、航天器及设备制造业分类。

间接金融对创新企业资金支持不足的问题。

毋庸讳言，国有企业比较容易得到银行的信贷支持。如果能够因势利导，引导国有企业将所享有的优势应用到创新领域，可扩大创新这一经济增长的源泉。国资委可以进一步鼓励大中型国有企业，尤其是涉足金融、地产等行业的综合性国有企业集团投资于创新企业、创新技术项目。

发挥社会捐助和第三次分配体制对创新的作用

社会捐赠已经成为我国教育经费尤其是高等教育经费中一个不可忽视的来源。根据《2019 年度中国慈善捐助报告》，2019 年我国共接收境内外款物捐赠 1 701.44 亿元，指定用于教育的捐赠占比 35%。2019 年我国捐赠支出的总额为 1 509.44 亿元，其中投向教育领域的金额为 440.31 亿元，占比 29.17%，并多数流向了高等院校，比清华大学一年的支出还要多。

但是相比美国，我国社会捐助总额仍然较少，存在提升空间。美国 2020 年慈善捐助总金额为 4 714.4 亿美元，其中教育部分为 713.4 亿美元，占比 15%，仅次于宗教用途（见图 8.3）。2019 年美国非营利组织进行的研发投资总额高达近 6 000 亿美元，而在美国大学的 R&D 经费中，更是有 10% 左右来自非营利组织的资助（见图 8.4）。从中美两国的 GDP 和人均 GDP 对比来看，我国社会捐助存在较大的提升空间。

社会捐助属于第三次收入分配的范畴，是在市场初次分配和政府税收、转移支付二次分配之后，公民基于道德文化的要求而自愿做出的。随着我国共同富裕社会主义市场经济体制的逐步完善，我国第三次分配的金额将稳步增长，组织形式也将百花齐放。21 世纪以来，我国的非营利组织数量快速增加，尤其是过去 10 年，非营利组织和基金会数量加速增长，社会组织数量翻了一番。可以预见，未来非营利组织将成为我国创新体系中的重要组成部分，社会捐助也将在我国的教育和研发中发挥更大作用。

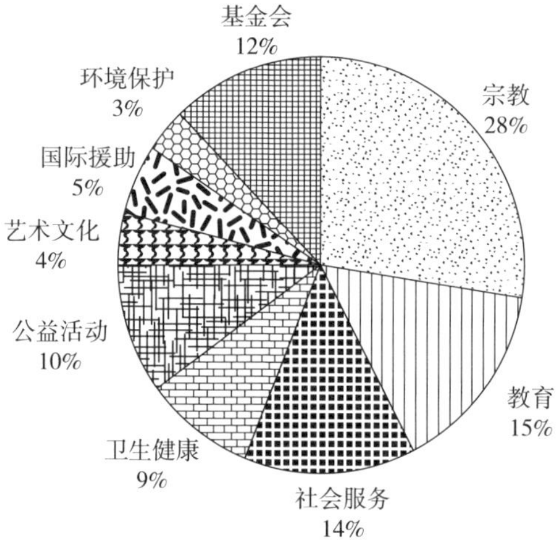

图 8.3　2020 年美国慈善捐助去向统计

资料来源：NSF，中金研究院。

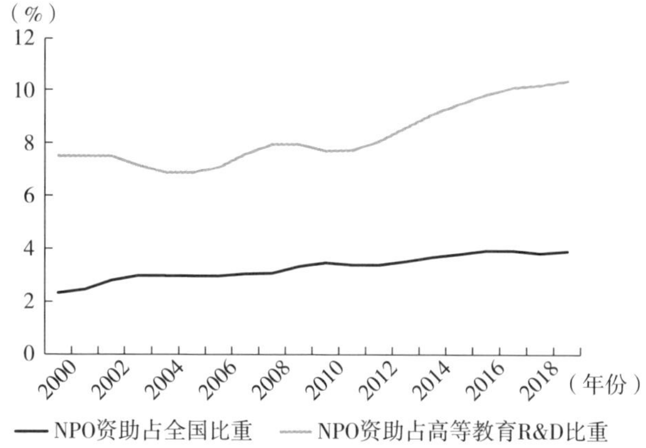

图 8.4　美国高等教育 R&D 和全国 R&D 经费中来自非营利组织的经费占比

资料来源：Giving USA 2021，中金研究院。

值得注意的是，由于社会捐助的非营利性质，这部分资金可以更专注于基础科学研究项目。基础研究不确定性大，投入时间长，因此追求盈利的市场资金常常望而却步。即便是可以承受更长投资期限的政府资金，也会受到国有资产保值增值的要求，在项目选择上通常采取跟投而非领投的方式跟随市场资金。社会捐助恰好可以在这一领域发挥作用，从而填补市场和政府资金的空白。

改革教育，化人口优势为人才优势

除了研发投入，创新经济学要解决的另一大问题就是如何有效积累人力资本。创新的人力资本积累离不开教育体制。我国教育体制经过了多年改革，仍然存在一些不足，阻碍了我国创新人才的培养。

基础教育资源分布不均导致创新人才基数受损

我国是世界上人口最多的国家，理论上应该拥有全球最大的创新人才基数。我国教育支出对 GDP 比例达到 4.6%，其中基础教育支出在全部教育支出中占比约 70%，两项指标在主要工业化国家中均居于中等水平。2020 年全国高等教育毛入学率增长至 54.5%，高于中高收入国家平均水平。但是，我国基础教育资源在人群中分布不均，导致不少学生在基础教育阶段所享受的成长资源有限，人口优势未能充分转化为创新的人力资本优势。

不均等的基础教育导致个人发展机会的不平等。值得注意的是，基础教育资源的分布不平衡，不仅表现为东西部之间、城乡之间的地区不平衡，也表现为同一个地区、同一座城市之内基础教育资源分布的不平衡。

需要指出的是，相比高等教育，基础教育更需要通过政府支出来完成，而我国政府教育支出中基础教育占比低于大多数发达国家。大量研究表明，基础教育的正外部性要远超高等教育，更具有公共品属性。因为基础教育的收益主要表现为提高全社会的知识、文化和道德水平，更多体现为社会收益率；而高等教育的收益率更多表现为受教育者个人终生的高收入，主要是个人收益率。从政府主要提供公共品这一经济原则出发，政府资金应该更多用在提高基础教育水平，而不是高等教育。在基础教育资源分布不平衡的情况下，政府的高等教育支出相当于对享有优质基础教育的地区进行补贴。

应试教育的过度竞争导致资源浪费

教育有两大社会功能：人才培养和人才筛选。从某种意义上说，教育的这两大职能存在矛盾之处。从人才培养的角度看，教育鼓励学生刻苦学习，鼓励家庭投入大量资源用于子女教育，鼓励人们在学习成绩方面的竞争。但是，从人才筛选的角度看，好的体制希望在尽可能节约社会资源的条件下选拔出德才兼备的个人，因此并不鼓励学生和家长投入过多资源竞争学习成绩。通过大量资源投入换取的高分成绩，反而不利于人才选拔。

教育体制的这一内在矛盾在全球范围内普遍存在。在晋升社会阶梯的竞争中，似乎没有什么选拔标准比考试成绩更公平的了——理论上可以做到全国一张卷、一套标准，唯成绩是用。但是，当家庭为了晋升社会阶梯，将大量资源投入提高考试成绩的训练之中，便形成了“剧场效应”，导致从全局角度来看无效的学业竞争，并不利于创新人才的培养和选拔。

针对教育培训行业的“双减”政策旨在降低中小学生负担，减少教育资源的扭曲和浪费。然而，我国还需要从源头着手解决我国基础教育的不平衡问题，加大公共投入，全面提高我国基础教育水平，将现有基础教育资源在地区内尽可能均等化，才能从根本上解决家庭的“教育焦虑”，将孩子们从应试教育的沉重负担下解放出来，真正实现素质教育目标。

高等教育质量有待提高

高等教育是创新活动中的重要一环，大学本身就是国家创新体系中的一个重要主体。21 世纪以来，我国高等教育获得长足发展。在原有“211”“985”工程的基础上，又增添了“双一流”评比，我国部分大学逐步进入世界一流大学的行列。

但是，我国大学的质量仍然有待提高，主要表现为以下三个方面。

- 一是大学师生创新意识和创新动力有待提升。创新，尤其是基于基础研发的激进式创新，其本质是新知识、新思想、新观念的生产。大学作为这些基础创新的主要发源地，需要“思想自由、兼容并包”的环境。但现在不少大学教授为了待遇不得不花费精力在非科研活动上，创新动力和时间自然不足。
- 二是师生对教学活动本身的重视程度有待提高。目前我国大学教师普遍更重视发表论文和申请科研项目，对教学活动重视不足。这会导致我国大学教育质量进步缓慢，不利于创新人才的培养。
- 三是我国在全球范围内对创新人才的吸引力仍然不足。改革开放尤其是21世纪以来，我国有大量的留学生去海外留学，其中大量博士生留在了国外，[①]形成了一个巨大的海外人才库。吸引海外留学学成人才回国，将大幅提高我国创新人力资本。这部分人才回国的主要聚集地在于大学。然而，现在的这些问题影响了我国大学的国际吸引力。

提升创新治理能力：科学决策与灵活管理

尽管我国政府已经建立了一套较为完整的创新框架和创新政策，但在新形势和新任务面前仍然暴露出了创新治理的经验不足。面对新时代提出的新战略，我国政府亟须提高创新治理能力。

科技创新和产业发展的客观规律是以市场经济和企业为主体，不同类型、规模、细分领域的企业有自己的特定作用，构成一个按市场规律运转的产业体系。如果对这些规律认识不足，就容易犯以下几个错误。

---

① 根据美国政府公布的博士学位调查，在2018年美国高校的中国籍学位获得者中，79.4%计划留美工作。

- 一是重复建设。各地出台雷同的产业规划和政策，造成产能过剩甚至“烂尾”项目。
- 二是偏爱大企业、明星企业。迷信“总部基地”“中央商务区”，给大企业土地、财税和人才优惠，结果空置率很高。这给了“PPT（演示文稿软件）明星企业”套取资源的机会，而真正注重技术创新的中小企业却得不到资源，不利于区域创新系统的完善。
- 三是政策不协调。例如在中国电动汽车推广早期，政府只是提供购车补贴，却没有充电基础设施政策，很难拉动真实的市场需求；推广补贴政策每 2~3 年就有一轮重大变化，但汽车产品研发生产周期就要 3 年，导致车企很难做经营规划。[①]

政府还应认识到科研中的人才多样性、非共识性和不确定性，增加管理的弹性和科学性，为此需要注重以下三个方面。

- 一是任务导向。地方政府根据中央的战略部署和地区的发展规划来确定当地的科技创新任务，在任务明确的基础上制定政策。
- 二是研究先行。制定科技创新政策时，首先要充分研究，在理解市场趋势、企业需求、政策的作用点和生效机制的基础上，出台和实施政策。
- 三是充分对接市场，将市场作为提高政策效益的工具和手段。市场提供了大量信息，有助于政府政策的制定和执行。市场也提供了各种资源，政府可利用掌握的资源撬动更大的市场资源，来实现创新目标和任务。

---

① Xu, L. A typology of innovation policy change：Insights from China’s new energy vehicle industry［R］.SSRN Working Papers, 2016.

发挥新型举国体制在创新领域的作用

任务导向型的创新政策

举国体制，是指以特殊机构执行，在短时间内调动各类资源，迅速实现某一战略目标的方式。[①] 从制度经济学的角度，交易成本是影响经济行为主体之间的核心因素，而举国体制通过由国家主导的方式大幅度降低了内部成本，通过政府协调市场机构执行也降低了不确定性，从而可以修正市场失灵导致的创新激励不足问题。

中华人民共和国成立之初，为了在西方国家的全面封锁下发展工业，便形成了“集中力量办大事”的工业举国体制。历史上，我国通过成立国家专委会，引导并成功地主导了“两弹一星”及核潜艇等重大项目。美国和欧盟等市场主导的西方国家在需要调配大量资源完成某一重大目标时，也会同样设立类似的机构，如“二战”以来就诞生了战时生产局、曼哈顿工程局和 DARPA 等机构。在 20 世纪 80 年代开始的科技创新浪潮中，也有 SBA（美国小企业管理局）联合了包括 DOE（能源局）、DOT（交通局）在内的多个部门开展了对于中小企业扶持的 SBIR/STTR 和 SBIC 项目。

新型举国体制，强调将举国体制应用于环境和社会改革领域的创新任务目标，以及由此带来的政府和市场关系的转变。欧洲学者马祖卡托（Mazzucato）提出的“任务导向型”创新明确了政府的作用不仅是在市场失灵时的介入修复，还需要塑造和创造市场。[②] 例如，政府主导构建绿色环保经济，设定“双碳”目标，带来了一系列相关技术创新需求，衍

---

① 陈劲，阳镇，朱子钦 . 新型举国体制的理论逻辑、落地模式与应用场景［J］. 改革，2021（5）：1–17.

② Mazzucato，M. Mission-oriented innovation policy［R］. In UCL Institute for Innovation and Public Purpose Working Paper（Issue 1），2017.

生出类似于“蚂蚁森林”这样的自愿减排项目。这种政府引导市场力量投入创新，实现既定战略任务的方式，就是新型举国体制的形式之一（见表 8.3）。

表 8.3　新旧举国体制对比

旧版：国防、核能和航空航天	新型：环境技术和社会挑战
不鼓励把结果传播到核心参与者之外	积极鼓励传播结果，并把它当作一个核心目标
根据技术成就的数量来界定任务，而很少考虑其经济可行性	针对特定的社会问题，定义经济上可行的技术解决方案
技术发展的目标和方向是由一小群专家预先确定的	技术变革的方向，受到政府、私营公司和消费者团体的影响
政府内部的集中控制	大量代理参与的分散控制
由于强调少数激进技术，参与仅限于少数公司	为了允许大量公司参与，强调激进式和渐进式创新的发展
几乎不需要补充政策，并且很少注意一致性的独立项目	辅助性政策对成功至关重要，并密切注意与其他目标的一致性

资料来源：Mazzucato 2017，中金研究院。

绿色经济变革带动了新型举国体制的发展

如同 20 世纪七八十年代的举国体制扶持高技术产业，当今世界也同样需要类似的模式来面对一场颠覆性的绿色变革。美国总统拜登提出的 22 500 亿美元的大基建投资中，与绿色基金和新兴技术相关的约有 1 万亿美元，其中有关电动车、清洁能源、宽频和电网的投资超过 6 000 亿美元。欧盟也在 2020 年底把绿色转型作为经济复苏计划的核心，通过了“下一代欧盟”复兴计划，涉及 1.8 万亿欧元，其中 37% 的资金将投入绿色转型及其相关领域的创新中。[①] 中国人民银行行长易纲也曾预计，我国的低

① 数据来源：《欧盟力促经济绿色增长》，新华网，2020 年 11 月 16 日。

碳经济战略将在2021—2050年带动百万亿元人民币的投资。[①]

这一场绿色变革意味着生产力、消费、资源配置的转型，需要政府自上而下的资源配置。具体而言，政府可以采取的措施包括以下四个方面。

- 一是科技规划。这是指政府在一定的历史时期，为发展本国科学技术而制定的方案和行动准则，明确了科技发展战略目标、优先领域、重点任务和主要措施。因此，科技规划从宏观上确认了国家和地区的R&D投入的方向和保障措施，对全社会的研发具有根本性指引作用。代表性的科技规划有我国的《国家中长期科学和技术发展规划纲要（2006—2020）》。
- 二是创新导向的公共采购。这是指由政府直接采购或协调相关市场机构采购创新型的产品技术，从而为创新技术和产品创造明确稳定的市场，最大程度减少创新中的市场风险，保障创新者有较为稳定的收入和信心。事实上，美国DARPA计划的初期成果基本上以军方采购为主，是典型的政府直接采购政策。我国在2018年推出了重大技术装备“首台（套）”的应用示范政策，是政府协调采购的体现。
- 三是市场补贴。由于创新产品和技术在初期技术不成熟、成本过高、客户认知不够等原因，正常的市场销售难以打开局面。为此，政府为创新产品和技术的销售提供一定价格补贴，使其价格落入客户可接受的区间，从而扩大市场需求，降低创新的市场风险。我国对新能源汽车的价格补贴、光伏和风电的固定上网电价政策，都是市场补贴的案例。
- 四是技术标准。技术标准是指产业范围内的创新产品、工艺、技

① 参见易纲在2021年中国发展高层论坛圆桌会的讲话。

术等要素遵循统一的规范。制定技术标准，有助于提高新技术的质量可靠性，降低市场教育和交易成本，促进新技术和其他技术的兼容性，并适当降低产品多样性，从而使新技术能获得更大的市场和规模经济效应。[①] 同时，它有助于技术标准制定者掌握行业内的话语权，积极参与国际标准制定，对国际技术竞争有着重要意义。

迎接挑战："十四五"规划的新战略

认识到新时代下我国所面对的国际形势和国家任务，"十四五"规划和一系列中央政策文件、领导人讲话对我国发展科技创新提出了新的战略思路。

- 以国家战略性需求为导向来组合优化科技创新资源，健全新型举国体制，提高创新链整体效能，加强创新链和产业链对接。这体现了政府的作用和手段要做到以任务需求为导向，更聚焦、抓全局、重协调。另外，"十四五"规划在产业体系和实体经济构建的指引中，明确体现了协同思维——包括制造强国和质量强国并举、先进制造业和现代服务业融合、"实体经济、科技创新、现代金融、人力资源协同发展"等。这些将对化解政策不协调、政策功能与产业实际有出入等问题有较大帮助。
- 完善市场机制的同时，提升政府的创新治理能力和创新支持力度。习近平总书记指出，"适合部门和地方政府牵头的要牵好头，适合企业牵头的政府要全力支持"，是对政府和企业合理分工主导的

① Tassey，G. The Economics of R&D Policy［J］. Praeger，1997.

生动诠释。在科技体制上，政府宜加快管理职能转变，重心放在规划、引导、环境营造上，减少对物资分配的直接干预。在项目管理和人才问题上，规划提出创新攻关的“揭榜挂帅”“赛马”“总师负责制”等机制，并要求完善人才评价和激励机制，健全以能力、质量、实效、贡献为导向的科技人才评价体系和收益分配机制。2021年8月5日国办印发《关于改革完善中央财政科研经费管理的若干意见》，在经费上赋予了科研人员和单位更大自由，这是一个重要进步。

新型举国体制，是国家实施科技创新战略的一种重要方式，也是国家产业政策的体现。在产业中观层面，政府通过调节产品、要素的供给和需求，塑造市场空间和产业结构，从而使得科技创新的方向符合新时代的国家战略要求。在微观层面，政府通过各项政策引导市场资源流动，配置财政资源和市场权力，提升创新企业的竞争力。[①] 世界各国普遍运用各种形式的产业政策，来推进政府支持的产业发展。美国近年来对高科技行业、先进制造业采取了一系列扶持和刺激政策，推出了“国家制造创新网络”等雄心勃勃的计划。本书的产业篇将充分展示中国在多个产业领域的产业政策与创新的密切关系。

① Lazzarini, S. G. Strategizing by the government：Can industrial policy create firm-level competitive advantage？［J］.Strategic Management Journal，2015，36（1），97–112.

产业篇

第九章

半导体：构建高效完整的科技创新体系

半导体是全球电子信息产业的基石。从总量角度看，中国半导体总需求规模约占全球的 1/3，但在供给端由中国大陆企业贡献的产值不到 5%。从产业链结构看，全球半导体产业各环节精细分工，上下游相互依存，区域间密不可分。尽管中国半导体产业结构偏重后端制造，主要集中在下游中间产品和终端产品组装环节，但供给安全系数仍然较低，需要多管齐下，尤其是通过对半导体生产要素的持续创新来提升供应链的弹性和稳定性。

纵观半导体行业发展历程，尽管激进式创新促进了部分技术的跨越式发展，渐进式创新仍是产业发展的一般规律。在创新方向的选择上，中国半导体行业需“两手抓、两手都要硬”：一是延续摩尔定律，即“补短板”，立足于现有成熟技术，以全球领先企业为标杆，继续扩大成熟制程产能的资本开支，加大半导体设备、材料、EDA 工具的研发力度，着力解决产能扩张瓶颈，提升核心技术自主水平；二是超越摩尔定律，即“造长板”，加速集成电路先进制程的追赶，深化半导体新材料、新工艺、新封装、新计算架构等潜在颠覆性技术的前瞻布局，加大确定性较高、与国外差距较小的第三代半导体的投入力度，适度超前创新。

在激励技术创新、推动产业发展的过程中，产业政策起到了不可替代的正向作用。各国家和地区出台多种鼓励政策促进半导体产业发展，并且针对产业发展的不同阶段制定了相应的扶持甚至保护措施，其中财税工具的应用较为普遍。除了直接的政策工具，美国、日本、韩国、欧洲还通过政府与企业合作、建立产业联盟等间接方式进一步推动本国 / 地区半导体行业技术创新，并引导其有序竞争。这些成功经验都为中国发展半导体产业提供了有益借鉴。

相比于外部产业政策，资金、人才及技术是半导体产业创新不可或缺的三要素。资金端，中国半导体产业研发投入规模持续加大，与全球的差距逐渐缩小；人才端，中国半导体人才数量近年来快速增长，质量和结构有待优化；技术端，中国半导体领域研究成果初现成效，后续仍需加大开放和国际合作。

政策启示：一是完善顶层创新体系以促进创新成果转化；二是强化企业的市场主体地位，促进公共资源和社会资本的有效配置；三是建立满足产业发展趋势的人才培养和引进机制；四是坚持对外开放合作，强化知识产权保护，构建可持续发展的创新机制。①

---

① 本章作者：彭虎、石晓彬、李学来。

半导体产业链的全球现状

回顾过去，伴随着经济全球化和服务贸易开放合作，全球半导体产业链的分工合作已成惯例。中国抓住发展机遇，逐渐成为全球半导体产业链中制造端的重要一环。在经历了依靠自身市场规模优势和“工程师红利”的快速发展阶段后，未来中国半导体产业需“换挡提速”，开辟创新发展的新道路。在探讨中国半导体产业的可持续创新之前，首先分析全球半导体产业链的发展轨迹及特点，具体包括：产业供需总量的区域变化情况；产业链上下游及区域之间的分工合作关系；创新力 – 溢价模型如何刻画行业；如何通过“供需安全系数”解读产业链安全现状。

供求总量：中国是全球半导体产业的最大需求方

中国在全球半导体市场需求端快速崛起。根据 WSTS（世界半导体贸易统计组织）和 IC Insights（半导体行业咨询机构）数据，2020 年全球半导体市场规模大约 4 400 亿美元［2000—2020 年 CAGR（复合年均增长率）

为 3.91%]。从供给角度看（见图 9.1），2000—2020 年市场的供给方变化较大，其中美国总量翻番，占比长期在 50% 左右；韩国占比从 7% 增至 20%；日本占比逐步从 28% 降至 10%；中国的供给能力也有了较大提升，交易额从 13.3 亿美元增至 528.5 亿美元，占比从 1% 增至 12%（含中国台湾 7%）。需求方份额在过去 20 年也发生了较大变化（见图 9.2），中国的

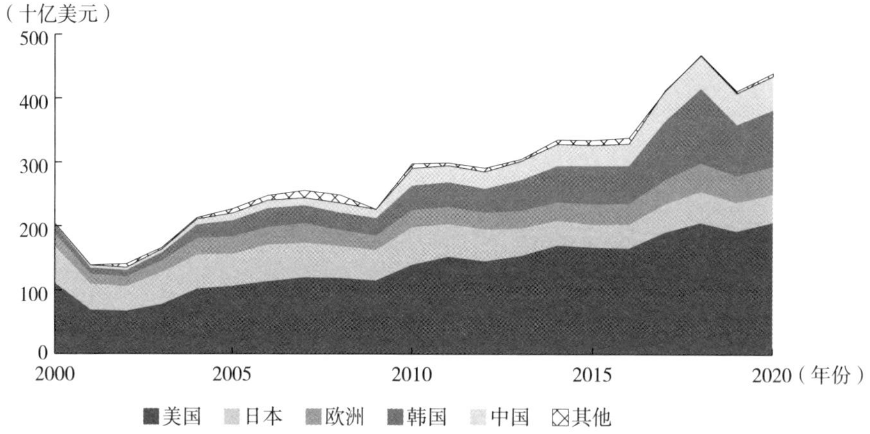

图 9.1 全球半导体区域分布（供给端）

资料来源：IC Insights，WSTS，中金公司研究部。

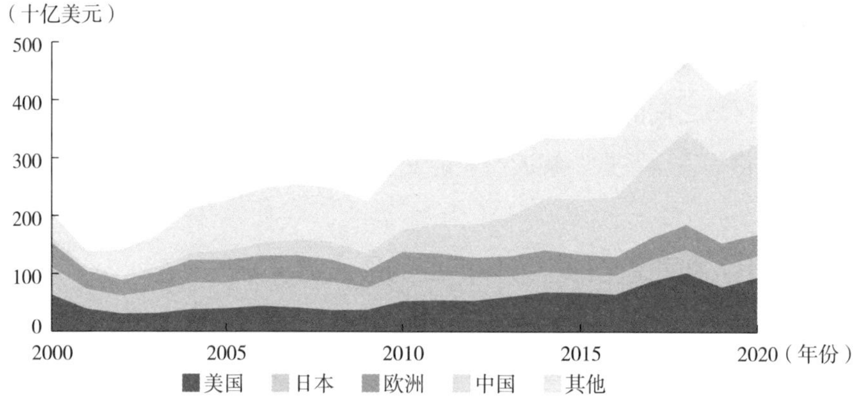

图 9.2 全球半导体区域分布（需求端）

资料来源：IC Insights，WSTS，中金公司研究部。

占比从 5% 增至 36%，逐步成为全球半导体产品的最大需求市场；美国的总量略有增长，但占比从 31% 减至 22%；日本与欧洲的总量基本维持稳定，但占比都下降了 10% 左右。

产业链构成：全球半导体产业链精细分工，区域间互相依存

当前半导体产业正处于第三次全球产业转移的过渡期，正从中国台湾、日本、韩国向中国大陆转移。从当前的产业链全球分工情况看，半导体产业呈现出分工（垂直分工、区域分工）和聚集（各环节高度聚集在不同区域）两大特征（见图 9.3）。

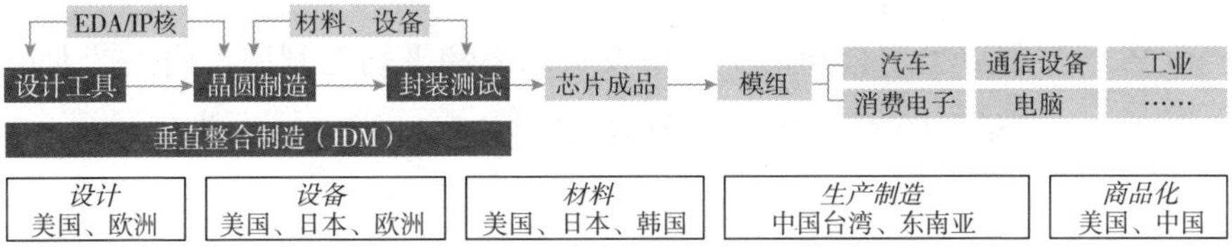

图 9.3　半导体产业链构成和全球化分工

资料来源：SIA，BCG，中金公司研究部。

半导体产业链呈现垂直分工特征的原因主要有两点。一是行业具有规模经济性。随着制造工艺的进步和晶圆尺寸的增大，单位面积芯片上能够容纳的晶体管数量剧增，规模经济性显著。二是扩大规模所需投资较大，沉没成本高。除了部分实力强大的垂直整合制造厂商外，多数企业因缺乏足够资金而难以持续扩张，需要各环节垂直分工合作。

在垂直分工的基础上，半导体产业链又具有区域分工的特征，每个国家和地区在产业链上扮演的角色不尽相同。设计工具端，三家 EDA 工具企业（两家美国的，一家欧洲的）占 EDA 工具市场 85% 的份额。制造端，目前约 75% 的产能集中在东亚地区（日本、韩国、中国大陆及中国台湾）。

设备、材料端，美国至少在 5 个子类上拥有 50% 以上的全球市占率，日本公司在材料领域市占率较高，欧洲公司 ASML 则完全垄断了 EUV（极紫外线）光刻机市场。产品端，目前超过 90% 的高端逻辑芯片来自美国厂商。综合而言，尽管半导体供应链的各环节之间相对分散，但各环节内却呈现较高的地域集中度。因此，一旦产业链某环节遭遇突发事件（地震、水灾、火灾等），关联影响会迅速传导到其他环节。

半导体产业链“创新力 – 溢价”曲线：对竞争溢价的思考

在全球半导体产业总量及产业链构成的基础上，结合不同国家 / 地区在产业链中所处的当前地位与创新能力，参考全球各国家 / 地区的半导体产业各环节重点上市公司的平均研发费用率和平均毛利率，引入产业链“创新力 – 溢价”图[①]对全球半导体产业链格局进行刻画和分析。

静态画像：半导体价值链呈现出典型的微笑曲线，中国尚处在曲线底部

具体来看，设计、设备、代工、封测的产品创新附加值逐渐降低，垂直整合制造有所提升。设计环节的技术迭代快、产品附加值高；代工、封测环节重资产投入而影响毛利率水平；垂直整合制造研发投入高、固定资产投入大，也可以获得较高的产品附加值从而获得高溢价。美国过往在设计、设备、垂直整合制造环节的大量研发投入带来了创新力溢价，获得了相对占优的产业地位。中国大陆和中国台湾在发展过程中主要承接了制造端需求，主要集中在代工与封测环节。2020 年中国大陆在代工、封测环

① 产业链的“创新力 – 溢价”图中，纵坐标为全球重点国家 / 地区的半导体产业各环节，重点上市公司的平均研发费用率（衡量创新力）和平均毛利率（衡量溢价能力），横坐标为产业链的各个环节，包括设计、设备、代工、封测和垂直整合制造。

节的研发投入明显高于其他国家和地区，同时设计端的高研发投入已带来相对可观的商业回报。

动态画像：持续创新是保持竞争溢价的有效方法

持续创新是保持竞争溢价的有效方法。观察2000—2020年“创新力–溢价”曲线（见图9.4）变化情况，以垂直整合制造环节为例，全球半导体IDM企业的平均毛利率水平在过往20年中基本保持稳定，受市场需求波动和竞争加剧等外部因素影响有限。这主要得益于研发费用率稳中略升的作用（平均每年提升约0.25%）。美国IDM企业以12%~15%的研发费用率维持了50%以上的毛利率；韩国IDM企业以3%~8%的研发费用率获得了30%以上的毛利率。

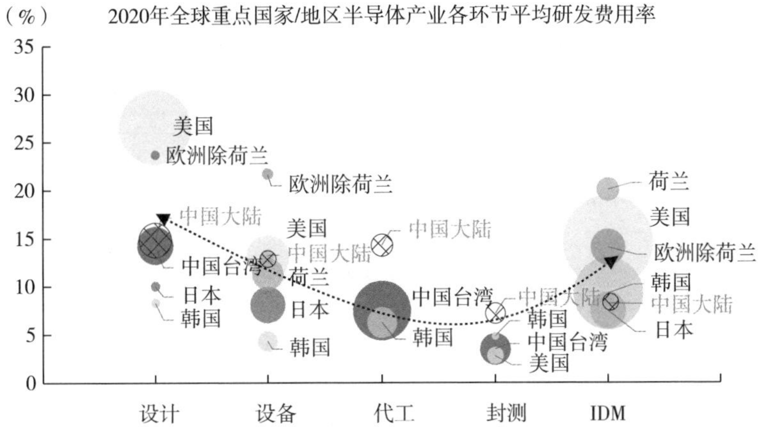

图9.4　全球半导体产业“创新力–溢价”曲线

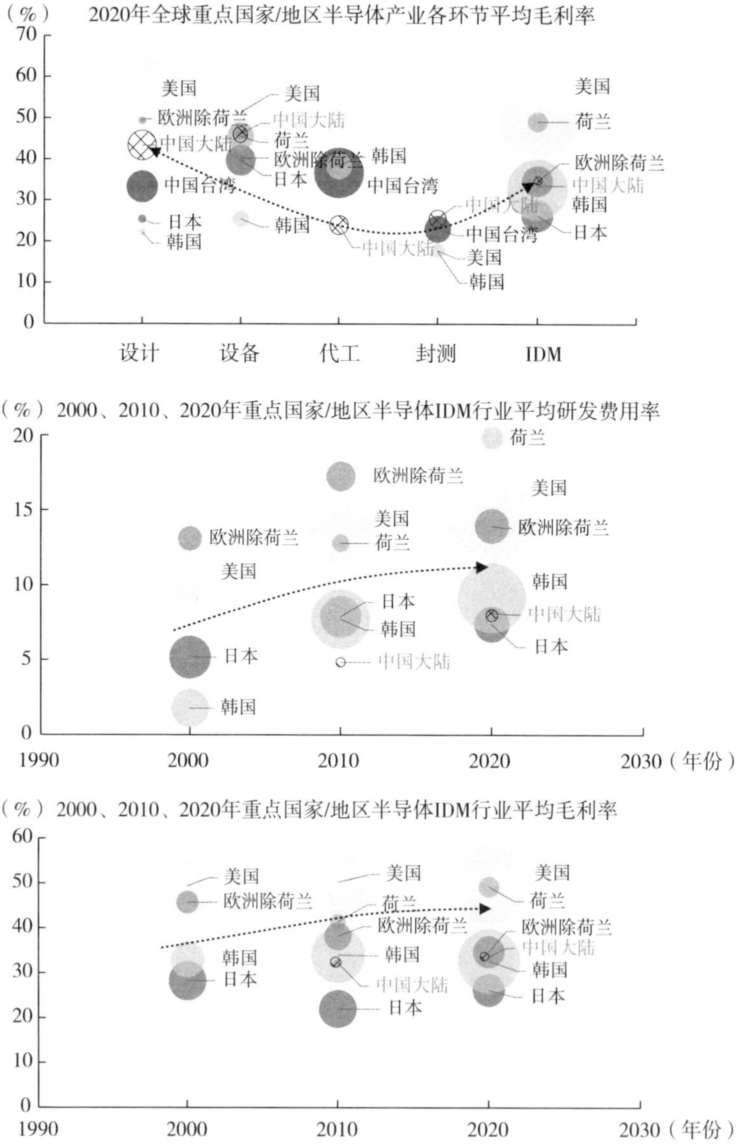

图 9.4　全球半导体产业“创新力－溢价”曲线（续）

注：样本选取该国 / 地区重点上市公司，气泡大小为该国 / 地区企业在对应行业的总营收规模相对值（中金公司测算）。

资料来源：万得资讯，彭博资讯，IC Insights，Trendforce，Digitimes，中国半导体行业协会，中金公司研究部。

全球半导体产业链安全现状：“供需安全系数”

以下分别是安全系数 α、β 及 γ 的定义，对全球半导体产业链供需安全状态进行度量。

- 需求安全系数 α：该国 / 地区芯片总产值占全球的比例除以该国 / 地区芯片总需求占全球的比例。系数 α 大于 1，可间接表明芯片产出能够满足本国 / 地区芯片需求，芯片需求端出现缺口的概率低。
- 供给安全系数 β：该国 / 地区半导体制造产能占全球的比例除以该国 / 地区芯片总产值占全球的比例。系数 β 大于 1，可间接表明芯片产能可以满足芯片设计端的投片需求，芯片产能安全稳定度高，芯片供给端出现缺口的概率低。特殊的情况是，某国 / 地区的部分产能如果受境外实体控制，则存在受他国超主权管辖影响的风险。
- 产能安全系数 γ：该国 / 地区半导体设备产能占全球的比例除以该国 / 地区半导体制造产能占全球的比例。系数 γ 大于 1，可间接表明半导体设备产能大于半导体产线扩产需求，制造端出现因设备不足而导致产能缺口的概率低。

在全球半导体产业链全面 / 部分脱钩的极端情况下，系数 α、β、γ 越大，则本国 / 地区半导体产业的需求、供给、产能结构越稳定、越安全。但如果考虑到目前由全球产业链精细分工所带来的效率提升和成本优势，三个系数并不是越大越好，反而越接近于 1 越好。这也从另一方面说明，半导体产业链的效率、成本和供给安全在某种程度上是互斥的，绝对的供应链安全将导致效率低下和成本高企，现实中并不可行。

美欧需求及产能安全系数高，中国大陆和中国台湾供给安全系数高，日本供需及产能安全系数均高

通过对美国、欧洲、日本、韩国、中国大陆、中国台湾等全球半导体产业链重点国家和地区的测算发现：美欧半导体产业需求及产能安全系数高，但供给安全系数低，疫情期间美国、欧洲汽车产业因受到汽车“缺芯”影响而减产或停产也印证了这一结论；中国大陆半导体供给安全系数高，但产能安全系数低，这意味着产能扩张容易受到半导体设备“断供”的影响；中国台湾虽然在半导体制造技术方面领先，且拥有全球 20% 的制造产能，但与中国大陆类似，极端情况下，中国台湾的产能扩张也将受到地缘政治以及本岛电力、水源供应的影响；韩国在产能扩张上同样容易受到限制；日本的半导体产业供给、需求、产能安全系数均较高，产业结构较为稳定。需要注意的是，供给安全系数 β 高并不代表本国 / 地区产能利用率低，也有可能是因为本国 / 地区芯片设计占全球市场之比低，因此本国 / 地区产能大多服务于境外芯片设计企业而非本国 / 地区。

进一步地，可以绘制出全球半导体产业链重点国家和地区“供需及产能安全系数”坐标图（见图 9.5），x 轴和 y 轴分别对应系数 β 和 γ，气泡大小对应系数 α。其中，中国大陆和中国台湾位于第四象限，原因是制造（代工）产能较高，芯片销售和设备产值较小，其中中国大陆因芯片设计产业产值较小，系数 β 大于中国台湾。

半导体基础要素环节的能力不足是中国大陆供给安全系数低的主要原因

从供给角度看，中国大陆在半导体产业的基础要素环节能力不足（见图 9.6），这些环节主要包括设备、材料、EDA 工具（含 IP 核）。目前国内在半导体设备和材料的主要环节均有突破，但短期实现完全的进口替代仍有较大难度，中国 EDA 工具企业在先进制程应用中与全球龙头的差距尤为明显。

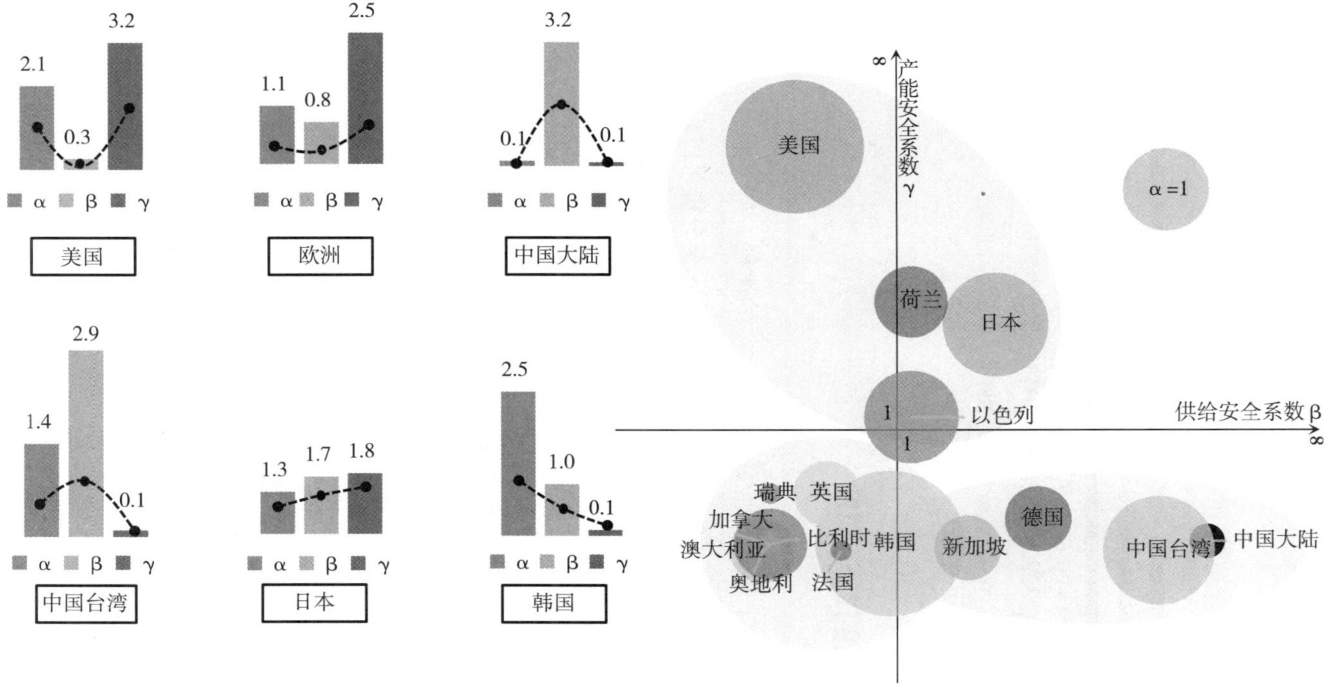

图 9.5 中国大陆半导体产业供给安全系数较高，但需求和产能安全系数较低，产业结构不稳定

注：测算基于 2020 年 12 月行业数据。气泡大小对应需求安全系数 α，该值越大代表芯片需求端出现缺口的概率越低；β 值越大代表芯片制造端出现供给缺口的概率越低；γ 值越大代表制造端出现因设备不足而导致产能缺口的概率越低。

资料来源：WSTS，SIA，IC Insights，中金公司研究部。

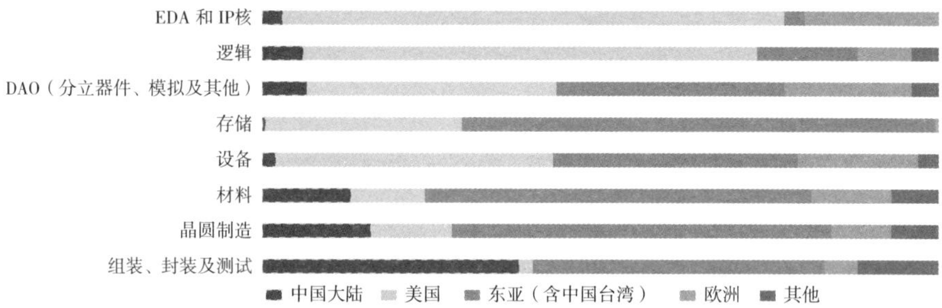

图 9.6　2020 年全球半导体各环节各国或地区市占率

资料来源：IC Insights，IDC，Trendforce，IPnest，ESDA，中金公司研究部。

半导体技术创新的二元视角

持续创新是增强半导体产业安全最为重要的途径。从规模、结构、产业链稳定性方面总结上文对全球半导体产业链的安全分析可以发现，中国半导体产业主要在市场空间规模上占优，结构上主要集中在下游中间品和终端产品组装环节，核心技术自主性与产业链稳定性和连续性有待提升。增强产业链安全需针对产业链缺失或薄弱的环节进行攻关创新，即“补短板”。以企业视角看，补短板是以全球领先企业为标杆，通过持续技术创新实现赶超；以行业视角看，补短板是在行之有效的产业政策基础上，国家牵引行业健康有序地展开良性竞争和持续创新。

纵观半导体行业发展，渐进式创新是产业发展的一般规律。但不可否认的是，激进式创新造就了部分技术的跨越式发展，适度超前的创新也是必要的。中国的半导体技术创新主要有两大方向：一是延续摩尔定律，即“补短板”，积极弥补先进制程的全产业链能力不足；二是超越摩尔定律，即“做长板”，针对材料器件、计算原理、计算架构及芯片集成等方面潜在的颠覆性技术提前布局，对宽禁带半导体和先进封装两个确定性较高、与国外差距较小的领域加大投入。

中国半导体产业的“渐进式创新”

从现状看，中国制造端与国外出现差距的主要原因在于先进制程工艺和晶圆产能上的差距。虽然晶圆产能上的差距可以通过加速扩建产能进行弥补，但国际先进制程工艺的创新持续推进，因此中国在先进制程上与国外的差距短时间内难以快速缩小。从竞争演进过程看，由于先进制程的竞争具有周期长、成本高、赢者通吃等特点，易于全球市场形成寡头垄断的格局，因此，对于中国晶圆代工企业而言，应当做足对于制程工艺更新换代的长期布局和准备，全产业链持续加大在晶圆制造设备、半导体材料、EDA 工具等方面的投入，努力缩短与全球第一梯队的差距。

超越摩尔定律：半导体行业潜在“颠覆性”技术

超越摩尔定律指的是芯片性能的提升不再靠单纯地堆叠晶体管，而更多地靠电路设计、系统算法优化以及采用新型材料。如今，半导体制造制程节点已达 5nm（纳米），借助于 EUV 光刻等先进技术，正在向 3nm 甚至更小的节点演进，但单纯靠改善工艺来提升芯片性能的方法已经无法充分满足市场需求，半导体行业也逐步进入了“后摩尔时代”，新型技术有望驱动“后摩尔时代”芯片性能进一步提升。

一是计算原理方面，量子计算、光子计算、类脑计算等技术分别使用量子作用法则、光子作用法则、类人脑信息处理法则替代经典电子计算与或非门表征计算，理论上可在部分类型算法上实现计算效率的大幅提升。

二是材料、器件方面，第二 / 三 / 四代半导体（GaAs、GaN、SiC、Ga_2O_3 等）随着 5G、新能源技术的发展应用正逐步提升。碳基器件（石墨烯、碳纳米管等）具有高电子迁移速率优势。柔性器件（碳纳米管、ZnO 等）理论上可以较好应用于柔性电子领域。新型存储器（相变存储器、铁电存储器、磁性存储器、阻变存储器等）相较传统存储器具有高可靠性、高读写速度、低功耗等优势。

三是计算架构方面，RISC-V（指令集不断发展和成熟的基础上建立的全新指令）具有完全开源、架构简单、模块化设计等优势，目前正在物联网等领域积极推广，未来有望成为重要计算架构之一。异构计算（CPU+GPU、CPU+FPGA、CPU+ASIC 等）能够充分发挥不同计算平台的优势以提升计算效率，随着 AI 技术的发展，异构系统架构目前已经得到了较为广泛的应用。存算一体（阻变存储器等）将目前计算机存储和运算两大基本功能单元合二为一，理论上能够和 AI 算法（神经网络）形成较好耦合。

四是芯片集成方面，Chiplet（芯粒技术）、SiP（系统级封装）、3D 堆叠等先进封装技术是封装产业未来重要发展趋势。

全球半导体产业政策回顾

政府干预在全球半导体产业发展中较为普遍，产业政策对半导体产业具有深远影响。回顾历史，各国家或地区对半导体产业的发展都采取了积极主动的政策手段进行扶持，甚至部分国家实行过贸易保护。针对半导体行业的不同阶段，各国家或地区政府也施行了不同的产业扶持政策，较为常见的政策包括组建产业联盟、打造产业集群、促进产学研结合、予以财税优惠、直接财务投资、支持技术转移等。考虑到目前中国半导体产业的发展阶段和外部环境，梳理其他国家或地区政府的产业政策成功经验具有一定的借鉴意义。

政府干预在全球半导体产业发展中较为普遍

OECD 对全球各地政府针对半导体产业链的政策干预进行分类，发现针对 R&D 的税收优惠在政府干预中最为普遍。此外，政府也会通过直接参与生产环节或通过对公司决策施加直接影响进行干预。

OECD 指出，针对企业 R&D 的税收优惠已经成为增加国家 R&D 生态系统吸引力的一种重要方式。其中，2016 年俄罗斯、以色列、美国的直接资助企业 R&D 占 GDP 比例排全球前三，法国、比利时、爱尔兰的税收支持企业 R&D 占 GDP 比例排全球前三（见图 9.7）。并且，针对 R&D 半导体企业的税收优惠是各国最普遍的政策措施。[①]

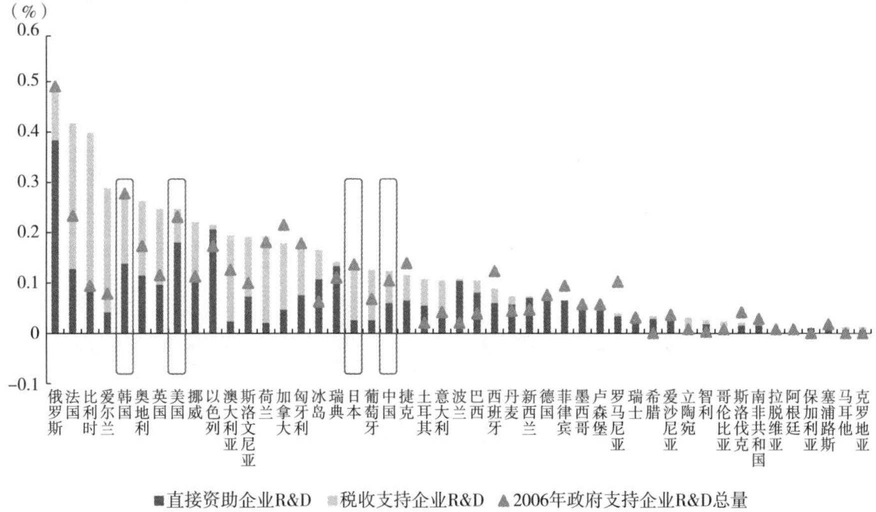

图 9.7　各国 / 地区针对企业 R&D 的直接资助和税收优惠占 GDP 之比（2016 年 VS 2006 年）

注：上述数据涵盖所有企业的 R&D，包括半导体行业。

资料来源：OECD，R&D Tax incentives database，中金公司研究部。

---

① OECD. Measuring distortions in international markets：The semiconductor value chain, December 2019.

从来源上看，政府支持主要来自财政预算。OECD 分析了 2014—2018 年受到政府支持总量超过 500 亿美元的半导体公司（见图 9.8），其中财政预算是主要来源，其次是低于市场（平均利率）水平的贷款和股权投资。从构成上来看，中国大陆公司以贷款和股权投资支持为主，其他国家公司则以财政预算支持为主。另外值得注意的是，跨国公司获得其他国家的财政支持是较为普遍的现象。从目标上看，政府的财政预算支持主要针对 R&D、资本开支及企业收入。大多数的政府财政预算支持的对象主要是公司的 R&D，这一结果也与半导体行业本身需要大量的研发投入相符。政府对涉及重资产运营的企业在资本开支上给予较高的财政支持。除了针对性的补贴 R&D 和资本开支，也有部分政策通过对收入所得税的减免来支持企业发展。

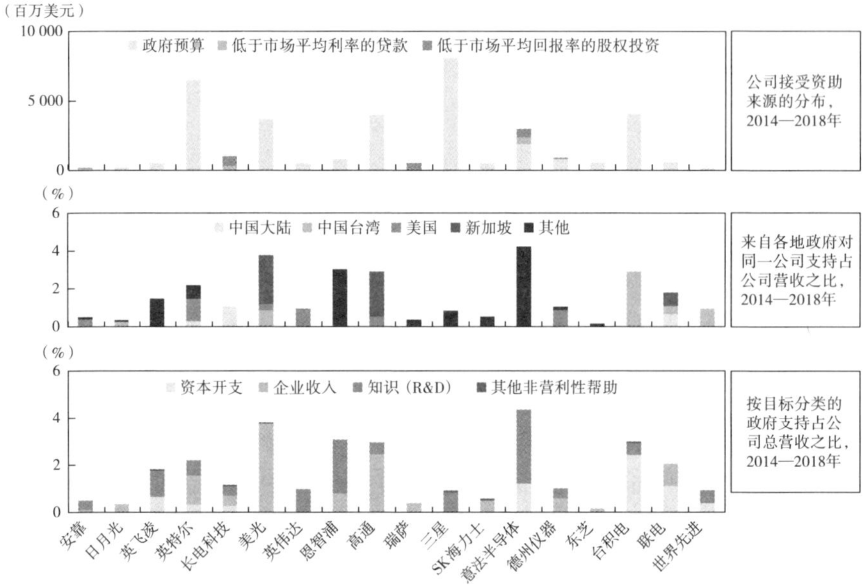

图 9.8　全球主要半导体公司受到政府支持的来源及支持目标分布（2014—2018 年）

注：财政预算主要是直接资助和税收减免；东芝数据来自 2013—2017 年。

资料来源：OECD，中金公司研究部。

借鉴案例一：美国半导体政策——始终强调半导体技术话语权

产业政策在美国半导体产业发展中起到了关键作用。20 世纪 50 年代，在美国半导体产业发展初期，政府采购为行业提供了必要的订单和流动资金支持，企业技术与资本快速积累；60 年代后，全球半导体商业应用繁荣发展叠加国际竞争缺失，美国半导体企业即使在政府采购减少的情况下也维持了高速发展；80 年代，美日签署《日美半导体协议》，日本半导体产业发展受阻，同一时期，美国政府为了支持国内半导体产业，资助了共性技术研发组织 SEMATECH，强化了半导体制造与设备材料领域之间的联动，大幅提高了本国设备和材料供应的自给率；90 年代，产业政策向降低营业成本、提高利润率倾斜，美国逐步形成了围绕芯片设计巨头而打造的半导体产业链，进一步巩固了技术优势。[①] 但是，受美国本土制造产能外流等因素影响，近年来美国半导体产业缺乏稳定性，叠加全球新冠肺炎疫情冲击，美国政府再次加大了对产业的干预，利用政策手段加强本土半导体产业链弹性和韧性，并推动半导体技术创新。

借鉴案例二：日本半导体政策——举国体制的成功

日本的产业政策向来对行业发展采取保护性措施以减少外部竞争，直到其能够独立发展，再开放内部竞争并引进外部竞争，半导体产业亦是如此。[②] 日本半导体产业政策有四个参考意义：一是日本的产业政策一度非常成功，造就了当时日本世界第一半导体大国的地位；二是 20 世纪 90 年

---

① Alex Williams and Hassan Khan，A brief history of semiconductors：How the US cut costs and lost the leading edge，Employ Amcrica，March 2021.

② 李浩东 . 日本半导体产业发展得失以及对中国的启示［J］. 中国经贸导刊（理论版），2018（17）.

代日本所处政策经济环境与目前中国所处环境类似；三是日本国内半导体需求较大；四是 90 年代后产业方向判断失误导致日本失去领先优势。[①] 较关键的政策主要是“超大规模集成电路计划”这一典型的“官产学”政策，该计划为战后日本 RAM（随机存取存储器）产业的繁荣发展奠定了重要基础。[②] 但在 90 年代，日本半导体产业在与美国的竞争中受到冲击导致增速放缓，随后，坚持 IMD 一体化模式也让日本在全球半导体行业精细分工的趋势下逐渐失去了优势。但是日本凭借长期的技术积累，时至今日在产业链的上游尤其在材料和设备等领域依然具有较强的竞争力。

借鉴案例三：韩国半导体政策——政府 + 财团，逆周期投资

韩国半导体产业从 1965 年发展至今，经历了起步期（1965—1981 年）、成长期（1982—1991 年）、成熟期（1992—1996 年）、危机克服期（1997—2006 年）、再飞跃（2007 年至今）五个时期。在“官产学”合作模式下，韩国半导体快速崛起，通过逆周期投资和连续的政策引导，不断补齐国内短板，目前形成了两万多家中小型公司围绕三星电子和 SK 海力士两巨头的完整半导体产业链条。在这一发展过程中，政府和财团都发挥了重要的作用。韩国政府的主要做法有三个。一是针对国内市场规模狭小的特点，制定出口导向型发展战略；二是通过政策引导产业发展方向并使资源向半导体产业倾斜；三是联合高校企业建立“官产学”技术研发联盟，并吸引人才回国。[③] 韩国财团利用内部资源调配迅速、抗风险能力强的优势，对半导体行业积极开展逆周期的资本密集投入，例如三星和 SK 海力士通过

---

① 李浩东 . 日本半导体产业发展得失以及对中国的启示［J］. 中国经贸导刊（理论版），2018（17）.

② 周千荷，吕尧 . 战后日本发展半导体产业的经验分析［J］. 网络空间安全，2020（11）.

③ 张玉娇 . 韩国半导体产业发展研究［D］. 吉林大学，2020.

逆周期投资半导体进行不平衡赶超战略。

借鉴案例四：欧洲半导体政策——区域合作，开放共赢

欧洲半导体产业建立在其传统工业基础优势之上，从各自独立发展逐步转变为大范围的区域性技术合作。20 世纪 70 年代先后推出的 ESPRIT（欧洲信息、技术研究发展战略计划）、JESSI（欧洲联合亚微米硅计划）奠定了欧洲电子工业兴盛的基石；1984 年成立的 IMEC（比利时微电子中心）是目前欧洲最大、世界领先的产业共性技术研发组织，为全球半导体产业技术研发、成果转化和人才培养做出了重要贡献；进入 21 世纪后，欧洲半导体产业以英飞凌、意法半导体和恩智浦三巨头为代表，依靠工业和汽车芯片方面的优势进入了稳步发展阶段。2020 年，欧盟多国共同签署了《欧盟半导体和处理器科技计划联合声明》，宣布未来两三年将投入 1 450 亿欧元用于半导体产业，以加强欧洲的电子和嵌入式系统在全球半导体价值链中的地位。

中国半导体产业政策发展脉络

我国半导体政策工具可分为供给面工具、环境面工具、需求面工具，它们随着政府对半导体产业战略地位重视程度的不同、产业自身发展时间节点的不同，呈现阶段性演进特征（见图 9.9）。改革开放以前，供给面政策是重点，由政府为主导，直接向创新主体提供技术、人才、资金、信息服务以及基础措施等要素支持。改革开放后，环境面创新工具占比提升，政府力图通过目标规划、知识产权保护、税收优惠、法律及政府服务等多种环境面要素完善来构建良好的产业创新环境。1990—2000 年需求面政策工具的使用占比骤降，同时期供给面政策工具占比有所上升，反映出在

经历 20 世纪 80 年代半导体产业无序发展之后，创新要素的供给成为政策工具的重中之重。同时，半导体设计、EDA 工具、材料和设备具有知识密集型的要素特征，半导体制造具有技术密集型和资金密集型的要素特征，封测环节具有劳动密集型的要素特征，因而半导体不同环节与不同的发展阶段均对政策工具提出了不同的定制化需求。

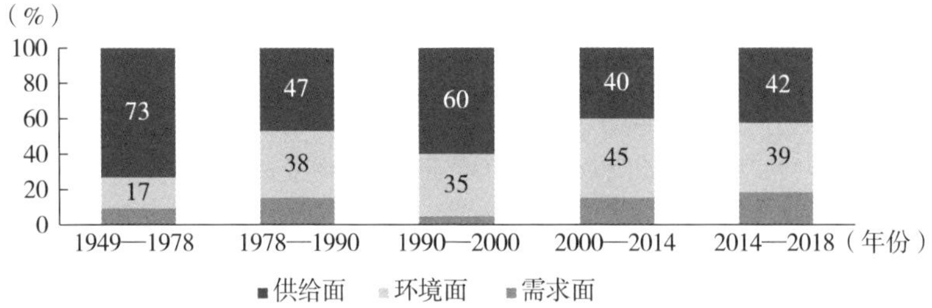

图 9.9 中国 1949—2018 年的半导体政策工具使用数量分布

注：该数据统计了 1949—2018 年共 138 份半导体政策工具。

资料来源：范旭，刘伟 . 中美贸易冲突下的半导体创新政策工具选择［J］. 科学学研究，2020（38）. 中金公司研究部。

中国半导体科技创新：三要素推动行业发展

半导体在研发模式、技术迭代和商业模式上始终强调持续创新，推动半导体科技创新的三个关键要素分别是资金、人才和技术。

资金端：中国企业研发费用率与美国的差距逐步缩小，但投入总规模仍有待提高

从半导体上市公司的研发费用率看，中国企业的平均水平已经从 2010 年的 5% 上升到 2020 年的约 10%，同期美国企业的平均水平始终维持在 15% 以上，双方差距缩小。从研发投入总量上看，在电子电气、科

技硬件设备、软件与计算机三个典型科技创新领域，2015—2019 年中国每年研发投入总规模均低于美国，但电子电气领域的研发投入增长率已反超美国（见图 9.10）。

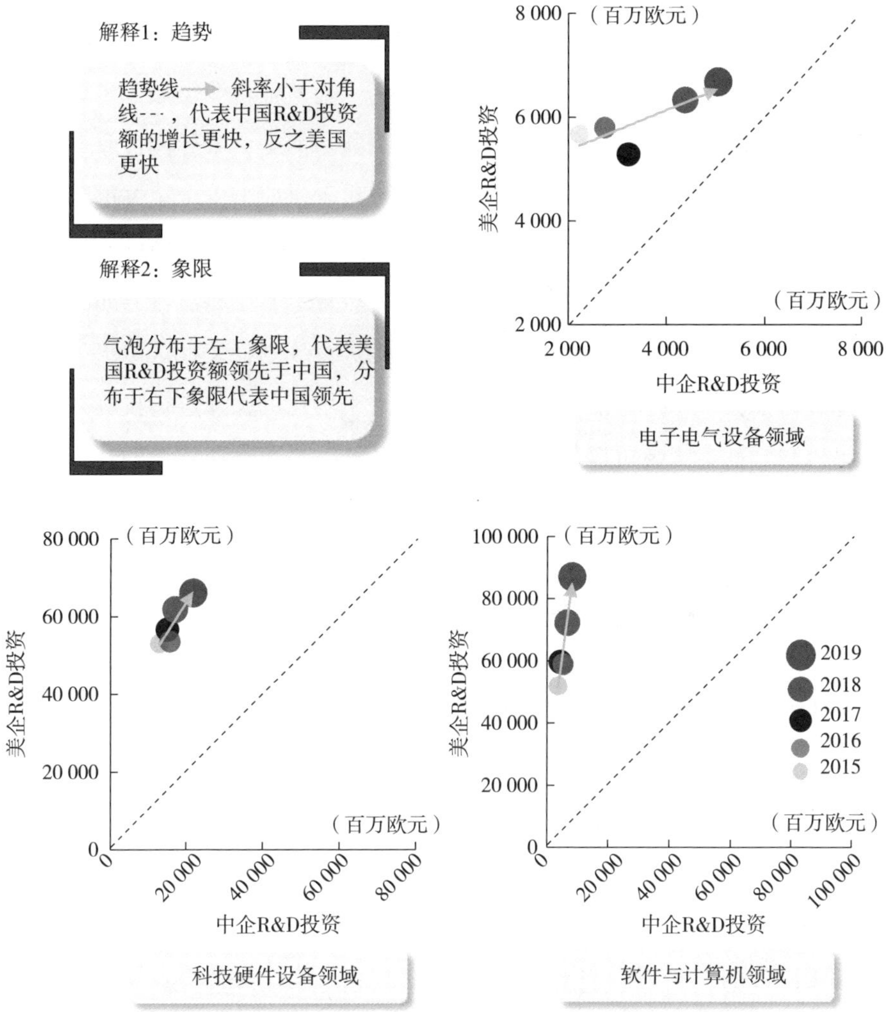

图 9.10　2015—2019 年中国电子电气研发投入增速已超美国，但设备、软件研发投资规模与增速都有待提升

资料来源：The EU Industrial R&D Investment Scoreboard，中金公司研究部。

探讨：如何引导半导体产业投资发挥最大的作用

过去中国半导体产业投资主要由政府投资主导，模式较为单一。近年来，国家集成电路产业基金的组建叠加供应链安全的诉求日渐强烈，吸引了大量社会资本涌入半导体产业。但是半导体产业具有专业门槛高、投入周期长、见效慢的特征，而缺乏专业知识指导的社会投资具有一定的盲目性，项目方和投资方亦存在一定的投机比例。与其他行业类似，半导体行业的投资风险、投资门槛和投资收益正向关联。但是，半导体行业存在一些高风险、低收益的细分领域，而这些领域对于供应链安全至关重要。政府和社会资本的合理分工可以提高这些投资的有效性。在政府资本层面，中央政府能够统筹地方区域规划，并在人才教育、基础科学等方面给予指导；地方政府可以针对本地已有的产业基础进行规划，发挥区域优势；产业基金与社会资本的性质类似，主要是通过市场化的操作进行投资并建立退出机制。社会资金可以与政府资本形成互补，具有专业背景的社会资本与地方政府在投资方向和机制上深度合作，避免重复投资和盲目投资。

人才端：中国人才数量较多，质量和结构待优化

人才数量较多，但结构不均

中国半导体从业人员人数相较美国并无劣势（见图 9.11）。从总量看，截至 2019 年底，中国直接从事集成电路产业的人员规模在 51.2 万人左右，其中设计和制造行业总人数为 35.3 万，而美国为 27.7 万；从产业链环节看，2019 年中国设计业、制造业从业人员规模分别为 18.12 万、17.19 万，同期美国分别为 9.2 万、18.5 万。2019 年全国所有半导体专业毕业生从事半导体行业工作的人数占比仅为 13%，而在 28 所示范性微电子学院中，只有 55% 的毕业生进入半导体行业。2012—2016 年美国电子行业高级工种从业人员中，美国本国人员占比仅为 59%，其他则主要来自印度、中国、

韩国等国家；对比之下，2020 年中国科创板半导体企业高层中，中国国籍人员占比达到 87%，美国国籍为 9%。

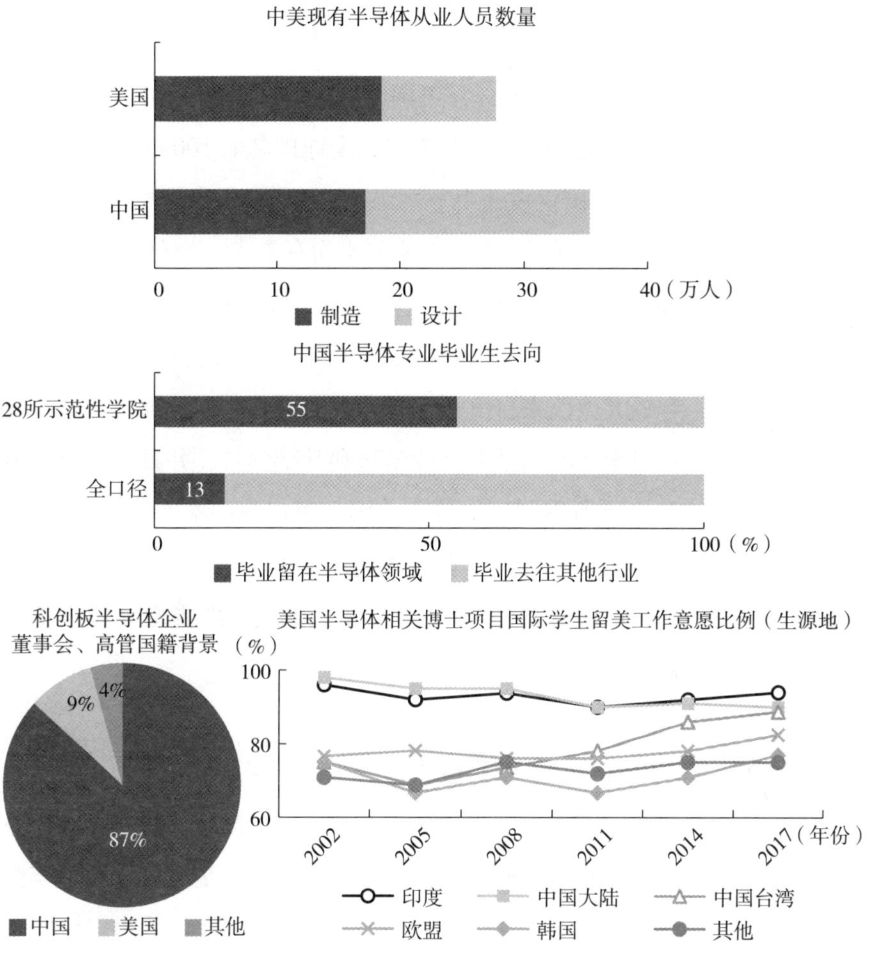

半导体人才总数=现有人才数量+高校输出+海外人才引进-国内人才流失

图 9.11　中国半导体人才数量影响因素

资料来源：《中国集成电路产业人才白皮书（2019—2020 年）》，万得资讯，CSET，中金公司研究部。

高学历人才占比多，但质量和结构待优化

从教育背景看，中国高学历人才占比高于美国，但学历质量仍存在一定差距。设计业从业人员中，中国硕士及以上学历占比为39%，本科学历占比为43%，美国均低于中国；制造业从业人员中，中国硕士及以上和本科学历占比分别为20%和32%，美国的数值分别为8%和19%，仍然低于中国。2021年QS世界大学排名指出，全球排名前100的电子专业高校中，美国占26个，中国仅占8个。

半导体行业对专业学科和基础学科人才均有需求，海外高端半导体人才留美意愿较高。半导体产业链长，产业所需人才背景多样，据统计，2010—2018年美国芯片设计、EDA工具、晶圆制造、设备制造等行业中的绿卡申请者，有较大比例来自电子工程之外的专业，如计算机科学、机械工程、化工、材料学、物理学等专业学科和基础学科，并且在不同环节中的人才组成结构也有所不同。得益于美国相对成熟的学术与产业环境，在美高校毕业的非本土半导体人才普遍倾向于留美工作。根据NSF数据，2002—2017年毕业的美国半导体博士中，非美国国籍的半导体博士整体留美比例有所下降。

中国人才团队年轻，缺乏领军型人才

经验的弥补需要时间，美国半导体人才成熟度更高。作为半导体产业领军者，美国在半导体领域经验积累深厚，人才成熟、更有经验。从年龄分布看，2019年美国从业人员主要在35~50岁，中国则相对年轻，主要在25~35岁。相较美国而言，中国半导体产业起步较晚，仍需要时间来积累相关的产业经验。

中国人均创收水平和人均薪酬较低

相较美国，中国半导体企业人均创收水平显著低于美国。从绝对值来

看，2020 年美国半导体企业人均创收 58 万美元，是中国人均创收水平的 3 倍（中国为 19 万美元 / 人）；从两国创收差额来看，2010—2020 年中美人均创收差额不降反升，由 2010 年的 26 万美元增长至 2020 年的 39 万美元。在中国高学历半导体人才占比优于美国的背景下，侧面反映出当前中国人才质量与人才效率仍有不足。

美国半导体行业人均薪酬高于中国。通过对中国大陆及香港主要半导体上市公司（包括设计公司、代工厂、封装测试企业、半导体设备厂等）总薪酬与总人数的统计，2020 年中国半导体行业人均薪酬约为 3 万美元 / 年，相较 BLS OE（美国劳工部统计局）披露的美国半导体企业 17 万美元 / 年的人均薪酬存在较大差距。中国半导体行业整体较低的薪酬水平，是目前行业对海外人才吸引力不足的原因之一。

技术端：中国学术研究初现成效，研究合作日益加深

半导体相关学术论文总数能够一定程度上反映地区半导体产业创新能力。SNV（西诺乌斯金融）对 2010—2020 年全球半导体产业链重要国家和地区的半导体相关论文发表总数进行统计发现，美、日、韩、中国台湾排名靠前，中国大陆目前论文总数排名靠后，并且美国与日本、韩国及中国台湾，以及前四名和后面众多的国家和地区之间差距明显，基本反映了当前全球半导体产业综合实力的现状。

中国半导体领域学术研究初有成效,跨区域合作的论文数量持续提升。与美国、欧盟等发达国家和地区相比，中国半导体相关的学术研究起步较晚，论文发表数量和质量均存在较大差距。但在政策支持与资金投入的不断推动下，中国作者参与的半导体领域论文发表数量稳定增长，初现成效。根据统计，从专利申请数量上来看，2000—2020 年中国在半导体领域的 PCT 专利申请数量持续增加，2019 年科创板开始以来更是迎来了新一轮

增长。此外，SNV 对 1995—2020 年美国、欧盟、中国的对外合作发表论文数量进行了统计，发现合作产出论文数量逐年显著上升，而其占论文总数的比重也长期保持在较高水平。目前美国、欧盟是我国两大合作对象，开放合作已成为半导体学术研究的重要特征。

半导体产业发展政策建议

2020 年国务院印发的《新时期促进集成电路产业和软件产业高质量发展的若干政策》（简称《若干政策》）提出制定出台财税、投融资、研究开发、进出口、人才、知识产权、市场应用、国际合作八个方面的政策措施。我们以《若干政策》为指导，结合产业现状，着重探讨当前新型举国体制下的半导体产业发展政策。

完善顶层创新体系，促进创新成果转化

总结创新成功经验，继续实施重大专项工程

围绕“02 专项”[①]的创新体系以企业为主体，有效推动了科技成果转化，产业链方面尤其是装备、材料等基础产业得到了补充。建议持续推进集成电路重大专项，将集成电路产业与其他产业如机械、化工相结合，以实现产业成果的充分转化。

强化基础研究，建立稳定有效的投入机制

设立以中央为主到地方多层级、立体化的基础研究基金体系，由中央

---

① 02 专项，即《极大规模集成电路制造装备及成套工艺》项目，因次序排在《国家中长期科学和技术发展规划纲要（2006—2020）》所列 16 个重大专项的第二位，因此被称为“02 专项”。

统筹，各地方政府结合当地的经济社会发展实际，加强对关键核心技术、基础研究的投入支持和原创性科技成果的开发。

加强半导体相关重点实验室建设，产学研协同创新

国家重点实验室是国家组织开展基础研究和应用基础研究、聚集和培养优秀科技人才、开展高水平学术交流、具备先进科研装备的重要科技创新基地，是国家创新体系的重要组成部分，[①] 是举国创新体制中的顶层建筑。国家重点实验室的科研成果可以通过企业进行市场转化，产学研协同创新。

强化企业的市场主体地位，促进公共资源和社会资本有效配置

推动生产要素有序流动，提高资源配置效率

国家产业投资与社会资本互补，在投资门槛高、投入周期长的基础科学领域重点投入，针对性支持企业做大做强。针对投机行为建立相应的监管和审查机制，以防止资金资源浪费和无序竞争。

针对企业 R&D 完善财税政策

针对半导体设计行业，适当加大流片、EDA 工具、IP 核等研发费用占比高的环节的补贴力度将有助于企业快速成长。针对芯片制造、设备材料企业，在现有基础上实行阶段制的 R&D 补贴，即在工艺、产品达到一定成熟度（例如突破、量产等）后进行相应的补贴，将可促进企业的主动创新。

扶持“专精特新”中小企业，构建多样差异的半导体行业经济生态

半导体行业中的“专精特新”中小企业长期深耕细分市场，创新实力

---

① 资料来源：科技部、财政部：《关于加强国家重点实验室建设发展的若干意见》，2018 年。

强，市场占有率高，处于产业链供应链的关键环节。通过鼓励“专精特新”，引导半导体行业中的中小企业在各自深耕的细分市场中百花齐放，对补链强链、解决我国半导体产业链短板具有重要的支撑作用。

以龙头企业为创新驱动，以点带面构建产业集群

龙头企业在全球半导体产业发展中扮演了重要的角色，其可观的营收和利润支撑了巨额 R&D 支出，带动行业技术持续创新，促进了当地产业集群快速发展。建议以龙头企业为创新驱动，通过在财税支持、技术成果转化、融资并购等方面的政策倾斜，加速以点带面打造产业集群。

建立满足产业发展趋势的人才培养和引进机制

加强集成电路学科建设，优化人才结构

在集成电路一级学科下设二级学科，以培养集成电路人才为目标进行专业学科和基础学科的建设，加强教育学科的均衡，加大全产业链的人才储备。

加大人才引入力度，打造更好的创新环境

建立高端人才引入绿色通道机制，对人才的资格审核、就业、居住、出入境等创造便利条件，对涉及关键技术方面的人才予以一定的补助和奖励。另外，在子女教育、居住上予以一定的优惠，既要引入人才，更能留住人才。

建议参考浦东建立全球高端人才引进“直通车”制度。如率先在浦东实行更加开放、更加便利的人才引进政策，为引进的“高精尖缺”海外人才提供出入境和停居留便利。再如逐步放开专业领域境外人才从业限制，对其在浦东完全市场化竞争行业领域从业视同享受国民待遇，建立国际职

业资格证书认可清单制度。

坚持对外开放合作，强化知识产权保护

集成电路产业是全球化程度最高的产业之一，没有任何一个国家能够在集成电路产业链所有环节都领先，逆全球化将打破过去半个世纪产业发展的平衡，进而影响全球经济发展。建议坚持对外开放，强化知识产权保护，互惠共赢，发挥科技创新的正外部性。

鼓励企业扩大国际合作和国际交流

持续引进来：在保证国家安全的前提下对国际企业持续开放，在制定和施行税收、投融资、市场应用等政策时对内外资企业一视同仁，建立公平、透明的市场。

坚持走出去：出台相关政策鼓励企业拓展海外贸易，建立适合当地的管理体制和创新机制，例如雇用海外销售人员和研发人员。

加强学术国际交流：半导体产业链目前已形成全球化格局，开放交流已成为半导体学术研究的重要特征。

健全半导体知识产权保护机制

我国在半导体全产业链上的知识产权积累仍有提升空间，在未来很长时间内，我国芯片产业从最基础的设计工具软件、IP 核到深层的体系架构、协议标准、制造工艺、装备材料等，整体上仍十分需要知识产权国际合作。[①] 加强集成电路设计知识产权保护，需要法律制定者与产学研各界的共同努力。

---

① 徐步陆 . 强化知识产权保护运用促进芯片产业创新发展［N］. 中国电子报，2020–11–17.

第十章

软件创新：拥抱开源，开放场景，提升中国软实力

软件是科技创新中的重要组成部分，随着软件力量的不断发展，“软件定义世界”[①]的技术趋势越发显著。然而，我国的软件行业在基础软件和高端的应用软件方面仍有缺口，从而带来供应链、数据安全和产业升级长期驱动力不足等风险。我们对于软件行业的洞察是：软件行业的成功秘诀在于“标准”二字。我国遗憾地错失了参与上一代基础软件标准制定的机遇，并且在应用软件中，大量具备定义全球标准能力的用户并未选择中国软件供应商。

从创新范式的角度观察，我们发现基础软件和应用软件具备泾渭分明的创新范式：前者是典型的激进式创新，以科学研发为牵引，通过标准带来的垄断收益驱动创新，需要长期资金和持续支持。而应用软件更符合渐进式创新，以“用户—开发者”的循环迭代为来源，以易用性、口碑等为优势，通过限价阻碍竞争者进入获得创新激励，是风险投资的乐土。从经济学的角度看，开源模式是对原有知识产权体系的一种颠覆，其“用户创新网络”的本质是帮助基础软件在开源社区激发出较大的创新力量，并衍生出成熟的商业模式的核心要素。在应用软件领域，因为不符合“用户创新网络”的范式，开源不能完全替代闭源软件厂商的工作。

基于以上洞察，我们对中国的基础软件和应用软件分别提出了创新解法。就基础软件而言，我们发现全球的新一代基础软件几乎都在开源体系中，这给了我们融入全球标准、参与新一轮标准制定的机遇。实际上，中国开发者已经是国际开源社区中的重要参与力量。我们提出需要在拥抱开源之上，进一步实现自主创新，实现从融入到引领，不断追赶国际基础软件技术的前沿。在应用软件中，我们发现当前中国存在一批能够定义本土标准的软件企业，但能够引领全球标准的企业较少。我们认为开发更多头部、具备国际比较优势的应用场景和应用客户，是帮助中国应用厂商产品力向上突破的关键举措。通过践行以上思路，中国在人工智能领域获得了不错的成绩。中国的人工智能已经处于全球第一梯队，[②]无论从基础软件的学习框架角度，还是从应用端来看，中国人工智能的中坚力量均在全球范围内具备竞争力。

在政策端，我们给出一些参考思路。自上而下方面，建议政府和央企、国企发挥带头作用。一方面，从需求端以鼓励开源采购、国产化、带头进行全面正版化等举措进行拉动；另一方面，从政府主动开源，分享自身的数字化成功经验，以加强融资支持、开源基础设施等方式强化供给。自下而上方面，建议鼓励企业、高校的开源捐赠和科研成果的产业化，降低教育、生活成本等创业创新的摩擦成本，构建多层次、立体化的软件人才培养和引进体系。在研究中，我们发现海外的软件产业政策和我们的思路有相通之处，除了基础的财政补贴、税率优惠等，还包括扩大政府采购、鼓励使用开源软件和贡献开源软件、加强“通用科技基础设施”建设和强调人才和教育对创新的推动作用等。[③]

---

① 参见https://www.gartner.com/en/newsroom/press-releases/2014-06-11-gartner-identifies-chinas-top-10-strategic-technology-trends-in-2014。

② 新华社. 中国已处全球人工智能开发第一梯队［EB/OL］. 新华每日电讯（2018–05–18）. http://www.xinhuanet.com/mrdx/2018-05/18/c_137189189.htm。

③ 本章作者：钱凯、赵丽萍、于钟海。

安全：中国在软件领域面临的产业链风险

中国软件行业供给端仍存在缺口

中国企业数字化的需求总体大于软件行业总供给。我国 IT 产业目前呈现出“需求强、供给弱”的特征，本土软件行业供给不足以支撑新一轮数字化转型的需求。据 IDC 数据，2021 年中国企业 IT 支出将达到 7 000 亿美元，位居全球第二。但根据彭博社及 Gartner（美国高德纳咨询公司）数据，2021 年中国软件行业产值为 4 390 亿美元（见图 10.1），总需求大于总供给，相比之下，美国等发达国家则能基本维持供需平衡，或是进一步向外输出 IT 供给能力。

中国软件领域进出口总体仍存在逆差。出口方面，我国软件业出口金额自 2013 年起整体保持稳健增长（见图 10.2）。除特殊年份受贸易摩擦、疫情等影响出现负增长。2021 年 1—5 月实现 192 亿美元出口，较 2020 年同期实现 15.4% 的增长，较 2019 年同期亦保持近 3% 的正增长。进口方面，国家统计局数据显示，我国计算机、软件及辅助设备进口额呈现先

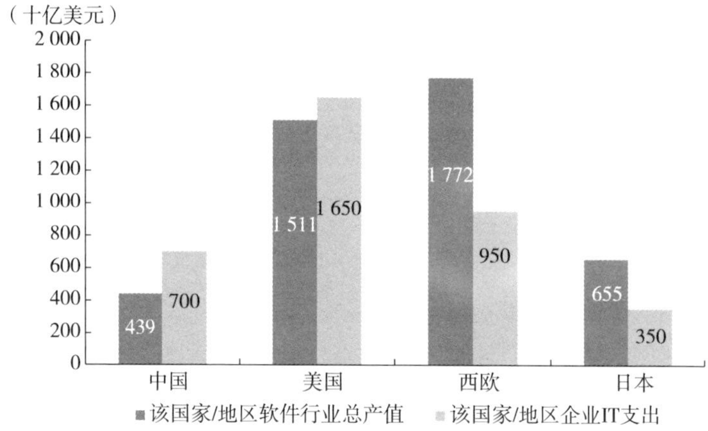

图 10.1　全球主要国家及地区软件行业产值及企业 IT 支出

资料来源：彭博资讯，IDC，Gartner，中金公司研究部。

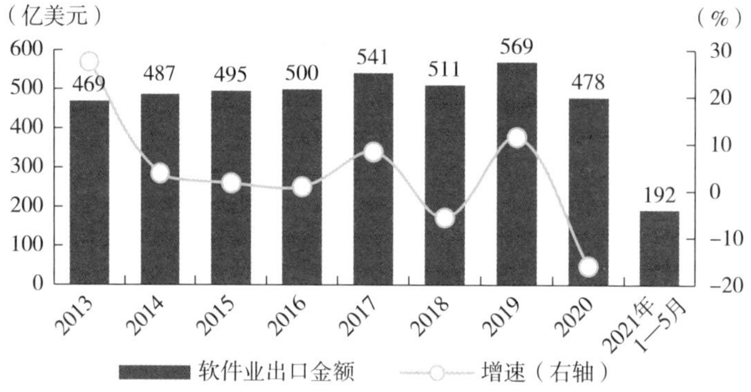

图 10.2　中国软件业出口金额及同比增速

资料来源：工信部，中金公司研究部。

减后增的趋势（见图 10.3），自 2015 年见底之后反弹并快速增长，而出口额在 2016 年之前保持稳定，2017 年起增长迅猛。整体来看，贸易逆差仍然存在，但在逐步缩小。

中国软件行业供给端的缺口主要在于基础软件领域。我们将软件与服务行业简单分为三大赛道（软件部署层级示意图见图 10.4）：基础软件（操作系统、数据库、中间件、虚拟化技术、网络安全）、应用软件（工业软件、管理软件、行业应用软件)、IT 服务(IT 咨询、IT 实施等和人力成本挂钩的业务)。从规模上看,美国的软件与服务行业在三大赛道中均明显大于全球其他主要地区,在基础软件上优势尤为明显。而中国应用软件和 IT 服务市场规模较大,但基础软件力量相比之下则较为薄弱。

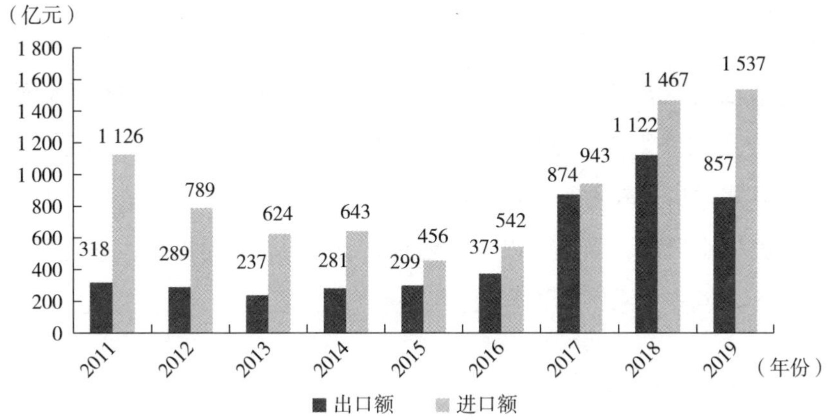

图 10.3 中国计算机、软件及辅助设备批发商品进出口额

资料来源:国家统计局,中金公司研究部。

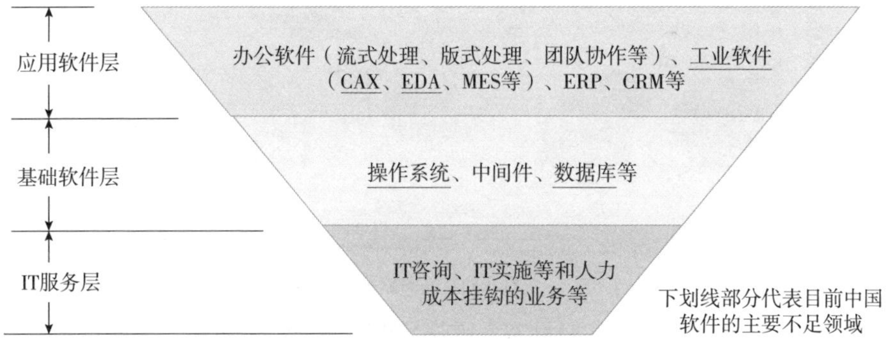

图 10.4 软件部署层级示意图

资料来源:CSDN,中金公司研究部。

各软件细分赛道国产化现状存在较大差异。在 ERP(企业资源计划)、工程造价、医疗 IT 等软件领域,由于需要较强的本土化服务,软件国产

化率超过50%，对海外供给依赖度低。但在操作系统、数据库等基础软件和工业软件领域，研发难度高，行业标准由海外公司制定，因此呈现巨头垄断格局。基础软件和工业软件领域的软件国产化率目前仍处于较低水平，是国家高度重视、大力推进的软件自研方向。

总结来看，我国目前在基础软件及高端应用软件领域仍存在明显的供给缺口。从图10.5和图10.6中可以看到，虽然目前国内在一些具有服务性或行业性属性的细分软件领域已实现了较高的国产化率，但在基础软件及高端应用软件（如工业软件、高端ERP等）领域，我国仍有较大的需求缺口依赖进口，软件行业作为国家科技发展的关键环节，依赖海外软件产品存在安全风险，因此，以科技创新驱动中国软实力提升，进而提升软件行业产业链安全水平刻不容缓。

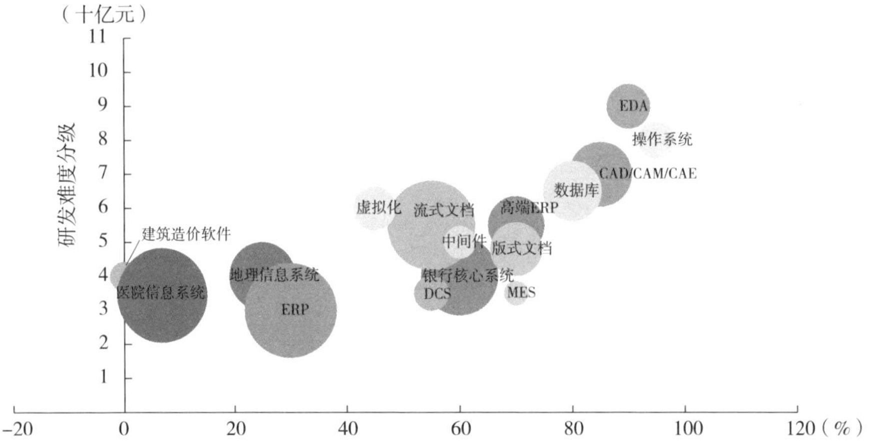

图10.5　软件行业对于不同细分领域产业链安全的度量

注：数据统计时间截至2020年12月底。气泡大小代表该类软件对应的国内市场规模。依赖程度=1–国产化率。CAD、CAM、CAE均为计算机辅助设计；DCS为分布式控制系统；MES为面向制造企业车间执行层的生产信息化管理系统。

资料来源：IDC，前瞻产业研究院，赛迪智库，各公司公告，中金公司研究部。

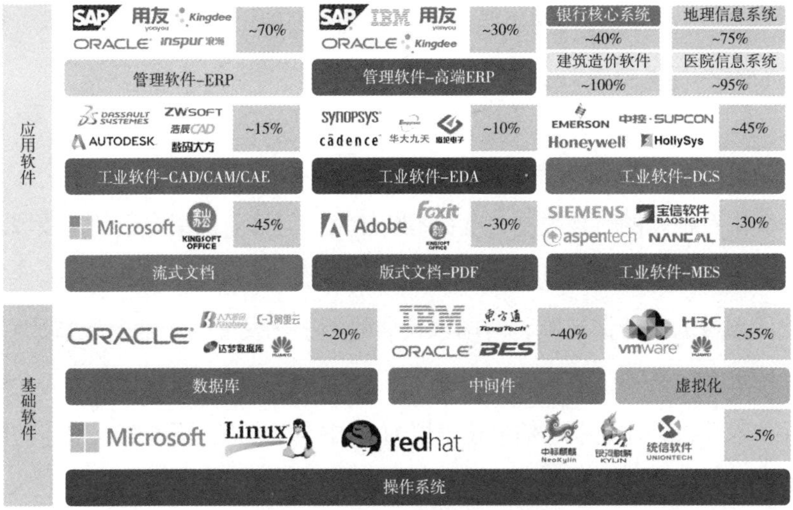

图 10.6　各软件领域的国产化率现状

注：数据统计时间截至 2021 年 7 月底。各类软件颜色深浅代表对于国外软件的依赖度高低，颜色越深代表依赖度越高，方框中百分比为国产化率。

资料来源：IDC，前瞻产业研究院，赛迪智库，各公司公告，中金公司研究部。

中国软件领域存在产业链安全风险

软件授权及服务的“断供风险”

目前国内工业设计、基础软件等领域产品大多来自美国。倘若美国限制软件出口，那么国内部分企业及团队的软件授权或将面临一定的停止服务即“断供”风险。设计类软件属于行业重要的生产工具，基础软件则是其他应用软件运行的底层基础，一旦断供将对企业生产的稳定性造成影响。

软件层面对于数据安全的顾虑

软件的“后门”是指绕过正常安全措施并获得高级用户访问权限的方法。在开发软件时，设置后门可以便于开发者修改和测试程序中的缺陷。但如果后门泄露或是在发布软件之前没有被去除，那么它可被用于窃取使用者数据，甚至侵入、破坏使用者的系统。当前的国际局势下，对于软件带来的数据安全隐患的关注度也日益提升。

软件领域产业链安全的隐患更多在于长期

美国对中国的科技限制力度在不断加大，但目前仍集中于硬件领域，其核心原因在于软件断供可通过多种方式间接解决（包括使用开源软件等）。但软件领域的产业链风险将对国家长期的数字化发展与产业升级造成影响。软件技术升级是一个全球参与的持续更新迭代的过程，只有积极参与全球化软件技术升级，才能缩小信息技术层面与国外的差距，不断实现整体的数字化进程与新一轮的产业升级。

产业链风险的背后是科技创新层面的差距

毛利率是产品竞争力、创新能力的结果表现，目前中国在基础软件、应用软件方面的创新能力与欧美还有较大差距。延续之前基础软件、应用软件、IT 服务的分类方式，我们和海外软件在毛利率和研发费用方面的差距由大到小分别为基础软件、应用软件和 IT 服务，我们认为这一结果是符合产业逻辑的（见图 10.7）。基础软件研发难度最大、壁垒最高，最能体现创新实力，毛利率水平较高。IT 服务重人力，毛利率处于相对低位。分地区看，欧美的毛利率普遍高于亚洲地区，其中基础软件的领先优势尤为明显。

研发投入是行业创新的过程体现，整体而言，美国在基础软件和应用软件的投入力度领先，中国仍需追赶。分赛道看，基础软件和应用软件均需要大量的研发投入，IT 服务重服务、人力密集，研发投入要求低。分地区看，基础软件方面，美国投入力度遥遥领先，中国位居第二；应用软件方面，美国依然占据首位但领先优势较小，欧洲和中国紧随其后；IT 服务各地区差异不大，中国和韩国研发投入略高（见图 10.8）。

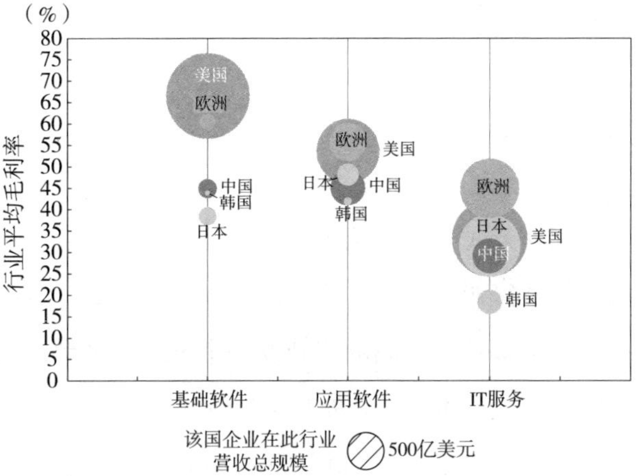

图 10.7 以毛利率衡量的产业创新链

注：我们选取了彭博资讯中软件 / 技术服务行业中西欧、美国、中国（包含香港和台湾地区）、日本、韩国地区的 2 712 家公司，对各地区相应赛道中的公司毛利率求平均，以求得的平均值来代表该地区、该赛道毛利率水平；数据统计时间截至 2021 年 7 月。

资料来源：彭博资讯，中金公司研究部。

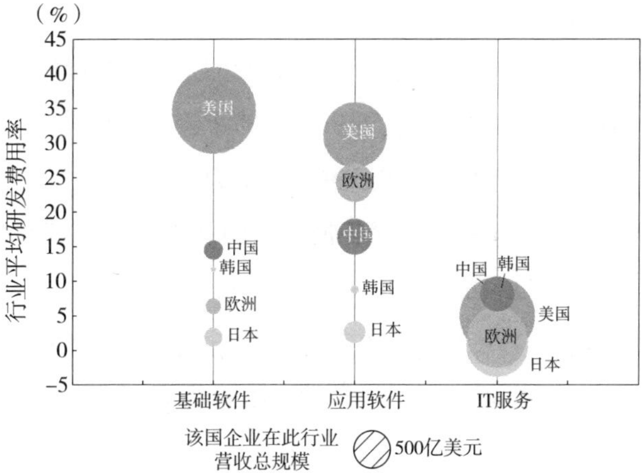

图 10.8 以研发费用率衡量的产业创新链

注：我们选取了彭博资讯中软件 / 技术服务行业中西欧、美国、中国（包含香港和台湾地区）、日本、韩国地区的 2 712 家公司，对各地区相应赛道中的公司研发费用率求平均，以求得的平均值来代表该地区、该赛道研发投入水平；数据统计时间截至 2021 年 7 月。

资料来源：彭博资讯，中金公司研究部。

基础软件和应用软件的创新解法

软件行业的创新范式

软件行业的创新范式分析见图 10.9。

创新模式：软件行业兼具激进式创新和渐进式创新，其中激进式创新需要解决一个此前从未解决的问题或开发一个全新的平台，主要包括更新若干重要的底层技术或技术平台，如基础软件、开发语言、几何建模内核、人工智能开发框架和算法等，往往以 10 年为周期进行更迭。渐进式创新通常有清晰的市场目标，有明确的目标客户、客户需求和用户反馈，主要体现为各类应用软件、人工智能的应用，以及基础软件的更新迭代和发行版等。

创新激励：基础软件的创新激励来自垄断价格，如微软、甲骨文等公司典型的基础软件凭借垄断优势，拥有非常高的利润率。对于应用软件、IT 服务，一旦领先者定价过高，后发者就可以通过性价比抢占市场。领先者通常具备较强的规模效应，通过合理的定价迫使后进者负担较高的开发成本，造成其亏损，从而削弱后进者竞争力。

创新来源：软件行业中，除了最底层的基础软件、新的 IT 架构等思想来自大学等研究机构和大型企业发表的论文，大多数的应用软件有较强的“用户—开发者”反馈效应，用户的需求和反馈非常重要，用户在各种不同的 IT 环境中遇到的问题（“测试”）也是打磨一个强健产品的必然路径。因此，大多数软件（应用软件、IT 服务）具备明显的“用中学”“做中学”的特点。

收益方式：基础软件有一定的公共品属性，无论是开源或闭源，使用者都能以远低于自己开发的成本获得相应软件，支持自身的 IT 系统。从商业模式上来看，闭源软件的商业模式围绕的是 IP 和确立标准后的垄断

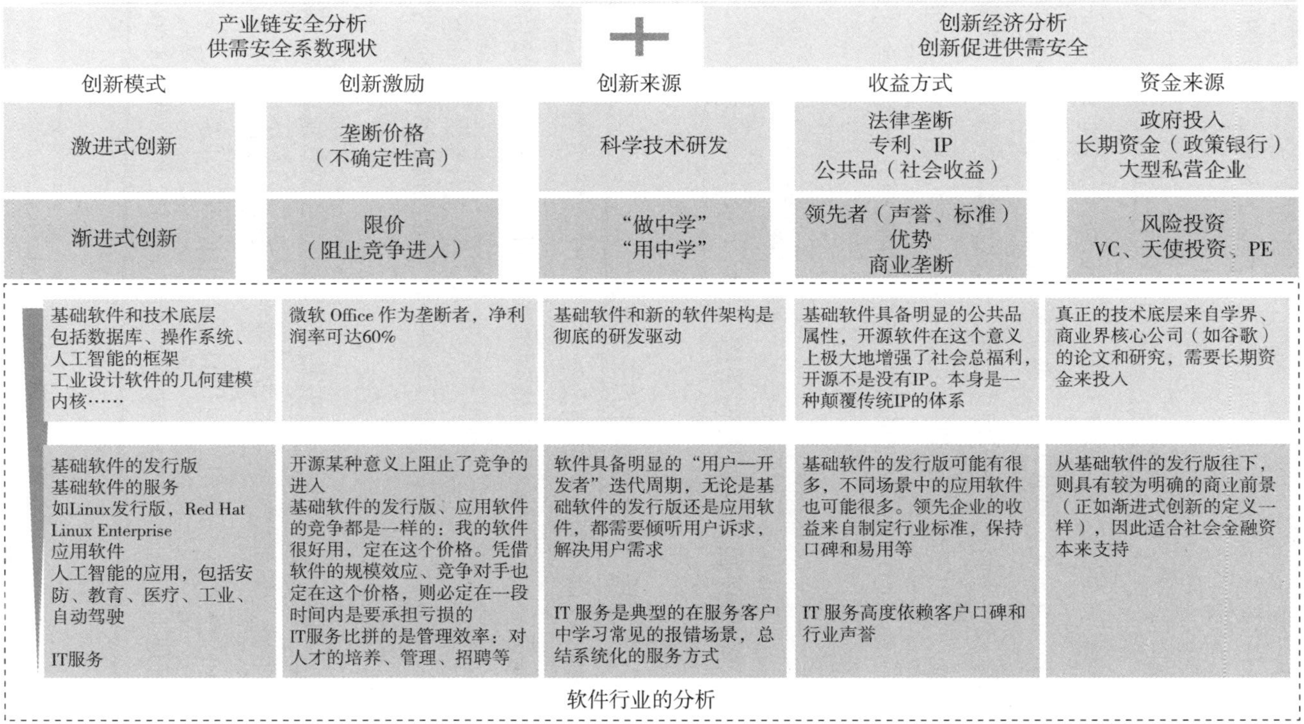

图 10.9　软件行业的创新范式分析

资料来源：中金公司研究部。

经营；开源软件的商业模式围绕的是“公共知识的深度理解，带来的知识变现”。应用软件和 IT 服务依赖的是产品的性能、产品的口碑、服务的质量和稳定性等因素。

资金来源：基础软件作为公共商品，一方面依赖于激进式创新，研发周期和市场空间均具有不确定性。另一方面，其价格应该尽量低廉，从而使社会收益最大化。因此无论开源与否，基础软件需要更多的长期资金投入和政策资金支持。应用软件方面，由于其渐进式创新的意味更浓，市场和需求导向更明确，所以更适合由风险投资来支持。其中，从产业链安全的角度来看，有一些风险收益不够匹配的投资需要由政府长期资金承担，也需要政策的支撑。

基础软件创新：拥抱开源，从融入到创造

开源软件正在成为新一代基础软件的主流选择

开源已成为新一代软件的重要基础设施（见图 10.10）。开源软件指版权所有人将源代码公布，允许他人进行修改和分发软件。其实质是代码的共享，能够降低软件开发的门槛，减少代码开发中的“重复造轮子”工作，提高代码开发的效率。开源凭借其开放、共享等特性掀起软件领域革新，迎来越来越广泛的应用。在操作系统（Linux）、中间件（Java）、数据库（PostgreSQL /Hadoop/Spark）、虚拟化（KVM）等多个领域，开源基础软件正成为主流，其所带来的更新迭代频率以及创新效率远超闭源。据 Gartner 的调查，全球 99% 的组织在其 IT 系统中使用了开源软件；而 Sonatype（软件管理工具提供商）公司的另一项调查显示，[①] 参调的 3 000

① 参见 https://jaxenter.com/sonatype-open-source-survey-shows-growing-importance-for-enterprises-104271.html。

家企业中，每家企业开源软件的年平均下载量达到 5 000 个。全球新一代基础软件几乎全部选择开源，中国厂商亦积极拥抱开源。

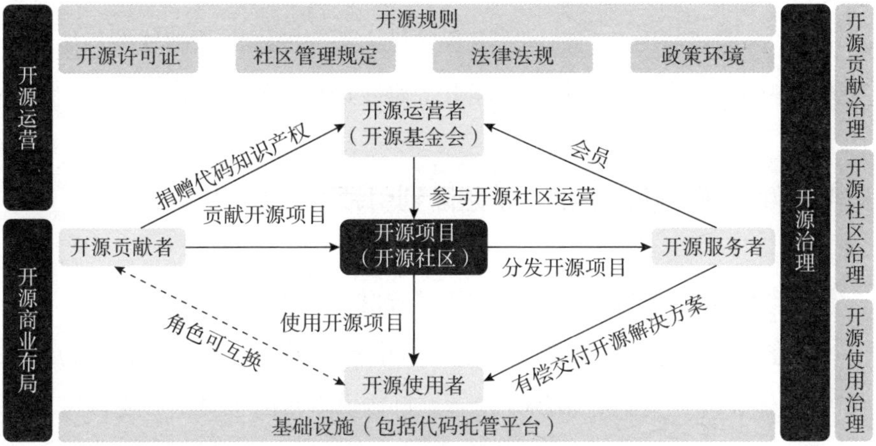

图 10.10　开源生态架构图

资料来源：中国信通院，中金公司研究部。

中国的基础软件创新为何可以选择开源路线

开源带来的快速迭代是基础软件的核心竞争力。开源的优势在于撬动更多的人力贡献代码，实际上打造了程序员的协作“生态”，在这个生态中实现代码的协作共享：一方面，开源社区中能够实现历史数据的复用，从而加快代码迭代完善的速度；另一方面，开源社区的协作和共享的特性能够吸引越来越多的开发者，从而更好地维护开源项目，通过完善工具群来提升使用体验，由此实现了生态滋养开发者、开发者反哺生态的正向循环。

开源项目客观上为我国软件行业赶超全球先进水平提供了机会。开源社区对全球的开发者创造了一个相对公平的环境，任何人均能够触及社区中的源代码，也能贡献出自己的代码。近年来我们也看到了越来越多的国内企业在各大开源社区中取得越来越强的话语权（比如华为在 Android 社区，阿里、腾讯在 TensorFlow 社区，博云、道客云等创业公司在 K8S 社区）。

我们认为拥抱开源可以作为基础软件领域的产业创新路线。开源为基础软件的发展提供了肥沃的土壤，我们认为国内软件厂商可以基于现有的开源软件框架，进行大量的自主研究和创新，开发出好用、易用的国产基础软件。开源进行时，目前国产替代领域大部分的国产基础软件，如操作系统、中间件、数据库等均是基于开源路线进行开发和迭代。

应用软件创新：确立标准，从跟随到引领

应用软件产业链安全的关键在于“标准”的话语权

标准意味着什么？在产业链上下游中具有最强势的地位，成为“中心”，具体表现在聚集更多的开发者，打造出丰富的工具链，更深厚的积累与代码库复用，更全面的教育覆盖，源源不断地输送人才，更多渠道商资源提供完善的售前售后服务、咨询，从而吸引更多使用者采纳，并进一步形成飞轮效应。一是完善的工具链：有影响力的标准会吸引众多开发者为其打造工具群、工具链，完善各细分场景需求下的使用体验。二是历史积累的复用：正如论文和研究是基于前人的研究添砖加瓦一样，程序和代码也是不断复用的。成熟的生态会积累形成代码库，提供更多前人的代码进行复用，进一步提高开发效率。三是教育 / 培训用户习惯：成功的软件会在应用中成为行业标准、求职必备技能，从而由业界向学界渗透，吸引培训机构、高校进行授课，出版教程类图书，从而促使更多开发技术人员养成使用习惯。四是渠道服务支持：更多渠道商、服务商、发行版开发商等合作伙伴，帮助更快地拓展业务、提高影响力，覆盖更多国家和地区，进行本土化的拓客和维护。五是形成飞轮效应：一个成功的标准不论是开源还是闭源，一旦壮大都会形成开发者与使用者之间相互吸引、共创繁荣的飞轮效应。一个有影响力的开源项目会吸引更多的开发者反哺开源生态，带来更快的版本迭代、问题修复、功能更新，进一步提高影响力。闭源软

件在商业上的成功也能够使公司在产业链中具有更强的话语权。

工业软件：暂时无法掌握标准的领域

工业软件的标准来自对下游制造业工艺的理解和磨合。工业软件需要在企业客户应用过程中不断进行性能的打磨及各行业特殊场景需求的功能完善，海外高端制造业客户（传统航空、汽车、机械制造、芯片等巨头）和海外工业软件厂商相辅相成，形成强者恒强的正循环。中国本土研发类工业软件过去基本没有服务高端制造业的机会，因此没有制定标准的话语权（见图 10.11）。

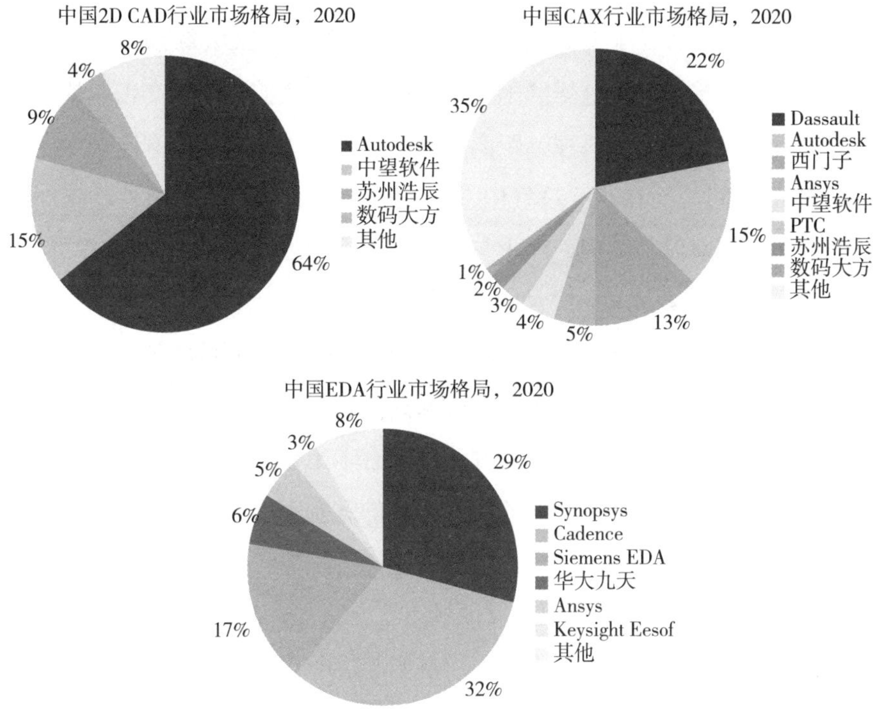

图 10.11 中国市场工业设计类软件竞争格局

资料来源：e-works，CIMData，赛迪顾问，中金公司研究部。

高端工业设计和仿真软件方面，国外巨头占据绝对优势。目前我国高端工业设计和仿真软件市场仍然由国外巨头占据。2020 年，2D CAD 国产化率约 30%、CAX（计算机辅助设计软件统称）国产化率约 40%、EDA 国产化率仅 10% 左右，并且国产工业软件使用场景多集中在相对低端的工业设计场景，尚不足以支撑对大装配（如航母、飞机）等领域的工业设计要求。仿真领域亦缺乏可用、好用的工业软件，因此存在一定的产业链安全风险。

长期问题的解决更需要下游产业的支撑。工业软件产品力的提升离不开下游制造业客户的持续打磨，可喜的是，一方面，国内高端制造企业实力不断增强；另一方面，目前越来越多的国内高端制造业企业开始主动使用国产的工业软件（尤其是央企、国企等），CAD、EDA 领域也出现了诸如中望软件、华大九天这样的国产领先厂商。但我们认为国产工业软件的崛起仍将是一个长期的过程，距离能够真正参与国际标准的制定至少还有 5~10 年的时间。而在这一过程中，下游行业的带动将是中国工业软件能够尽快实现创新路径突破，缩小与国外头部厂商之间差距的关键。

管理流程类及垂直行业类：能够建立本土标准的领域

管理流程及垂直行业类软件一方面具有较强的地域属性、存在本土化标准的特性，中国企业的经营管理流程具有本土化的特征，天生形成了中国本地化的标准；另一方面可能需要大量的定制和服务。这一领域国产化程度较高，不存在本质上的供应链风险。

掌握区域本土标准，可以成就区域本土龙头。比如 ERP 领域的用友 / 金蝶、在工程算量计价方面的广联达、基金 / 券商 IT 中的恒生电子；而在需要大量服务的垂直行业如医疗 IT 领域，本土厂商在服务响应、价格方面都更具优势，市场基本由国内厂商占据。

但也正因为本土化、重服务的特征，国内厂商在出海和国际化方面可能存在一定阻碍。同时，由于欧美国家在企业数字化管理领域起步更早，有更多的跨国集团实践经验,因此在部分高端管理软件市场仍然占据主流。我们认为可能的解决方案有：一方面，可以先避开在欧美成熟市场的直接竞争而转向软件实力较为落后的发展中国家，比如辰安科技就是在“一带一路”地区国家打开市场；另一方面，借助下游中国企业客户的出海机会，从区域标准出发进军国际标准。

软件行业创新的中国标杆案例：人工智能

基础软件：校企合力，拥抱开源，底层能力仅次于美国

软件框架是整个 AI 技术体系的基础软件。软件框架作为深度学习算法的工程实现，是整个技术体系的核心，也是产业竞争的核心。各巨头建设算法模型数据库，将其封装为软件框架，为应用开发提供集成软件工具包，为上层应用开发提供了算法调用接口。

美国巨头在底层软件框架领域领先，国内仅有少数公司拥有自主研发框架,但国产框架的市场地位持续上升。由于人才储备多且积累时间较早，美国在深度学习基础软件方面全球领先，目前美国谷歌与脸书两大互联网巨头分别拥有 TensorFlow 与 PyTorch 等行业主流框架，而国内仅有百度、商汤、华为等少数企业拥有自主研发框架。随着海外巨头纷纷发布深度学习框架建立开发者生态，国内 AI 龙头也发布了自研的 AI 框架，成为我国产业界原创 AI 技术的基石。据 IDC 数据，对比国内 2019 年与 2021 年深度学习开源框架的市场份额，百度与华为排位均上升，其中百度 Paddle 开源框架市场份额首度升至第一位。

国内龙头企业投入 AI 时间早，与国际巨头处于同一起跑线。受益于国内移动互联网行业的良好基础，国内百度等巨头很早就意识到数据及

AI 技术能够带来很大的效益，并进行了高强度的持续投入。

- 百度：深度学习的元年是 2012 年，百度的业务属性使其很早意识到这项技术的潜力，并曾计划签约“深度学习之父”杰弗里·欣顿，虽然其最后被后来者谷歌招揽，但也体现了从行业发展之初有前瞻性的中国机构即与全球巨头处在同一起跑线。
- 商汤：与谷歌在基础框架层面同时起步，2012 年 CVPR（IEEE 国际计算机视觉与模式识别会议）接收的两篇深度学习论文全部来自商汤，2013 年 ICCV（国际计算机视觉大会）接收的 8 篇深度学习论文中有 6 篇来自商汤。

应用软件：场景落地百花齐放，数据驱动下有望弯道超车

中国在 AI 应用软件市场紧追美国。根据 IDC 数据，中国 2020 年智能软件及应用市场规模为 230.9 亿元，约为美国规模的 60%。根据 Tortoise Intelligence 的研究，中国在 AI 发展情况、政府支持、商业化等领域位于世界领先的地位，美国则在人工智能的人才、设施、研究和商业化 4 个领域排名世界第一。

中国 AI 应用场景丰富，产业落地多点开花。AI 应用软件基于基础软件框架，以解决方案的形式实现场景落地，同样是 AI 产业链中必不可少的一环，国内 AI 应用正从早期的智慧安防、人脸识别逐步发展到智能制造、智慧教育等多个新兴领域（见图 10.12）。

科技发展进入第四范式，数据赋能带来弯道超车机会。2007 年，图灵奖得主詹姆士·格雷提出，整个科学的发展已经进入到第四个范式，即数据密集型科学研究范式，在这个阶段，电脑会替代人脑在海量的数据中发现规律，推动科技进步。数据 – 模型反馈优化机制是深度学习技术的

重要特点，中国市场大、场景丰富，以互联网、制造业为代表的行业在数据资源上全球领先，为 AI 在中国的落地和发展提供了良好的条件。

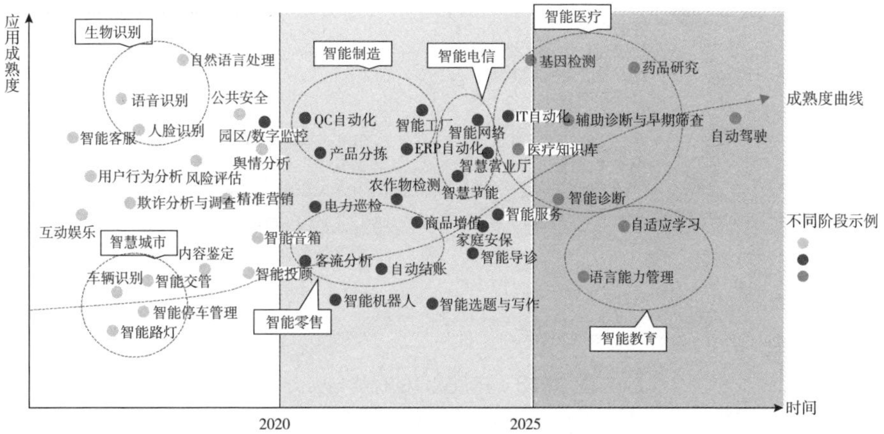

图 10.12　2020 年中国人工智能的应用场景发展

资料来源：IDC，中金公司研究部。

讨论：软件产业科技创新的经济学原理

从开源经济学的角度看基础软件创新

开源模式会阻碍创新还是利于创新

开源软件一方面以社区方式撬动了全球海量的开发者，对特定的软件项目进行共同开发，并迸发出了强大的能量。另一方面，由于开源软件的免费特性，开源软件也可能降低商业软件公司收入，从而阻碍其持续的研发投入。针对这一问题，学界有较多讨论。对比开源对社会创新活动的有利点和不利点，开源仍有利于创新。根据比泽尔和施罗德（2005）的研究，[1] 开源软件的优势和劣势如图 10.13 所示。

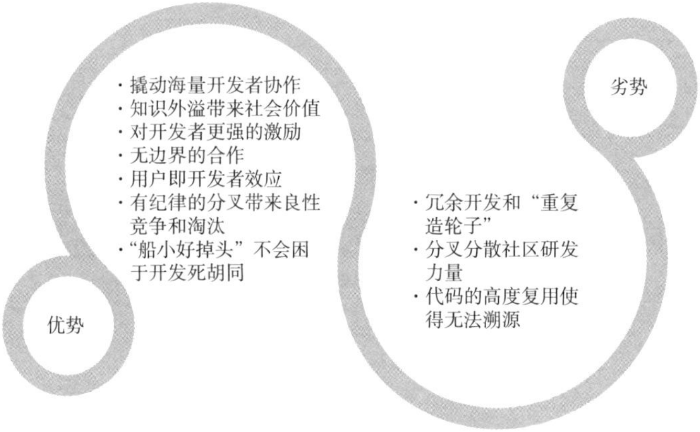

图 10.13 开源软件的优势与劣势

资料来源：Bitzer & Schroder（2005），中金公司研究部。

比泽尔和施罗德同时搭建了一个模型，以技术水平作为策略决策的核心变量，分析开源软件参与软件行业的竞争是否会激励创新或者压抑创新。结论是，由于开源软件的创新成本更低，从软件的垄断到多头竞争的格局，不论是开源软件项目和分叉间的竞争还是开源软件和闭源软件的竞争，都能使各方参与者实现提升其技术水平的目标，促进社会的创新。

为什么软件行业适用于开源？哪类软件更适用于开源模式？

软件行业适用于开源的根本原因在于软件的数字经济属性。软件行业具备两种明显的数字经济属性。一是规模效应，指对软件企业而言，由于数据的复制只需要很小甚至是零边际成本，因此其通常服务一个新用户的边际成本是非常低的。二是非竞争性，指的是一个使用者对该物品的消费

① Bitzer J，Schroder P. The Impact of Entry and Competition by Open Source Software on Innovation Activity［R］. Aarhus School of Business，2005.

并不减少它对其他使用者的供应。传统企业的经营活动大多依赖消耗性的生产资料，虽然其可以通过扩大规模来降低成本，但由于消耗性生产资料本身固有的成本，传统经济活动的边际成本不能降为零，企业供应量的增加始终会增加其供应成本，规模效应也就因此受限。而对于软件行业，软件产品几乎没有复制成本，传输成本几乎为零，单个用户的使用不影响其他用户的使用，也不会增加企业的供给成本。

应用软件往往不适合开源方案。开源软件虽然具备前文所述的种种优点，但同样在一些领域表现不佳：大多数开源软件都是在基础软件赛道，集中在 IT 运维、操作系统、数据库等领域；开源软件的用户界面、产品文档、可用性测试等往往不佳；开源软件往往缺少诸多“企业级特性”，如容灾、灾备、高可用等。追根溯源，开源软件的核心特点之一是前文所述的“用户创新网络”或“用户即开发者效应”，开源项目开发者的一大驱动力是开发的产品自己也可以用到，而开源社区的参与者中，IT 管理员占比较高。因此，在面向企业和终端普通消费者的应用软件领域，开源产品的使用体验往往不及商业闭源软件或商业化公司基于开源软件构建的付费软件。

开源软件的商业模式

开源软件和商业活动并非水火不容，而是互相支持补充壮大的关系。开源的精神源自免费软件，但开源的根本目的不是免费使用软件。开源软件的发展孕育了大量商业机遇，基于开源项目的创新商业模式层出不穷；同时商业活动的活跃可以反过来刺激开源社区壮大，例如熟悉活跃的开源软件使用能够为工程师带来更好的工作机会，从而进一步激励工程师更多地参与到开源项目的建设中，形成正向循环。

商业公司积极参与开源项目，创新商业模式。随着开源文化的普及和开源社区的活跃度提升，开源软件的使用亦逐步推广，与开源软件相关的技术支持等服务需求由此产生。基于开源项目，各商业公司积极探索与创新，形成了三种较为成熟的商业模式（见图 10.14）。

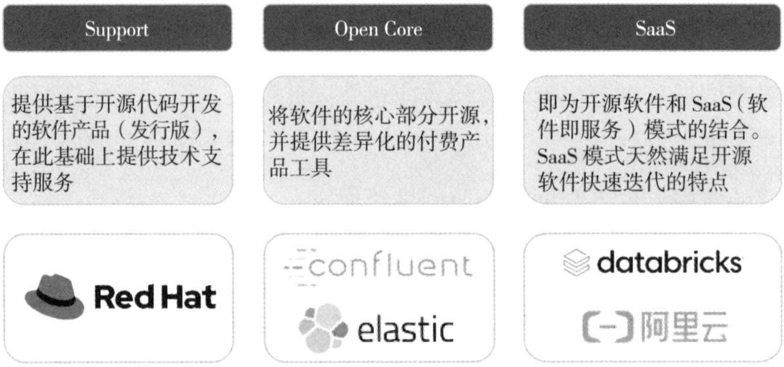

图 10.14　开源软件的三种商业模式

资料来源：Andreessen Horowitz，中金公司研究部。

开源的国际竞争和产业链安全

开源可以进行国际竞争吗？需要认识到的是，开源软件本身不具备“国别”，开源社区和项目严格意义上是无国界的项目。但开源项目本身存在代码托管平台、基金会、许可证等多个存在产业链安全风险的环节。所谓开源项目无国界，但开发者是有国界的。在极端情况下，同样可以通过控制各个开源项目的环节进行国际竞争。

当前，我国在开源社区的参与程度仍处于“多而不强”的状态。根据前文对开源社区治理架构的讨论，在开源社区中仍然存在阶级和话语权之分，并非完全的平等。高希和戴维等（2003）的研究指出，Linux 社区的“基尼系数”为 0.79，少量核心开发者贡献了更多的代码。① 若中国开发者在开源社区的影响力和号召力不够强大，在极端情形下，我们自设的开源社区能够吸引的开发者就会更少。因此，我们一方面要积极扩大在重要

① Chakrabarti A., Ghosh A., Prasad G. S., et al. Apophysomyces elegans：an emerging zygomycete in India［J］. Journal of clinical microbiology, 2003.

项目中的影响力；另一方面，开源项目的第一捐献者往往有较强的影响力和项目掌控力，因此也应积极鼓励中国的优秀企业捐献开源项目，建立全球知名开源项目。

从标准经济学的角度看应用软件创新

标准的经济学定义

从软件行业看标准的定义：目前软件领域的“正式标准”主要是在底层编码层面，比如国际通用的 UTF-8（字符集）标准，以及我国的 GB-2312（汉字编码字符集）标准；而在应用软件层面更多的则是由企业发起，再由行业广泛使用认可的“事实标准”，又可分为两个方面：一方面在于兼容性与交互性（比如各种应用软件输入输出文件的标准格式），另一方面在于与下游应用场景“标准”的结合（比如造价算量软件内置的计价标准等）。

标准在应用软件领域尤为重要：应用软件本质还是为具体行业的具体场景服务，其本身就具有一定的“生产工具”的属性，其所反映的正是下游生产行业本身的标准规范，并且需要在下游行业的不同场景之间串联。这使得其一方面更强调兼容性与交互性，另一方面也更强调与应用场景标准的结合度。在应用软件领域，在各个细分赛道掌握“标准”的企业就能够在竞争中占据主导地位。

标准的经济学属性

标准是一种公共品，但也会带有私有化的属性。传统的由政府或行业组织发布的“正式标准”通常被认为是公共品；而由部分企业发起并受到行业认可的“事实标准”实际上或带有部分私有化的属性。少数企业组成企业集团或联盟采用标准与知识产权相结合的办法在市场中竞争，这种情况下的标准就附加了很强的私有物品属性。事实上，上文提到的应用软件的一些格式就是典型的具有私有化属性的“事实标准”。

信息技术时代兼容性标准兴起，具有较强的网络外部性。在传统工业时代，大部分的标准都属于“质量标准”，而随着通信及网络的发展，进入信息技术时代的标准则更多地属于“兼容性 / 接口标准”。[①] 兼容性标准天生具有较强的网络外部性，进而在竞争中对客户形成“规则俘获”。因此在软件等 IT 相关领域，行业中的龙头企业往往能够通过对“事实标准”的主导，在竞争中占据优势地位。[②]

标准的网络外部性在软件行业的体现：应用软件领域的文件格式就是典型的兼容性标准，具有明显的网络外部性，比如微软的 .doc/.xlsx/.ppt 格式，Adobe 的 PDF 格式。这些龙头公司在取得先发优势之后，率先确立行业中的“事实标准”，而后来者则大多只能主动去和这些龙头企业的标准进行兼容适配。而龙头公司在确立领先地位后，更能进一步将标准完全开放，通过最大化标准的网络外部性以实现对全球市场的“统治”（比如微软就在取得领先优势之后主动将其办公软件格式开放）。

标准与创新

标准化的初衷是为了提升效率，促进创新。标准的作用是能够促进生产过程的统一性，提高整体的效率，实现规模经济的效益。在技术创新的过程中，标准也能够作为一个公平、开放的技术基础设施，作为创新驱动增长的基础。[③] 譬如在软件领域，C++ 等标准编程语言实际上就是作为技术创新的统一基础设施，有助于提升整体创新的效率。

---

① Grindley P. Standards, Strategy, and Policy：Cases and Stories［M］. Oxford University Press，1995.

② David P. A., Greenstein S. The economics of compatibility standards：An introduction to recent research［J］. Economics of Innovation and New Technology，1990.

③ Swann G. M. P. The economics of standardization–Final Report for Standards and Technical Regulations Directorate Department of Trade and Industry［R］. University of Manchester，2000.

标准的私有化及网络外部性也会导向垄断，进而可能阻碍创新。在软件等信息技术相关领域，少数企业组成企业集团或联盟能够采用标准与知识产权相结合的办法，凭借标准的网络外部性在市场竞争中占据有利位置；同时领先企业往往也能够引领标准的进一步开发，并根据自身的需要对标准选择开放或者封闭的策略，最终在行业内形成寡头掌握标准的垄断格局。而由于标准的网络外部性，标准在新老技术交替的过程中也可能会产生一定的惯性，甚至是将技术锁死在旧的标准框架中而阻碍创新。①

标准需要有效的治理，使其能够在创新中发挥正向的作用。为了尽可能减少标准导致的垄断对创新带来负面影响，通常的做法是建立标准化治理组织及治理网络，对标准的发起者进行一定的约束，同时对标准进行有效的治理，使尽可能多的参与者可以基于统一的技术标准进行公平、开放的创新。除了 ISO（国际标准化组织）之外，在各个细分领域也会有一些自发性的中立组织。以应用软件行业为例，版式文档领域的 PDF Association 和工业软件领域的 ODA（官方开发援助）组织都是典型的中立标准治理组织，其主要由标准发起者（Adobe/Autodesk）以及其他的行业参与者组成，在防止标准垄断的同时，也通过开放的标准治理最大化行业整体的创新效率。

中国标准在成熟领域的建立存在困难，新兴领域或是突破的方向。事实上，在应用软件领域，中国可以依靠本土化的行业特色以及凭借一些正式化的方式建立起本土的“区域级”标准。但由于标准的网络外部性，中国发起的本土标准在走向全球的过程中仍较难与原先已经形成的全球事实标准进行竞争。因此我们认为中国或可选择一些新兴的、尚未形成成熟标准的领域来积极布局，如人工智能、物联网、工业互联网、智能汽车等，这些领域未来可能会出现由中国企业所主导的新兴标准。

---

① Farrell J., Saloner G. Installed base and compatibility：Innovation, product preannouncements, and predation[J]. The American economic review, 1986a：940-955.

政策：软件领域科技创新的上层驱动

面对强势的海外竞争对手，政策引导和支持是中国软件产业蓬勃发展的强效助推剂，结合前文对中国软件科技创新现状和解法的分析，我们从基础软件、应用软件、软件行业整体三个方面，自上而下、自下而上两个角度提出政策建议（见图 10.15）。

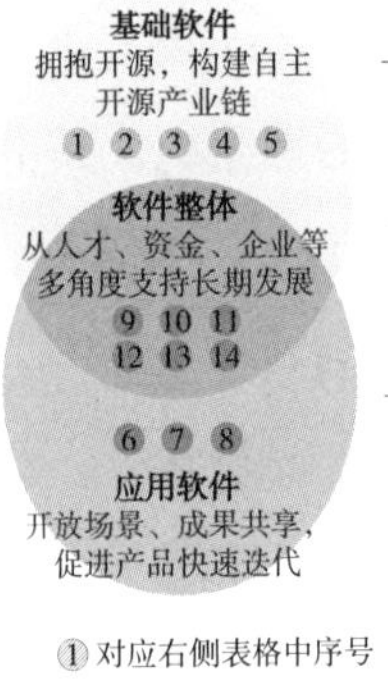

分类	序号	政策概览
基础软件	1	鼓励企业捐赠。比如给予税务、政策补贴，研发费用加计扣除
	2	鼓励高校研究成果开源、注重人才培养。发挥学术圈和大学力量，鼓励参与到开源贡献中；关注高校、院所师生的开源意识和能力培养，不断壮大开源人才队伍
	3	出台政府开源采购、开源反馈相关政策。如要求每年政企开源软件使用比例等
	4	加强开源基础设施建设。比如进一步完善“木兰开源协议”制定，建立知识产权相关法律服务和保护制度，制定开源软件治理行业标准等
	5	宣传开源文化，增强整体认知。鼓励出版界等加强宣传和教育
应用软件	6	鼓励国企央企使用国产软件。特别在高精尖场景，鼓励有条件的国企双线并行，给国产软件充分的练兵机会
	7	鼓励国企分享数字化成果。鼓励国企成立数字化子公司；鼓励成果开源；积极鼓励合资，不搞恶性竞争
	8	制定长期发展规划。比如梳理工业软件核心需求门类等，确定优先级制定阶段性可实现目标
软件行业整体	9	加强软件基础理论和技术前沿研究。大力支持软件基础理论和共性技术研究，狠抓新兴领域的前沿技术研究
	10	构建多层次软件人才培养与引进体系。加强软件国民基础教育；加强海外高层次人才，包括外籍高层次人才的引进
	11	鼓励创业，降低创新成本。在高等教育、人力成本较低、产业集群地区打造“软件谷”，鼓励软件创业；同时降低企业用人和创新成本
	12	加强盗版打击，鼓励正版软件使用。比如对正版软件使用以计入研发费用等方式抵扣，提供补贴券等方式给予支持。国企应做到全面正版化，加大软件采购 / 研发投入
	13	鼓励软件行业投资，打通融资渠道。比如成立国家软件大基金，对重点领域进行持续长期投资；鼓励相关行业公司上市融资
	14	提高软件产业国际化发展水平。充分发挥行业协会、学会的桥梁纽带作用，进一步加强软件领域高质量的国际交流与合作，布局建设软件国际合作产业基地

图 10.15　软件行业的政策建议概览

资料来源：中金公司研究部。

自上而下的政策建议——发挥带头作用、加强顶层设计

发挥政府、央企、国企的带头作用。一方面，作为需求方，鼓励正版并提供实践场景帮助迭代；另一方面，作为供给方，分享行业最佳实践。一是出台政府开源采购、开源反馈相关政策。例如要求每年政企基础软件中开源的使用比例、公开源代码等。二是鼓励国企 / 央企使用国产应用软件。国企、央企是我国重要产业发展的中坚力量，复杂业务场景给了国产应用软件很好的实践迭代环境。三是鼓励国企 / 央企分享数字化成果。国企、央企一般 IT 投入大、建设水平高，鼓励其将内部的最佳实践公开共享，提高创新效率。四是国企 / 央企应带头做到全面正版化。在打击盗版、保护知识产权行动中，国企也应发挥带头作用。

强化顶层设计，在开源协议、法律体系、行业标准、融资渠道、国际化发展等方面给予政策支持。一是加强开源基础设施建设。包括但不限于建立中国主导的开源协议、完善知识产权相关的法律服务和保护制度、制定开源软件治理标准、组建国家开源生态联盟、开源基金会联盟等，基础设施的建立是我国本土开源项目、社区蓬勃发展的基础。二是鼓励软件行业投资、打通融资渠道。软件行业在产生收入前需要大量的前期研发投入，对企业的资金实力提出要求，特别是初创企业更需要融资支持，可以成立国家大基金对重点领域予以扶持；还可通过放宽盈利标准等鼓励上市融资。三是提高软件产业国际化发展水平。一方面是“引进来”，加强合作交流，如鼓励参与、承办软件领域高质量的国际交流与合作、布局建设软件国际合作产业基地；另一方面是“走出去”，可以向“一带一路”沿线国家输出解决方案，或在有实力的细分领域直接参与欧美等成熟市场的竞争。

自下而上的政策建议——鼓励各方参与者

企业层面，一方面对于供给方，降低摩擦，鼓励创新，鼓励开源捐赠；另一方面对于需求方，通过税前加计扣除、补贴券等方式鼓励正版软件使用。一是鼓励企业开源捐赠。优秀的行业企业为开源项目发展不断提供创新活力，比如来自谷歌的安卓、分布式计算/存储相关论文、K8S容器编排器分别在移动端操作系统、数据库、云基础软件开源项目中贡献卓越；我国也应积极建立开源项目贡献评价机制，通过给予税务、政策补贴等方式鼓励企业捐赠。二是鼓励创业、降低创新成本，将摩擦力减小到最低。例如在高等教育较好、人力成本较低、产业集群地区打造“软件谷”，提供优厚的创业条件，防止基础软件人才流失，固本培元。对于北上深地区，帮助企业降低用人成本，为软件产业集中的地区提供教育、住房、户口等全面支持，降低企业用人和创新成本。三是加强盗版打击，鼓励正版软件使用。比如将正版软件的使用成本以计入研发费用等方式进行税前加计扣除（当前主要根据性质计入销售/管理费用或资本化计入无形资产），提供补贴等。

教育/研究资源层面，鼓励高校参与开源贡献、构建多层次人才培养和引进体系、加强基础及前沿研究、鼓励产学研合作。一是鼓励高校研究成果开源。从海外经验来看，高校研究项目是开源贡献的另一股中坚力量，比如PostgreSQL前身是美国国防部与加利福尼亚大学伯克利分校大学合作的一个研究项目Ingres；Spark来自加利福尼亚大学伯克利分校AMP lab；Ceph起源于其创始人在加利福尼亚大学圣克鲁兹分校读博时期的研究课题。二是构建多层次的软件人才培养与引进体系。人才是软件行业发展的重要生产资料，一方面要加强软件国民基础教育，另一方面积极引进海外高层次人才，避免海外留学人才的流失。同时通过产教融合、校企政合作等方式，强化信息技术新工科建设，真正做到人才对口、学以致用。三是加强软件基础理论和技术前沿研究。支持计算机科学和软件领域的基础理论、软件开发技术和软件工程等领域在内的软件基础理论和共性技术研究。

海外产业政策和我们的政策建议有相通之处

在研究中，我们发现海外的产业政策和我们的思路有所共通。

一是加强“通用科技基础设施”的建设。IBM 前首席科学家、美国政府政策顾问路易斯·布兰斯科姆指出，① 美国应该构建“需求驱动”的科技政策，其中重要一点是投入所有创新都需要的“科技基础设施”，发展能够帮助所有企业提升创新能力的基础工具。相关的案例包括互联网基础设施、CAD 软件、物理材料数据库等。

二是以需求牵引供给创新，推动采购改革。海外的产业政策中同样不乏对开源软件使用的鼓励，如美国 2016 年推出联邦源代码政策，② 规定政府每年采购的软件中 20% 的代码需要开源。政府采购带来的意义不仅仅作用于开源软件，布兰斯科姆提出，美国在“二战”后通过大量的国防研发支出拉动创新。他相信政府的角色之一应该是创造需求，并加速创新科技的商业化造血能力。

三是强调人才和教育对创新的推动作用。高密度的人才是创新的温床。以色列除了实施低税率、低息贷款等常规优惠政策之外，③ 其国民受教育程度较高，“人才密度”大④（根据 OECD 2017 年的统计，以色列的高等教育水平位列世界第三，仅次于日本和加拿大），以及优越的生活水平等国情使其孕育了一批创新企业。

---

① Branscomb, Lewis M. America’s Emerging Technology Policy [R].1992.

② Federal Open Source Code Policy, U.S. Department of Commerce, August 2016.

③ 参见 https://www.lexology.com/library/detail.aspx?g=7da91c42-595c-4e21-a4dc-04fa15d0ed81。

④ 参见 https://www.israel21c.org/israel-ranks-as-worlds-third-most-educated-country/。

第十一章

能源革命：科技创新开启新引擎

绿色能源领域科技创新的本质是成本竞争，即降低绿色溢价。在资源品属性明显的化石能源时代，边际开采成本也不断推高，创新驱动的目的是最大化使用有限的化石能源。而以光伏、风电为代表的绿色能源，制造业属性较为明显。我们认为，未来更高效、更低成本的能源制造业将是能源安全的核心。具体来看，绿色能源创新的激励是通过更低的制造成本限制竞争对手进入，获得更高的市场份额，但行业后发技术优势明显，限价获得超额利润的持续时间有限。从过往发展来看，我们认为绿色能源创新是以渐进式创新为主、激进式创新为辅。

绿色能源科技创新以激进式创新为代际标志，体现为光伏、新能源电池产品在效率、性能上呈现跃进，但初期成本不一定占优，需借助渐进式创新，通过设备国产化、材料单耗下降等小步快跑的技术迭代，形成成本优势，主导市场；能源互联网技术带来商业模式的创新，以数字化、智能化的方式打通各要素，产生经济效益，为绿色能源赋能。通过持续的技术创新，光伏、新能源电池在技术上与海外不存在代差，同时成本具备竞争优势，带来光伏、新能源电池产业链全球配套份额的提升，头部企业获取超额利润；而能源互联网/能源数字化带来了增量市场空间收益和对于基础设施环节的外部性激励。创新的来源主要为研发、技术融合和商业模式创新等。资金来源方面，政府财政、政策性银行、资本市场、企业自有资金及 VC/PE 机构在不同程度上支持了行业的发展。

从光伏、锂电过去发展的成功经验来看，我们的创新以渐进式为主、激进式为辅。在整个过程中，政府政策扮演着举足轻重的角色，通过补贴培育需求，引导需求升级，再到“示范项目”促进行业技术不断进步，为产业链规模化生产、成本下降提供了试错平台。企业间则是通过激烈的竞争给行业带来了从“量变”到“质变”的渐进式升级。我们认为，当前的扶持政策仍可在其他绿色能源发展如氢能、储能、碳捕捉技术应用中推广。除此之外，我们认为我国绿色能源行业在激进式创新方面仍较为薄弱，人才和科研体制仍需进一步完善增强，同时更好地对知识产权进行保护以增强企业创新动力，并需要对产能无序扩张加以关注。

我国绿色能源产业链横向风险主要来自新型电池激进式创新技术风险，该方面国内企业与海外均处于同一起跑线，研发进程不存在明显落后问题，风险整体可控。纵向风险主要来自部分未国产化环节和稀缺资源环节，技术环节除半导体属于系统性落后外，其余设备和材料环节落后幅度较小，风险整体可控；而关键性资源主要依托新型电池技术如钠离子电池来部分解决。同时，我国光伏及动力电池由于具备较为完整的产业链，供需安全系数较高。[①]

① 本章作者：曾韬、蒋昕昊、刘佳妮、刘烁、王颖东、苗雨菲。

绿色溢价——绿色能源科技创新的本源

绿色能源科技创新的本质是降低绿色溢价

根据《碳中和经济学》一书中的定义，绿色溢价是指使用零排放技术的生产成本较当前有排技术提升的成本比例。21 世纪以来，人类能源产业的发展就是一个不断降低绿色溢价的过程。我们认为其原因主要在于社会发展对能源的需求是刚性的。能源领域创新并非为创造新的需求和产品，而是在较为一致的终端能源形式（如电）下的成本竞争，更高的效率、更低的制造成本和使用成本是能源创新的方向，比如煤炭替代自然能源，油气替代煤炭，光伏、风力发电对传统化石能源的逐步取代（见图 11.1）。由于需求端创新仍在萌芽阶段，我们所谈的绿色能源领域科技创新的本质是成本竞争，即降低绿色溢价。

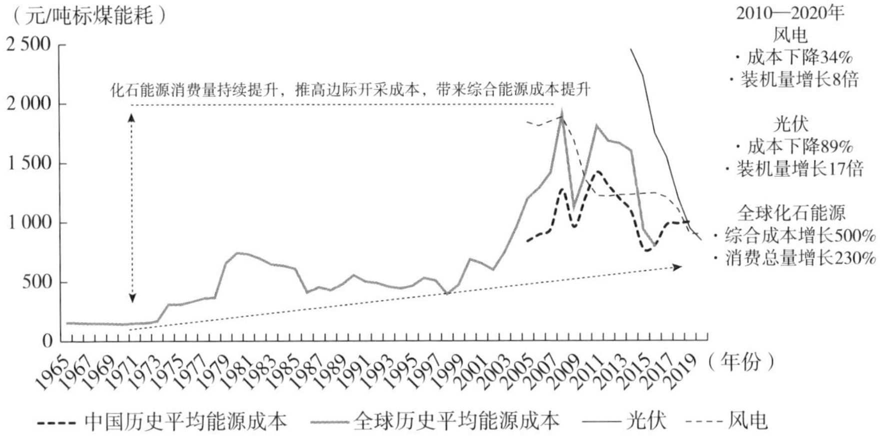

图 11.1 过去化石能源为主体的能源结构中成本变化

资料来源：BP（英国石油公司），Solarzoom（光储亿家），风电、光伏公司公告，中金公司研究部。

绿色能源创新的特点：从资源品属性转向制造业属性

化石能源时代，能源具有强资源品属性，伴随化石能源消费量增长，其边际开采成本也不断推高，创新的目的是最大化使用有限的化石能源。而以光伏、风电为代表的绿色能源，资源品属性被大幅弱化（太阳能、风能资源均来自太阳辐射），展现出强制造业属性。我们认为未来更高效、更低成本的能源制造业将是能源安全的核心。

在碳中和背景下，当前绿色能源与传统化石能源竞争的关键在于降低绿色溢价，在《碳中和经济学》一书中，我们测算在 2021 年，电力行业在发电环节有 6% 的正绿色溢价，在消纳环节有 36 倍的正溢价，在输配电成本不变的假设下，电力行业合计有 17% 的正溢价。到 2030 年，电力行业在发电环节有 17% 的负绿色溢价，合计的绿色溢价转负至 –4%。

绿色能源的科技创新

绿色能源创新是不断降低绿色溢价的过程。具体看，绿色能源创新的激励是通过更低的制造成本限制竞争对手进入，获得更高的市场份额，凭借成本优势获得超额利润，但由于后发技术优势明显，限价获得超额利润持续时间有限，所以展现出技术创新快速迭代的特征，究其创新来源，我们认为是以渐进式创新为主，以激进式创新为辅。

纵观绿色能源发展，渐进式创新可谓贯穿发展全过程，比如光伏晶硅中的硅片切割方式变化、钝化发射极及背接触电池（PERC）取代常规铝背场电池等；动力电池的三元配方改进、隔膜工艺改进等。这类创新主要依靠工艺、流程优化，更多来自做中学、用中学。而激进式创新往往是由研发主导的、跨代际的产品突破，比如光伏领域的薄膜电池和钙钛矿电池，动力电池领域的液态钴酸锂电池、液态磷酸铁锂 / 三元锂电池和固态电池。

收益方式方面，我们认为研发投入带来的超额利润和市场份额增加是绿色能源行业主要的收益方式。资金来源方面，政府财政、政策性银行、资本市场、企业自有资金及 VC/PE 机构在不同程度上支持了行业的发展。

绿色能源创新：渐进式是主线，激进式跨代际

创新类型

整体上，绿色能源科技创新（见图 11.2）以激进式创新为代际标志，代间通过渐进式创新持续迭代。激进式创新的产品在效率、性能上呈现跃进，满足需求转换或升级，但初期成本不一定占优，需通过规模化以及渐进式技术迭代推动成本下降，构建绿色能源成本竞争核心优势。

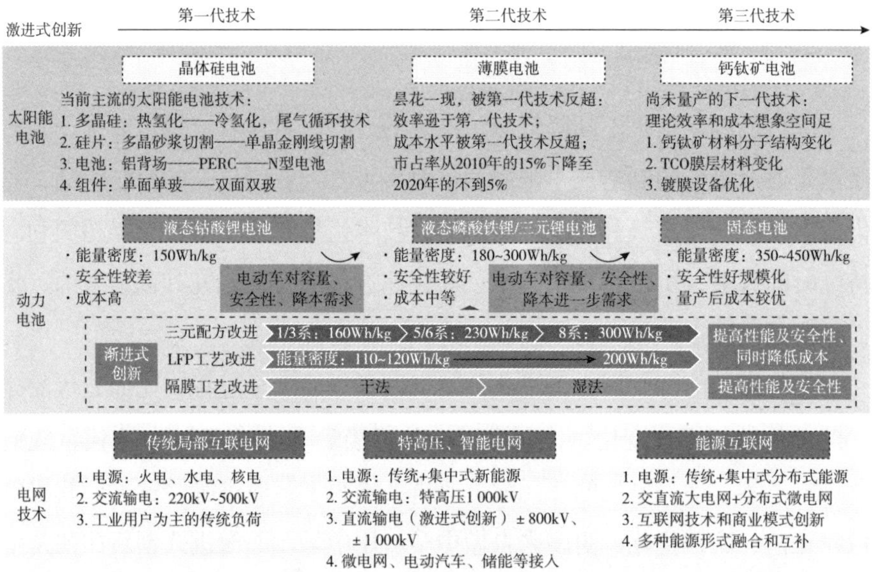

图 11.2　绿色能源科技创新类型

资料来源：GGII（高工产业研究院），CIAPS（中国化学与物理电源行业协会），中金公司研究部。

绿色能源激进式创新

- 光伏：激进式创新主要为底层吸光材料介质的变化。光伏技术科技创新的目标是提升光伏发电较其他电源的经济性。光伏的激进式创新主要在于底层吸光材料选择的变化，吸光材料的性质（带宽）决定其理论光电转换效率极限和生产成本极限。
- 新能源电池：激进式创新是为了获得高能量密度、高安全性及经济性的产品。新能源电池的两次激进式创新：一是2010年后，锂电需求由消费电子转向电动车，后者对能量密度、安全性及成本的需求驱动锂电技术由液态钴酸锂转换为液态磷酸铁锂和三元锂；二是未来以固态电池为代表的第三代电池技术有望带来更高能量密度、安全性和低成本的产品，我们预计在2030年左右实现规模化量产。

绿色能源渐进式创新

新一代技术凭借渐进式创新，通过设备国产化、材料单耗下降及效率提升等小步快跑的技术迭代，形成成本优势，主导市场。

- 光伏：当前主流晶硅材料太阳能电池的发展以渐进式创新为主。过往 15 年，依次经历三阶段：一是多晶硅生产国产化及冷氢化技术突破降低生产能耗；二是单晶硅片金刚线切割技术突破，高效率单晶硅片替代多晶硅片；三是高效 PERC 电池取代传统铝背场电池，实现了光伏度电成本下降 94%、效率提升 10 个百分点。
- 新能源电池：渐进式创新及规模化驱动降本。渐进式技术创新体现在两点：一是核心技术（如锂电设备、锂电制造、锂电材料）国产化，如锂电核心设备国产化率由 2008 年的 20% 提升至 2020 年的 90%；二是电池能量密度提升带来单位材料用量下降，如磷酸铁锂通过工艺优化提升压实密度，能量密度由 110~120Wh/kg（瓦时每千克）提升至 200Wh/kg，三元锂通过材料优化提高镍含量，能量密度由 160Wh/kg 提升至 300Wh/kg。

绿色能源商业模式创新

随着信息科技的发展，传统能源行业正在面临绿色转型和数字化转型的双重考验。能源互联网将能源电力基础设施、能源生产和消费的多种形式、先进信息通信技术、互联网技术进行融合，在全面感知的基础上进行决策与控制。能源互联网技术的发展能够重构现有的能源产销体系，以数字化、智能化的方式打通各要素，产生经济效益，同时为绿色能源赋能。

- 能源互联网 / 能源数字化本质上是对传统能源产品生产、输送、消费的流程创新。能源互联网的核心在于打通互联网、传统电网，甚至包括水、热、气等基础设施网络，将互联网技术融合至能源基础设施领域，是对现有技术的融合和重组。

- 能源互联网 / 能源数字化也是一种服务创新。通过数字化为传统电网赋能，改变传统能源服务的模式与格局，催生新业态，全方位提升用户用能体验，同时也丰富收益方式，进一步带动能源互联网发展。

创新激励

创新激励方式包含：新产品、新技术可以通过垄断价格获得超额利润；降低产品价格获得更多市场份额，阻止竞争者进入；增量市场空间、外部性激励等。

激励方式：降低成本（价格）获取市场份额

以光伏为例，多次技术变革推动了度电成本在 2010—2020 年大幅下降 84% 至 0.38 元 / 度，逐步对传统能源形成替代（见图 11.3）。光伏主材各环节中国产量份额见图 11.4。可以看出中国产量份额在光伏主材各环节整体呈增长趋势，原因之一在于各企业的渐进式创新，如多晶硅环节，协鑫突破冷氢化技术；硅片环节，隆基将传统的砂浆切割转换为金刚石线切割。光伏行业的渐进式科技创新是一个不断降本的过程，而降本则带来了产品在市场上更高的竞争力，以及下游光伏作为一种能源和其他种类电源相比的性价比优势。而在整个降本过程中，我们看到国家层面主要通过两种方式来帮助生产企业：一是通过补贴提升光伏项目投资收益，创造国内下游需求，减轻“双反”（反倾销税和反补贴税）对国内企业的需求影响；二是通过“领跑者示范项目”加速技术成果向市场应用转化和推广，促进光伏发电技术进步、产业升级。

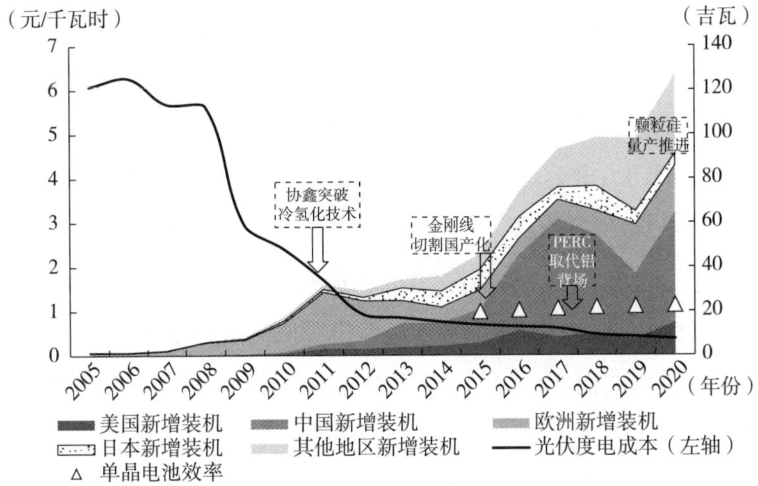

图 11.3　光伏度电成本及各国年新增装机规模

资料来源：BP，CPIA，中金公司研究部。

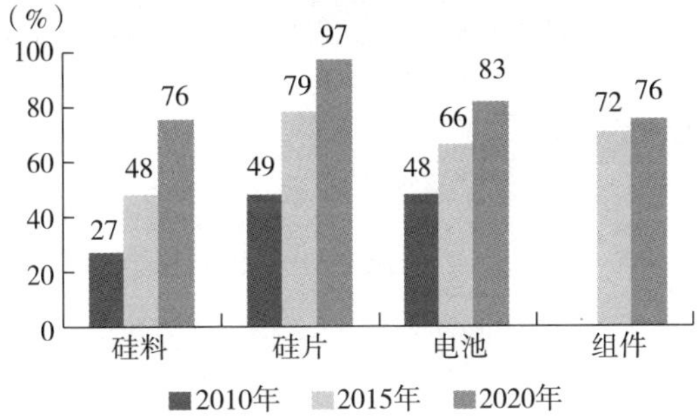

图 11.4　光伏主材各环节中国产量份额

资料来源：BNEF（彭博社新能源财经），CPIA，中金公司研究部。

新能源电池方面，由于下游新能源车具备消费品属性，电池技术以满足电动车消费需求（主要是续航和安全性）为首要前提。在技术相当的情形下，成本为企业市场竞争的核心要素。中国动力电池在 2010—2020 年发展期间，激进式创新和渐进式创新共同推动中国动力电池技术与海外电池厂商保持同步。在整个电池技术方面，国内与海外无明显代差。在技术同步基础上，中国通过补贴政策和“电池白名单”制度，为国内锂电产业链创造需求，带来规模效应。电池企业和产业链也通过持续的提升核心材料国产化率以及材料体系和工艺迭代降低成本，带来产品在市场上更强的竞争力，使中国动力电池产业链在全球的配套份额不断提升：中国动力电池价格在 2010—2020 年下降 83%~85%，当前比海外低 15%~20%；全球锂电（含消费等）对应的供应份额在 2020 年提升至 35%，其中动力电池提升至 46%；四大材料环节 2020 年中国占全球供应比例达到 60%~70%。全球锂电供应份额和价格变化见图 11.5，动力电池各环节中国产量份额见图 11.6。

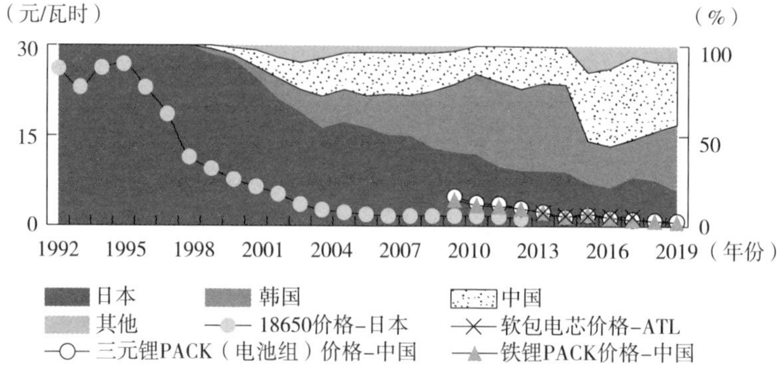

图 11.5　全球锂电供应份额和价格变化

资料来源：GGII，CIAPS，中金公司研究部。

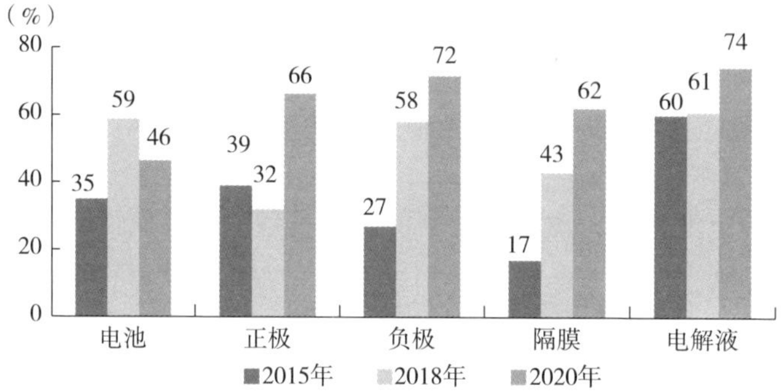

图 11.6　动力电池各环节中国产量份额

资料来源：CIAPS，中金公司研究部。

激励方式：外部性 + 增量市场空间

能源互联网 / 能源数字化的创新激励主要来自两方面：一是通过商业模式创新、数字经济赋能带来的增量市场空间收益；二是对于基础设施环节的外部性激励。

- 通过增量市场空间激励各类主体创新服务模式，创造新型业态。除了由基础设施运营商提供的传统能源服务以外，基于能源数字化可以开展面向能源消费用户的增值服务（能效管理、虚拟电厂、能源交易等）、面向上下游产业链的信息服务（平台服务、信息咨询等），以及面向社会公众的衍生服务（金融、电商、广告、流量等）。
- 通过外部性激励传统能源基础设施运营商积极创新，提升服务质量。对于电网企业等基础设施运营商，能源互联网 / 能源数字化领域的创新带来的价值体现为对用户、上下游产业链、社会公众、政府的服务质量提升。

创新来源

创新来源：始于 R&D，精于技术升级和规模化应用

成本下降是光伏和新能源电池技术创新的最终目的，而创新来源渠道往往是多样的，既可以来自实验室多年的学术研究，即从“0”到“1”的原始创新，也可以从生产过程中找到突破口，不断地实现升级，两者相辅相成。

- 激进式创新带来的新产品承担着引领技术革新的重要责任，通常首先依托于实验室多年的科研成果，进而实现产业化，在市场上展现竞争力和活力。光伏的两代技术，即 20 世纪 50 年代的晶硅发电技术和 70 年代的薄膜电池技术，首先诞生于欧美等发达国家，

当前第三代的钙钛矿技术正在从实验室、高校研发发展到量产过程中。而在锂电池的发展过程中，我们则看到每次技术创新除了带来更高的效率外，也在适应不同阶段消费需求的升级和转换。对于激进式创新而言，创新团队打造、人才培养至关重要。

- 渐进式创新往往体现在生产过程中，通过“做中学、用中学”对既有技术加以优化升级，企业是推动创新的主要力量。我们在光伏行业的各个环节都看到了企业发动渐进式创新的身影和效果，一直在更高发电效率和更优经济性中寻找平衡和突破。而锂电池中渐进式创新表现在核心设备、上游材料的国产化率不断走高和电池能量密度提升摊薄材料用量上。磷酸铁锂和三元锂的能量密度提升使2010—2020年动力电池PACK成本下降约85%。此外我们认为电网端的渐进式创新和调度能力增强为能源互联网提供了基础，丰富了应用场景，带来了更多商业模式创新。

创新来源：技术融合 + 商业模式创新

能源互联网和能源数字化的本质是能源物联网，需要先进信息、通信、大数据、人工智能和互联网技术的深度融合。能源互联网需要借鉴互联网思维，开展商业模式创新，由传统的To-B（面向企业）不断转变为To-C（面向个人），由此产生增量市场空间，具备盈利能力。

收益方式

领先者优势，获取超额利润

高研发带来毛利率提升：我们对比国内单晶硅片及多晶硅片龙头，在2012—2015年，隆基股份较保利协鑫有更高的研发费用率（见图11.7），高研发投入能够带来创新溢价，存在后发优势，但较难维持。例如在

2016 年以后隆基股份实现了硅片毛利率的逐渐领先，但在隆基股份分享了金刚线切割技术之后，隆基与中环股份之间的毛利率差距缩短。

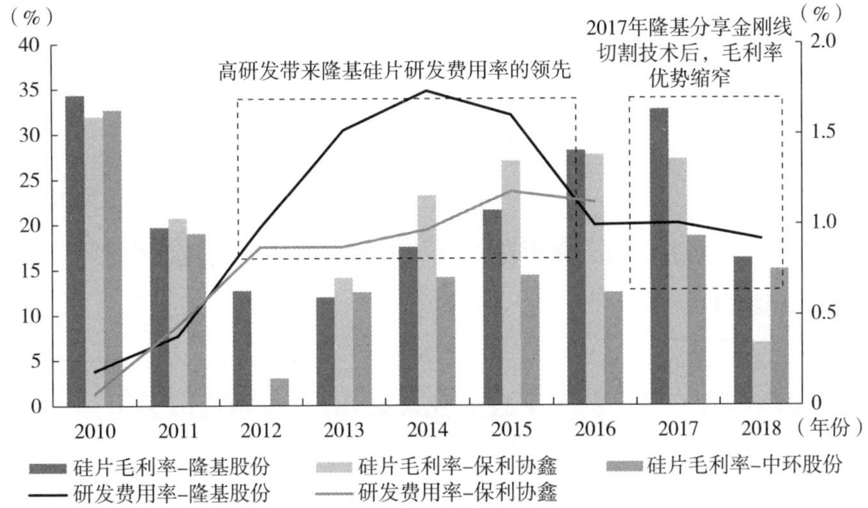

图 11.7　隆基股份高研发投入带来超额利润

资料来源：公司公告，中金公司研究部。

电网环节降本增效 + 增量市场商业模式创新

能源互联网 / 能源数字化的创新收益来源于基础设施的降本增效和增量市场空间的收益。

- 通过数字化、智能化提高电网运营效率，降低成本。
- 通过拓展业务模式和创新商业模式，获得增量收益。

资金来源

创新的资金来源主要分为政府、长期资金和市场投资三类。

政府：一般有国家直接补贴和国有企业针对国家战略或政策指明的具

体方向进行创新资金投入两种类型。

长期资金：通过长期信贷或发行支持特定行业的长期债券，为重点行业企业提供较低成本的融资，支持企业创新发展。

市场投资：一级市场，通过私募股权基金或风险投资募集资金，为中小规模初创企业开展激进式创新提供支持。二级市场，一般通过增发方式筹措资金，推动新技术的量产和规模化生产。

我国绿色能源产业发展思路：政策创造需求，规模化降本，实现内生驱动

当前绿色能源产业链的国家政策在未来 40 年是否可以沿用?

复盘绿色能源产业链成功原因：我们做对了什么?

第一，政府补贴政策刺激需求，抢夺终端话语权，扩大内需为企业提供规模化生产机会。我国政府通过度电补贴、购置补贴、税收优惠等政策扶持光伏和新能源车满足经济性，刺激国内需求，同时通过“电池白名单”提高国产厂家竞争力。随着中国市场的建立和扩大、产业链的健全，规模效应和集群优势凸显，企业有足够多的创新试错机会，市场可以容纳各种技术路线共存。规模效应和集群优势进一步推动成本回落。此外，在足够大的市场下创新的边际效应高，通过降本获取市场份额和回报，再投入研发，稳固竞争力。

- 光伏产业：美欧“双反”影响电池组件出口，国内启动补贴政策培育内部需求。2000—2020 年全球光伏年新增装机百分比及政策复盘见图 11.8。

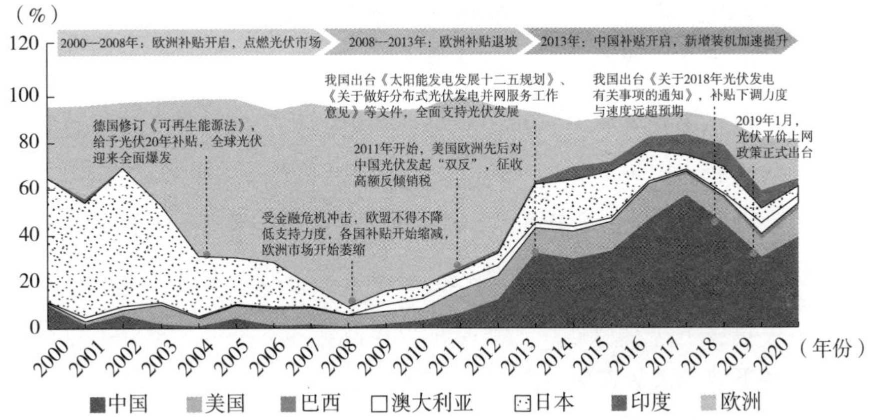

图 11.8　2000—2020 年全球光伏年新增装机百分比及政策复盘

资料来源：BP，各国政府官网，中金公司研究部。

- 动力电池产业：政府补贴和税收优惠创造新能源车需求，拉动动力锂电产业发展。政府通过补贴、免征购置税、免费发放新能源牌照、路权等政策为新能源车创造与燃油车相当的经济性，刺激需求为锂电产业链带来规模效应，并通过“电池白名单”制度，提高国产厂家竞争力；同时，通过不断提升补贴技术门槛（电池能量密度），引导中国锂电技术不断迭代。中国新能源车销量从 2010 年的 1 400 辆发展至 2020 年的 117.4 万辆，规模增长接近 840 倍，带动锂电装机规模增长接近 100 倍，过去 10 年新能源车和动力电池装机主要集中在中国（见图 11.9）。

第二，国家层面指引技术升级方向，提供试错平台，但产业链重研发和创新，将具体技术路线选择权留给市场。

- 光伏产业：大方向上，政府要求新能源消纳比重提升，给出各省需要达到的权重，但不会给出具体的风电、光伏占比，成本更低者胜出。我们注意到，2015 年国家开始推出《关于促进先进光伏技术产品应用和产业升级的意见》，对新建光伏项目的电池组件转换效率和衰减率提出了明确的要求，并通过领跑者计划将发电效率要求提高 1 个百分点，促进高效光伏产品的市场应用。

- 动力电池产业：国家通过不断提升补贴技术门槛（电池能量密度），引导中国锂电技术加速迭代。在动力电池的发展上，政府同样未干预技术路线的选择，通过市场化的方式来对技术路线进行筛选和下游需求的匹配。

第三，政策支持基础设施优化，丰富应用场景。

- 光伏产业方面，电网消纳是最终应用端，加强电网基础设施建设有利于促进光伏装机需求。为了减少“弃风弃光”，国家发布《清洁能源消纳行动计划（2018—2020 年）》，强调“完善电网基础设施，充分发挥电网资源配置平台作用”，同时设定了清洁能源消纳率于 2020 年达到 95% 的目标。自 2018 年以来，国家电网范围的新能源弃电率逐年下降并控制在 5% 以内，国家电网运营的 18 条和南方电网运营的 4 条特高压线路输送可再生能源电力占比超过 30%。
- 动力电池产业方面，2015 年国家出台《关于加快电动汽车充电基础设施建设的指导意见》和《电动汽车充电基础设施发展指南（2015—2020 年）》，同时各地出台充电桩建设和运营补贴政策，支持第三方参与建设，完善电动车充电基础设施布局。
- 电网、充电桩等基础设施的完善进一步促进了光伏、动力电池产业的创新与发展。

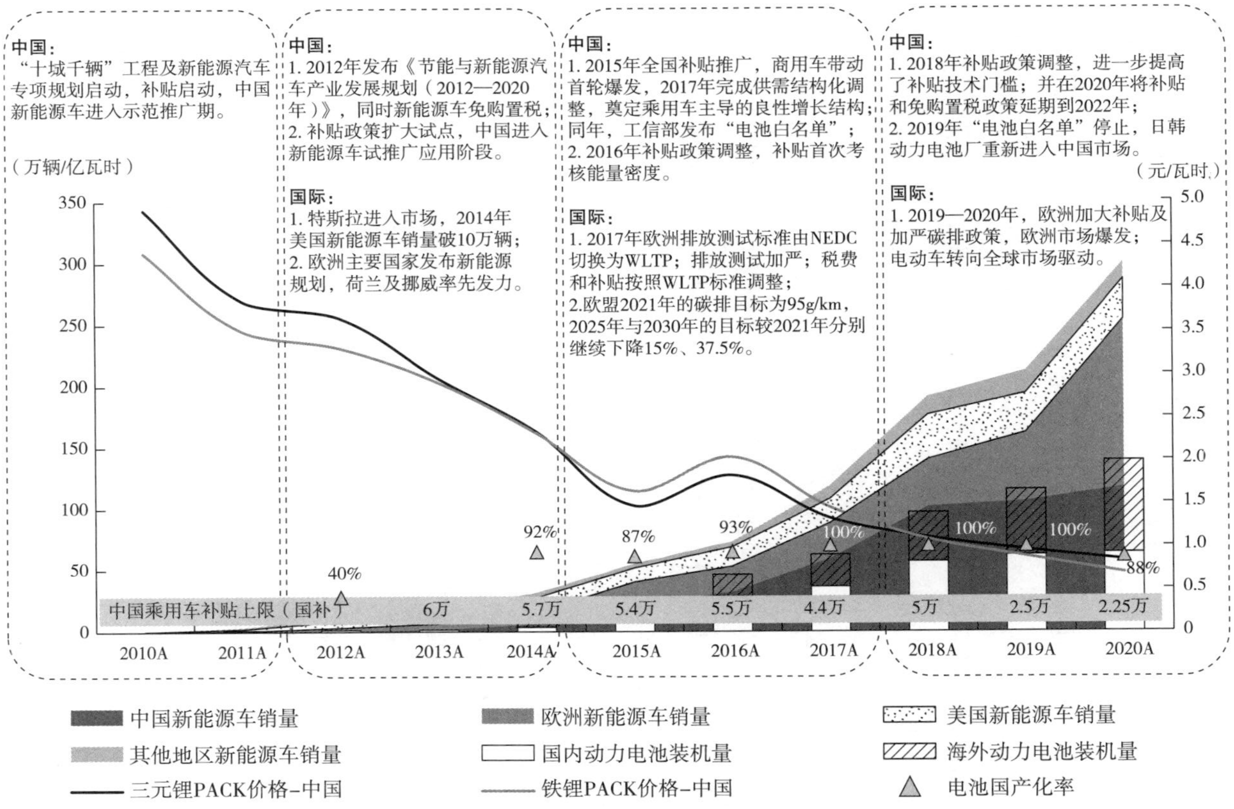

图 11.9　中国动力电池历史发展变化

注：2010A 指 2010 年实际数。

资料来源：SNE（韩国新能源市场分析公司），GGII，工信部，中金公司研究部。

上述政策是否适用于储能、氢能、碳捕捉等绿色能源新技术应用？

· 储能：顶层政策创造储能应用场景，仍需解决经济性难题。

当前我国储能行业整体规模偏小，截至2020年在全球电化学储能累计装机中占比不足20%，行业发展的瓶颈在于需求不足，主要体现在两方面：一是缺乏应用场景；二是不具备经济性。针对当前国内储能行业的发展瓶颈，我们认为当前的政策已部分借鉴光伏、新能源电池发展的成功经验，但仍需进一步细化，解决储能经济性难题。

顶层政策支持电力供应结构转型以及优化电力市场机制，创造储能应用场景。正如国家发展电动车为新能源电池创造需求场景一般，"双碳"目标从顶层驱动电力供应结构由当前煤电向可再生能源电力转型，带来了对可再生能源电力消纳以及电网辅助服务需求的提升，创造了发电和电网侧储能应用场景，而完善分时电价机制政策，也为用户侧储能峰谷价差套利创造了应用场景。

政策仍需解决储能经济性，拉动储能需求。在具备应用场景的前提下，拉动储能需求的核心要素是解决经济性问题，当前对储能经济性的扶持政策力度有所不足，参考光伏、新能源电池发展的经验以及海外储能发展的经验，我们认为政策可以从两个维度出发为储能创造经济性：一是给予储能项目补贴，或者低息的资金支持；二是开放储能参与电力市场服务，并建立较完善的储能电价机制，为储能增收。

引导储能技术发展，满足多元化应用场景需求。储能下游的可应用场景丰富，包括电力储能、通信储能，电力储能又包含发电、电网、工商业、家庭用户等场景。不同场景对储能的经济性、产品性能、功能要求等不尽相同，因此针对不同场景，需要政策引导储能技术多元化发展，开发满足适配的储能技术，以达到经济性和性能的平衡。

- 氢能：“燃料电池汽车示范应用”借鉴了我国在光伏与电动汽车领域的成功经验。

当前氢能产业发展的瓶颈主要体现在三方面：一是燃料电池及氢能应用成本高昂；二是关键原材料与核心零部件国产技术落后；三是氢能产业链体系与基础设施不完善。我们认为即将正式落地的“燃料电池汽车示范应用”与光伏上网电价、电动汽车的补贴类似，将通过政府采购与补贴带动放量，小规模放量促进降本。政府也持续对氢燃料电池汽车给予补贴，同时政府端采购燃料电池公交车，拉动行业最初的放量，放量带动降本，降本催生新需求，逐步形成正向循环，推动成本不断降低迈向平价之路。

- 碳捕捉：CCUS（碳捕获、利用与封存）技术是我国电力、水泥等行业实现碳减排的重要途径，当前最大的痛点在于经济性。从历史发展来看，第一代 CCUS 技术成本在过去 10 年间下降近一半，具有一定规模经济效应和“干中学”降本属性。因此，碳捕捉技术政策支持的重点在于通过规划布局开展大规模 CCUS 示范与产业集群建设，通过规模化降低成本，同时引入适合我国国情的税收优惠和补贴激励政策，提升 CCUS 项目经济性，争取最大的减排效益。

绿色能源产业链风险分析比较研究

总体来看（见表 11.1），横向风险主要来自新型电池激进式创新技术风险，该方面国内企业与海外企业均处于同一起跑线，研发进程不存在明显落后。纵向风险主要来自部分未国产化环节和稀缺资源环节，技术环节除半导体属于系统性落后，其余设备和材料环节落后幅度较小，风险整体可控，而关键性资源主要依托新型电池技术如钠离子电池来部分解决。同时，我国光伏及动力电池由于具备较为完整的产业链，供需安全系数较高。

表 11.1 新能源产业链横向和纵向风险分析

风险类型	风险来源	风险名称	风险程度
横向	激进式创新技术	钙钛矿、固态电池、钠离子电池	整体可控
纵向	关键组件、设备、资源	IGBT、锂、钴、镍、部分设备及原料	半导体和资源风险较大，其余整体可控

注：IGBT（Insulated Gate Bipolar Transistor）为功率半导体器件。
资料来源：IHS Markit（埃信华迈），中金公司研究部。

产业链横向风险分析

光伏产业链横向风险主要为第三代钙钛矿太阳能电池

第三代太阳能电池技术的科技突破可能对当前的晶硅光伏产业链带来颠覆式影响。生产流程上，晶硅电池是以硅为基底，通过硅料生产、拉晶切片、电池处理后制成硅基太阳能电池片，最后焊串封装成光伏组件，是从原材料到组件的垂直产业链结构；而钙钛矿电池是在玻璃上直接进行钙钛矿材料以及其他导电材料的喷涂生长，是直接基于组件环节的一步式生产。

- 由于核心吸光材料变化，光伏主产业链或面临颠覆：钙钛矿技术的突破，会对晶硅电池光伏产业链中晶硅的生产、提纯、处理、封装环节（硅料、硅片、电池、组件）、耗材企业带来颠覆。
- 对于其他通用型辅材也有改变的要求：玻璃由光伏压延玻璃转为超白浮法玻璃镀透明导电氧化物（TCO）导电膜层；胶膜环节需要的改造相对较小，依旧可以采用乙烯－醋酸乙烯酯共聚物（EVA）/ 乙烯与其他短链烯烃共聚物（POE）胶膜。

· 核心设备不兼容，后道设备或可改良：对于设备企业而言，钙钛矿电池的主要工序（薄膜制备）一般采用液体旋涂和真空镀膜两类方法，与当前晶硅光伏生产设备并不兼容；后道封装加工与晶硅路线有一定的共同性（见图 11.10）。

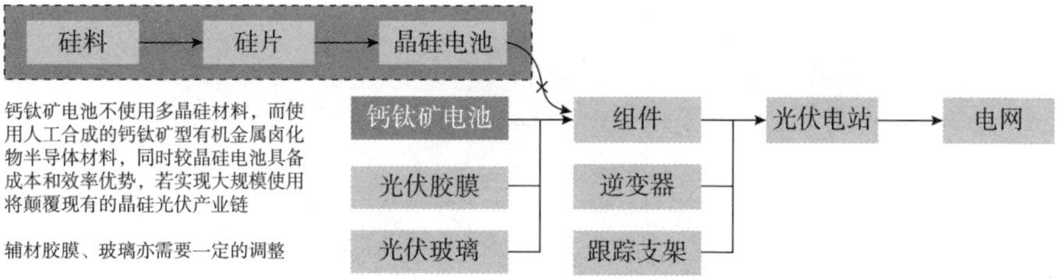

图 11.10　钙钛矿电池对现有晶硅电池产业链产生冲击的可能性

资料来源：中金公司研究部。

根据 *Progress in Photovoltaics* 期刊定期发表的太阳能组件实验室效率记录表，我国钙钛矿研发进度处于头部梯队。通过梳理可以看到，单结钙钛矿微型组件（接近量产尺寸）的效率纪录（见图 11.11）均由中国企业创造，最新效率达到了 20.1%；双结钙钛矿叠层电池实验室尺寸的效率纪录由 Oxford PV（牛津光伏）保持（见图 11.12），采取钙钛矿 – 异质结叠层技术路线，最新效率达到了 29.5%；中国高校则在钙钛矿 – 钙钛矿叠层技术路线中保持领先，实验室尺寸的最新效率亦达到了 26.4%。

钙钛矿电池的量产，我国企业走在世界第一梯队。目前海内外主要有三家企业开展钙钛矿电池在常见光伏应用场景的商业化导入，从产能规模及扩产进度上来看，我国企业保持领先。根据公司披露，杭州纤纳（中国，单结钙钛矿路线）、协鑫纳米（中国，单结钙钛矿路线）和牛津光伏（英国，钙钛矿异质结叠层路线）均有百兆瓦级的量产产线计划在 2021—2022 年投产。产品主要应用于屋顶光伏 / 建筑光伏等高溢价场景。辅材、设备方面，我国玻璃、胶膜、电池设备企业已在针对钙钛矿应用进行实验室布局；根据杭州纤纳、协鑫纳米新闻，其量产生产线拟采用自研或国产设备。

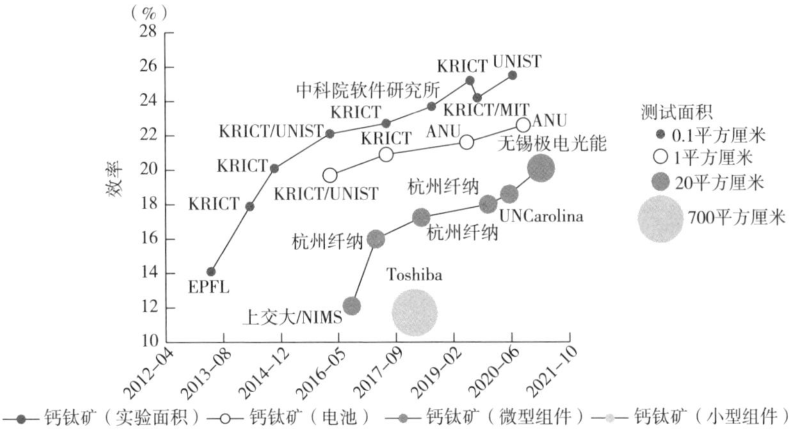

图 11.11 单结钙钛矿微型组件效率纪录由中国企业持续创造

资料来源：*Progress in Photovoltaics*，*Solar cell efficiency tables* 系列文章，作者为 Martin A. Green 等，中金公司研究部。

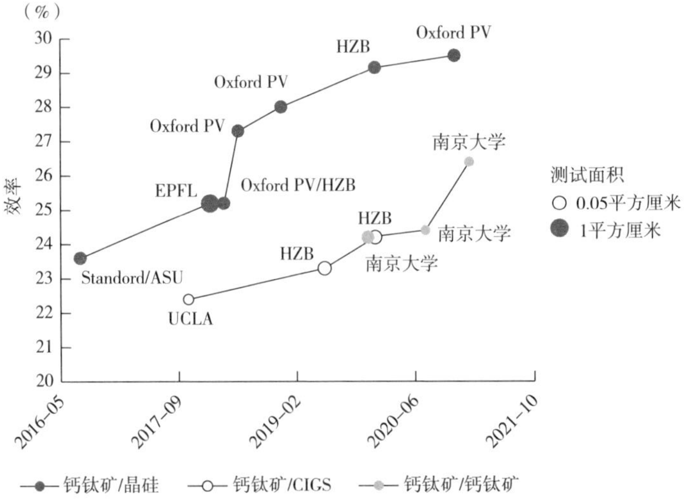

图 11.12 钙钛矿 / 晶硅叠层电池效率纪录由 Oxford PV 保持；
钙钛矿 / 钙钛矿电池效率纪录由中国高校保持

资料来源：*Progress in Photovoltaics*，*Solar cell efficiency tables* 系列文章，作者为 Martin A. Green 等，中金公司研究部。

新能源电池横向风险分析：固态电池技术弯道超车风险

从电池远期发展来看，为实现2035年高端型动力电池500 Wh/kg能量密度目标，匹配高能量密度电极材料是必然选择。现有液态锂电池体系难以与此类材料稳定匹配，造成性能与安全无法兼顾的局面。固态电池具有原理上更加安全和更好的电化学稳定性，可实现与5V（伏）以上正极和锂金属负极稳定匹配，具有很高的开发潜力。具体至技术路线，以硫化物、氧化物、聚合物电解质为核心的准固态和全固态电池互有优势，各存掣肘，最终应用仍需观察技术进展。我国在固态电池路线下面临的主要风险体现为技术路线风险和专利受制风险。

技术冲击：固态电池类似技术升级突破而非颠覆性创新

- 四大材料技术可能迭代，短期对现有厂商的影响较小。SES、三星等采用NCM811、955等材料分别制造出能量密度450 Wh/kg、900瓦时/升的固态电池，因此三元正极仍有较大开发空间，未来应用呈现高确定性。从技术路径看，尽管硫化物、氧化物全固态电池未来将不会使用现有隔膜、电解液体系，但是其大规模应用可能仍需10年时间，在此期间的准固态电池隔膜、电解液体系可能发生技术迭代，但暂时不会被替代。负极侧则是硅碳和锂金属负极的竞争，我们认为锂金属负极在中期内大规模应用概率较小。
- 不同固态电池技术路线对生产工艺及设备需求有较大差异，国内技术路线可沿用70%以上传统液态电池工艺。固态电解质材料基础性质决定了固态电池的发展路线。目前主流固态电解质分为聚合物、氧化物、硫化物3类，配合液态电解液构成固液共混的准固态电池大致有5种技术路线。其中日韩普遍采用的硫化物类技术路线应用仍需10年，对现有电池设备兼容性较差，目前仍在实验室阶段。我国采用的氧化物类准固态电池技术路线则对传统锂电设备及工艺兼容性较高，约 70% 以上。

我国产业链在电池固态化浪潮中主要面临技术路线错误和专利壁垒两方面风险

- 技术路线错误风险：世界上主流固态电解质分为聚合物、氧化物、硫化物 3 类。日韩企业主攻硫化物类，我国企业则主要倾向于氧化物类。国内的路线可最大化利用现有产线工艺，从传统电池平稳过渡至固态电池，日韩路线则伴随设备和工艺的大幅革新。目前产业界尚未对不同技术路线的性能上限和工艺难度产生定论。
- 专利壁垒风险：固态电池中固态电解质材料的核心专利掌握在日美等国手中。从企业角度看，日韩固态电池专利数量远超国内企业。以丰田为代表的企业在基础材料方面形成了绵密的专利网，不利于我国相关产业链出海发展。

产业链纵向风险分析

光伏产业链纵向风险分析：落后仍然来自半导体环节

功率半导体器件 IGBT 是我国广义光伏产业链主要的落后环节。当前中国光伏产业链主要产品均已占据主导地位，但仍存在部分产品的部件、设备及辅材未国产化，分别是光伏逆变器核心部件 IGBT 功率半导体器件、N 型电池生产设备、异质结电池导电辅材低温银浆及银浆上游的银粉。

IGBT 落后是中国半导体行业落后的一个体现。IGBT 功率半导体器件属于半导体的一种，此环节国内企业市占率低于 5%，我们认为此环节落后的原因与半导体整体落后原因相似：一是半导体行业创新具有激变性、淘汰快、成本高的特点，落后者很难追赶；二是基础研发落后，研发投入低；三是人才体制问题等。

N 型电池辅材及设备差异并非代际差异。低温银浆、银粉及 N 型电池设备仍未实现国产化，主要由于 N 型电池技术起源于海外，海外设备及配套辅材发展较早，而目前并无明确的较 PERC 电池具备性价比优势的 N 型电池技术，其产量较小。起步晚和量小是 N 型电池设备和辅材未国产化的主要原因，但该差距并非代际差异，并且已有国内厂家试产，我们认为此环节风险较小（见图 11.13）。

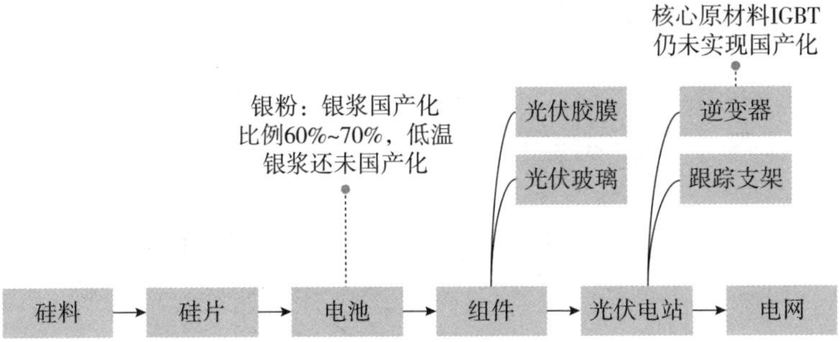

图 11.13　光伏产业链未国产化环节

资料来源：中金公司研究部。

新能源电池产业链纵向风险分析：集中在上游锂、钴资源

当前中国在锂电及四大材料制造方面已形成自给，各环节在全球供应占比达到或超过 50%；从锂电产业链看，目前纵向风险主要集中在上游核心矿产资源，如锂、钴，但随着宁德时代发布钠离子电池，未来钠离子电池逐步产业化，我国锂、钴资源匮乏劣势或将在一定程度上得以缓解。

锂供给风险根源于全球资源分布不均的格局（见图 11.14），而国内锂资源以青藏高原的卤水类型为主，高品质锂矿资源相对稀缺。全球锂资源虽储量丰富但分布不均，美国地质勘查局统计，截至 2020 年，南美盐湖和澳洲锂矿合计占已探明锂资源储量的 65%，国内锂资源储量约占全球的 7%，并且盐湖卤水类型的锂资源占国内储量的 79%，硬岩锂矿仅占 21%，优质的硬岩锂矿资源相对稀缺。锂资源供给格局也呈现高度集中的特点，2020 年澳洲锂矿以及南美盐湖合计约占全球锂供给的 79%，国内锂矿及盐湖作为补充产能，合计约占全球锂供给的 20%。2025 年全球锂供给结构预测见图 11.15。

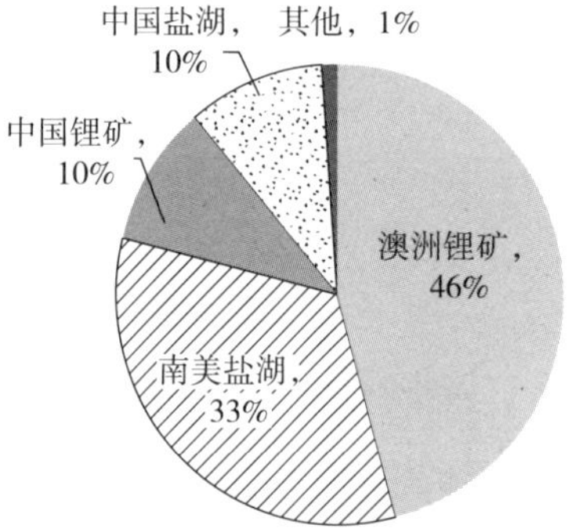

图 11.14　2020 年全球锂供给结构

资料来源：Pilbara（澳大利亚锂矿及钽矿开采商），赣锋锂业，永兴材料公司公告，中金公司研究部。

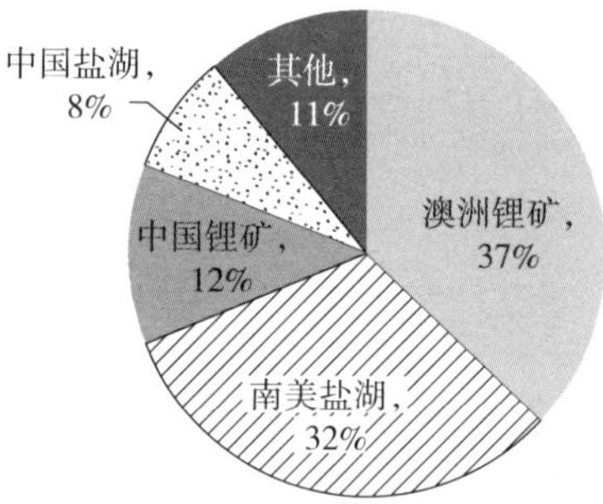

图 11.15　2025 年全球锂供给结构预测

资料来源：Pilbara，赣锋锂业，永兴材料公司公告，中金公司研究部。

全球钴资源主要分布于刚果和澳大利亚，我国钴资源匮乏。全球钴产量主要来自刚果，2020 年达到 14 万吨，其中刚果达到 9.5 万吨，占比为 68%。我国钴资源储量仅为全球的 1.1%，2020 年钴的产量为 0.23 万吨，占全球比重仅为 1.7%，属于钴资源匮乏的国家。钴的应用主要集中在电池材料、高温合金和硬质合金等领域，我国钴需求尤其集中在电池材料领域，占比高达 77%。结合电池材料在钴下游中的高占比，为发展新能源车，加强对上游钴资源的战略布局也就显得尤为重要。

第十二章

医药创新：全球视野下的挑战与机遇

中国药品市场需求尚待发掘，制药工业尚未形成全球竞争力。药品市场需求分散在各个年龄层次与收入群体中，以医疗保险为代表的共付体系是全球药品市场重要的支付方；药品供应的核心在于针对临床未满足需求的新药研发，具备高度分散、环节众多、高风险及高投入等特征。聚焦中国药品市场：从需求端看，中国药品市场规模绝对值靠前，但人均药品费用较低，用药结构处于调整阶段，用于创新的支付潜力尚待释放，支付体系构成单一，满足多层次需求的潜力尚待发掘；从供应端看，目前全球重磅新药集中于跨国药企，中国制药行业的创新转型处于加速追赶阶段，对全球创新的贡献从“精益仿制”的第三梯队开始跻身至“渐进性创新”的第二梯队，但尚未形成全球竞争力。

以新药研发链条为线索，我们拆解分析了中国制药行业创新升级的四个关键要素与现状。一是基础科学是新药研发源头创新的决定性因素，当前中国学科体系建设尚待完善；二是制药工业作为加速追赶升级的实际执行者，其创新投入需要支付体系与资本市场的激励与支持；三是药物开发试错环节效率为王，中国具备人口与工程师红利，但当前资源配置仍有改善空间；四是生产供应环节是创新药产业发展的重要保障，目前中国生产体系规范性逐渐提升，高附加值业务开始进入全球供应链。

梳理国内外制药行业发展脉络，我们认为中国制药行业当前存在两个赶超契机。一是代差较小的新兴技术领域凭借试错环节的高效实现反超；二是起步较早的创新药企有望逐步融入全球创新体系，瞄准空间更为广阔的国际市场。着眼公共政策，我们建议：一是高效利用公共部门资金支持基础和转化学科建设，推动源头创新；二是加快支付体系改革、引入商保增量资金；三是健全资本市场制度，引导资金分层提升创新研发的风险抵御能力；四是继续优化审评审批制度，鼓励引导前沿创新。[①]

① 本章作者：邹朋、张琎、何子瑜、郑航慈、吴婉桦。

全球视角下的药品市场：聚焦支付能力与新药研发

供需分析：中国药品市场需求潜力待发掘，制药工业未形成全球竞争力

美国目前是全球最大的药品市场。美国作为发达经济体，社会整体支付能力与支付意愿较强。据ICER（临床与经济评论研究所）评估，美国患者支付意愿达10万~15万美元/质量调整生命年。2019年美国药品市场年销售收入达4 950亿美元，位居全球第一。2020年美国市场贡献了全球畅销药品前五名销售额的67%。

中国药品市场规模绝对值靠前，但人均药品费用较低。中国人口众多，药品市场绝对体量仅次于美国与欧盟，是重要的药品市场，但人均支出处于较低水平。根据《2019中国卫生健康统计年鉴》和OECD数据，我国人均医疗卫生费用约为700美元，GDP占比为6.67%，人均药品费用约为260美元；同期美国人均医疗卫生费用为1.2万美元，占GDP比重达17.6%，人均处方药费用（不含非处方药）为1 128美元（见图12.1）。

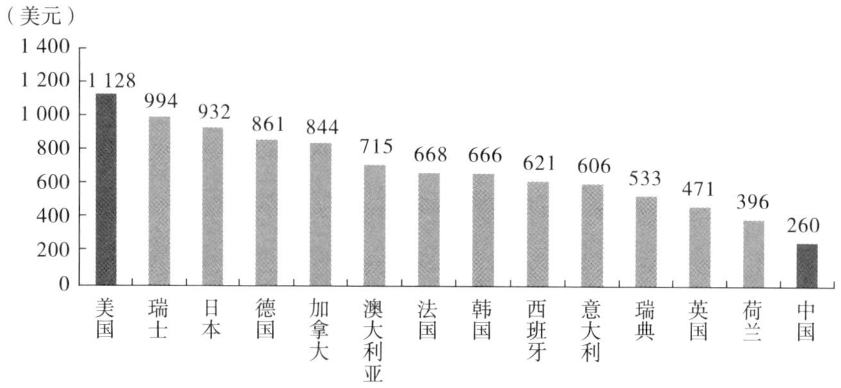

图 12.1　中美人均药品费用对比（2019 年）

资料来源：CMS（美国医疗保险和医疗补助服务中心），商务部，国家统计局，中金公司研究部。

美国大部分药品支出用于支付具备临床价值的创新药。美国专利、监管与定价体系强调药品的创新性与临床价值，赋予了新药及药企较大限度的定价权，同时其筹资支付体系也有能力为创新支付高额溢价。据美国药品研究和制造商协会及 IQVIA（艾昆纬咨询公司）数据，2020 年美国原研药占全美处方量的 10%，但销售额占比高达 80%，2018 年专利期内原研药占处方药市场份额达 66%，大部分药品支出用于新药（见图 12.2）。

中国用药结构处于调整阶段，用于支付新药的潜力尚未释放。自 2015 年药审及医保体系改革以来，近年中国药品市场正在经历结构调整，但大量仿制药、中药注射剂及辅助用药在中国药品市场仍占据相当份额，挤占了可用于创新成果的支付空间，支付资金利用效率尚待进一步改善。同时中国市场商保体系尚未健全，差异化的医疗需求与筹资潜力尚未发掘。我们预计，随着用药结构的持续调整与支付体系的完善，未来中国药品市场用于支付创新的空间与能力将大大提升。

药品市场供应核心在于新药分子的开发与上市。在完成了能够满足基本医疗需求的药品生产体系建设后，药品市场供应的核心在于研发出解决临床需求的新药而非生产能力。药品市场由产品驱动，临床价值与创新性兼备的重磅产品商业化表现强劲，单个重磅新药就能够驱动药企快速成长。2020 年全球前 10 大药物销售额合计超千亿美元，3 款药物销售额逾百亿美元，其中大部分由欧美药企贡献。全球前 50 家药企的国家分布情况见图 12.3。

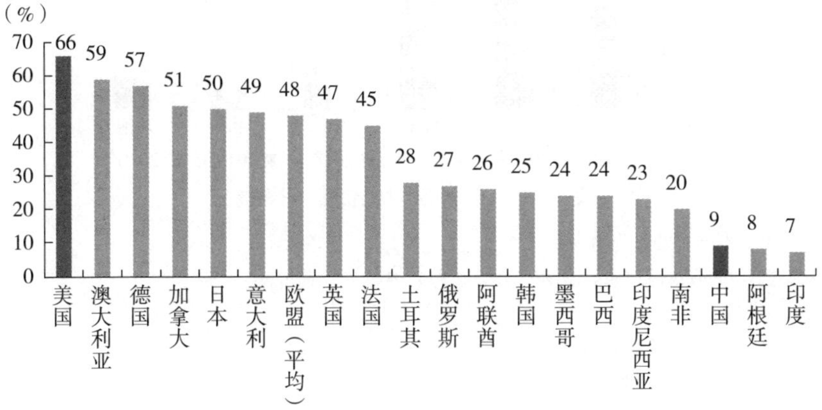

图 12.2　专利期内原研药占处方药市场份额（2018 年）

资料来源：IQVIA，中国医药创新促进会，中国外商投资企业协会药品研制和开发行业委员会，中金公司研究部。

目前全球范围内高价值新药集中于欧美跨国药企。由于新药研发成本高昂，欧美成熟市场出现了行业分工，具体表现为创新活跃的中小企业常在完成概念验证后将候选分子通过合作开发、授权或整体出售的方式与现金充裕、临床及商业化平台成熟且有拓展管线需求的大型跨国药企开展合作。这一分工导致了新药分子向欧美跨国药企的进一步集中。2020 年全球前 20 大药企收入体量接近 6 000 亿美元（见图 12.4）。

中国制药企业处于转型追赶阶段，企业与产品尚未形成全球竞争力。相比之下，中国制药工业起步较晚，国内的药品市场较为分散。收入体量靠前的综合药企以仿制药业务为主，新药业务处于转型跟随阶段，多数产品尚不具备全球竞争力；近年迅速成长的、以创新药为主导的生物医药 / 生物科技企业，同样还处于成长期。

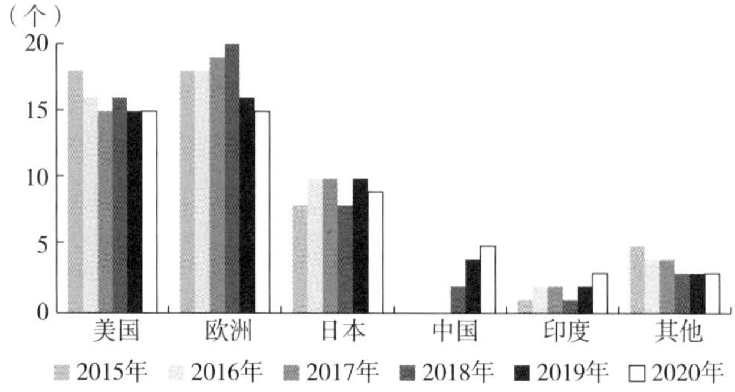

图 12.3　全球前 50 大药企国家分布情况

注：排名依据药企处方药销售收入。

资料来源：*PharmExec*（美国制药经理人杂志），中金公司研究部。

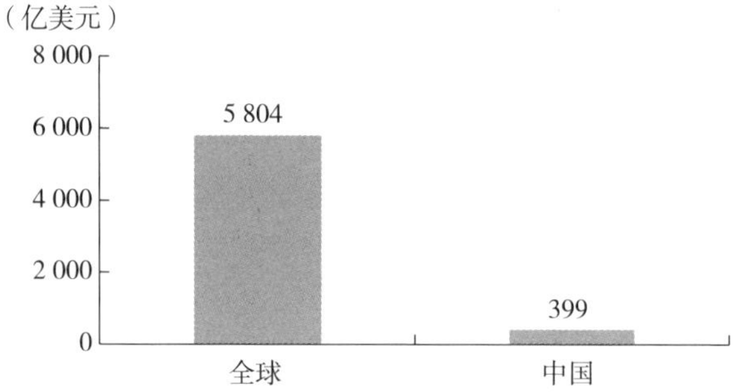

图 12.4　全球及中国前 20 大药企收入规模（2020 年）

注：全球前 20 大药企仅统计处方药收入，中国药企排名按估值排序。

资料来源：*PharmExec*，Torreya（全球投资银行），中金公司研究部。

新药研发：高投入多学科交叉的试错科学，中国处于后发追赶阶段

新药研发流程复杂，需要基础学科在内的多学科支持。新药研发是涉及基础科学、转化医学、药学及临床医学等多种学科的系统工程。生命科学等基础学科以及转化医学研究探索疾病发生机制与潜在靶点关系，为新

药研发提供了基础与指导。确定靶点成药策略后，科学家通过分子设计与先导化合物筛选等药物发现环节初步筛选出一系列分子，并在经细胞、动物水平的临床前研究后确定进入临床（人体水平）研究的药物候选分子。候选分子还需完成临床 I/II/III 期研究，明确药动学和药代学特征，探索并确认潜在适应症中的有效性与安全性，通过监管部门及专家委员会评议后，方能获批上市。

新药研发需要持续高强度的研发投入支持，前沿领域对资金的风险偏好要求更高。由于研发流程繁杂，审批标准严格，创新药的研发呈现出投入高、周期长、成功率低等特点。2010 年后的单个创新药项目研发中，每 5 000~10 000 种化合物经历 8~10 年的研发过程，或有 1 个新药成功上市。

进入药物筛选阶段的新药研发是项目制的试错科学，试错效率 / 成本是核心竞争力之一。在新药研发大浪淘沙的过程中，除去早期靶点发现、重大底层技术等，从药物发现到人体实验的各个环节，试错效率是核心竞争力。新药研发临床各环节成功率见图 12.5。

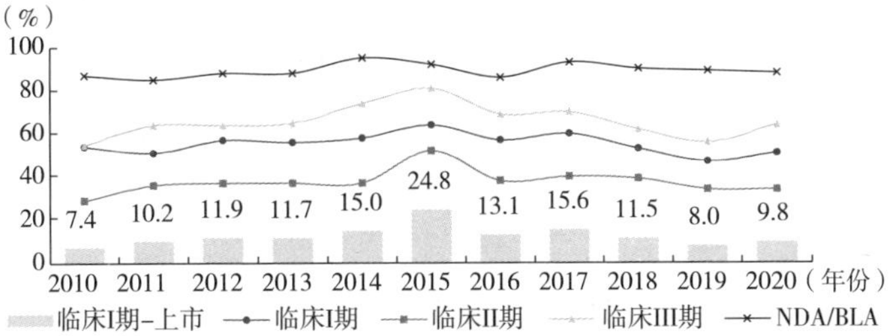

图 12.5　新药研发临床各环节成功率

注：NDA 为新药上市申请，BLA 为生物制品许可申请。
资料来源：IQVIA，中金公司研究部。

美国是全球药品创新投入与成果的主要贡献者。美国强大的支付能力与准入及定价环节的高门槛，保障了其药品的商业化潜力，驱动着资本市场与制药工业的持续研发投入，同时不断反哺推动新药研发体系的进步与迭代。2020 年美国药品研究和制造商协会成员企业的研发投入达 911 亿美元，占其销售收入的 21.4%，贡献全球研发投入的 49%。除大型药企外，还有来自风险投资等其他私人部门投资以及政府主导的 NIH 基金，这些共同构成了美国药物研发投入的主要资金来源。药企研发支出占药品销售额比重见图 12.6。企业自有资金系制药工业研发投入主力见图 12.7。

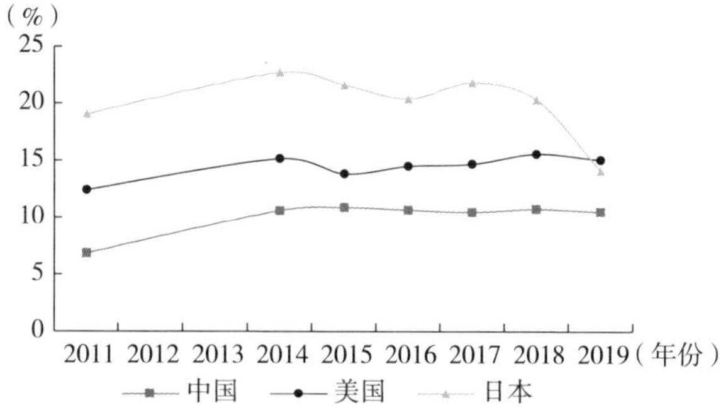

图 12.6 药企研发支出占药品销售额比重

资料来源：OECD，IQVIA，中金公司研究部。

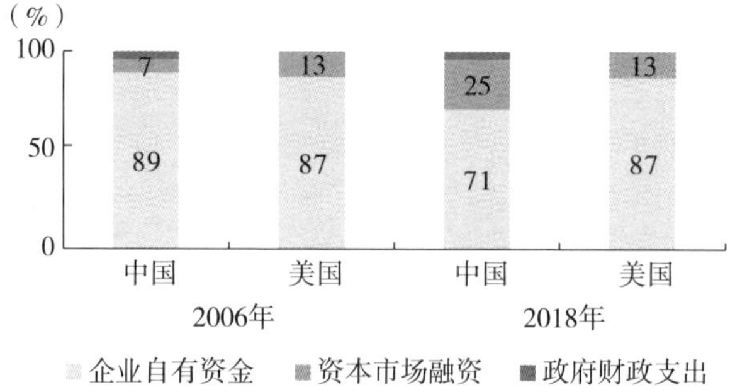

图 12.7 企业自有资金系制药工业研发投入主力

注：图中仅统计制药工业环节的研发投入，未包含公共部门（如 NIH）及高校资助的基础研究；企业自有资金取成熟药企研发投入金额；资本市场融资取生物科技类公司研发投入金额。

资料来源：美国科学与工程统计中心，《中国高技术产业统计年鉴》，中金公司研究部。

活跃的高质量创新大大增强了美国制药工业在全球范围内的竞争力，培育了一批创新型的生物科技企业与国际制药巨头。2021 年全球新药研发公司分布见图 12.8。2020 年美国药企贡献了 51% 的新药分子（见图 12.9），全球最畅销药品前 10 款中有 9 款由美国药企首先推向市场；截至 2021 年 3 月 22 日，美国生物科技企业数量占全球总数的 46%；2020 年全球前 20 大药企中，9 家总部位于美国。

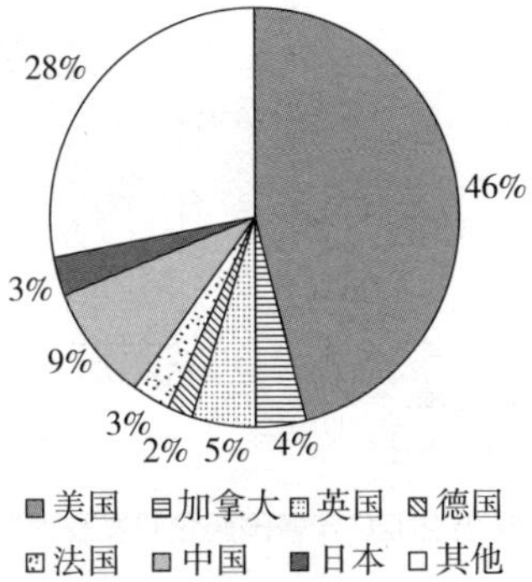

图 12.8　全球新药研发公司分布（2021 年）

注：数据截至 2021 年 3 月 22 日。

资料来源：德勤，中金公司研究部。

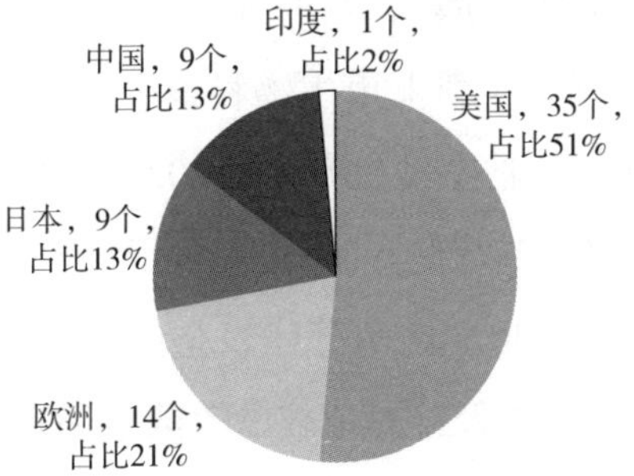

图 12.9　全球新药分子贡献（2020 年）

注：仅统计 NDA 和 BLA，中药未统计在内。

资料来源：FDA（美国食品药品监督管理局），CDE（国家药品监督管理局药品审评中心），EMA（欧洲药品管理局），米内网，中金公司研究部。

中国药企既往多以销售为主导，费用结构与欧美存在差距。历史上，由于新药准入成本高企、用药结构导向不明确，国内药企多以销售为主导，研发激励不充分，研发投入处于低位。药审改革启动后，这一情况出现了较大变化，但截至 2020 年，中国头部上市药企的费用结构与欧美日大药企仍然有明显差距（见图 12.10）。

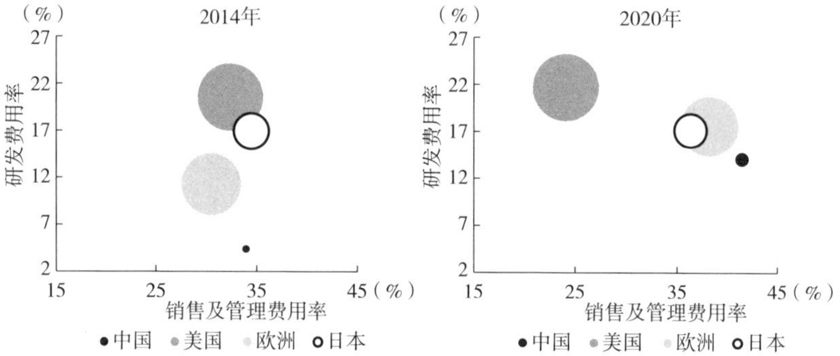

图 12.10 2014 年与 2020 年各国药企研发及销售管理费用率对比

注：选取样本为该地区收入前十名制药公司，中国根据上市公司制药收入排序，费用率计算以制药收入为分母；饼图大小为该地区制药公司样本公司 2014 年及 2020 年研发投入总和。

资料来源：万得资讯，中金公司研究部。

中国药企处于后发追赶阶段，当前投入力度较欧美仍有较大差距。在资本市场的支持下，近几年新上市生物科技公司研发投入水平及增速出现大幅跃升。生物科技企业代表百济神州 2020 年研发投入为 84.49 亿元，创中国药企研发投入之最。与此同时，传统大型药企也在支付端改革的倒逼下加快创新转型步伐，恒瑞医药等代表企业 2016 年后研发投入均出现快速提升，但研发投入比例及绝对值较欧美药企仍有较大提升空间。

中国制药创新升级的要素分析：从实验室到生产供应

在顶层设计的制度引导下，基础学科水平、药企研发投入与开发环节试错效率是影响制药工业全球竞争力的核心因素，高效规范的供应链是各环节推进的保障。其中，基础学科是当前中国制药行业的短板，制度标准与药企投入导向自2015年药审及医保改革以来逐步明确，但创新激励尚不充分，试错与供应链的高效是当前中国制药创新升级的潜在优势所在。

基础科学：源头创新的决定性要素，中国学科体系尚待完善

药物研发从0到1的创新是从基础科学到临床开发的连续探索过程。靶点与机制等源头创新需要学术界高质量的基础研究推动，而基础研究成果向临床研究的转化需要有成熟的转化体系支持，并在制药企业的支持推进下实现最大化成果的临床与商业价值。

中国基础研究与转化科学水平尚需提升。药审改革释放了制药工业的创新动力，国内创新体系在工业主导的建设下，临床及生产环节人才体系提升明显,但基础研究与转化学科环节人才体系建设还有较大的提升空间。从成果来看，学术界有能力引领突破性创新的人才尚未形成规模，高质量论文发表数量虽有所提升，但较美国仍有差距；已发布的高水平学术文章绝对数量不断增加，但缺少成功转化为管线及上市新药的成果。

世界主要国家在CNS（《细胞》《自然》《科学》三个刊物的首字母缩写）上发表论著和综述数量见图12.11。各国高水平生命科学领域论文发表数见图12.12。

中国研发资金支出结构待优化，基础研究重视程度不足。中国研发总体投入占GDP比重连续多年超2%，强度接近英法；但对基础与应用的科学问题重视程度不足，大部分资金用于试验发展，基础研究投入比重仅个位数，对比欧美日的10%~20%有较大差距。各国研发投入力度及投入方向见图12.13。

转化医学未成体系，需要培养更多专业化人才。学术界在1992年提出了“从实验室到病床”的转化医学概念，美国国家卫生研究所于2003年正式提出并制定了转化医学路线图，2006年设立临床和转化科学基金，

2012 年成立了国家转化科学促进中心，建设了遍布全国的学术医疗中心网络，构成了基础研究到临床的桥梁。中国在过去几年建设了技术转移的基础制度，但转化医学尚处于起步阶段，当前转化成果较为有限，尚需培养更多专业化人才，明确创新的临床价值导向，以建设健全转化医学体系。

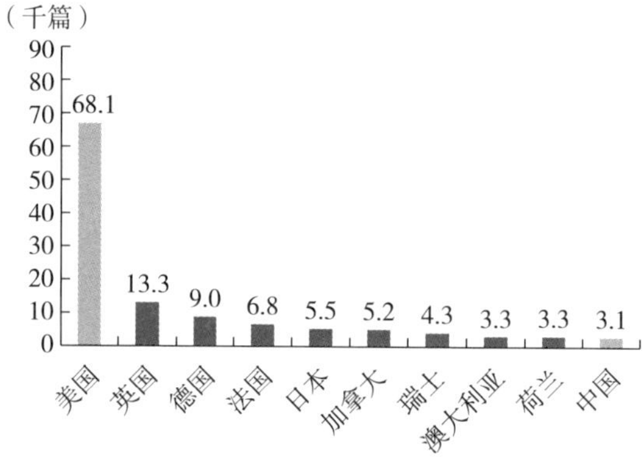

图 12.11　在 CNS 上发表论著和综述数量

注：统计截至 2021 年 2 月 16 日。

资料来源：Web of Science（数据库），中金公司研究部。

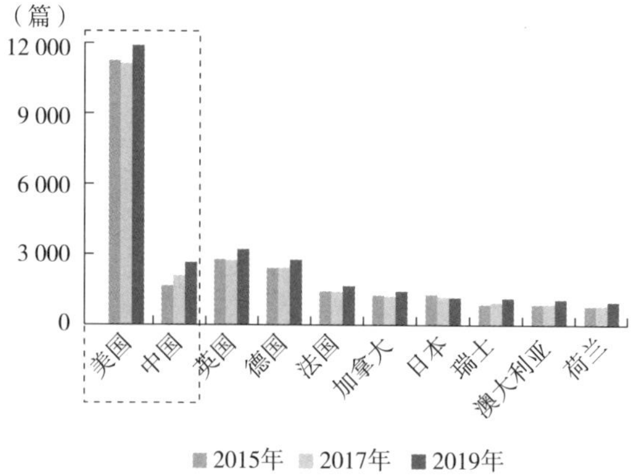

图 12.12　各国高水平生命科学领域论文发表数

资料来源：Nature Index，中金公司研究部。

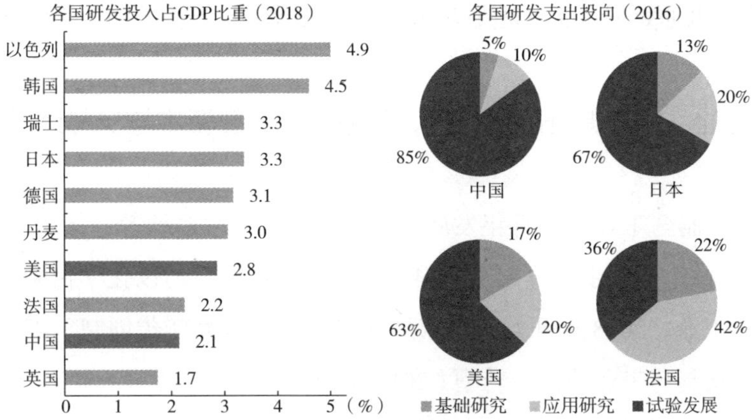

图 12.13　各国研发投入力度及投入方向

注：瑞士研发投入占比为 2017 年数据；研发投入为该国全行业研发投入总和。

资料来源：OECD，中国医药创新促进会，中国外商投资企业协会药品研制和开发行业委员会，大连理工大学科创治理团队《中国研发经费报告 2020》，中金公司研究部。

基础领域的差距客观存在，需要时间追赶。Fast-follow（快速跟进）的跟随策略能够阶段性弥补基础学科差距，使跟随与全球研发的滞后时间不断缩小，但长期依赖跟随式创新将导致低水平的重复建设。

基础研究成果通常公开发表在学术期刊上，并且对靶点及疾病机制的研究不构成专利保护的对象，作为后发者的中国制药企业可在全球研究的基础上跟随研发。在这一过程中，中国药企对新药的理解不断加深，对全球创新的跟随持续前移，部分靶点进度已跻身全球前列。但由于生物科技与转型药企起步时间接近、国内专利环境相对宽松，热门领域同质化问题随之出现，跟随策略在未来可能逐渐进入平台期。全球语境下的 First-in-class（FIC，同类第一）式源头创新与 Me-better（在仿制中创新）/ Best-in-class（BIC，同类最优）式迭代创新能力将成为企业寻找增量、摆脱行业内卷的重要能力。

我们认为，中短期内，渐进式、跟随式的创新是国内制药工业利用后发优势、从无到有建设创新体系的重要阶段；长期视角下，基于基础与转化科学的迭代及原始创新能力是支持中国新药研发形成全球竞争力的必要条件。

制药工业：加速追赶的执行者，创新投入需要资本与支付激励

海外制药工业已有百年发展史，中国作为后发追赶者，从 20 世纪开始到 21 世纪初逐步建设起从原料到制剂的生产体系与以化学仿制药为主的制药工业。2008 年开始，国家层面启动了“重大新药创制”等专项计划，推动制药工业的创新转型；2015 年药审改革后制度设计进一步明确，制药工业的创新生态逐渐完善，创新成果开始进入市场。

中国制药创新加速追赶，创新水平正在提升。2015 年以来国内制药企业新药研发对标欧美成熟市场加速推进，较早布局的企业近几年开始进入收获期。截至 2020 年，中国研发管线产品数量占全球总量的 13.9%，管线数量全球排名第二；中国对全球医药研发的贡献从“精益仿制”的第三梯队开始跻身至“渐进性创新”的第二梯队（见图 12.14）。

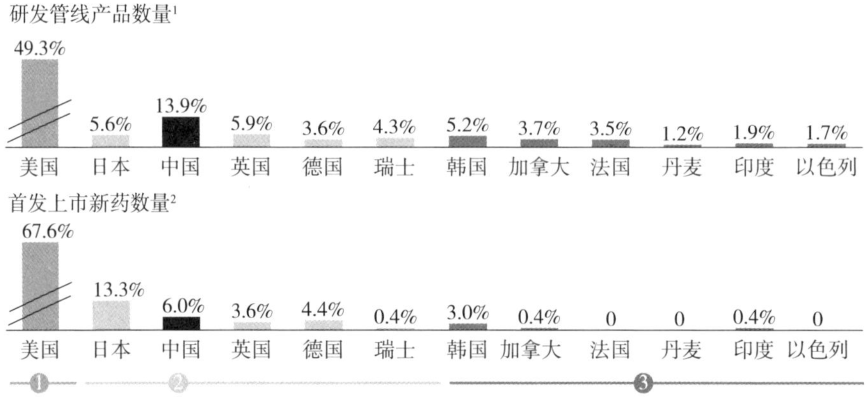

图 12.14 中国在研管线与首发上市新药数量方面位居全球“第二梯队”

注：1. 根据 2020 年 2 月处于临床前、临床一期至三期，及注册前的管线数量，以公司总部所处国家分类；2. 2015—2019 年全球首发市场占比，仅包括新分子实体。

资料来源：Pharmaprojects（数据库），中国医药创新促进会，中国外商投资企业协会药品研制和开发行业委员会，中金公司研究部。

同时，在基础学科与研发体系建设相对不成熟、用药结构调整倒逼药企创新的大背景下，大量新兴及转型药企在取得初步成果的同时也阶段性地出现了靶点同质化问题。为了建设具备全球竞争力的创新管线，企业需要转向更高价值的 BIC/FIC 品种进行布局。

我们认为，临床价值导向明确的激励机制与专业化且制度完善的资本市场是引导与保障企业向高风险、高价值前沿领域布局的必要条件。

- 激励机制：行业研发投入由新药的商业化价值驱动。而高价值的 BIC/FIC 品种通常也伴随着更高的研发风险，对产品的商业化预期应有更高的要求。由于国内市场通常是新药商业化的第一站，提升支付体系的筹资能力，明确支付体系的临床价值导向，为高风险的前沿创新支付创新溢价，能够激励药企向前沿领域加大投入。
- 资本市场：创新药研发伴随着不确定性和风险，特别是承接自基础、转化学科的早期的药物研发。其本质是一类风险投资，在借助证券化实现社会化融资、高风险的分散同时追求高收益。高定价刺激资本投资高风险项目，低定价刺激资本投资低风险项目。

2018 年各国支付体系来源占比见图 12.15。中国支付体系相对单一，商保的支付潜力未被发掘，差异化的医疗需求未能转化为筹资与支付能力。

国家医保是中国支付体系中最大的支付方，当前筹资体系与支付政策相对单一，基本医疗保险的社会保障义务要求其优先保障广泛基础的医疗需求，强调药品可及性，在议价中往往相对强势。叠加竞争格局与经济发展水平等因素，创新药在国内通常面对较大的降价压力，以 PD–1 单抗为代表的新药价格显著低于海外市场（见表 12.1）。同时，个人自费在国内占据相当比例，说明国内患者的治疗需求与支付意愿尚未被共付体系充分调动。

商业保险是支付体系重要的补充手段，国内商保发展受限于终端数据缺失。对保险支付方而言，医疗终端数据对其产品设计与风控而言至关重要。商保目前还只针对投保人个人，数据以投保人提供的非结构化数据为主，医疗体系内，特别是公立医院数据的缺失给商保产品设计带来了阻碍；数据透明度较低也给核保、理赔增加了风控难度，同时导致保险市场上代理人和用户之间存在严重的信息不对称。

中国医疗健康融资市场开始活跃，融资难度逐渐降低。2014 年起，资本加速涌向医药行业，成为推动国内创新成长的重要动力；根据动脉网，2018 年、2019 年国内一级市场医疗健康领域融资额分别为 193.5 亿和 154.5 亿美元，与同期美国一级市场融资额接近。

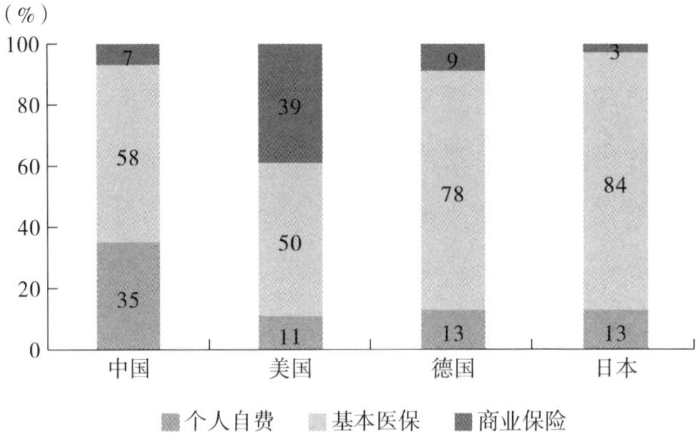

图 12.15　各国支付体系来源占比（2018 年）

资料来源：WHO（世界卫生组织），中金公司研究部。

表 12.1　国内外 PD-1 单抗价格对比

商品名	成分名	公司	国内初上市年治疗费用	2021 年国内年治疗费用	美国年价	欧洲年价
海外创新药						
Keytruda 可瑞达	Pembrolizumab 帕姆单抗	默沙东	61 万元 / 年	14 万元 /2 年	约 118 万元	约 90 万元
Opdivo 欧狄沃	Nivolumab 纳武单抗	BMS	47.9 万元 / 年	11 万元 / 年	约 116 万元	约 70 万元

续表

商品名	成分名	公司	国内初上市年治疗费用	2021 年国内年治疗费用	美国年价	欧洲年价
国产创新药						
拓益	Toripalimab 特瑞普利单抗	君实生物	18.72 万元 / 年	5.46 万元 / 年		
达伯舒	Cintilimab 信迪利单抗	信达生物	28.2 万元 / 年	3.98 万元 /2 年		
艾瑞卡	Camrelizumab 卡瑞丽珠单抗	恒瑞医药	51.4 万元 / 年	7.63 万元 / 年		
百泽安	Tislelizumab 替雷利珠单抗	百济神州	38.5 万元 / 年	7.56 万元 / 年		

注：海外年价为 2020 年底数据。

资料来源：药智网，彭博资讯，中金公司研究部。

中国医疗健康资本市场快速成长，制度建设与投资者专业水平处于提升阶段

二级市场制度逐步健全，中美融资额与投资者专业化程度存在差距。港股 18A 上市规则与科创板为生物科技企业提供了国内上市通道；2020 年，中国医药行业 IPO（首次公开募股）募资规模为 627 亿元人民币，上升明显，但相比美国仍有一定差距。所投标的质量参差不齐，大量资金流向重复建设的扎堆领域，部分标的估值存在虚高问题。

开发试错：人口与工程师红利明显，重复建设导致资源配置效率较低

国内临床前研发人才资源丰富，用工成本与人均效率高于海外。临床前研究涉及多种细胞及动物研究，对实验室研究员要求较高，因此生物医药背景专业人才数量是临床前产能的核心指标。2019 年中国生物医药本硕毕业人数约 34 万人，高于美国同期，高素质专业人才储备丰富。丰富的人才储备为国内生物科技行业提供了明显的人口与工程师红利，带来了成本与效率的双重优势，这对于效率至上的创新药研发尤为重要。

中国相比海外临床前研究优势明显，承接海外订单转移的同时培养资深工程师人才。2001 年中国加入世贸组织，以药明康德为代表的临床前 CRO 公司开始为海外创新药企承接临床前研究的实验执行业务，经过 20 年左右发展已有较深积累。2020 年中国临床前研发外包市场规模占全球比例已达 20.4%（20 亿美元）。融入全球创新体系的临床前 CRO 为中国生物科技行业的发展培养了大量熟练高效的工程师人才。

临床审批政策放开，释放临床资源红利。中国巨大的人口基数对应丰富的临床资源。受历史因素影响，2015 年前国内对临床申请态度谨慎，临床与生产的审核整体呈现前紧后松的政策导向，导致大量审批件在 IND（临床研究申请）阶段积压，临床资源未得到充分利用。2015 年药审改革后，中国监管部门对临床申请态度逐渐放开，呈现前松后紧导向，在适当放松临床申请的同时，加强上市前的数据核查与惩处力度，避免低质量申报积压，进而提升政府审批效率。

2017 年备案制改革后，创新药临床试验推进速度得以提升。临床试验启动包括审评审批、机构合同讨论等环节，既往国内临床申报耗时较长，CTA（临床试验申请）可达 6 个月以上。2017 年 10 月《药品注册管理办法（修订稿）》提出将 CTA 审评时间缩短为 60 个工作日，此后临床试验申请审批速度大幅提高，审批时长从平均约 200 天降至 60 天。

中国临床机构数量增加明显，保障临床开展效率。备案制改革后药物临床试验机构数量增加明显。2019 年中国药物临床试验机构达 583 家，共拥有资质证书 710 个，平均每家机构拥有证书 1.2 个。登记临床试验数量也在 2018 年后维持高位，2020 年达 2 559 个。丰富的临床资源与研究数量为国内临床研究机构、执行人员以及关键研究者能力的培育提供了良好的土壤。

临床与工程师资源利用效率偏低。虽然国内临床及临床前的人口与工程师红利明显，但受限于行业发展阶段的重复建设使得资源配置效率仍有提升空间。根据 Pharmaproject 数据，2019 年美国临床试验阶段靶点数量为 550 个，而中国仅为 160 个，覆盖面较窄。在此基础上，中国临床试验靶点拥挤度也明显高于美国，美国 70% 的临床阶段资产集中于前 30% 的靶点，而中国 70% 的临床阶段资产则对应前 21% 的靶点。

生产供应：规范性逐渐提高，高附加值业务升级起步

人工成本优势明显，中国企业完成初步积累。相比海外企业，中国生产企业成本优势明显。叠加更高的生产效率，中国企业逐渐承接更多的海外订单，2011—2017 年中国在全球 CDMO（合同研发生产组织）市场份额从 6% 提升至 8%。

历史上中国生产外包主要为低附加值和低规范业务。创新药的生产一般需要经历基础化工品、起始物料、non-GMP（非药品生产质量管理规范）中间体、GMP（药品生产质量管理规范）中间体、API（原料药）、制剂等生产环节，越往后生产附加值越高。欧美 CDMO 企业以产业链下游 API 和制剂等高附加值业务为主。我国医药市场曾长期处于非规范状态，既往满足规范市场要求的产能较少，国内 CDMO 企业更多是为 API 生产提供中间体，业务附加值低，单产品市场空间小。

行业规范程度逐步提升，中国生产环节高附加值业务处于起步阶段。随着国内 CXO（医药研发外包组织）企业与海外药企合作的深入，以及加入 ICH（国际人用药品注册技术协调会）后国内外进一步融合，产销同地加速高级市场需求向中国转移，2015 年后中国企业开始逐步承接 III 期、商业化 API 和制剂订单，CMO（合同生产组织）/CDMO 在全球产业链中的分工逐步延伸到高附加值环节。在这一过程中，逐步建设健全的生产供应体系也为创新药产业的发展与国际化提供了扎实的质量保障。

行业赶超契机：抓住新技术兴起机遇

中国制药企业有望在新兴技术领域拉近与海外代差

新兴技术领域存在弯道超车可能。中国制药企业在成熟领域与海外代差较为明显，但新兴技术领域的起步时间与海外较为接近，我们认为中国在新技术应用领域有望凭借提升环节的效率实现弯道超车。一方面是在药物发现方法上，突破传统药物筛选方式，提升筛选效率；另一方面是在全新药物机制上，角逐基因细胞与双抗等新一代药物平台。

药物发现技术的赶超机遇

药物筛选新技术较传统技术有明显优势。近年来随着技术的进步，除定向筛选、HTS（高通量筛选）等传统药物筛选技术之外，以 DELT（DNA 编码化合物库）、FBDD（基于片段的药物发现平台）、SBDD（基于结构的药物发现平台）和 AI 筛选等为代表的新技术平台正快速发展和成熟。相较传统技术，新技术筛选药物具备成本低、周期短、药物发现准确性高以及复杂靶点选择性好等优势。

中国的小分子新兴筛选平台与海外差距较小。小分子药物开发受限于靶点与分子结构，开发成功率逐年下降。为突破瓶颈，基于分子生物学、结构生物学的新药物筛选平台逐渐兴起，小分子药物发现进入基于靶点的药物设计的时代，例如 DELT、FBDD、SBDD、CADD（计算机辅助药物设计和虚拟筛选平台）等。以成都先导、维亚生物、药明康德、睿智医药为代表的国产企业已取得领先成果，具备追赶海外第一梯队的实力。

中国 AI 药物处于起步阶段，技术应用开始进入产业界。AI 技术可降低药物发现阶段所需时间以及药物发现成本。相较于传统方法 3~5 年的周期，AI 技术可在 1~2 年甚至几个月内完成先导化合物筛选。目前，中国 AI

药物研发企业已开始与业界开展合作，已有筛选药物处于临床前阶段。

新兴药物技术平台的赶超机遇

热门疾病领域积累渐丰。免疫、肿瘤、退行性病变等领域是目前全球医药行业的重要研究方向。中国制药行业有大量具备海外药企及国际化CXO研发工作经验与国际化视野的华人科学家及工程师不断加入，工业界与学术界在过去数年的创新浪潮中在免疫与肿瘤等热门领域积累了较为丰富的经验，部分企业核心团队经历了药物研发的全流程。

新技术领域起步时间接近，有望拉近与海外代差。从技术角度看，在小分子等相对成熟的领域，中国企业与海外药企在时间积累上存在较大差距；在细胞基因治疗、双抗等相对新兴的技术领域，国内外起步时间相对接近，应用及发展层面存在拉近代差可能（见表12.2）。

表12.2　细胞基因治疗及双抗药物的中国企业进度与参与情况

治疗方法	地区	首例 IND	首例 NDA/ 上市	中国企业参与情况
细胞治疗	全球	2014 年	2017 年	中国至少 80 家企业启动了 CGT（竞争性仿制药疗法）相关临床
	中国	2017 年	2020 年	
基因治疗	全球	1990 年	2011 年	
	中国	1991 年	2003 年	
双抗药物	全球	2005 年以前	2009 年	中国 20 家以上企业启动了双抗相关临床
	中国	2017 年	/	

资料来源：公司公告，药智网，ClinicalTrials（美国临床试验数据库），中金公司研究部。

中国创新逐步融入全球市场，尚需临床与销售体系支持

人口众多、需求亟待挖掘的国内市场为中国创新药企提供了丰富的临床资源与商业化的第一站，也支持了药物研发体系的初步建设，为加入潜

在利润空间更为广阔的海外医药市场奠定了基础。2017 年中国加入 ICH 后，中国创新药的监管体系与行业标准加速向国际标准看齐，中国创新药企也在逐步进入全球医药市场。

国内药企创新能力不断获得海外监管机构认可，License-out（对外授权）形式的产品出海已取得初步成果。国内药企创新质量不断提升，多个国内新药取得 FDA 等海外监管机构快速通道、突破性疗法等认定。中国医药研发的国际化也从实验室研发外包，逐步升级为以 License-out 为代表的产品合作，近年来交易数量与金额屡创新高，创新国际化的趋势逐步成形。以信达生物为例，其 PD-1 单抗上市申请于 2021 年 5 月获得 FDA 受理，申报核心数据基于国内开展的 III 期临床，反映了 FDA 对国内高质量临床研究的认可。

国内企业正在建设海外临床与销售团队，支持更高程度的国际化。越来越多的国内企业正在海外开展临床研究，以更好地支持其产品在全球的上市与销售。2015 年国内企业仅在海外的 14 个国家开展临床试验，项目数只有 48 个。2019 年中国药企在海外临床试验的布局国家已超过 50 个（见图 12.16），累计项目总数超过 340 个。在临床出海的过程中，国内企业逐步搭建了具备国际化视野与能力的研发体系与团队。2019 年百济神

图 12.16　中国药企开展的海外临床试验项目数量

资料来源：中国医药保健品进出口商会、科睿唯安联合编写的《中国医药产业国际化蓝皮书（2020）》，中金公司研究部。

州的泽布替尼在美国获批上市并启动商业化，拉开了国内创新药国际化的大幕，恒瑞等国内代表企业也在尝试搭建海外销售体系（见图 12.17）。我们预计未来将会有更多企业开启国际化。

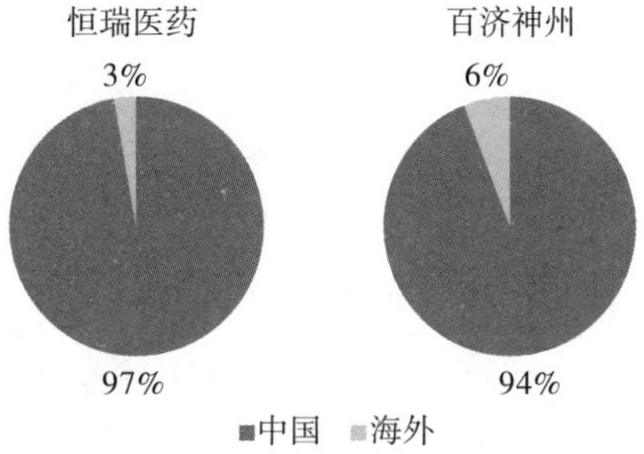

图 12.17　2020 年中国药企营收构成

资料来源：各公司公告，中金公司研究部。

美国药品市场制度：瑕不掩瑜的他山之石

美国生物科技与制药工业的兴起与其药品市场制度的变革息息相关。20 世纪以来的系列改革，保障了创新成果享受一定程度的垄断利润，很好地激励了药企对研发的持续投入，培育了美国活跃的生物科技行业与具备全球竞争力的强大制药工业。

- 在需求支付端，美国自 20 世纪初逐步建立了医疗市场的多元支付体系，较好地动员了支付体系的筹资能力，建立了向创新成果倾斜的议价与支付体系。
- 在供给准入端，监管部门对药品审评制度与专利制度的持续改革，提高了新药准入标准，避免行业低端重复建设，持续挤出制度成本，活跃了中小生物科技企业的高质量创新，也为制药巨头的出现提供了土壤。

· 在创新环境端，以 NIH 为代表的公共部门及来自高校的科研经费持续为前沿领域的基础研究提供了资金支持，成熟的知识产权保护制度、成果转化体系与专业的医疗健康资本市场，为科学家将研究成果从实验室推向产业界提供了支持。

在美国制药行业快速发展、制药巨头辈出的同时，其国内药品市场也走向了另一个极端，形成了大药企局部垄断、新药价格高企的局面。近年来美国国内要求降低新药价格、提升药品可及性的呼声不断，业界也出现了 EQRx 等以提升新药可及性为商业模式基础的制药企业。

总体来看，虽然美国药品市场制度安排远非完美，但其对创新活力的有效激励仍然能为我国的制度建设提供宝贵的改革经验。

需求支付端：建立多元筹资体系，支付向创新倾斜

美国保险体系的筹资与支付体系多元灵活，支付体系以商业保险为主，政府体系下的基本医疗保险主要覆盖弱势群体。商业保险公司主要针对适龄劳动人口，通常由雇主为雇员购买，其产品类型多样，种类繁多，能够定制化地满足不同人群、不同层次的需要。政府基本医疗保险同样存在细分，以 Medicare 为例，其分为四个部分（Part A–D），除 Part A 外均为选择性投保，筹资、支付范围及支付比例各不相同。我们认为，美国多元灵活的保险体系发掘了不同人群的差异化医疗需求与筹资意愿，最大化了多层次的支付能力。美国药品市场基本遵循协商定价原则，实际操作中利益相关方较为复杂，具体定价机制不甚透明。Medicare/Medicaid 是目前美国药品市场最大的支付方，其价格政策也是商业保险的重要参考。但 Medicare Part D 禁止政府机构直接与药企进行价格谈判，实际议价环节由 PBM（药品福利管理组织）完成，而商业保险同样将相关业务托管于

PBM。因此药品定价谈判主要在药企、流通商与PBM间展开，同时会参考第三方机构如ICER等从药物经济学角度出具的分析报告及意见。但由于各参与方之间付款、返款等信息并不公开，最终药品的定价机制与费用组成不甚透明，美国药品市场存在潜在隐形成本。

供给准入端：提升行业创新标准，挤出监管制度成本

FDA自20世纪以来逐步确定了新药审评审批的高门槛，限制临床意义不明的药品进入市场，从准入层面倒逼行业低质量建设的出清，同时新药研发时间与资金成本大大提升，客观上促使新药分子向资金实力更强的大药企集中。20世纪80年代专利保护制度改革延长了已上市新药的独占期,维护了新药上市后在对应适应症领域的局部垄断格局。在这一体系下，大药企易形成较强的议价权，具备差异化价值的新药可获取垄断利润。

- 新药具备较强议价力。上市新药原则上应具备差异化的临床价值，在Medicare Part D的规定下，政府不得限制医保用药，保险体系的准入门槛大大降低，因此具备独特获益的新药分子在所针对的适应症领域中享有较强议价权。
- 大型药企高集中度。高门槛大大提升了新药研发成本，融资驱动的中小生物科技企业虽然创新活跃，但很难支持自身生存；而大型药企有较强的现金流/资金实力，拥有成熟的临床、申报与商业化平台，在临床研究及商业化环节具备规模效应，同时需要确定性更强且具备价值的管线来控制整体的风险。因此大型药企通常通过合作并购等方式取得来自中小企业的早期管线资产，完善其在前沿技术领域与品种的布局，挖掘下一个重磅新药。这样的行业分工进一步丰富了头部大药企的新药产品组合，也增强了大

药企的市场地位与议价权。

仿制药的情况则恰恰相反。仿制药上市审评以一致性为准绳，门槛较低，通常在专利到期后就会有大量同质产品上市，同时美国政府也在鼓励仿制药对原研品种的替代，使供给侧更为分散，而议价的对手方 PBM 的处方集中度较高，仿制药企业在议价中不占优势。2020 年仿制药占据全美处方量约为 90%，但销售额占比仅为 20%。这样的供需结构也形成了对创新的激励与引导，驱动制药企业投入研发具备差异化优势的创新产品。

在提升行业标准的同时，FDA 等监管部门也采取了系列举措以挤出审评制度成本，缩短突破性药物的上市时间。20 世纪逐步确立的 MAH（药品上市许可持有人）制度解绑药物研发与生产销售等重资产环节，降低了初创型企业的研发成本。1992 年处方药用户付费法案授权 FDA 向药企收取费用，为 FDA 提供了稳定的经费来源以满足药审中心的人员扩编需求，同时要求 FDA 改善药品审评具体目标，制定了优先审评与标准审批两个层次的审评时间与细化的绩效指标，大大提升了 FDA 的审评效率。

对比 2015 年以来国内药审改革的系列举措，不难发现中国监管部门在改革中充分吸取了 FDA 等发达国家监管部门的改革经验。在行业标准规范、制度成本下降的过程中，中国的创新药行业也进入了蓬勃发展的阶段。特别是 2017 年中国加入 ICH 后，药品研发、注册、生产、监管等环节逐渐与国际接轨，中国药品监管体系开始真正融入国际社会，为下一步的国际化奠定了制度与行业标准基础。

创新环境端：重视基础研究与转化体系建设，健全专业的医药资本市场

NIH 设立的专业统筹管理体系有助于确保公共部门资金资助的基础研

究方向。基础研究具备正外部性，来自公共部门的科研经费是重要的基础研究资金来源。发达国家大多针对公共部门研发资金设立统筹管理体系，以分专业、多项目的高效率投资方式，管理基础研究投入的方向。以 NIH 为例，其数百亿美元经费通过 20 余个细分学科研究所统筹资助院外研究机构，支持医学前沿领域研究。

成熟的知识产权保护制度和成果转化体系促进研究成果从实验室向生物科技产业转化。1980 年美国《拜杜法案》明确了联邦政府资助项目的研究者作为专利权人的地位，提升了学术机构及研究者的创新热情。高校等学术机构陆续设立了技术转移办公室，雇佣经验丰富的职业经理人、法务专家等专业团队，专职负责科研成果转化。此外，部分学术科研机构还通过建设区域性技术转移中心、构建战略合作伙伴等方式推动科研成果的技术转移甚至商业化。成熟的知识产权保护制度、健全的技术转移体系与专业化分工共同完善了美国的科技成果转化体系，科研人员的产权及价值实现得到了较好保障，对前沿与基础研究本身也形成了良好激励。

专业的医药资本市场提高了资本利用效率，共担创新风险。由于医药创新高风险、高投入、长周期的特征，研究者很难通过个人筹集持续研发所需的资金、承担研发风险，因此早期的风险投资对生物科技行业发展而言至关重要。美国是风险投资的发源地之一，已形成了较为专业的医药行业投资者群体与相对成熟的定价估值体系，结合健全的技术转让体系，能够较好地运用资本市场力量共担前沿创新的转化风险。同时，纳斯达克等二级市场为风险及股权投资提供了退出途径，降低了资本的退出成本。

政策思考

提高公共部门科研资金与政府引导基金使用效率，支持投入基础与转化学科建设，促进研究成果向产业转移。加强科研基金对基础学科领域的投入。在遴选项目过程中，加强管理机构的专业性与管理过程的透明性，引入行业专家，完善基金评审与考核机制，在专业性之外减少行政干预。应用公共部门的资金与政策持续引进高水平人才。完善技术转移与成果转化的基础设施建设，同时发挥政府资金的引导作用，为高风险领域的转化探索提供支持。

支付改革与商保推出，引入增量为创新支付合理溢价。打通医院用药数据体系，加速商业保险入场，发掘商保筹资潜力，为医药行业共付筹资体系引入增量，减轻国家医保远期支付负担。进一步降低新药进入保险体系的准入成本，完善用药评价体系与用药管理体系，以临床价值与患者获益为导向，合理高效地使用医保资金。支持原研创新高定价体系，高风险高回报利益机制加速融资分层，反哺高风险原研创新。

资金分层提升创新研发的风险鉴别与抵御能力。创新融资与常规融资分层，提高创新资金融资进入门槛，提升项目失败耐受度；投资机构分层，专业人投专业项目，提升创新项目真伪辨识度，并反哺药监局对全新项目的监管能力；积极探索金融衍生业务，稀释单个创新药项目失败的影响。

继续优化审批制度，鼓励前沿创新。进一步挤出前沿领域创新的制度成本，适时完善专利与数据保护制度，同时设立社会化激励机制，合理引导企业创新方向，提升临床前及临床资源配置效率，鼓励原始创新。扩充监管系统，开展符合全球创新标准的系统性培训项目与完善能力建设体系，提升监管机构专业化能力，配套发展源头创新审批与复议体系。

第十三章

农业创新：补强产业链前端短板

我国农业供给整体有保障，但产业链前端安全性偏弱：据联合国粮农组织数据，我国是全球最大的粮食、肉类产区，产量增长稳定，整体自给率较高。但品种间存在差异，其中主粮供给充裕且安全性高，饲料用粮面临供给及安全性问题；肉类供给保障好，但产前环节能力弱。从产业链风险角度看，我国农业产业链的前端环节弱于后端，制种、育种安全性较低，存在纵向风险。从创新机制看，农业创新以渐进式创新为主，以激进式创新为辅，结合我国水稻创新经验，我们认为政策保护、机制建立、公私合作研发的共同作用，对推动创新有积极意义。

农业创新路径的内外比较与借鉴：我们从立法、机制、研发体系三个方面对比国内外农业创新路径，讨论我国农业创新的改善空间。立法上，基于知识产权的立法体系以及分工明确的职能监管体系，可有效保护创新，净化创新环境；机制层面上，通过种子认证、种源保护、土地流转等机制的设立，来改善生产关系，提升生产力，可有效奠定创新基础；研发体系上，公私部门平衡的商业化研发体系，通过分工与协同，可提升创新的持续性。

基于农业创新的政策思考：我们从立法监管、资金引导、基础研究、人才教育四个方面提出基于农业创新的政策思考。立法监管上，建议扩大对农业知识产权保护的覆盖范围，并且增强打击侵权的力度；资金引导上，建议公共部门增强农业科研投入力度，同时促进与私人部门在研发上的协作互补；基础研究上，建议加大研发投入在基础研究领域的倾斜，重视对种源的研究；人才教育上，建议加大人才培养力度，普及全程教育，增强产学研结合。①

① 本章作者：孙扬、张宇茜、陈煜东。

全球视角下的中国农业：整体稳定，产业链前端存在不足

中国农业生产规模大，整体有保障。其中主粮供给充裕且安全，饲料用粮供给及安全性均弱于主粮，肉类保障能力强但前端能力不足。基于产业链安全性分析，我们认为，我国农业产业链前端环节弱于后端，产业链安全问题主要体现在制种、育种环节。2019 年全球粮食产量与肉类产量分布分别见图 13.1 与图 13.2。

整体供给有保障，不同品种供给能力有别

我国是全球最大的粮食及肉类产区，供给增长稳定：粮食、肉类产量均居于全球第一，2019 年产量占全球比例分别高达约 21%、23%；同时我国粮食及肉类产量增长较平稳，据国家统计局数据，2020 年粮食总产量为 6.7 亿吨，过去 10 年 CAGR 为 +1.8%，2020 年肉类总产量为 7 748 万吨，近 10 年 CAGR 为 –0.31%，其中 2019—2020 年我国肉类总产量同比下降 10.0% 拉低复合增速，而下降主因是非洲猪瘟疫情导致的生猪产能受损。

整体视角下，我国农业供给相对有保障。其一，我国人均占有量高，据农业农村部数据，2020年国内人均粮食占有量约为480千克/人，超出国际粮食安全标准线20%。据联合国粮农组织数据，2020年我国人均肉类占有量约54.4千克/年，超出全球平均水平约28%。其二，自给率较高，据经合组织、联合国粮农组织数据，我国粮食、肉类整体自给率分别为81.0%、90.6%，本国供给可满足本国需求。其三，库存消费比高，我国粮食整体库存消费比达到56.2%，高于全球平均水平29.1个百分点。

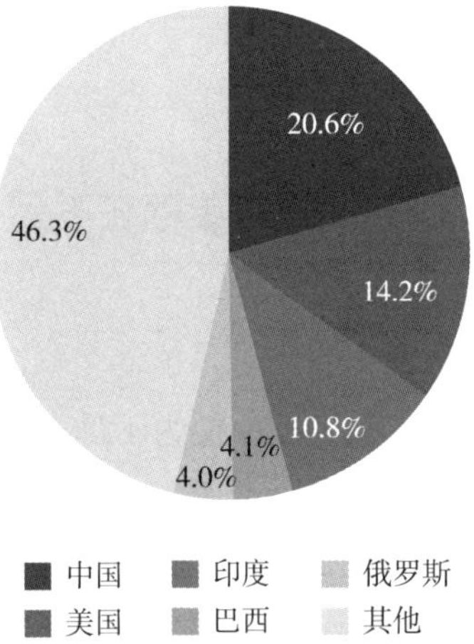

图13.1　全球粮食产量分布（2019年）

资料来源：联合国粮农组织，中金公司研究部。

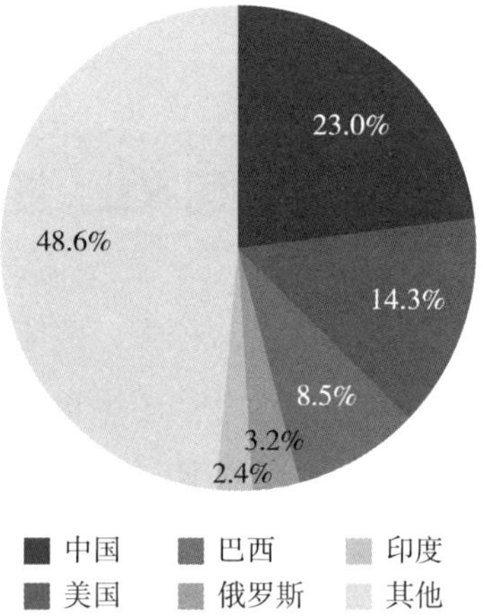

图13.2　全球肉类产量分布（2019年）

资料来源：联合国粮农组织，中金公司研究部。

粮食、肉类生产结构集中（见图13.3与图13.4），但品种供给能力有别：我国粮食以稻谷、小麦、玉米为主，豆类占比较低；肉类以猪肉、禽肉为主，反刍肉类非我国主要肉类蛋白，占比较低。经分品种梳理，可看出我国不同品种保障能力有别。

· 水稻、小麦两大主粮的供给及产业链安全性均较强。水稻、小麦自给率均约100%，人均占有量均接近或高于全球平均水平，单产水平不仅高于全球平均，也高于主产国平均水平，库存消费比同样较高。整体看，二者在供给和产业链安全性上均较强（见表13.1）。

- 玉米、大豆两大饲用粮的供给及产业链安全性弱于主粮。一是玉米供给相对安全，制种环节较弱。我国玉米自给率为89%，人均占有量超过全球平均水平，但库存消费比低于主粮，保障能力弱于水稻及小麦。同时玉米单产低于主产国，且玉米制种环节的全球份额较低，制种能力不足；二是大豆供给及产前环节不足。大豆自给率仅为18%，单产水平仅约全球平均70%，在供给保障及制种环节均存在不足。
- 生猪及家禽的供给保障较强，但育种环节能力缺失。我国生猪及家禽自给率均超90%，且人均占有量高，这表明生猪及家禽的供给安全性较强。但二者在单产上低于全球平均及领先国家水平，同时育种环节份额较小，表明育种环节能力相对较差。

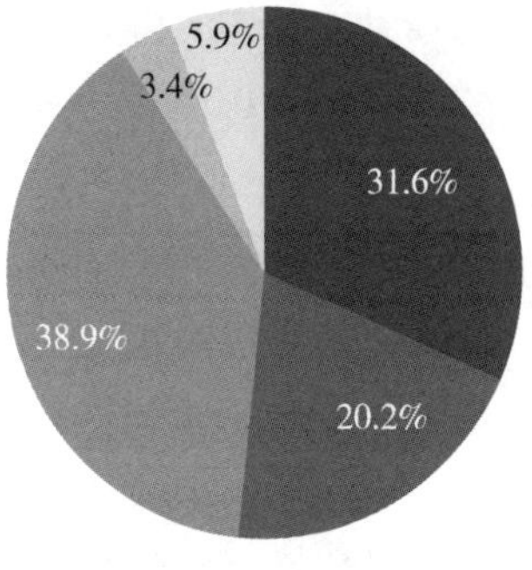

图13.3　我国粮食生产结构（2020年）

资料来源：国家统计局，中金公司研究部。

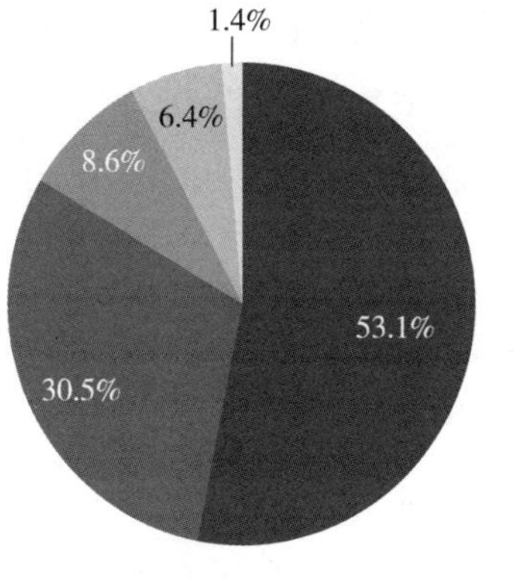

图13.4　我国肉类生产结构（2020年）

资料来源：国家统计局，中金公司研究部。

表 13.1 我国主要农产品与肉类的供给与产业链能力梳理

	粮食	整体	水稻	小麦	玉米	大豆	肉类	整体	猪肉	鸡肉	反刍肉类
整体供需	产量份额	21%	28%	17%	23%	5%	产量份额	23%	40%	13%	13%
	消费量份额	21%	29%	17%	25%	31%	消费量份额	26%	42%	19%	16%
	产量增速	2%	1%	1%	3%	2%	产量增速	0%	−2%	4%	1%
	消费增速	3%	1%	1%	5%	5%	消费增速	1%	−1%	4%	3%
供给安全性	自给率	81%	99%	103%	89%	18%	自给率	91%	91%	95%	83%
	人均产量/全球人均	101%	159%	97%	125%	30%	人均产量/全球人均	128%	209%	98%	74%
	单产/全球单产	149%	157%	166%	105%	70%	单产/全球单产	86%	96%	84%	52%
	单产/领先国家	111%	133%	142%	81%	67%	单产/领先国家	80%	92%	75%	37%
	库存消费比	56%	68%	107%	47%	18%	规模化比例	55%	57%	74%	34%
产业链份额	制种	22%	68%	34%	12%	3%	育种	9%	4%	10%	12%
	农药	30%	28%	30%	27%	22%	动保	13%	24%	29%	5%
	化肥	24%	19%	33%	20%	8%	饲料	21%	31%	25%	5%
	种植	21%	28%	17%	23%	5%	养殖	23%	40%	13%	13%

注：表中制种、种植产业链份额为 2018 年数据，其余均为 2020 年数据。

资料来源：联合国粮农组织；经合组织；国家统计局；美国农业部；世界银行；农业部；刘成武，等 . 中国南方稻作区不同规模农户土地集约利用行为的差异比较［J］. 农业工程学报，2018. 贾琳 . 农户粮食经营规模及其技术效率研究［J］. 中国农业科学院，2017. 中金公司研究部。

产业链安全性现状：产业链前端弱于后端

整体视角下，我国农业产业链风险可分为纵向风险与横向风险。纵向风险集中于制种和育种环节，可通过科技创新提升竞争力，降低产业链风险。横向风险主要为农业效率偏低及疫情风险。其中，规模化程度低令生产效率偏低，我们认为应通过制度改进推升规模化，基于规模效应反向促进农业的科技创新；同时通过防控环节的技术创新及经营的规模化提升对抗疫情风险的能力。

- 纵向风险体现在制种及育种环节，需通过科技创新推动竞争力提升。我国粮食及肉类在前端制种、育种环节竞争力弱，二者为农业产业链短板。粮食方面，我国主要饲用粮单产低于领先国家，且企业创新能力较弱；肉类方面，我国生猪繁育性能仍偏低，如种猪PSY（每头母猪每年所能提供的断奶仔猪头数）、生猪宰后胴体均重低于欧美国家水平，同时种猪、白羽祖代鸡多源于进口，国产比例仅分别约3%、11%。我们认为制种及育种环节体现较强技术研发属性，创新将有助于本环节安全性提高，进而带动农业产业链整体安全性提升。

- 横向风险体现为规模化较低，需要制度改革推动规模化提升，进而促进创新。我国农业经营以散户为主，农业部此前表示，2019年全国小农户数量占比高达98%，户均耕地经营规模仅7.8亩（约0.005 2平方千米）；据《中国畜牧兽医年鉴（2020）》与农业部畜牧兽医局数据，2019年我国户均生猪存栏数仅9头，2020年生猪规模化程度约57%。当前，我国正通过制度建设促进农业规模化，其中近年来国内深化土地改革，促进土地经营权流转及耕种效率提升，解决耕地碎片化问题；同时通过环保监管与资源倾斜推动养殖规模化。我们认为我国农业规模化的趋势较明确，而规模效应加速也将促进农业创新进程加快。
- 疫情具有横向风险的特征，需要结合技术创新和规模化，提升疫情防控能力。农业经营有疫情风险，如草地贪夜蛾、非洲猪瘟等，均对我国农业产生威胁。我们认为控制疫情风险，其一在于经营规模化，因为规模企业防控能力更强、管理更有效；其二在于通过科技创新改善防控手段，如增强制种抗虫性、研发动物疫病疫苗等。

产业链各环节安全性比较：我国制种、育种环节竞争力偏弱

- 种植产业链，中国制种环节竞争力偏弱。我们测算2020年全球重点国家在制种、化肥环节平均毛利率分别达43%、47%，明显高

于农药、农作物生产流通环节（见图13.5）。同时，我们测算全球重点国家制种环节研发费用率高达14%，同样高于其他环节（见图13.6）。这表明制种的商业模式更依赖研发与创新推动企业发展。我国该环节企业体量较小，隐含产业链安全问题，而我国制种环节的研发费用率明显较低，也表明我国制种行业研发投入不足。基于此，我们认为，在我国种植产业链中，制种环节相比其他环节较弱，产业链安全性不足。

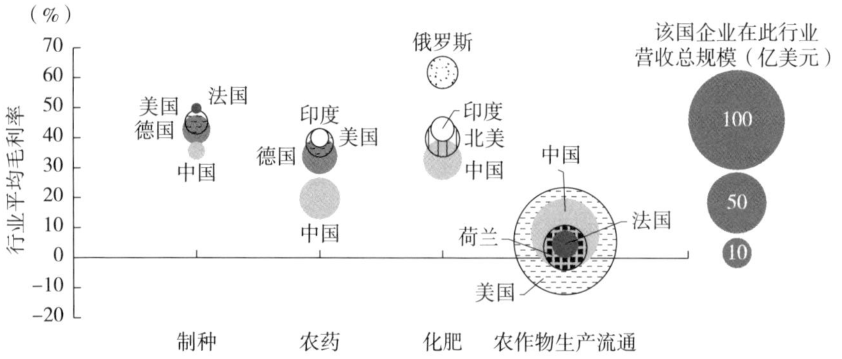

图13.5　种植产业链中，2020年重点国家产业链各环节毛利率

资料来源：Phillips McDougall，ETC Group，世界农化网，万得资讯，彭博资讯，中金公司研究部。

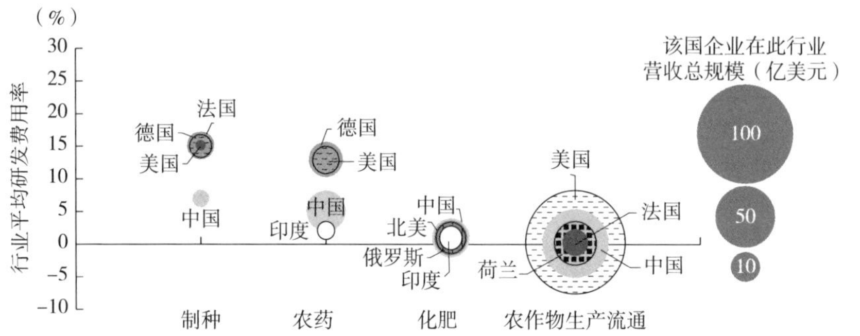

图13.6　种植产业链中，2020年重点国家产业链各环节研发费用率

资料来源：Phillips McDougall，ETC Group，世界农化网，万得资讯，彭博资讯，中金公司研究部。

· 养殖产业链，前端育种环节竞争力有所缺失。我们测算 2020 年全球重点国家在育种、动保环节平均毛利率分别高达 53%、59%，明显高于饲料、养殖环节水平（见图 13.7）。同时，育种、动保上研发投入强度也较大，我们测算 2020 年两环节平均研发费用率分别为 12%、8%，高于其他环节（见图 13.8），故育种、动保均为高壁垒、研发驱动创新型行业。对比国内外现况，中国育种企业收入规模偏低，一定程度上体现出竞争力或有所缺失，产业链安全性不足；国内动保企业总营收规模同样不及国外，但因国内外疫苗市场分别侧重在猪用、反刍动物用疫苗上，中国与国外形成错位竞争，因此国内动保领域仍具竞争力。

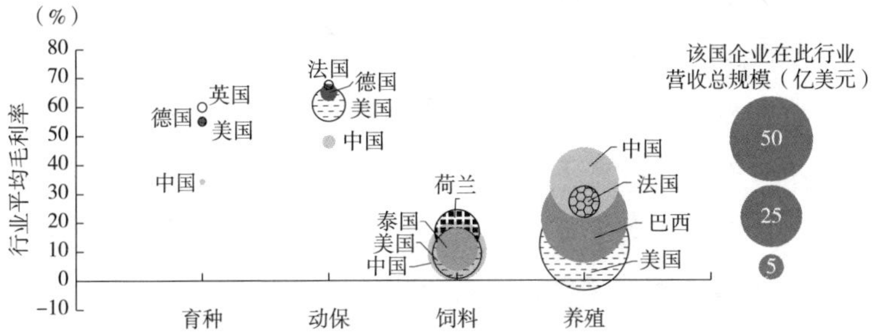

图 13.7　养殖产业链中，2020 年重点国家产业链各环节毛利率

资料来源：万得资讯，彭博资讯，中金公司研究部。

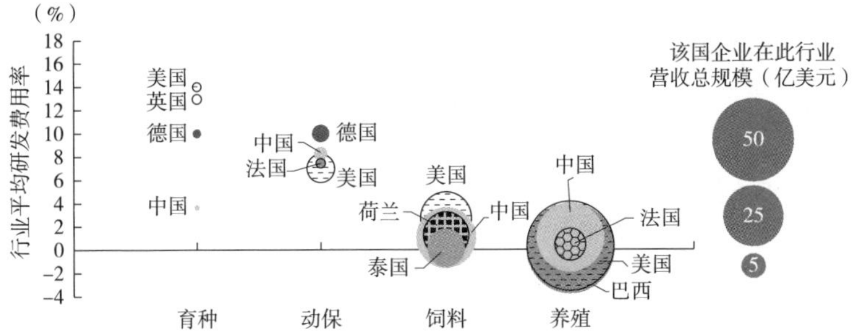

图 13.8　养殖产业链中，2020 年重点国家产业链各环节研发费用率

资料来源：万得资讯，彭博资讯，中金公司研究部。

产业链安全系数：我国制种、育种影响供给安全

- 种植产业链：需求安全，制种环节影响供给安全。为分析中国在全球种植产业中安全程度，我们选取需求、供给安全系数 α、β 作为度量指标，其中 α 为粮食产量份额 / 粮食消费量份额，β 为制种市场规模份额 / 粮食产量份额，借此表示国家粮食生产对需求的保障能力、制种环节对粮食生产的支撑力度。对比全球种植产业链主要国家（见图 13.9）：一是美国、法国需求安全系数 α>1，反映了需求安全边际高，而我国 α<1 主要因大豆依赖进口，但主粮安全性高，粮食需求整体安全；二是荷兰、法国、美国供给安全系数 β>1 且较高，而我国供给安全程度低于制种强国，同时考虑中国企业研发费用率较低，这使供给安全系数 β 虽然较高，但企业在创新研发上的能力不足。整体看，我国种植产业链中，需求相对安全，制种环节存在不足。
- 养殖产业链：需求安全无忧，育种不足导致供给安全程度低。对于养殖产业链，我们采用同样的方法进行测算。对比全球养殖产业链主要国家（见图 13.10）：一是各国需求安全系数 α 相近，多在 1 附近，而中国需求安全系数 α<1，主要因牛肉等小品类依赖进口，但主要的猪、禽生产体量大令整体需求安全无忧；二是美国、德国、英国、荷兰供给安全系数 β 明显高于 1，而中国供给安全系数 β 仅为 0.38，反映养殖供给安全程度偏低，育种环节的原种猪培育不足。整体看，我国养殖产业链中，需求相对安全，育种环节存在不足。

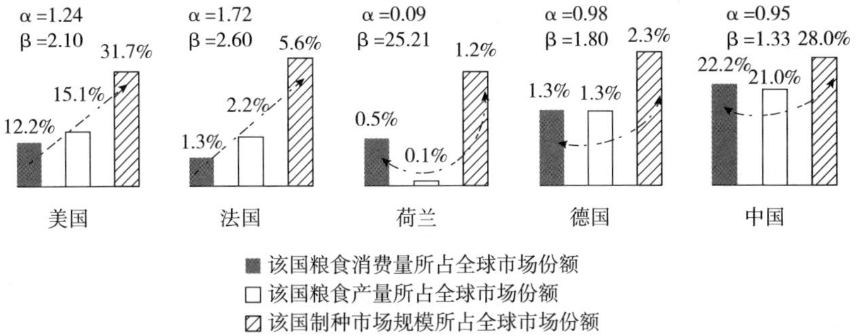

图 13.9　各国种植产业供、需安全系数比较

注：图中数据基于 2018 年数据测算。

资料来源：联合国粮农组织，国际种子联盟，中金公司研究部。

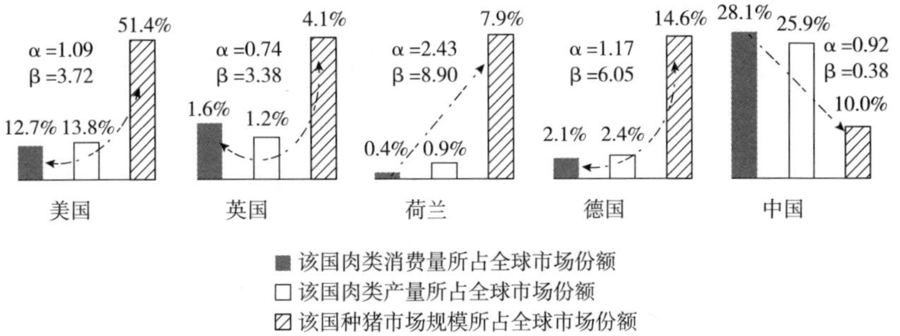

图 13.10　各国养殖产业供、需安全系数比较

注：图中数据基于 2018 年数据测算。考虑到育种市场以种猪为核心，我们选取种猪市场份额来代表各国育种市场规模份额。

资料来源：联合国粮农组织，全国种猪网络信息平台，英国环境、食品和农村事务部，德国国家统计局，荷兰国家统计局，美国农业部，中金公司研究部。

农业创新模式探讨

从创新模式看，我们认为农业创新以渐进式创新为主，以激进式创新为辅，二者在创新激励、创新来源、收益方式、资金来源上有别。结合我国水稻成功案例，我们认为政策保护、机制建立与公私合作研发对持续推动创新具有积极作用。

渐进式创新为主，激进式创新为辅

创新模式上，农业以渐进式创新为主，激进式创新为辅。农业创新体现为效率竞争，即技术进步推动生产效率提升，效率优势可带动份额提升与规模化，同时推动行业发展。从历史经验看，我们认为农业创新路径以渐进式创新为主，而在投资回报率较低的小品种、不确定性较高的领域，需要结合政府主导的激进式创新。

- 渐进式创新：以制种为例，制种技术路径沿抗虫和抗逆两个方向推动性状改良，并最终表现为单产提升。全球技术发展经历了开放授粉、双交、单交、转基因等阶段，其中双交制种在开放授粉基础上应用杂交技术，单交制种进一步提升效率，转基因制种则在杂交制种的基础上，进一步推动了抗性的提高。由此可见，每一阶段制种技术升级均立足于此前技术基础，并令种子品种优势较前一阶段表现更强，两者共同作用体现出更强的性状表达和更高的单产水平，这体现出渐进式创新的特征。全球玉米制种的渐进式创新见图 13.11。
- 激进式创新：以 H7N9 禽流感疫苗研发为例（见图 13.12），2013 年起该病毒在国内禽业扩大传播，并于 2017 年变异，病毒从低致病性转变为高致病性。我国农业部因此制定防控策略，在农业部牵头下，以哈兽研国家禽流感参考实验室为代表的科研院所进行疫苗攻关。2014 年重组禽流感病毒灭活疫苗（H7 亚型）研发成功，2017 年进一步研发出重组禽流感病毒（H5+H7）二价灭活疫苗株，对 H5 和 H7 亚型禽流感保护率均为 100%，随后农业部组织企业开展疫苗生产及应用。从创新路径看，政府在疫苗研发早期起到了主导作用，创新也表现得更具激进式特征。

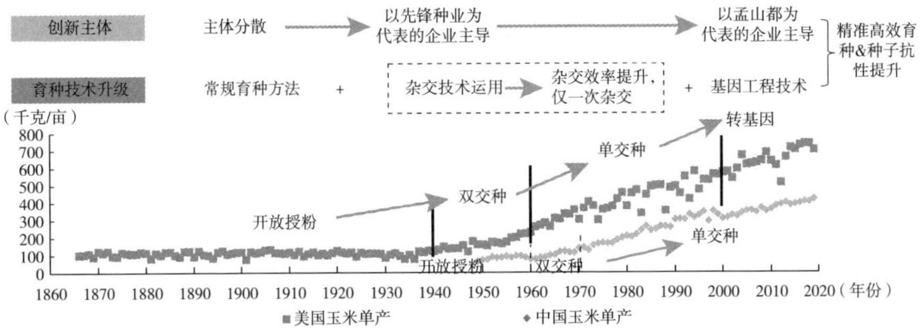

图 13.11　全球玉米制种的渐进式创新

资料来源：A.Forrest Troyer. Handbook of Maize［M］. New York：Springer，2009：87–114. 刘定富 . 美国玉米单产增长浅析［J］. 中国种业，2011. 杨致远 . 不同年代玉米杂交种对种植密度的响应［D］. 四川农业大学，2019. 美国农业部，国家统计局，中金公司研究部。

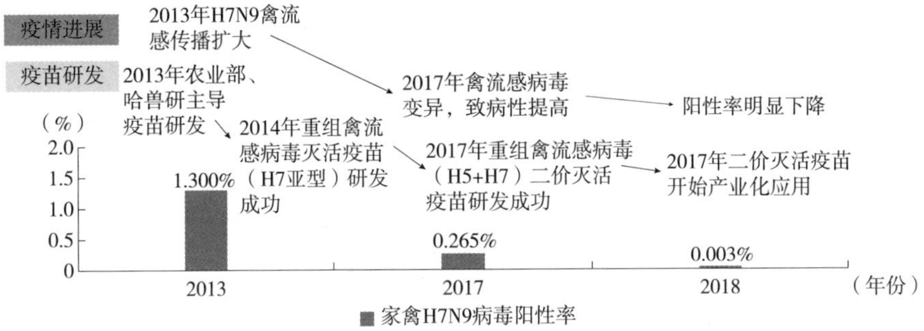

图 13.12　国内 H7N9 疫苗的激进式创新

资料来源：农业农村部，中金公司研究部。

多因素共同驱动，推动农业创新发生

- 创新激励：提升市场份额，催生增量市场。渐进式创新中，创新主体通过效率提升获取市场份额，如隆平高科、孟山都等制种公司通过高效新品销售提升份额，牧原股份等养殖公司通过效率改进博得成本优势，进而在竞争中加速散户出清。激进式创新往往通过新技术、新成果来催生市场增量，如未来非洲猪瘟疫苗研发成功，将会形成非洲猪瘟疫苗市场，同时也借此带动整个动物疫苗市场扩容。

- 创新来源：研发为基，技术积累推动升级。无论是渐进还是激进式创新，均需以研发为基础。渐进式创新主要来自企业在生产中的研发技术积累，基于自身研发体系及消费者反馈不断对产品改进，如头部制种公司通过种源积累与研究，持续拉开遗传距离并形成更强的品种表现。而激进式创新则主要来自基础研究形成的新突破。
- 收益方式：市场竞争中形成超额收益，以及产业链正外部性。渐进式创新中，企业借创新获取超额收益，体现在更高价格和盈利上，同时政府需对创新进行保护，借以鼓励企业持续创新。在制种公司中，优势品种往往具有更高的售价和利润率，如隆平高科依托水稻品种优势，盈利水平超过平均水平。激进式创新中，产品作为公共产品，收益体现在公共层面，推动行业整体竞争力水平提升，如H7N9禽流感疫苗的研发成功，不仅提升了禽动保行业的竞争力，也对禽养殖产业链具有重要意义。
- 资金来源：企业研发投入推动渐进式创新，政府主导基础研究促进激进式创新。渐进式创新资金来源主要为企业，企业不仅可借此前创新形成的超额收益为后续创新提供资金，也可通过市场融资。如生物股份通过内外部资金建设P3（生物安全防护三级）实验室及智能化生产，借此升级自身疫苗产品的研发水平。激进式创新资金来源主要为政府主导的科研基金，用以投入基础研究及重点项目，如国家863计划中针对水禽的基因组图谱绘制，旨在对畜禽的抗病及育种领域研究形成支持。

我国水稻制种科技创新的成功启示

我国杂交水稻制种创新路径具有借鉴意义：我国杂交水稻制种水平全球领先，水稻单产超过他国。我们认为杂交水稻成功的案例，对创新路径具有借鉴意义，经验可总结为政策保护、机制建立、商业化育种体系三方面，政府和企业协作互补共同推动创新。

- 大协作机制建立，促成杂交水稻早期创新。在袁隆平团队发现雄性不育株“野败”后，为攻克三系杂交水稻制种技术，我国成立了由30多个农业单位组成的“全国杂交水稻科研协作会”，并进行联合攻关，最终于1973年培育出首个三系杂交水稻，1976年后开始在全国推广。回顾历史，在当时的研发进程中，大协作机制的建立有效集中了人力物力，对杂交水稻早期制种突破及推广起到了加速作用。
- 知识产权保护体系建立，提振制种创新积极性。我国于1997年实施《中华人民共和国植物新品种保护条例》，对植物新品种给予特别知识产权保护，水稻成为首批10个列入保护名录的品种之一。此后水稻知识产权保护体系继续趋严，2007年水稻引入品种侵权的DNA指纹检测方法，且相比国内其他作物对侵权的判断更严格；2020年中国在水稻方面率先启动实质性派生品种制度试点，其对侵权的判定在全球也处于较严水平，进一步强化对水稻制种原始创新保护。整体看，我国水稻创新保护力度强于其他作物，这也较大程度上推动了水稻制种行业的创新。
- 从政府主导到企业主导，完善商业化育种体系。我国水稻种业商业化育种体系发展较完善，我们认为主因是政府与私人部门的有效协同。一方面，政策鼓励科研资源与人才流动，农业部2014年开展种业科研成果权益改革试点，促进了科研人才向制种公司流动；另一方面，水稻制种公司通过并购等方式做大做强，如隆平高科2007年并购亚华种业，2016年并购金稻种业等，育种实力不断增强。在此基础上，我国商业化育种从政府主导开始转向企业主导，杂交水稻国审品种数量中，企业占比从2001—2005年的15%提升至2016—2020年的91%。整体看，早期政府为行业发展打下基础，而后期由企业主导创新，持续推动水稻制种行业发展。

创新路径的选择：中外比较

我们从立法、机制、研发体系三个角度对比国内外创新路径，讨论我国农业创新的改善空间。立法上，基于知识产权的立法体系可保护创新；机制上，有效的机制建设可奠定创新基础；研发体系上，公私部门平衡的商业化研发体系，将增强创新持续性。

基于知识产权的立法体系，为创新提供保护

保护知识产权的完善立法体系

国内种业知识产权保护体系仍有加强空间。种业领先国家均借立法实现植物新品种保护，可分为专门法保护、专利法保护。具体看，美国采取双层强保护，《植物新品种保护法》以专门法形式对植物新品种进行保护，同时《植物专利法》等向植物品种直接授予专利保护；德国、法国亦通过《植物新品种保护法》实现对植物新品种的专门保护，其《专利法》则向基因授予专利，通过将保护范围向植物延伸实现间接保护。相比之下，我国通过《中华人民共和国种子法》和《中华人民共和国植物新品种保护条

例》专门保护植物新品种权，当前尚无植物新品种保护法；《中华人民共和国专利法》目前针对基因保护，尚不涉及植物品种。整体看，我国针对植物品种的知识产权保护体系仍有加强空间，以进一步增强对植物品种的保护力度。

基于知识产权的立法有利于种业创新。基于知识产权的专利保护立法提供了良好的创新保护环境，行业创新得到鼓励，并因此推动行业快速发展及市场扩容。美国 1970 年出台《植物新品种保护法》，赋予制种主体知识产权保护，促进了企业创新，行业规模加速扩张；1985—1988 年，美国又通过实用专利加强转基因品种知识产权保护，行业规模增长再次提速。加拿大 1991 年出台《植物育种者产权法》，2015 年对其修订，也推动植物新品种申请数量提升。从美国、加拿大的经验可见，基于创新保护的立法最终对制种行业创新与发展起到了积极作用。

国内筚路蓝缕，立法基础持续利好行业发展。我国立法持续鼓励创新，从历史上看推动了行业发展。其中，1997 年《中华人民共和国植物新品种保护条例》出台，授予植物新品种权；2000 年《中华人民共和国种子法》出台，写入植物新品种保护纲领性内容；2005 年《中华人民共和国种子法》修订，界定了“种子”概念，植物新品种保护更为规范；2015 年《中华人民共和国种子法》再次修订，提出主要农作物品种审定、非主要农作物登记，同时强化新品种保护、鼓励原创。向前看，我们预计我国种业知识产权立法体系的不断完善进步，将持续推动制种行业的创新发展。

美国种子历史价格及行业规模见图 13.13。中国种业市场规模及新品种保护申请量见图 13.14。

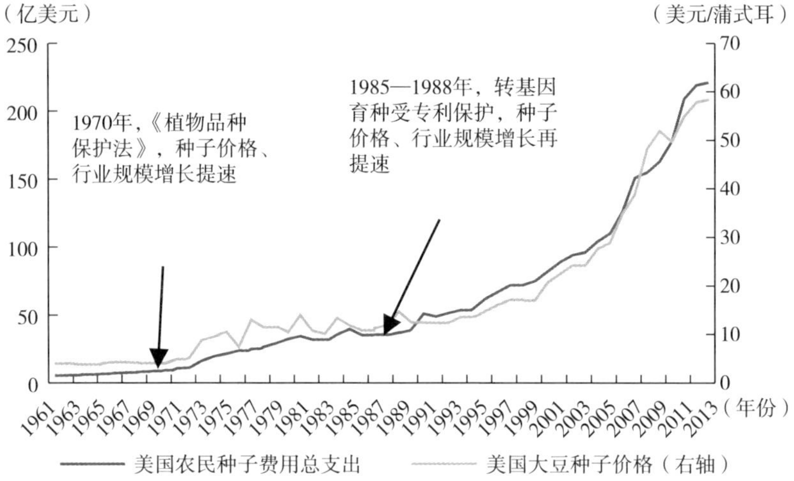

图 13.13 美国种子历史价格及行业规模

资料来源：美国农业部，中金公司研究部。

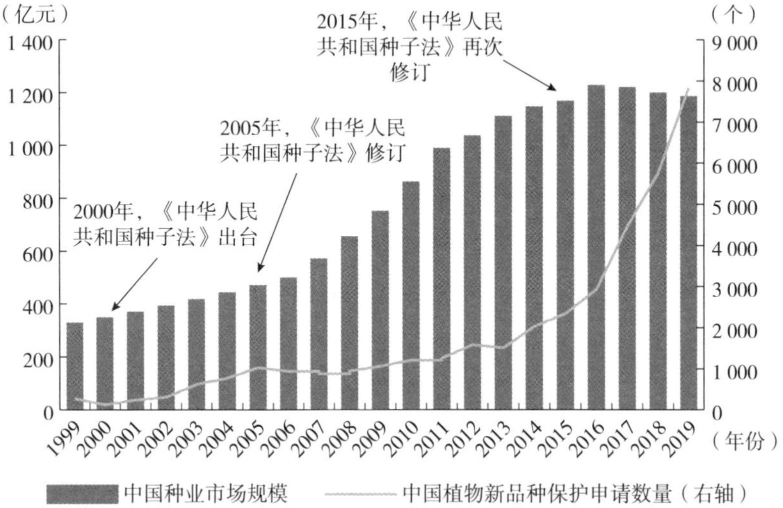

图 13.14 中国种业市场规模及新品种保护申请量

资料来源：《中国种业发展报告》，国际植物新品种保护公约，中金公司研究部。

创新导向的机制设立，为创新奠定基础

种子认证制度增强制种市场化导向

国内外品种认定制度的市场化程度有别。我国部分种子的种植效益和性状有改善空间，其中以饲用粮玉米及大豆为主。据联合国粮农组织数据，2019 年我国玉米与大豆单产分别为 421、124 千克 / 亩，与美国、加拿大、阿根廷等国差距仍较大。我们认为国内外种子审核制度的差异是原因之一。如美国实施种子认证制度，企业自主选择优质种子开展认证检验，再由专业认证机构出具报告加以背书，促进种子市场优胜劣汰，有助于形成企业积极研发优质品种的良性循环；相比之下，国内实行品种审定制度，政府主导评定，政策保障强但市场化程度弱，审定品种数量多但具有突破的优质品种仍较少。

国外认证制度完善，助推种子产业创新发展。领先国家的种子认证制度起源较早，美国于 20 世纪 50 年代建立完整的认证制度，阿根廷于 1978 年建立。经多年发展，其认证体系趋于完善，通过企业自主认证与消费者自主选择消除信息不对称，规范市场竞争，提高行业整体水平。市场规模上，美国种子费用指数（见图 13.15）自 20 世纪 50 年代制度建成后，由原先的平缓波动转为趋势增长，体现出种子内在价值提升；质量角度上，以美国加州数据为例，认证水稻种子种植面积与该地区水稻单产提升呈正相关，可见认证制度的建立有助于农民选用优质种子，进而提升收益及种植积极性，而这也反向促进了制种行业的持续创新。

中国品种审定制度稳步探索，逐步简化及市场化。我国长期以来实行品种审定制度，对行业起步和准入门槛建立起到了积极作用，随着 2016 年新《中华人民共和国种子法》颁布，我国品种审定简化了审定范围，增加了试验渠道等，推动品种数量上升。据种业大数据平台数据，1978—2020 年我国每年水稻种子审定数量自 27 种增至 1 913 种（见图 13.16）。

另外，大规模推广种子较少，据农业部种业管理司数据，近年来推广 10 万亩以上杂交水稻种子数量下降，反映出市场对新品种接受度不高，新品种质量提升不明显。我们认为其原因在于，在周期较长的品种审定制度下，种子研发创新以通过审定为目的，部分偏离市场需求且往往对新品种做简单修饰后便申请审定，种子差异性难以拉开，未来仍有改善空间。

图 13.15　美国认证制度实施前后种子费用指数变动

注：以 1910 年为 1.0。

资料来源：美国农业部，中金公司研究部。

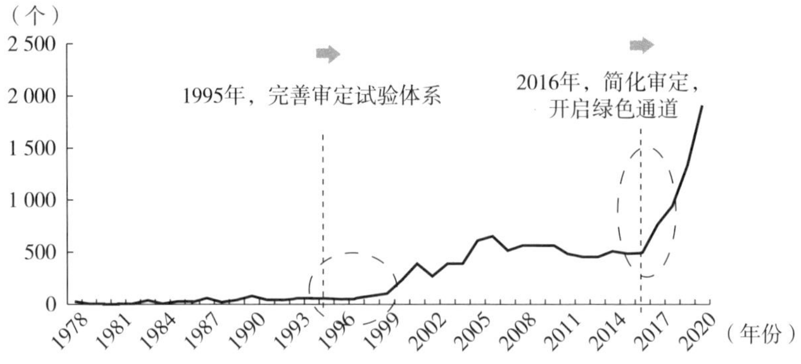

图 13.16　中国品种审定数量不断提升

资料来源：吕凤，等 . 1977—2018 年水稻品种审定数据分析［J］. 中国种业，2019（2）. 中国种业大数据平台，中金公司研究部。

系统性种源保护利用，构筑创新基础

我国种质资源丰富，但利用与保护有提升空间。种源保护在于对珍稀作物基因的搜集、检测与储备，分发种源则在于通过将稀缺种源与现代种质进行杂交实验，培育具有更好性状的品种。一方面，国内种质资源丰富，据农作物种质资源保护与利用专项2021年度工作会，截至2020年，我国种质资源库存量为52万份，仅次于美国（见图13.17）。但我国种源利用率低，2020年分发至企业、研究所等的种源占种源库存量的比例为21.2%，而美国为41.6%。另一方面，我国种源保护力度仍有不足，1956年我国主粮种子地方品种数为11 590种，而到2014年减少至3 271种，丧失率高达72%，同时我国种源存量中从国外引种的比例仅为7%，美国则为62%。整体看，我国在种源保护与利用上仍有进步空间，这一定程度上约束了我国种源种类多样性的提升和制种行业创新的发展。

种源保护利用制度的建立，可助力育种及种业创新发展。一是发达国家对种源保护力度较大且保护意识较强，较早建立成熟的种源保护与利用制度，可为我国提供成熟经验。自1862年筹措种源体系建设以来，美国持续进行本国搜集及海外种源引进。我们选取美国种源库存量与谷物单产测算，显示二者呈正相关且相关系数为0.87，反映了种源数量增加对育种起到支撑作用。相比之下，我国种质资源保护于20世纪80年代开始，起步晚，在国家级种质储藏制度建设上仍不足。当前，基于粮食安全政策，我国加大了对种源保护与利用的重视程度，并做出了更有针对性的制度安排，我们认为这也将对我国制种行业的创新具有积极意义。

完善的种猪登记体系有助于育种改良，但国内外仍有较大差异。全球畜禽种源主要集中于美国、丹麦、加拿大等，其通过全面种猪登记制度支撑育种建设，包括建立国家种猪登记协会，开展种猪性能测定评估，收集并登记全国种猪数据，汇总数据库，进行遗传谱系及基因育种分析，最终体现为种猪遗传性状持续提升。相比之下，我国种猪场登记比例存在差距

（见图 13.18）。由于我国仅对部分核心种猪场登记，2018 年登记占比仅为 16.7%，而美国、法国登记比例均在 80% 以上；在已登记种猪数占生猪出栏数比例上，我国同样显著较低。我国登记种猪占比较小，这令我国可供完善数据库、开展系谱研究的数据资源有限，导致我国种猪育种能力不足，当前育种工作仍在探索中。

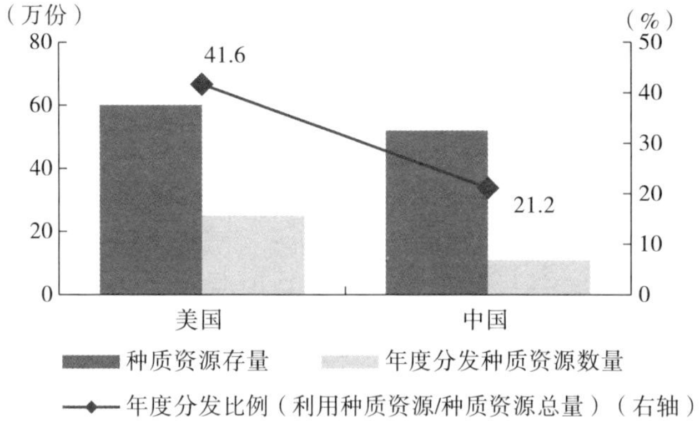

图 13.17　国内外种质资源存量及分发比例对比（2020 年）

资料来源：中国农科院，农业农村部，美国植物种质资源系统，中金公司研究部。

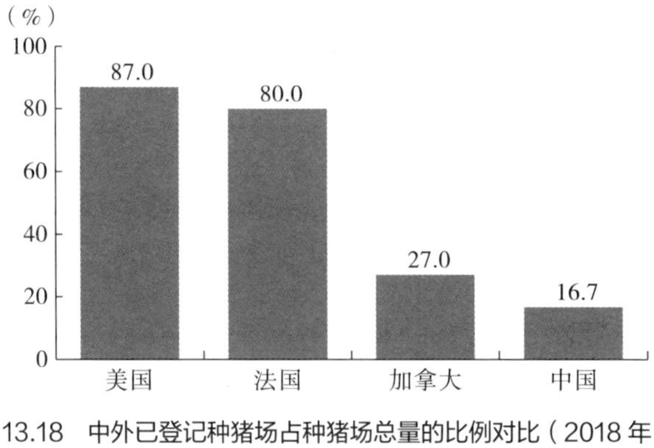

图 13.18　中外已登记种猪场占种猪场总量的比例对比（2018 年）

资料来源：李娅兰，等 . 世界种猪育种体系及对我国种猪育种借鉴［J］. 中国畜牧业，2013. 吴买生，等 . 国外养猪业现状与发展趋势［J］. 畜牧与兽医，2012. 农业农村部，中金公司研究部。

平衡公私部门的研发体系，可持续促进创新

完善商业化育种体系，增强创新连续性

国外商业化育种体系发展成熟，国内成效尚未充分体现。商业化育种体系令资源在科研机构、企业间流动，有利于种业创新。领先国家商业化育种体系成熟，国内起步较晚，成效未充分体现（见图13.19）：一是育种渗透率上，2018年美国、法国、德国商业育种新品种申请量占比均超95%，中国仅为55%，表明我国以企业为主的商业化育种未占绝对主导；二是育种新品种授权率上，2018年美国、法国、德国的商业化育种新品种授权率均超70%，中国仅为41%，反映了商业化育种中符合授权标准的品种占比低，申报品种创新性和质量不足。

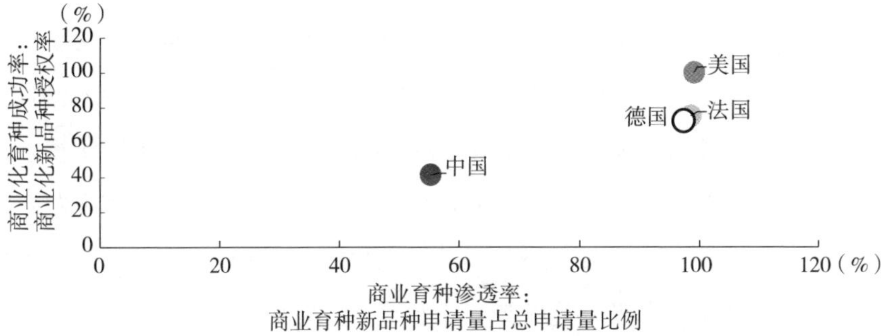

图13.19 国内外商业化育种体系成效对比（2018年）

注：授权率 = 商业化育种新品种的授权量 / 商业化育种新品种的申请量。

资料来源：欧盟植物品种局、国际植物新品种保护公约，《中国科技统计年鉴》，中金公司研究部。

政府引导可助推商业化育种体系日臻完善。从成熟经验看，美国政府通过立法推进商业化育种进程，1986年出台《联邦技术转移法》，明确科研机构人才、技术等资源向企业流动的方式及利益分配机制，促进产学研结合。同时，政府逐步在制种领域转变角色并转向基础研究，企业则更多从事产业化应用转化。基于此，美国种企数量开始增加，据美国农业部数据，

1994 年美国种企总量为 329 家，较 1982 年商业化育种体系起步时期增长 22%，且不同农作物品种的制种公司数量均增加，反映商业化育种发展较快。

公私部门分工协作，构筑多元研发主体

公私部门分工协作，美国种企主导商业化育种研发。美国种业发展经历了从公共部门主导向企业主导的转变，我们认为一方面因政策强调专利保护，创新环境改善，企业投资意愿提升；另一方面在于公共部门转向基础研究，商业育种让位于企业，形成互补。

- 强化创新保护，促进种企投资增加。美国 20 世纪 70 年代加强立法，建立了种业知识产权保护体系，保护创新，育种投资回报率因此上升，据美国农业部数据，玉米 R&D 回报率从 1940—1955 年的 35%~40% 提升至 1977 年的 115%。同时，行业在多次兼并收购后，头部企业份额集中，而因较高投资回报率，企业增加研发投入，逐步成为育种研发主体。1960—1996 年，美国企业育种研发支出占公共部门育种研发支出比例从 18% 升至 207%，且企业育种体现出市场导向强、效率高、品种迭代连贯的优点。
- 公共部门转换角色，与企业交叉互补。随着企业研发投入增加，政府部门转换角色，投资转向基础研究，同时兼顾少数经济效益低、企业较少涉足的作物领域，与企业投资形成协同（见图 13.20）。而基础研究的突破，进一步降低投资不确定性、提高投资回报率，并吸引企业跟进。整体看，在美国育种研发体系中，公私部门实现较好协同，公共部门通过激进式创新形成增量市场，企业则通过渐进式创新提升市场效率。

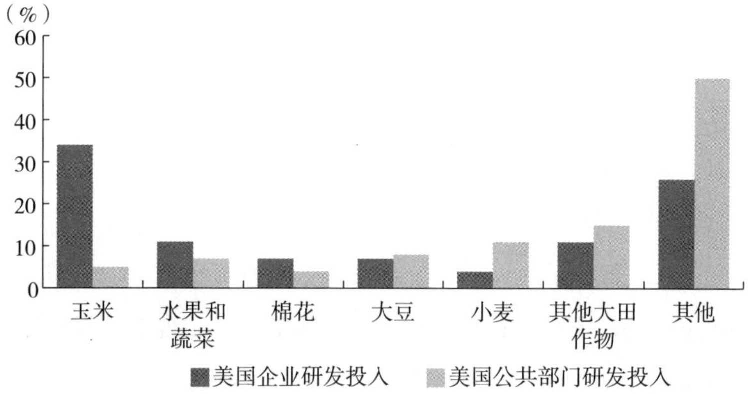

图 13.20 美国各主体育种研发投入结构（1994 年）

资料来源：美国农业部，中金公司研究部。

国内公私部门协同效果仍待提升，企业作用需强化。在经历早期政府主导研发后，国务院于 2011 年提出构建企业为主体的现代化种业体系，且近年国内致力于加强种业知识产权保护和司法监管，以保障企业育种投资积极性。据《中国科技统计年鉴》，2011 年企业及个人申请植物新品种数量超过科研院所，而 2018 年企业与科研院所分别占比为 53%、40%。但我国当前公私部门在育种研发上仍有较多领域重复，其分工与协作机制有提升空间，企业为主的研发体系仍在建设过程中。

基于创新的政策思考：厚积薄发，加速追赶

我们从立法执法、资金引导、基础研究、人才教育四方面提出基于创新的政策思考。立法执法上，建议扩大对知识产权保护的覆盖范围及加强执法力度；资金引导上，建议提升农业科研投入，同时促进政府与企业的协同互补；基础研发上，建议重视基础研究，加大研发投入在基础研究的倾斜；人才教育上，建议普及全程教育，增强产学研结合。

立足知识产权保护，增强创新保护力度

司法、行政并举，增强创新覆盖力度与执法力度。当前国内种业存在模仿育种、假冒套牌等现象，我们认为在司法、行政层面给予创新保护的力度有待加强。司法层面，国内创新保护覆盖面较小，当前我国对植物新品种的知识产权保护年限为15~20年（见图13.21），低于德国、法国等；我国对191个植物属（种）进行保护，而国际上大多实现对所有植物品种的保护；同时我国对植物新品种认定标准偏宽松。行政执法层面，我国种业纠纷案件审结率约为65.8%，也体现出对种业的保护力度仍有可提升的空间。基于此，我们建议司法、行政并举增强创新保护，一方面，在司法与行业规定层面，扩大对创新保护的覆盖，尤其对于模仿育种等行为从严界定；另一方面，建议加强执法力度，对侵权现象从严打击，保护行业创新环境。

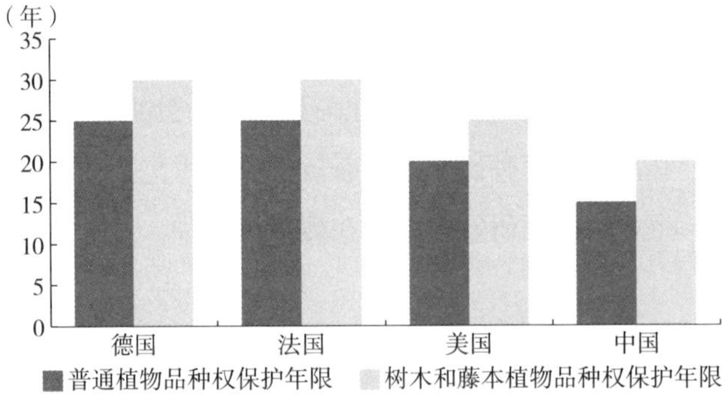

图13.21　我国植物品种权保护年限较低（2020年）

资料来源：世界知识产权组织，农业农村部，中金公司研究部。

优化资金引导，促进公私部门研发协作

一是农业科研经费投入强度仍需提升。联合国粮农组织研究指出，农业研发投入占农业GDP比重超过2%为农业科技进入自主创新阶段的标

准线。中国农业科学院测算，2019 年我国该比重为 0.7%，且政府作为投资主体，政府农业研发投入占农业 GDP 的比重约为 0.4%，与德国、法国等相比仍有差距（见图 13.22）。基于此，我们建议优化资金引导，加大政府农业 R&D 投入，增强农业科技创新支持力度。一方面，我们认为需保障农业科研经费来源稳定，加强专项科研项目的投入；另一方面，我们建议政府部门适当倾斜资源，加强农业创新配套基础设施的建设，以提供农业科技创新所需的研发条件。

二是平衡政府与私人部门的投资，促进优势互补。当前我国农业企业科研创新主体地位较低且研发能力相对较弱，据《中国科技统计年鉴》，2019 年国内农业科研机构经费约 88% 来源于公共部门，私人部门投入仅占约 12%，而据美国农业部，高收入国家私人部门的农业科研投入可达 40% 以上。我们认为公私部门的协同可更有效地促进创新，我国当前企业投入占比仍需提升，同时政府与私人部门投资应避免过度重合，而应优势互补实现协同。基于此，我们建议政府可以通过税收调节以鼓励企业研发，同时采取对科技创新投入实施奖励等政策措施，引导企业研发占比上升；另外，我们建议政府部门在常规育种、少数作物等经济收益相对较低、不确定性较高的领域增加投资，与企业构建多层次农业研发投资主体，促进农业整体科技创新。

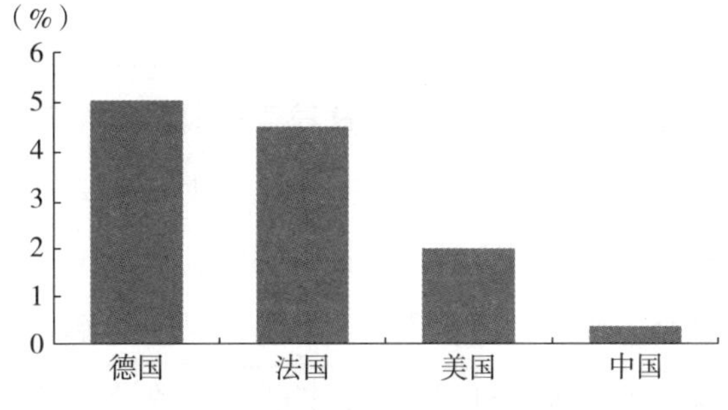

图 13.22　各国政府农业研发投入 / 农业 GDP 对比（2019 年）

资料来源：美国农业部，袁学国，等 . 中国农业科技投入分析［J］. 中国农业科技导报，2012（3）. 科学网，中金公司研究部。

重视以种源为代表的农业基础研究

一是建议重视农业基础研究，从根本上促进创新。我国农业基础研究支出在农业整体研发支出中占比较低，2019 年仅为 13.1%（见图 13.23），相比之下，该比值在中国全行业平均水平为 16.6%，在美国全行业平均水平达 27.3%。基于此，我们认为对农业领域基础研发的重视程度仍需提高。一方面，建议优化研发支出的分配比例，加大基础研究投入占比；另一方面，加大对高校、科研院所等核心地带的经费支持，并完善考评体系，通过外在扶持、内在激励的方式，从根本上推动基础研究发展。

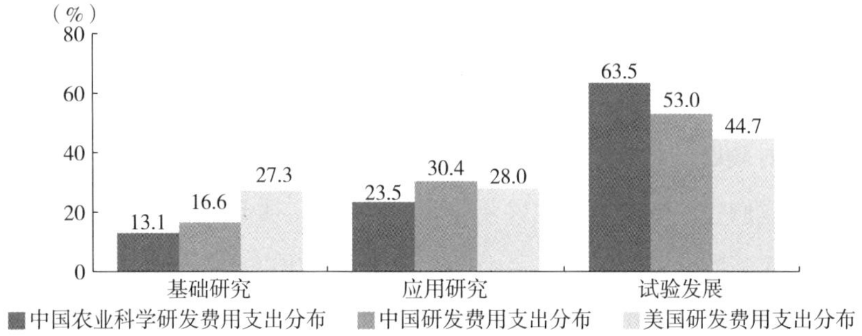

图 13.23　中国农业基础研究支出占比较低（2019 年）

资料来源：《中国科技统计年鉴》，美国国家科学基金会，中金公司研究部。

二是种源为农业基础研究重点领域，建议提升种源竞争力。我国种质资源丰富，但利用率低且丧失率高，这导致我国种质资源间遗传距离不够明显，制种行业研发创新能力受限。基于此，我们建议在我国现存的种质资源基础上，政府应着重建立种源保护与利用机制。其一，通过与相关科研院所、高校联合，组建种源积累协作机制，促进资源流通；其二，利用我国生物资源优势消化吸收进口种源，扩大种源数量与多样性；其三，进行弱势种源特别是畜牧业和饲用粮种源重点攻关，从根本上提升产业链安全性与竞争力。

推动农业教育，增强产学研结合

一是推广普及农业全程教育，提升农业教育质量。中国农业从业人员中，高等教育人才占比仅约 1%（见图 13.24），且科研质量相对较低，科研论文被引用比例偏低，反映论文质量较差。我们认为这背后也部分因为中国对农业人才培养与农业教育的不足。对比教育体系，美国将农业教育纳入 K12 阶段公共教育课程，而国内仅有北京、上海、浙江、江苏等地的部分学校开设专门的农学课程，在农业课程的普及率上远不及美国。基于此，我们建议教育层面应加大对农业教育的重视程度，推广农业全程教育，制定并明确、细化农业教学大纲，对中小学教师建立培训与考核机制，确保农业教育有效性。

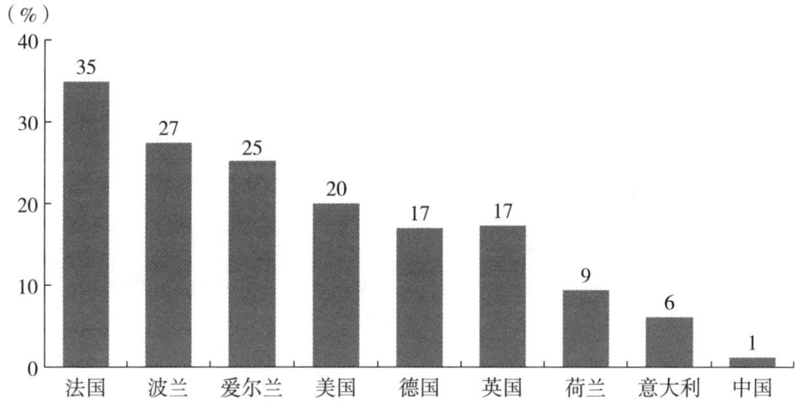

图 13.24　主要国家农业从业者接受高等教育情况对比（2016 年）

资料来源：国家统计局，European Parliament（欧洲议会），中国农业教育，中金公司研究部。

二是增强产学研之间的结合，加强科研成果转化。中国在农业产学研之间存在部分脱节，科研成果转化率仅为 30%~40%，明显低于美国 80% 的水平。同时，据国家统计局及美国农业部，我国每 1 元农业科研经费仅对应 2.5 元农业增加值，而美国这一数值为 15.4 元，也反映出农业科研转换效率偏低。基于此，我们建议增强产学研之间的结合。当前中国已先后颁布《中华人民共和国农业技术推广法》《中华人民共和国促进技术成果转化法》等法案支持农业技术成果转化，同时我们建议政策加大科研机构与企业之间的资源交流，确保科研以市场化为导向，且在研发资金分配中增加对成果转化的考评。

第十四章

制造繁荣：激发创新活力

制造业要素投入密集、生产流程复杂、规模效应显著，是创新活动的载体，其推动创新成果产业化、促进创新正向循环，是一国建立和保持创新型经济的重要支撑。

得益于政府对创新的高度重视及长期、系统性的投入，美国持续引领全球科技创新的发展，在微芯片、互联网、智能手机、生物技术等领域诞生了对全球经济社会产生重大影响的创新成果。近年来，美国大力呼吁制造业回流，归根结底是因为制造能力的缺失将使产业创新出现断层，创新将成为无源之水。

那么，作为全球第一的制造业大国，中国制造业创新发展的现状如何？纵向看，20 世纪 90 年代以来，中国制造业实现了跨越式发展，创新能力显著提升；横向比较看，中国制造业企业的创新活跃度相对有限，创新产出和收入贡献落后于美国、日本和德国。此外，核心材料、核心工艺的缺失也是创新能力较弱的另一个直观表现。

由表及里，中国制造业创新力不足的原因可能是什么？首先是研发投入总量不足，尽管中国制造业增加值规模已经是美国的 1.7 倍，但研发投入规模仅为美国的 3/4；其次是研发投入的行业结构分散，研发人员投入占比较低，基础性研发不足；最后是产—研和产—用的脱节较为突出。更深层次上，中国制造业出口导向、融入全球产业链，对创新发展有拉动，但也有抑制。此外，重规模、轻研发的产业导向，政策方向及政策工具的落实偏差也是重要原因。

展望未来，新一轮的科技革命和产业变革正在兴起，数字经济与制造业深度融合，“微笑曲线”或将走向扁平化，研发与制造、制造与服务的一体化将诞生更多“工程式创新”和“商业模式创新”的可能。中国数字经济领先叠加制造业全产业链优势，有望迎来创新赶超的新机遇。

这一过程离不开政策的大力支持，具体体现在：一是保持制造业规模，优化产业结构，尤其是促进“制造联动研发”型产业发展；二是加大政府基础性研发投入，培育“专精特新”企业，打造产业创新生态，释放创新活力；三是提升产业数字化水平，推动制造业服务化；四是进一步完善和丰富政策工具，如加强需求侧创新政策引导等。①

① 本章作者：吴慧敏、陈显帆、孔令鑫、吴婷、邹靖、王梓琳。

制造业是创新的引擎

制造业具备要素投入密集、生产流程复杂、规模效应显著三大特征，这使制造业成为创新活动最重要的要素提供方、创新成果产业化的承载方、创新活跃度最高的产业之一。研究显示，制造业全要素生产率的增长显著高于非制造业部门，[①] 比其他行业经历了节奏更快的技术进步，是创新的重要动能。

制造业是创新的载体

制造业是创新活动的载体。无论是半导体、生物制药等高精尖领域的

① Jia F., Ma X., Xu X., Xie L.The differential role of manufacturing and non-manufacturing TFP growth in economic growth [J]. Structural Change & Economic Dynamics, 2020.
Samaniego R. M., Sun J. Y. Productivity growth and structural transformation [J]. Review of Economic Dynamics, 2016.
Ilyina A., Samaniego R.Structural change and financing constraints [J] .Journal of Monetary Economics, 2012.

技术突破，还是机械、仪器仪表等设备的性能更新，每一个产品创新从想法的提出到实验成型，再到规模化生产，都离不开制造业的支持。

制造过程的“复杂性”，本身蕴含着更多创新机会。制造业生产工艺、生产流程复杂度高，制造过程中的实践经验积累有助于形成工艺和技术改良的知识,从而推动创新。一个庞大的制造业系统,是承载创新的“母体”。

制造业产品为创新提供了支撑。在各行业创新推进的过程中，先进的设备、实验仪器、关键器材等通用、专业设备非常重要，为制造业其他领域提供了基础的创新资源和创新动力。机械、仪器仪表和电子是三个最主要的创新流出部门，对全社会的创新进步发挥了重要的支撑作用。①

制造业的规模优势促进创新

一方面，制造业的规模经济带来成本优势，促进创新转化。制造业的新产品、新技术突破，借助生产流程标准化及各环节协同效应，以大规模生产带动成本快速下降，建立市场竞争优势，实现潜在创新收益，进而鼓励创新涌现。例如，光伏和风电累计装机量每翻一倍，成本分别可下降约13%、7%，② 从而推动新能源技术的快速迭代发展。

另一方面，规模带来集聚，有助于知识的溢出。制造业的规模效应不仅体现为单一企业的做大做强，也会促进产业的集聚。在这一过程中，不仅有助于形成产业链的协同，也会通过网络效应形成知识的溢出，进一步促进更多创新的产生。美国的硅谷、日本的东京都、中国的深圳都是全球具有代表性的创新聚集地。企业规模越大，研发投入强度越高（见图 14.1）。

---

① ［美］加里·皮萨诺，威利·史. 制造繁荣：美国为什么需要制造业复兴［M］. 北京：机械工业出版社，2014.

② 中金研究院和中金公司研究部测算。

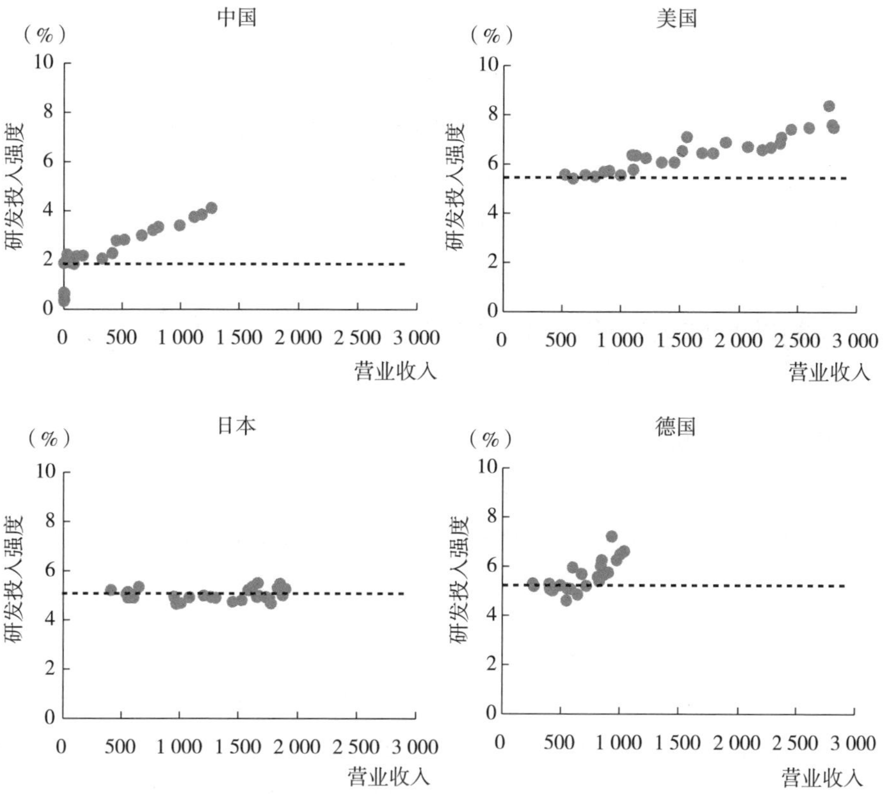

图 14.1　企业规模越大，研发投入强度越高

注：以上营业收入单位为 10 亿美元，统计区间为 1993—2020 年各国上市前 200 名技术密集型制造业企业。

资料来源：彭博资讯，中金研究院，中金公司研究部。

制造业推动创新循环

制造业推动创新—成果—投资正循环。制造业通过将创新成果转化成经济收益，为下一轮创新提供了资本支持，形成正循环。研究显示，发展中国家制造业的资本密集度远高于其他经济部门，并且这种特有的生产性投资有助于高储蓄率的形成，为经济增长和创新发展提供物质基础，这在东亚地区相对普遍。[①]

制造业劳动生产率提升，鼓励创新。制造业的快速发展创造了大量就业机会，不仅有效地吸纳农业等部门的剩余劳动力，也不断促进劳动力从低生产力向高生产力部门迁移。通过创新提高劳动生产率，形成新的竞争优势，是制造业企业成长的重要推动力。

美国制造业创新发展有什么启示

美国制造业创新发展的历程及经验

一直以来，美国持续引领创新发展，诞生了众多对全球产生重大影响的创新成果。

全球份额上，美国制造业规模全球领先，数据显示，1970—2000 年美国制造业增加值平均约占全球的 1/4，[②] 其引领的信息技术革命席卷全球，为制造业创新奠定了绝对优势。近 20 年来，随着制造业全球产业链分工细化和生产外包，美国制造业的规模有所下滑，2019 年全球份额下降至 17%。[③]

产业结构上，20 世纪 90 年代硅谷崛起，培育了苹果、思科、IBM、英特尔、微软等全球信息和通信技术领军企业，美国掌控了全球 2/3 的硬件、软件和服务市场。[④] 生物医药领域，2020 年全球制药企业前 20 名中，

---

① Szirmai Adam.Industrialisation as an engine of growth in developing countries, 1950–2005 [J]. Structural Change and Economic Dynamics, 2012.

② 数据来源：UNCTAD。

③ 数据来源：UNCTAD。

④ Kenneth L. Kraemer, Jason Dedrick.Globalization and Increasing Returns : Implications for the U.S. Computer Industry [J]. Information Systems Research , 1998, 9 (4): 303–322.

美国占据 10 家。[①]"二战"后至 2020 年，美国制造业增加值中，化工产品（含生物制药）占比增加 12 个百分点至 18%，计算机和电子产品占比增加 9 个百分点至 14%，信息技术和生物医药成为美国制造业的绝对优势领域。[②]

为什么美国能够持续引领全球创新？政府在这一过程中承担了什么功能和角色？不同政策工具的效果如何？透过美国制造业的创新发展，我们能学到什么？

联邦政府的角色定位：颠覆式创新的主导者

联邦政府主导颠覆式创新的典型案例是 1958 年设立的 DARPA。过去 60 多年来，在 DARPA 的资助和推动下，互联网、GPS、计算机芯片、隐形飞机、自动驾驶等先进技术和前瞻储备，为美国保持全球科技的领先优势发挥了重要的作用。

DARPA 的成功经验是使用公共资金进行风险投资，重点关注高风险、私人投入相对少的战略性技术研发。在整个运作机制上，联邦政府既在选题和评估中发挥积极引导作用，又给予项目经理（任职 4~6 年）高度信任和充分的自主权，同时最大限度地调动与高校、联邦实验室等机构的研发合作，倾力推动前沿科技的诞生和发展。

引导企业的商业化创新，助推成果落地

大部分创新成果的落地最终需要通过企业的商业化行为得以实现，美国政府另一个推动创新的着力点在于引导企业的商业化创新。

联邦政府直接支持企业的关键研发活动。以集成电路的发展为例，

---

① 资料来源：美国《制药经理人》杂志 2020 年全球制药企业榜单前 50。

② 数据来源：美国经济分析局。

1947年贝尔实验室成功研发出晶体管，国防部直接资助这一技术的工艺研发和“试错”实验，并承担了早期开发的风险和成本以实现批量生产。据蒂尔顿的研究，截至1959年，联邦政府资助占该领域研发投入的近1/4。①

联邦政府采购也为创新企业提供了早期应用的土壤。比如波音工程师早在20世纪40年代就考虑开发商用喷气式飞机的可能性，直到拿到美国空军的订单后，才进一步研发出世界上第一架喷气式民航客机波音707。②再如，全球领先的微软公司，自2016年以来间接或直接获得美国政府部门的合同超过5 000个，尤其是在新产品领域。③

尤其是联邦政府还通过专门计划（SBIR和STTR）等推动中小企业释放创新活力。

- SBIR指小企业创新研究计划，鼓励政府部门支持高科技型小企业的技术创新与研发活动，代表性政策包括以政府采购、合同分包等形式订购小企业创新产品来鼓励小企业发展；要求各部门每年拨出其外部研究经费的一定比例用于支持小企业研发，这一比例从最早的1.25%逐步提升至2017年的3.2%。小企业管理局统计，SBIR计划中有高达39%的项目成功实现了创新从实验室到市场的商业化历程。④
- 相比之下，STTR计划更致力于资助小企业与研究机构的合作并推动科技成果的转化。它要求小企业与研发机构共同申请，签署正式的合作研发计划和知识产权协议。事实上，公开透明的申请

① 参见https://www.sohu.com/a/423574199_132930。

② 参见https://www.jiemian.com/article/856847.html。

③ 参见https://techinquiry.org/SiliconValley-Military/。

④ 参见http://www.cutech.edu.cn/cn/jssc/webinfo/2007/09/1189149753810523.htm。

制度和三阶段的评估机制为 SBIR 和 STTR 奠定了良好的基础，一般而言，有 15% 的申请企业能够获得第一阶段的资助，在此基础上，也仅有 30%~50% 的企业能够进入第二阶段。①

营造有利于创新的环境氛围

- 打造产—学—研—用相结合的活跃创新生态。例如，美国国家制造业创新网络计划自 2012 年以来陆续设立了增材制造、数字制造等创新研究院，通过政府的有限资金（每家研究院的初始财政投入金额大多在 7 000 万美元以上②），调动产学研用的积极性，以公私合营模式组成创新联盟，共同出资、共享成果，聚焦共性技术的研究开发、在基础研究和产业化之间搭建桥梁。
- 以制度保障鼓励成果转化。美国技术转移相关的制度安排为科技创新的商业化应用提供了激励。1980 年《拜杜法案》明确将公共财政资助的科研成果专利归属于承担课题的研究机构，鼓励研发成果转化。《拜杜法案》之后，一系列政策相继出台，例如 1986 年制定的《联邦技术转移法》规定每个联邦实验室都要建立研究与技术应用办公室，负责实验室的技术转移，并将此作为考核业绩的指标之一。
- 研发抵税引导企业加大创新。美国的研发支出抵税政策聚焦研发费用增量，1981 年《经济复兴法案》首次提出当年研发支出超过

① 参见 http://www.1000thinktank.com/zxgz/1424.jhtml。

② 截至 2015 年 8 月前成立的 7 家研究院，除增材制造创新研究院的联邦政府初始投入为 5 500 万美元，其余 6 家联邦政府投入都在 7 000 万美元以上。参见 https://www.manufacturing.gov/；参见 https://www.manufacturingusa.com/sites/prod/files/docs/resource/2015-NNMI-Annual-Report.pdf。

前三年均值部分的25%可抵免当年应纳税所得额，[1] 2006年放宽至超过前三年研发支出均值一半的部分享受12%的税收抵免。[2] 另外，美国特别鼓励产学研合作，对企业支付给小企业、大学或州立实验室的外部研究费用可100%计入抵免。

近年来，美国呼吁重振制造业以保持创新活力

进入21世纪，伴随金融自由化、经济“服务化”，以及中低端制造业的全球转移，美国制造业增加值贡献有所下滑，占国内GDP比重从16%下降到11%，占全球制造业份额也由26%下降到17%。[3] 2010年美国麻省理工学院创新经济生产委员会的研究提出，“为了让美国继续从创新活动中获取最大化利益，美国的制造业必须与之匹配”。[4]

在这一背景下，美国奥巴马政府时期即以“再工业化”为目标，先后颁布《重振美国制造业框架》《美国制造业促进法案》等政策，鼓励在外的美国企业回归本土以重振制造业。同样，特朗普和拜登政府也力推“美国优先”“买美国制造”，呼吁制造业回归美国。具体措施包括推出《2021年美国创新和竞争法案》，推动先进制造业的发展；拟将政府采购中“本土制造”的比例从55%提升至60%，未来进一步提升至75%等。

相比之下，中国制造业拥有规模优势，研发与制造、制造与消费的互动日益增强，那么，如何评估现阶段中国制造业创新的真实水平？

---

① 参见 https://www.congress.gov/bill/97th-congress/house-bill/4242。

② 参见 https://www.congress.gov/109/plaws/publ432/PLAW-109publ432.pdf。

③ 数据来源：美国经济分析局、UNCTAD。

④ ［美］苏珊娜·伯杰.重塑制造业［M］.廖丽华，译.杭州：浙江教育出版社，2018.

透视中国制造业的“大而不强”

纵向看，中国制造业实现跨越式发展，创新能力有所提升

20 世纪 90 年代以来，中国制造业实现跨越式发展。根据 UNCTAD 数据，1990 年我国制造业产出占全球比重仅 2.5%，居世界第 8 位；2000 年占全球比重上升至 6.5%，居世界第 4 位；2010 年达到 18%，跃居世界第一位；2019 年这一比重更进一步上升至 29%，稳居全球第一。

在这一过程中，中国制造业研发投入规模不断增长（已先后超越德国和日本，见图 14.2），产业链持续完善和扩展，新产品、新设计层出不穷，“中国制造”享誉全球。

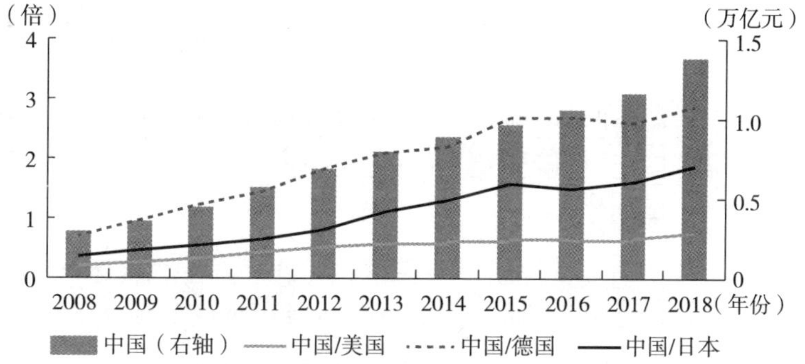

图 14.2　中国制造业 R&D 投入绝对规模大幅增长

资料来源：OECD，中金研究院，中金公司研究部。

横向比较看，中国制造业创新能力仍较弱

制造业子行业众多，不同类型的制造业，要素依赖度不同，生产流程不同，其创新能力的体现也可能不同。

从中国制造业创新的表象结果上看

- 创新活跃度相对有限。衡量创新的标准和指标有很多，参考 2018 年经合组织发布的《奥斯陆手册》，制造业的创新可归为两类（见表 14.1），即产品创新（包括激进式产品创新和渐进式产品创新）和流程创新（包括生产流程、组织、管理创新等）。

表 14.1 主要制造业国家细分行业中产品创新和流程创新公司数量占比

	产品创新				流程创新			
	中国	美国	日本	德国	中国	美国	日本	德国
制造业	28%	33%	28%	20%	34%	41%	29%	35%
资源禀赋型								
化学工业	31%	42%	18%	56%	33%	41%	36%	53%
金属制品	25%	20%	18%	25%	27%	35%	37%	39%
造纸印刷	20%	27%	17%	24%	24%	38%	36%	34%
技术创新型								
计算机	51%	48%		66%	48%	39%		55%
电子电器	45%	41%	21%	42%	42%	38%	36%	47%
生物医药	39%	42%		57%	45%	46%		62%
资本投入型								
机械工业	39%	34%	23%	51%	38%	38%	34%	49%
交通设备	39%	36%	13%	46%	39%	39%	36%	46%
非金属制品	14%	21%		29%	18%	30%		45%
劳动密集型								
食品饮料	26%	32%	26%	24%	27%	40%	36%	32%
纺织服装	21%	27%	16%	32%	22%	31%	35%	38%
家具及其他	21%	22%	17%	38%	22%	32%	29%	38%

注：表中数据为产品创新和流程创新的公司数量占比，美国和日本为 2015—2017 年平均，德国为 2017 年、2019 年平均，中国为 2016—2018 年平均；日本统计数据未单独披露计算机、生物医药和非金属制品的产品创新和流程创新公司数量比例。

资料来源：NSF，ZEW（德国欧洲经济研究中心），日本科学技术研究所，《中国科技统计年鉴》，中国国家统计局，中金研究院，中金公司研究部。

根据 NSF 和《中国科技统计年鉴》公布的数据，平均而言，中国制造业企业进行产品创新和流程创新的企业数量占比平均低于美国 5 个和 7 个百分点；其中化学工业产品和流程创新的企业数量占比低于美国 8 个百分点以上，创新活跃度差距较大。

- 创新的产出落后于美日德。产品创新上，中国无论是企业数量占比还是收入贡献都较低，尤其是新产品（对市场而言的全新产品）创新，中国开发新产品的制造业企业数量及新产品收入占比分别仅为 2% 和 1%，低于美日德企业数量占比 10% 以上及新产品收入 5% 的水平。①
- 创新能力较弱的另一个直观表现在于核心材料、核心工艺的缺失。以高端数控机床、工业机器人、工程机械、乘用车及航空发动机等为例，其核心器件的国产化率仍然较低，追根溯源是“核心材料、核心工艺”的缺失，而这个差距普遍在 10 年甚至更长的时间。

由表及里，中国制造业创新力不足的原因可能是什么

从创新成果较弱的表象出发，我们从两个方面进一步寻找中国创新力不足的原因，一个维度是创新投入，另一个是投入到产出的传导机制。

从创新投入上看，中国制造业研发投入总量不足、结构分散、研发人员投入少

- 总量不足。从各国制造业企业研发投入上看，根据经合组织，2018

① 数据来源：2019 OECD Innovation Indicators。

年中国制造业企业研发投入总规模达1.4万亿元，约占美国的3/4。

· 结构分散。从四种类型的制造业[①]上看，中国制造业流向技术创新型行业的研发投入占比不足50%，低于美国80%的水平（见图14.3）。同时，流向基础研究领域的仅为0.3%（见图14.4），应用研究和试验发展投入相对较高。

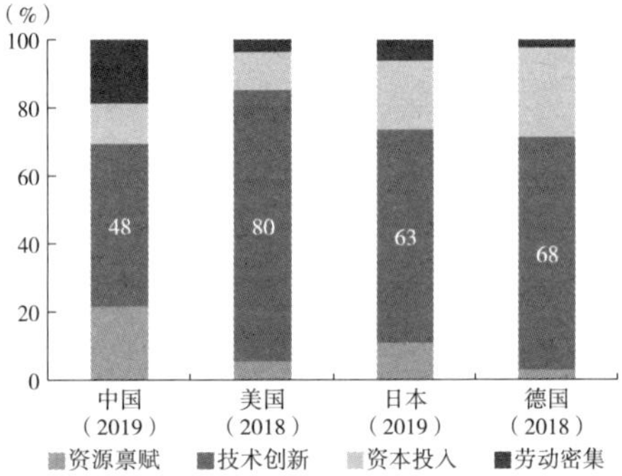

图14.3 制造业企业研发投入流向行业的结构

资料来源：OECD，中金研究院，中金公司研究部。

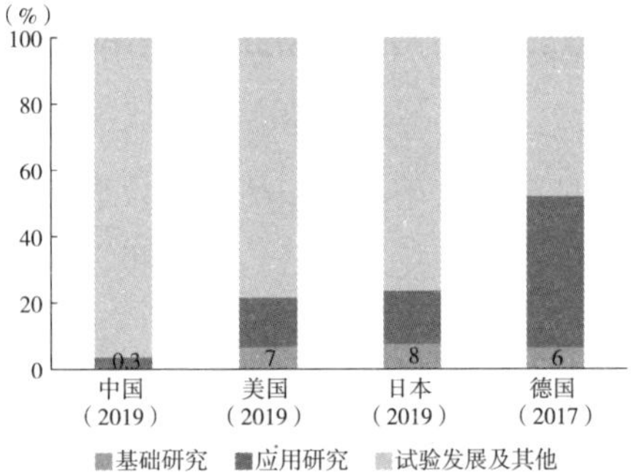

图14.4 企业研发投入流向用途的结构

资料来源：OECD，中金研究院，中金公司研究部。

---

① 参照文献将制造业分为劳动密集、资本投入、技术创新和资源禀赋四类。制造业分类标准参考：张宏性，程晞.国家创新模型及评价指标体系研究［J］.统计研究，2005（7）.刘兰剑，张田，牟兰紫薇.高端装备制造业创新政策评估实证研究［J］.科研管理，2020（1）。

· 研发人员投入少。一方面，中国制造业企业研发投入中，用于购买设备等支出占比相对高，而真正用于研发人员的支出相对少（见图 14.5）；另一方面，从制造业企业研发人员占比上看（见图 14.6），尽管横向上比较，生物医药、计算机等行业研发人员占比在中国各行业中已经相对高，但仍远低于美国、日本、德国超过 10% 甚至是 15% 的水平。

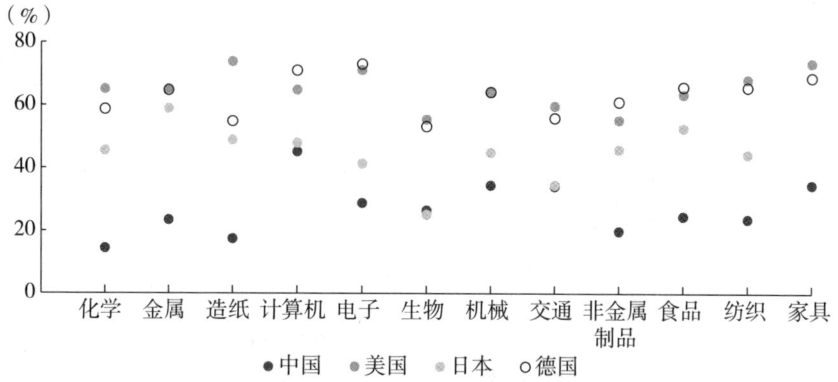

图 14.5　制造业企业研发人员支出占内部 R&D 支出的比例

注：中国、美国、德国和日本分别为 2019、2018、2017、2020 年数据。

资料来源：《中国科技统计年鉴》，NSF，OECD，日本统计局，中金研究院，中金公司研究部。

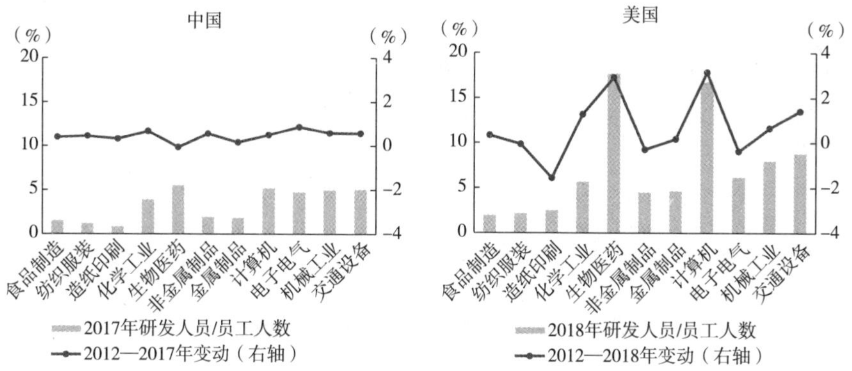

图 14.6　制造业企业研发人员占比

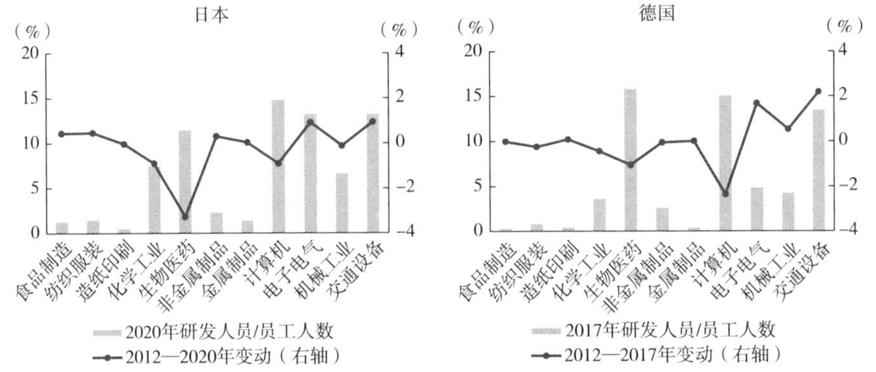

图 14.6　制造业企业研发人员占比（续）

资料来源：《中国科技统计年鉴》，NSF，OECD，日本统计局，中金研究院，中金公司研究部。

从研—产—用的传导机制上看，产—研脱节、产—用结合不够

- “产研”方面，前沿技术难以商业化。一方面，国内对研发投入与产出的评判标准存在一定脱节，以电气设备和发动机为例（见图 14.7），中国研发投入强度较低，但二者的专利数量却是美日德的数倍。另一方面，与电气设备和发动机专利总数遥遥领先相对，实际上，这两个行业的基础短板是相对突出的。

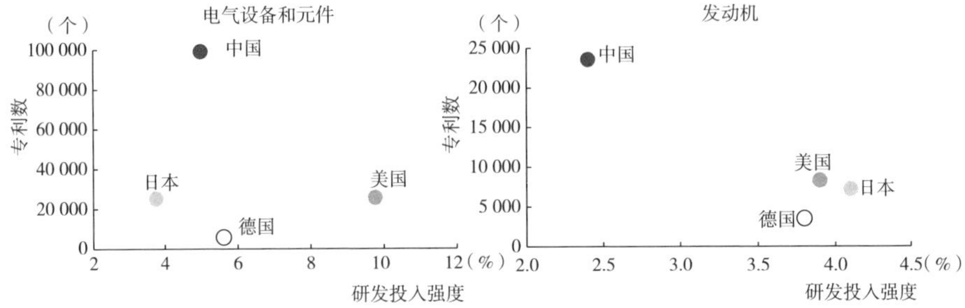

图 14.7　代表性制造业研发支出与专利数量

注：研发投入强度为上市公司 2019 年数据，专利数为 2019 年数据。

资料来源：世界知识产权组织，Factset（美国金融数据和软件公司），中金研究院，中金公司研究部。

- “产用”方面，工艺积累不够。核心器件的研发和完善需要与持续的应用反馈紧密结合，在实际应用中不断积累参数或调整生产工艺。美国早期发展的半导体、通信产业同样面临这些问题，但受益于政府采购的大力支持，获得了早期应用的土壤。

更深层次上，透视中国制造业的“大而不强”

从创新力不强的表象，到研发投入有限、结构分散、产—研—用机制不畅通的理由，进一步从更深层次上看，背后的原因又可能是什么？

首先，中国制造业发展历程中，出口导向、国际化、融入全球产业链、成为世界工厂，对创新有拉动，但也有抑制。如前文讨论的，国际贸易促进了一国科技创新和制造业的技术进步。但实践中，融入国际市场后，在资源可获得性、便利性较强的背景下，中国相关制造业提升自身研发能力的动力也相对不足。2001 年加入世贸组织以来，中国出口产品结构中高技术产品占比（40%）并没有明显变化，但进口中高技术产品占比大幅上升到 60%。[①]

其次，重规模、轻研发的产业导向。中国制造业企业更多地通过资本开支、购买先进设备、提升组装加工能力来扩大产业规模，获得经营效益。这不仅在一定程度上可能造成资源投入的重复和浪费，形成低端竞争，也会降低企业向高端产业链延伸的动力。相比于美国、日本和德国，中国制造业企业资本开支强度较高，研发投入相对不足（见图 14.8）。

① 数据来源：UNCTAD。

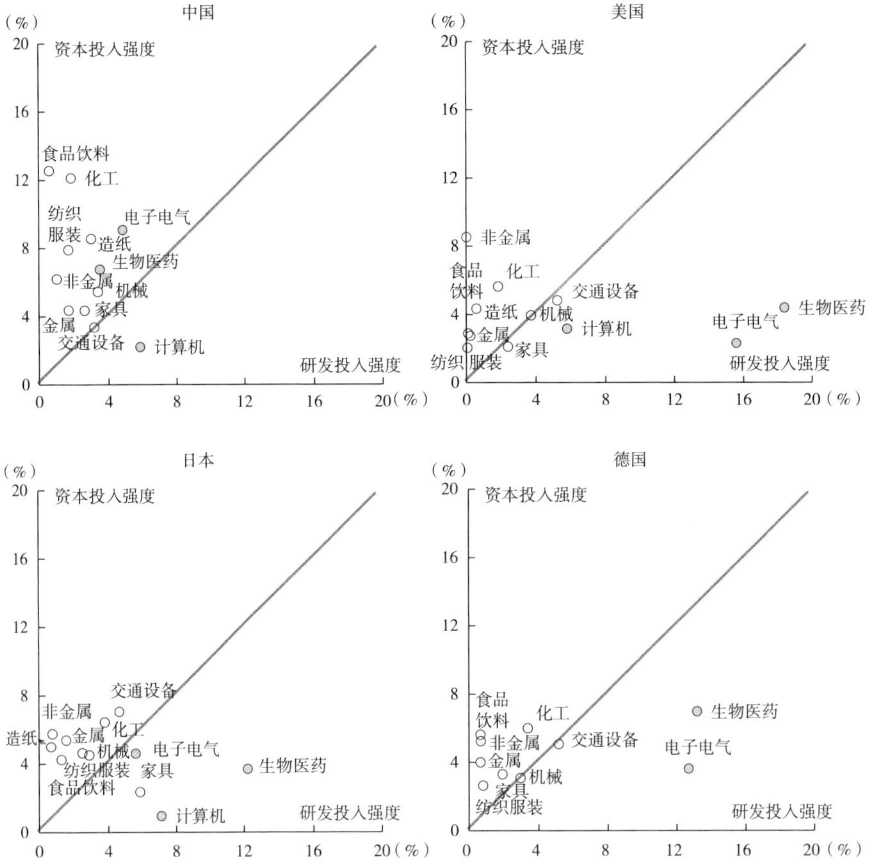

图 14.8　中国制造业以大规模资本开支为主，研发投入不足

注：图中为 2020 年各国制造业上市公司数据。

资料来源：Factset，中金研究院，中金公司研究部。

最后，支持行业发展的政策有待完善。多年来，政府一直致力于鼓励制造业企业创新发展，从高新技术企业认定、税收减免、研发补贴等多个方面提供支持。比如，受益于高新技术企业的认定，我国大部分制造业的实际有效税率低于美国、日本、德国（除生物和金属制品行业）（见图 14.9）。但我国政府补贴方式和导向与美日德相比，总量和结构仍有改善的空间（见图 14.10）。

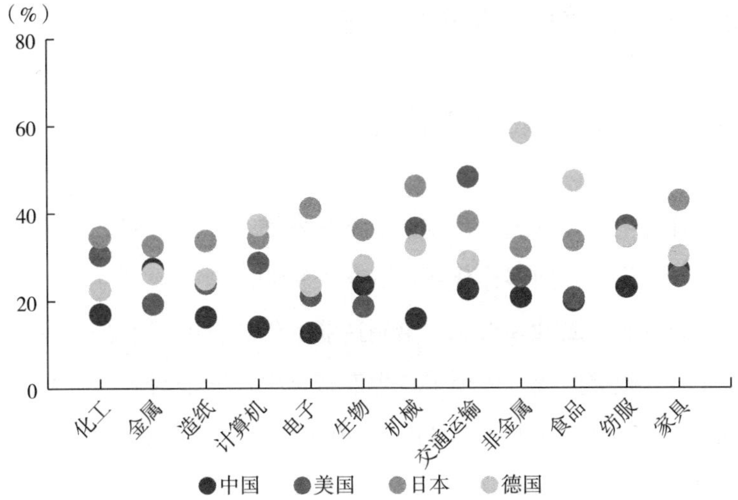

图 14.9 主要制造业国家各行业有效税率

注：以上有效税率以上市公司 2020 财年数据统计。

资料来源：彭博资讯，中金研究院，中金公司研究部。

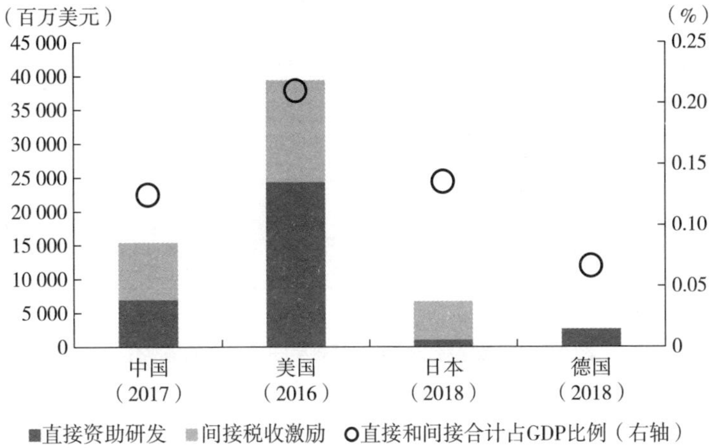

图 14.10 主要国家政府补贴企业研发情况

资料来源：OECD，中金研究院，中金公司研究部。

“微笑曲线”扁平化将带来新机遇

数字经济赋能制造业：“微笑曲线”走向扁平

伴随着科学技术的进步，制造业不断发展，经历了从大规模标准化生产过渡到自动化，并向多样化、定制化的转变。展望未来，数字经济或将深刻改变制造业的属性和形态，给制造业的创新发展带来新趋势。

经典的“微笑曲线”体现了在生产链条中，链条两端的研发设计、销售服务附加值较高，而处于中间底部的生产制造由于门槛较低，竞争激烈、可替代性强，附加值较低。

数字经济赋能制造业，“微笑曲线”或将更加扁平（见图 14.11）。

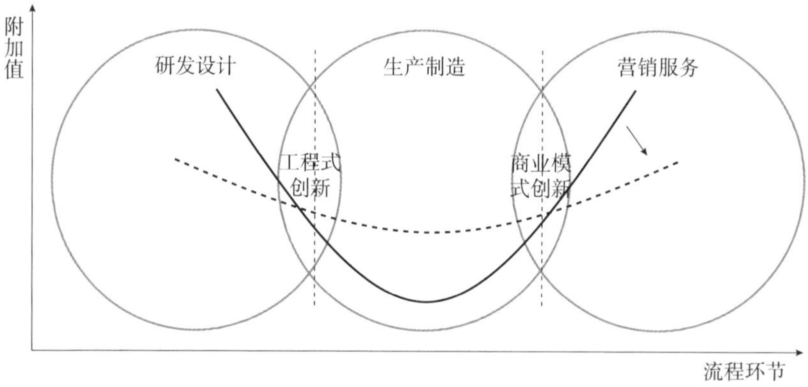

图 14.11　数字经济将推动“微笑曲线”更加扁平化

资料来源：中金研究院，中金公司研究部。

- 前端——制造与创新的链接将更加紧密。通过数字技术，将制造更早地融入创新过程，并通过反复地模拟、验证，快速缩短创新到产出的时间，实现创新的领先效果。例如，美国波音公司在开发 777

等最新机型时通过全虚拟设计，推动产品上市时间大幅缩短。[①]

- 中间环节——降本增效，提升盈利。“数字”作为一种关键的生产要素，将帮助生产、物流、仓储等各个环节实现降本增效。当前数字经济与制造业的结合已经孕育出了一批“无人工厂”或“黑灯工厂”。例如，发那科无人工厂通过力传感器及控制系统实现部件的搬运及组装，并运用视觉传感器iRVision进行表面缺陷的外观检查，可以在无人状态下维持正常运转。
- 后端——制造服务化，并进一步反哺创新。数字经济提供了需求端数据的预测、信息化的互动管理系统等，我们认为有望实现以加工组装为主向“制造+服务”转型，推动传统制造业向服务型制造业转变，并进一步反哺创新。全球知名的机械制造商小松先后推出服务1.0（通过安装在机械上的GPS和各种传感器进行信息搜集，提供实时处理方案）、服务2.0（通过整套的精密运行系统，使不同设备集成、交互，形成强大的产品服务系统）、服务3.0（智能施工互联平台），成为全球服务型制造业的领军企业。

中国制造业创新将迎来哪些新的机遇

工程式创新：产研结合，加速赶超

数字技术的应用有效缩短了技术迭代周期，实现了加速追赶。生产工艺、先进技术从研发、试验到成熟往往涉及多个环节，需要经历多次迭代、反复磨炼，不仅需要投入大量的财力、人力资源，更重要的是时间的消耗。数字技术、数字化模型的设计能够在虚拟的数字空间模拟部件、产品、工艺流程，进行装配等验证工作，大幅缩短迭代过程和时间，加速中国“补

① 参见 https://finance.huanqiu.com/article/9CaKrnJBsML。

短板”的追赶。

数字经济使研发和制造的互动加强，带来更多创新的可能。比如增材制造，通过离散－堆积使材料逐点逐层累积叠加形成三维实体，不仅有效减少了材料、装备和研发周期，也赋予研发设计端更多自由，从而带来颠覆式创新。无论是产业链优势带来的“逆向工程”创新，还是数字化赋能下的“正向设计”创新，我们认为中国制造业都有望迎来新的发展机遇。

【案例】国内某泛半导体装备国产化龙头，产研结合促发展

这家公司是我国晶体硅生产设备龙头，业务下游涉及光伏、半导体、蓝宝石、碳化硅四大方向，是我国泛半导体装备行业“产学研”一体化发展的优秀代表。

制造反哺研发，持续更新迭代。公司主业单晶炉设备，通过制造反哺研发，保持产品竞争力。例如，与其下游客户共同承担了国家“02 专项”（极大规模集成电路制造技术及成套工艺），[①] 并共同建立了合资研究院，进行长期技术合作，实现连续 10 年在单晶炉领域市场份额第一。在产研结合下，通过客户端的大量数据验证，公司形成正反馈路径不断进行技术迭代，达到国际领先的产品性能，并追赶上每一次光伏行业技术升级的节奏（如硅片大尺寸化、生产智能化等）。

深耕长晶技术，同心多元发展。公司已经从光伏设备厂商向长晶技术平台型公司拓展，在泛半导体领域进一步进行设备国产化替代。通过与下游客户在制造端的紧密合作，公司掌握了尖端的长晶工艺，并借助该平台型技术向材料领域拓展，打开了自身的成长空间，也为中国的半导体硅片国产化贡献了重要力量。

---

① 资料来源：公司公告。

商业模式创新：产用结合，换道超车

“微笑曲线”扁平化使生产制造与销售服务的结合越加紧密，将推动制造业服务化。

制造业服务化主要体现为投入服务化和产出服务化。投入服务化即生产活动的投入从能源、原材料等要素投入，发展到更多依赖设计、研发、管理咨询等生产性服务的投入。主要包括创新设计、定制化服务、供应链管理、网络化协同制造、服务外包、智能服务、金融支持服务、系统解决方案等。产出服务化强调终端客户不再片面关注实物产品本身，而是涉及产品整个生命周期的服务价值，例如远程运维服务为代表的全生命周期管理、信息增值服务。制造业服务化将推动制造业走向定制化、共享化、协同化。

“制造 + 服务”一体化的趋势（见图 14.12），有利于中国大市场优势的释放，促进制造业创新。大市场存在的多元化需求、更严酷的行业竞争和更高额利润的获取空间能够促进制造业企业追求差异化、创新发展，给中国制造业带来更多可能性。

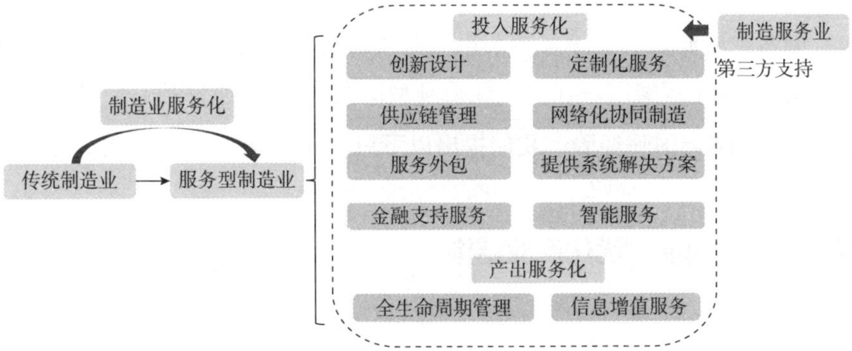

图 14.12 “制造 + 服务”模式发展的内涵和要素

资料来源：《发展服务型制造专项行动指南》，中金研究院，中金公司研究部。

【案例】国内某挖掘用户价值的工业物联网平台

这家公司以“平台 + 技术 + 生态”为抓手，搭建智慧产品、智能研发、智能制造、智能服务和产业金融的创新链。现已接入工业设备72万台，打造工程机械、定制家居等近20个行业云平台，赋能81个细分行业，打通超5 000亿元资产。

赋能生产，通过各设备、机器人和软件平台相互连接，并连接上下游企业（供应商和经销商）平台，可在最短的交付周期内生产和交付小批量、高度个性化的产品，这加速了产品开发过程，并促进产品测试和开发符合市场需求。

赋能服务，借助平台，可以实现设备出厂后的全生命周期运营管理，通过更为精准的数据支撑及反馈，实时监测及提供相关服务，不仅有利于降低服务成本，也使服务流程更加透明、高效快捷。得益于设备端、生产端的服务化，制造业价值链由上游材料、中游制造主导转向“双向传导”，带来了更多创新的机遇。

思考与启示

面对全球制造业变革带来的机遇及当前中国制造业亟待解决的创新困境，如何才能实现突围？作为创新追赶型国家，应该“坚守追赶”还是“换道超车”？结合国际经验，我们提出以下思考和建议。

保持制造业规模，优化产业结构

- 保持制造业规模优势。2006年以来，尽管中国制造业增加值占全球份额仍稳步上升，但制造业占GDP比重已经从最高点32.5%逐步下降到2020年的26.2%，[①]年均下降0.5个百分点。国际经验显示，

① 数据来源：中国国家统计局。

随着人均 GDP 上升到一定水平，制造业占比将有所下滑，而适度的制造业规模是推动经济长期稳定增长的关键。对中国而言，学习日德经验，长期维持在 20% 以上的制造业贡献，需要更多政策支持。

- 鼓励“研发制造联动”型产业发展。不同产业中制造与研发的结合度有所不同，比如工艺成熟度高、模块化生产程度高的行业（计算机、电子产品等），制造与研发的分离度较高，研发与制造的联动关系较弱。而另一些行业中，工艺发展还不够成熟、工艺发生的细微变化都能不可预测地改变产品的特性，比如生物医药、高级半导体、精密部件、金属制品等，这些行业研发与制造的紧密程度更高，更有望以制造联动研发，实现创新突破。

加大政府研发投入，释放企业创新活力

- 政府加大基础研发投入。持续性、大规模的基础研发投入是实现创新突破的必要条件，参考美国经验，政府对颠覆式创新的主导作用至关重要，中国在机制设计、投资规模、运作规范等领域需要进一步提升。
- 培育“专精特新”企业，释放创新活力。小企业在创新中可以扮演不同角色。一方面，小企业灵活度高，更容易实现技术成果的落地转化；另一方面，小企业与大企业形成稳固协作，也有利于推动整个产业链的创新。国内提出培育“专精特新”企业，可参考美日德经验，进一步鼓励中小企业与高校、科研机构及大企业加强协作，促进成果转化；从产业链视角促进小企业与大企业形成稳固合作，保障小企业持续性投入技术钻研的空间等。

提升数字化水平，推动制造业服务化

- 实现制造业服务化的关键是提升制造业的数字化水平。根据《中国数字经济发展白皮书》，2020 年中国数字经济占 GDP 比重为 38.6%，较 2016 年提升 8.3 个百分点，但相较于发达国家水平仍然较低（见图 14.13）。同时，各行业横向比较，中国绝大部分行业数字化投入占设备总投入比重低于美国和德国，仍有较大提升空间（见图 14.14）。

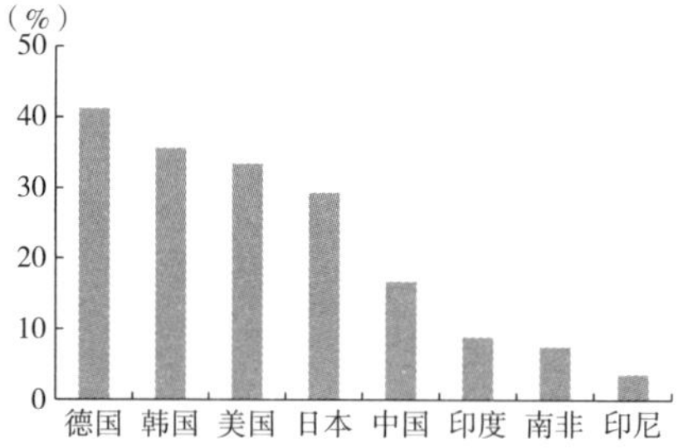

图 14.13　各国工业行业数字经济占增加值比重（2016 年）

资料来源：中国信息通信研究院，中金研究院，中金公司研究部。

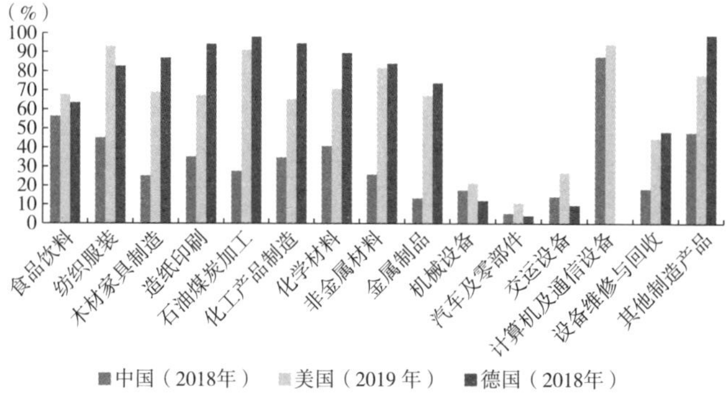

图 14.14　数字化投入占设备总投入比重

注：德国计算机及通信设备统计缺失。

资料来源：国家统计局，美国经济分析局，德国统计局，中金研究院，中金公司研究部。

进一步完善和丰富政策工具

- 加强需求侧创新政策引导。无论是早期美国政府（军方）对高精尖技术企业的直接政府采购，还是近期政府拟出台的“购买国货新规”（将政府采购中的零部件在美国制造中的比例提升至60%，未来进一步提升至75%①），政府采购在美国企业创新早期发挥了重要的支撑作用。
- 引导和鼓励多层次、大范围的创新合作。当前的研发投入鼓励政策更多聚焦于企业自身发展，如何进一步促进更大范围、多层次的创新合作值得更多探讨。例如，美国的创新税收优惠中，明确提出企业支付给小企业、大学或州立实验室的外部研发经费可以100%计入抵免额基数，抵免比例优于企业普通研发经费投入，明确引导和鼓励企业加大创新合作。
- 政府与市场功能的区分与互补。一个产品、一项技术的创新阶段和产业成熟度不同，需要政府与市场发挥的作用可能也不同。例如，相对早期的高精尖技术，短期难以看到市场化回报，但对国家产业发展至关重要，需要政府发挥更多作用；与之相对应，相对成熟、可预见市场前景的创新型技术可能更适合市场发挥资源配置的作用。二者之间的界限可能是模糊的，又可能是动态调整的，需要政府的正确引导、市场的积极配合，更需要构建专业、系统的评估体系。
- 加大政府直接资助创新的比例。在税收、补贴、直接研发资助等政策工具选择上，一方面，从美日德经验上看，日本侧重于税收减

① 参见 https://www.whitehouse.gov/briefing-room/statements-releases/2021/07/28/fact-sheet-biden-harris-administration-issues-proposed-buy-american-rule-advancing-the-presidents-commitment-to-ensuring-the-future-of-america-is-made-in-america-by-all-of-americas/。

免的间接方式，德国更看重政府研发资助的直接方式，而美国二者相对均衡。实际操作中，政府直接提供研发资助的效果可能更好。另一方面，直接研发资助与一般性补贴的效果也有所不同，研发资助目标更加明确、导向清晰，对创新的促进作用更大；而一般性补贴与企业的经营收益更相关，甚至可能带来寻租的空间，反而抑制创新活动。

第十五章

物流：支持科技创新，保障产业安全

从 15 世纪末地理大发现推动全球贸易，再到工业革命造成的全球分工和贸易流动，物流的发展促进了生产要素流通，在数字经济如火如荼的时代，物流的发展或许有更深一层的含义，一方面物流如何进一步降本增效、促进创新，另一方面物流如何能够可控、保障供应链安全，这将是本章主要讨论的内容。

首先，我们直面主题，从四个角度来解释为什么物流的发展对于科技创新来说是重要的。一是物流促进了生产要素的流通：从全球和中国来看，物流的发展带来了物流成本的大幅下降，进而促进了贸易的流通。二是科技创新产业升级背景下物流越发重要：产业升级下供应链更加复杂，需要更加精益的物流与之配套，同时工业企业的利润率承压将倒逼物流企业升级。三是疫情或将加速物流数字化进程，而供应链安全的要求或推动从 JIT（Just-in-time，准时制）到 JIC（Just-in-case，柔性化）的生产模式转变，物流柔性化要求更高。四是数字经济背景下物流能够促进创新：数字化改造后的物流可以加快生产节拍、加速货物周转、缩短产品周期从而反哺供应链进行创新。文中我们介绍了凭借智慧物流供应链迅速崛起的 SheIn 案例，来具象化解释物流促进创新。

其次，物流之于科技创新更多的在于成本和效率，因此我们将把目光聚焦在探讨中国物流的成本效率，以及在数字经济时代如何更好地发展物流。我们通过对比发现，虽然 2019 年中国吨公里物流成本比美国低 35%，但从人效（周转量 / 从业人数）来看，中国是美国的 1/5。我们认为效率的差距在于 To B 端（如自动化率低、空驶率高和集约化率低等）。实际上中国物流的规模经济性较高，同时科技会起到更大作用：一是数字经济增强了物流服务的可贸易性，或带来效率提升；二是物流企业在研发上的投入加强，中国在 5G 和 AI 方面技术领先，或将引领物流实现赶超。

最后，在探讨了物流成本效率后，我们把视角转到物流值得关注的另一面，即国际物流的可控，物流可控才能保障供应链安全。目前中国在国际物流方面的可控性较弱。海运方面：虽然我国运力占全球的 11%（2019 年），但多数承运的话语权并不在我国。空运方面：2019 年我国航司在中国国际航空货运中占比约 35%，全货机运力是美国的 11%（截至 2021 年 1 月）。但在产业链区域化、跨境运输多种运输方式并存和跨境电商带动品牌出海的趋势下或给国际物流带来改变。

综上所述，在疫情冲击、数字经济不断壮大、地缘政治影响加强的背景下，物流的重要性正在被重新定义。我们尝试对于物流支持科技创新和物流的可控进行一些提问并解答，就未来更长期的发展，我们将会持续跟踪研究。①

---

① 本章作者：杨鑫、张文杰、冯启斌。

为什么物流对科技创新很重要

物流是商品贸易的载体，是生产流通的手段。在数字经济时代新科技加速渗透至物流的各个环节，反过来物流的提质、提速带动了货物和信息的高效流动。因此物流与科技创新息息相关，我们在此将从四个角度阐述物流发展之于科技创新的重要性。

- 第一，物流的发展促进了生产要素的流通，链接了制造和消费，即供给和需求。
- 第二，科技创新产业升级下，供应链越加复杂，同时工业企业近年来利润率承压，物流承担了更加重要的角色。
- 第三，后疫情时代对物流数字化程度和柔性化的要求更高。
- 第四，数字经济背景下物流发展能够有效促进上游制造和下游消费。

物流的发展促进了生产要素的流通

物流是制造与消费的联通，促进了生产要素的流通

由于制造的特点是社会化分工、规模化生产，消费则是多元化参与、碎片化消费，制造与消费的不匹配产生了对物流的需求，因此物流将制造与消费紧密地联系在一起，提供了生产要素在时间和空间移动的价值。工业品从原材料采集、进入到生产制造、成品分销到渠道以及最后到消费端，都分别通过原材料物流、生产物流、成品物流和销售物流进行链接，因此产品 90% 以上时间都处于物流环节，物流的高效与否决定了生产要素流通的效率。

物流的发展能促进生产要素的流通：全球视角

物流的发展带来了流通成本的快速下降。举例来说，1966 年标准化集装箱开始进入国际海运领域，较大地改善了物流的效率和成本，美国货轮装载效率从每小时 1.7 吨上升至每小时 30 吨（见图 15.1）；装卸费用从每吨约 5.8 美元降到了约 16 美分（见图 15.2）。

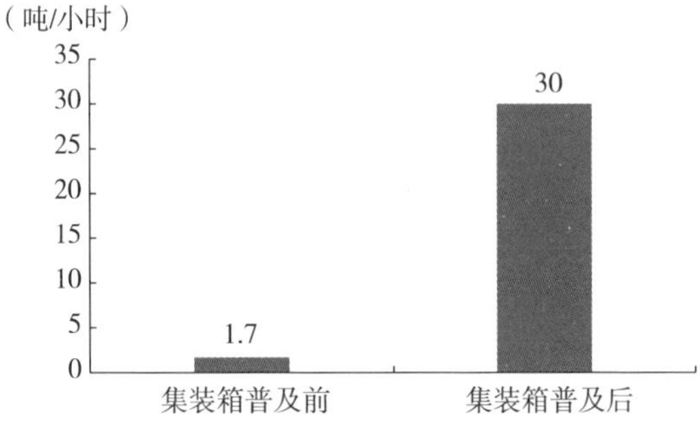

图 15.1　集装箱普及后装载效率提升近 20 倍

资料来源：Richard Kneller，Daniel Bernhofen，Zouheir El-Sahli.Estimating the Effects of the Container Revolution on World Trade［J］. Journal of International Economics，2015. 中金公司研究部。

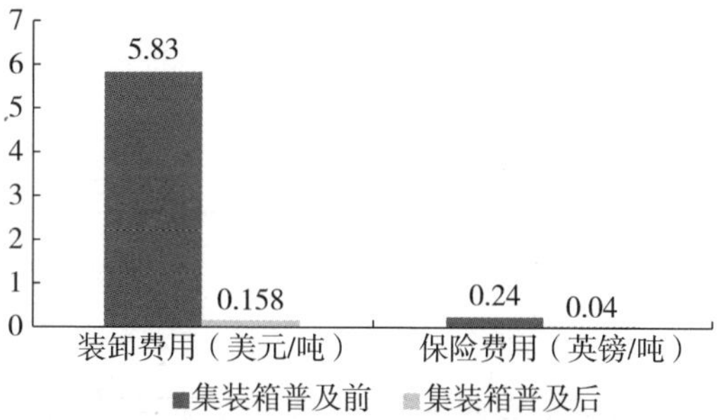

图 15.2 集装箱普及后装卸成本和保险费用大幅下降

资料来源：Richard Kneller，Daniel Bernhofen，Zouheir El-Sahli.Estimating the Effects of the Container Revolution on World Trade［J］. Journal of International Economics，2015. 中金公司研究部。

另一个例子是，造船技术的进步使海运的绝对价格多年维持低位（海运占据了全球货运量的 80% 以上）。造船技术的进步让船舶体积更大、载重吨更重（根据克拉克森数据库，2020 年的干散货船平均载重吨是 1970 年的 2.4 倍），从而降低了海运的成本［根据《海洋经济学》（*Maritime Economics*），17 万载重吨船舶的单位运输成本是 7 万载重吨船舶的 60%］，从历史上看，无论是干散货还是集装箱绝对运价的年度均值均维持在低位（见图 15.3 与图 15.4）。

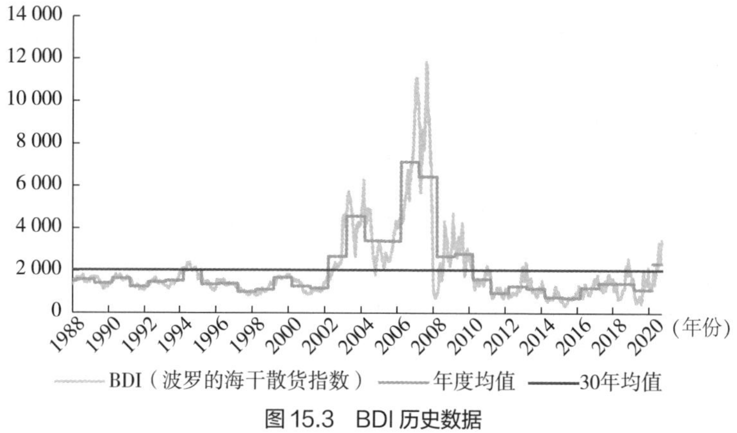

图 15.3 BDI 历史数据

资料来源：万得资讯，中金公司研究部。

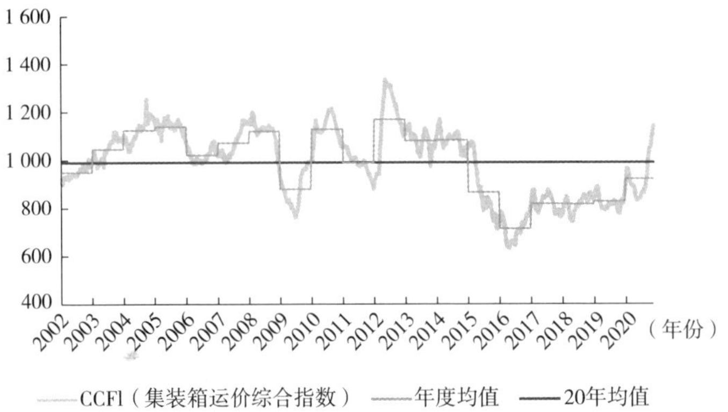

图 15.4　CCFI 历史数据

资料来源：万得资讯，中金公司研究部。

全球物流成本的下降促进了全球贸易和生产的流通。根据世贸组织数据，集装箱进入海运领域的 1966 年，全球货物出口占全球 GDP 比重约为 7%（见图 15.5），而 2011 年全球货物出口占全球 GDP 比重达到了 24%。

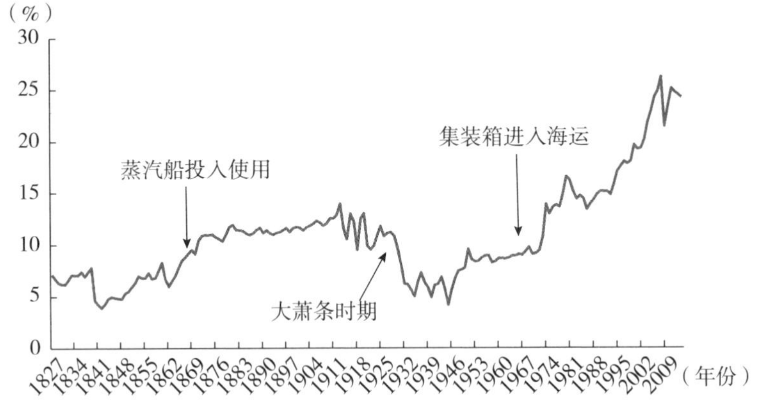

图 15.5　全球货物贸易出口占全球 GDP 的比重在提升

资料来源：WTO，中金公司研究部。

物流的发展能促进生产要素的流通：中国视角

我国交通基础设施得到完善，带来了人流和货流的畅通。目前我国运输体系已经触达全国：高铁覆盖近95%的百万以上人口城市，高速公路覆盖近100%的20万以上人口城市，快递网点乡镇覆盖率达98%，村村实现直接通邮。高铁从无到有（目前为3.5万公里），驱动了人力的流通（高铁建成以来，客运量CAGR为69%，2019年占总客运量的13.4%，见图15.6）；而高速公路的建设（目前为15万公里，过去20年新增13.8万公里）让货物流通更顺畅（过去20年公路货运量从99亿吨上升至343亿吨，CAGR为6.4%，见图15.7）。

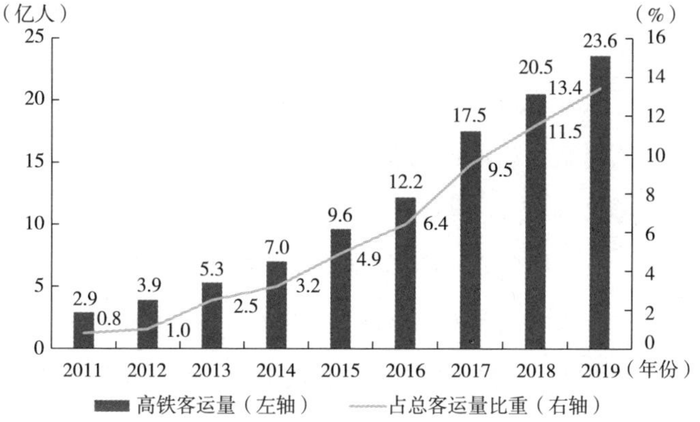

图15.6　高铁的发展带来了人口的流动

资料来源：中国交通运输部，中金公司研究部。

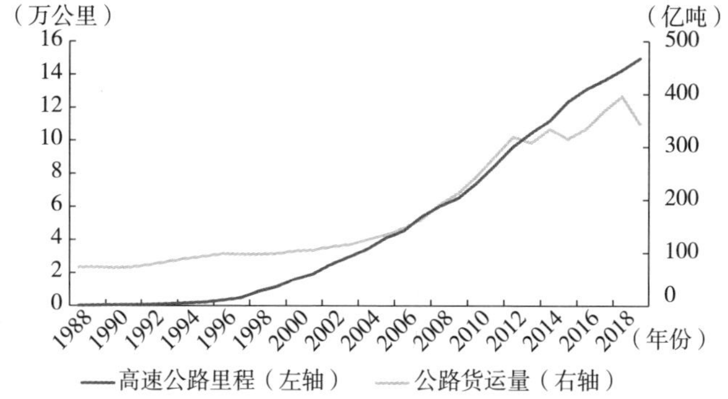

图15.7　高速公路的建设带来货物的流通

资料来源：中国交通运输部，中金公司研究部。

科技创新产业升级背景下物流重要性凸显

科技创新产业升级背景下供应链复杂度更高，对物流提出更高要求

根据万得资讯数据，1999—2020 年我国制造业中劳动密集型产业占比下降 7.8 个百分点至 22.8%，资本密集型产业占比增加 5.8 个百分点至 40.0%，技术密集型产业占比上升 2 个百分点至 37.3%。进一步细分行业来看，中国制造业分行业的增加值占比结构也在发生变化（见图 15.8），例如计算机通信和电子设备年均占比提升 0.19 个百分点，汽车年均占比提升 0.17 个百分点。

科技创新产业升级背景下供应链复杂度更高。汽车、电子通信设备等行业的制造工艺复杂且所需原材料种类繁多（以汽车为例，通常一辆汽车大约由 2 万个零件组成），供应链管理的难度和复杂度更大，因此在产业升级的进程中，供应链物流必然需要跟随产业升级而升级。同时供应链对于实时物流的需求更大，比如美国在 20 世纪 70—80 年代进行产业升级时高附加值的产品均通过空运进行运送，FedEx（美国联邦快递集团）借机崛起（1977—1988 年 FedEx 空运快递件数复合增速为 35%，见图 15.9）。

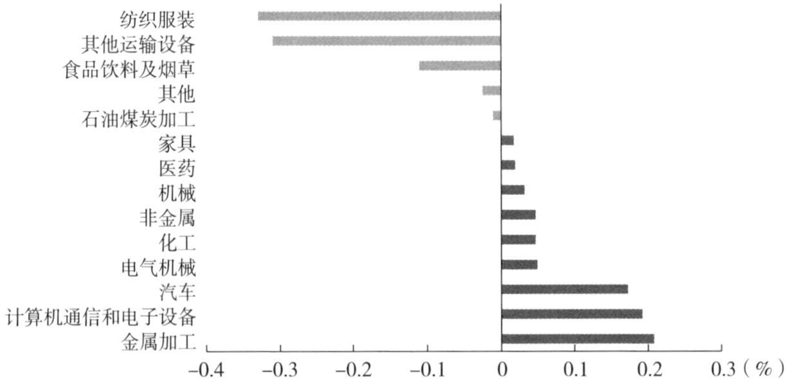

图 15.8 中国制造业增加值 1999—2020 年占比年均变化

资料来源：万得资讯，中金公司研究部。

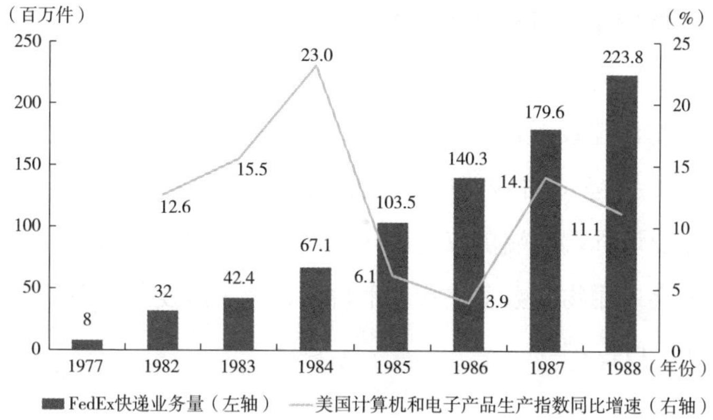

图 15.9　FedEx 伴随着美国产业升级而崛起

资料来源：万得资讯，中金公司研究部。

制造业降本增效倒逼物流升级

根据国家统计局的数据，近 10 年中国工业企业的利润承压，2019 年中国工业企业营业收入利润率为 6.2%，较 2010 年下滑了 1.1 个百分点。而第三方物流有望通过供应链管理来帮助企业降本增效，从而实现从成本项向效率协同项的转型。比如根据欧洲执行委员会数据，企业有望通过供应链物流实现生产效率 10% 的提升，生产周期缩短 25%~35%，总成本降低 10%。

后疫情时代呼唤更加数字化的物流，同时从 JIT 到 JIC，物流柔性化要求更强

疫情对全球供应链造成了较大的冲击。我们认为一方面疫情将加速物流数字化建设，另一方面供应链物流柔性的部署和调度将更加受到关注。

疫情加速物流的数字化建设

疫情催生了无接触的物流需求，基于无人化、少人化的物流场景将会有较大的发展，对与此相匹配的智能物流技术的需求也会增多，对智能物

流技术的深度应用与可靠性提出要求。例如在2021年6月广州发生的疫情中，无人车物资配送起到了很大的作用。

数字化物流建设或加速。根据2020年就疫情对供应链物流影响的调研，[①] 64%的受访企业称疫情过后需要增强供应链数字化运营建设，58%的企业表示需要增强端到端供应链协同建设。因此我们认为疫情过后，越来越多的企业会应用物流数字化管理平台来快速了解变化，做到物流状态的及时、透明、可控。

供应链从JIT到JIC，物流的柔性部署调度增强

在此次疫情中，我们看到了“断链”事件时常发生，因此未来供应链或将：

· JIT或一定程度让位给JIC，不再只是一味强调效率和成本优先，更强调应变能力，让企业具备紧急处置的能力。

· 本地化供应和分散化供应成为趋势。根据2020年疫情对物流企业影响的调研，[②] 在此次疫情后，“公司会对上游供应生产采购方面采取哪些措施”的回答中，超过一半的企业表示会对供应商区域布局进行优化，同时也会增加重要产品的备选供应商。

对于物流企业而言，需要有更加智慧兼容的运营体系来应对“战略冗余”和供应链分散布局，主要体现在物流中心对多种业务的兼容性、对紧急业务的包容性，其次还体现在部署和调度的便利性，能够实现在较短的时间内完成物流产能的补充或扩大。

---

① 王祖锦．新冠肺炎疫情对企业供应链物流建设的影响［J］．物流技术与应用，2020，25（04）：108-111.

② 同上。

数字经济背景下物流发展能够有效地促进科技创新

如前文所述，物流连接了上游的制造和下游的需求（见图 15.10）。数字经济背景下，我们认为物流可以加快上游制造的生产节拍、货物周转和产品迭代，支撑制造商的流程和产品创新；而同时物流又通过高效的揽运派送满足了下游消费者的多元化需求，支撑了"人、货、场"的消费创新。SheIn 作为一家迅速崛起的快消服装品牌，其成功的运营模式离不开智能化供应链物流体系的支持，下文我们通过 SheIn 的例子来简明阐述物流发展促进科技创新。

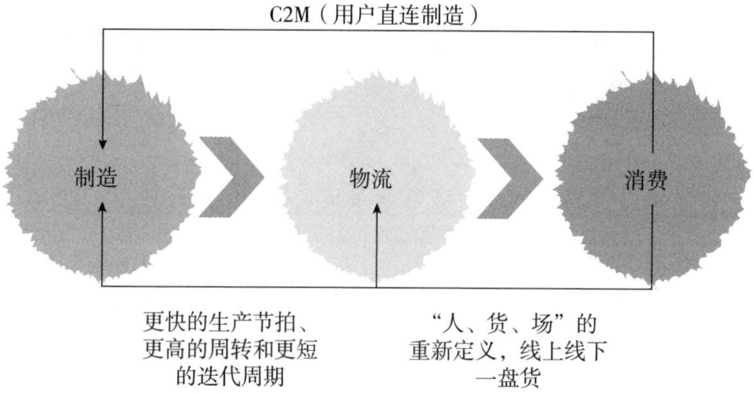

图 15.10　物流联通了制造和消费，制造端和消费端都在进行升级

资料来源：中金公司研究部。

SheIn：凭借智慧物流供应链而崛起的快消服装品牌

SheIn 是一家集合设计、生产和销售的跨境 B2C 电商平台，产品主要是女性快时尚服装，以高周转、快交付、高性价比著称。SheIn 在销售端依靠跨境电商直接打入海外市场，生产供应端则构建了立足于国内的完整制造供应链。

SheIn 靠"小单快返"崛起（见图 15.11）。小单：SheIn 大部分的订单是 100~300 件，平均订单交付期为 11 天（ZARA 为 30~60 天）。快返：根据消费者购买反馈决定哪些款加单，SheIn 每月上新 1 万多款（ZARA 为 1 000~2 000 款）。

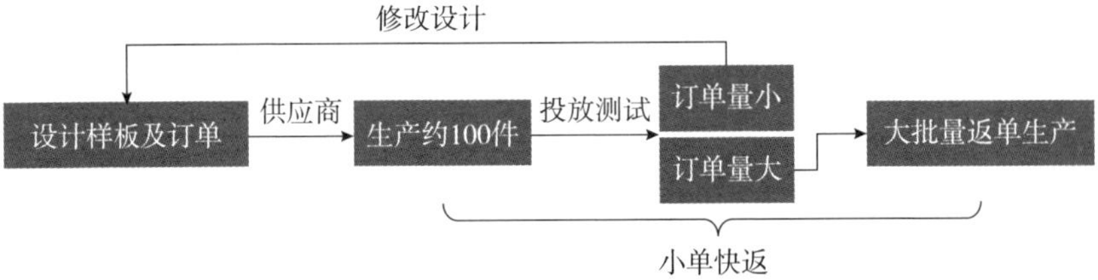

图 15.11　SheIn 的“小单快返”

资料来源：SheIn，中金公司研究部。

SheIn 的“小单快返”模式离不开背后智能化的供应链物流体系，即 SheIn 的供应链信息系统。

- 销售端方面。SheIn 自建电商渠道，SheIn 对数据监控更加及时，对需求的判断更快。
- 生产端方面。一是扶持供应商：SheIn 签约工厂时主要选择中小型工厂，不拖欠货款，为供应商补贴资金或贷款给其买设备，帮助生产商引入自动化设备来管理多 SKU（库存量单位）、多面料、多尺寸的产品线。二是对供应商掌控力更高：供应商必须接入其自建的供应链信息系统，因此可以从生产端到销售端进行全流程数据分析。
- 国内和海外仓库存管理方面。SheIn 利用自身库存系统能够实时掌握库存动态，使库存管理可视化、动态化。同时库存管理系统也能与上游生产系统互通，SheIn 便可通过判断库存压力来合理决定补货量，将库存清理压力降至最小。
- 智能化的跨境交付物流方面。SheIn 将物流信息在线上进行数据化，并利用大数据算法来决定每一个订单的配送路线，以数据驱动物流配送效率的提升。

物流之于科技创新更多的在于成本和效率，下文将探讨中国物流的成本效率如何，以及在数字经济时代物流行业如何获得更好的发展。

中国物流成本效率如何？数字经济时代物流如何发展？

中国物流成本高吗？其实不然

中美物流成本概览

根据交通运输部数据，2019 年中国物流成本为 14.6 万亿元，占 GDP 比重为 14.8%；同期美国物流成本为 11.1 万亿元，占 GDP 比重为 7.6%。从物流成本绝对值和占 GDP 比重来看，中国比美国高。

中国物流吨公里成本并不高

2019 年中国物流吨公里成本比美国低 35%。2019 年中国的货运量（471 亿吨）是美国货运量（177 亿吨）的 2.7 倍，中国的货运周转量（近 20 万亿吨公里）是美国货运周转量（近 10 万亿吨公里）的 2 倍（见图 15.12）。从吨公里成本来看，中国（0.73 元 / 吨公里）比美国（1.12 元 / 吨公里）低 35%（见图 15.13）。细分来看：一是中国运输吨公里成本比美国低 47%（中国运输成本为 0.39 元，美国为 0.73 元）；二是中国的每吨货物的仓储成本比美国低 40%。从以上分析看出，中国物流成本其实不高。

中国物流成本低说明中国物流有效率吗？也不尽然

中国物流从吨公里成本角度来看并不高，但是中国物流成本低就意味着中国物流有效率吗？不一定。

中国物流成本低是以中国物流利润率低为代价的。过去 10 年（见图 15.14），中国物流平均营业利润率约为 3.7%，比美国低了 4.4 个百分点（同期美国平均营业利润率约为 8.1%）。

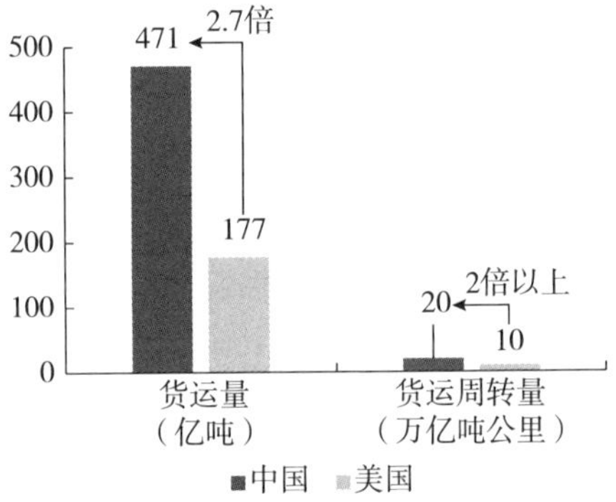

图 15.12　中国的货运量和货运周转量是美国的 2 倍以上（2019 年）

资料来源：万得资讯，中金公司研究部。

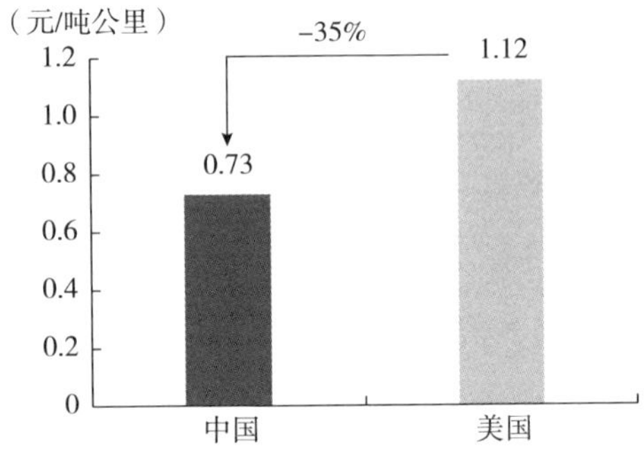

图 15.13　从吨公里成本来看，中国比美国低 35%（2019 年）

资料来源：万得资讯，中金公司研究部。

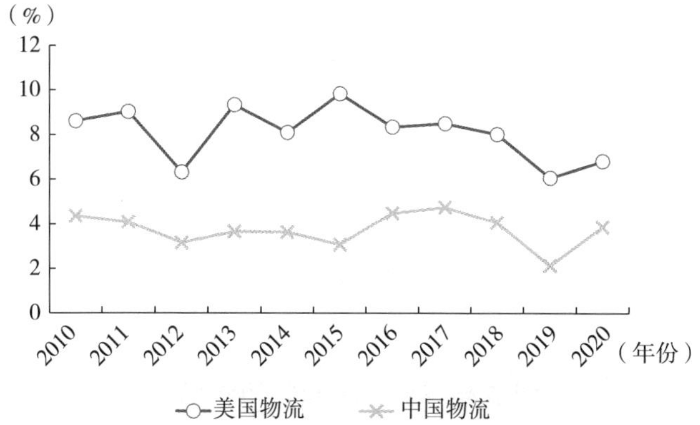

图 15.14　中美物流平均营业利润率比较

资料来源：万得资讯，中金公司研究部。

从人效上来看，中国仅为美国的 1/5。根据发改委数据，中国物流从业人员超过 5 000 万人，是美国物流从业人数 515 万人的近 10 倍（见图 15.15）；也就是说从人效（周转量 / 从业人数）来看（见图 15.16），中国仅是美国的 1/5，从物流从业人员工资来看，中国也是美国的约 1/5。

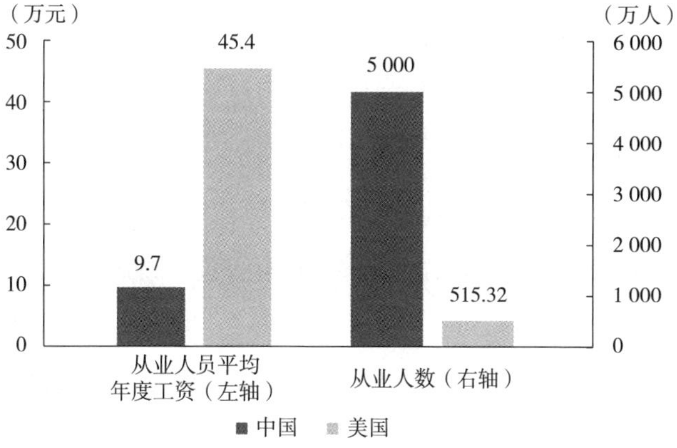

图 15.15　中美物流从业人员数量和从业人员工资比较（2019 年）

资料来源：万得资讯，国家发改委，中金公司研究部。

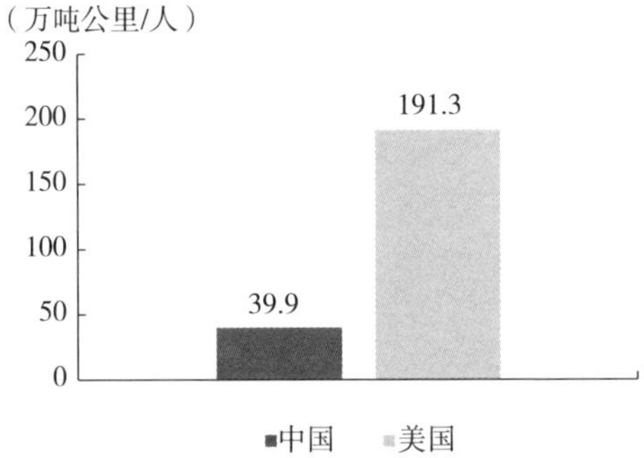

图 15.16　从物流人效来看，中国仅是美国的 1/5（2019 年）

资料来源：万得资讯，中金公司研究部。

那么效率差在哪？To C 端效率已经领先，To B 端效率差距较大

To C 端的物流效率已经领先国际水平，以快递行业中美对比为例，中美快递价格比较（见图 15.17），我们测算中国快递员人均每天处理的快递量约为 190 件，而美国仅为 60 件（见图 15.18）；以京东和亚马逊的仓库运营为例，根据两者披露的数据，在单日发货量、分拣效率和准确率上京东的“亚洲一号”已经基本和亚马逊仓库效率相近。虽然 C 端物流效率已经很高，但是 C 端物流占整体物流行业比例小，例如快递行业规模大约 9 000 亿元，仅为中国物流成本 14.6 万亿元的 6.2%。因此中国物流的效率症结在 B 端。

中国 To B 端物流效率低的原因在于：物流自动化率低、运输效率低、集约化运输占比低等。我们通过以下几方面的数据略窥一二。

- 根据交通运输部数据，2019 年中国货运空驶率约 40%，发达国家为 10%~20%（见图 15.19）。
- 根据交通运输部数据，中国港口的海铁联运量 2019 年占比仅为 2.6%，发达国家为 20%~40%（见图 15.20）。
- 根据 MIR Databank 的数据，2019 年中国物流自动化率平均为

20%，发达国家为 80%；根据戴德梁行的数据，2019 年中国现代仓储物流设施面积占总面积比例为 7%，美国为 22%。

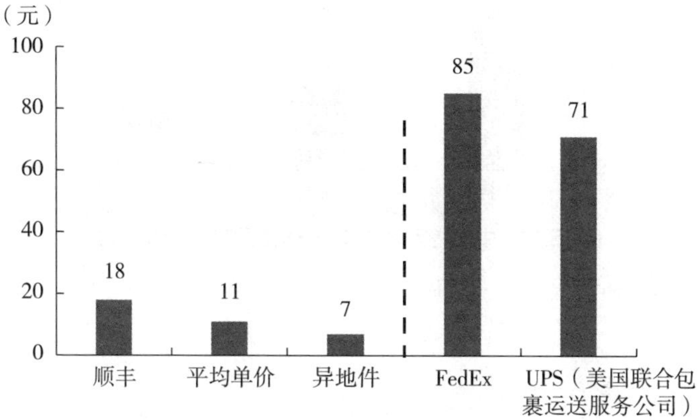

图 15.17　中美快递价格比较（2019 年）

资料来源：公司公告，中金公司研究部。

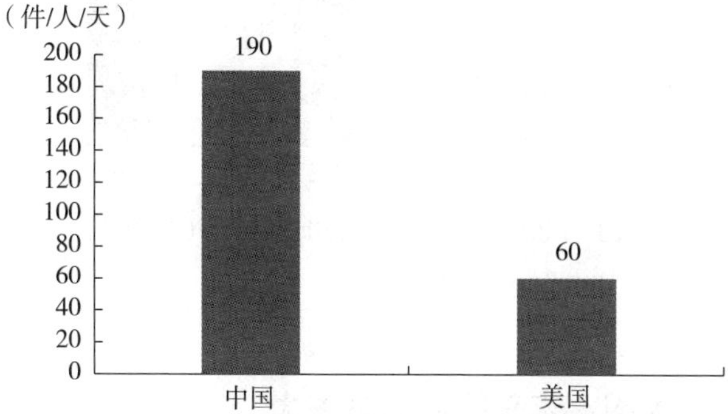

图 15.18　快递员人均每天处理的快递业务量（收 + 派）中美对比（2019 年）

资料来源：顺丰控股，中通快递，中金公司研究部。

如果效率提升后，中国物流的潜力有多大？我们认为中国作为物流大国，应具备更强的规模经济性，下文我们会通过对比中美各物流行业的龙头公司来理解物流挖潜的空间。

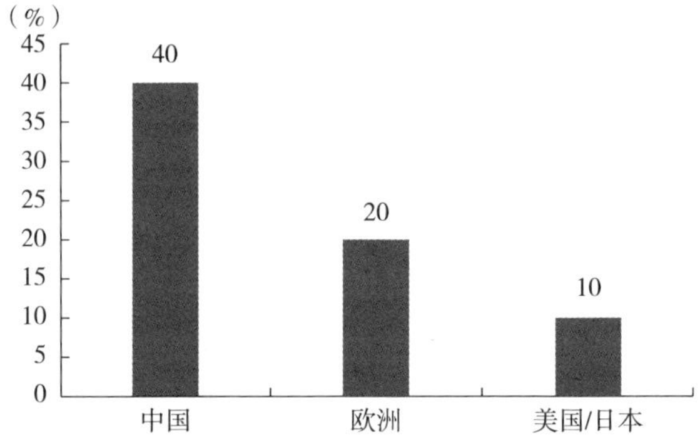

图 15.19　中国货运空驶率高于发达国家（2019 年）

资料来源：交通运输部，中金公司研究部。

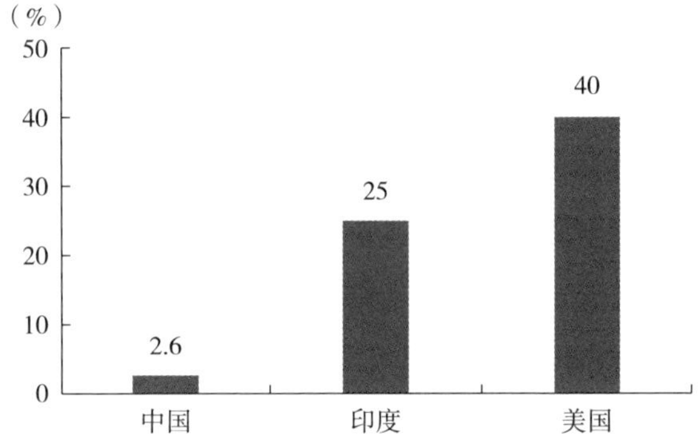

图 15.20　中国海铁联运占比较低（2019 年）

资料来源：交通运输部，中金公司研究部。

中国作为物流大国，未来的潜力有多大

中国作为物流大国，规模经济性或更强

关于物流的规模经济效应，我们从以下几个方面来看。

- 物流大国人口规模更大，资源更加分散，给运输网络带来了大量的流动需求。人口规模大（物流需求多）和领土面积大（资源分散）

的叠加，给高铁、高速公路、航空、水运、城市内外交通枢纽等提供了足够多的流动要素需求。凡是网络经济型产业如高速高铁、民航机场等在人口大国往往利用程度高，因此技术和模式不断被改善优化，带来了物流效率的提升。

- 物流大国市场需求层次更多，或有物流业务模式创新的范围经济优势。由于市场需求规模较大，消费有传统和求新及不同支出水平等层次，业务模式更容易进行创新以满足客户需求，例如21世纪初电商购物平台改变了传统线下的购物渠道，推动了快递行业的爆发。
- 物流大国有技术易于应用和市场化的规模经济优势，物流也会受益。新技术产品研发成本往往较高同时初始投入市场价格也较高，但如果物流市场足够大，则技术的应用会实现“价格高—小规模应用—逐步规模化—价格降低—大规模应用”的良性循环，逐步带来物流效率的提升。

中美物流各子行业龙头公司对比，说明中国物流未来挖潜空间较大

本文根据数据可得性和公司可比性选取了货代（KNIN和中外运对比，见图15.21）、快运（ODFL和安能对比，见图15.22）和快递（UPS、FedEx和顺丰对比，见图15.23）三个子行业的中美龙头公司来进行对比，总体而言，中国物流龙头公司收入和利润规模为美国物流龙头公司的1/4~1/2，从利润率上来看，中国物流公司普遍要比美国物流公司低（货代低1.2个百分点，快运低7.8个百分点，快递低约4.0个百分点）。

美国物流的上游和下游较为集中，而且物流行业发展经历过一定的整合，竞争格局更加清晰，因此龙头公司具备更高的规模和利润率。展望未来中国物流的发展形势，我们认为中国物流或有望像美国一样实现规模集中和利润率提升，而集约化的物流行业将能够帮助整个经济运行降低成本。

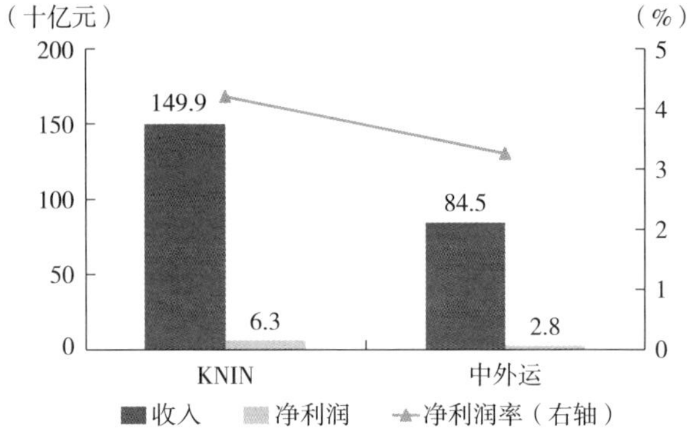

图 15.21　中美货代公司对比（2020 年）

资料来源：KNIN，中外运，中金公司研究部。

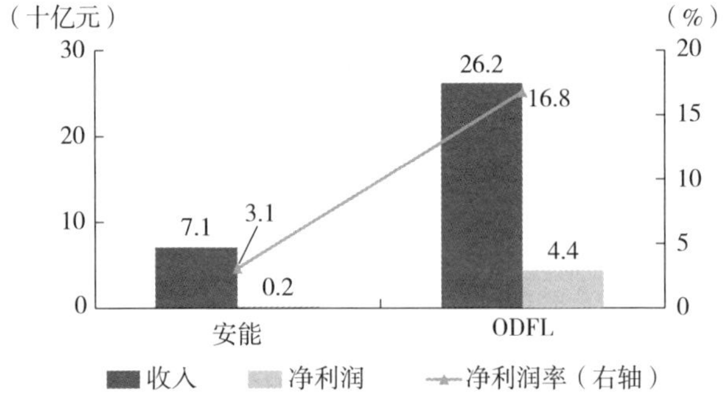

图 15.22　中美快运公司对比（2020 年）

资料来源：ODFL，安能，中金公司研究部。

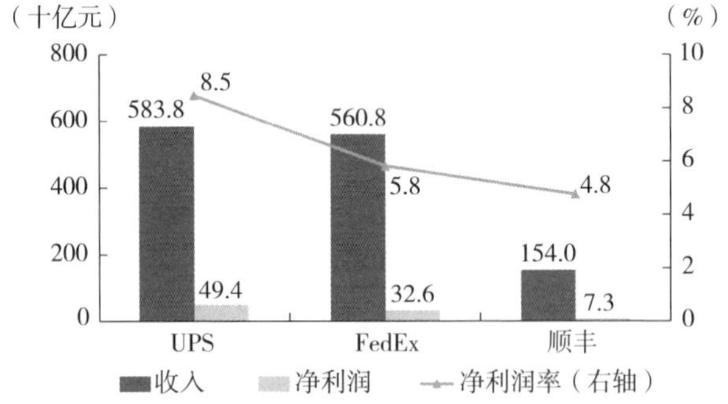

图 15.23　中美快递公司对比（2020 年）

资料来源：UPS，FedEx，顺丰，中金公司研究部。

数字经济时代，我国 5G 和 AI 应用场景丰富，物流或有望实现赶超

如何改变中国物流的低效问题？我们认为从宏观角度来看，数字经济让物流服务的可贸易性增强，可贸易性的增强带来竞争，因此或提升效率，而且数字技术的可得性提高也将促进物流成本降低；从微观角度来看，效率低很大程度上可以通过科技手段来解决，例如空驶率高可以通过车货匹配平台 / 无人驾驶技术来解决，仓储科技进步也将带动仓储自动化水平提高。

宏观角度：物流服务的可贸易性提升，且科技的可得性提高

从宏观视角来看，我们认为数字经济或提升物流服务的可贸易性，也同时提高了数字技术的可获得性。

- 数字经济增强了物流服务的可贸易性，可贸易性的增强或带来效率提升。服务业一般被认为是不可贸易的，因此属地性较强。但数字经济的应用使过去需要人与人之间的互动才能完成的工作或交易，在无接触的情况下也能实现。这一次新冠肺炎疫情的冲击更让这一特点凸显出来。对于可贸易品的行业来说，贸易带来竞争，竞争可能带来新的思想、理念和技术，从而提升行业效率，所以如果服务业从不可贸易转变为可贸易，或者可贸易性增强，我们认为将有望提升行业效率。
- 数字经济时代，5G、AI、云计算等数字技术更加可得和易于应用，有助于解决劳动力密集、成本高、管理落后的痛点。传统物流行业仍是劳动力密集行业，但我国劳动力“人口红利”正逐步消失，同时物流是个较为分散的市场，数字化、信息化程度低。科技手段将会显著优化物流企业的业务流程和运作方式。

微观角度：中国物流业正在加大研发投入，科技助力物流降本增效

中国正在加大物流研发投入。我们测算，中国物流整体研发投入占收入比重从 2016 年的 0.1% 上升至 2020 年的约 0.4%（过去 5 年平均水平为 0.28%，见图 15.24），研发投入逐步加强（中国 2020 年研发投入占收入比重为美国的 1/3，过去 5 年美国平均研发投入占收入比重为 0.89%）。但中国快递行业研发投入占比在 2019—2020 年提升至 1.3%，已经超过同期美国快递研发投入水平，相当于美国 2000 年左右的水平（见图 15.25）。

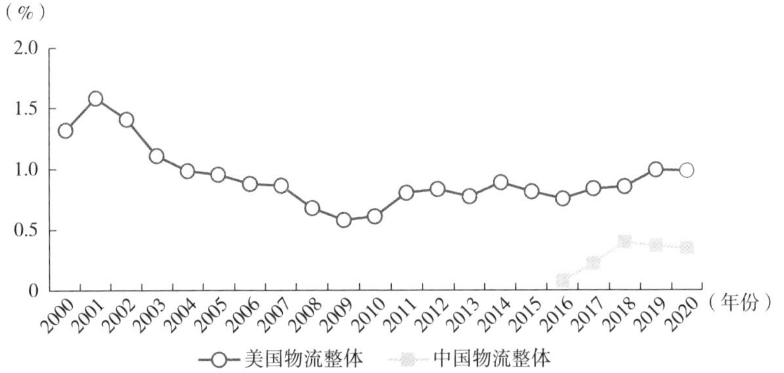

图 15.24 中美物流研发投入占收入比重比较

资料来源：交通运输部，U.S. Bureau of Transportation（美国运输统计局），中金公司研究部。

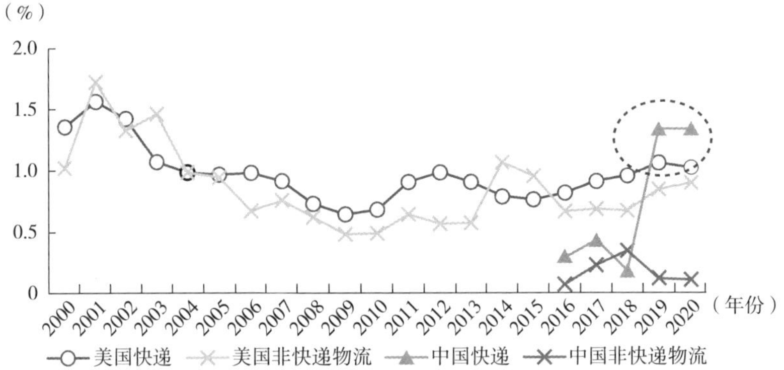

图 15.25 快递和非快递物流公司的研发投入比较

资料来源：交通运输部，U.S. Bureau of Transportation，中金公司研究部。

数字经济时代，我国5G和AI叠加大市场的数据积累，未来有望通过科技手段让物流更加智能化，实现效率的提升。5G和AI在物流的应用主要包括对于简单重复劳动的替代、对人工的辅助和赋能（如无人卡车、无人机、无人仓、自动化分拣、智能快递柜、智能客服等），对业务流程和管理的优化（如仓储管理、运输管理、智慧地图、路由规划）等。以车货匹配平台为例，满帮平台的司机月行驶公里数由9 000公里提高到12 000公里，月承运次数由14次提升至20次，空驶率已经由38%降低到34%。若中国货车空驶率降低1%，我们测算物流成本降低约170亿元，碳排放减少约720万吨。

上文我们论述了物流之于科技的重要性以及在科技创新下物流有望进一步降本增效，但物流对于产业而言不仅是效率和成本，另外一个很重要的层面是物流的安全性，即产业链可控也要物流可控。下文我们会着重探讨这个问题。

产业链可控意味着国际物流也要可控

下面将会从以下两个方面尝试分析我国国际物流的可控性。一是中国目前对国际物流的可控性如何；二是在目前国际形势下，如何有效构建可控且具备韧性的全球供应链物流体系。

目前我国国际物流可控力较弱

中国运输服务存在贸易逆差。尽管我国货物贸易快速增长，但与长期处于顺差的国际货物贸易不同，运输服务一直是中国服务贸易逆差第二大的服务项（第一大为旅行服务），根据国家统计局数据，2019年此项逆差达到了588.4亿美元（见图15.26）。

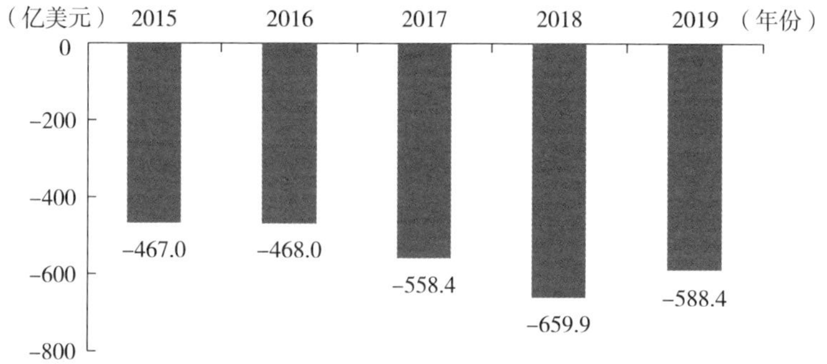

图 15.26　中国运输服务逆差额

资料来源：国家统计局，中金公司研究部。

海运货运量占比大，但中国在国际海运中的可控性较弱。根据海关总署的数据，过去 5 年中国进出口货运量中海运占比持续维持在 90% 的水平。但是，第一，进口贸易中大部分采用 C 组术语，在我国进口贸易中，由于国外的出口服务商喜欢用指定货运代理公司、船运公司，主要采用到岸价格方式 C&F（成本加运费）或 CIF（成本加保险费和运费），即 C 组术语，由境外出口企业支付运费并负责运输；第二，出口贸易中大部分采用 F 组术语：在我国出口贸易中，由于国外的船运在当地码头、运输等配套服务非常成熟，而且我国中小型出口企业较多，谈判力弱，多采用离岸价格方式 FOB，即 F 组术语，也是由境外进口企业支付运费并负责运输。因此，我国进出口贸易中贸易商和船运商都比较被动。

中国的国际航空货运量中本国航司占比仅约 35%。根据 IATA（国际航空运输协会）数据，全球航空运输的货运量占国际货运比重仅为 0.2%，但货值占比达 36%。根据民航局数据，中国的国际航空货运量中外国航司占比约 65%，国际快递中 DHL（敦豪航空货运公司）、UPS 和 FedEx 占比接近 75%。

中国全货机运能仅为美国的 11%。国际航线市场中，中国航司门到门履约能力不足制约对外竞争力。根据 Planespotters 数据，具备门到门履约能力的物流商仅占中国全货机运能的 37%，而美国仅 FedEx、UPS、Amazon 三家物流商就占到了全美全货机运能的 73%。截至 2021 年 1 月，中国全货机约 185 架，总载重力估计约为 8 903 吨；美国全货机约 1 125 架，总载重力估计约为 79 906 吨，中国运能仅是美国的 11%。

造成我国国际物流可控力较弱的原因：一方面，发达国家先发优势抢先占据了国际物流的市场；另一方面，中国作为发展中国家尝试融入全球分工系统，被动或主动地采取了更加开放的政策。下文就“国货国运”政策进行中外对比。

“国货国运”政策中外对比：我国自由化程度更高

新中国成立时，我国采取完全的“国货国运”政策，改革开放后这一政策发生了转变，到 1984 年，我国逐步放开“国货国运”，自 1996 年起交通部公开承诺放弃“国货国运”政策，目前我国已经形成了一个自由化、开放化的市场。

与国际进行比较，我们发现发达国家对“国货国运”都有一定的扶持。美国的“国货国运”主要通过立法来规定，美国籍船舶承运货物的 40% 是通过货载保留（即强制规定本国的进出口货物由本国船队承运或优先承运）政策获得的；[①] 欧盟和韩国也依然留有货载保留的政策；日本则通过鼓励各大商社与本国的船舶公司建立紧密合作关系来对航运业进行保护。

通过与发达国家的“国货国运”政策比较，可以看出我国实行的政策开放程度更高：我国没有货载保留的制度，而美国、欧盟、韩国均还留有货载保留制度。货载保留作为单边的保护措施，对“国货国运”影响重大。

① 胡亚琴 . 中美航运政策比较［J］. 中国水运（理论版），2006，4（6）：31-32.

多元化运输和跨境电商或改变国际物流格局

前文进行了历史经验复盘，分析了我国目前国际物流的可控性，接下来在分析如何构建可控的国际物流体系前，我们先讨论目前几个对国际物流体系造成影响的趋势，包括：产业链区域化明显；跨境运输更加多元化、跨境铁路份额持续提升；跨境电商带来的品牌和物流的协同出海。

趋势一：区域内物流强度加大

"逆全球化"趋势凸显。根据世贸组织数据，2008 年以来全球贸易强度（用总出口 / 总产出来衡量）持续走弱，"逆全球化"趋势明显。"逆全球化"对贸易格局的影响体现在以下几个方面。

- 产业链区域化属性加强。美欧国家扩大多元化采购的一个重要形式是通过扩大周边国家的生产和供应，在增加供应链多元性的同时缩短供应链，世界银行的分析报告[①]同样也验证了这一点，目前全球形成了以德国、美国和中国为中心的三大生产网络（与 2000 年比较，中国取代了日本），同时区域内合作关系更为广泛和紧密。
- 供应链本地化或加速。金融危机后发达国家更加重视制造业，例如美国在金融危机之后率先提出先进制造业回归计划、2013 年德国发布《实施"工业 4.0"战略建议书》，日本提出互联工业等；也有一些国家利用更激进的政策推动制造业回流，例如 2020 年 4 月日本宣布愿意支付 22 亿美元支持日资企业回流日本。

---

① World Bank Group，OECD.Technological Innovation，Supply Chain Trade，And Workers in a Globalized World［EB/OL］. 2019.

因此过去5年我们看到了区域内物流强度加强。根据世贸组织数据，2013—2017年区域内货物贸易占全球货物贸易的比重增长2.7个百分点，其中亚洲地区和欧盟地区增长最为迅速。全球供应链呈现区域化属性加强、全球化属性减弱的态势。区域内主要航线集装箱贸易呈现出较为稳定的增长，跨太平洋、亚欧和跨大西洋三大主要航线上集装箱贸易量增长较慢。

趋势二：运输方式更加多元化

陆运和空运地位提升，跨境运输方式更加多元化。海运：根据世贸组织数据，在过去10年中，海运在总货物运输服务中的份额下降了10个百分点。陆运：过去10年跨境的陆运占比提升了9个百分点，在疫情期间跨境陆运也逆势增长。空运：2009—2018年，全球航空货运量一直呈现稳步增长态势，过去10年在世界货运出口中提升了2个百分点份额。发展中国家在陆运和空运的话语权相较海运更强，使发展新型国际运输通道的作用和战略意义凸显。

趋势三：跨境电商助力品牌和物流出海

近几年，跨境电商的模式日益成熟，跨境电商流通链路短、时效高，能实现链路数据共享，直达消费终端，让产品力和品牌力直接相连，成为中国制造链接全球消费者的第一路径。根据网经社的数据，[①] 中国2015—2020年跨境电商交易额CAGR约为58%，我们预计，跨境电商未来5年年均增速仍将在20%左右，那么2025年跨境电商出口交易额将达到5万亿元（见图15.27）。跨境电商让中国商家自主选择物流商，或带动中国物流全球化。

---

① 网经社.2020年度中国跨境电商市场数据报告［EB/OL］.2021，参见https://www.100ec.cn/detail--6592730.html。

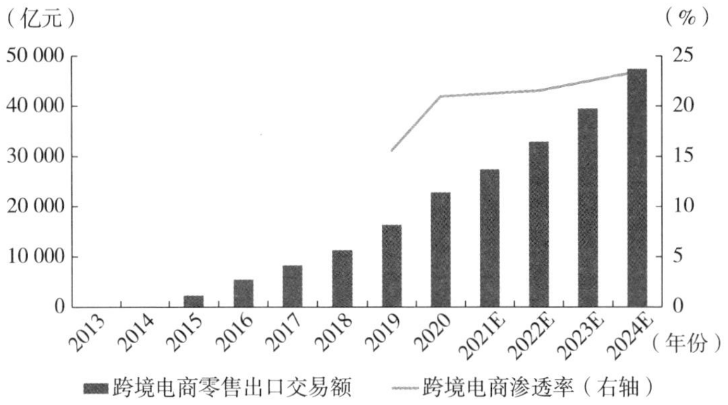

图 15.27　跨境电商出口规模

资料来源：万得资讯，中金公司研究部。

最后我们也进行了政策思考，分为两个部分。第一部分，在物流和科技创新上我们建议，一是引导物流公司加大研发投入，二是加大吸引数字化人才的力度，三是提升物流标准化程度。第二部分，在物流保障产业安全上我们建议，一是灵活运用政策促进海运发展，二是加强中国航司国际物流履约能力，三是“中国物流”协同“中国制造”走出去。

金融篇

第十六章

创新金融：
并非资本市场的独角戏

创新金融存在两个“不会自发”的问题。创新活动具有较强的正外部性，产业资本进行内源融资的动力不足，通常的看法是需要外部金融支持。不过，金融有能力支持创新，不意味着会自发投向创新，既是因为金融周期的挤压，也是因为创新的高失败率和“创新悖论”会抑制其经济吸引力。另外，即便金融介入到创新活动中，也不会自发促进创新。

金融结构方面的流行观点是“支持创新要靠资本市场，不能靠银行信用”，但特斯拉、华为等高科技企业负责人的看法似乎与此并不一致。与股票市场相比，股权市场金融资源有限，更适合支持小企业，而小企业比大企业更有动力推动质变创新。IPO 后企业能够获得更多金融资源，量变创新能力得到增强，但质变创新能力减弱。因此，对于促进质变创新而言，股权市场更有效，股票市场的重要角色是疏通 VC 退出渠道，增强股权市场投资活跃度。

由于研发投入和人力资本积淀，大企业创新能力远高于小企业。但创新能力和创新意愿并非一致，企业规模越大越意味着质变创新容易带来范围不经济，导致大企业易出现对量变创新的路径依赖。与此同时，经营模式决定了银行天然更偏好抵押物较多、现金流较为稳定的大企业，因此银行介入创新更有利于促进量变创新。此外，2018 年以来中国新增独角兽数量显著下降，并非贸易摩擦、VC 投资意愿不足或者科创板与港股 IPO 制度改革所致。股权市场转型阵痛中，一部分 VC 投向了半导体等纵向风险领域，另一部分转向了拉面等传统消费行业。

企业层面的质变创新与量变创新，并不代表其社会含义。半导体等纵向风险领域的当务之急是追赶先进，虽多属量变创新，但对中国具有重要意义。从社会层面看，当前中国既面临纵向风险领域通过量变创新加速追赶先进的问题，也面临着增强质变创新能力以引领世界的问题，因此资本市场主导的质变创新金融模式（资本市场＋中小企业）和银行主导的量变创新金融模式（大银行＋大企业），对于当下都很重要。但着眼未来，中国需要更多地引领世界，资本市场主导的质变创新金融模式也将更为重要。

综上，中国需要政府政策、资本市场与银行信用三方共同发力，以构建“引领型为主，兼顾追赶型”的创新金融模式：一是在政策理念上，平衡好金融稳定、公平发展与创新激励的关系；二是坚持房住不炒，加快落地房产税，提升创新投资吸引力；三是以完善 IPO 和创投减持制度为重点，理顺资本市场一二级互动关系；四是以考核改革推动银行表内资产更多投向创新，适当发挥理财子公司投资创新的作用。[①]

---

① 本章作者：谢超、李瑾、彭文生。

统计数据表明，金融与创新之间呈现正相关性（见图 16.1）。问题是，如何理解这种正相关性背后的因果关系？究竟是金融决定了创新，还是创新决定了金融，还是两者共同被其他因素决定？从历史发展演进来看，创新活动的出现时间远远领先于金融，这意味着从长时间序列的角度看，难以说是金融决定了创新，而是和实体与金融的关系相类似。金融的出现虽然落后或者说源自实体，但金融产生之后却有了相对独立于实体的运行逻辑，在房价与信用相互促进的金融周期中，金融资本更是在一定程度上获得了不依赖于实体的自我循环、盈利能力。因此，在当前的理论研究和政策实践中，各界更关心的是金融回归本源、服务实体的问题，具体到金融与创新的关系而言，主要是探讨金融能否促进创新以及什么样的金融能够促进创新的问题，这是本章所探讨的“创新金融”的基本内涵。

对此，通常的看法是金融的发展有利于促进创新，这和创新的正外部性高度相关。对于企业而言，并不是所有的创新成果都有助于企业盈利，有些创新成果甚至会成为企业自身的“掘墓人”。① 与此同时，无论创新

① 彭文生，谢超，李瑾．企业边界、萨伊定律与平台反垄断［R］．中金研究院，2021.

成果对于企业的影响是正面还是负面的，其社会价值多为正面的，因为创新成果会通过研究人员、学术论文、相关产品、知识产权等渠道由原创企业广泛扩散到社会中去。这意味着创新的社会价值可能远大于私人价值，即创新存在正的外部性，决定了创新面临着企业内源融资意愿不足的困境。有鉴于此，社会各界对于金融支持创新普遍抱有较高的期望。问题是，无论是产业资本，还是金融资本，其本质都是要逐利的，如果产业资本对于自身创新的投资意愿不足，为什么金融资本会有意愿去投资创新呢？

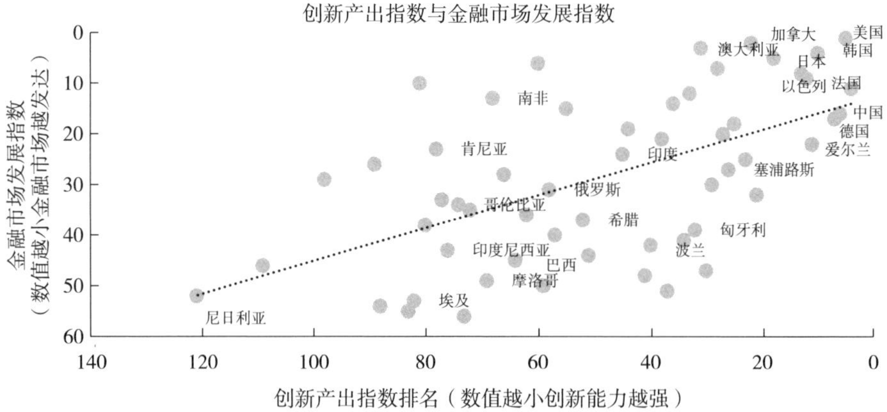

图 16.1　金融与创新正相关

注：金融市场发展指数是由 GII 根据各国信贷、股市市值和风投交易分项测算的金融业综合指数。创新产出指数是由 GII 根据科技知识产出（包括知识产出、知识影响力、知识扩散），以及创新产出（包括无形资产、创新物品和服务、线上创新）测算的全球排名。

资料来源：GII 2020（2020 全球创新指数），中金研究院。

对于创新金融的另一个流行看法是关于金融结构的，通常认为资本市场[①]能够更有效地促进科技创新，银行信用在促进创新方面是乏力的，甚至不利于促进科技创新。不过，华为、特斯拉等中美科技龙头企业负责人

---

① 在创新金融中，无论是从资本市场结构，还是从日常语境中的含义来看，“资本市场”通常是指权益市场。在本章中，如无特殊说明，资本市场也是指权益市场。

的看法似乎与此流行观点并不一致，他们在不同的语境下都表达过资本市场可能不利于创新的看法。另一方面，中、日、德都是银行主导的金融结构，如果银行信用不利于或者无法有效促进创新，那么如何理解这三大经济体快速崛起过程中的科技创新现象？通过对上述两个流行看法的反思与剖析，我们的一个基本结论是：在金融与创新的关系中存在两个“不会自发”问题，金融结构的形成也和政策取向高度相关，创新金融并非资本市场的独角戏，而是应该由政府政策、资本市场与银行信用三方协调配合、共同发力。

金融支持创新的两个“不会自发”

所谓两个“不会自发”是指：一则金融虽然有能力支持创新，但金融不会自发投向创新；二则创新虽然需要金融支持，但金融介入不会自发促进创新。

金融不会自发投向创新

金融资本和产业资本一样，本质上都是逐利的，如果存在一些经济活动比创新更加有利可图，资本就没有足够的意愿去支持创新。很多有利可图的经济活动都有存在的必要性，金融支持这些活动无可厚非，但有些经济活动，例如地产泡沫存在负的外部性，造成的金融风险由社会承担，泡沫收益归私人所有，大量金融资源去支持这些活动并不合理。很多研究也表明，房价泡沫确实会对实体创新产生压制。①

另外一个抑制金融投向创新意愿的原因，是创新活动本身的经济吸

① Miao J., Wang P. Sectoral Bubbles and Endogenous Growth[J]. Department of Economics, 2012.

引力不足。一方面科技创新的不确定性较高、失败概率较大。以 Pfizer–BioNTech、Moderna、CureVac 等 mRNA（信使核糖核酸）新冠疫苗开发巨头为例，Pfizer、Moderna 在三期试验中分别取得了 95%[①] 和 94.5%[②] 的高有效率，但 CureVac 在 2021 年 6 月 16 日公布的 2b/3 期试验结果却显示，防感染有效率仅有 47%，随后股价大幅下跌。即便是辉瑞疫苗，2021 年多项真实世界的数据表明，其预防感染的有效率似乎也在逐步弱化。2021 年 7 月 22 日，以色列卫生部发布的数据显示，辉瑞疫苗在以色列预防新冠感染的有效率甚至下降到 39%（见图 16.2）。

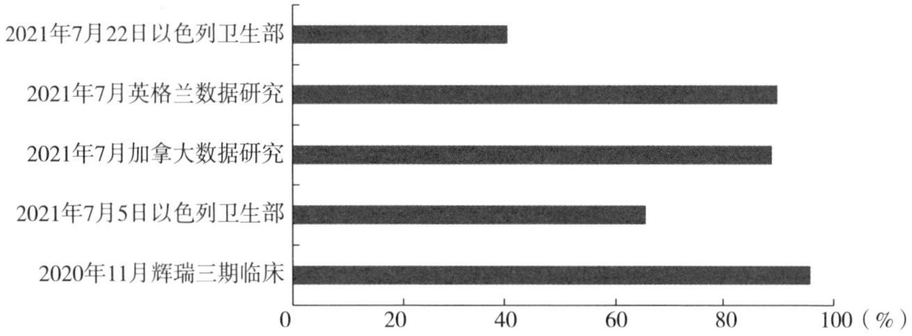

图 16.2　辉瑞 mRNA 新冠疫苗防感染的有效率

资料来源：根据公开资料整理，中金研究院。

不过，也有观点认为辉瑞疫苗有效率的大幅下降可能是由未接种人群感染率不确定等统计误差导致。在高有效和低有效结果中不对称出现的统计误差解释是否合理，无须过多争论，这种统计误差辩护至少说明了一个问题，对于疫苗防感染保护率的结果，不仅取决于疫苗的技术水平，也受限于试验的各种不确定性，比方说试验环境的流行毒株、试验工作的组织

① 参见 https://www.pfizer.com/news/press-release/press-release-detail/pfizer-and-biontech-conclude-phase-3-study-covid-19-vaccine。

② 参见 https://www.nbcnews.com/health/health-news/covid-19-vaccine-candidate-94-5-percent-effective-moderna-says-n1247888。

水平、病毒感染的标准认定以及统计方法的选择等因素。因此，不同疫苗基于不同时间段、不同测试环境所产生的结果未必完全具有可比性，也意味着一个疫苗的成功与否，除了受制于技术水平本身的高低之外，也和测试环境等非技术因素高度相关，这进一步放大了研发结果的不确定性和失败概率，降低了创新活动的经济吸引力。

另一方面，“创新悖论”意味着研发成功也未必能提高创新的经济吸引力。所谓创新悖论，是指对于创新驱动的企业而言。如果企业不创新，需求将萎缩、市场地位将瓦解；如果持续创新，市场地位也可能被自己的创新颠覆。这种内在不稳定性，导致创新驱动的企业相比于非创新驱动的企业而言，在企业存续的可持续性方面要差一些。① 以美国标普 500 为例，似乎在研发投入占比越高的行业，企业市值排名的稳定性越差。1995 年日常消费品市值排名前 10 的企业，有 7 家仍位列 2020 年的市值排名前 10；但在信息技术行业，1995 年市值排名前 10 的企业，只有两家在 2020 年仍跻身市值排名前 10 之列（见图 16.3 和表 16.1）。

总之，从现金流折现的角度看，创新活动的高失败率降低了现金流的可预期性或者盈利概率，创新悖论降低了创新型企业的预期存续期限，这两个因素都会抑制创新活动的投资吸引力。也正因为如此，作为价值投资者的典型代表，芒格曾经这样表示对创新活动的回避：“我们必须避免突然对产品的味道做出重大的改变。在双盲测试中，即使新的味道尝起来更好，换成那种新味道也是一种愚蠢的做法。因为我们辛辛苦苦努力了那么久，我们原有产品的味道已经深入人心，改变味道对我们根本没有好处。那么做只会在消费者中引发标准的剥夺性超级反应综合征，会给我们造成很大的损失。”②

---

① 彭文生，谢超，李瑾．企业边界、萨伊定律与平台反垄断［R］．中金研究院，2021.

② 考夫曼．穷查理宝典：查理·芒格智慧箴言录［M］．李继宏，等，译．上海：上海人民出版社，2010.

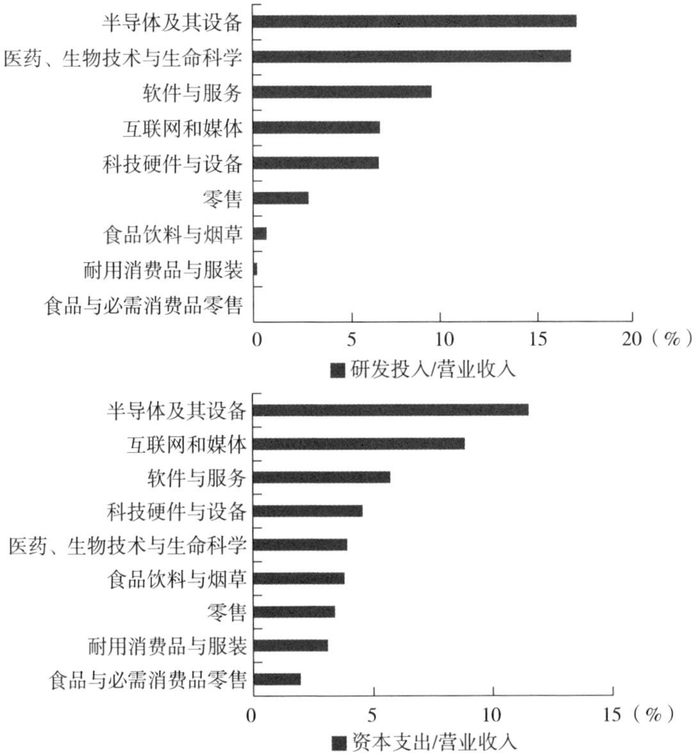

图 16.3 标普 500 信息技术行业研发投入与资本支出更高（2015—2019 年平均值）

注：按照标普 500 行业分类，日常消费包括食品和日用品零售、食品饮料和烟草、家庭和个人商品；信息技术包括软件及服务、科技硬件和设备、半导体及其设备。

资料来源：彭博资讯，中金研究院。

表 16.1 1995—2020 年标普 500 行业龙头公司变迁

信息技术				日常消费品			
1995		2020		1995		2020	
公司	市值（亿美元）	公司	市值（亿美元）	公司	市值（亿美元）	公司	市值（亿美元）
微软	518	苹果	22 560	可口可乐	939	沃尔玛	4 078
IBM	510	微软	16 816	高特利	754	宝洁	3 450
英特尔	466	亚马逊	16 342	宝洁	570	迪士尼	3 280
惠普	429	谷歌	11 853	沃尔玛	511	家得宝	2 860
Perspecta（退）	252	脸书	7 780	百事可乐	440	可口可乐	2 357

续表

信息技术				日常消费品			
1995		2020		1995		2020	
公司	市值（亿美元）	公司	市值（亿美元）	公司	市值（亿美元）	公司	市值（亿美元）
思科	206	英伟达	3 232	麦当劳	314	耐克公司	2 221
甲骨文	184	奥多比	2 399	迪士尼	309	百事可乐	2 049
施乐	148	奈飞	2 389	吉列公司（退）	231	好市多	1 669
冠群国际（退）	137	英特尔	2 042	家得宝	228	麦当劳	1 599
康柏电脑（退）	128	Salesforce	2 037	家乐氏	168	菲利普莫里斯	1 289

资料来源：彭博资讯，中金研究院。

金融介入不会自发促进创新

金融资源投入到创新活动中，就可以自发促进创新吗？不一定。从目前的实证研究来看，金融介入对创新的影响大致可以分为引领、加速、中性、抑制四类。①

上述分歧意味着即便金融介入到创新中，也未必能够自发有效地促进创新。这一点其实并不难理解，金融的本质也是逐利的，它与企业的创新目标未必是完全激励相容的。或者说，对于进入到科创企业内部的金融资本而言，更好的创新只不过是其获取利润的一个方式，如果它发现了创新型企业内部存在其他性价比更高的获利方式，比如提升创新企业的财务表现而非增加研发投入，自然可以不通过促进创新的方式去获利。

不过，总的来看，大多数的研究对于金融介入创新之后的效果持中性偏正面看法。即便是对于一些研究提出的抑制作用，相应的流行措辞也相

① 详见 Chowdhury R. H., Min M.（2012）Di Guoa; Kun Jiang（2013）; Hsu P. H., Xuan T., Yan X.（2014）; Nanda R., Rhodes-Kropf（2017）等分析。

对温和，通常的说法是“支持创新要靠资本市场，不能靠银行信用”。即便如此，一些高科技企业的负责人似乎也并不这么看。例如，作为美国高科技企业的典型代表，特斯拉的负责人马斯克曾在2018年8月表示：“作为一个上市公司，我们受到股价剧烈波动的影响，这对于每一个在特斯拉工作的人来说都是很大的干扰。”① 华为作为中国高科技企业的典型代表，其负责人任正非在2016年5月接受新华社专访时，面对“华为为什么不上市？”的提问，他明确表示：“如果上市，股东们看着股市那儿可赚几十亿元、几百亿元，逼我们横向发展，我们就攻不进‘无人区’了。”②

不过，华为回避的仅仅是上市，而非整个金融。2020年华为的资产负债率达到了62.3%，同期A股通信行业的资产负债率为50%，通信设备制造业行业的资产负债率为55%。而且自2018年贸易摩擦爆发以来，华为营业利润率虽然逐年下降，但总借款规模却持续上升，3年间总借款规模几乎翻倍，同期销售收入只增长了23%。

总之，一方面是“支持创新要靠资本市场，不能靠银行信用”的流行看法；另一方面是，一些杰出高科技企业负责人对资本市场持保留意见，却拥抱银行信贷。如何理解这两者之间的矛盾？有必要从金融结构的角度，对金融与创新的关系进行进一步的剖析。

结构视角：引领型与追赶型模式

美国是典型的资本市场主导的金融结构，近10年资本市场相对于银行的优势地位进一步增强。中国、日本、德国则是银行系统主导的金融结构。与此同时，在前文有关PCT专利年申请数量的研究中，无论是银行

① 参见https://www.tesla.com/blog/taking-tesla-private。原文：As a public company，we are subject to wild swings in our stock price that can be a major distraction for everyone working at Tesla。

② 参见http://www.xinhuanet.com/politics/2016-05/09/c_1118830653.htm。

主导的中、日、德，还是资本市场主导的美国，过去几十年都在显著地增长，而且在增速上银行主导的中国明显更快些（见图 16.4）。

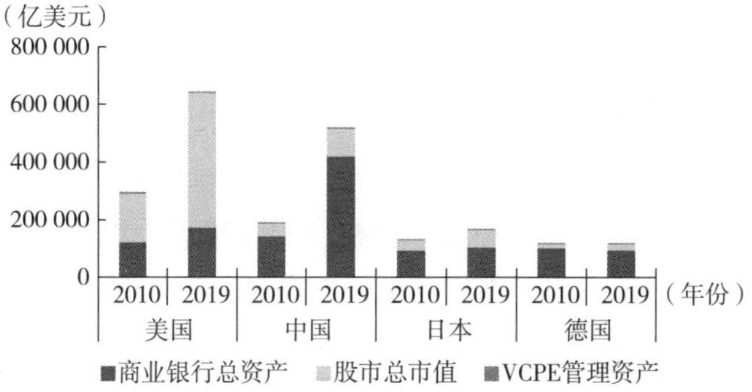

图 16.4　中、美、日、德金融结构对比

注：由于数据可得性问题，德国与日本 VC、PE 规模为当年投资规模。

资料来源：BVC（德国私募和创投协会），JPEA（日本私募协会），PitchBook（在线数据库分析平台），万得资讯，中金研究院。

将上述特征事实和“支持创新要靠资本市场，不能靠银行信用”的流行观点对比来看，存在这样几个需要探讨的问题：如果资本市场能够有效促进创新的观点是正确的，那么股权、股票市场各自扮演着什么角色？以美国为例，2019 年股权市场的 AUM（资产管理规模）与美股市值相比仅有 1%，2020 年美国 VC 募资额与美国股票市场融资额相比也仅有 16%。股票市场占有的金融资源远大于股权市场，是否意味着股票市场在促进创新中的作用远大于股权市场？美国的金融结构似乎可以佐证资本市场对于创新的重要意义，但如何解释银行主导的中、日、德的科技创新？在中国，银行占据着绝对优势规模的金融资源，忽视银行在创新中的作用是否妥当？这些问题产生的逻辑根源在于，上述流行观点只区分了金融结构，而忽视了创新的结构，创新也存在量变创新和质变创新、大企业创新和小企业创新、成熟企业创新和初创企业创新等结构性问题。在研究金融与创新的关系时，只区分金融结构，而不区分创新结构，在逻辑上可能是存在问题的。

股权市场：面临转型阵痛

消失的独角兽①

从股权市场的角度看，当前面临的一个突出问题是，2018 年以前国内独角兽数量逐年上升，但 2018 年后出现明显下降（见图 16.5）。即便剔除掉 2018 年港股 IPO 制度改革和 2019 年 A 股科创板开闸的影响，2018 年以来的新增独角兽数量依旧是下降的（见图 16.6）。由于 2018 年恰逢贸易摩擦爆发，有观点将此后独角兽数量下降视为贸易摩擦影响了中国股权投资的活跃度，甚至认为是海外风投对中国缺乏信心或者 VC 投资意愿不足的体现。我们认为，独角兽“消失”和贸易摩擦关系不大，更不能佐证 VC 投资意愿不足，而是更多体现了过去几年股权市场在募资和投资方面出现的转型压力，或者说股权市场正面临转型阵痛。

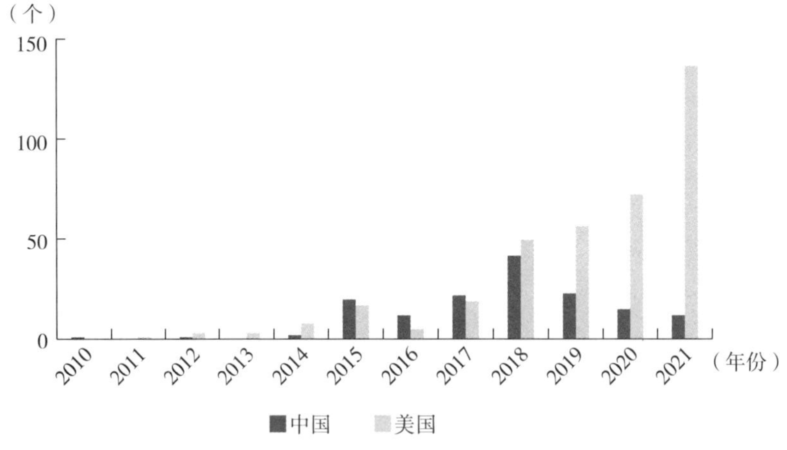

图 16.5 历年新增独角兽数量

资料来源：CB Insights（美国市场调研公司），中金研究院。

① 独角兽企业是指成立不到 10 年、估值 10 亿美元以上，且新一轮融资额是在 2 亿美元以上的未上市初创公司。

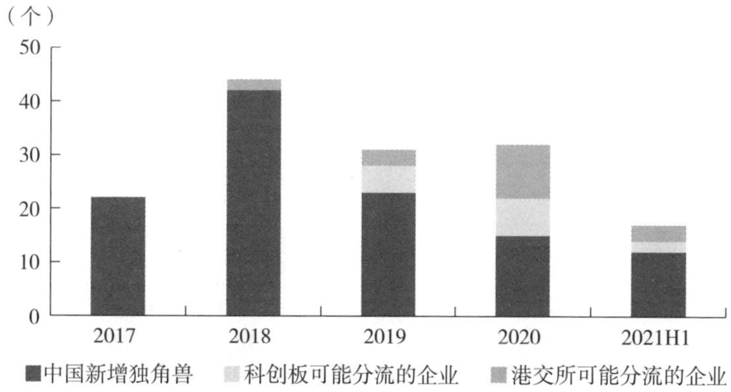

图 16.6 考虑上市规则调整后的新增独角兽数量

资料来源：CB Insights，万得资讯，中金研究院。

资管新规下的股权市场募资模式转型

存量方面，2019 年美国 VC 的 AUM 大约是 4 920 亿美元，中国是 1 448 亿美元（见图 16.7）。结构上看，美国养老金所代表的长线资金在持有 VC 基金的数量上明显占据着优势地位，中国 VC 则缺乏类似的长线机构投资者。从流量看，中美新增募资规模已经相差不大。以 2020 年为例，中国 VC 募资额大约为 700 亿美元，美国是 798 亿美元。不过，过去 10 年美国 VC 募资额呈现比较稳定的上行态势，中国 VC 和创投机构整体都在 2018 年形成了一个峰值，近 3 年增长乏力（见图 16.8）。中美风险基金的持有者结构见图 16.9。

分内外资来看，2007 年之后中国 VC 募资的资金来源由外资为主变成了内资占绝对优势地位（见图 16.10）。2017 年，内资占募资金额的比重达到了 89%，此后开始下行。与此同时，外资金额无论是占比还是绝对金额在 2017 年之后都呈现上升的态势，这在一定程度上证伪了贸易摩擦影响了外资 VC 对中国信心的猜测，也意味着近 3 年 VC 募资增长乏力的根源主要在于内资，而不是外资。

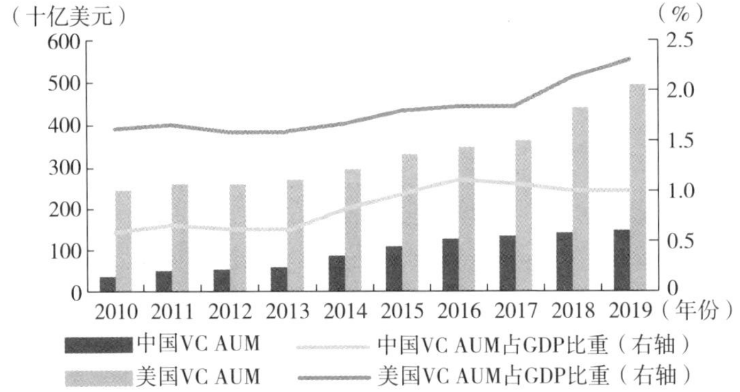

图 16.7　中国 VC 的 AUM 低于美国

资料来源：万得资讯，中华人民共和国科学技术部，NVCA（美国风险投资协会），中金研究院。

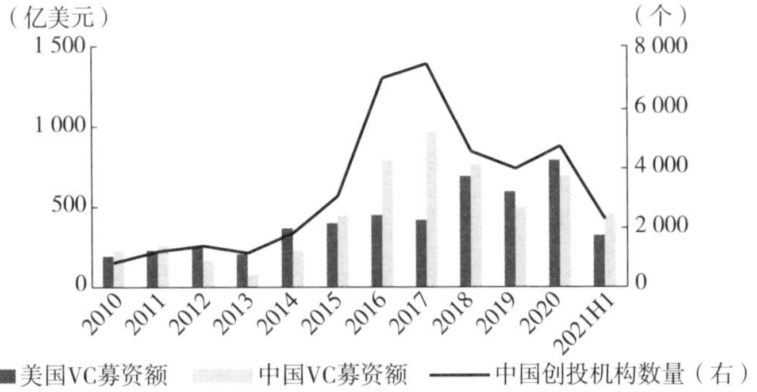

图 16.8　中美 VC 募资额接近，中国近年增长乏力

注：创投机构指 Angel、VC 与 PE。

资料来源：私募通数据库，NVCA，中金研究院。

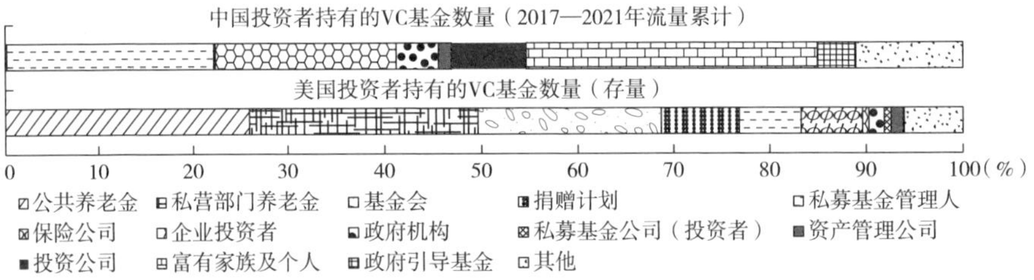

图 16.9　中美风险基金的持有者结构（截至 2021 年 8 月，按基金数量划分）

资料来源：Preqin（普瑞奇私募股权研究），清科私募通，中金研究院。

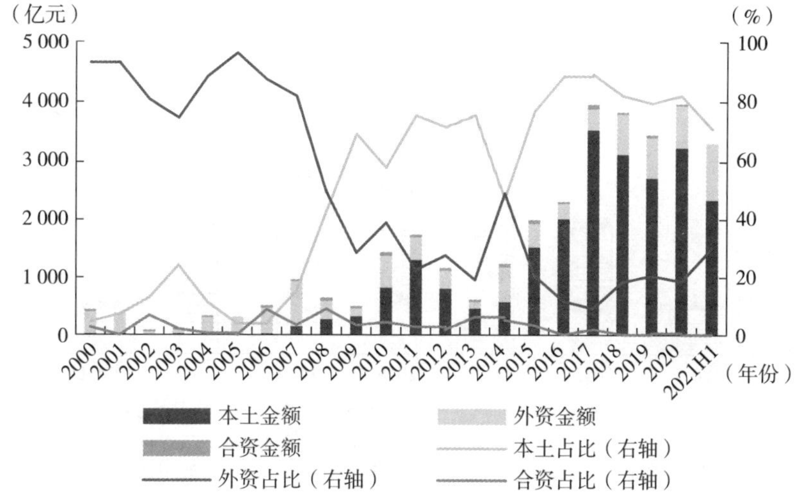

图 16.10 中国 VC 募资来源（按规模）

资料来源：清科私募通，中金研究院。

从近 3 年看，资管新规在起到了治理金融乱象的良好效果的同时，也使 VC 等创投机构潜在金融风险较大的募资方式面临转型。2018 年正式出台的资管新规中明确要求："金融机构不得为其他金融机构的资产管理产品提供规避投资范围、杠杆约束等监管要求的通道服务。资产管理产品可以再投资一层资产管理产品，但所投资的资产管理产品不得再投资公募证券投资基金以外的资产管理产品"。[①] 这个规定基本上切断了公募性质的资管产品流向股权投资机构的可能性。2018 年之后，从股权投资基金的 LP 结构来看，主要是来自金融机构的资金出现了大幅下降（见图 16.11）。

---

① 详见 2018 年 4 月 27 日，中国人民银行、银保监会、证监会、外管局联合发布的《关于规范金融机构资产管理业务的指导意见》。

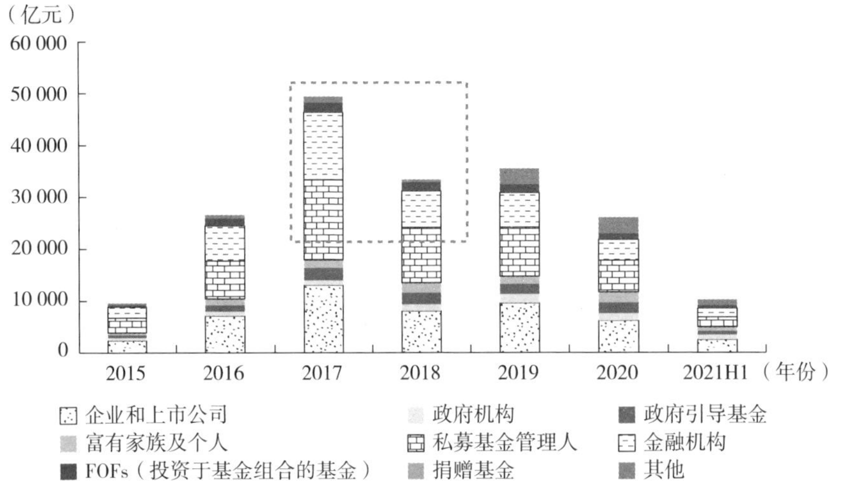

图 16.11　股权投资基金 LP 结构

资料来源：清科私募通，中金研究院。

互联网监管推动投资转向硬科技

募资环节面临的压力自然会传导到投资环节，虽然中国 VC 投资总额已经是全球第二（见图 16.12），但伴随着 2018 年以来募资增长乏力，中国 VC 投资额也见顶回落（见图 16.13）。结构方面，软件、生物技术是美国投资的重点方向。长线 LP 不足，导致中国 VC 项目持有期平均只有 3.3 年，美国 VC 项目持有期则约为 8.2 年。[①] 持有期较短意味着中国 VC 相对而言对于创新失败的容忍度并不高，而"对短期的失败容忍并提供长期创新成功的激励"恰恰是激励创新的有效方法。[②] 国内 VC 项目持有期限偏短，导致中国 VC 更倾向于赚快钱，结构上以互联网电商、互联网金融等可以较快变现退出的模式创新为主。美国养老金占比与 VC 项目持有期限见图 16.14。

---

① PitchBook. The Handbook of China's Financial System［R］. 2017.

② G Manso. Motivating innovation［J］. Journal of Finance，2011.

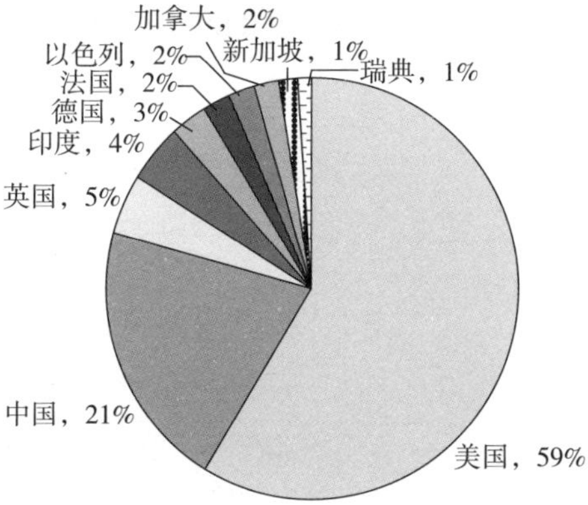

图 16.12　各国 VC 投资量占比（2010—2021 年）

资料来源：Factset，中金研究院。

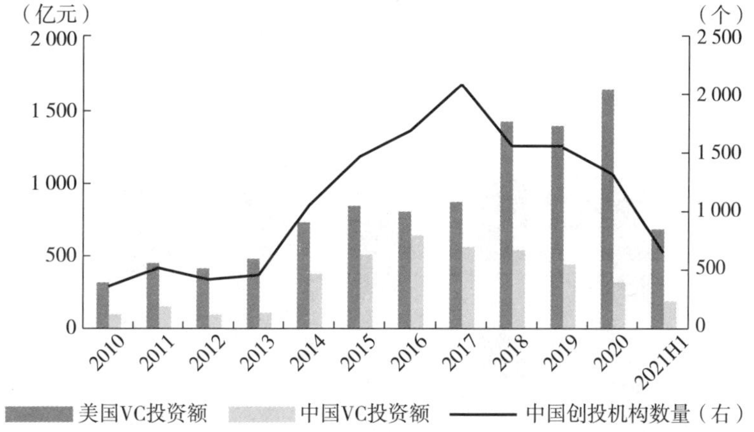

图 16.13　近三年中国 VC 投资额见顶回落

资料来源：清科私募通，NVCA，中金研究院。

近年来，伴随着治理互联网金融乱象、电商平台反垄断以及整顿互联网教育过度资本化，VC 传统投资逻辑正面临挑战，一部分 VC 转向马记永、陈香贵、张拉拉、鲍师傅等拉面、糕点等风险相对较低的传统消费领域，也有些转向了软件、生物技术、半导体等中国存在纵向风险的领域（见图 16.15）。这些动向说明了投资转型压力下，VC 基金投资意愿没有下降，也进一步印证了前述两个“不会自发”的问题，即便是VC资金也未必去投科创。

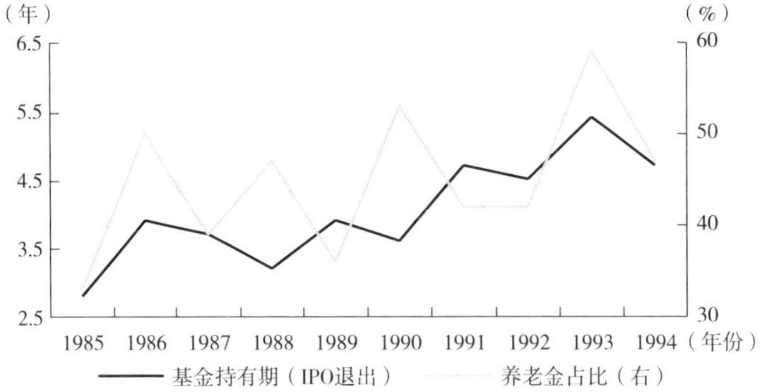

图16.14 美国养老金占比与VC项目持有期限

注：养老金占比指VC资金来源中养老金的占比。

资料来源：NVCA，Gompers and Lerner（1998），中金研究院。

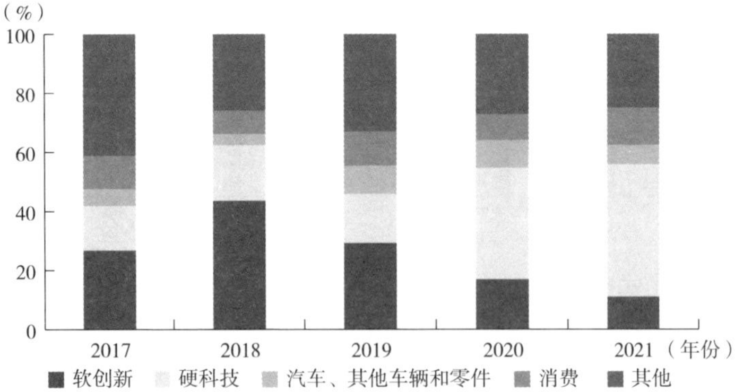

图16.15 中国VC投向：软创新转向硬科技

注：软创新指以模式创新为主的互联网、金融服务、教育培训；硬科技主要是指数字经济、绿色经济、生物经济所覆盖的半导体、软件、电子产品、储能和电池、生物技术、制药、医疗器械和设备。消费是指零售、消费产品以及食物。

资料来源：Preqin，中金研究院。

股票市场：更重要的是在于疏通 VC 退出渠道

如果 VC 不一定能够自发地去支持创新活动，那么“资本市场能够有效支持创新”的流行看法是否主要是指二级的股票市场？对企业 IPO 前后的创新数量和质量的对比分析表明，企业 IPO 后创新数量有所提升，但创新质量却出现下降（见图 16.16），原因在于：上市后公司内部技术骨干流失的概率上升、[①] 股价高波动降低了企业从事质变创新的意愿，更加

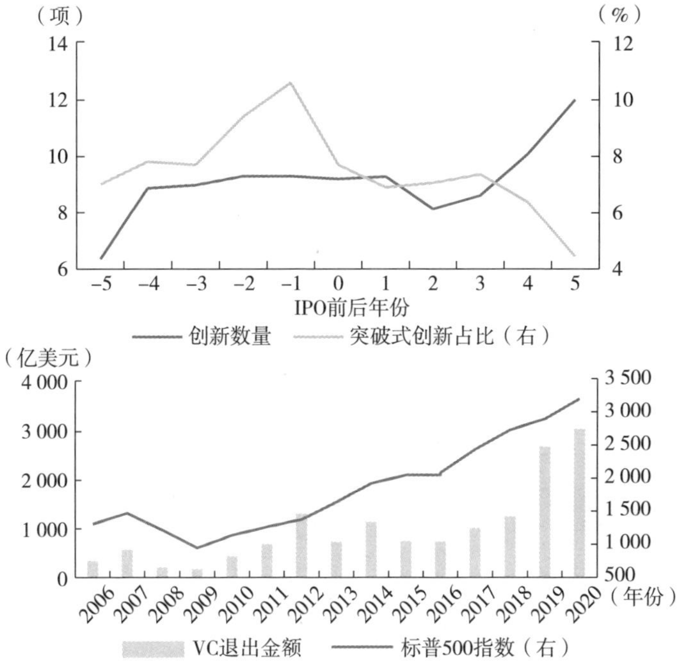

图 16.16　IPO 后量变创新增加、质变创新减少，更多意义在于疏通 VC 退出渠道

注：在企业层面，质变创新和突破式创新主要是指新产品。

资料来源：Simone Wies，C. Moorman.Going public：How stock market listing changes firm innovation behavior [J]. Journal of Marketing Research，2015. 万得资讯，PitchBook，中金研究院。

---

① Bernstein S.Does going public affect innovation？[J]. The Journal of finance，2015.

严格的信息披露降低了质变创新可能给企业带来的回报预期等。因此股票市场可能会侵蚀企业内在的质变创新能力，这在一定程度上解释了华为、特斯拉等中美科技龙头企业负责人对股票市场的保留态度。但 IPO 也有好处，那就是增强了企业的资金实力，提升了企业通过并购去增强外延式创新的能力，因此 IPO 会带来企业创新数量的增加，这意味着企业的量变创新能力会因为 IPO 而得到提升。

虽然股票市场在促进质变创新的有效性方面弱于股权市场，但这并不意味着股票市场对于促进质变创新不重要，其重要意义更多在于疏通股权市场的退出渠道，或者说资本市场促进质变创新的机制主要在于一二级互动，而非单纯的股权或者股票市场。在美国，IPO 是 VC 退出的最重要渠道，这个比重近些年来一直在上升（见图 16.17）。中国股权投资更依赖 IPO 实现退出（见图 16.18）。从结构上看，美国的经验表明，半导体、软件、医药等行业的 VC 资金高度依赖 IPO 进行退出，这些领域正是中国存在纵向风险的领域（见图 16.19）。

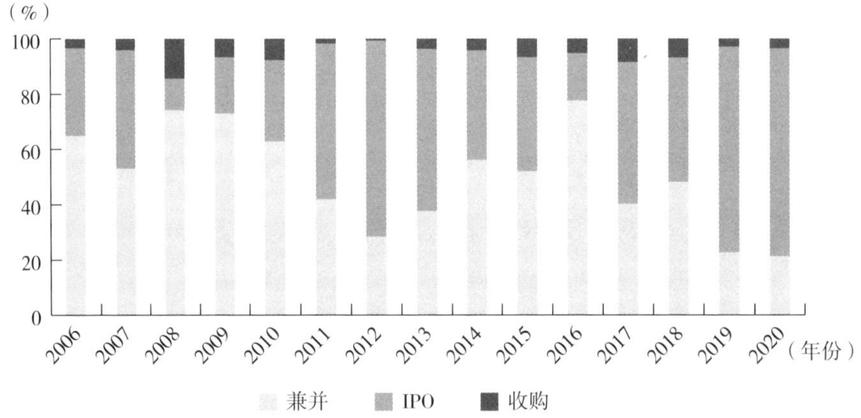

图 16.17　美国 VC 退出方式（按金额）

资料来源：PitchBook，中金研究院。

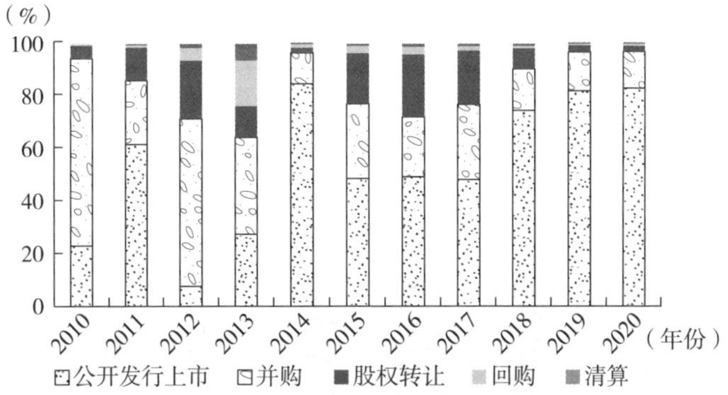

图 16.18　中国 VC 退出方式（按金额）

资料来源：清科私募通，中金研究院。

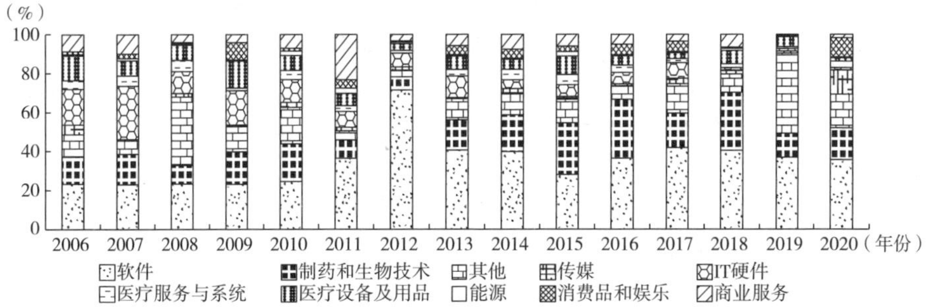

图 16.19　美国的经验：数字经济和生物医药是股权投资退出的主力

资料来源：PitchBook，中金研究院。

银行体系：支持创新的潜力值得重视

来自美国的另外一个经验是，银行是 SBIC 的重要资金来源（见图 16.20），这与“银行是天然的低风险偏好者，因而无法支持创新”的流行观点似乎并不一致。以苹果、英特尔、特斯拉等美国高科技企业为例，在早年间的初创阶段都曾经受益于美国联邦政府 SBA 支持下的 SBIC。作为定向支持小企业的风险投资公司，SBIC 资本金来源的一个重要渠道是银行，甚至有些 SBIC 本身就是银行控股的，或者主要靠银行来募集资金。而且美国监管部门似乎对此持鼓励态度，因为银行投资 SBIC 的比例不受沃尔克规则有关 3% 的上限限制。[①]

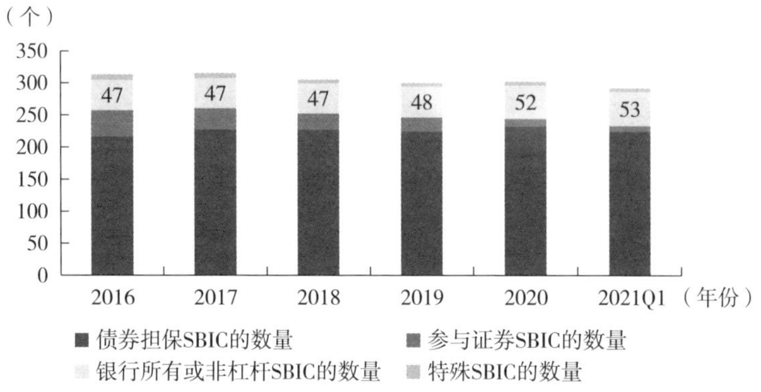

图 16.20　银行是美国 SBIC 的重要资金来源

注：债券担保 SBIC 杠杆资金来源于发行受到 SBA 担保的债券。参与证券 SBIC 杠杆资金来源于 SBA 直接购买 SBIC 优先股。银行所有或非杠杆 SBIC 是指银行控股的或从银行 LP 处筹集资金的SBIC。特殊SBIC指的是有特殊目的（如女性、少数族裔、退伍军人等、投资于中低收入地区）的 SBIC。

资料来源：SBA，中金研究院。

资管新规出台之前，中国的银行通过层层嵌套把资金投向股权市场。从股权投资基金的金融机构 LP 的结构来看（见图 16.21），其中最重要的方式可能是银信合作，在 2018 年资管新规出台后，来自信托的 LP 资金明显大幅减少。资管新规前后来自银行系统的资金大幅下降，从一个侧面说明，既然银行会通过存在金融风险的嵌套把钱投向股权市场，那么一概而论地讲银行风险偏好低造成银行无法有效支持创新，可能是有一定问题的。美国银行通过 SBIC 进入股权投资领域与中国资管新规出台前的银行资金嵌套方式见图 16.22。

① 根据 2010 年的《多德－弗兰克法案》，旨在强化分业经营的沃尔克法则有两条关于 3% 的限制：一个是银行对于一个基金的所有权不能超过 3%；还有一个是对于基金的投资不能超过一级资本的 3%。

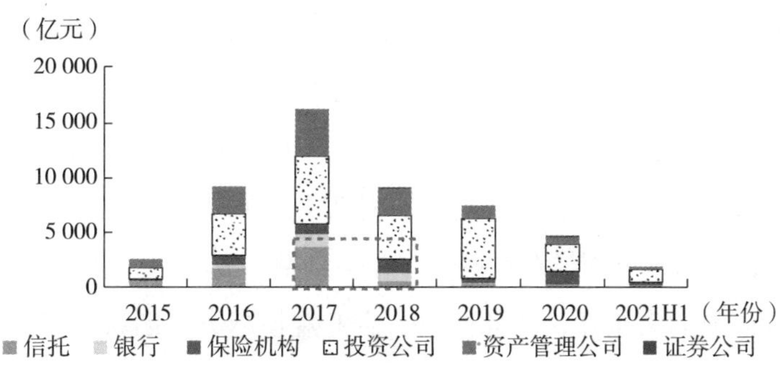

图 16.21 中国股权投资基金金融机构 LP 结构

资料来源：清科私募通，中金研究院。

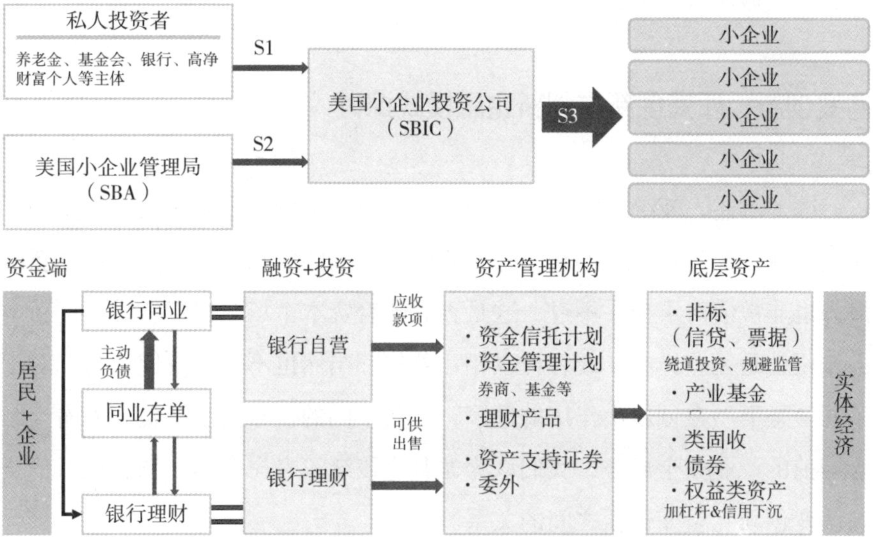

图 16.22 美国银行通过 SBIC 进入股权投资领域（上）

与中国资管新规出台前的银行资金嵌套方式（下）

资料来源：SBA，中金公司研究部，中金研究院。

事实上，商业银行的偏好与企业是否从事创新活动可能关系不大。一方面，资产靠负债支撑，只有确保资产端有收益，才能覆盖负债成本，因此为了解决信息不对称，通常需要抵押物，大企业的抵押物一般多于小企业；另一方面，负债端通常有规律的现金流出，为了与之相匹配通常也需要资产端有规律的现金流入，成熟企业的现金流远比初创企业更稳定。因此，商业银行并非无法支持创新，而是无法有效支持抵押物较少的小企业和现金流不太稳定的初创企业的创新，对于抵押物较多的大企业和现金流稳定的成熟企业[①]的创新，银行没有对两个“不会自发”进行刻意回避，如前所述，资本市场同样存在两个“不会自发”的问题。总之，银行可以有效支持成熟的大企业，与此同时，企业规模越大，创新越多。[②]因此，笼统地讲银行无法有效支持创新的说法可能并不准确。这也可以部分解释华为规避资本市场的同时，仍然有强大的创新能力，因为华为是成熟的大企业，能够获得大量银行信贷资源支持。

量变创新、质变创新与创新金融模式探讨

综上所述，笼统地讲“支持创新要靠资本市场，不能靠银行信用”可能是存在一定问题的，创新金融并非资本市场的独角戏，银行支持创新的潜力也非常值得重视。不过，这是否意味着资本市场与银行信贷在创新中的作用就是无差异的，或者可以相互替代？当然也不是。我们认为，对于不同金融类型在创新中作用的理解，要与不同的创新类型结合起来看。结合当前的产业安全形势，我们认为尤其应该统筹考虑资本市场、银行信贷与质变创新、量变创新之间的关系。

如前所述，股权市场的金融介入更有利于促进质变创新，股票市场的金融介入在量变创新方面更有优势，很大程度上是因为 IPO 之后企业所面临的外部约束出现变化。例如，股价高度波动抑制了企业从事质变创新

---

① 为了阐述简便起见，下文以“大企业”代指抵押物较多、现金流稳定的企业，以“小企业”代指抵押物较少、现金流不稳定的企业。

② 周黎安，罗凯．企业规模与创新：来自中国省级水平的经验证据［J］．经济学（季刊），2005（4）．

的意愿。事实上，即便企业不 IPO，由小到大的改变，尤其是一旦成长为行业龙头企业，内部路径依赖也会导致企业在创新方面出现类似的变化。与中小企业相比，大企业通常具有更雄厚的资金实力、更多的创新积累，因此在创新能力上要远高于中小企业。以苹果和诺基亚为例，在智能手机时代以前，诺基亚一直是行业领先的巨头，在研发能力方面一直领先苹果等其他跟随者。即便在苹果手机出现的 2007 年，诺基亚的营收依旧是苹果的 2.9 倍,研发投入更是苹果的 11 倍。这样一个高度重视研发的“传统”甚至延续到了苹果营收已经远超诺基亚的 2012 年，当年诺基亚的营收只占到了苹果的 25%，但研发投入依旧是苹果的 1.6 倍。诺基亚作为行业的巨头，其对苹果的创新能力优势也体现在专利方面。

即便是在诺基亚没落的智能手机时代，诺基亚依旧可以凭借历史积累的专利对苹果公司发起专利诉讼。2016 年，诺基亚对苹果发起专利侵权诉讼，最终苹果向诺基亚支付了 17 亿欧元以求和解。这体现了诺基亚作为大企业的时候在创新能力方面的领先优势。这并不是诺基亚第一次对苹果发起诉讼，2009 年诺基亚也曾对苹果发起一系列专利诉讼，其中编号为“US6518957”的专利定义了一种带有触摸屏的新型通信设备，涵盖了与当前智能手机高度相关的三个关键要素：设置在外壳中的触摸敏感屏，用于输入、显示数据；用于接收和处理信号的无线电电路；用于控制设备的芯片。①

虽然由于保密原因，我们并不清楚该案背后的细节，但有这样几个信息可供参考：诺基亚在 2003 年获得了美国专利局的该项专利授权，从而成为行业公开信息；2004 年，有文献显示诺基亚开发出触屏智能手机的原型机；②2007 年，苹果发布 iPhone。这里需要说明的是，作为一个质变创

---

① 参见 https://portal.unifiedpatents.com/patents/patent/US-6518957-B1。

② Ahmed Alibage，Charles Weber. Nokia Phones：From a Total Success to a Total Fiasco［R］. 2018 Portland International Conference on Management of Engineering and Technology，2018.

新的成果，iPhone采用的各项技术几乎都并非苹果原创，不只是GSM（全球移动通信系统）、Wi-Fi（无线网络）等基础性的通用技术，即便是关键的触摸屏技术专利也来自苹果2005年对FingerWorks公司的收购。或者说，智能手机的所有基础性技术，在iPhone诞生前都已经存在，关键是把这些技术整合在一起的创意，这是智能手机质变创新的关键。在有据可查的资料中，诺基亚似乎更早申请了这项创意专利。

更有意思的是，现在剖析诺基亚的失败，经常讲是因为诺基亚错过了网络时代大机遇。从事后来看，这个说法没有问题。但从事前来说，至少诺基亚高层已经意识到高速通信时代的来临。自2001年NTT DoCoMo开通全球第一张商用3G（第三代移动通信技术）网络，此后3G发展进入快车道，到2004年日本、美国、英国、法国、德国等主要国家都已经陆续开通了3G服务。作为手机行业的巨头，诺基亚也敏感地意识到了互联网时代的到来，康培凯作为CEO（首席执行官）在2006年的"Nokia World 2006"大会上也明确表示：互联网改变了我们的生活方式和相互交流的方式，我们希望它在诺基亚下一阶段的发展中发挥关键作用。互联网的下一波浪潮将是使其真正具有移动属性，为人们与他人联系并随时随地查找信息创造新的方式。诺基亚打算走在这个新时代的最前沿，成为真正融合互联网和移动属性的公司。[①]

也就是说，无论从获得触屏通信设备的创意专利、开发出智能手机原型机等技术层面讲，还是从高管敏锐意识到互联网时代来临的主观层面讲，

---

① 参见https://www.sec.gov/Archives/edgar/data/924613/000110465906078810/a06-23184_16k.htm.原文：The internet has transformed the way we live our lives and communicate with each other, and we expect it to play a key role in the next phase of Nokia's growth. The next wave of the internet will be to make it truly mobile, creating new ways for people to connect to others and find information from wherever they are. Nokia intends to be at the forefront of this new era and be the company that truly merges the internet and mobility。

诺基亚似乎都不应是智能手机时代的失败者，但事实却是全面溃败。这样一个“知易行难”反映了创新能力与创新意愿之间的差别，以及企业规模与创新意愿之间的关系，尤其是路径依赖通常会导致大企业在质变创新上的意愿不足，而是更倾向于量变创新。例如，诺基亚在传统手机框架下每年开发出多个机型，这个时候的量变创新成果有利于企业现存机器设备等有形资产和品牌等无形资产利用效率的不断提升，可以起到范围经济的效果。

对于持续的、成功的量变创新，需辩证看待，一方面固然体现了精益求精的工匠精神，另一方面也在不断固化着企业的路径依赖。企业在旧模式下越成功，规模做得越大，越意味着有更多内外部利益共同体的利益绑定，以至于尾大不掉，即使 CEO 等少数高管人员也难以引导企业进行革命性转变。因此，即便历史积淀让大企业有充足的能力进行质变创新，即便大企业“做出”了具有颠覆性的质变创新，这种锁定了大多数人利益的路径依赖也会导致大企业无法充分适应自己“有意无意”开创的新时代。

这也解释了诺基亚对于自己“首创”的触屏智能手机为什么抱有令人费解的怀疑态度。[①] 柯达也有类似的问题，作为行业巨头，近百年研发投入与人力资本积淀，让柯达在数码技术上并无落后，甚至初期的很多数码技术专利也是归柯达所有。[②] 1975 年柯达的工程师史蒂夫·萨森发明了第一台数码相机，但由于数码相机不使用胶卷，柯达当时的管理层对此的反应是：这很有意思，不过别告诉任何人。[③]

如果大企业的高管无视绑定在旧路径下大多数利益共同体的利益，强行推动颠覆性的质变创新落地，结果难免会产生范围不经济，例如 IBM 在发展个人电脑以及微软在探索互联网业务时，新产品的出现对于两家企

① Ahmed Alibage，Charles Weber. Nokia Phones：From a Total Success to a Total Fiasco［R］. 2018 Portland International Conference on Management of Engineering and Technology，2018.

② 彭文生，谢超，李瑾. 企业边界、萨伊定律与平台反垄断［R］. 中金研究院，2021.

③ Chunka Mui. How Kodak Failed，2012.

业的有形资产、无形资产乃至管理构架而言，都一度起到了范围不经济的效果。[①]“知易行难”的背后，实际上体现了创新类型与企业规模之间的关系。认识到质变创新只是高管等少数个人的事情，在具有颠覆性的质变创新落地时，则涉及企业内部各层级员工与外部合作伙伴等诸多利益共同体。这也意味着企业规模越大，在落地质变创新的过程中所面临的交易成本就越多，企业就越难推动质变创新技术和质变创新理念落地为质变创新产品。

然而，一旦创新成果出现，即便原创者无法有效发挥它的价值，同时原创者不告诉任何人，这些创新成果也总会通过论文、专利、产品乃至科研人员等某种载体形成外溢，例如诺基亚 2003 年“US6518957”的公开专利信息、格洛克带着在柯达开发的涂层技术去创业，最终被其他企业利用。如果外溢的是质变创新，则有可能实现对原有创新者的“革命”。

总之，如果从研发投入和人力资本累积来看，无论是质变创新能力，还是量变创新能力，大企业无疑都优于小企业。但是，创新不只是一种技术能力，也是一种主观意愿和组织变革能力，从更宏观的视角看，创新不只是一个生产力问题，也是生产关系是否能够适应生产力的问题。所谓质变创新，微观上的最主要特点就是区别于当前主流产品的新产品。而大企业之所以是大企业，恰恰是因为它的产品正是当下的主流产品。因此，质变创新天然带有颠覆大企业现有产品的属性。而企业规模越大，越意味着与现有产品绑定的内外利益共同体越多，越意味着企业主动拥抱质变创新的阻力越大。小企业恰恰相反，正因为它是小企业，知行合一的内部交易成本较小，更有意愿和能力通过质变创新的方式颠覆在位大企业的主导地位。与此同时，创新的正外部性以及苹果公司站在巨人肩膀上进行创新的

① Timothy F. Bresnahan，Shane Greenstein，Rebecca M.，Henderson. Schumpeterian Competition and Diseconomies of Scope：Illustrations from the Histories of Microsoft and IBM［R］.The Rate and Direction of Inventive Activity Revisited，2012.

案例，意味着小企业或者追随者即便在技术上不够领先，也并不妨碍小企业将质变创新的意愿落地为质变创新的产品。

因此，从事后的结果来看，大企业更多的优势在于落地量变创新，小企业的比较优势在于落地质变创新的概率更大。再结合我们前述的分析，金融资源有限、风险偏好较高的股权市场与初创阶段的中小企业关系更紧密，金融资源丰富、风险偏好较低的银行信贷则更偏好成熟的大企业。这两者结合起来，似乎可以得出这样一个大致的结论：相对而言，资本市场在促进质变创新方面更有优势，银行信贷在促进量变创新方面更有优势。

不过，这并不是说银行信贷相对于资本市场而言，在创新中的作用就小一些。前述质变创新和量变创新，主要是从商业角度讲的，并不是说这个产品的社会含义。例如，瓦特并没有发明蒸汽机这样一个新产品，他只是对纽可门蒸汽机进行了改良，如果严格按照新产品的角度去定义，似乎瓦特蒸汽机只是个量变创新。与此同时,数码技术相对于传统胶卷技术而言，从商业的角度看无疑是一个质变创新。但是从对社会的意义上来看，瓦特蒸汽机这个量变创新对社会的意义无疑大于数码技术这个质变创新。

如果说瓦特蒸汽机是否属于量变创新有争议，我们还可以看看中国过去几十年在自主可控方面的突破。比方说，特高压、高铁等都不是中国首创的新产品，中国在这些产品上所做的创新更多的是改良现有产品的量变创新，而非质变创新。但这并不妨碍特高压、高铁等量变创新对中国产生的巨大社会意义。同样的道理，对于当前的产业安全形势具有至关重要意义的芯片，如果我们能够实现由 28 纳米制程向 7 纳米制程的突破，则整个产业安全形势将大为改观，但即便我们实现了这个突破，从芯片产业自身的角度看，我们所做的也并非质变创新，只是跟上了世界先进制程的量变创新。

值得一提的是，无论是特高压还是高铁，信贷都在其中发挥了重要作用。事实上，对社会有重要追赶意义的量变创新，通常需要的资源投入比较大，金融资源充足的银行信用 + 创新能力较强的大企业，可能是一个比较理想的追赶型创新金融模式。总之，只区分金融的结构，不去考虑创新的结构，而笼统地讲“支持创新要靠资本市场，不能靠银行信用”可能是存在问题的。综合考虑金融的结构和创新的结构，我们认为更合适的表述可能是“资本市场更有利于促进质变创新，银行信贷更有利于促进量变创新”。即便如此，也不能说哪种金融方式在创新金融中扮演着更重要的角色，另外一个不重要。

因为量变创新和质变创新之间的关系并没有那么泾渭分明，很多时候两者具有高度的内在联系。例如基因的遗传漂变，每一次的量变可能对生物的性状改变不大，但持续的量变累积就很有可能产生新的物种；科技方面也存在类似的规律，虽然不乏关键科学家的灵光一现，但“站在巨人的肩膀上”通常是科学质的突破更普遍的规律，以火药的发明为例，这样一个质变创新，是中国古代炼丹者多次量变尝试的结果；在现代商业领域，质变创新通常也是建立在量变创新的基础上，例如 iPhone 作为一个质变创新，也并非是与传统手机完全割裂的“灵光一现”，而是由传统手机量变而来。键盘式、接打电话为主的传统手机，随着互联网时代的到来，逐步向键盘式、增加了多媒体功能的手机量变，再量变到电阻屏、能够联网的手机，再量变到电容屏、网络功能为主的 C 端设备，这一步步的量变逐步完成了传统手机向智能手机的质变。

也就是说，量变创新是质变创新的基础，质变创新又开创出更多量变创新的可能。一方面，两者之间的这种辩证关系决定了质变创新和量变创新都有重要的社会意义，不应顾此失彼。另一方面，从社会角度看，在经济发展不同阶段，两类创新金融模式的重要性不同。对处于追赶阶段的经济体而言，创新的主要任务是加速走完先发国家走过的路，这个时候通过银行信贷主导的创新金融方式，有利于集中力量加速量变创新，尽快赶上先进水平，解决产业链纵向风险问题。对处于领先地位的经济体而言，引领世界的一个重要体现就是有更多的新产品、新理念等质变创新，这就需要资本市场在创新金融中发挥更多的作用。日本半导体行业的经验教训也可以佐证这一点，银行主导的创新金融模式在日本加速追赶的阶段发挥了重要作用，将日本打造成了唯一一个半导体需求安全系数、供给安全系数和产能安全系数均大于 1 的经济体，量变创新下的加速追赶模式也一度对美国半导体产业造成了较大威胁，但时至今日，前述对半导体产业价值链和创新链的刻画表明，美国依旧在毛利率最高、不可替代性最强的设计、设备两个环节大幅领先日本，这也体现了资本市场主导的创新金融模式在质变创新方面的优势。

对于当下的中国而言，我们同时面临着追赶与引领问题。一方面，我们在半导体等领域还存在着一些纵向风险，这个领域可能需要“大银行 + 大企业”的追赶式创新金融模式发挥作用；另一方面，中国已经是全球第二大经济体，在未来的 15 年左右可能成为第一大经济体，[①] 中国在客观上也无法止步于追赶者的角色，需准备担负起引领世界的重任，有鉴于此，中国需加速发展“资本市场 + 中小企业”的引领式创新金融模式。

政策的角色与 3 个干预方式

无论是构建“大银行 + 大企业”的追赶式创新金融模式，还是发展“资本市场 + 中小企业”的引领式创新金融模式，都存在着前述“不会自发”的问题。例如，股权投资在转型阵痛之下，未必会自发投向社会合意的硬科技创新，有可能去追逐拉面、糕点等传统消费品；银行信贷虽然天然偏好成熟的大企业，但在金融周期上行的过程中，未必会自发投向创新型的成熟大企业。要解决这些“不会自发”的问题，需要政策干预。

---

① 谢超，李瑾，等. A 股十年不涨，未来十年会涨吗？[R]. 2019.

探讨政策在创新金融中扮演的角色（见图 16.23），可以从两个方面看，一是监管理念、政策取向，二是直接出资、建设制度和信用增进 3 个具体的干预方式。

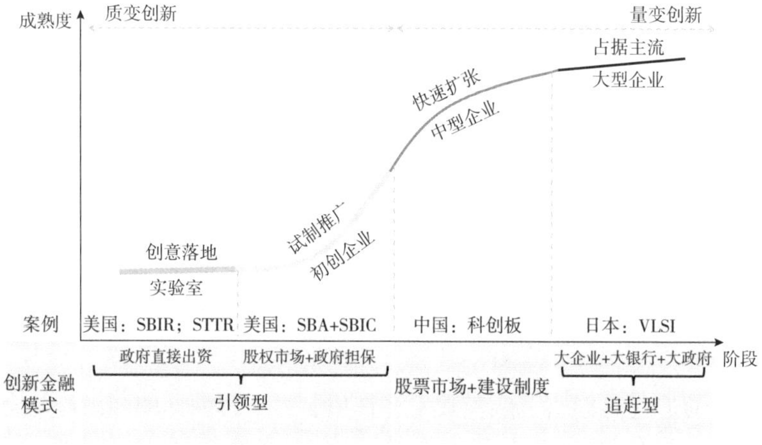

图 16.23 政策在创新金融中扮演的角色

资料来源：中金研究院。

监管理念和政策取向在创新金融中的作用

就金融与创新的一般关系而言，有关金融稳定的监管理念可能发挥着重要作用。以 CDS（信用违约互换）为例，2008 年次贷危机的教训表明，CDS 不利于金融稳定；不过，CDS 所覆盖企业的创新能力也出现了显著提升。[①] 银行体系也存在类似的情况，美国放松州内监管促进了州内银行的存量竞争，结果使某些州内银行市场势力增强，不利于创新；[②] 如果放松

① Chang X., Chen Y., Wang S. Q. Credit default swaps and corporate innovation[J]. Journal of Financial Economics, 2019.

② Chava S., Oettl A., Subramanian A. Banking deregulation and innovation[J]. Journal of Financial economics, 2013.

跨州监管，州内银行的竞争秩序受到挑战，可能会不利于金融稳定，但州内在位者的市场势力也会随之下降，有利于创新。这两个案例表明，在监管理念层面，可能并非金融系统越稳定越好，而是存在金融稳定与创新激励之间的平衡问题。另外，如前所述，金融结构在金融与创新的关系中扮演着重要角色。作为具有高度路径依赖特点的制度安排，金融结构的形成，与重大历史事件冲击下当时政府的政策取向高度相关（见表 16.2）。

表 16.2　美、日、德重大历史事件中的政策取向与金融结构的形成

	美国	日本	德国
重大事件	危机：1929 年大萧条爆发，美国监管部门认为混业经营对这场灾难负有不可推卸的责任	战争："二战"期间，日本作为一个资源稀缺的国家，需要调度国内一切资源为其庞大的战争野心服务	赶超：19 世纪末，德意志才完成统一，此后迫切需要追赶先发的英法等国；李斯特主义的赶超经济学
政策取向	1933 年《格拉斯－斯蒂格尔法案》，要求商业银行业务和投资银行业务分离。资本市场和投资银行获得巨大发展空间	1942 年《银行法》规定，日本银行必须以达成国家目标为使命进行运营；1944 年，日本开始实行"军需企业指定金融机构制度"，各军需企业与银行"配对"，银行不仅保证"配对"军需企业的资金供应，还积极参与"配对"军需企业经营管理和财务监督	为了动员一切力量赶超英美，德国银行对企业既发放贷款，也帮其发行股票、债券，进行直接投资，为企业提供全方位服务。虽然存在混业风险，但为了快速实现赶超，德国政府对此持宽容态度，促成了全能银行制度的形成。1961 年《银行法》最终确立了德国银行业的全能银行体制

资料来源：中金研究院。

政策干预创新金融的三种具体方式

直接出资：如何突破政府财力不足的限制

过去 10 年中国 VC 募资的一个重要变化是内资崛起，成为主导力量。穿透来看，具有政府背景的资金占到了 VC 总募资额的一半以上。以政府

引导基金的投向来看，相比于全部 LP 的结构，政府出资的政府引导基金更多投向了较早期的天使和 VC。相对而言，更早期的天使投资、VC 对于创新活动更重要，意味着政府直接出资还是更好地起到了支持创新的效果。与此同时，自 2000 年以来，地方政府出资占到了政府总出资额的 75%（见图 16.24）。在当前地方政府债务压力较大的背景下，继续靠地方政府直接出资来支持股权投资机构募资的方式是否可以持续，需要观察。

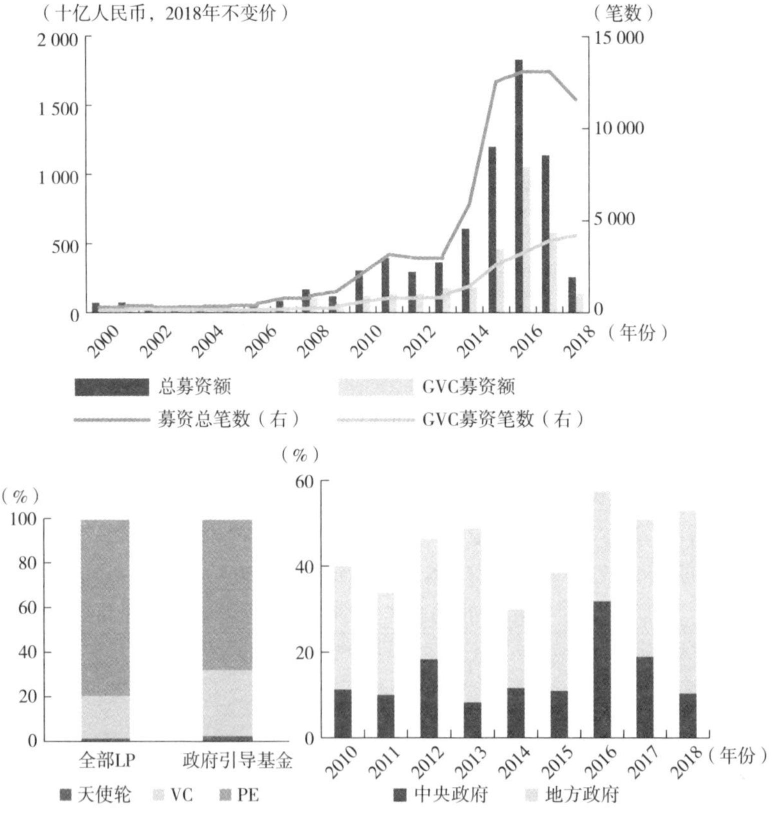

图 16.24　中国 VC、GVC 募资额和笔数（上），LP 与政府引导基金投向（下左），中央与地方占 VC 募资比例（下右）

资料来源：Wang，Li. Does Government Venture Capital always Underperform? Evidence from China across Economic Cycle，2021. 清科私募通，中金研究院。

建设制度：适度的估值泡沫是创新正外部性内部化的金融安排

创新金融之所以存在两个“不会自发”，一个重要原因就在于创新活动自身的经济吸引力不足。因此，打造双轮驱动创新闭环的重要一步，就是解决这个问题（见图 16.25）。从现金流折现的角度看，有实体和金融两个渠道。实体方面，提升创新企业的内在价值，需要延长企业的预期存续期限，或改善创新企业的现金流预期。除了制定合理的会计制度外，还需要重视垄断在提升创新企业内在价值方面的积极作用。如前所述，创新的重要经济学特征是正外部性，这和碳排放的负外部性正好相反，正如同碳定价是把碳排放负外部性内部化一样，创新型企业的垄断超额收益，一定程度上有助于实现创新正外部性内部化。因此，罗默认为垄断利润是研发投入的发动机。[①] 在这个过程中，专利可以发挥很重要的作用，因为专利的本质就是人为创设的垄断制度，有助于提升企业的内在价值。[②]

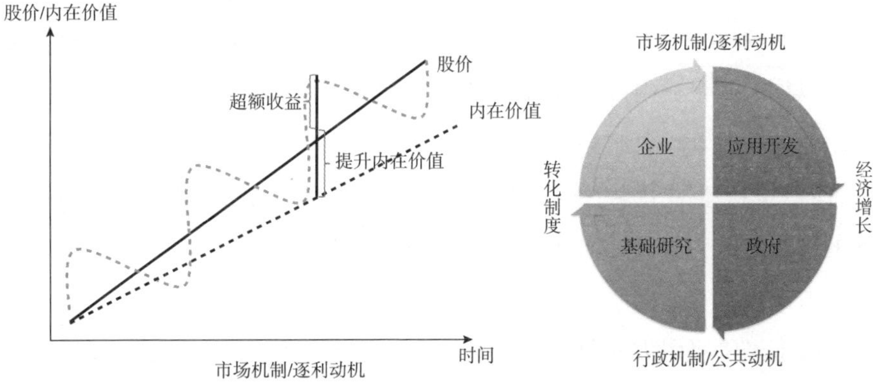

图 16.25 提高创新回报的两种基本方式（左）与双轮驱动的创新闭环（右）

资料来源：中金研究院。

---

① The Committee for the Prize in Economic Sciences in Memory of Alfred Nobel, Economic Growth, Technological Change, and Climate Change, 2018.

② 彭文生，谢超，李瑾 . 企业边界、萨伊定律与平台反垄断［R］. 中金研究院，2021.

提升企业内在价值,固然有利于提高股权投资者预期回报率。问题是,如果市场是完美的,股价时刻等于内在价值,那么长期持有的现金流折现价值等于股票抛出时所获得的一次性收入,并无超额收益可言。既然如此,为什么 VC 等股权投资者在一开始投入的时候就以适时退出为目标?这可能需要回到格雷厄姆的经典阐述:股市短期是"投票器",长期是"称重机"。股市并非完美的有效市场,作为投票器,股价偏离内在价值的泡沫或低估才是常态。在估值偏高的情况下,股权投资者就能以高于内在价值的价格退出,有利于进一步提升科创投资的回报率。因此,创建有利于科创投资者退出的股票市场,是有利于提升股权投资者获得超额利润概率的金融渠道,有利于将创新正外部性内部化,可以提升金融支持创新的积极性,也是推动科研产出产业化的重要转化制度。

当然,这个逻辑有赖于股权投资者有比二级股票投资者对于企业内在价值更准确的判断。如果信息是完全对称的,市场是完美的,就没有获得超额收益的机会。但事实上,金融系统从来不是完美市场,股权投资者通常可以深入到企业内部,也有可能成为董事会成员等内部人,可以直接干预企业的薪酬管理机制甚至参与日常管理,掌握比作为外部人的二级市场投资者更多的信息优势。这意味着股权投资者有更大的概率较准确判断企业的内在价值,也有更大概率在股价运行至内在价值上方时退出,提升自身获取超额收益的概率。因此,从建设制度、完善一二级市场联动以提升创新投资经济吸引力的角度讲,需要关注两方面:一是注册制,如果监管审核时间太长,上市流程不可预期,这会降低股权投资者获取超额收益的概率;二是减持制度,如果减持制度过于严格,股权投资者无法及时退出,也会降低其获取超额收益的概率。

信用增进:美国政府推动金融支持创新的重要方式

美国政府为企业的创新活动提供融资支持的方式主要有财政直接资助

和信用增进两种方式。在财政资助方面，比较典型的做法有三种。一是SBIR。1982 年，美国颁布《小企业创新发展法案》，要求每年对外研发费用超过 1 亿美元的联邦政府部门，需要将每年研发费用的 1.25% 用于支持小企业的科技创新活动。2017 年该比例提高至 3.2%。二是 STTR。1992 年，美国颁布《小企业技术转移法》，要求年度研发投入超过 10 亿美元的联邦政府机构将年度研发预算的 0.3% 用于支持 STTR。2020 年，国防部、能源部、卫生及公共服务部、国家航空航天局、国家科学基金会 5 个机构符合条件。该计划的目的是促进公共和私人部门的研发合作关系。STTR 项目申请建议书需由私人部门申请人和研究机构等外部合作者共同提出。① 三是直接财政补贴。2009 年美国总统奥巴马签署《美国复苏与再投资法案》，设立了“1603 财政部补贴计划②”作为税务抵免的替代，针对新能源发电项目进行直接财政补贴，大约覆盖建设新能源发电站 30% 的成本。该计划共资助接近 11 万个新能源发电项目，补贴资金额超过 260 亿美元。③

不过，美国政府更有启发性的做法是以信用增进的方式来推动金融支持创新，美国政府的信用增进做法广泛存在于银行信用、资本市场以及两者的“合作”上。

第一，美国政府对银行支持创新活动进行信用增进。如前所述，银行的负债经营模式决定了它对借贷者的抵押物和现金流存在较高要求，决定了笼统地讲银行无法有效支持创新并不准确，银行只是无法自发去支持中小企业和初创企业的创新活动。因此，对中小企业和初创企业的创新活动进行担保，是各国推动银行信用投向创新活动的重要方式，例如信贷担保

① General Accounting Office. Preliminary Information on the Small Business Technology Transfer Program, 1996.

② 以《美国复苏与再投资法案》中第 1603 项命名。

③ 参见 https://home.treasury.gov/system/files/216/P-Status-overview-2018-03-01.pdf。

计划、贴息贷款以及IP融资等。美国的做法是成立具有政策性银行性质的国有联邦融资银行，以及对私人银行进行担保等。

一是美国政府通过FFB（国有联邦融资银行）[①] 提供优惠贷款以支持科技创新。美国能源部根据《2007能源独立和安全法案》设立了先进技术汽车制造贷款项目，为汽车节能减排技术提供低息贷款。该项目由美国能源部审核，由美国联邦融资银行直接提供贷款资金，贷款久期规定在25年以下，利率等于美国财政部同样久期的债券利率。[②] 2010年1月，特斯拉曾在该项目下得到一笔4.65亿美元的低息贷款，用以生产零排放纯电动汽车。[③] 二是为支撑创新活动的贷款提供担保。以美国《2005能源政策法案》第17项（简称"Title 17贷款"）为例，为符合如下条件的项目提供担保贷款：采用了全新的或者显著提升的技术；可以避免或减少温室气体排放；项目建设在美国；拥有合理的偿付前景。能源部"Title 17贷款"包括两种模式，第一种模式由美国联邦融资银行出资，由美国能源部进行100%担保，如2011年4月美国太阳能发电Ivanpah项目获得美国能源部提供100%担保的三笔贷款。

"Title 17贷款"中的第二种模式为金融机构合作项目，主要由商业银行提供贷款，美国能源部进行部分担保。例如，2010年12月美国风力发电项目Shepherds Flat [④] 通过金融机构合作项目获得美国能源部提供80%担保的13亿美元贷款。[⑤] 这笔贷款款项总共涉及26个出资方（包括机构投资者和商业银行），由多家投行组织安排。[⑥] 花旗银行对于该笔贷款进

---

① FFB为美国政府机构，于1973年由美国国会设立，帮助联邦机构管理它们的借款和贷款项目。

② 参见https://sgp.fas.org/crs/misc/R42064.pdf。

③ 参见https://www.energy.gov/lpo/tesla。

④ 该项目引进了国外的风力涡轮机发电技术。

⑤ 参见https://www.energy.gov/lpo/shepherds-flat。

⑥ 主要有花旗银行、东京三菱银行、RBS证券和WestLB证券。

行了证券化操作，该贷款由债权转手信托购买，该信托再发行分层债券。一层为占比 80% 的能源部担保部分，评级为 AAA；另一层为占比 20% 的未担保部分，评级为 BBB-。整笔项目基金包括 5.25 亿美元固定利率的私募债券，6.75 亿美元浮动利率贷款和 2.3 亿美元信用证。[①]

第二，美国政府对资本市场支持创新活动提供信用增进。以美国 SBA 对 SBIC 的支持为例，早年间 SBA 主要是通过直接购买 SBIC 债券的方式进行融资支持，1971 年美国通过了公共法修正案，此后 SBA 可以担保 SBIC 发行的债券，并且这种信用增进模式也逐步成为主流的融资支持方式。由于 SBA 对 SBIC 的债务代偿比例低于 100%（近 10 年在 10% 以下），这意味着即便政府对 SBIC 的资金投入规模不增加，SBA 的信用担保方式将能够撬动比原有投入更大的资金规模来支持 SBIC，进而支持中小企业的创新活动。当年新增 SBIC 私人资本量如图 16.26 所示。

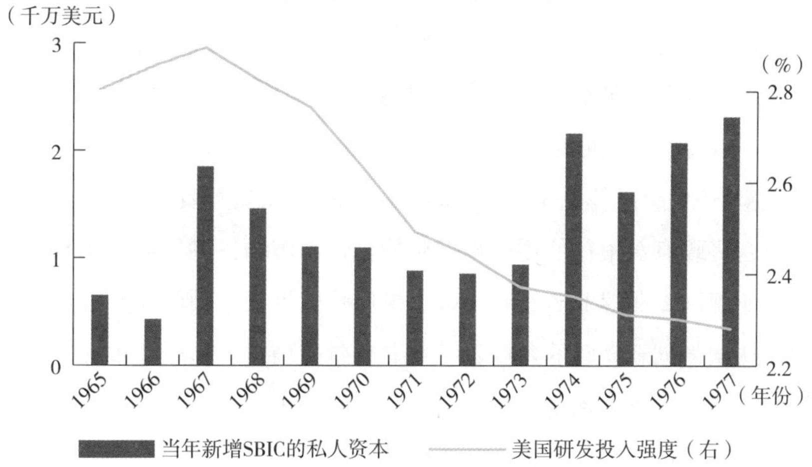

图 16.26　当年新增 SBIC 私人资本量

资料来源：SBIC Program Statistical Package，中金研究院。

---

① 参见 https://www.akingump.com/a/web/9048/aogS7/umanoff_environmental_finance_july2011_101110830.pdf。

思考与建议：以引领型为主，兼顾追赶模式

综上所述，当前中国既面临着纵向风险领域通过量变创新加速追赶世界先进水平的问题，也面临着增强质变创新能力以引领世界的问题，因此资本市场主导的质变创新金融模式（资本市场 + 中小企业）和银行系统主导的量变创新金融模式（大银行 + 大企业），对于当下都很重要。但着眼于未来，中国需要更多地引领世界，资本市场主导的质变创新金融模式将更为重要。不过，无论是质变创新的引领型金融模式，还是量变创新的追赶型金融模式，都需要政策干预来解决两个“不会自发”的问题。具体建议如下。

第一，在政策理念上，平衡好金融稳定、公平发展与创新激励的关系。

当前，在经济层面存在三大政策目标，即化解金融风险，寻求金融稳定；反思贫富分化，寻求共同富裕；转变增长模式，创新引领发展。这三大目标之间既有交集，也有不太一致的地方，需要寻求平衡。

首先，在分业监管的前提下，平衡好金融稳定与创新激励。1929 年和 2008 年两次大危机表明，混业经营加大了金融顺周期性，容易引发系统性风险。现代金融体系下，由于政府担保的存在，银行具有公私合营属性。混业经营将政府对银行信用的担保延伸至资本市场，将导致混业悖论，意味着分业规制而非混业监管是防范金融风险、维护金融稳定的根本。与此同时，从增强创新激励的角度看，并非金融越稳定、越压抑越好。建议在分业经营下，寻求金融稳定和创新激励之间的平衡：资本市场上，可以适当给予一些政策空间以推动有利于创新金融的金融创新；在前期治理金融乱象的基础上，继续鼓励基于新科技的互联网银行与传统银行的竞争，以降低两类银行的市场势力、促进创新。

其次，坚持在“高质量发展中促进共同富裕”，平衡好共同富裕与创新激励。要实现共同富裕，有两个基本方式：一个是重点放在“共同”上，

追求绝对公平、“不患寡而患不均”；另一个是重点放在“富裕”上，追求相对公平，在做大“蛋糕”的前提下分好“蛋糕”。实证研究表明，家庭财富存量与资本市场配置意愿成正比。[①] 因此，如果没有“更高质量发展”这个前提，可能并不利于资本市场发展与增强创新激励。

第二，坚持房住不炒，加快落地房产税，以提升创新投资的相对吸引力。

创新金融之所以存在两个“不会自发”问题，一个重要原因是有其他经济活动比创新更具吸引力。有重要社会意义的经济活动不只是创新，不可能也没有必要为了增强金融对创新的偏好而有意压抑其他全部的经济活动，而是应将重点放在抑制金融周期方面。所谓金融周期是指房价与信用相互促进形成的 15~20 年的中长周期波动，地产泡沫是金融周期的重要载体和体现，也是过去 10 余年整个社会贫富分化加剧的重要原因。

在很多方面，地产泡沫与科技创新正好相反，房价和信用相互促进、螺旋上升，导致投资地产泡沫的当期收益、私人收益较高。在没有打破刚兑的前些年里，很多刚兑金融产品的底层资产都与地产有关。与此同时，从 2008 年美国次贷危机看，一旦房价和信用的相互促进循环终止，随之而来的是美国大中城市房价跌幅一度高达 30%，大批金融机构倒闭。面对地产泡沫破裂后的系统性危机，公共资源不得不介入干预，作为最后贷款人，美联储不得不购买房价下跌带来的“有毒”MBS（抵押支持债券），作为最后出资人，美国财政部紧急启动高达 7 000 亿美元的 TARP（问题资产救助计划）以对陷入困境的金融机构进行救助。

也就是说，金融周期下的地产泡沫既不利于金融稳定，也不利于公平发展，还会抑制金融投资创新的意愿。因此，需要坚持房住不炒，加速落地房地产调控的长效机制。一个重要的方面即推动房产税落地。目前，房

---

① Vitols S. The origins of bank-based and market-based financial systems：Germany、Japan and the United States，2001.

产税迟迟未能推出，存在多个方面的原因。例如，中国房产的产权形式不统一，而且如何保障房产税开征不对中低收入者造成新的负担也是需要考虑的问题。建议聚焦房产税抑制地产泡沫的功能上，不必要追求开征形式的整齐划一，以宽豁免、高累进的方式逐步推进。

第三，以完善 IPO 和创投机构减持制度为重点，理顺资本市场一二级互动关系。

在资本市场主导的引领型创新金融中，股权投资比股票投资在促进质变创新上更有效，股票在资本市场促进创新中的一个重要作用是作为股权投资者的退出渠道。因此，我们建议采取一定措施引导一级市场度过转型阵痛期的同时，在股票市场上重点完善 IPO 与创投机构减持等基础制度安排。

股权市场方面。一是募资环节，一方面，加快培育第二、第三支柱，适当鼓励具有长线资金性质的养老金、保险资金进入股权投资市场，从美国的经验看，税收递延或免税等税收优惠可提供有效助力，权益类投资有助于提高养老金长期投资收益，应加快推进年金投资私募股权市场试点，尽快明确第三支柱投资范围、比例等配套规定；另一方面，继续保持开放态势，促成国外风投与本土风投的良性互动，以打造股权市场更高水平的外循环。二是投资环节，税收等激励措施向硬科技重点倾斜；在政府出资方面，从政府直接出资为主，转向信用担保为主，以放大政府资金的创新激励效果，缓解政府财力约束。

股票市场方面。一是 IPO：以信息披露为核心，进一步优化注册制审核流程，提高审核效率和灵活性；支持更多行业企业适用“上市标准五（市值 + 技术成果）”在科创板上市；适时推进全市场注册制改革；适度放松科创类企业 IPO 募投项目及募资使用方向的监管措施。二是适当放松减持规定：当前被投企业上市后，含 VC 在内的 IPO 前股东存在 1 年的禁售期。美国纳斯达克普通 IPO 前股份禁售期一般设置为 90~180 天，直接上市公司甚至不需要设置 IPO 前股份禁售期。

无论是注册制进一步优化，还是减持规定适当放松，本质上都是监管重点后移，由事前监管转向事后监管，这对于监管安排形成了新的挑战。在当前的治理机制下，地方担负着较重的发展职责，在客观上存在着发展激励与监管激励并不完全一致的问题，地位相对更超脱的中央政府更适宜担负起监管职责。与此同时，中国中央政府财政支出占全国的比重不到 15%，美、日、德、英等国的比重约在 40% 以上。因此，有必要提升中央监管资源（支出、人员等）占比，提升中央层面的监管能力，以推动监管重点从事前转向事后，进而推动更有利于提升创新投资预期回报率的注册制、减持等基础制度改革。

第四，以考核改革推动银行表内资产更多投向创新，适当发挥理财子公司投资创新的作用。

无论是从银行占据了中国绝大多数金融资源的现状出发，还是基于银行在追赶式创新金融模式中所扮演的重要角色，我们认为都不应该忽视银行支持创新的潜力。

表内以“大银行 + 大企业”合作为主，加速重点领域的产业链提升：一方面，可以考虑以政府担保的信用增进方式，来提升银行对创新活动的支持意愿；另一方面，中国的大型银行享受了存款保险制度带来的政府隐性担保，有必要在促进科技创新的国家战略中承担更多的义务，可以考虑借鉴推动普惠金融的经验，以改革银行考核制度的方式促进大银行增加对创新活动的信贷投放。

此外，在当前理财产品打破刚兑、普遍净值化的背景下，可以尝试适当发挥银行理财子公司投资创新的作用。具体包括：改革银行理财子公司激励机制，提升理财子公司的投研能力，增强私募理财的吸引力；加强投资者教育，提升私募理财接受度；试点银行表内投放贷款，加银行私募理财持有私募股权的“投贷联动”方式。

第十七章

会计制度：科技创新，会计促行

伴随着三次工业革命与世界格局重塑，会计制度变革在加速推进。一方面，技术创新驱动了经济发展，继而促使会计概念加速演变；另一方面，不同阶段的会计制度均需要服务于经济的建设和发展。我们认为，以决策有用观为导向的目标将逐渐引领会计的变革。在这一趋势下，会计信息相关性的下降表现为股票价格与关键财务变量之间的统计关联性减弱。综合学术界以及准则制定机构有关创新经济对传统会计挑战的前沿讨论，我们聚焦数字经济下的资产边界扩展及创新成果衡量、绿色经济下可持续发展能力的会计计量与披露带来的挑战。

数字经济背景下，研发活动的重要性日益突出，目前存在 3 点挑战。一是与研发活动相关的指标上：整体看，研发支出资本化率较低；同一行业的企业资本化率不一致；我国企业对基础研究的投入较低。二是税收优惠方面，政策在与创新效率的匹配性、优惠偏好、促进与基础研究的结合上存在改进空间。三是数据资产作为目前会计框架之外的新经济产物，尚未被会计确认。

绿色发展是大势所趋，主要经济体日渐关注碳排放权核算及披露。一是碳排放权核算：国际权威准则制定机构尚无相关定稿准则出台，碳排放权会计处理仍存在分歧；对比成熟的碳交易市场，我国当前相关准则在核算科目、是否以公允价值计量方面尚有滞后。二是碳排放披露：全球尚未建立标准统一、国际可比、为企业 / 监管提供有效信息的气候信息披露标准；国内的气候信息披露仍有非强制披露、披露率仍有提升空间、尚无定性定量结合的完备披露内容指引等问题。

展望未来，在制定与创新经济相匹配的会计制度上，我们建议如下。

第一，完善准则空白地带，充分反映财务报告的重要信息；推进公允价值计量，向信息使用者提供多维度的资产真实价值。

第二，深化与创新经济相关的三项会计核算及披露，具体体现在以下 3 个方面。

研发活动方面。短期，细化资本化时点判断标准，增加多层次的信息披露。中期，在研发活动相关的加计扣除税收优惠政策中，将优惠力度更多地与创新成果挂钩，补充考虑出台更多单独分行业的税收优惠政策，考虑加大对于基础研究投入的税收抵扣或直接补贴。长期，考虑适度降低研发投入资本化的“门槛”。

数据资产方面。短期，加快制度化的建设与增强财务报表外的信息披露。中期，考虑在财务报表中对数据资产进行确认和计量。长期，持续提升披露或列报的规范性。

碳排放权方面。短期，由监管机构 / 交易所牵头制定包含气候信息披露在内的 ESG（环境、社会和公司治理）披露纲领性文件及披露指引，并通过税收优惠激发科技企业实施相关会计核算及披露的意愿。中期，可参考国际主流会计处理，开放公允价值计量，并完善当前准则对不同行业的适用以及相关实施细则。[①]

---

① 本章作者：周光、宋立骞、王渝格、刘冰、常佳策。

创新驱动会计演变

从古代到中世纪再到工业革命之前，除了复式记账法的诞生外，会计理论与方法基本从未发生颠覆性的变革。[①] 而在过去二百多年的经济发展过程中，伴随着三次工业革命与世界格局的重塑，会计制度的变革在加速推进。

经济进步促进会计发展

回顾过去的三次工业革命，经济和社会生产力取得了突破性的进步，技术创新驱动的经济发展加速了会计的演变。伴随着新的生产要素、增长模式、所有权关系和市场组织形式等的出现，会计的内涵和外延也在不断发展变化（见图 17.1）。

随着技术的飞速发展，新产业、新业态、新模式不断涌现，数字经济应运而生，人们开始对当前无形资产的内涵及外延进行反思，在新经济下

---

① 张俊瑞 . 转型经济背景下杨纪琬先生中国会计改革思想：继承与发展［J］. 会计研究，2017.

如何确认、计量和披露数据资产成为学术界和实务界共同面临的挑战。

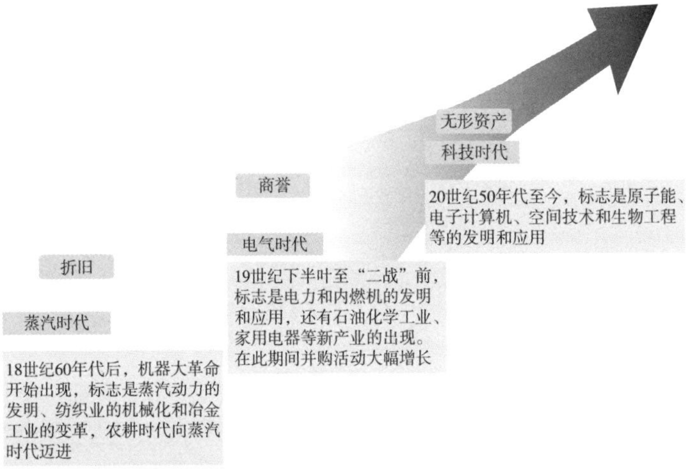

图 17.1　随着技术创新驱动的经济发展，新的会计概念不断诞生，会计的内涵和外延也在不断演变

注：此处仅举例说明每个时代中较为典型的会计概念。

资料来源：中金公司研究部。

我们梳理了 1949 年至今中国会计制度的渐进式演变历程（见表 17.1）。总体而言，我国会计制度在过去 70 年演绎的逻辑是建立与当时经济特征相适应的会计制度，并逐步推动法治化以及与国际财务报告准则的趋同。

从上述演变过程可以看出，会计与经济的关系是相互影响和相互促进的。

- 一方面，技术创新驱动经济发展，继而又促使会计加速演变。伴随着新的生产要素、增长模式、所有权关系和市场组织形式等的出现，会计的内涵和外延不断受到冲击和挑战，进而产生相适应的新概念或调整已有的规定。目前，传统的财务报告可能无法反映新经济的要素，会计信息相关性和可靠性受到挑战。
- 另一方面，不同阶段的会计制度均需要服务于经济的建设和发展。从简单的记录与反映到管理和监督的作用，会计也在不断变化以

表 17.1 中国会计制度的渐进式改革（1949 年至今）大致经历了四个阶段

	时期	梗概	重大事件	驱动因素
阶段一	1949—1977 年	“建立与计划经济体制相适应的会计体制”	1949 年，财政部正式设立会计制度处 1950 年，发布首个统一的会计制度，即《中央重工业部所属企业及经济机构统一会计制度》 1951 年，将企业财务计划纳入国民经济计划	为恢复国民经济，建立社会主义计划经济
阶段二	1978—1991 年	“加快会计改革法治化”	1980 年，《国营工业企业会计制度》或为改革开放后第一个修改的企业会计制度 1985 年，颁布《会计法》《中外合资经营企业会计制度》《外商投资企业会计制度》，开启了我国会计改革法治化进程	改革开放，企业有更大的自主经营空间
阶段三	1992—2005 年	“由会计制度向会计准则过渡”	1992 年，颁布《企业财务通则》和《企业会计准则》，财政部还针对不同行业特征分行业制定了 13 个全国性的行业会计制度及相关财务制度 1999 年，对《会计法》进行第二次修订，进一步强化了会计监督和会计造假治理 2000 年，颁布《企业会计制度》，其最大特点是“打破行业、所有制和组织形式的界限，建立全国统一的企业会计核算制度”	社会主义市场经济，民营经济活跃，信息使用者多层次
阶段四	2006 年至今	“逐步保持与国际财务报告准则趋同”	2006 年，颁布全新的《企业会计准则》，涵盖一项基本准则和 38 项具体准则、准则应用指南及相关准则解释。我国开始构建与国际会计准则趋同的企业会计准则体系。2009 年，发布《财政部关于全面推进我国会计信息化工作的指导意见》，确立了“标准先行”的会计信息化建设顶层设计思路 2010 年，发布《中国企业会计准则与国际财务报告准则持续趋同路线图》，我国企业会计准则的制定与修订将持续保持与国际财务报告准则趋同，差异越来越小。此后几年陆续颁布了多个推动会计体系建设的文件及具体的会计准则（如修订了收入准则、金融工具准则）	经济全球化，为解决可比性问题

资料来源：张俊瑞．转型经济背景下杨纪琬先生中国会计改革思想：继承与发展［J］. 会计研究，2017；徐玉德．新中国七十年企业会计改革发展的演进逻辑与理论诠释［J］. 会计研究，2020；中金公司研究部。

适应新的经济特征，继而促进市场资源配置效率的提升。新经济下，我们需要重新对会计目标、会计要素定义等进行系统性反思，甚至形成新的会计理论框架，这或许对于探索怎样的会计制度有利于创新经济有重要意义。

会计的角色

以决策有用观为导向的目标有望逐渐引领会计的变革

主流观点。关于会计的本质有两个观点，一个是侧重反映会计信息的“信息系统论”，另一个是侧重管理的“会计管理论”，这是目前我国会计准则制定的两个出发点。关于会计的目标，主要分为“受托责任观”和“决策有用观”。[①]“受托责任观”主张在委托代理关系下，站在资源委托方的立场，通过财务信息来评估管理层对经济资源的受托责任的好坏；而“决策有用观”主张财务报告应该提供给信息使用者对于决策有用的信息。

准则现状。国内准则是“受托责任与决策有用”的双元会计目标，既反映企业管理层受托责任履行情况，又有助于财务会计报告使用者做出经济决策；而 IASB（国际会计准则理事会）概念框架侧重于坚持决策有用观为单一目标，虽然也承认评估管理层受托责任有利于投资者决策，[②]但 IASB 认为受托责任不是最终目标。

我们的观点：“决策有用观”涉及的对象更宽泛（现在和潜在的投资者、债权人及其他信息使用者），随着资本市场的日益完善，未来会计的变革更依赖于决策有用观，会计除了发挥基本的反映职能外，在参与监督、决策的职能方面会更重要。

---

① 郑安平．关于会计目标定位的思考［J］. 会计研究，2020.

② 毛新述．财务报告概念框架：变革与挑战［J］. 会计研究，2019.

当会计发展滞后于经济进步，会出现会计信息价值相关性的弱化趋势。从决策有用性的角度看，会计信息相关性的下降表现为股票价格与关键财务变量（如盈利、权益净值和现金流量）之间的统计关联性持续减弱。[①]阿努普（2014）发现过去 40 年间，新经济因无形资产占比提升，导致报告质量在波动性、适配性角度变差。[②]

我们将基于理论界对创新经济与传统会计理论不匹配的探讨，以及权威准则制定机构 IASB 关注的未来五年重要财报环境的变化，来交叉论证有关创新经济对传统会计挑战的前沿观点。

学术界有关创新经济对传统会计理论的挑战

随着大数据、云计算、人工智能、物联网等新技术不断涌现，一方面，传统会计制度的边界逐渐被突破，"泛会计"概念[③]应运而生；另一方面，当新技术突破传统会计理论刻画的有效边界后，传统会计理论，包含会计理论三大基石、[④]会计基本假设、确认及计量以及基于此的财务分析[⑤]都面临一定程度的"失灵"。我们结合 FASB（美国财务会计准则委员会）的《财务报告概念框架》（以下简称《概念框架》）以及我国 2014 年版《企业会计准则——基本准则》（以下简称《基本准则》），选定以下 4 个维度来总结学术界有关创新经济对传统会计理论挑战的观点与讨论。

---

① Lev B. The Boundaries of Financial Reporting and How to Extend Them [J]. Journal of Accounting Research，1999，2：353–385.

② Anup Srivastava.Why have measures of earnings quality changed overtime? [J]. Journal of Accounting and Economics，2014，57（2–3）：196–217.

③ 陈良华，等 . 新兴数字技术环境下事项会计理论的发展趋势 [J]. 会计之友，2021（11）：12–17.

④ 吴水澎 . 对第四次新技术革命与会计变革有关问题的看法 [J]. 会计之友，2020（12）：10–12.

⑤ 黄世忠 . 新经济对财务会计的影响与启示 [J]. 财会月刊，2020（7）：3–8.

会计目标：创新经济对决策有用及评估受托责任的挑战

如上文提及的“受托责任与决策有用”的双元会计目标：在创新经济下，一方面，会计信息价值相关性出现弱化趋势，股票价格与关键财务变量之间的统计关联性持续减弱，直接挑战了双元会计目标之一的“决策有用”；另一方面，高于传统企业的研发费用短期大幅拖累创新经济盈利水平，导致传统会计下评价管理层受托责任的指标 ROE 的失真，这又会导致另一会计目标“受托责任”的失灵。

会计信息质量特征：创新经济净利润及净资产被低估与会计信息两大基本质量特征（相关性与如实反映）被弱化

2018 年新版 FASB《概念框架》提出会计两个基本质量特征——相关性和如实反映。创新经济下，投资者对企业的评价越来越跳出传统财会领域，企业的业务模式、气候风险及对企业未来经营风险等前瞻性预测对财报信息使用者的决策越加重要，传统会计信息的相关性受到挑战。另外，创新经济下资产边界扩展却无法入表，导致净资产被低估，高于传统企业的研发费用虽从长期维度来看会带来经济利益流入，但在短期会拖累企业净利润，导致其被低估，因此又挑战了会计信息的如实反映。

会计对象要素：创新经济下资产边界扩展而未入表与传统会计强调控制权及可靠计量

创新经济时代，随着新技术、新业态、新模式的不断涌现，突破传统会计概念框架的资产不断涌现，核心技术人才、客户资源、数据资产等资产因权属模糊而难以满足“企业拥有或控制的”条件，资产价值不确定性导致不满足“成本能够可靠计量”条件，因此部分对创新企业价值创造至关重要的“无形资产”无法入表核算，导致其实际价值与报表价值的背离。

会计确认与计量：创新经济呼唤公允价值与传统会计以成本计量为主

2014 版《基本准则》明确要求会计要素进行计量时，一般应当采用历史成本。但在创新经济下，随着技术高频迭代，商业模式创新大量涌现，市场竞争更加激烈，成本计量无法准确反映企业资产的真实价值，在资讯发达的今天，投资者也不满足于成本计量的资产价值。同时，信息技术的发展以及互联网的不断普及，在提高估值模型准确性的同时，降低了公允价值获得成本，一定程度上打破了公允价值计量的发展桎梏。

IASB 2022—2026 年议程重点关注的挑战

创新经济发展的同时对企业以及准则制定者带来了挑战。我们发现全球会计准则权威制定机构 IASB 自 2020 年下半年以来，先后发布了聚焦于气候相关财务信息披露的《关于可持续发展报告的咨询文件》以及安排未来“五年计划”的《第三次议程咨询（意见征询稿）》，其中后者总结的最新 2022—2026 年前瞻性工作计划与学术界关注的创新经济对既有会计准则的挑战有部分重合。以上两个征询稿充分关注到两个重要的财报环境变化：第一，创新经济下无形资产价值未充分计量带来的真实价值偏差；第二，各利益相关者对气候变化风险以及节能减排的越加关注带来的相关会计核算及披露问题。

综合学术界以及准则制定机构的观点，我们发现当前会计理论与实践所面临的挑战主要与创新经济下的两大议题——数字经济以及绿色发展息息相关，后文我们基于以下两个重点关注项目展开讨论。

一是数字经济下资产边界扩展以及创新成果衡量带来的挑战。相比于“旧经济”，数字经济下不断涌现的“无形资产”如数据资产等因严苛的资产确认条件未入表会导致创新企业无形资产价值被低估；高研发投入费用化倾向导致较低的无形资产被确认，创新成果未被确认反映。

二是绿色经济下可持续发展能力的会计计量与披露带来的挑战。在"碳中和、碳达峰"的全球愿景下，气候风险作为最大潜在风险来源之一被日益重视，相对应的碳排放交易机制（碳排放权、国家核证自愿减排量）会计处理和气候相关的可持续发展指标披露也被纳入各利益相关人的关注清单。

在数字经济与绿色发展大背景下，结合科技创新企业的特点及在企业核算方面与此相关的事项——研发活动、数据资产、碳排放权，我们将在下面的章节展开分析实务界现状及挑战。

数字经济下资产边界扩展及创新成果衡量

研发活动——创新成果的实现载体

关于研发活动，我们从会计处理方式、相关税收优惠两方面进行探讨。

资本化与费用化

国内外有关研发活动会计处理争论的焦点主要集中于研发投入资本化或费用化处理。我们从会计准则对比、利弊分析、中国实务现状出发来阐述。

他山之石：中外研发活动相关会计准则对比。US GAAP（美国通用会计准则）下基本全面费用化，CAS（中国企业会计准则）与 IFRS（国际会计准则）趋同，允许部分资本化处理。有关资本化或费用化处理，US GAAP 奉行谨慎原则，除少数特殊情况外，基本采用费用化计入当期损益。CAS 和 IFRS 区分两阶段：研究阶段全面费用化，开发阶段满足特定资本化条件则形成无形资产，否则计入费用，即允许企业根据自身情况合理选择对企业内部研究开发项目的支出进行资本化或费用化，有一定主观性（见图 17.2）。国内外准则均未涉及针对不同研发活动（基础研究、应用研究、试验开发）的特殊处理。

会计信息质量层面，资本化和费用化各有利弊。费用化更满足会计的审慎性和会计信息可比的要求，而资本化更满足收入成本的配比原则，同时在会计信息如实反映方面略胜一筹。

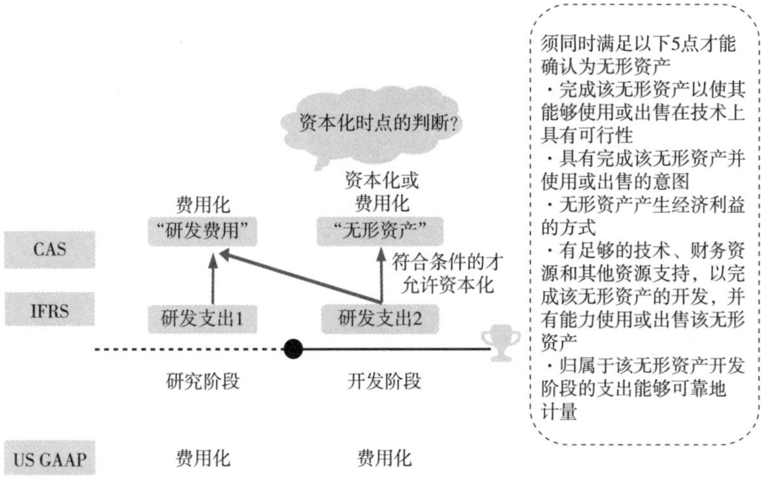

图 17.2 研发费用的认定及研发费用资本化的标准（国内准则与国际比较）

资料来源：财政部官网，PwC. IFRS and US GAAP similarities and differences［EB/OL］. 2020. http://www.pwccn.com. 中金公司研究部。

第一，会计审慎性方面，费用化处理更优。资本化时点的判断是一直以来的争议点，资本化为管理层主观操纵利润提供了空间，增加了财务造假风险，因此费用化更加谨慎。

第二，会计信息可比性方面，费用化处理更优。由于目前资本化确认标准的准则规定较为笼统，实操中有一定主观性，统一费用化可避免部分资本化导致的会计信息不可比。

第三，收入成本的配比方面，资本化处理更优。资本化的初衷主要是将企业前期开发阶段的研发支出逐步分摊至未来各期，而非一次性地进入损益使企业利润承压，可与研发成果产生的经济利益期间形成一定的匹配性。对于未来一段时间持续为企业带来经济利益流入的成果，其成本支出在一定时间对应摊销处理更为合理。

第四，会计信息如实反映方面，资本化处理略胜一筹。全面费用化可能导致企业无形资产被低估，使企业资产的账面价值与真实价值不符，也无法准确衡量企业创新成果转化程度；而资本化处理区分了研发投入的层次，将后期开发阶段确定性较高的部分反映到资产端，更能反映创新成果的资产属性，向财报信息使用者传递即将研发成功的信号。

在会计实务中，基于2018—2020年A股上市公司年报数据（见图17.3），我们发现整体资本化率较低、同一行业内分化、企业对基础研究的投入较低的问题。

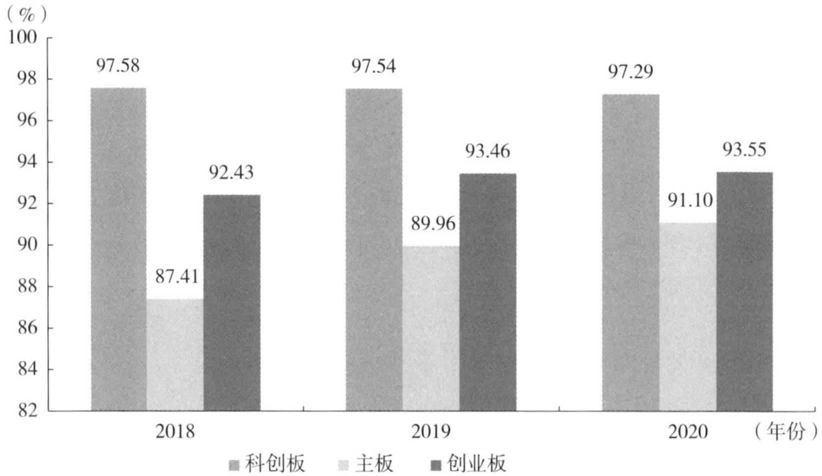

图17.3 A股上市公司2018—2020年3年平均研发支出费用化比例整体较高，科创板企业最为突出

资料来源：万得资讯，中金公司研究部。

一是整体看，研发支出资本化率较低。绝大部分企业多采用费用化的处理方式，可能与资本化的“门槛”较高等有关，企业在进行会计处理时更倾向于选择对难以衡量是否满足资本化的部分进行费用化，会计处理较

为审慎，但存在低估部分创新成果资产价值的可能。

二是同一行业的企业资本化率不一致（见图 17.4）。这反映出判断依据存在不一致的可能，由于普遍缺乏具体可参考的行业标准，企业大多根据自身情况定义研究阶段和开发阶段及资本化时点，有一定的主观判断，这会导致存在一定的盈余管理空间，也影响同一行业内公司的可比性。

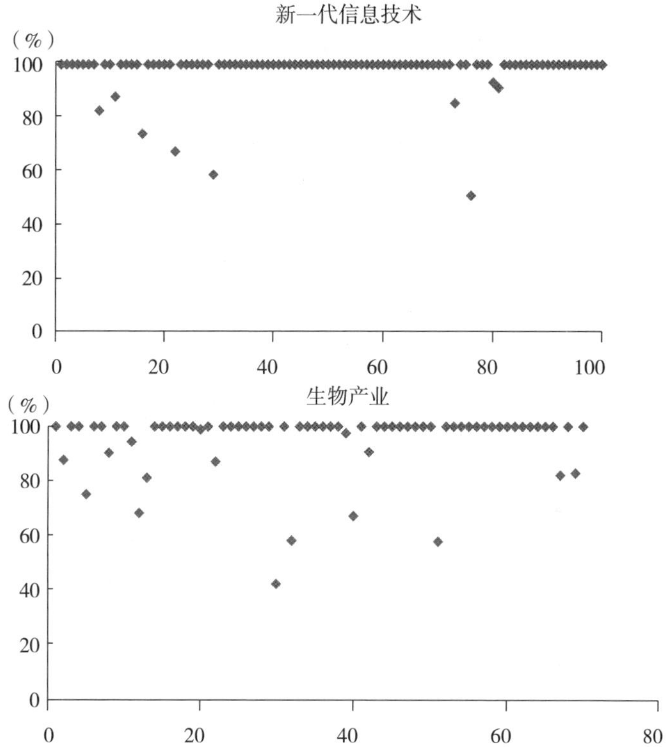

图 17.4 2020 年科创板企业中新一代信息技术领域、生物产业领域的研发费用出现同一行业内资本化程度不一致的情形

注：横轴代表上市公司家数，纵轴代表研发支出费用化率；由于科创板企业代表着较强的“硬科技”属性，因此我们选取在科创板上市的企业为代表。

资料来源：万得资讯，中金公司研究部。

三是我国企业对基础研究的投入较低。在前文中可见，我国的试验开发投入占比居世界前列，但基础研究占比落后，尤其在企业更为严重。由于基础研究一般具有长期性、高不确定性、高投入等特征，企业可能会因为短视而倾向于更多投入到后面的开发研究中，导致科研与商业的脱节，科创成果转化不足。

两种会计处理的选择：合理的费用化并有层次地增加披露是激励企业对创新成果进行有效评估和管理的方式之一。

一方面，费用化更加谨慎，并且可能为企业当下带来更大的节税效应。

目前准则仅纲领性地制定了原则性的条款，企业在资本化时点的评估上存在一定的操作空间。“主观判断”地选择资本化时点继而影响到资产确认的准确性，也影响企业反映真实盈利水平。判断的过程也需要企业有一个良好的内部控制支持，因此，费用化处理更加谨慎。基于上述情形，在上市标准逐渐弱化对盈利指标要求的背景下，企业可能“更愿意谨慎”地选择费用化处理，即难以充分证明资本化合理的时候便将研发支出计入费用中。通常相对于前期的研究阶段，资本化阶段较短，并且大量研发投入发生在前期，因此资本化的缓冲盈利作用并不大，减少了企业进行资本化的动力。此外，费用化带来的、在当期即可享受的全部税收优惠对企业的吸引力或许更大，因为在资本化下，相关节税效应将被分摊到未来各期。

综上，我们认为在目前缺乏细化的指引、防止过度主观操纵、对上市标准中盈利水平的放松、税收优惠等因素共同作用下，费用化既是被动因准则而选择的结果，也是目前企业结合自身出发主动选择的更优方式。

另一方面，从鼓励企业有效创新的角度看，或需要增加多层次的信息披露规定。

若只强调费用化，创新成果未在资产负债表出现，可能导致财务信息使用者对于研发成果的忽视，继而影响对创新效率或效果的评估。比如，大家更关注研发费用占比，而较少注意到有多少研发投入最终转换为即将成功的创新成果。因此，需要鼓励增加额外的信息披露。首先可考虑针对主要的以研发活动为核心的企业形成细化的资本化条件指引，甚至根据行业特定的情况进行特殊要求，以规范和引导资产的确认，从而反映真正“有价值的创新”的那部分投入；同时，目前我国企业对基础研究的重视和投入程度不足，而基础研究是后续进行应用研究及试验开发的基础，其成果（一般为论文、研究报告和学术著作）能否转为后续商业化的技术研发成果（除了以上，一般还包括专利、原理模型、原型产品、新型工艺等）对有效创新的意义重大。因此，有必要增加对基础研究、应用研究和试验开发的相关成果情况的信息披露，使财报信息使用者更好地了解公司的研发进展情况，间接地促使企业进行有效创新。

我们认为，以费用为始，然后形成多层次的信息披露，或许可以促进企业形成由愿意创新到有效创新的良性发展。

税收优惠

在与研发活动相关的税收优惠方面，税收优惠方式、覆盖环节、涉及税种较为丰富。国内关于研发环节及成果转化环节的税收优惠政策主要集中在企业所得税及增值税上。税收优惠政策从税率或税额减免、加计扣除、亏损结转等多种优惠方式为研发活动提供支持，涉及研发环节、成果转化环节，考虑了研发投入规模及占比、研发人员占比、高新技术产品（服务）收入占比等多个维度。其中，企业所得税方面的优惠范围、优惠方式及力度更大，而且以研发费用税前加计扣除的影响力相对更大。

旨在支持企业创新，研发费用的加计扣除税收优惠力度逐渐加大。自1996年至今，我国财政部及税务总局在研发费用的加计扣除方面相继制定了一系列的政策，旨在进一步激励企业加大研发投入，支持科技创新，政策沿革的变化特点主要是逐步扩大享受加计扣除政策的主体、提高研发费用加计扣除比例、扩大加计扣除范围和规范研发费用加计扣除口径等方面。2021年5月，《研发费用税前加计扣除新政指引》出台，主要将制造业企业研发费用加计扣除比例提高到100%，除制造业外的企业研发费用按75%加计扣除，未形成无形资产而计入当期损益的研发费用，按实际发生额的100%（75%）在税前加计扣除，形成无形资产的则按成本的200%（175%）在税前摊销。因此，无论研发费用是费用化还是资本化，在享受研发费用税前加计扣除的最终总额上是无差别的，只在针对资本化情形下是逐期摊销该优惠福利。

从税收优惠与创新效率的匹配性、优惠偏好、促进基础研究的作用3个方面来看，研发费用税收优惠存在的问题与改进方向如下。

一是税收优惠与创新效率的匹配性方面。国内的税收优惠主要方式是研发支出加计扣除，该政策出发点在于通过降低企业税负，激励企业更愿意进行研发投入，继而提高企业的创新水平。但降税与促进创新之间并非一定存在正向的关系，因为实际研发投入未必与反映在财务报表层面的研发投入相同，企业有为了获取税收优惠而进行不准确归集研发费用的动机，例如将不属于研发性质的项目成本或费用、人员薪酬计入研发支出中。另外，目前针对研发费用化的部分与资本化形成的无形资产的相关税收优惠总额是基本无差的，而若研发投入计入到费用中，由于不存在摊销，在当期即可享受全部的税收抵减，对企业的现金流出也形成更大的缓解，因此企业对创新成果的产生或许少了“自发性动机”，造成创新效率与税收优惠不匹配。税收政策制定部门或许可以考虑对费用化和资本化的两种形式下的优惠政策进行倾向性的安排，比如对于形成了资产的部分增大优惠力度。

二是税收优惠在行业间的偏好方面。世界上大部分国家按企业是否进行符合条件的研发活动而非根据其所从事的行业类型来判断能否享受税收优惠，但国内政策对少数行业有所倾斜，专门制定了进一步的优惠政策，尤其是集成电路生产企业、集成电路设计企业和软件企业，而对于其他企业的优惠倾斜相对较少。在科技创新越来越多地渗透到各行各业的背景下，相关政策制定部门可以考虑因地制宜地对更多的行业进行补贴和优惠。

三是税收优惠在促进基础研究的作用方面。目前针对企业在基础研究活动中的税收优惠政策主要集中在增值税的减免上，体现为部分研发机构采购国产设备可全额退还增值税，而尚无专门针对基础研究的所得税优惠措施。如前所述，我国企业在基础研究的投入较少，虽然科研机构的研发成果更接近于企业，但目前我国科研机构的研发经费较少来源于企业。为促进科学研究的研发成果更有效地转化为企业可以利用的技术方法，政府及相关部门或可考虑通过更多税收优惠的方式鼓励企业积极投入基础研究。

数据资产——传统会计框架之外的新经济产物

党的十九届四中全会首次将数据增列为生产要素。随着互联网、大数据、云计算、区块链、人工智能等数字技术的飞速发展，数据成为重要的资源和生产力。数字经济的发展也唤起我们对当前会计原则的反思，如何确认、计量和披露数据资产成为全球学术界和实务界共同面临的挑战。

谭明军（2021）指出，数据资产是指利用现代计算机技术对用户行为信息以及公开信息或从合法渠道所获悉的相关信息，通过数据采集、数据挖掘、数据分析等活动所形成的、能够给企业带来价值或潜在价值的数据资源。[①] 数据资产是无实物形态的，这点和无形资产一样，但数据资产的价值存在较大不确定性，除了数据安全和隐私问题的影响，还来自诸多动态变化的因素，较难追踪和计量。

目前，数据资产尚未被会计确认。在知识经济时代，企业的竞争优势和价值创造越来越依赖于无形资产。但无论是国内还是国际，数据资产均未体现在财务报表中。我们梳理了最新的国内外会计准则规定，发现三大

① 谭明军．论数据资产的概念发展与理论框架［J］．财会月刊，2021（10）：87–93.

会计准则几乎趋同，对于无形资产的内涵规定为：无形资产是企业拥有或者控制的、没有实物形态的、可辨认非货币性资产，须满足与该无形资产有关的经济利益很可能流入企业，且该无形资产的成本能够可靠地计量。根据准则，这里的“可辨认”须满足以下两个条件之一：能够从企业中分离或者划分出来，并能单独或者与相关合同、资产或负债一起，用于出售、转移、授予许可、租赁或者交换；或是源自合同性权利或其他法定权利，无论这些权利是否可以从企业或其他权利和义务中转移或者分离。关于无形资产的外延，目前主要包含土地使用权、软件、商标、著作权、专利权、非专利技术、特许权等，但并不包含数据资产。

绿色经济下可持续发展能力的会计计量与披露

在碳达峰、碳中和“30、60 目标”开启的绿色经济新时代下，如何通过制度创新和技术创新实现可持续发展逐渐成为各方关注焦点。我们将重点讨论碳排放权会计核算以及包含碳排放信息在内的气候风险披露。

碳排放会计核算——为碳交易市场发展保驾护航

当前国际尚无碳排放会计统一核算体系。国际方面，世界主流碳交易市场（欧盟碳排放权交易市场和美国的区域性碳交易市场）尚未适用于碳排放权交易会计处理的统一准则，但权威准则制定机构致力于打造适用于区域性甚至全球的碳排放权会计处理的努力从未停止。FASB 与 IASB 先后推出过 EITF 03-14（《对参与总量 - 交易机制下的排污权会计基准草案》）、IFRIC 3，但均出于排放企业强烈反对或与会计基本准则冲突等种种原因而搁浅或撤回，目前有关污染物定价机制仍为 IASB 2022—2026 年前瞻性工作计划的潜在项目。

国际碳排放会计准则时间线见图 17.5。

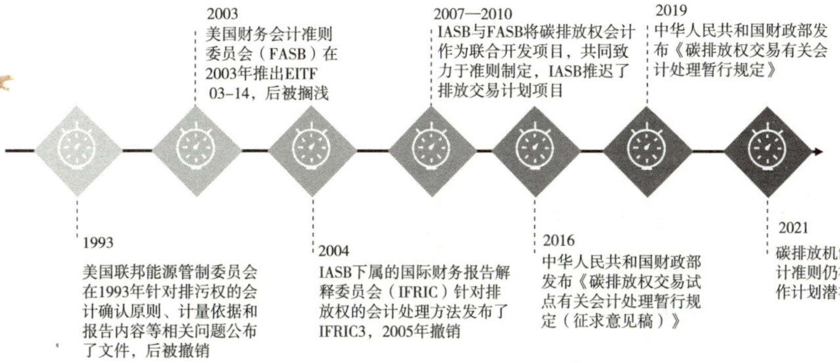

图 17.5　国际碳排放会计准则时间线

注：以上为不完全统计。

资料来源：财政部官网，IASB 官网，FASB 官网，美国环保协会，中金公司研究部。

国内方面，目前我国碳排放权会计核算并未与国际通用处理接轨，但与碳交易市场发展阶段相适应。当前关于碳排放权的会计核算，我国所使用的《碳排放权交易有关会计处理暂行规定》（以下简称《暂行规定》）在 2016 年财政部发布的征求意见稿基础上完善而成。其原因是当前我国碳交易市场尚处于起步阶段，参与主体以及交易品种单一，倘若直接与相对成熟的欧美发达碳交易市场实现会计核算接轨，可能反而为交易企业设置无形的参与壁垒，阻碍参与积极性。因此，我们认为《暂行规定》对碳交易权的确认计量进行了相应的简化处理以适应当前国内碳交易市场发展阶段，站在当前时点是适用的。

横向对比国内外，碳排放权会计处理存在分歧（见表 17.2）；纵向维度，成熟碳交易市场的会计处理也为中长期我国会计核算制度演进提供了参考。虽然目前权威准则制定机构尚未形成适用的碳排放核算准则，但仍在碳排放配额的“资产”属性形成了统一意见。不过分歧也依然广泛存在，碳排放权具体科目归属仍有分歧，如无形资产说、存货说、金

表 17.2　关于碳排放权会计处理的差异对比

		方法一	方法二	方法三	中国	异同
初始确认与计量	免费分配的配额	在配额签发日以市场公允价值计量，贷方计政府补助		在配额签发日以成本计量，政府免费发放配额成本为零	不做账务处理	1. 中国对免费获得配额不进行账务处理 2. 初始确认均以成本入账，中国以“其他流动资产－碳排放权资产”核算，但国外多以无形资产核算
	市场购买的配额	确认并以获取配额的实际成本计量			在购买日将取得的碳排放配额确认为碳排放权资产，并按照成本进行计量	
后续计量	碳排放配额的后续计量	按照配额成本或市场价格进行后续计量，并进行减值测试评估		按照配额成本进行后续计量，并进行减值测试评估	1. 出售购入的碳排放配额：按照出售配额的账面余额，贷记“碳排放权资产”科目，按其差额计入营业外收支 2. 出售无偿取得的碳排放配额：按出售日实际收到或应收的价款，借记“银行存款”“其他应收款”等科目，贷记“营业外收入”	目前国际主流倾向于公允价值计量，而《暂行规定》则强调按照历史成本进行计量
	政府补助的后续计量	政府补助在履约期内系统且合理地摊销		不处理	无	中国将买卖配额所得通过营业外收支计入损益表，而国外主要通过摊销政府补助并确认排放的费用计入损益表

续表

		方法一	方法二	方法三	中国	异同
负债的确认和计量	负债的初始确认	实际碳排放发生时确认		实际碳排放发生时确认，但仅当实际碳排量大于配额时才在财报确认	无	中国暂不涉及碳排放负债核算，方法一、二要求在企业实际排放发生时即确认对应的负债，同时摊销政府补助并确认排放的费用
	负债的计量	在每一会计期末按当时市场价格计量当期履约所需的碳排放额度，无论该额度为已经持有或需要从市场购买	1. 持有的碳排放配额以账面金额计量。（1）历史成本模型：确认时点的市场价值；（2）重估模型：重估日的市场价值并按照先进先出或加权平均法计算 2. 需购买配额部分：市场价值计量	1. 持有的碳排放配额以账面金额计量。（1）免费分配：零值；（2）当期购入（未超过实际排放量部分）：成本并按照先进先出或加权平均法计算 2. 需购买配额部分：市场价值计量	无	

资料来源：财政部官网，美国环保协会，IASB 官网，中金公司研究部。

融资产说等。此外，考虑到因市场不成熟而采用成本计量与强调价值发现而采用公允价值计量之间的取舍等，我们总结主要争论如下。

第一，当前科目归属不利于碳价发现及碳交易市场资源优化配置。目前碳排放权具体资产属性有争议，无论是存货、无形资产还是金融资产，各有理论支撑。但我们认为，站在中期维度，碳排放交易市场日渐成熟，企业不只是为了满足自身碳排放额度的目的，碳价发现机制也日趋完善后，碳交易权不宜再以"其他流动资产"核算，应该需要区分持有目的，界定其资产属性来决定核算科目并通过附注披露碳排放权。

第二，成本计量属性无法反映碳价真实市场价格，一定程度上降低了碳交易市场资源配置有效性。《暂行规定》除初始以成本入账，后续每个会计期末也不会对照市场价值调整碳排放权账面价值。目前国际主流倾向于公允价值计量，我们认为待碳交易市场成熟或须开放公允价值计量。

第三，相关实施细则尚不完善或将影响企业发掘相关经济价值。目前《暂行规定》对碳交易权会计处理暂且采用部分简化处理（如只对购入配额履约进行账务处理、不确认负债和费用等）。当前我国碳交易市场是以碳交易权为主，CCER（国家核证自愿减排量）为辅，但是目前没有专门针对 CCER 的会计核算政策，原则是参照碳交易权处理，但其实两者机制不一致决定了会计处理不一定一致，可能影响企业 CCER 的价值反映。

碳排放信息披露——为可持续发展能力提供标尺

绿色发展背景下，包含碳排放信息披露在内的气候风险披露对企业估值甚至融资的影响不可忽视。根据 MSCI 的研究报告，[①] 企业的业绩及估

① MSCI. Foundations of ESG Investing：How ESG Affects Equity Valuation，Risk，and Performance［EB/OL］. 2019.

值与ESG指标之间存在正相关性。施懿宸等（2021）[①]认为ESG是可以真实衡量企业可持续经营能力的指标，将其纳入战略转型或是创新运维并实现碳中和目标不可或缺的途径。

加强碳排放信息披露，各主要经济体在行动。伴随着各国实现碳中和目标的逐渐明晰，全球各主要证券交易所、监管机构、准则制定机构以及非财务报告组织对包含碳排放信息在内的企业ESG表现及信息披露的要求更新频率加快。2021年上半年美国证券监督管理委员会发布公告，公开征求公众意见，筹备更新2010版《上市公司气候变化信息披露指引》，拟借鉴目前金融界自发形成“TCFD”（气候变化相关财务信息披露工作组）、“SASB”（可持续发展会计准则委员会）等有关气候信息披露的倡议和原则，对2010年的指引进行修订。如上文所述，IASB也于2020年底发布《关于可持续发展报告的咨询文件》，随后在2021年11月第26届联合国气候变化大会宣布正式设立ISSB（国际可持续发展准则理事会）并形成最终决议。2019年底中国香港交易所发布新版《环境、社会及管治报告指引》，将上市公司气候披露要求更新为“不遵守就解释”。碳中和背景下各国均加快了碳排放披露的进一步规范。

当前无论是国内还是国外都尚未建立标准统一、国际可比、为企业决策或监管监督提供有用信息的气候信息披露标准。虽然上文所述机构均有或计划发布气候披露准则或框架，但受众、目标不同，所制订准则的原则、框架也各不相同，导致企业在准备报告时可以选用标准各异的披露准则，从而使报告可读性、可比性以及决策有用性降低。据2017/2018年度CFA（特许金融分析师）/ PRI（负责任投资原则）调查，投资者使用数据的限制条件中，50%的被访者选择了“缺少跨公司可比性”。基于以上问题，

---

① 施懿宸，邓洁琳，楼瑀婷，金蕾.ESG促进碳中和发展要点解析［J］. 新理财，2021（5）：31–34.

2021 年国际权威会计准则制定机构 IASB 基金会旨在设立 ISSB，计划基于现有气候信息披露标准制定 IASB 可持续发展准则，通过与主要国家和地区的标准制定机构合作，以期制定应用灵活性和全球一致性的可持续发展报告标准。

国内方面，我们认为目前国内包括碳排放信息在内的可持续发展报告披露规则及标准存在如下问题及改进空间。

第一，多部门指引，非强制披露。国内包含碳排放信息在内的气候信息披露由包括证监会、交易所以及环境监管部门等多部门出具指引规定，尚无整合的监管及披露指引文件。其中证监会《定期报告内容与格式准则》有关财报中环境信息披露基于是否为环境保护部门公布的重点排污单位而制定不同要求。而对于社会责任报告、可持续发展报告、环境责任报告等专项报告，上市公司需结合实际情况及各交易所要求决定是否披露、如何披露。

第二，披露率仍有提升空间。据北京大学光华管理学院光华－罗特曼信息和资本市场研究中心发布的《2021 中国资本市场信息质量暨上市公司信息透明度指数白皮书》，有 22% 的受访公司表示已形成正式制度，并在年报中披露 ESG 相关信息和发布 ESG 相关报告。科技企业因无强制披露要求，披露率相对较低。据亿欧智库发布的《2021 中国科技企业碳中和责任研究报告》，15.1% 的科技企业进行社会责任信息公开，半导体产品与设备类和通信设备类的信息披露率分别为 17.8% 与 18.9%，硬件与软件服务类数据披露率分别约为 14.3% 与 15.2%。我们认为，随着碳中和目标的驱动，披露率或将会逐年提升。

第三，披露内容不统一，缺少定性定量结合。目前尚无统一且明细的、形成定性加定量的指标体系，以指导包括碳排放在内的气候信息披露，因而气候信息披露工作还存在企业披露内容较为简单、差异化较大等问题。据商道纵横发布的《A 股上市公司 2020 年度 ESG 信息披露统计研究报告》

数据，2020 年有 59.6% 的公司参照 GRI（全球报告倡议组织）的可持续发展报告标准编制 ESG 报告。此外，上交所《上海证券交易所上市公司环境信息披露指引》以及中国香港联交所的《环境、社会及管治报告指引》也是 A 股上市公司参考最多的标准之一。

与创新经济匹配的会计制度

“新经济”呼唤新会计

一方面，需要将新事物相关事项尽可能地在财务报表中得到确认和记录。随着大数据被广泛收集和应用，“类无形资产”成为越来越重要的经济驱动因素，但未在财务报表中确认。气候变化背景下，碳排放交易权的核算和披露也没有形成完整的会计制度与方法。在国内企业准则与国际财务报告准则趋同的背景下，新生的业务触发传统的会计进行调整甚至是重构，是国际共同面临的挑战之一。

另一方面，需要动态地反映资产的真实价值。若会计目标是如实反映，首要满足的是真实性，更注重以公允价值计量；若会计目标是提供对决策有用的会计信息，首要满足的会计信息质量特征是相关性和可靠性，前者指财务报告体现和展示的信息应该与管理层的经济决策有密切联系，后者指上市公司会计报告所反映的内容应该稳定，具有可考察性。相关性与可靠性有时是矛盾的，如以历史成本计量，可能满足了可靠性，但牺牲了相关性。我们认为考虑公允价值计量属性与可靠性之间的平衡十分必要，以此来更好地支持决策管理、成本定价和公司治理。

政策建议及可能的路径选择

完善准则空白地带，充分反映财务报告的重要信息

依据当前的准则无法反映新兴资产的价值，导致财务信息“规则性失真”。[①]“类无形资产”在“新经济”中越来越成为经济增长或企业价值提升的驱动因素，但目前很大程度上没有体现在财务报表中。对于新兴资产而言，短期内企业进行自愿性信息披露或可解决企业内外信息不对称问题，但是长期来看仍需要考虑准则改革的可能。关于资产的边界问题，应该随着经济的发展与时俱进。比如数据资产是无形资产的一个表现形式，满足无形资产的实质——不具有实物形态但能为企业带来经济利益，因此应该考虑在财报中进行确认。

推进公允价值计量，向信息使用者提供多维度的资产真实价值

我们建议真实、中立地反映资产价值，除了引导主体在信息披露中充分利用已有的信息判断，为财报使用者评估主体划分公允价值计量级次的主观程度，建议披露公允价值评估的方法及主要参数、公允价值变动的原因及对财务报表的影响。财务报告是否能正确反映资产的公允价值，除了取决于市场效率的高低外，也取决于编制者自身的客观能力和主观动机。前者随着信息技术的进步和交易市场的逐步完善会提供市场交易的便利性和信息流动性，后者在一定程度上需要政策制定者完善相关的会计准则。若能正确反映资产公允价值，财务信息能更加准确地计量和反映企业的财务状况和经营成果，因此更具有可靠性，便于管理者决策管理。

---

① 吴联生. 会计信息失真的“三分法”：理论框架与证据［J］. 会计研究，2003（1）：25–30.

研发活动

细化资本化时点判断标准。目前国内会计准则关于研发支出费用化或资本化的规定较笼统和简单，难以为企业提供具体的应用指导。我们建议对强科创属性的企业分行业梳理资本化确认的标准，提供具体可参考的行业细分操作指引，以规避“过于谨慎”或“主观操纵”的情形。此外，增加多层次的信息披露。可从基础研究、应用研究和试验开发的角度增加披露企业相关成果情况，如各阶段的投入金额、时间节点、数量等信息，使财报信息除了反映研发投入规模的信息之外，也能反映研发产出的进程和结果，提高财报信息的决策有用性，间接促进企业进行有效创新。

建议在研发支出加计扣除税收优惠政策中，增加创新成果与税收优惠力度的关联。从最终为了提高企业创新产出或效率出发，须防止企业表面上过度依赖通过提高研发投入来获取税收加计扣除的优惠以及满足上市要求的研发投入占比，实际上对创新成果的产出及效率的管理疏于重视。建议考虑增加除了研发投入规模以外的因素，以制定差异化的优惠措施，比如参考研发周期长度及所处研发阶段、研发成果质量、研发失败率等。

建议补充考虑出台更多单独的分行业的税收优惠政策。动态地结合行业特征，避免仅对少部分行业的过度倾斜。对于科技投入高、研发风险高或研发周期长的其他行业出台单独的优惠政策，鼓励这些行业敢于创新，利用创新手段提升自己的竞争力，比如生物医药行业、物流行业、批发零售行业、金融行业等。

建议额外考虑加大对于基础研究研发投入的税收抵扣或直接补贴。由于基础研究一般具有长期性、高不确定性，企业可能会因为短视而倾向于更多投入到后面的开发研究中，但因为基础研究是后续进行应用研究及试验开发的基础，所以可以考虑通过加大税收优惠鼓励企业的创新向更源头的活动延伸，引导企业资金向基础研究转移。

长期维度上从鼓励企业创新的角度来看，准则制定部门可考虑适度降低资本化的“门槛”，比如修订目前的资本化的条件，鼓励企业资本化自己的创新成果，将其在资产负债表中如实和完整地确认。政府部门也可考虑适度放松对于资本化处理的要求，促使企业提高对创新成果管理的积极性，也通过资产的形式向财报信息使用者传递乐观的企业研发前景。

数据资产

我们建议通过制度化的建设，规范相关合规风险与通过表外的披露补充体现数据资产价值。数据安全与合规是数据资产化过程的必要条件和基础，优先明晰数据产权的界定。我们建议政府加快推动数据确权机制的完善，包含数据的所有权、使用权、经营权等一系列的权利。此外，重要的无形资产未被确认，会导致权益的账面价值被低估，财务业绩评价不准确，因此在准则正式被修订之前，可通过增加表外的披露为资产账面价值与市场价值的不一致提供可参考的补充信息，突破传统财务三表的限制。

在相关法规政策相对完善、市场化程序较成熟后，考虑在财务报表中对数据资产进行确认和计量，以认可数据资产对企业创造的价值。确认上，考虑逐步扩大无形资产的边界，丰富无形资产的内涵及外延，或新增报表科目以专门反映数据资产，规范相关会计处理，解决账内信息不对称的问题；计量上，在现有的成本法、收益法和市场法的估值方法基础上，考虑对动态的因素进行评估，如监管、应用场景、数据质量的影响，逐渐形成统一和规范的估值基准。

长期来看，在填补了准则在确认和计量方面的空白后，继续提升披露或列报的规范性。同时，需要全社会在政策法规、技术、经济等方面支持数字经济大环境的发展，以充分释放数据资产的核心价值，助力科技创新。

碳排放权会计核算及披露

建议由监管机构牵头制定包含气候信息披露在内的 ESG 披露纲领性

文件，企业结合纲领性文件、各交易所详细披露指引编制 ESG 报告信息。具体包括：一是建议纲领性文件完善上市公司环境信息分层级披露，除可参考中国香港联合交易所 2019 年修订版《环境、社会及管治报告指引》，将全部环境相关事项提升为“不遵守就解释”外，对于重大环境事项可考虑施行强制披露；二是建议交易所结合中国国情及主要国际披露框架，制定定量加定性分行业细化的披露标准，增加报告信息可比性；三是加强环境信息披露质量监督，落实信息披露重大差错问责机制。

通过税收优惠激发科技企业实施“碳排放披露、碳会计核算”的意愿。初创及成长期科技企业，通常面临短期内实施碳排放披露、碳会计核算的成本压力和长期高收益不对称的困境。从短期来看，企业为实现减排目标，更多的是带来成本增量，如环境管理成本，非但不能明显提高企业的经济利益，甚至可能拖累企业短期盈利。而且，资本市场的反应存在滞后期，因此碳信息披露对企业价值的积极作用很难在短期显现。但从长期来看，完善的碳信息披露能有效引导市场资金流向企业，提高企业价值。所以，我们建议适当给予税收优惠或补贴，以提高该类企业参与施行碳排放披露、碳会计核算的积极性。

开放碳排放权的公允价值计量。目前国际主流倾向于公允价值计量，而我国目前考虑碳交易市场尚不成熟，碳交易权公允价值获取尚有难度，暂时简化处理为成本入账。随着碳交易市场日渐成熟，碳市场交易量大幅上升，一方面公允碳价获取变得相对可行，另一方面开放公允价值计量本身也会正向促进公允碳价发现机制走向成熟，双向良性循环机制下有利于整个碳交易市场实现最优资源配置。

完善《暂行规定》中对不同行业适用以及相关实施细则。一是补充有关 CCER 的会计核算细则，二是在会计准则设计上应该对科技助力碳减排有对应的激励机制。

第十八章

投资机遇：把握科技创新趋势

投资创新的收益分为内部收益和社会收益。内部收益高的创新项目更容易在私人部门自发实现；而短期收益不确定或成本较高，但对社会有长期积极影响的创新领域，私人部门可能难以自发实现，因此政府干预成为必要。投资者投资于创新，一方面固然希望获取其内部收益，另一方面也帮助了创新的社会收益实现，从而具有正外部性，建立有利于投资创新和创新者融资的机制环境，对当下中国加大科技创新力度有现实意义。创新的产生与传播是两个相关联但并非总是一体的过程，探讨投资于创新，可能一部分讨论的是投资于创新的产生本身（如研发活动产生新的技术和知识）；另一部分，甚至大多数情况是在讨论创新的传播。过去 20 年投资中国互联网领域的企业，大多数情况下其实是投资互联网技术在中国的传播，而并非投资于互联网技术本身。当前中国更迫切的问题可能是投资于创新的产生（而不只是创新的传播），这有助于我们理解政策制定者在中国需要大规模推动科技创新的同时，还坚持在互联网平台反垄断的原因。

科技创新估值更像一门艺术，在学术研究中还没有统一的创新估值框架。综合历史经验及理论研究，科技创新估值泡沫相对频繁地发生，其中有科技创新容易引致高收益预期、人类行为非理性、宏观条件助推等多方面原因，可能是内生于人类社会的、前验地看难以预测、后验地看不可避免的一种现象。从政策制定者的角度来看，与其在很难前验判断的情况下采取政策绝对地杜绝估值泡沫，不如从机制设计和监管引导上基于人类历史上泡沫的经验教训，引导资本进入对社会回报高的创新项目和方向。另外，各类资产价格泡沫破灭是否会对经济和金融体系造成持久伤害，取决于泡沫产生过程中过度借贷及杠杆融资所起的作用。要充分释放科技创新的社会回报、减小创新估值泡沫破灭的经济和金融冲击，较为关键的是加强金融监管、防止过度借贷和融资杠杆使用。在投资实践中，识别估值泡沫拐点的难度较大，产业周期的拐点、宏观政策和流动性边际变化、情绪等指标，可能将提供一定的参考。

是投资科技行业，还是投资消费行业？科技和消费是最近 20 年在全球和中国最受投资人关注的行业，但两者的风险回报特征差异显著。科技行业回报爆发力强但波动较大，而消费行业长线收益突出、相对稳定。从供给和需求受技术变动影响的维度来看，科技行业往往供给侧和需求侧都受技术进步影响，而消费行业供需两侧受影响较小。科技公司难以通过品牌和先发优势形成核心竞争力；其专利护城河依赖持续高研发投入，并非一劳永逸；科技公司在动态变化的竞争格局和技术路线中依赖核心管理层的战略决策；在数字经济发展大潮下，科技公司的数据资源垄断也面临监管风险，这些因素使科技和消费行业投资特征非常不同，从而可能适用不同的投资策略。相比消费行业更适合自下而上精选个股，科技行业可能更适合通过组合或指数化方式来抓住创新机遇。

投资中国的科技创新和产业升级前景广阔。规模经济产生于分工专业性、单位成本降低以及规模带来的复杂性和多样性，我们预计中国即将成为工业革命推动规模化生产以来全球最大的单一市场，能最有效地将供给侧的规模化生产与需求侧的大市场结合。尽管中国的科技创新和产业升级仍充满波折，但中国从“三低一弱”的传统“中国制造”逐步走向“三高一强”的“新中国制造”，仍是值得投资的趋势。我们将中国科技创新与产业升级领域进行分类，筛选出努力实现产业自主、逐渐成长壮大和走向全球化的产业链中的优质公司，建立“中国科技创新与产业升级机遇指数”，供投资者参考。从长期的视角来看，要关注中国产业升级所基于的基本优势是否尚存及何时耗尽，以及在其耗尽后对中国及全球增长与全球资产价格的潜在影响。[①]

---

① 本章作者：王汉锋、黄凯松。

在本章中，我们探讨与投资创新相关的几个问题。第一，投资科技创新的收益来源；第二，投资科技创新与创新的估值，特别是估值泡沫问题；第三，投资科技创新与投资消费板块的异同；第四，如何理解和投资于中国的科技创新与产业升级趋势。我们在上述基础上构建了中金科技创新与产业升级指数。

创新收益的来源

创新的内部收益和社会收益

创新具有外部性，创新带来的收益包括内部收益及社会收益，内部收益即对创新者个人或个体带来的收益，社会收益即创新提高社会整体效率、推动社会发展。[①] 但是创新者的投入一般是个人先投入，而收益具有

① Morck R. Kindleberger Cycles & Economic Growth：Method in the Madness of Crowds？［R］. National Bureau of Economic Research，2021.

较大不确定性。因此从整个社会的角度看，存在潜在的市场失灵，即在没有外部力量的作用下，那些潜在社会回报比较高而内部收益不足的创新项目可能无法由市场机制自主实现，从而无法实现全社会福利最优。

一般来说，创新内部收益足够高的领域，私人部门创新就会自发实现，比如一些应用领域的创新，如通信终端手机近 20 多年的不断迭代和演进，主要是私人部门主导的。而一些领域创新短期收益非常不确定或者成本较高，但对社会中长期可能有较为明显的影响，私人部门可能难以自发实现，比如基础科学领域的创新。这种情况下，政府的干预就较为必要。例如，美国政府协调 20 世纪在核能、计算机、互联网及飞机发动机等关键领域的创新投入，实现了这些对私人部门来说投入成本高、研发不确定性高，但社会回报相对高的领域的突破，从而奠定了“二战”后美国在全球科技和私人部门科技应用发展领先的基础。①

投资于创新，一方面固然是希望获取创新的内部收益，另一方面也是在帮助创新的社会收益实现。从这种意义上说，投资于创新其实也有一定的正外部性。从监管者的角度看，建立有利于投资创新和创新者融资的机制环境，包括理顺股权投资的一二级市场（风险投资及私募股权投资、二级股票市场投融资体系）、建立股权投资、交易、退出等环节的规范体系，既能实现创新的内部收益，也有助于实现创新的社会收益。这一点对当下中国加大科技创新力度有很强的现实意义，鼓励社会资金投资于创新、建立有利于创新项目投资融资实现的机制环境，有助于推动创新，并实现创新的内部回报和社会回报。

① Morris G . Land of Promise：An Economic History of the United States［J］. Revista de estudios histórico-jurídicos, 2013, 23（29）：515–529.

创新的产生与传播

创新的产生与创新的传播是两个相关联但并非总是一体的过程。这种区分对理解创新的收益来源和投资选择也有一定的帮助。

技术创新产生的新的技术、新的知识本身如果不市场化，并不会独立产生收益；技术创新的实现，再叠加技术创新的市场化、应用于经济活动，才会产生收益。举例来说，火药技术在中国首先被发明（创新的产生），但火药技术被充分、大规模地应用并产生系统性的经济和社会影响（创新的传播），并不是在中国。苹果智能手机涉及的大部分技术创新在2007年苹果发布第一部真正的智能手机之前就已经存在了（创新的产生）；但是，苹果公司通过这些技术的组合实现创新产品，让这些技术创新大规模地普及，实现了用户体验的改进和社会效率的提升（创新的传播）。

美国著名学者艾维罗特·罗格斯最早在20世纪60年代开始开创性地对创新如何传播进行研究。[①] 个体接受新理念、新技术、新产品的进程分为5个阶段，即获悉、说服、决策、执行、确认，在每个阶段个体都可能会放弃接受新的理念或新的产品。一项创新是否容易被个体接受即创新传播的速度，受5个方面因素的影响，包括相对优势（接受创新带来的好处和优势）、适配性（接受创新要做出的改变的大小）、复杂性（理解和使用创新的难度）、可试用性（在正式接受之前是否可以试用的程度）、可观察性（创新的效果是否可以通过观察别人的使用看出来）。根据这些分析，罗格斯将新的理念和新的技术在社会体系内接受的个体吸收创新的时间分为5个类别：创新者、早期接受者、早期多数、晚期多数、落后者（见图18.1）。

按照这样划分，一定程度上可以帮助理解为什么一些新产品的渗透

---

① Rogers E. Diffusion of Innovations，1962.

率提升都呈现S形曲线（比如近些年个人电脑的普及率进展、某个App如微信的互联网用户数进展、智能手机的普及率进展等），并且有些产品的S形曲线较为“陡峭”（导入速度快），而有些产品的S形曲线则较为“平缓”（导入速度相对慢），这也帮助理解了创新的投资。格里利谢斯（1957）① 对一种新杂交玉米品种在美国不同地区传播速度的经济学研究发现，在不同地区这种新玉米品种的传播就呈现出不同斜率的S形曲线（见图18.2）。

这些分析之所以对投资于创新重要，是因为这种框架能帮助我们理解我们到底是在投资于创新的产生还是创新的传播，投资一项创新带来潜在收益的可能性及收益的大小，以及帮助我们理解科创项目在传播不同阶段估值水平的动态变化（下文还会探讨科技创新的估值问题）。

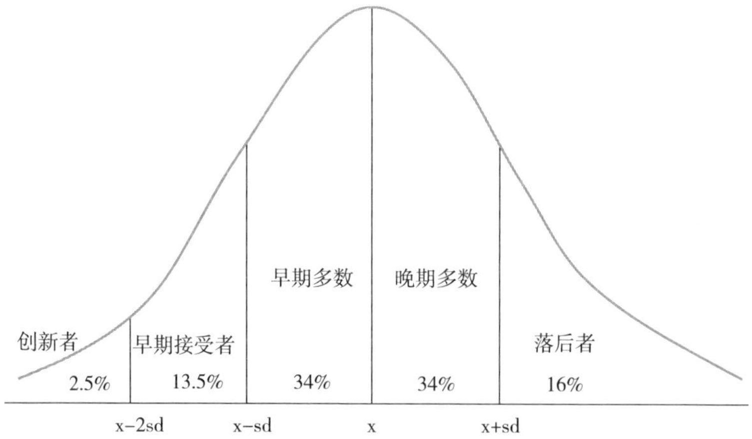

图18.1 罗格斯提出的创新传播中的5个类别

注：罗格斯将早期尝试者用平均采用时间（x）以及标准差（sd）进行分类。

资料来源：https://leif.me/on-the-diffusion-of-innovations-how-new-ideas-spread/，中金公司研究部。

① Griliches Z . Hybrid Corn：An Exploration in the Economics of Technological Change［J］. Econometrica, 1957, 25（4）：501–522.

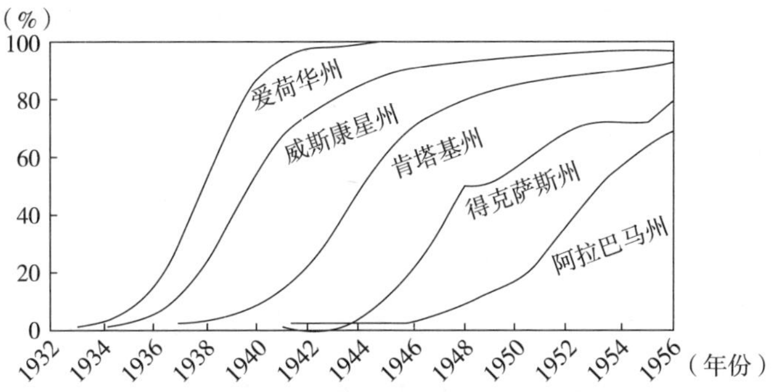

图 18.2 新产品的传播导入往往呈不同斜率的 S 形曲线

资料来源：Zvi Griliches（1957），中金公司研究部。

是投资于创新的产生，还是投资于创新的传播？我们这里探讨投资创新，可能一部分讨论的是投资于创新的产生本身（如研究开发活动产生新的技术、新的知识等）；另一部分，甚至在大多数情况下，是在讨论创新的传播（新的技术和知识应用到实践、创新产品的推广等）。比如过去 20 年投资中国互联网领域的企业，在相当长的时间和大多数情况下，其实是投资于互联网技术在中国的传播（互联网在中国的应用和推广），而并非投资于互联网技术的产生本身（技术本身最开始并非产生于中国）。当前中国更为迫切的问题可能是投资于创新的产生。这在一定程度上能帮助我们理解，政策制定者在中国需要大规模推动科技创新的同时，为何还在推进互联网平台反垄断。

创新可接受程度、容易传播程度越高，投资收益实现的可能性越大。比如新手机导入难度比新汽车导入的难度就会小很多，前者与后者相比，手机新品相对于汽车新品，优势是更容易直接体验、可观察性更强、适配性更高，智能手机的普及可能会比当前新能源电动车的普及更快。从 2007 年苹果公司发布第一部真正的智能手机，到 2015 年中国智能手机普及率达到 90%，只用了 8 年时间。而新能源电动车，如特斯拉 2013 年推出 Model S 至今，在全球新车销售中的普及率可能还不到 10%。微信在

2010—2015 年的快速普及和腾讯股价的上涨，也能说明一项创新成功被接受对其投资收益大小的影响。

理解创新传播的进程，有助于帮助我们理解创新项目实现增长的阶段及对应估值的动态变化。一般来说，创新项目的“创新者”和“早期接受者”阶段可实现的增长较快，项目的估值也会较高，容易产生估值泡沫；而在创新项目导入进入“早期多数”阶段，渗透率已经达到一定阶段，项目的收入和盈利增速已经进入平缓期，这个时候也就到了估值面临拐点的时期。等到多数个体都接受创新的阶段，项目估值和股价表现就会过了引入这项创新推动的最佳表现期。2010 年之后智能手机在国内的渗透率提升及对应的手机零部件相关行业的股价及估值表现周期，也能辅助说明这一特点。

科技创新与估值泡沫

与科技创新投资相关的，还有一个值得探讨的是科技创新的估值问题。

科技创新的估值，是以货币的形式来量化科技创新的市场价值。科技创新的估值在理论文献中一直是尚待解决的难题。法国国家科学研究中心教授沙纳隆（2013）[①] 对科技创新估值方面的研究进行了总结回顾。创新之所以难以估值，因为其涉及的是新技术、新产品、新市场、新流程、新模式等，而且往往涉及无形资产，其不确定性来自各个方面。创新策略可能比买彩票更不确定，因为创新活动成功概率的分布及成功后的回报均不确定；[②] 同时，科技创新的估值是艺术而非科学的说法并不是耸人听闻的，

① Chanaron J. J. Innovation Valuation：Guesswork or Formalized Framework? A Literature Review ［J］. Emerging Dimensions of Technology Management, 2013：17–33.

② Coad A., Rao R. Innovation and market value：a quantile regression analysis［J］. Economics Bulletin, 2006, 15（13）.

在事前就以量化技术研究其商业回报的联系是一件难处理的事情。[①] 估值是一种主观的活动，就像每个人的审美千差万别一样。

尽管如此，流动性足够的股票二级市场还是为创新公司的估值提供了一个由“投票机制”形成的估值体系。股票二级市场对科技创新的估值常常面临“估值泡沫”的问题。如何判断是否为“估值泡沫”，这是另外一个跟科技创新估值相关的、难有确切答案的问题。奎恩（2019）[②] 对工业革命时期自行车的发明带来的投机泡沫做了历史回顾及定量分析。历史上大的科技创新和技术突破带来了潜在的大改变，但也往往容易引致投机类的估值泡沫。另外一条思路是，学术界也有从行为经济学的角度阐释导致投机泡沫时常发生的行为学特征。[③④⑤] 同时学术界也有对包含科技泡沫在内的各类资产价格泡沫形成的宏观经济条件进行分析的学术研究。

总体上看，科技创新与估值泡沫相伴相生的原因至少可以从以下 3 个方面来理解。

一是科技创新本身带来高回报以及与高回报相伴相生的不确定性。确定性的高回报可能不会带来估值泡沫，因为缺乏想象空间。历史上的科技创新经常带来“大事件”而引致投资上的疯狂，像 18 世纪 90 年代英国因技术进步开凿的运河，19 世纪 40 年代英国的铁路，20 世纪 20 年代美国的电力、收音机、内燃机以及 90 年代的信息技术等。科技创新带来“大

---

① Park Y., Park G. A new method for technology valuation in monetary value：procedure and application［J］. Technovation, 2004, 24（5）：387–394.

② Quinn W. Technological revolutions and speculative finance：evidence from the British Bicycle Mania［J］. Cambridge Journal of Economics, 2019, 43（2）：271–294.

③ De Bondt W. F. M., Thaler R. Does the stock market overreact?［J］. The Journal of finance, 1985, 40（3）：793–805.

④ Lux T. Herd behaviour, bubbles and crashes［J］. The economic journal, 1995, 105（431）：881–896.

⑤ Kaizoji T. A behavioral model of bubbles and crashes［J］. 2010.

事件”以及与之相关的不确定性，是估值泡沫产生的“内因”。①

二是人行为特征的非理性。行为金融学的理论研究表明，人的行为特征具有过度自信、回顾偏差（人容易过高估计自身根据过去的经历来预知未来的能力）、确认偏差（人容易选择性地获取支持现有理论或趋势的信息，而忽略与现有理论不一致的信息）、从众行为等，这些行为特征都可能对泡沫的产生有推动作用。投机泡沫在历史上重复产生、频繁发生，可能重要的原因之一就是人的这些行为特征内生于人本身，是估值泡沫产生的“外因”。

三是宏观条件的配合。有些研究也显示，相对宽松的货币与借贷条件、杠杆融资等宏观环境，对估值泡沫的产生也有辅助作用。例如日本央行在对 20 世纪 80 年代末日本资产价格泡沫的回顾文章中就提到了当时相对宽松的货币政策的影响，② 也有研究表明历史上的资产价格泡沫形成之前都有相对扩张性或宽松的货币政策。③ 宏观条件是估值泡沫产生的辅助条件。

综合来看，科技创新带来的乐观预期，结合人的非理性行为，再叠加一定的宏观经济及政策条件，可能使科技泡沫时常发生，是人类社会前验地看难以预测、后验地看不可避免的社会现象。就如华尔街 20 世纪 20 年代著名投机者杰西·利弗莫尔（1923）所说，“当你阅读当代关于繁荣或恐慌的描述时，最让你印象深刻的一件事是，今天的股票投机或股票投机者与过去的区别如此之小。游戏不会变，人性也不会变”。也正因为如此，布伦纳迈耶和施纳贝尔（2015）在对人类近代史各类资产价格泡沫（含科

---

① Goldfarb B., Kirsch D. A. Review of Bubbles and Crashes：The Boom and Bust of Technological Innovation [J]. Social Forces, 2019.

② Shiratsuka S. The asset price bubble in Japan in the 1980s：lessons for financial and macroeconomic stability [J]. BIS Papers chapters, 2005, 21：42–62.

③ Brunnermeier M. K., Schnabel I. Bubbles and Central Banks：Historical Perspectives [J]. CEPR Discussion Papers, 2015.

技泡沫）回顾的基础上承认，主动地用政策工具管理或提前刺破“泡沫”可能存在较大困难，因为这可能不完全是个宏观政策问题。

另外，创新项目可能因内部回报的不足而难以实现（潜在市场失灵）。与科技创新伴生的估值泡沫可能推动创新的社会回报实现，而并非一无是处。默克（2021）的研究表明，与科技创新时常相伴发生的科技估值泡沫可能是让内部回报不足、社会回报很大的创新项目，是拿到与社会回报相匹配的资本、从而得以加快实现的一种形式。如科创类的公司如果获得相对较高的估值，往往倾向于在估值相对高位增发融资。我们不去评论这样的融资是否值得参与，但一定程度上，这类现象可以加快科技创新项目落地，从而在加速实现创新的内部回报的同时，也帮助创新的社会回报尽快实现。

因此，正是因为科技创新估值泡沫能帮助创新的社会回报实现，它与其他类别的单纯资产价格泡沫（如普遍的股市泡沫、房地产泡沫）等也有一定差异。目前理论上探讨这一比较的文献还比较少。米恩和苏菲（2014）① 探讨了为什么美国的科技泡沫破灭没有严重损害经济而房地产泡沫破灭则导致了全面的经济与金融危机，② 他们认为这种差异主要是科技泡沫和房地产泡沫影响的群体不同以及这些人群的债务水平不同导致的，科技泡沫影响更多的是富人，而房地产泡沫影响更多的是穷人且这些人债务水平较高。上文提到的布伦纳迈耶和施纳贝尔（2015）也指出，泡沫破灭后对经济损害的严重程度，与泡沫资产的类型相比，可能与泡沫产生中的融资类型更相关。也就是说，资产价格泡沫破灭时是否会严重损害经济或者损害经济的程度，跟泡沫产生中是否有过度借贷和杠杆有关。以中国自身的股

---

① Mian A., Sufi A. What explains the 2007–2009 drop in employment？［J］. Econometrica, 2014, 82（6）: 2197–2223.

② 参见 https://fivethirtyeight.com/features/why-the-housing-bubble-tanked-the-economy-and-the-tech-bubble-didnt/。

市案例来看，2007 年股市泡沫的破灭，并未造成中国自身金融体系的大动荡，根本的原因之一可能是当时跟股市相关的借贷及杠杆融资并不多；相反 2015 年的股市泡沫破灭，就冲击了金融体系的稳定，甚至不得不采取救市举措，这与当时杠杆融资的大量使用有关。20 世纪 90 年代初日本的股市和房地产泡沫破灭严重地拖累了经济并影响其金融体系，也与泡沫产生中的过度借贷和杠杆有关。因此，从监管的角度看，如果科技创新的估值泡沫难以预测和衡量，可以在事前和事中尽量加强金融监管，防止杠杆过度使用以尽量减小泡沫破灭、估值波动对金融和经济稳定造成的负面影响。

投资科技板块还是投资消费板块

与产业升级关联的多数行业是科技及制造业，而另一个被较多投资者钟爱的领域是消费行业。但是，科技与制造业及消费行业在股价表现上呈现出不同的特征。

尽管科技行业往往能带来较好的投资收益，但是科技龙头随时间而变迁，而消费龙头长期相对稳定；从行业内部来看，美国市值最大的 10 家科技公司、医疗健康类公司频繁轮换，而市值排名靠前的消费公司则相对稳定（见表 18.1 和表 18.2）；同时，从不同区间的历史回顾看，科技龙头超额收益确定性低，消费龙头则相对稳健。中国市场虽有所不同，但也呈现类似特征。正因为如此，投资者在惊叹投资于科技创新带来的惊人收益的同时，也对著名投资人如巴菲特等鲜有投资科技股而钟爱消费类股票赞誉有加。

从理论层面看，经济学中与鲍莫尔病相关的理论可能对为何科技股长期表现出较大不确定性做出了一定的解释。技术进步叠加竞争的效果，使科技制造类产品的价格在中长线不断下降。例如技术进步使算力呈指数级

表 18.1　美股消费公司中有 7 家长期位于市值前 10，榜单相对稳定（单位：亿美元）

1995 年十强	总市值	2000 年十强	总市值	2005 年十强	总市值	2010 年十强	总市值	2015 年十强	总市值	2020 年十强	总市值
可口可乐	939	沃尔玛	3 079	沃尔玛	2 237	沃尔玛	2 037	沃尔玛	2 768	沃尔玛	4 078
高特利	754	家得宝	1 582	宝洁	1 397	宝洁	1 771	宝洁	2 461	宝洁	3 450
宝洁	570	宝洁	1 442	高特利	1 254	可口可乐	1 321	可口可乐	1 849	迪士尼	3 280
沃尔玛	511	可口可乐	1 439	可口可乐	1 007	百事可乐	949	迪士尼	1 597	家得宝	2 860
百事可乐	440	迪士尼	606	家得宝	939	菲利普莫里斯	918	百事可乐	1 415	可口可乐	2 357
麦当劳	314	高特利	547	百事可乐	879	麦当劳	674	家得宝	1 383	耐克公司	2 221
迪士尼	309	麦当劳	546	亿滋国际	609	迪士尼	601	菲利普莫里斯	1 266	百事可乐	2 049
吉列公司（退）	231	百事可乐	515	迪士尼	568	家得宝	492	高特利	974	好市多	1 669
家得宝	228	吉列公司（退）	442	塔吉特公司	465	高露洁棕榄	408	麦当劳	912	麦当劳	1 599
家乐氏	168	盖普公司	391	劳氏	445	高特利	407	耐克公司	828	菲利普莫里斯	1 289

注：黑色表示6次在榜单上，浅灰色表示5次在榜单上，灰色表示当前已退市，其中菲利普莫里斯在2008年从高特利分拆出去，成为两家公司。

资料来源：彭博资讯，中金公司研究部。

表 18.2 美股信息技术行业仅微软和英特尔长期排名市值前 10，且有大量早期龙头公司退市（单位：亿美元）

1995 年十强	总市值	2000 年十强	总市值	2005 年十强	总市值	2010 年十强	总市值	2015 年十强	总市值	2020 年十强	总市值
微软	518	微软	6 010	微软	2 904.89	微软	2 706.36	苹果	6 474	苹果	22 560
IBM	510	思科	3 551	IBM	1 641	谷歌	1 967	微软	3 829	微软	16 816
英特尔	466	英特尔	2 750	英特尔	1 479	苹果	1 896	谷歌	3 584	亚马逊	16 342
惠普	429	朗讯科技（退）	2 357	思科	1 272	IBM	1 720	Facebook	2 182	谷歌	11 853
Perspecta(退)	252	IBM	1 925	戴尔（退）	1 047	思科	1 377	甲骨文	1 975	Facebook	7 780
思科	206	甲骨文	1 595	eBay 公司	771	甲骨文	1 229	英特尔	1 755	英伟达	3 232
甲骨文	184	戴尔（退）	1 301	甲骨文	717	惠普	1 218	IBM	1 588	奥多比	2 399
施乐	148	太阳微（退）	1 210	高通公司	695	英特尔	1 126	亚马逊公司	1 437	奈飞	2 389
冠群国际（退）	137	惠普	1 159	惠普	633	高通公司	773	思科	1 422	英特尔	2 042
康柏电脑（退）	128	雅虎（退）	1 139	雅虎（退）	527	EMC 公司（退）	356	高通公司	1 236	Salesforce	2 037

注：黑色表示 6 次在榜单上，灰色表示 5 次在榜单上，浅灰色表示当前已退市。

资料来源：彭博资讯，中金公司研究部。

增长，不断为使用者创造新需求，但每 1 000 美元可购买算力呈指数级增长也反映了价格的下降。

另外，科技创新对供给和需求影响的大小也能为我们理解不同行业的投资特征提供一定的参考。我们从技术创新对需求和供给影响大小的角度将不同领域分类，可以将技术创新对需求影响大小及供给影响大小分为四个象限。从社会发展长周期的维度来看，供给和需求不受科技创新影响的行业相对较少；但从中短周期的维度看，不同行业供给和需求受科技创新影响的大小会有明显差异，从而表现出不同的投资特征。科技创新较为密集的行业往往是供给和需求双侧都容易受科技创新影响而变化较快、较大的领域，最典型的就是通信领域，比如通信设备手机等。从供给侧来看，技术创新使个人通信设备从最开始的模拟机、寻呼机，到功能手机，再到现在的智能手机，不断进化；从需求侧看，虽然人们最根本的通信需求似乎变化不大，但需求的内容随着技术革新而不断升级：从模拟信号到数字信号，从文本到图片，再到视频等。而传统消费领域，如食品饮料行业，供给需求虽然也受科技创新影响，但整体影响要相对小很多。

上述分析框架反映了科技行业的竞争格局较为动态，行业龙头容易在频繁的技术迭代中被赶超，经营状况和盈利水平不确定性也更高；相比之下，消费行业的格局则相对稳定，龙头公司领先优势一旦确立，被逆转的可能性就相对小。

从实际投资的层面上看，与消费类公司相比，科技创新类公司投资难度更大且长期收益的不确定性也更高，主要原因在于缺乏相对坚固的护城河，我们进行了以下 4 个方面的归纳。

首先，科技公司难以具备消费公司通过品牌和先发优势形成的核心竞争力。历史积淀的品牌是消费公司实现产品差异化的重要方式，是避免完全竞争并获取超额利润的核心竞争力之一。对于许多难以通过感官精确辨别的消费品，企业依靠长期口碑或广告宣传使消费者形成认知，往往更能影响其消费选择，在这方面有较多的实证和理论研究。但在科技领域，产品消费者往往更关注功能方面的需求，无论前期领先其他对手多长时间，已经抢占多大市场份额，可能都无法阻碍功能更优或节省成本的新产品和新技术颠覆当前的优势，特别是在那些产品周期比较短、迭代快的行业。我们只需要回顾信息时代中的个人电脑、手机等产业发生的变局就能理解这些特征。

其次，科技公司的专利护城河需要持续高资本开支和研发投入，并非一劳永逸。专利权是科技行业构筑技术壁垒的主要体现，本质也是一种行政壁垒保护。一方面专利权具有一定有效期；另一方面，其虽然具有排他性，但在高利润的驱使下，专利权可以被挑战甚至可能很快失去价值。在美国，创新药市场的“专利悬崖”案例随处可见。

再次，科技公司在不断动态变化的竞争格局和技术路线中依赖于核心管理层的战略决策和管理能力。消费公司之所以百年老店较多，是因为产品和消费者偏好变化并不剧烈，管理层在不出现重大决策失误的前提下，依靠品牌传承往往不会很快丧失竞争优势。但科技公司在每一轮技术周期都会面临十字路口的选择，例如是否跟随技术发展而转型业务，是否拓展新的市场等，除了依赖于管理者的正确判断，更重要的是在趋势来临之前能进行前瞻，因此创始人和管理者的能力、眼界甚至运气都至关重要。科技公司的创新具有高度不确定性，不创新可能被淘汰，选择创新可能要放弃既有优势。投资者对于科技公司的管理者和创始人往往关注度较高，美国风险投资行业也有“风险投资就是投人”的说法，成功走到最后的行业龙头高度依赖于管理者在每次十字路口都做出正确选择。美国大型科技公司微软和苹果在信息科技发展的不同阶段的起落及管理层更迭，也能直观地说明对科技公司来说核心管理者的战略眼光及管理能力的重要性。

最后，数字经济发展大潮下，科技公司的数据资源垄断也面临监管风险。近些年来随着科技发展的深入，数字经济及互联网平台越来越重要。

但在数字经济发展中，互联网平台的反垄断问题及数据这种新要素的使用权和安全问题，也受到各主要国家及地区政府的关注，包括欧洲、美国及中国等。我们观察到一些数字经济平台已形成数字资源垄断，但与此相对应的是其也面临反垄断和监管的风险。

科技公司投资收益的吸引力之一在于供给创造需求。消费品公司因为行业革命性的变革相对较少，往往拥有强护城河和长期超额利润，而科技公司难有稳定的护城河，不确定性相对较高，那么其投资价值究竟在哪？消费类产品相对固定，公司的长期需求空间也往往相对确定，需求决定供给。消费品公司需求决定供给的特点，体现在行业的天花板最终是可以基于现有人口、可能的渗透率和人均消费量计算的，而且其利润来自将消费者剩余转为生产者剩余，同样也表明利润空间可能是有限的，欧美部分消费品百年老店已经体现出增长停滞。而科技公司往往是供给创造需求，需求空间理论上是无限的。科技公司虽然具有种种不确定性，但创新的产品意味着新的需求，业绩爆发性增长的可能性更高。乔布斯曾说“消费者并不知道自己需要什么，直到我们拿出自己的产品”，正是反映科技公司利用技术组合实现新产品、主动创造需求的特征。

指数化投资可能是科技创新与产业升级相对较好的投资方式。长期投资科技类公司的难度大，因为面临护城河不够坚实、十字路口抉择以及破坏式创新等问题，这意味着选单个科技公司难度大，我们很难预知某一赛道最终谁能胜出。但如果将某一创新赛道的多个公司看作一个组合，大概率能够实现具有正外部性和新需求的超预期价值。从投资角度看，与前述消费龙头适合自下而上选龙头个股不同，投资科技创新与产业升级可能更适合选择赛道、采取组合投资或指数化方式。美国 ETF（交易型开放式指数基金）的表现能说明这一点。2005—2020 年底收益达 766%，大幅跑赢纳斯达克指数的 492%，同时也跑赢其他行业 ETF。信息技术 ETF 相较于直接买入龙头组合的收益率也更高，因为在技术进步过程中被淘汰的旧企业将被剔除出持仓，而脸书、赛富时等顺应新技术发展的成长股又将被纳入，符合科技产业在技术进步过程中领导者轮换的特征。

同样，是投资中国的科技创新与产业升级趋势，还是投资消费升级趋势，也是相关的问题，我们将在最后一节来探讨这一问题。

投资中国的科技创新与产业升级趋势

中国产业升级的基本逻辑及趋势

中国的“科技创新”与“产业升级”，从实践意义上说，是一个趋势的两种不同表达。因此，在本章中，我们以“产业升级”来描述中国制造业在全球与本土的竞争中通过技术、产品、组织等维度的广义创新，不断从“低附加值、低技术含量、低质量、弱品牌”（“三低一弱”）的传统中国制造，逐步走向“高附加值、高技术含量、高质量、强品牌”（“三高一强”）的“新中国制造”的过程。

德国卡尔斯鲁厄应用技术大学生产管理学教授罗泽（2016）[①] 基于制造业从业经历及对制造业历史的研究，系统地阐述了从石器时代到现代制造业的演进及未来，全球制造业演变的方向是“更快、更好、更便宜”。其在丰田、博世等世界著名制造业企业的工作经历和机械工程学博士的学历，使他对制造业历史的阐述兼具专业和理论深度。但我们认为，中国目前正在发生的产业升级进程，基于其“史无前例”的潜在规模等因素，才是真正的人类社会制造史走向更具体的写照。

---

① Roser C . “Faster, Better, Cheaper” in the History of Manufacturing：From the Stone Age to Lean Manufacturing and Beyond［M］. America：Productivity Press, 2016.

中国将是“史无前例”的单一大市场，“量变”带来“质变”

综合来看，我们认为应该站在长周期历史的角度来看待中国的产业升级对中国及全球的影响，及其背后隐含的投资含义。制造业发展推动经济增长的本质，如前所述，一方面是由于技术进步本身（创新的产生），另一方面是由于技术进步的规模化应用（创新的传播），即大规模生产实现技术进步带来的好处。18 世纪中叶起源于英国的工业革命最基本的特征就是规模化生产替代手工作坊。供给侧的规模化生产以及需求侧的跨国贸易带来的全球化需求，共同推动了当时资本主义经济体的大发展。

但是，直到中国加入全球分工体系，以经合组织国家覆盖的人口来类比工业革命带来的规模化生产已经覆盖的总人口，可能也就相当于中国当前的人口规模。目前中国正在逐步取代美国，成为全世界最大的单一零售消费市场。因为中国人口规模、国土面积等因素，我们认为这将是人类历史上“史无前例”的单一大市场。工业革命带来的规模化生产，遇上中国这一“史无前例”的单一大市场，才算真正充分地展现了“史无前例”的“规模化”生产带来的红利，这是中国产业升级最值得重视的方面。

规模经济的含义最早在亚当·斯密的《国富论》中有所阐述。在《国富论》上卷第一篇前三章中，亚当·斯密论述了劳动分工的作用，而劳动分工是“规模化生产”的一种体现。现代经济增长理论中并没有“显性”地讨论“规模”对经济增长和效率提升的作用，但“规模”对效率提升和经济增长的作用“隐性”地体现在现代经济增长模型中。具体来说，可以从以下 3 个方面来看经济中“规模”的作用。

一是规模化促进劳动分工带来的专业性提升。这是亚当·斯密在对劳动分工的阐述中所隐含的规模的作用。更大的生产规模能够带来更细致的分工，提升单一分工的专业化程度，从而达到提升效率的作用。

二是规模化降低单位成本。生产工厂的部分成本具有不可分割性，越大的生产规模可能带来部分产能更有效的利用，从而降低单位生产成本。在特定的技术条件下，研发投入具有明显的规模效应。潜在规模越大的市场，研发投入边际产出越高，成本越低。分析经济增长源泉的美国经济学家丹尼森（1962）①将经济增长的来源分为要素投入的增长，以及单位要素投入的产出增长两部分，其中规模的作用体现在单位要素投入带来的产出增长部分。在解释规模的作用时作者指出，“量的增加可能会使一些有利于降低单位成本但原本无法利用的机制得以成行，或者可能导致新技术的开发”。

三是规模化带来多样性和复杂性。经济体系类似一个生态体系，规模越大越容易产生和容纳多样性的业态，从而带来效率提升。规模带来的多样性、复杂性的潜在好处，可能从生态学的角度更好理解。如果将一个小岛比作一个经济体，将一种物种比喻为一种业态或行业，麦克阿瑟和威尔逊（1967）②及其后其他学者的生态学研究中就对岛屿大小对岛屿生物多样性和丰富的关键影响做了研究和阐述。③类似地，在相对自由的经济环境中，更大的经济体可能导致更好的业态多样性及复杂性。哈佛大学学者伊达尔戈和豪斯曼（2009）④的研究也表明，经济的多样性和复杂性有利于促进效率提升和经济增长。中国经济体之大，不只是使专业化分工更精细，也能容纳更多样化的经济业态，从而促进创新，提高效率。

---

① Denison E. F. The Sources of Economic Growth in the United States and the Alternatives Before Us [J]. Journal of the American Statistical Association, 1962, 58 (304): 1168.

② Macarthur R. H., Wilson E. O. The Theory of Island Biogeography. New Jersey [J]. Bioscience, 1967.

③ Kohn D. D., Walsh D. M. Plant species richness—the effect of island size and habitat diversity [J]. Journal of Ecology, 1994: 367–377.

④ Hidalgo C. A., Hausmann R. The building blocks of economic complexity [J]. Proceedings of the national academy of sciences, 2009, 106 (26): 10570–10575.

从人口规模、国土面积等综合因素来看，中国有望在未来几年取代美国成为全球最大的消费市场。人口众多、资源相对丰富，从需求侧来看代表市场需求潜力，从供给侧来看代表劳动力等资源和成本优势。这种“史无前例”的市场潜力正在被开发,大概率将带来“史无前例”的生产规模，并推动单位生产成本具备“史无前例”的竞争力，为中国的产业升级创造相对优越的条件，并通过国际贸易降低全球制造业的单位成本，同时催生更多可能在其他小市场无法容纳的业态，对全球经济及资产价格产生深远影响。

这并非没有例证。我们注意到美国市场在最近百年中大部分时间都是开放市场的代表，也是全球最大的单一市场，因此以美国国内的耐用消费品长周期价格指数作为全球制造业价格指数的一个近似参考，在过去一百年中，随着新“世界工厂”的诞生带来的效率提升，这个指数出现了三段价格表现平缓或下降的时期（见图 18.3），分别对应的是 20 世纪 20 年代（美国自身是“世界工厂”），“二战”后到 20 世纪 60 年代末（日本和欧洲成为“世界工厂”），及 20 世纪 90 年代后（亚洲部分地区及中国先后成为“世界工厂”）。也就是说，中国从 20 世纪 90 年代初开始建立社会主义市场经济体系，并随后加入世贸组织、更深度地加入全球分工体系的 30 年，刚好对应的是中国逐步走向制造业大国、逐步走向产业升级道路的 30 年，也是以中国为中心的新“世界工厂”通过技术进步、规模效应逐步拖住全球制造品价格的过程。我们对美国近 30 年 CPI 成分的分解也能看到，大部分可贸易制造品的价格在近 30 年中不涨或者下跌，初步反映了以中国为中心的新“世界工厂”自身产业升级的进程并同时压住全球制造品价格的机制。

下文中我们将更具体地分析中国的潜在大市场，以及为中国的制造业发展和产业升级带来的具体产业优势。

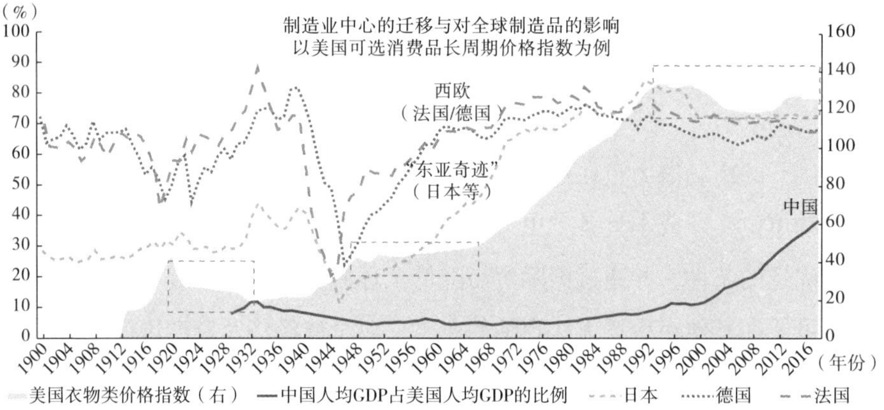

图 18.3　过去百年中的三个时期，"世界工厂"形成、效率提升抑制了制造品价格的上升，最近 30 年是以中国为中心的"世界工厂"

资料来源：FactSet，彭博资讯，中金公司研究部。

中国大市场衍生的四大产业优势

近 40 年来中国制造业在改革开放基础上契合内需发展，从低附加值产业起步逐步实现结构升级，并延伸至中高附加值产业。发展到目前中国总工业产值占全球约 30%，其中约 70% 满足内需，原因在于大市场、全产业链、大基建及人才红利四大产业优势。这些优势是内生的，其中最根本的是大市场，它与其他几个优势相辅相成，大部分发达及发展中经济体并不全部具备这四大产业优势，使中国在全球产业链中具备独特地位。

第一，单一大市场。中国庞大的市场和需求空间是中国各类产业发展的温床，是各类制造业依托发展的第一大优势。

第二，大、长、全的产业链。中国上下游较为完备的产业链和产业集群优势也是吸引跨国公司及本土企业的一大优势。在一个国家和地区实现产业从上游到下游全产业链的覆盖将缩小企业的采购和物流成本，也将缩短对需求及技术变化的响应时间，而这种全产业链的覆盖是以大市场需求为基础的，这种优势在大多数新兴经济体及规模偏小的发达经济体并不具备。新能源汽车产业链就是一个例证。

第三，大基建。大市场支持大规模的基础设施建设，进而促进生产效率提高、降低成本。中国在软硬件基础设施方面形成的两个“超级网络”有助于提升企业整体的运行效率：覆盖较大人口比例的移动互联网及覆盖大多数中大型城市的交通基础设施网络。这两个“超级网络”使中国在物流效率和线上渠道等方面具有其他市场不具备的优势，不仅帮助降低企业人流、物流成本，提高效率，也会配合衍生新的商业模式，使中国在一些新商业模式上的探索领先全球。

第四，人才红利。尽管人口老龄化和劳动力成本的增加使中国在部分劳动密集型的低端产业上的竞争优势有所下降，但中国的人才储备和持续增长的研发投入正在使其从传统的“人口红利”转向“工程师红利”。

中国产业升级的实证证据

市场对中国的制造业逐步从相对低附加值、低技术含量、低质量、弱品牌的状态逐步走出产业升级的道路，经历了一个从怀疑到相对更明确的认知过程。

我们在2010年开始系统关注这一话题。[①] 当时的背景是全球金融危机刚刚过去，中国在大幅的政策托底后经济强劲反弹，在外需偏弱、人民币升值、要素成本（土地、原材料、劳动力等）上升的背景下，投资者普遍担心中国中长期增长的持续性及当时依然集中于中低附加值领域的整体制造业竞争力。从2010年至今的十多年时间，中国制造业借助前述产业优势逐步升级，涌现了一批杰出的制造业企业发展案例，同时从数据上也

---

① 资料来源：2010年5月27日《劳动力成本上升推升产业机械化、自动化、智能化》。

看出较为明显的“产业升级”实证证据。在中美贸易摩擦升级之后，特别是在2020年百年一遇的疫情冲击之后，不少投资人担心中国产业升级是否能够继续、产业链是否会被冲击得分崩离析。固然这些因素值得重视，但我们先后发布了《全球变局下的中国产业趋势（1）》[①]（2018年12月）与《产业链会转移出中国吗——全球变局中的中国产业趋势（2）》[②]（2020年5月）等专题分析，认为这些外生冲击并未根本改变中国产业升级的趋势。

- 第一，过去10年中有不少反映中国制造业升级的企业案例。以手机产业链为例，在2010年中国市场中中国品牌手机市场份额只有个位数，但经历10年的发展，目前中国品牌手机（排除某中国品牌因为中美关系的影响）在全球的份额至少在50%以上。在手机零部件领域，也走出了像立讯精密10年内最大涨幅接近60倍、目前市值已经几千亿元的制造业公司。类似的案例还有工程机械、装备制造领域的三一重工、恒力液压等。当然中国当前也面临部分制造业领域的“卡脖子”问题，但这是发展中遇到的问题，应该根据历史规律发展地看待。就如在2010年看到中国制造业集中在相对偏中低附加值领域，不能就简单地认为中国制造业没有前途一样。
- 第二，宏观和中观数据上，也能看到中国产业升级趋势的证据。为简便和直观起见，我们计算了中国出口行业的贸易专业化系数［同一行业（出口－进口）/（出口＋进口）］。这一指标的时间序列变化可近似表明中国不同行业相对优势的变迁，横截面数据可衡量中国与全球其他地区的产业相对地位（见表18.3）。从跨

① 参见 https://research.cicc.com/document/detail?id=171466。

② 参见 https://research.cicc.com/document/detail?id=208680。

行业的时间序列看，除原材料相关的行业外，大部分制造业贸易专业化系数随时间的推移而上升。如果把附加价值相对偏高的制造业如汽车零部件、电子、机电设备等分列出来看各子行业，大部分也呈现类似特征，表明随着时间推移，中国制造业的整体竞争力在增强。如果把轻工制造类等附加值偏低的制造业及附加值略高的重化工业、机电设备、装备制造等制造业的贸易专业化系数取平均值，2006年之后中低附加值行业的贸易专业化系数已开始下降，而中高附加值行业的贸易专业化系数仍在上升，可能表明中国劳动力成本上升等因素已经带来了产业结构的调整和重构。

· 第三，从横截面的跨国数据来看，如果把人均GDP和每个地区的两类产业（相对低附加值轻工制造业、相对中高附加值的重化工及装备制造业）的贸易专业化系数均值画在两维图里，便能够清晰地看到全球不同收入水平的地区在全球产业链上的地位及中国与其他地区的相对产业优势。代表某个国家某类产业的点在图上越往右（对应的贸易专业化系数越高），可以近似地认为这个国家的这类产业越具备相对优势。从跨国的分布来看，收入相对高的国家和地区，更倾向于出口高附加值、进口低附加值产品，而收入相对低的国家则相反。代表中国的无论是中低附加值产业还是中高附加值产业的点,均在处于所有相对中低收入地区的右边，表明中国在所有新兴市场中具备相对竞争优势。目前中国正在跨区域重构中低附加值产业（产业一定限度地转移）；另外，中高附加值产业正在逐步升级，并与传统制造业较强的韩国、日本和德国竞争。与这些小内需的制造业强国相比，中国将是大内需的制造业大国。图18.4能够较为直观地展示全球不同地区的产业地位、产业变迁潜在动态甚至未来地缘格局的演变，我们可以在未来的研究中进一步探讨。

表 18.3　贸易专业化系数的时间序列显示中国制造业领域相对高附加值产业的产业升级趋势

贸易专业化系数	1996	1997	1998	1999	2000	2001	2002	2003	2004	2005	2006	2007	2008	2009	2010	2011	2012	2013	2014	2015	2016	2017	2018	2019
汽车车身；挂车和半挂车	0.92	0.92	0.97	0.97	0.98	0.97	0.97	0.93	0.97	0.96	0.97	0.98	0.99	0.96	0.98	0.99	0.98	0.98	0.97	0.97	0.95	0.96	0.98	0.97
电力照明设备	0.82	0.84	0.87	0.87	0.88	0.88	0.87	0.86	0.79	0.73	0.71	0.76	0.77	0.75	0.74	0.82	0.88	0.91	0.93	0.94	0.93	0.93	0.94	0.95
电子消费品	0.83	0.94	0.94	0.95	0.96	0.94	0.95	0.94	0.94	0.95	0.95	0.91	0.94	0.93	0.95	0.92	0.93	0.94	0.92	0.93	0.93	0.95	0.94	0.93
自行车和残疾人座车	0.71	0.78	0.77	0.77	0.76	0.81	0.82	0.86	0.86	0.87	0.88	0.87	0.87	0.88	0.87	0.85	0.83	0.82	0.81	0.83	0.84	0.85	0.87	0.88
家用电器	0.79	0.84	0.87	0.88	0.88	0.89	0.88	0.86	0.86	0.86	0.87	0.91	0.92	0.93	0.92	0.92	0.92	0.93	0.92	0.92	0.91	0.89	0.88	0.88
蒸汽锅炉，但中央供热锅炉除外	–0.73	–0.76	–0.83	–0.86	–0.85	–0.75	–0.68	–0.80	–0.48	–0.25	0.13	0.50	0.71	0.71	0.77	0.72	0.69	0.76	0.80	0.83	0.77	0.75	0.88	0.87
船只和浮动设施	0.48	0.70	0.87	0.85	0.85	0.57	0.68	0.79	0.61	0.84	0.89	0.86	0.89	0.89	0.96	0.96	0.97	0.93	0.93	0.95	0.86	0.88	0.86	0.85
其他橡胶制品	0.64	0.71	0.73	0.66	0.70	0.67	0.70	0.64	0.66	0.73	0.69	0.71	0.72	0.68	0.65	0.64	0.69	0.70	0.71	0.76	0.78	0.77	0.77	0.80
农业和林业机械	–0.16	–0.10	–0.06	–0.16	0.07	0.08	0.24	0.36	0.45	0.46	0.56	0.72	0.75	0.60	0.58	0.55	0.53	0.58	0.63	0.60	0.64	0.71	0.72	0.72
游船和运动船的建造	0.03	0.17	0.70	0.73	0.74	0.65	0.53	0.75	0.61	0.54	0.75	0.69	0.63	0.62	0.38	0.16	0.05	0.11	0.31	0.38	0.52	0.51	0.65	0.69
通信设备	–0.17	–0.04	–0.25	–0.18	0.02	0.08	0.22	0.29	0.58	0.70	0.72	0.61	0.65	0.64	0.65	0.62	0.77	0.75	0.81	0.81	0.85	0.64	0.66	0.68
采矿、采石及建筑机械	–0.65	–0.54	–0.52	–0.63	–0.43	–0.31	–0.44	–0.56	–0.36	–0.05	0.14	0.21	0.32	0.18	0.06	0.24	0.50	0.55	0.59	0.61	0.63	0.60	0.59	0.66
起重及装卸设备	–0.56	–0.40	–0.28	–0.23	0.02	–0.01	0.01	–0.05	0.02	0.18	0.29	0.43	0.50	0.47	0.43	0.42	0.37	0.43	0.39	0.38	0.45	0.58	0.60	0.62
未另分类的其他用品	0.41	0.45	0.30	0.20	–0.01	0.08	0.02	–0.04	–0.12	–0.15	–0.05	0.04	0.08	0.07	–0.03	–0.00	0.79	0.75	0.76	0.72	0.66	0.62	0.59	0.59
未另分类的其他金属制品	0.26	0.32	0.38	0.34	0.35	0.34	0.32	0.30	0.33	0.43	0.44	0.48	0.51	0.44	0.42	0.46	0.54	0.55	0.54	0.58	0.55	0.54	0.57	0.58
电池和蓄电池	0.20	0.18	0.17	0.16	0.12	0.17	0.19	0.13	0.10	0.11	0.16	0.17	0.14	0.09	0.15	0.21	0.28	0.36	0.40	0.47	0.48	0.50	0.52	0.58
铁道机车及其拖曳车辆	0.06	0.18	0.04	–0.22	–0.15	–0.50	–0.36	–0.42	0.04	0.06	–0.28	–0.30	–0.10	–0.26	–0.09	0.19	0.59	0.52	0.39	0.56	0.44	0.55	0.57	0.56
冶金机械	–0.85	–0.78	–0.68	–0.84	–0.74	–0.69	–0.86	–0.85	–0.78	–0.63	–0.49	–0.22	0.04	0.05	–0.02	0.04	0.16	0.27	0.22	0.35	0.26	0.38	0.43	0.48
其他通用机械	–0.69	–0.59	–0.43	–0.32	–0.16	–0.19	–0.13	–0.03	0.03	0.13	0.19	0.30	0.32	0.30	0.31	0.31	0.27	0.26	0.26	0.28	0.31	0.48	0.45	0.47

续表

贸易专业化系数	1996	1997	1998	1999	2000	2001	2002	2003	2004	2005	2006	2007	2008	2009	2010	2011	2012	2013	2014	2015	2016	2017	2018	2019
食品、饮料和烟草加工机械	−0.87	−0.83	−0.60	−0.69	−0.65	−0.63	−0.50	−0.61	−0.54	−0.30	−0.13	0.06	0.11	0.02	−0.00	0.04	0.19	0.20	0.22	0.32	0.42	0.49	0.47	0.46
用于纺织、服装和皮革生产的机械	−0.79	−0.66	−0.50	−0.52	−0.51	−0.60	−0.63	−0.58	−0.54	−0.35	−0.28	−0.28	−0.14	−0.08	−0.13	−0.12	0.01	0.10	0.21	0.33	0.37	0.25	0.27	0.35
油罐、水箱和金属容器	−0.33	−0.24	−0.09	−0.17	−0.13	−0.29	−0.14	−0.15	−0.12	0.12	0.43	0.50	0.48	0.34	0.36	0.36	0.42	0.36	0.36	0.36	0.31	0.18	0.22	0.34
其他电力设备	−0.65	−0.44	−0.41	−0.29	−0.22	−0.29	−0.27	−0.29	−0.32	−0.27	−0.22	−0.10	−0.05	−0.06	−0.14	−0.17	−0.21	−0.05	−0.07	−0.03	−0.01	0.13	0.16	0.30
其他电子设备	−0.65	−0.44	−0.41	−0.29	−0.22	−0.29	−0.27	−0.29	−0.32	−0.27	−0.22	−0.10	−0.05	−0.06	−0.14	−0.17	−0.21	−0.05	−0.07	−0.03	−0.01	0.13	0.16	0.30
液压设备	0.24	0.26	0.28	0.14	0.14	0.09	−0.01	−0.09	−0.10	−0.09	−0.10	−0.10	−0.05	−0.19	−0.12	−0.03	0.08	0.11	0.12	0.16	0.19	0.15	0.18	0.19
烘炉、熔炉及熔炉燃烧室	−0.93	−0.81	−0.85	−0.86	−0.84	−0.78	−0.79	−0.80	−0.79	−0.63	−0.52	−0.42	−0.35	−0.32	−0.37	−0.35	−0.22	−0.12	−0.08	0.08	0.04	0.02	0.04	0.18
钟表	0.31	0.36	0.39	0.40	0.38	0.34	0.33	0.34	0.32	0.29	0.28	0.26	0.19	0.22	0.17	0.06	0.10	0.18	0.20	0.25	0.26	0.17	0.10	0.09
发动机和涡轮机（飞机/汽车/摩托车除外）	−0.66	−0.63	−0.58	−0.51	−0.25	−0.40	−0.35	−0.26	−0.24	−0.21	−0.18	−0.07	−0.04	−0.15	−0.10	−0.05	−0.04	−0.06	−0.06	−0.01	0.01	−0.01	−0.04	0.06
电子元件和电子板的生产	0.12	0.14	0.13	0.05	0.02	0.04	0.01	0.05	0.06	0.08	0.08	0.08	0.12	0.10	0.11	0.11	0.10	0.09	0.10	0.08	0.06	0.06	0.04	0.05
光学仪器和摄影器材	0.30	0.35	0.32	0.27	0.16	−0.09	−0.33	−0.44	−0.46	−0.40	−0.40	−0.33	−0.31	−0.28	−0.27	−0.22	−0.16	−0.15	−0.15	−0.12	−0.11	−0.16	−0.20	−0.17
测量、检验、导航和控制设备	−0.56	−0.47	−0.46	−0.49	−0.50	−0.53	−0.50	−0.55	−0.54	−0.41	−0.34	−0.23	−0.25	−0.30	−0.31	−0.33	−0.30	−0.29	−0.26	−0.22	−0.23	−0.25	−0.29	−0.27
汽车	−0.73	−0.65	−0.74	−0.80	−0.71	−0.73	−0.76	−0.79	−0.67	−0.41	−0.34	−0.16	−0.21	−0.47	−0.61	−0.57	−0.53	−0.55	−0.60	−0.53	−0.55	−0.53	−0.49	−0.47

注：贸易专业化系数 =（出口额 − 进口额）/（出口额 + 进口额）。

资料来源：万得资讯，中金公司研究部。

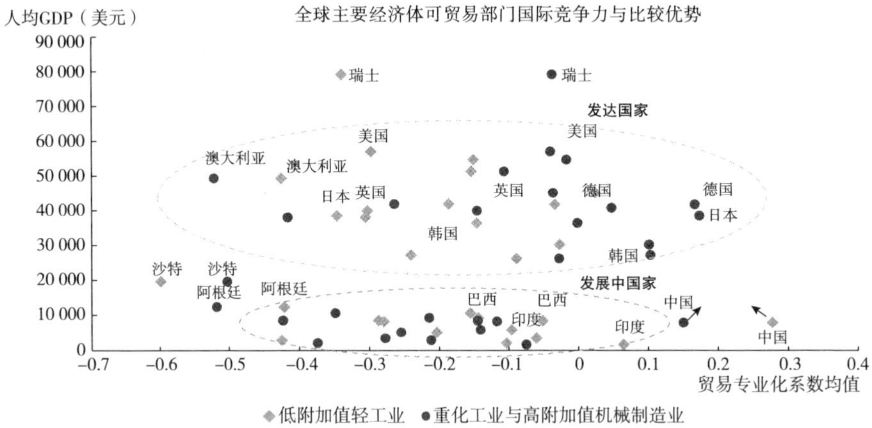

图 18.4　中国的全球产业链上独特地位：相比发达国家中国高端人才成本低，相比发展中经济体中国技术领先

资料来源：万得资讯，中金公司研究部。

中国产业升级带动消费升级的时代

前文中我们讨论到中国制造业升级的基本逻辑。在与投资者沟通的过程中，我们经常遇到的问题是，消费升级趋势一直是被中国市场认可的投资热门趋势，那与制造业升级相比，更应该投资哪个趋势？这两个趋势之间有什么联系？要回答这些问题，我们先来看中国经济及股票市场近年的结构表现，就能从投资角度充分理解中国当前所处的时代。“时势造英雄”，在投资领域也是如此。历史上著名的投资人，包括巴菲特、索罗斯等，其成功的投资业绩往往都得益于对所处时代的深刻认知。

回顾来看，2010 年前后的中国股市表现出了不同的结构性特征。如果将与固定资产投资相关的能源、原材料、工业、公用事业、金融等板块定义为“老经济”，而将与消费和服务扩大及支持消费和服务扩大更相关的板块如可选消费、必选消费、医药、科技、电信等定义为“新经济”，并分别编制“老经济”与“新经济”指数，我们会发现，在 2010 年之前，新老经济指数趋势基本同步，并且与固定资产投资更相关的“老经济”指数跑赢“新经济”；而在 2010 年之后，就表现为“新经济”指数大幅跑赢“老经济”（见图 18.5）。我们定义的“新经济”指数从 2009 年低位到如今最高上涨达到 600%，与同期标普 500 指数涨幅类似。

产生这种变化的原因在于中国经济增长阶段发生了变化。2000—2010 年，中国处于固定资产投资高速增长、扩建产能的阶段，名义固定资产投资增速年均达 20% 以上，推动中国成为全球最大的原材料消费国，也驱动原材料在 2000—2010 年整体大牛市。而 2010 年之后，中国较多领域出现了产能过剩，固定资产投资增速开始下行。与此同时，消费市场及支持消费升级相关的领域还在稳步扩张，中国正逐步迈向全球最大的单一消费市场。因此，大部分与固定资产投资相关的板块（“老经济”板块）从 2010 年之后步入平淡期，股价表现缺乏趋势；而消费、服务及相关板块仍处于向上的大周期中（“新经济”板块）。中国固定资产投资高速增长、产能基础好，成为全球最大原材料消费国，驱动了商品牛市；而当前中国正在迈向最大的消费市场，也推动了消费升级和产业升级的结构性牛市。这是我们在投资中要认识到的“时代特征”。

新经济所代表的趋势本质就是消费升级和产业升级的趋势。如果我们将中国经济体分为三大部门：居民部门、企业部门及政府部门，在中国经济结构调整的大背景下，“新经济”对于居民来说，就是随着人均收入的增长，居民会消费更好的产品和服务，这就是“消费升级”；而对于企业部门来说，就是要生产和提供更好的产品和服务，这就是“产业升级”。同时，居民部门只有平均收入在增长，才会有消费升级；而平均收入要增长，要靠产业升级、不断提高产业附加值水平。所以产业升级趋势更为根本，产业升级带来收入增长，从而驱动消费升级。日本于 20 世纪 70 年代开始的产业升级与消费升级并行发生的经验也显示了这一点（见表 18.4）。

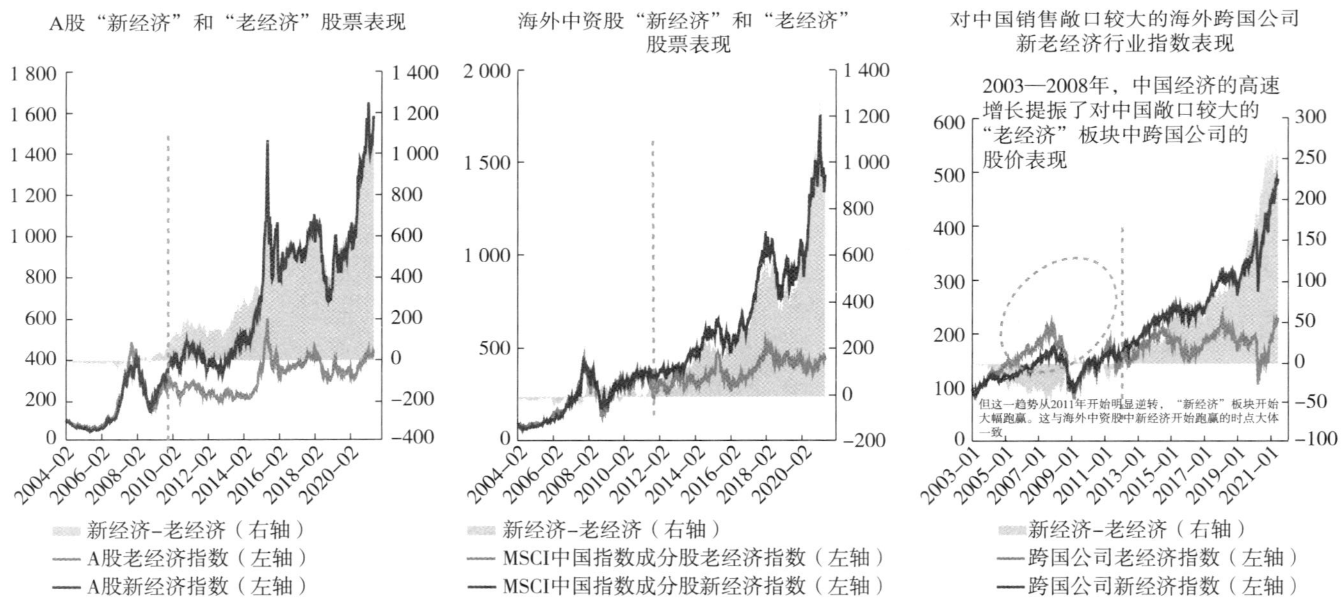

图 18.5　在增速下行、结构转型的宏观背景下，中国股票市场出现“新老分化”现象

注：按 GICS（全球行业分类系统）分类，“新经济”包括信息技术、电信服务、可选消费、必需消费、医疗保健；“老经济”包括能源、原材料、工业、房地产、公用事业和金融。

资料来源：万得资讯，中金公司研究部。

表 18.4 日本 20 世纪 70—90 年代：产业升级创造更多附加价值、收入增长，带动消费升级

日本制造业国际竞争力演变

20 世纪 70 年代后美日贸易摩擦加剧

	1955	1960	1965	1970	1975	1980	1985	1990
钢铁	0.89	0.04	0.61	0.63	0.89	0.83	0.74	0.99
电子、通信	–0.24	0.45	0.02	–0.15	0.26	0.51	0.74	0.97
汽车	–0.23	0.81	0.77	0.89	0.91	0.95	0.95	0.97
一般机械	0.12	–0.02	0.24	0.25	0.57	0.69	0.75	0.75
精密机械	0.49	0.49	0.59	0.38	0.46	0.58	0.58	0.74
其他电气机械	0.53	0.41	0.47	0.40	0.45	0.44	0.52	0.67
民生用电机械	0.76	0.95	0.94	0.94	0.90	0.92	0.93	0.59
办公用机械	–0.92	–0.91	–0.45	0.52	0.57	0.90	0.96	0.52
其他运输机械	0.88	0.71	0.77	0.63	0.80	0.51	0.53	0.36
金属制品	0.85	0.90	0.83	0.79	0.84	0.78	0.75	0.36
塑料制品	0.44	0.80	0.80	0.76	0.55	0.46	0.53	0.32
橡胶制品	0.92	0.94	0.94	0.90	0.68	0.56	0.50	0.27
陶瓷土石	0.87	0.79	0.83	0.72	0.72	0.52	0.47	0.17
化学制品	0.27	–0.34	0.14	0.13	0.36	0.12	0.09	0.06
重化机械	0.05	0.22	0.51	0.49	0.59	0.74	0.74	–0.01
出版	0.15	–0.23	–0.01	0.25	–0.41	–0.08	0.19	–0.18
纸制品	0.04	0.18	–0.19	–0.16	–0.08	–0.31	–0.23	–0.27
纺织	0.97	0.90	0.86	0.58	0.21	0.07	–0.02	–0.48
其他制造业	0.95	0.90	0.59	0.30	0.12	–0.10	0.02	–0.51
非铁金属	0.51	–0.64	–0.33	–0.52	–0.37	–0.38	–0.57	–0.65
石油制品	–0.74	–0.73	–0.53	–0.70	–0.46	–0.72	–0.73	–0.66
食品	0.45	–0.50	–0.60	–0.59	–0.77	–0.75	–0.78	–0.89
木制品	0.88	0.83	0.45	–0.33	–0.74	–0.74	–0.77	–0.90

注：贸易专业化系数 =（出口额 – 进口额）/（出口额 + 进口额）。

资料来源：万得资讯，中金公司研究部。

针对行业所处产业升级不同发展阶段的投资思路

中国当前正处于产业升级和消费升级的大时代，但是不同产业之间的自主程度、发展成熟度和产业规模仍存在较大差异，我们综合产业链现实情况，以及研发投入和盈利能力等指标，将中国的科技和制造类行业划分为3种类型，并探讨投资思路：一是仍未实现产业自主，面临“卡脖子”风险的偏薄弱行业，这一类行业可能呈现研发基础与盈利能力双弱的特征；二是充分利用中国产业优势，具备一定竞争力，但仍处于逐渐壮大过程的成长行业，这一类行业可能研发基础不弱，但盈利能力仍未充分挖掘；三是已经发展相对成熟，技术水平和产品质量已具备突出竞争力的行业，这一类行业的研发基础和盈利能力可能同时具备全球比较优势。

- 第一，中国“卡脖子”的薄弱行业。国家之间竞争与保护主义的抬头，使大国经济体必须重视科技安全、科技自主，中国企业和政府对此认知可能在2019年的“科技禁运”后变得更加深刻，薄弱行业的产业自主存在潜在空间和不确定性都较大的投资机会。结合美国和日本的经验，保持高研发强度或持续加大研发投入，并且获得有力政策支持的领域可能更有望取得突破，而且投资期间可能需要放宽对盈利水平的要求并适当提升对估值的容忍度。从“研发－盈利”比较优势看，该类行业多位于盈利弱势区间，半导体和生物科技研发费用率大幅落后，工业软件和数控机床虽然研发费用率不低，但考虑到与海外龙头规模体量的差距，研发投入的绝对规模可能差距仍然较大。

综合来看，我们建议关注如下领域：半导体产业链，尤其是光刻机、刻蚀机等半导体设备、EDA和半导体材料等领域；基础软件，工业软件

（CAD、CAE 等）、操作系统等；生物科技和制药，如体外诊断、高端医疗设备以及部分针对罕见病的创新药等；机械制造，如数控机床、航空发动机等。

- 第二，中国具备竞争力但正在成长壮大的行业。中国拥有大市场、“大、长、全”的产业链、大基建和人才红利四大优势，其中大市场意味着强大的需求最为重要，例如德国的工业软件正是基于工业制造的传统优势而取得突破。虽然过去中国的部分产业起步较晚，但只要具备标准化制造、能充分利用中国有知识含量的劳动力的成本优势，中国往往能以大市场需求为基础，利用其余三大优势实现技术和产品升级，最典型的成功案例是智能手机产业链。从“研发－盈利”比较优势看，该类行业多位于盈利弱势区间，但研发投入比例和规模不存在过大差距，例如汽车、机械制造、电气设备和医疗器械等产业链。

综合来看，我们建议关注如下领域：新能源 / 智能汽车产业链，包括上游材料、动力电池、汽车电子和整车等环节；受益于碳中和趋势的新能源，包括光伏产业链、储能等；高端装备的智能化和自动化，如机器人产业链等；医疗器械以及部分创新药；部分科技硬件和软件领域。

- 第三，中国竞争力突出的优势行业。中国部分产业的产品质量已达到全球领先水平，但随着行业的成熟和渗透率的提升，需要面临市场空间制约问题，未来的出路在于借助产品力优势的基础，形成足够的品牌力，走向全球化。结合日本的经验，这一类行业可能需要具备足够的全球空间，且产品具备全球通用性，而类似中国食品饮料、服装等与各国文化高度关联的行业，全球化过程面临的阻力相对较大。从“研发－盈利”的比较优势看，该类行业多位于盈利和研发基础双重优势的区间。

综合来看，我们建议关注如下领域：家电，包括传统家电和小家电；手机产业链，包括通信设备、消费电子相关元器件等；以 CXO（研发、生产销售合同组织）为代表的医疗服务。

两个问题与一个隐忧

有两个与制造业相关的问题及一个隐忧，可能会影响投资者对中国制造业的判断，包括数字经济的发展对中国制造业优势的影响、实现碳中和将如何影响中国制造业，以及规模化的“红利”总有结束的一天。

第一，数字经济如何影响中国制造业。中金公司的研究团队在 2020 年 9 月发布了《数字经济：下个 10 年》的系统研究报告。有些观点认为数字经济包括人工智能的发展，未来机器替代人，会使中国拥有大量劳动力资源的优势丧失；另一些观点认为，未来机器替代人之后，中国的全球贸易会受到影响。对此我们的初步想法是：数字经济的网络效应、非排他性、零边际成本、范围经济等优势，在人口规模大的市场体现得更充分；人既是生产者也是消费者，机器替代人是从生产的角度说的，但人作为消费者的属性无法替代，依然能体现需求侧的大市场优势；数字经济、智能化的发展，需要软件和硬件相结合发挥作用，数字经济的底层硬件仍有制造属性，中国大市场的规模效应依然能够一定程度体现；从数字经济最重要的要素数据来看，人工智能的发展所依赖的大数据方面，人口众多的大市场也具备优势，制造业因此有可能调和规模化和个性化的矛盾。

第二，碳中和的约束如何影响中国制造业。中金公司的研究团队在 2021 年 8 月出版了《碳中和经济学》一书。碳中和的约束给中国制造业带来的既有挑战，也有机遇。一方面，中国是全球的碳排放大国，并且走向碳中和的目标时间比发达市场要短，严格实现碳中和可能会增加部分碳排放量大且技术进步缓慢的行业的成本，包括钢铁、水泥、有色金属等行业；另一方面，清洁能源的发展和替代传统化石能源，对中国也是机遇，中国石油高度依赖进口，而清洁能源例如光伏、风电等，都具有制造业属性，相对淡化了对较为稀缺的自然资源的依赖，如果能够转型成功，对中国也是历史性机遇。

第三，一个隐忧：当规模化的“红利”结束。历史证明，开发中国这个规模“史无前例”的单一市场，对促进中国自身、对全球的经济增长都具有重要意义。但是，“规模化”红利在“规模化”实现的过程中也会逐步枯竭，届时中国和全球将面临增长下行压力。正如美国经济学家登申（1963）[①] 论述规模经济的作用时提到的，市场扩大带来的规模经济效应，可能也会是一种导致经济增速逐步下降的影响力量。[②] 中国的产业升级的进程，是企业通过大市场规模效应来降低成本、逐步迭代升级、增强竞争力的过程，这种规模化的红利正在越来越多的产品上体现，从此前相对低附加值的鞋袜、玩具、家具等，逐步过渡到手机产业链、通信设备、家电、汽车等项目上。但这种“规模化”红利总会有枯竭的一天，届时，中国的经济增长可能就得更加依赖技术进步来推动。登申也指出，技术和商业组织的变化可能已经带来了规模经济并且会不断带来，但这不足以抵消更加依赖于技术进步推动经济增长的基本趋势。[③] 的确，当现代化的生产方式

---

① Denison E. F. The Sources of Economic Growth in the United States and the Alternatives Before Us [J]. Journal of the American Statistical Association, 1963, 58 (304): 1168.

② 原文如下：Economies of scale associated with expansion of the national market are presumably an influence tending toward a declining rate of economic growth。

③ 原文如下：changes in technology and in business organization may constantly replenish opportunities for scale economies, and probably have done so, but there is no presumption that this is sufficient to offset the basic tendency。

已经覆盖地球上越来越多的人口，尤其在像中国人口规模如此之大的经济体实现现代化、规模化后，类似罗马俱乐部在当年《增长的极限》中阐释的，经济增长速度是递减的、可能有极限的，我们认为全球的经济增长将越来越难、越来越依赖和逼近技术进步速度。

引入中国科技创新与产业升级机遇指数

我们综合前述中国所处的产业升级带动消费升级的大背景，和中国 3 类处于不同发展阶段的行业对应的投资标准，共筛选出 106 家中国与科技创新和产业升级相关的上市公司，构造了中国科技创新与产业升级机遇指数（见图 18.6）。从历史回溯的收益水平看，该指数的年复合回报率高达 29.4%，远高于国内主要的宽基指数。未来，我们也将按指数管理思路，定期复核上市公司是否符合我们的投资标准以及是否有新的合适标的出现，对指数进行定期调整。

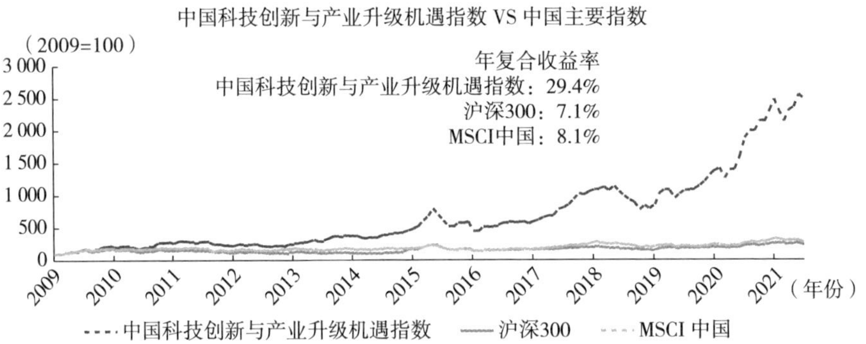

图 18.6　中国科技创新与产业升级机遇指数

资料来源：FactSet，中金公司研究部。